Venezuelan History

A Comprehensive Working Bibliography

Venezuelan History

A Comprehensive Working Bibliography

John V. Lombardi
Germán Carrera Damas
Roberta E. Adams

Jean Hawkins Coffin
Kathy M. Waldron
Robert H. Lavenda
Robert J. Ferry
Ralph F. Van Roy

G. K. HALL & CO., 70 LINCOLN STREET, BOSTON, MASS.

Library of Congress Cataloging in Publication Data

Lombardi, John V
    Venezuelan history.

    Includes index.
    1. Venezuela--Bibliography. I. Carrera Damas,
German, joint author. II. Adams, Roberta E., joint
author. III. Title.
Z1911.L64   [F2308]   016.987   76-41295
ISBN 0-8161-7876-3

This publication is printed on permanent/durable acid-free paper
MANUFACTURED IN THE UNITED STATES OF AMERICA

La Bibliografía, no sólo es índice cabal e irrecusable
de la cultura de un pueblo, sino que el estado de cada
bibliografía nacional indica un grado correspondiente
de desarrollo administrativo, por cuanto da la medida
exacta del aprecio en que se tienen los esfuerzos
personales y sociales de que es aquélla el registro
auténtico; esfuerzos que determinan en su pugna
el progreso o la regresión de un país, y cuyo
conjunto es la nación íntegra, en la indiscutible
integridad del alma y el cuerpo de la patria.

Manuel Segundo Sánchez

Contents

but possibly under History 1830-1863, or History Post-1935. These
categories, then, are broad indications of subject area, not precise
thematic classifications. Because many students may want to locate
the works of individual authors, there is an index that includes all
authors, or titles or institutions listed as authors.

Conventions

We adopted a series of conventions in preparing the entries that
are designed to make the list easier to use and more compatible with
the computer.

a. Multiple authors. Where a work has a number of authors we
listed it under the name of the first author, rather than under
the title.

b. Universities. All publications listed with a university as
the author are to be found under the name of the university.
Thus, UNIVERSIDAD CATOLICA ANDRES BELLO not CARACAS. UNIVERSI-
DAD CATOLICA ANDRES BELLO. And, UNIVERSIDAD CENTRAL DE VENEZUE-
LA not VENEZUELA. UNIVERSIDAD CENTRAL DE VENEZUELA.

c. Periodicals. References to periodicals published in Venezuela and to their cumulative indexes are found under the heading
"VENEZUELA. PERIODICALS." in the General Reference category.

d. Censuses. Because the Venezuelan agency charged with preparing the national censuses has changed names, thus leading to
a bewildering array of institutional affiliations, we brought
these, and similar statistical series, together under the author
heading "VENEZUELA. STATISTICS." within appropriate categories.

e. Cross-references. Where an author has used a pseudonym or
where the Library of Congress form of a name differs from
accepted Venezuelan practice, there is a cross-reference. Thus,
DE ARMAS CHITTY, JOSE ANTONIO. SEE ARMAS CHITTY, JOSE ANTONIO
DE. The cross-references are included in the index. In a few
cases where standard bibliographic practice would list a work
under an institutional heading but most historians would be inclined to look under a title heading, we listed the item under
both headings.

f. Government documents. We standardized agency and ministry
names to conform to current terminology. For example, government maps and atlases listed under DIRECCION DE CARTOGRAFIA
NACIONAL may have been originally cataloged under MINISTERIO DE
OBRAS PUBLICAS. In these cases, the exact title of the issuing
agency is preserved in the publication information.

g. Library of Congress form. Wherever possible we made names
and bibliographic information conform to Library of Congress
standards.

These conventions, while appearing complex on paper, should help
students make the most efficient use of this working bibliography.
There are, however, other conventions we followed to make this project
more easily computer compatible. The machine, while a boon to bibliographical projects, often imposes its own stylistic requirements. In
our implementation the following conventions proved helpful for fast,
efficient computer use.

    a. Alphabetizing and sorting. Our computer program and printer
admits none of the special characters in the Spanish alphabet
such as the Ñ, nor does it recognize the CH or the LL as single
letters. Similarly, there is no provision for diacritics:
accents, umlauts, and the like. The resulting printout is
aesthetically displeasing and orthographically inaccurate, but
it will have to do. Of the omissions, the most serious is the
lack of an Ñ, but once reasonably familiar with the literature,
students should have little difficulty reconstituting the missing
marks. All alphabetizing is done letter by letter, blanks and
punctuation marks are counted, and the sort sequence is as
follows:
ABCDEFGHIJKLMNOPQRSTUVWXYZ0123456789.,()'.
Where there are multiple authors they are separated by an aster-
isk. The program alphabetizes the first author only and ignores
subsequent authors. Where the first author's name is followed
by ED., or COMP., the program treats these as part of the
author's name.

    b. Numbering. Each entry has an item number. The numbers run
consecutively from the front of the bibliography and are the
principal device for locating references when using the index.

    c. Index. The index includes all author names, whether first
or subsequent authors in multi-author works. But the program
truncates the names if they do not fit into the allocated number
of spaces. The numbers following each author's name in the index refer to the item numbers, not the page numbers, where that
author's works can be found.

    d. Special characters. The printer used for this bibliography
does not produce the question mark, the quotation mark, and
similar special characters. The question mark and other punctuation such as the semi-colon and the colon have been replaced
with periods. The quotation mark has been replaced with an
apostrophe.

For the technically inclined, the bibliography was produced
through a slightly modified version of INFOL-2, an information
retrieval program, on Indiana University's CDC 6600 computer. The
final bibliography printout was prepared, headlines and page numbers added, and the file renumbered through simple Fortran programs
written by John V. Lombardi.

PREFACE

Acknowledgments

Any work of this kind must necessarily depend on the efforts of many individuals and the support of a variety of institutions. Although it would be impossible to list everyone who contributed to this project, some of them can be acknowledged here.

This working bibliography became possible in the first instance through a project entitled "The Formation, Structure, and Dynamics of a Primate City: A Case Study of Caracas, 1560-1960" under the joint direction of John V. Lombardi [Department of History, Indiana University (IU)] and Germán Carrera Damas [Centro de Estudios del Desarrollo (CENDES), Universidad Central de Venezuela]. Funded by CENDES and the Midwest Universities Consortium on International Activities (MUCIA), the project completed its first phase (1974-1976) in May of 1976. This bibliography is one of the project's first products and owes its existence to the support supplied from the MUCIA portion of the project budget. Kathy M. Waldron, Robert H. Lavenda, Robert J. Ferry, and Ralph F. Van Roy, all project researchers in Caracas during the first phase, provided us with invaluable assistance in the compilation of this work. Jean Hawkins Coffin worked closely with the bibliographic search at Indiana University and provided us with greatly appreciated advice on bibliographic sources and conventions. Most of the search and all of the data preparation took place at the Indiana University Library and the IU Wrubel Computing Center.

Roberta E. Adams did the major portion of the search, prepared the data file, managed the computer files, and in general handled the day-to-day supervision of the project. Without her contribution and expertise there would be no bibliography. Although the bibliography part of the MUCIA-CENDES project was managed under my direction at Indiana University, we benefited greatly from the contributions of our CENDES project director, Germán Carrera Damas, who supervised our activities in Caracas.

In Venezuela, many individuals and institutions cooperated on various aspects of this work. The Fundación John Boulton, through its Director, Manuel Pérez Vila, offered us the use of that institution's excellent library. At the Academia Nacional de la Historia, Carlos Felice Cardot, that institution's secretary, gave us valuable assistance. José Antonio De Armas Chitty let us inspect his excellent private library. Other institutions providing us with copies of their publications or catalogs were the Sociedad Bolivariana, the Archivo General de la Nación, the Presidencia de la República, the Biblioteca Nacional, and the Universidad Central de Venezuela, among others. Finally, without the enthusiastic and generous collaboration of Pedro Grases, whose outstanding private library is a Venezuelanist bibliophile's mecca, this bibliography would have been significantly less comprehensive and complete than it is.

In the United States at Indiana University we have enjoyed strong support. George M. Wilson, Dean of International Programs

PREFACE

and chief liaison with MUCIA, has encouraged us in this project, helping us survive crises and difficulties. Richard C. Burke, Director of the IU Latin American Studies Program, gave us his support and lent us the services of his office, especially the excellent managerial skills of the Latin American Studies Secretary, Judith Lucas. Mary B. Floyd of the IU History Department provided us with important bibliographical information. In the IU Main Library, Emma C. Simonson, Latin American Librarian, patiently answered a never-ending stream of questions. Her good advice and wise counsel greatly improved the final version of this bibliography. We relied heavily on Jean Nakhnikian of the IU Wrubel Computing Center, who maintained and modified the program used for this project.

The assistance, advice, and hard work of these people and institutions, plus the contributions of others too numerous to mention here, made it possible to compile this working bibliography. Without them, we could hardly have begun.

John V. Lombardi
Bloomington, Indiana
July 1976

General Reference

Bibliographies, Guides, Historiography, Dictionaries

1

ACADEMIA NACIONAL DE LA HISTORIA, CARACAS.
GUILLERMO MORON. BIBLIOGRAFIA.
CARACAS. LIBRERIA POLITECNICA MOULINES, 1974.
(COLECCION BIBLIOGRAFIA, NO. 2).

2

ACADEMIA NACIONAL DE LA HISTORIA, CARACAS.
INDICE GENERAL DEL BOLETIN DE LA ACADEMIA NACIONAL
DE LA HISTORIA, 1912-1964, NOS. 1-188.
CARACAS. ACADEMIA NACIONAL DE LA HISTORIA, 1966.
(EDICIONES CONMEMORATIVAS EN EL LXXV ANIVERSARIO DE
SU FUNDACION).

3

ACADEMIA NACIONAL DE LA HISTORIA, CARACAS.
BIBLIOTECA.
EXPOSICION BIBLIOGRAFICA-DOCUMENTAL. HISTORIA
COLONIAL DE VENEZUELA. CATALOGO.
CARACAS. ACADEMIA NACIONAL DE LA HISTORIA, 1971.

4

ALVARADO, LISANDRO.
GLOSARIO DE VOCES INDIGENAS DE VENEZUELA. VOCES
GEOGRAFICAS (TRABAJO INEDITO COMPLEMENTARIO).
CARACAS. MINISTERIO DE EDUCACION, DIRECCION DE
CULTURA Y BELLAS ARTES, 1953. (OBRAS COMPLETAS, VOL.
1).

5

ALVARADO, LISANDRO.
GLOSARIOS DEL BAJO ESPAÑOL EN VENEZUELA.
CARACAS. MINISTERIO DE EDUCACION, DIRECCION DE
CULTURA Y BELLAS ARTES, 1954-55, 2 VOLS. (OBRAS
COMPLETAS, VOLS. 2-3).

6

ARCHILA, RICARDO.
BIBLIOGRAFIA MEDICA VENEZOLANA, 1952-1958. 3D ED.
CARACAS. IMPRENTA NACIONAL, 1960.

7

ARCHILA, RICARDO.
BIBLIOGRAFIA MEDICA VENEZOLANA, 1959-1961.
CARACAS. MINISTERIO DE SANIDAD Y ASISTENCIA SOCIAL,
1967.

8

ARCHILA, RICARDO.
DICCIONARIO BIOGRAFICO DE MEDICOS VENEZOLANOS.
ENSAYO.
CARACAS. TIPOGRAFIA VARGAS, 1974-.

9

ARISMENDI A., ALFREDO.

CONTRIBUCION A LA BIBLIOGRAFIA DEL DERECHO
CONSTITUCIONAL Y SU HISTORIA.
CARACAS. UNIVERSIDAD CENTRAL DE VENEZUELA, INSTITUTO
DE DERECHO PUBLICO, 1972. (COLECCION HISTORIA
CONSTITUCIONAL VENEZOLANA).

10

ARMAS CHITTY, JOSE ANTONIO DE.
J.A. DE ARMAS CHITTY. BIBLIOGRAFIA POR ANGELINA
LEMMO B.
CARACAS. UNIVERSIDAD CENTRAL DE VENEZUELA, FACULTAD
DE HUMANIDADES Y EDUCACION, ESCUELA DE
BIBLIOTECONOMIA Y ARCHIVOS, 1969. (SERIE
BIBLIOGRAFICA, NO. 10).

11

ARMAS CHITTY, JOSE ANTONIO DE.
VOCABULARIO DEL HATO.
CARACAS. EDICIONES DE LA BIBLIOTECA DE LA
UNIVERSIDAD CENTRAL DE VENEZUELA, 1966. (COLECCION
AVANCE, NO. 13).

12

AROCHA, JOSE IGNACIO.
DICCIONARIO GEOGRAFICO, ESTADISTICO E HISTORICO DEL
ESTADO ZULIA.
MARACAIBO. IMPRENTA AMERICANA, 1894.

13

BADILLO, VICTOR M. * BONFANTI, CELESTINO, COMPS.
INDICE BIBLIOGRAFICO AGRICOLA DE VENEZUELA.
CARACAS. FUNDACION EUGENIO MENDOZA, 1957.
SUPPLEMENTS, MARACAY, 1962, 1967.

14

BARRAL, BASILIO MARIO DE.
DICCIONARIO GUARAO-ESPANOL, ESPANOL-GUARAO.
CARACAS. EDITORIAL SUCRE, 1957. (SOCIEDAD DE
CIENCIAS NATURALES LA SALLE. MONOGRAFIAS, NO. 3).

15

BIBLIOGRAFIA VENEZOLANA.
CARACAS. BIBLIOTECA NACIONAL, CENTRO BIBLIOGRAFICO
VENEZOLANO, 1970-.

16

BLONVAL LOPEZ, ADOLFO.
BIBLIOGRAFIA JURIDICA Y FISCAL VENEZOLANA.
CARACAS. COMISION NACIONAL DEL CUATRICENTENARIO DE
LA FUNDACION DE CARACAS, 1967, 2 VOLS. (EDICIONES
DEL CUATRICENTENARIO DE CARACAS).

17

BOGGS, RALPH STEELE.
BIBLIOGRAPHY OF LATIN AMERICAN FOLKLORE.
NEW YORK. H.W. WILSON, 1940. REPRINT DETROIT, 1971.

18

BONET DE SOTILLO, DOLORES.
RAMON DIAZ SANCHEZ. BIBLIOGRAFIA.
CARACAS. UNIVERSIDAD CENTRAL DE VENEZUELA, FACULTAD
DE HUMANIDADES Y EDUCACION, ESCUELA DE

BIBLIOTECONOMIA Y ARCHIVOS, 1967. (SERIE
BIBLIOGRAFICA, NO. 5).
19

BRICENO PEROZO, MARIO.
ARCHIVO DE LA ACADEMIA NACIONAL DE LA HISTORIA (EL).
CARACAS. BIBLIOTECA VENEZOLANA DE HISTORIA, 1966.
(VENEZUELA. ARCHIVO GENERAL DE LA NACION. CUADERNOS,
NO. 4).
20

BRICENO PEROZO, MARIO.
ARCHIVO GENERAL DE LA NACION (EL).
CARACAS. BIBLIOTECA VENEZOLANA DE HISTORIA, 1965.
(ARCHIVO GENERAL DE LA NACION. CUADERNOS, NO. 1).
21

BRICENO PEROZO, MARIO.
ARCHIVOS VENEZOLANOS.
CARACAS. ITALGRAFICA, 1970.
22

BRICENO PEROZO, MARIO.
CIENCIA DE LOS ARCHIVOS (LA).
CARACAS. ARCHIVO GENERAL DE LA NACION, 1969.
(BIBLIOTECA VENEZOLANA DE HISTORIA, NO. 10).
23

BRICENO PEROZO, MARIO.
HEMEROTECA DE LA ACADEMIA NACIONAL DE LA HISTORIA
(LA).
CARACAS, 1972. (BIBLIOTECA VENEZOLANA DE HISTORIA,
NO. 17).
24

BRICENO PEROZO, MARIO.
PRIMER CONGRESO BOLIVARIANO DE ARCHIVEROS (EL).
CARACAS. ITALGRAFICA, 1968.
25

BRUNI CELLI, BLAS, ED.
CATALOGO. DONACION VILLANUEVA A LA ACADEMIA NACIONAL
DE LA HISTORIA.
CARACAS. ERNESTO ARMITANO, 1965.
26

CALDERON QUIJANO, JOSE ANTONIO.
GUIA DE LOS DOCUMENTOS, MAPAS Y PLANOS SOBRE
HISTORIA DE AMERICA Y ESPANA MODERNA EN LA
BIBLIOTECA NACIONAL DE PARIS, MUSEO BRITANICO, Y
PUBLIC RECORD OFFICE DE LONDRES.
SEVILLE, 1962. (EDICIONES DE LA ESCUELA DE ESTUDIOS
HISPANO-AMERICANOS DE SEVILLA, NO. 142).
27

CARACAS. BIBLIOTECA DE LOS TRIBUNALES DEL DISTRITO
FEDERAL FUNDACION ROJAS ASTUDILLO.
BIBLIOGRAFIA JURIDICA VENEZOLANA. DERECHO CIVIL.
CARACAS. EDITORIAL SUCRE, 1958.
28

CARACAS. BIBLIOTECA DE LOS TRIBUNALES DEL DISTRITO
FEDERAL FUNDACION ROJAS ASTUDILLO.

JURISPRUDENCIA DE LA LEY DEL TRABAJO DESDE 1936 A
1964.
CARACAS. J.F. PORRAS RENGEL, 1964, 6 VOLS.

29

CARACAS. BIBLIOTECA DE LOS TRIBUNALES DEL DISTRITO
FEDERAL FUNDACION ROJAS ASTUDILLO.
MATERIAL BIBLIOGRAFICO DE LA BIBLIOTECA.
CARACAS. EDITORIAL SUCRE, 1963.

30

CARACAS. EXPOSICION DEL LIBRO VENEZOLANO. 2D, 1940.
CATALOGO DE LA SEGUNDA EXPOSICION DEL LIBRO
VENEZOLANO. PROLOGO DE PEDRO GRASES.
CARACAS. TIPOGRAFIA AMERICANA, 1942.

31

CARACAS. EXPOSICION DEL LIBRO VENEZOLANO. 3D, 1941.
TERCERA EXPOSICION DEL LIBRO VENEZOLANO, 29 DE
NOVIEMBRE - 17 DE DICIEMBRE 1941. EDICION EN
HOMENAJE A DON ANDRES BELLO.
CARACAS. TIPOGRAFIA AMERICANA, 1941.

32

CARACAS. INSTITUTO VENEZOLANO DE INVESTIGACIONES
CIENTIFICAS.
CIENCIA, BASE DE NUESTRO PROGRESO (LA). FUNDAMENTOS
PARA LA CREACION DE UN CONSEJO NACIONAL DE
INVESTIGACIONES CIENTIFICAS Y TECNOLOGICAS EN
VENEZUELA.
CARACAS. EDITORIAL ARTE, 1965. (EDICIONES I.V.I.C.).

33

CARACAS. INSTITUTO VENEZOLANO DE INVESTIGACIONES
CIENTIFICAS. BIBLIOTECA.
CATALOGO DE PUBLICACIONES PERIODICAS. EXISTENCIAS
DICIEMBRE 1969.
CARACAS, 1970.

34

CARACAS. MUSEO DE BELLAS ARTES.
CATALOGO GENERAL.
CARACAS. MUSEO NACIONAL DE BELLAS ARTES, 1958.

35

CARACAS (ARCHDIOCESE). ARCHIVO.
CATALOGO DEL ARCHIVO ARQUIDIOCESANO DE CARACAS. POR
JAIME SURIA, DIRECTOR DEL ARCHIVO ARQUIDIOCESANO.
MADRID. ESCUELA PROFESIONALES "SAGRADO CORAZON DE
JESUS," 1964.

36

CARDENAS, HORACIO.
BIBLIOGRAFIA TACHIRENSE.
CARACAS, 1964. (BIBLIOTECA DE AUTORES Y TEMAS
TACHIRENSES, NO. 39).

37

CARDOZO, LUBIO.
BIBLIOGRAFIA DE LA LITERATURA INDIGENA VENEZOLANA.
SEMINARIO DE LITERATURA INDIGENA VENEZOLANA.
MERIDA. UNIVERSIDAD DE LOS ANDES, CENTRO DE

INVESTIGACIONES LITERARIAS, 1970.

38

CARDOZO, LUBIO.
BIBLIOGRAFIA DE LA LITERATURA MERIDENA.
MERIDA. UNIVERSIDAD DE LOS ANDES, FACULTAD DE
HUMANIDADES Y EDUCACION, CENTRO DE INVESTIGACIONES
LITERARIAS, 1968.

39

CARDOZO, LUBIO.
BIBLIOGRAFIA DE MATERIALES PARA LA INVESTIGACION
DOCUMENTAL.
MERIDA. UNIVERSIDAD DE LOS ANDES, FACULTAD DE
HUMANIDADES Y EDUCACION, ESCUELA DE LETRAS, CENTRO
DE INVESTIGACIONES LITERARIAS, 1971. (SERIE
BIBLIOGRAFICA, NO. 2).

40

CARDOZO, LUBIO.
CONTRIBUCION A LA BIBLIOGRAFIA DE POETAS MERIDENOS.
MARACAIBO. UNIVERSIDAD DEL ZULIA, DIRECCION DE
CULTURA, 1970.

41

CARDOZO, LUBIO.
CONTRIBUCION A LA BIBLIOGRAFIA SOBRE LA LITERATURA
INDIGENA VENEZOLANA.
MERIDA. UNIVERSIDAD DE LOS ANDES, CENTRO DE
INVESTIGACIONES LITERARIAS, 1966. (CIL, NO. 1).

42

CARRERA DAMAS, GERMAN.
CRITICA HISTORICA. ENSAYOS Y ARTICULOS.
CARACAS. UNIVERSIDAD CENTRAL DE VENEZUELA,
PUBLICACIONES DE LA DIRECCION DE CULTURA, 1960.

43

CARRERA DAMAS, GERMAN.
CUESTIONES DE HISTORIOGRAFIA VENEZOLANA.
CARACAS. EDICIONES DE LA BIBLIOTECA DE LA
UNIVERSIDAD CENTRAL DE VENEZUELA, 1964. (COLECCION
AVANCE, NO. 7).

44

CARRERA DAMAS, GERMAN.
HISTORIOGRAFIA MARXISTA VENEZOLANA, Y OTROS TEMAS.
CARACAS. UNIVERSIDAD CENTRAL DE VENEZUELA, DIRECCION
DE CULTURA, 1967. (COLECCION HUMANISMO Y CIENCIA,
NO. 3).

45

CARRERA DAMAS, GERMAN.
METODOLOGIA Y ESTUDIO DE LA HISTORIA.
CARACAS. INSTITUTO NACIONAL DE CULTURA Y BELLAS
ARTES, 1969.

46

CARRERA DAMAS, GERMAN, COMP.
HISTORIA DE LA HISTORIOGRAFIA VENEZOLANA. TEXTOS
PARA SU ESTUDIO.
CARACAS. EDICIONES DE LA BIBLIOTECA DE LA

UNIVERSIDAD CENTRAL DE VENEZUELA, 1961.

47

CARROCERA, CAYETANO DE.
LENGUAS INDIGENAS DE VENEZUELA Y SU CLASIFICACION
POR FAMILIAS (LAS).
MADRID, 1935.

48

CASTELLANOS V., RAFAEL RAMON.
RUFINO BLANCO FOMBONA. ENSAYO BIOBIBLIOGRAFICO.
CARACAS. EDICIONES DEL CONGRESO DE LA REPUBLICA,
1975.

49

CENTRO NACIONAL DE CAPACITACION E INVESTIGACION
APLICADA PARA EL DESARROLLO DE LA COMUNIDAD.
BIBLIOGRAFIA GENERAL SOBRE DESARROLLO DE LA
COMUNIDAD.
CARACAS. FONDO EDITORIAL COMUN, 1970.

50

CHILCOTE, RONALD H.
REVOLUTION AND STRUCTURAL CHANGE IN LATIN AMERICA. A
BIBLIOGRAPHY ON IDEOLOGY, DEVELOPMENT, AND THE
RADICAL LEFT (1930-1965).
STANFORD. HOOVER INSTITUTION ON WAR, REVOLUTION, AND
PEACE, STANFORD UNIVERSITY, 1970. (HOOVER
INSTITUTION BIBLIOGRAPHICAL SERIES, NO. 40).

51

CLAGETT, HELEN LORD.
GUIDE TO THE LAW AND LEGAL LITERATURE OF VENEZUELA.
WASHINGTON, D.C. LIBRARY OF CONGRESS, 1947. (LATIN
AMERICAN SERIES, NO. 16).

52

CONGRESO BOLIVARIANO DE ARCHIVEROS, 1ST, CARACAS,
1967.
ACTAS, DISCURSOS, PONENCIAS, ACUERDOS.
CARACAS. ARCHIVO GENERAL DE LA NACION, 1968.
(BIBLIOTECA VENEZOLANA DE HISTORIA, NO. 6).

53

DAVILA, MAURO.
ARQUEO HEMEROGRAFICO DE LA CIUDAD DE MERIDA (SIGLO
XIX).
MERIDA. UNIVERSIDAD DE LOS ANDES, CENTRO DE
INVESTIGACIONES LITERARIAS, 1972. (SERIE
BIBLIOGRAFICA, NO. 4).

54

DAVILA, VICENTE.
DICCIONARIO BIOGRAFICO DE ILUSTRES PROCERES DE LA
INDEPENDENCIA SURAMERICANA.
CARACAS. IMPRENTA BOLIVAR, 1924-1926, 2 VOLS.

55

DAVILA, VICENTE.
PROCERES MERIDENOS.
CARACAS. OFICINA CENTRAL DE INFORMACION, 1970.
(BIBLIOTECA DE AUTORES Y TEMAS TACHIRENSES, NO. 49).

56
DAVILA, VICENTE.
PROCERES TRUJILLANOS. OBRA DEDICADA A LA ANTIGUA
PROVINCIA TRUJILLANA.
CARACAS. OFICINA CENTRAL DE INFORMACION, 1971.
(BIBLIOTECA DE AUTORES Y TEMAS TACHIRENSES, NO. 55).

57
DIAZ SANCHEZ, RAMON.
EVOLUCION DE LA HISTORIOGRAFIA EN VENEZUELA.
CARACAS. EDICIONES DEL MINISTERIO DE EDUCACION,
DIRECCION DE CULTURA Y BELLAS ARTES, 1956.
(COLECCION "LETRAS VENEZOLANAS," 3).

58
DIAZ SANCHEZ, RAMON.
PANTHEON NACIONAL (EL). GUIA PARA EL VISITANTE.
CARACAS. MINISTERIO DE RELACIONES INTERIORES,
DIRECCION DEL CEREMONIAL Y ACERVO HISTORICO DE LA
NACION, 1964.

59
DICCIONARIO BIOGRAFICO DE VENEZUELA. EDITORES,
GARRIDO MEZQUITA Y COMPANIA. PUBLICADO BAJO LA
DIRECCION TECNICA DE JULIO CARDENAS RAMIREZ.
DIRECTOR DE RECOPILACIONES, CARLOS SAENZ DE LA
CALZADA.
MADRID. BLASS, 1953.

60
DICCIONARIO GENERAL DE LA LITERATURA VENEZOLANA.
AUTORES.
MERIDA. UNIVERSIDAD DE LOS ANDES, 1974.

61
EDITORIAL BIOGRAFICA DE VENEZUELA, CARACAS.
CIENTO VEINTE BIOGRAFIAS DE PROCERES E ILUSTRES
VENEZOLANOS.
CARACAS, 1963.

62
ENCICLOPEDIA DE VENEZUELA. ASESOR, PASCUAL VENEGAS
FILARDO. EDITOR, LUCAS MORAN ARCE. EDITOR ASISTENTE,
ENRIQUE R. BRAVO.
CARACAS. A. BELLO, 1973-1975, 12 VOLS.

63
FABBIANI RUIZ, JOSE, ED.
BIBLIOGRAFIA DE LA NOVELA VENEZOLANA.
CARACAS. UNIVERSIDAD CENTRAL DE VENEZUELA, FACULTAD
DE HUMANIDADES Y EDUCACION, ESCUELA DE LETRAS,
CENTRO DE ESTUDIOS LITERARIAS, 1963.

64
FEBRES CORDERO CONTRERAS, CARLOS L.
LEGISLACION Y DOCTRINA JUDICIAL DEL TRABAJO.
LEGISLACION DEL TRABAJO VIGENTE Y COMPILACION DE LA
DOCTRINA JUDICIAL ... 1949-1953.
CARACAS. EDICIONES EDIME, 1955, 2 VOLS.

65
FEBRES CORDERO G., JULIO.

VOCABULARIO CARIBE DEL ORIENTE VENEZOLANO (UN).
CARACAS. MINISTERIO DE EDUCACION NACIONAL,
DIRECCION DE CULTURA, 1946.
66

FRANCO, JOSE LUCIANO, ED.
DOCUMENTOS PARA LA HISTORIA DE VENEZUELA EXISTENTES
EN EL ARCHIVO NACIONAL DE CUBA.
HAVANA, 1960. (CUBA, ARCHIVO NACIONAL,
PUBLICACIONES, NO. 51).
67

FREILE, ALFONSO J. * CONTRAMAESTRE TORRES, ALBERTO.
* BOADAS, ANTONIO R.
BIBLIOGRAFIA GEOGRAFICA DE VENEZUELA, HASTA 1962.
CARACAS. MINISTERIO DE DEFENSA, ESTADO MAYOR
CONJUNTO, DIVISION DE INFORMACIONES, SECCION
GEOGRAFIA, 1965.
68

FREITES DE ACOSTA, ALECIA.
RICARDO ARCHILA. BIBLIOGRAFIA.
CARACAS. UNIVERSIDAD CENTRAL DE VENEZUELA, FACULTAD
DE HUMANIDADES Y EDUCACION, ESCUELA DE
BIBLIOTECONOMIA Y ARCHIVOS, 1968. (SERIE
BIBLIOGRAFICA, NO. 7).
69

FUCHS, HELMUTH.
BIBLIOGRAFIA BASICA DE ETNOLOGIA DE VENEZUELA.
SEVILLE. UNIVERSIDAD DE SEVILLA, FACULTAD DE
FILOSOFIA Y LETRAS, 1964. (PUBLICACIONES DEL
SEMINARIO DE ANTROPOLOGIA AMERICANA, NO. 5).
70

FUNDACION CREOLE, CARACAS.
COLECCION MINIMA DE INFORMACION Y CONOCIMIENTO
VENEZOLANO. PROGRAMA EN EXPERIMENTACION. PREPARADA
POR PEDRO GRASES.
MIMEOGRAPH. CARACAS, 1968.
71

FUNDACION JOHN BOULTON, CARACAS.
SECCION VENEZOLANA DEL ARCHIVO DE LA GRAN COLOMBIA.
INDICE SUCINTO.
CARACAS, 1960.
72

FUNDACION JOHN BOULTON, CARACAS. MUSEO.
MUSEO FUNDACION JOHN BOULTON, LA GUAIRA. CATALOGO.
CARACAS, 1970.
73

GABALDON MARQUEZ, JOAQUIN, ET AL.
MISIONES VENEZOLANAS EN LOS ARCHIVOS EUROPEOS.
MEXICO. PAN AMERICAN INSTITUTE OF GEOGRAPHY AND
HISTORY, 1954, PUBLICACION NUMERO 181.
74

GALLEGOS, ROMULO.
CONTRIBUCION A LA BIBLIOGRAFIA DE ROMULO GALLEGOS,
1884-1969. FICHA BIO-BIBLIOGRAFICA POR RICARDO

MONTILLA.
CARACAS. IMPRENTA MUNICIPAL, 1969. (COLECCION
BIBLIOGRAFIAS, NO. 1).
75

GANZENMULLER DE BLAY, MARIA LUISA.
CONTRIBUCION A LA BIBLIOGRAFIA DE VIAJES Y
EXPLORACIONES DE VENEZUELA, COLECCION DE 467 FICHAS.
CARACAS. UNIVERSIDAD CENTRAL DE VENEZUELA, FACULTAD
DE HUMANIDADES Y EDUCACION, ESCUELA DE
BIBLIOTECONOMIA Y ARCHIVOS, 1964. (SERIE
BIBLIOGRAFIA TEMATICA, NO. 1. COLECCION GEOGRAFIA,
NO. 1).
76

GANZENMULLER DE BLAY, MARIA LUISA.
CONTRIBUCION A LA BIBLIOGRAFIA VIAJERA Y DESCRIPTIVA
DE VENEZUELA. COLECCION DE 443 FICHAS.
CARACAS, 1958.
77

GARCIA CHUECOS, HECTOR, COMP.
CATALOGO DE DOCUMENTOS REFERENTES A HISTORIA DE
VENEZUELA Y DE AMERICA, EXISTENTES EN EL ARCHIVO
NACIONAL DE WASHINGTON.
CARACAS. IMPRENTA NACIONAL, 1950.
78

GARCIA ITURBE, ARNOLDO.
BIBLIOGRAFIA VENEZOLANA SOBRE CRIMINOLOGIA.
CARACAS. MINISTERIO DE JUSTICIA, 1970. (SOCIEDAD
VENEZOLANA DE DERECHO PENAL Y CRIMINOLOGIA, SERIE
PAPELES DE TRABAJO, NO. 1).
79

GOMEZ CANEDO, LINO.
ARCHIVOS DE LA HISTORIA DE AMERICA (LOS). PERIODO
COLONIAL ESPANOL.
MEXICO. INSTITUTO PANAMERICANO DE GEOGRAFIA E
HISTORIA, 1961, 2 VOLS.
80

GOMEZ CANEDO, LINO.
ARCHIVOS HISTORICOS DE VENEZUELA (LOS).
MARACAIBO. UNIVERSIDAD DEL ZULIA, FACULTAD DE
HUMANIDADES Y EDUCACION, 1966. (MONOGRAFIAS Y
ENSAYOS, NO. 5).
81

GONZALEZ, JULIO.
CATALOGO DE MAPAS Y PLANOS DE VENEZUELA.
MADRID. DIRECCION GENERAL DE ARCHIVOS Y BIBLIOTECAS,
ARCHIVO GENERAL DE INDIAS, 1968.
82

GRASES, PEDRO.
BIBLIOGRAFIA DE ANTONIO JOSE DE SUCRE, GRAN MARISCAL
DE AYACUCHO, 1795-1830.
CARACAS. MINISTERIO DE LA DEFENSA, 1974. (ANO
SESQUICENTENARIO DE LA BATALLA DE AYACUCHO).

83
   GRASES, PEDRO.
   BIBLIOGRAFIA SUMARIA DE ANDRES BELLO.
   SANTIAGO DE CHILE. BIBLIOTECA NACIONAL, 1965.
   (EDICIONES DE LA REVISTA MAPOCHO).

84
   GRASES, PEDRO.
   CONSIDERACIONES SOBRE LA OBRA BIBLIOGRAFICA EN
   VENEZUELA. IN.
   BOLETIN DE LA BIBLIOTECA GENERAL (MARACAIBO,
   UNIVERSIDAD DEL ZULIA), VOL. 1, NO. 1(1961), 11-19.

85
   GRASES, PEDRO.
   CONTRIBUCION A LA BIBLIOGRAFIA DEL 19 DE ABRIL DE
   1810.
   CARACAS. PUBLICACIONES DE LA SOCIEDAD BOLIVARIANA DE
   VENEZUELA, 1960.

86
   GRASES, PEDRO.
   CONTRIBUCION A LA BIBLIOGRAFIA VENEZOLANA DE TEMAS
   AGROPECUARIOS.
   CARACAS. TIPOGRAFIA GARRIDO, 1943.

87
   GRASES, PEDRO.
   CONTRIBUCION AL ESTUDIO DE LA BIBLIOGRAFIA CARAQUENA
   DE DON ANDRES BELLO.
   CARACAS. TIPOGRAFIA AMERICANA, 1944.

88
   GRASES, PEDRO.
   DIGO MI CANCION A QUIEN CONMIGO VA.
   CARACAS. FUNDACION EUGENIO MENDOZA, 1974.

89
   GRASES, PEDRO.
   ESTUDIOS BIBLIOGRAFICOS. PROLOGO DE RAFAEL CALDERA.
   CARACAS. IMPRENTA NACIONAL, 1961.

90
   GRASES, PEDRO.
   FUENTES GENERALES PARA EL ESTUDIO DE LA LITERATURA
   VENEZOLANA.
   CARACAS, 1950.

91
   GRASES, PEDRO.
   GENERAL ASPECTS OF BIBLIOGRAPHICAL ACTIVITIES IN
   VENEZUELA.
   MIMEOGRAPHED. CARBONDALE. SOUTHERN ILLINOIS
   UNIVERSITY, 1961. (SEMINAR ON THE ACQUISITION OF
   LATIN AMERICAN LIBRARY MATERIALS, 6TH, 1961. WORKING
   PAPER NO. 10).

92
   GRASES, PEDRO. * PEREZ VILA, MANUEL.
   GRAN COLOMBIA. REFERENCIAS RELATIVAS A LA
   BIBLIOGRAFIA SOBRE EL PERIODO EMANCIPADOR EN LOS
   PAISES GRANCOLOMBIANOS (DESDE 1949). IN.
   ANUARIO DE ESTUDIOS AMERICANOS, 21(1964), 733-777.

93

GRASES, PEDRO.
GREMIO DE DISCRETOS. 3D ED.
CARACAS. EDITORIAL ARTE, 1967.

94

GRASES, PEDRO.
INVESTIGACIONES BIBLIOGRAFICAS. PROLOGO DE AGUSTIN
MILLARES CARLO.
CARACAS. MINISTERIO DE EDUCACION, DIRECCION TECNICA,
DEPARTAMENTO DE PUBLICACIONES, 1968. (COLECCION
VIGILIA, NO. 13).

95

GRASES, PEDRO.
JULIO PLANCHART (1885-1948).
CARACAS. ITALGRAFICA, 1972.

96

GRASES, PEDRO.
MAS INCUNABLES VENEZOLANOS.
CARACAS, 1960.

97

GRASES, PEDRO.
NUEVOS TEMAS DE BIBLIOGRAFIA Y CULTURA VENEZOLANAS.
2D ED.
MERIDA. UNIVERSIDAD DE LOS ANDES, 1967.
(PUBLICACIONES DEL RECTORADO).

98

GRASES, PEDRO.
OBRA DE PEDRO GRASES (LA). BY USLAR PIETRI, ARTURO,
ET AL.
CARACAS. EDITORIAL ARTE, 1969.

99

GRASES, PEDRO.
TEMAS DE BIBLIOGRAFIA Y CULTURA VENEZOLANA. 2D ED.
CARACAS. MONTE AVILA, 1973, 2 VOLS. (BIBLIOTECA
POPULAR EL DORADO, NOS. 53-54).

100

GRIFFIN, CHARLES C., ED.
LATIN AMERICA. A GUIDE TO THE HISTORICAL LITERATURE.
AUSTIN. UNIVERSITY OF TEXAS PRESS, CONFERENCE ON
LATIN AMERICAN HISTORY, 1971.

101

GUELL Y MERCADOR, JOSE (PSEUD. HORTENSIO).
LITERATURA VENEZOLANA. REVISTAS BIBLIOGRAFICAS
EXPRESAMENTE ESCRITAS PARA LA OPINION NACIONAL.
HOMENAJE A BOLIVAR EN SU CENTENARIO 24 DE JULIO DE
1883.
CARACAS. LA OPINION NACIONAL, 1883, 2 VOLS.

102

HENIGE, DAVID P., COMP.
COLONIAL GOVERNORS FROM THE FIFTEENTH CENTURY TO THE
PRESENT. A COMPREHENSIVE LIST.
MADISON. UNIVERSITY OF WISCONSIN PRESS, 1970.

103

HILDEBRANDT, MARTHA.
DICCIONARIO GUAJIRO-ESPANOL.
CARACAS. MINISTERIO DE JUSTICIA, 1963. (LENGUAS
INDIGENAS DE VENEZUELA, COMISION INDIGENISTA, NO.
2).

104

HILTON, RONALD, ED.
WHO"S WHO IN LATIN AMERICA. A BIOGRAPHICAL
DICTIONARY OF NOTABLE LIVING MEN AND WOMEN OF LATIN
AMERICA. 3D ED.
DETROIT. BLAINE ETHRIDGE BOOKS, 1971, 2 VOLS.

105

INSTITUTO VENEZOLANO DE INVESTIGACIONES CIENTIFICAS.
BIBLIOTECA.
CATALOGO DE PUBLICACIONES PERIODICAS EXISTENCIAS,
DICIEMBRE 1971.
CARACAS, 1972.

106

IRISH UNIVERSITY PRESS AREA STUDIES SERIES, BRITISH
PARLIAMENTARY PAPERS. CENTRAL AND SOUTH AMERICA.
SHANNON. IRISH UNIVERSITY PRESS, 1971, 50 VOLS.

107

KRISOLOGO B., PEDRO JUAN.
DICCIONARIO ESPANOL-WE-JIBI (GUAHIBO). COMISION
INDIGENISTA, MINISTERIO DE JUSTICIA, CARACAS, 2 DE
ENERO DE 1964.
CARACAS. MIMEOGRAFIADO POR INSTITUTO CARIBE DE
ANTROPOLOGIA Y SOCIOLOGIA, 1965.

108

LANG, ELFRIEDA WILHELMINA HENRIETTA.
MANUSCRITOS LATINO-AMERICANOS EN LA BIBLIOTECA
LILLY, UNIVERSIDAD DE INDIANA, BLOOMINGTON, INDIANA,
E.E.U.U.
BLOOMINGTON. INDIANA UNIVERSITY, 1970.

109

LEMMO B., ANGELINA.
J.A. DE ARMAS CHITTY. BIBLIOGRAFIA.
CARACAS. UNIVERSIDAD CENTRAL DE VENEZUELA, FACULTAD
DE HUMANIDADES Y EDUCACION, ESCUELA DE
BIBLIOTECONOMIA Y ARCHIVOS, 1969. (SERIE
BIBLIOGRAFICA, NO. 10).

110

LOLLETT C., CARLOS MIGUEL.
REPERTORIO DE LA BIBLIOGRAFIA VENEZOLANA ECONOMICA Y
SOCIAL.
CUERNAVACA, MEXICO. CENTRO INTERCULTURAL DE
DOCUMENTACION, 1968. (CIDOC CUADERNO NO. 12).

111

LOMBARDI, JOHN V.
VENEZUELAN JOURNALS FOR HISTORIANS. IN.
CONFERENCE ON LATIN AMERICAN HISTORY NEWSLETTER,
7.2(SEPT. 1971), 38-41. (SPECIAL AREA STUDIES
ISSUE).

112

LOPEZ DE SAGREDO Y BRU, JOSE.
INDICE DE PERIODICOS Y PERIODISTAS DEL ESTADO ZULIA,
DESDE 1823 HASTA 1948.
MARACAIBO. TIPOGRAFIA CERVANTES, 1948.

113

LUQUE HERNANDEZ, EZEQUIEL.
INDICE ALFABETICO-ANALITICO DE LA MATERIA CONTENIDA
EN LA CONSTITUCION DE LA REPUBLICA DE VENEZUELA.
CARACAS. MINISTERIO DE EDUCACION, DIRECCION DE
EDUCACION PRIMARIA Y NORMAL, 1963.

114

MACPHERSON, TELASCO A.
DICCIONARIO HISTORICO, GEOGRAFICO, ESTADISTICO Y
BIOGRAFICO DEL ESTADO LARA. 2D ED.
CARACAS. EDITORIAL ELITE, LITOGRAFIA Y TIPOGRAFIA
VARGAS, 1941.

115

MACPHERSON, TELASCO A.
DICCIONARIO HISTORICO, GEOGRAFICO, ESTADISTICO Y
BIOGRAFICO DEL ESTADO MIRANDA (REPUBLICA DE
VENEZUELA).
CARACAS. EL CORREO DE CARACAS, 1891.

116

MACPHERSON, TELASCO A.
VOCABULARIO HISTORICO, GEOGRAFICO Y BIOGRAFICO DEL
ESTADO CARABOBO (REPUBLICA DE VENEZUELA).
VALENCIA, 1890.

117

MANCERA GALLETTI, ANGEL.
QUIENES NARRAN Y CUENTAN EN VENEZUELA. FICHERO
BIBLIOGRAFICO PARA UNA HISTORIA DE LA NOVELA Y DEL
CUENTO VENEZOLANOS.
CARACAS. EDICIONES CARIBE, 1958.

118

MARQUEZ M., ORFILA.
HENRI FRANCOIS PITTIER. BIBLIOGRAFIA.
CARACAS. UNIVERSIDAD CENTRAL DE VENEZUELA, FACULTAD
DE HUMANIDADES Y EDUCACION, ESCUELA DE
BIBLIOTECONOMIA Y ARCHIVOS, 1968. (SERIE
BIBLIOGRAFICA, NO. 8).

119

MAYZ, CARMEN C. DE.
INDICE DE LA REVISTA "COSMOPOLIS" (1894-1895).
CARACAS. UNIVERSIDAD CATOLICA ANDRES BELLO,
INSTITUTOS HUMANISTICOS DE INVESTIGACION, 1972.

120

MILLARES CARLO, AGUSTIN.
ARCHIVO DEL CONCEJO DE MARACAIBO. EXPEDIENTES
DIVERSOS I-II.
MARACAIBO. CENTRO DE HISTORIA DEL ESTADO ZULIA,
1968, 2 VOLS.

121

MILLARES CARLO, AGUSTIN.
ARCHIVO DEL REGISTRO PRINCIPAL DE MARACAIBO.
PROTOCOLOS DE LOS ANTIGUOS ESCRIBANOS (1790-1836).
INDICE Y EXTRACTOS.
MARACAIBO. CENTRO HISTORICO DEL ZULIA, 1964.

122

MILLARES CARLO, AGUSTIN.
ARCHIVOS DE LOS REGISTROS PRINCIPALES DE MERIDA Y
CARACAS. PROTOCOLOS DEL SIGLO XVI.
CARACAS. ACADEMIA NACIONAL DE LA HISTORIA, 1966.
(BIBLIOTECA DE LA ACADEMIA NACIONAL DE LA HISTORIA,
NO. 80).

123

MILLARES CARLO, AGUSTIN.
ARCHIVOS MUNICIPALES DE LATINOAMERICA (LOS). LIBROS
DE ACTAS Y COLECCIONES DOCUMENTALES. APUNTES
BIBLIOGRAFICOS.
MARACAIBO. UNIVERSIDAD DEL ZULIA, 1961.

124

MILLARES CARLO, AGUSTIN.
CATALOGO RAZONADO DE LOS LIBROS DE LOS SIGLOS XV,
XVI Y XVII DE LA ACADEMIA NACIONAL DE LA HISTORIA.
PROLOGO POR MARIO BRICENO PEROZO.
CARACAS. ACADEMIA NACIONAL DE LA HISTORIA, 1969.

125

MILLARES CARLO, AGUSTIN.
DON ANDRES BELLO, 1781-1865. ENSAYO BIBLIOGRAFICO.
MEXICO. INSTITUTO PANAMERICANO DE GEOGRAFIA E
HISTORIA, COMISION DE HISTORIA, 1970. (PUBLICACION,
NO. 310).

126

MILLARES CARLO, AGUSTIN.
ENSAYO DE UNA BIBLIOGRAFIA DE LA IMPRENTA Y EL
PERIODISMO EN VENEZUELA.
WASHINGTON, D.C., ORGANIZACION DE LOS ESTADOS
AMERICANOS, 1971.

127

MILLARES CARLO, AGUSTIN.
ESTUDIO BIBLIOGRAFICO DE LOS ARCHIVOS VENEZOLANOS Y
EXTRANJEROS DE INTERES PARA LA HISTORIA DE
VENEZUELA.
CARACAS. ARCHIVO GENERAL DE LA NACION, 1971.
(BIBLIOTECA VENEZOLANA DE HISTORIA, NO. 12).

128

MILLARES CARLO, AGUSTIN.
NOTAS PARA UNA BIBLIOGRAFIA DE LA IMPRENTA Y EL
PERIODISMO EN VENEZUELA.
MARACAIBO. EDITORIAL UNIVERSITARIA LUZ, 1965.

129

MILLARES CARLO, AGUSTIN.
PRONTUARIO DE BIBLIOGRAFIA GENERAL.
MARACAIBO. UNIVERSIDAD DEL ZULIA, DIRECCION DE
CULTURA, 1966.

130

MILLARES CARLO, AGUSTIN.
RAFAEL MARIA BARALT (1810-1860). ESTUDIO BIOGRAFICO,
CRITICO Y BIBLIOGRAFICO.
CARACAS. EDICIONES DE LA BIBLIOTECA DE LA
UNIVERSIDAD CENTRAL DE VENEZUELA, 1969. (COLECCION
CIENCIAS SOCIALES, NO. 13).

131

MIRANDA, FRANCISCO DE.
INDICE DEL ARCHIVO DEL GENERAL MIRANDA. PUBLICACION
ORDENADA POR EL MINISTRO DE INSTRUCCION PUBLICA DR.
RUBEN GONZALEZ.
CARACAS. TIPOGRAFIA AMERICANA, 1927.

132

MUESTRO ANTOLOGICA DEL LIBRO DE GUYANA.
CARACAS. UNIVERSIDAD CENTRAL DE VENEZUELA, FACULTAD
DE HUMANIDADES Y EDUCACION, ESCUELA DE
BIBLIOTECONOMIA Y ARCHIVOS, 1964.

133

MULLER, INES DE.
VENEZOLANISMOS Y OTROS PALABRAS MUY USADAS,
ESPANOL-INGLES. VENEZOLANISMS (SIC) AND OTHER VERY
COMMON WORDS, SPANISH-ENGLISH. 2D ED.
CARACAS, 196-.

134

NAYLOR, BERNARD.
ACCOUNTS OF NINETEENTH CENTURY SOUTH AMERICA. AN
ANNOTATED CHECKLIST OF WORKS BY BRITISH AND U.S.
OBSERVERS.
LONDON. THE ATHLONE PRESS, UNIVERSITY OF LONDON,
INSTITUTE OF LATIN AMERICAN STUDIES, 1969.

135

NECTARIO MARIA, BROTHER.
CATALOGO DE LOS DOCUMENTOS REFERENTES A LA ANTIGUA
PROVINCIA DE MARACAIBO, EXISTENTES EN EL ARCHIVO
GENERAL DE INDIAS DE SEVILLA.
CARACAS. UNIVERSIDAD CATOLICA ANDRES BELLO,
INSTITUTO DE INVESTIGACIONES HISTORICAS, 1973.

136

O"LEARY, DANIEL FLORENCIO.
INDICE DE LOS DOCUMENTOS CONTENIDOS EN LAS MEMORIAS
DEL GENERAL DANIEL FLORENCIO O"LEARY, ELABORADO POR
MANUEL PEREZ VILA.
CARACAS. PUBLICACIONES DE LA SOCIEDAD BOLIVARIANA DE
VENEZUELA, 1956, 2 VOLS.

137

ORGANIZATION OF AMERICAN STATES. INSTITUTO
INTERAMERICANO DE CIENCIAS AGRICOLAS. CENTRO
INTERAMERICANO DE DOCUMENTACION E INFORMACION
AGRICOLA.
PUBLICACIONES PERIODICAS Y SERIADAS AGRICOLAS DE
AMERICA LATINA.
TURRIALBA, C.R., 1971. (BIBLIOTECOLOGIA Y

DOCUMENTACION, NO. 19).

138

OSORIO JIMENEZ, MARCOS A.
BIBLIOGRAFIA CRITICA DE LA DETRACCION BOLIVARIANA.
PROEMIO DEL DR. ANGEL FRANCISCO BRICE.
CARACAS. EDICIONES DE LA SOCIEDAD BOLIVARIANA DE
VENEZUELA, 1959.

139

PAN AMERICAN INSTITUTE OF GEOGRAPHY AND HISTORY. 4TH
GENERAL ASSEMBLY, CARACAS, 1946.
CATALOGO DE LA EXPOSICION DE LIBROS DE GEOGRAFIA E
HISTORIA DE VENEZUELA.
CARACAS, 1946.

140

PAN AMERICAN UNION. COLUMBUS MEMORIAL LIBRARY.
BIBLIOGRAPHY OF THE LIBERATOR, SIMON BOLIVAR.
WASHINGTON, D.C., 1933. (BIBLIOGRAPHIC SERIES, NO.
1).

141

PAN AMERICAN UNION. DEPARTMENT OF ECONOMIC AFFAIRS.
VENEZUELA. INDICE ANOTADO DE LOS TRABAJOS
AEROFOTOGRAFICOS Y LOS MAPAS TOPOGRAFICOS Y DE
RECURSOS NATURALES. ANNOTATED INDEX OF AERIAL
PHOTOGRAPHIC COVERAGE AND MAPPING OF TOPOGRAPHY AND
NATURAL RESOURCES.
WASHINGTON, D.C., 1964.

142

PAN AMERICAN UNION. DEPARTMENT OF ECONOMIC AFFAIRS.
UNIT OF PLANNING AND PROGRAMMING.
LIST OF PUBLICATIONS ON VENEZUELA.
WASHINGTON, D.C., 1962.

143

PEREZ VILA, MANUEL, COMP.
INDICE DE LOS DOCUMENTOS CONTENIDOS EN LAS MEMORIAS
DEL GENERAL DANIEL FLORENCIO O"LEARY.
CARACAS. EDICIONES DE LA SOCIEDAD BOLIVARIANA DE
VENEZUELA, 1957, 2 VOLS.

144

PERU. BIBLIOTECA NACIONAL, LIMA.
LIBROS VENEZOLANOS, CATALOGO DE LA COLECCION DONADA
POR EL GOBIERNO DE LOS E.E.U.U. DE VENEZUELA A LA
BIBLIOTECA NACIONAL DE LIMA.
CARACAS. PUBLICACIONES DE LA BIBLIOTECA NACIONAL,
1946.

145

PICON RIVAS, ULISES.
INDICE CONSTITUCIONAL DE VENEZUELA.
CARACAS. EDITORIAL ELITE, 1944.

146

PICON SALAS, MARIANO.
CIENTO VEINTE BIOGRAFIAS DE PROCERES E ILUSTRES
VENEZOLANOS.
CARACAS. EDITORIAL BIOGRAFIA DE VENEZUELA, 1963.

147
PINTO, JUAN, COMP.
BIBLIOGRAFIA DE LA POESIA ZULIANA.
MERIDA. UNIVERSIDAD DE LOS ANDES, FACULTAD DE
HUMANIDADES Y EDUCACION, ESCUELA DE LETRAS, CENTRO
DE INVESTIGACIONES LITERARIAS, 1971. (SERIE
BIBLIOGRAFICA, NO. 3).

148
QUERALES, JUAN E., COMP.
BIBLIOGRAFIA DE LA POESIA CARORENA.
CARORA. CASA DE LA CULTURA, 1972.

149
QUIEN ES QUIEN EN VENEZUELA, PANAMA, ECUADOR,
COLOMBIA. CON DATOS RECOPILADOS HASTA EL 30 DE JUNIO
DE 1952.
BOGOTA. OLIVERIO PERRY Y CIA EDITORES, 1952.

150
RAMIREZ BAEZ, CARMEN CELESTE.
MARIO BRICENO PEROZO. BIBLIOGRAFIA.
CARACAS. UNIVERSIDAD CENTRAL DE VENEZUELA, FACULTAD
DE HUMANIDADES Y EDUCACION ESCUELA DE
BIBLIOTECONOMIA Y ARCHIVOS, 1970. (SERIE
BIBLIOGRAFICA, NO. 12).

151
REALIZACIONES AL SERVICIO DE LOS ARCHIVOS
VENEZOLANOS.
CARACAS. FUNDACIONES EUGENIO MENDOZA, CREOLE, JOHN
BOULTON Y SHELL, 1967.

152
RODRIGUEZ, RAMON ARMANDO.
DICCIONARIO BIOGRAFICO, GEOGRAFICO E HISTORICO DE
VENEZUELA.
MADRID, 1957.

153
RODRIGUEZ GALLAD, IRENE Y CRUZ VARGAS.
CENSO BIBLIOHEMEROGRAFICO DE SALVADOR DE LA PLAZA.
CARACAS. UNIVERSIDAD CENTRAL DE VENEZUELA, 1973.

154
RODRIGUEZ MONINO, ANTONIO R.
CATALOGO DE MEMORIALES PRESENTADOS AL REAL CONSEJO
DE INDIAS (1626-1630). DESCRIPCION BIBLIOGRAFICA DE
MAS DE CUATROCIENTOS RARISIMOS IMPRESOS Y
MANUSCRITOS.
MADRID. IMPRENTA Y EDITORIAL MAESTRE, 1953.

155
RODULFO CORTES, SANTOS.
J.F. REYES BAENA. BIBLIOGRAFIA.
CARACAS. UNIVERSIDAD CENTRAL DE VENEZUELA, FACULTAD
DE HUMANIDADES Y EDUCACION, ESCUELA DE
BIBLIOTECONOMIA Y ARCHIVOS, 1969. (SERIE
BIBLIOGRAFICA, NO. 9).

156
RODULFO CORTES, SANTOS.

MARCO AURELIO VILA. BIBLIOGRAFIA.
CARACAS. UNIVERSIDAD CENTRAL DE VENEZUELA, FACULTAD
DE HUMANIDADES Y EDUCACION, ESCUELA DE
BIBLIOTECONOMIA Y ARCHIVOS, 1967. (SERIE
BIBLIOGRAFICA, NO. 6).

157
RODULFO CORTES, SANTOS.
MIGUEL ACOSTA SAIGNES. BIBLIOGRAFIA. 2D ED.
CARACAS. UNIVERSIDAD CENTRAL DE VENEZUELA, FACULTAD
DE HUMANIDADES Y EDUCACION, ESCUELA DE
BIBLIOTECONOMIA Y ARCHIVOS, 1970. (SERIE
BIBILOGRAFICA, NO. 1).

158
ROJAS, JOSE MARIA.
BIBLIOTECA DE ESCRITORES VENEZOLANOS CONTEMPORANEOS.
CARACAS. ROJAS HERMANOS, 1875.

159
RUBIN ZAMORA, LORENZO.
DICCIONARIO BIOGRAFICO CULTURAL DEL ESTADO GUARICO.
CARACAS, 1974.

160
RUDOLPH, DONNA KEYSE. * RUDOLPH, G.A.
HISTORICAL DICTIONARY OF VENEZUELA.
METUCHEN, N.J. THE SCARECROW PRESS, 1971.

161
RURAL DEVELOPMENT IN VENEZUELA. A BIBLIOGRAPHY.
MADISON. UNIVERSITY OF WISCONSIN, LAND TENURE
CENTER, 1972. (TRAINING AND METHODS SERIES, NO. 20).

162
SANABRIA, ALBERTO.
CUMANESES ILUSTRES.
CARACAS. EDITORIAL ARTE, 1965.

163
SANCHEZ, MANUEL SEGUNDO.
BIBLIOGRAFIA DE INDICES BIBLIOGRAFICOS RELATIVOS A
VENEZUELA. IN.
HANDBOOK OF LATIN AMERICAN STUDIES, CAMBRIDGE,
HARVARD UNIVERSITY PRESS, 1940, VOL. 5, PP. 428-442.

164
SANCHEZ, MANUEL SEGUNDO.
BIBLIOGRAFIA DE LAS EDICIONES NACIONALES Y DE LAS
EXTRANJERAS RELATIVAS A VENEZUELA, INCOMPLETAS O
TRUNCAS.
CARACAS. TIPOGRAFIA VARGAS, 1925.

165
SANCHEZ, MANUEL SEGUNDO.
BIBLIOGRAFIA DE OBRAS DIDACTICAS PUBLICADAS EN
VENEZUELA O POR AUTORES VENEZOLANOS EN EL
EXTRANJERO.
CARACAS. TIPOGRAFIA AMERICANA, 1946.

166
SANCHEZ, MANUEL SEGUNDO.
BIBLIOGRAFIA VENEZOLANA. NOMINA DE LOS PRINCIPALES

LIBROS Y FOLLETOS VENEZOLANOS PUBLICADOS EN LOS
PRIMEROS MESES DE 1918.
SANTIAGO DE CHILE. IMPRENTA UNIVERSITARIA, 1919.
167

SANCHEZ, MANUEL SEGUNDO.
BIBLIOGRAFIA VENEZOLANISTA. CONTRIBUCION AL
CONOCIMIENTO DE LOS LIBROS EXTRANJEROS RELATIVOS A
VENEZUELA Y SUS GRANDES HOMBRES, PUBLICADOS O
REIMPRESOS DESDE EL SIGLO XIX.
CARACAS. EMPRESA EL COJO, 1914.
168

SANCHEZ, MANUEL SEGUNDO.
ESTUDIOS BIBLIOGRAFICOS E HISTORICOS.
CARACAS. BANCO CENTRAL DE VENEZUELA, 1964. (OBRAS,
VOL. 2).
169

SANCHEZ, MANUEL SEGUNDO.
OBRAS.
CARACAS. BANCO CENTRAL DE VENEZUELA, 1964, 2 VOLS.
PLUS INDICE ANALITICO. (COLECCION CUATRICENTENARIO
DE CARACAS).
170

SANGUINETI VARGAS, YOLANDA.
BIBLIOGRAFIA GENERAL SOBRE DESARROLLO DE LA
COMUNIDAD.
CARACAS. FONDO EDITORIAL COMUN, 1970. (CIADEC.
CENTRO NACIONAL DE CAPITACION E INVESTIGACION
APLICADA PARA EL DESARROLLO DE LA COMUNIDAD).
171

SUBERO, EFRAIN.
CONTRIBUCION A LA BIBLIOGRAFIA DE RAMON DIAZ
SANCHEZ.
CARACAS. SEMINARIO DE LITURATURA VENEZOLANA, 1969.
172

SURIA, JAIME.
CATALOGO DEL ARCHIVO ARQUIDIOCESANO DE CARACAS.
MADRID. ESCUELAS PROFESIONALES "SAGRADO CORAZON DE
JESUS," 1964.
173

TEJERA, MARIA JOSEFINA.
ANGEL ROSENBLAT. BIBLIOGRAFIA.
CARACAS. UNIVERSIDAD CENTRAL DE VENEZUELA, FACULTAD
DE HUMANIDADES Y EDUCACION, ESCUELA DE
BIBLIOTECONOMIA Y ARCHIVOS, 1967. (SERIE
BIBLIOGRAFICA, NO. 3).
174

ULIBARRI, GEORGE S. * HARRISON, JOHN P.
GUIDE TO MATERIALS ON LATIN AMERICA IN THE NATIONAL
ARCHIVES OF THE UNITED STATES.
WASHINGTON, D.C. NATIONAL ARCHIVES AND RECORDS
SERVICE, GENERAL SERVICES ADMINISTRATION, 1974.
175

UNITED STATES. LIBRARY OF CONGRESS.

GUIDE TO THE OFFICIAL PUBLICATIONS OF THE OTHER
AMERICAN REPUBLICS (A). VOL. XIX--VENEZUELA.
COMPILED BY OTTO NEUBURGER.
WASHINGTON, D.C., 1948. (LATIN AMERICAN SERIES, NO.
34).

176
UNIVERSIDAD CATOLICA ANDRES BELLO, CARACAS.
SEMINARIO DE LITERATURA VENEZOLANA.
CONTRIBUCION A LA BIBLIOGRAFIA DE ANTONIO ARRAIZ,
1903-1963. COMP. TERESITA ALVAREZ V. ET AL.
CARACAS. GOBERNACION DEL DISTRITO FEDERAL, 1969.
(COLECCION BIBLIOGRAFIAS, NO. 3).

177
UNIVERSIDAD CATOLICA ANDRES BELLO, CARACAS.
SEMINARIO DE LITERATURA VENEZOLANA.
CONTRIBUCION A LA BIBLIOGRAFIA DE ARTURO USLAR
PIETRI, 1906. COMP. MARIA ZORAIDA LANGE DE CABRERA
ET AL.
CARACAS. GOBERNACION DEL DISTRITO FEDERAL, 1974.
(COLECCION BIBLIOGRAFIAS, NO. 10).

178
UNIVERSIDAD CATOLICA ANDRES BELLO, CARACAS.
SEMINARIO DE LITERATURA VENEZOLANA.
CONTRIBUCION A LA BIBLIOGRAFIA DE EDUARDO BLANCO,
1838-1912. COMP. MARIA LUISA ALZURU DE PALACIOS ET
AL.
CARACAS. GOBERNACION DEL DISTRITO FEDERAL, 1971.
(COLECCION BIBLIOGRAFIAS, NO. 7).

179
UNIVERSIDAD CATOLICA ANDRES BELLO, CARACAS.
SEMINARIO DE LITERATURA VENEZOLANA.
CONTRIBUCION A LA BIBLIOGRAFIA DE ENRIQUE BERNARDO
NUNEZ 1895-1964. COMP. MIREN CALVO GUTIERREZ ET AL.
CARACAS. GOBERNACION DEL DISTRITO FEDERAL, 1970.
(COLECCION BIBLIOGRAFIAS, NO. 6).

180
UNIVERSIDAD CATOLICA ANDRES BELLO, CARACAS.
SEMINARIO DE LITERATURA VENEZOLANA.
CONTRIBUCION A LA BIBLIOGRAFIA DE FERNANDO PAZ
CASTILLO, 1893. COMP. MIREN ZORKUNDE CALVO DE EL
CORO.
CARACAS. GOBERNACION DEL DISTRITO FEDERAL, 1974.
(COLECCION BIBLIOGRAFIAS, NO. 11).

181
UNIVERSIDAD CATOLICA ANDRES BELLO, CARACAS.
SEMINARIO DE LITERATURA VENEZOLANA.
CONTRIBUCION A LA BIBLIOGRAFIA DE LUIS MANUEL
URBANEJA ACHELPOHL, 1873-1937. COMP. BARCELO S.
PONTES ET AL.
CARACAS. GOBERNACION DEL DISTRITO FEDERAL, 1971.
(COLECCION BIBLIOGRAFIAS, NO. 8).

182
UNIVERSIDAD CATOLICA ANDRES BELLO, CARACAS.

SEMINARIO DE LITERATURA VENEZOLANA.
CONTRIBUCION A LA BIBLIOGRAFIA DE MANUEL DIAZ
RODRIGUEZ, 1871-1927. COMP. LUISA BELLO ET AL.
CARACAS. GOBERNACION DEL DISTRITO FEDERAL,
1967-1970. (COLECCION BIBLIOGRAFIAS, NO. 2).
183

UNIVERSIDAD CATOLICA ANDRES BELLO, CARACAS.
SEMINARIO DE LITERATURA VENEZOLANA.
CONTRIBUCION A LA BIBLIOGRAFIA DE RAMON DIAZ
SANCHEZ, 1903-1968. COMP. MANUEL JIMENEZ RUBIA ET
AL.
CARACAS. GOBERNACION DEL DISTRITO FEDERAL, 1970.
(COLECCION BIBLIOGRAFIAS, NO. 5).
184

UNIVERSIDAD CATOLICA ANDRES BELLO, CARACAS.
SEMINARIO DE LITERATURA VENEZOLANA.
CONTRIBUCION A LA BIBLIOGRAFIA DE ROMULO GALLEGOS,
1884-1969. COMP. MARIA EUGENIA VIQUEZ VIQUEZ ET AL.
CARACAS. GOBERNACION DEL DISTRITO FEDERAL, 1969.
(COLECCION BIBLIOGRAFIAS, NO. 1).
185

UNIVERSIDAD CATOLICA ANDRES BELLO, CARACAS.
SEMINARIO DE LITERATURA VENEZOLANA.
CONTRIBUCION A LA BIBLIOGRAFIA DE TERESA DE LA
PARRA, 1895-1935. COMP. RAQUEL BERLIN ET AL.
CARACAS. GOBERNACION DEL DISTRITO FEDERAL, 1970.
(COLECCION BIBLIOGRAFIAS, NO. 9).
186

UNIVERSIDAD CATOLICA ANDRES BELLO, CARACAS.
SEMINARIO DE LITERATURA VENEZOLANA.
CONTRIBUCION A LA BIBLIOGRAFICA DE JOSE RAFAEL
POCATERRA, 1890-1955. COMP. BIBIANA ALONSO RUIZ ET
AL.
CARACAS. GOBERNACION DEL DISTRITO FEDERAL, 1969.
(COLECCION BIBLIOGRAFIAS, NO. 4).
187

UNIVERSIDAD CENTRAL DE VENEZUELA, CARACAS.
EDOARDO CREMA Y SU OBRA.
CARACAS, 1967.
188

UNIVERSIDAD CENTRAL DE VENEZUELA, CARACAS.
BIBLIOTECA.
LIBROS DE VENEZUELA.
CARACAS, 1970.
189

UNIVERSIDAD CENTRAL DE VENEZUELA, CARACAS. CENTRO DE
ESTUDIOS LITERARIOS.
BIBLIOGRAFIA DE LA NOVELA VENEZOLANA.
CARACAS. UNIVERSIDAD CENTRAL DE VENEZUELA, FACULTAD
DE HUMANIDADES Y EDUCACION, ESCUELA DE LETRAS, 1963.
190

UNIVERSIDAD CENTRAL DE VENEZUELA, CARACAS. CONSEJO
DE DESARROLLO CIENTIFICO Y HUMANISTICO.

CATALOGO DE LA UNIVERSIDAD CENTRAL DE VENEZUELA.
INVESTIGACION, TRABAJOS DE CATEDRA, TRABAJOS DE
EXTENSION, 1964-1966.
CARACAS, 1969.

191

UNIVERSIDAD CENTRAL DE VENEZUELA, CARACAS. DIRECCION
DE BIBLIOTECAS, INFORMACION, DOCUMENTACION Y
PUBLICACIONES.
DIRECTORIO DE BIBLIOTECAS VENEZOLANAS. COMPILACION
DE OLIVIA MARIN.
CARACAS, 1973.

192

UNIVERSIDAD CENTRAL DE VENEZUELA, CARACAS. ESCUELA
DE BIBLIOTECONOMIA Y ARCHIVOS.
CATALOGO BIBLIOGRAFICO DE LA FACULTAD DE HUMANIDADES
Y EDUCACION, 1948-1968.
CARACAS, 1969. (INDICE DE PUBLICACIONES OFICIALES DE
LA UNIVERSIDAD CENTRAL DE VENEZUELA, NO. 1).

193

UNIVERSIDAD CENTRAL DE VENEZUELA, CARACAS. ESCUELA
DE HISTORIA. SEMINARIO DE HISTORIA DE LA
HISTORIOGRAFIA VENEZOLANA.
CONCEPTO DE LA HISTORIA EN CARACCIOLO PARRA PEREZ
(EL). POR M.E. PARRA PARDI ET AL. INTRODUCCION POR
GERMAN CARRERA DAMAS.
CARACAS, 1966. (SERIE SEMINARIOS, NO. 2).

194

UNIVERSIDAD CENTRAL DE VENEZUELA, CARACAS. ESCUELA
DE HISTORIA. SEMINARIO DE HISTORIA DE LA
HISTORIOGRAFIA VENEZOLANA.
CONCEPTO DE LA HISTORIA EN JOSE GIL FORTOUL (EL).
POR HURTADO LENA ET AL. INTRODUCCION POR GERMAN
CARRERA DAMAS.
CARACAS, 1966. (SERIE SEMINARIOS, NO. 1).

195

UNIVERSIDAD CENTRAL DE VENEZUELA, CARACAS. ESCUELA
DE HISTORIA. SEMINARIO DE HISTORIA DE LA
HISTORIOGRAFIA VENEZOLANA.
CONCEPTO DE LA HISTORIA EN LAUREANO VALLENILLA LANZ
(EL). POR CARLOS SALAZAR Y MANUEL CABALLERO.
INTRODUCCION POR GERMAN CARRERA DAMAS.
CARACAS, 1966. (SERIE SEMINARIOS, NO. 3).

196

UNIVERSIDAD DE LOS ANDES, MERIDA. FACULTAD DE
HUMANIDADES Y EDUCACION, BIBLIOTECA.
CATALOGO BIBLIOGRAFICO DE FILOSOFIA, PSICOLOGIA,
ARTE, HISTORIA DE VENEZUELA, EN ORDEN ALFABETICO DE
AUTORES CON INDICE POR MATERIAS Y TITULOS.
MERIDA, 1960.

197

UNIVERSITY OF TEXAS. LIBRARY.
RECENT VENEZUELAN ACQUISITIONS OF THE LATIN AMERICAN
COLLECTION. 1962-1964.

AUSTIN, 1965-.
198

VALERA, JUAN JOSE.
CATALOGO ESPECIALIZADO DE LAS ESTAMPILLAS DE
VENEZUELA, 1968. 2D ED., CORREGIDA Y AUMENTADA.
CARACAS. IMPRENTA NACIONAL, 1968.
199

VALORES HUMANOS DE LA GRAN COLOMBIA. VENEZUELA,
ECUADOR, COLOMBIA. CON DATOS RECOPILADOS HASTA EL
31 DE AGOSTO DE 1964.
CARACAS. OLIVERIO PERRY, 1964.
200

VALORES HUMANOS DE LA GRAN COLOMBIA. VENEZUELA,
PANAMA, ECUADOR, COLOMBIA. CON DATOS RECOPILADOS
HASTA EL 30 DE JUNIO DE 1952.
BOGOTA. OLIVERIO PERRY Y CIA EDITORES, 1952.
201

VALORES HUMANOS DE VENEZUELA. (QUIEN ES QUIEN).
BOGOTA. OLIVERIO PERRY, 1965.
202

VANNINI DE GERULEWICZ, MARISA.
JOAQUIN GABALDON MARQUEZ. BIBLIOGRAFIA.
CARACAS. UNIVERSIDAD CENTRAL DE VENEZUELA, FACULTAD
DE HUMANIDADES Y EDUCACION, ESCUELA DE
BIBLIOTECONOMIA Y ARCHIVOS, 1964. (SERIE
BIBLIOGRAFICA, NO. 2).
203

VANNINI DE GERULEWICZ, MARISA.
PEDRO BEROES. BIBLIOGRAFIA.
CARACAS. UNIVERSIDAD CENTRAL DE VENEZUELA, FACULTAD
DE HUMANIDADES Y EDUCACION, ESCUELA DE
BIBLIOTECONOMIA Y ARCHIVOS, 1967. (SERIE
BIBLIOGRAFICA, NO. 4).
204

VARGASIA.
INDICES ANALITICOS, POR OLGA DE GIORGI.
CARACAS. UNIVERSIDAD CENTRAL DE VENEZUELA, ESCUELA
DE BIBLIOTECONOMIA Y ARCHIVOS, 1956. (DOCUMENTOS
PARA LA HISTORIA DE LA CULTURA EN VENEZUELA. SERIE
MONOGRAFIAS BIBLIOGRAFIAS, NO. 3).
205

VAZ ARAUJO, LINO.
AGUSTIN MILLARES CARLO. TESTIMONIOS PARA UNA
BIBLIOGRAFIA.
MARACAIBO. UNIVERSIDAD DEL ZULIA, DIRECCION DE
CULTURA, 1968.
206

VAZ ARAUJO, LINO.
AUGUSTIN MILLARES CARLO. BIBLIOGRAFIA.
CARACAS. UNIVERSIDAD CENTRAL DE VENEZUELA, FACULTAD
DE HUMANIDADES Y EDUCACION, ESCUELA DE
BIBLIOTECONOMIA Y ARCHIVOS, 1969. (SERIE
BIBLIOGRAFICA, NO. 11).

207

VELEZ, RAFAEL.
BIBLIOGRAFIA DE MIGUEL ACOSTA SAIGNES. 2D ED.
CARACAS. UNIVERSIDAD CENTRAL DE VENEZUELA, 1970.

208

VELEZ BOZA, FERMIN.
BIBLIOGRAFIA VENEZOLANA DE ALIMENTACION Y NUTRICION.
CARACAS. MINISTERIO DE SANIDAD Y ASISTENCIA SOCIAL,
1961.

209

VELEZ BOZA, FERMIN.
BIBLIOGRAFIA VENEZOLANA DE HISTOLOGIA, EMBRIOLOGIA Y
GENETICA.
CARACAS. UNIVERSIDAD CENTRAL DE VENEZUELA, 1961.

210

VELEZ BOZA, FERMIN.
RESUMENES DE LOS TRABAJOS PUBLICADOS POR EL DR.
FERMIN VELEZ BOZA DE 1936-1971.
CARACAS, 1971, 2 VOLS.

211

VENEZUELA. BIBLIOTECA NACIONAL, CARACAS.
BIBLIOGRAFIA DE DON ARISTIDES ROJAS, 1826-1894.
CARACAS. TIPOGRAFIA AMERICANA, 1944.

212

VENEZUELA. BIBLIOTECA NACIONAL, CARACAS.
CATALOGO DE LA EXPOSICION DE LIBROS BOLIVARIANOS,
ORGANIZADA CON MOTIVO DEL CENTENARIO DEL TRASLADO DE
LOS RESTOS DEL LIBERTADOR A CARACAS. 16 DE
DICIEMBRE DE 1942 - 20 DE ENERO DE 1943.
CARACAS. ARTES GRAFICAS, 1943.

213

VENEZUELA. BIBLIOTECA NACIONAL, CARACAS.
FICHAS BIBLIOGRAFICAS.
CARACAS. IMPRENTA NACIONAL, 1946.

214

VENEZUELA. BIBLIOTECA NACIONAL, CARACAS.
PUBLICACIONES VENEZOLANAS Y RELATIVAS A VENEZUELA
RECIBIDAS EN LA BIBLIOTECA NACIONAL DESDE EL PRIMERO
DE JUNIO HASTA EL 30 DE SEPTIEMBRE DE 1940.
CARACAS, 1940.

215

VENEZUELA. BIBLIOTECA NACIONAL, CARACAS. HEMEROTECA.
DON ANDRES BELLO. BIBLIOGRAFIA DE TRABAJOS SOBRE SU
VIDA Y OBRA. COMP. MARTIN PEREA ROMERO.
CARACAS, 1956. (CATALOGO ANALITICO, ENTREGA NO. 1).

216

VENEZUELA. COMISION DE ADMINISTRACION PUBLICA.
MANUAL DE ORGANIZACION. BASE LEGAL, ATRIBUCIONES,
ESTRUCTURA Y FUNCIONES DEL PODER EJECUTIVO.
CARACAS, 1966.

217

VENEZUELA. COMISION DE ADMINISTRACION PUBLICA.
ORGANIZACION ADMINISTRATIVA DEL GOBIERNO NACIONAL DE

LA REPUBLICA DE VENEZUELA.
CARACAS, 1960.
218

VENEZUELA. DIRECCION DE PREVISION SOCIAL, DIVISION
DE MANO DE OBRA.
DICCIONARIO NACIONAL DE OCUPACIONES.
CARACAS. IMPRENTA NACIONAL, 1965.
219

VENEZUELA. LAWS, STATUTES, ETC. (INDEXES).
DERECHO COLONIAL VENEZOLANO. INDICE GENERAL DE LAS
REALES CEDULAS QUE SE CONTIENEN EN LOS FONDOS
DOCUMENTALES DEL ARCHIVO GENERAL DE LA NACION.
EDICION PREPARADA Y DIRIGIDA POR HECTOR GARCIA
CHUECOS.
CARACAS. IMPRENTA NACIONAL, 1952.
220

VENEZUELA. LAWS, STATUTES, ETC. (INDEXES).
INDICE ALFABETICO DE PRINCIPALES LEYES, DECRETOS,
REGLAMENTOS Y RESOLUCIONES VIGENTES HASTA EL 31 DE
DICIEMBRE DE 1952. ED. TOMAS DE EQUILAZU Y GARAI.
CARACAS. CROMOTIP, 1953.
221

VENEZUELA. LAWS, STATUTES, ETC. (INDEXES).
INDICE DE DECRETOS DE LA JUNTA REVOLUCIONARIA DE
GOBIERNO DE LOS ESTADOS UNIDOS DE VENEZUELA,
EJECUTADO POR ALFREDO MARTINEZ RIVERO.
CARACAS. IMPRENTA NACIONAL, 1947.
222

VENEZUELA. LAWS, STATUTES, ETC. (INDEXES).
INDICE DE LEGISLACION VIGENTE.
CARACAS. UNIVERSIDAD CENTRAL DE VENEZUELA, FACULTAD
DE DERECHO, 1969-1971, 3 VOLS.
223

VENEZUELA. LAWS, STATUTES, ETC. (INDEXES).
INDICE INFORMATIVE DE LOS DECRETOS, REGLAMENTOS Y
RESOLUCIONES SOBRE LEYES VIGENTES.
CARACAS. MINISTERIO DE RELACIONES INTERIORES, 1929.
2D ED., 1930. 3D ED., 1942.
224

VENEZUELA. LAWS, STATUTES, ETC. (INDEXES).
REPERTORIO ALFABETICO DE LAS MATERIAS CONTENIDAS EN
LAS LEYES Y DECRETOS DE VENEZUELA DESDE 1830 A 1873.
COMPRENDE TAMBIEN LAS LEYES Y DECRETOS DE COLOMBIA
VIGENTES EN VENEZUELA. EDICION OFICIAL.
CARACAS, 1874.
225

VENEZUELA. MINISTERIO DE CREDITO PUBLICO.
RESUMEN CRONOLOGICO DE LAS LEYES Y DECRETOS DEL
CREDITO PUBLICO DE VENEZUELA, DESDE EL ANO 1826.
CUENTA GENERAL HASTA 31 DE DICIEMBRE DE 1872.
LIQUIDACION DE TODOS LOS CONTRATOS DESDE 1864,
PRECEDIDA DE UN RESUMEN DE TODOS ELLOS, Y CUADRAS
DEMONSTRATIVOS DE LAS OPERACIONES DEL MISMO CREDITO

PUBLICO POR EL MINISTRO DEL RAMO FRANCISCO PIMENTAL
Y ROTH.
CARACAS, 1873.

226

VENEZUELA. MINISTERIO DE RELACIONES EXTERIORES.
DIRECTORIO DE IMPORTADORES Y EXPORTADORES DE
VENEZUELA. 2D ED.
CARACAS, 1960.

227

VENEZUELA. MINISTERIO DE RELACIONES EXTERIORES.
GUIA DE BIBLIOTECAS PUBLICAS DE VENEZUELA.
CARACAS, 1965.

228

VENEZUELA. PERIODICALS.
ACTA CIENTIFICA VENEZOLANA.
CARACAS. ASOCIACION VENEZOLANA PARA EL AVANCE DE LA
CIENCIA, 1950-.

229

VENEZUELA. PERIODICALS.
ACTA VENEZOLANA.
CARACAS. GRUPO DE CARACAS DE LA SOCIEDAD
INTERAMERICANA DE ANTROPOLOGIA Y GEOGRAFIA, 1945-.

230

VENEZUELA. PERIODICALS.
ANUARIO.
CARACAS. UNIVERSIDAD CENTRAL DE VENEZUELA, FACULTAD
DE HUMANIDADES Y EDUCACION, INSTITUTO DE
ANTROPOLOGIA E HISTORIA, 1964-.

231

VENEZUELA. PERIODICALS.
ANUARIO BIBLIOGRAFICO VENEZOLANO, 1942-.
CARACAS. TIPOGRAFIA AMERICANA, 1944-.

232

VENEZUELA. PERIODICALS.
ANUARIO DE EPIDEMIOLOGIA Y ESTADISTICA VITAL.
CARACAS. MINISTERIO DE SANIDAD Y ASISTENCIA SOCIAL,
DIRECCION DE SALUD PUBLICA, 1938-.

233

VENEZUELA. PERIODICALS.
ANUARIO DE FILOLOGIA.
MARACAIBO. UNIVERSIDAD DEL ZULIA, FACULTAD DE
HUMANIDADES Y EDUCACION, 1962-.

234

VENEZUELA. PERIODICALS.
ANUARIO ECLESIASTICO VENEZOLANO.
CARACAS, 1953-.

235

VENEZUELA. PERIODICALS.
ANUARIO ESTADISTICA AGROPECUARIO.
CARACAS. MINISTERIO DE AGRICULTURA Y CRIA, DIRECCION
DE PLANIFICACION SECTORIAL, 1961-.

236

VENEZUELA. PERIODICALS.

ANUARIO ESTADISTICO DE LOS ANDES, VENEZUELA.
MERIDA. UNIVERSIDAD DE LOS ANDES, 1966-.
237

VENEZUELA. PERIODICALS.
ANUARIO ESTADISTICO DE VENEZUELA.
CARACAS. MINISTERIO DE FOMENTO, DIRECCION GENERAL DE
ESTADISTICA Y CENSOS NACIONALES, 1877-.
238

VENEZUELA. PERIODICALS.
ANUARIO PETROLERO Y MINERO DE VENEZUELA.
CARACAS. MINISTERIO DE MINAS E HIDROCARBUROS,
DIRECCION DE ECONOMIA, OFICINA TECNICA DE
HIDROCARBUROS, 1949-.
239

VENEZUELA. PERIODICALS.
ARCHIVOS VENEZOLANOS DE FOLKLORE.
CARACAS. UNIVERSIDAD CENTRAL DE VENEZUELA, FACULTAD
DE HUMANIDADES Y EDUCACION, INSTITUTO DE
ANTROPOLOGIA E HISTORIA, 1952-.
240

VENEZUELA. PERIODICALS.
BOLETIN DE COMERCIO EXTERIOR.
CARACAS. MINISTERIO DE FOMENTO, DIRECCION GENERAL DE
ESTADISTICA Y CENSOS NACIONALES, 1959-.
241

VENEZUELA. PERIODICALS.
BOLETIN DE ECONOMIA Y FINANZAS.
CARACAS. BANCO DE VENEZUELA, 1960-.
242

VENEZUELA. PERIODICALS.
BOLETIN DE ESTADISTICA DE LOS ESTADOS UNIDOS DE
VENEZUELA.
CARACAS. DIRECCION GENERAL DE ESTADISTICA,
1904-1909, 6 VOLS.
243

VENEZUELA. PERIODICALS.
BOLETIN DE ESTADISTICAS DEL TRABAJO.
CARACAS. OFICINA DE ESTADISTICAS DEL TRABAJO, 1966-.
244

VENEZUELA. PERIODICALS.
BOLETIN DE GEOLOGIA Y MINERIA.
CARACAS. SERVICIO TECNICO DE MINERA Y GEOLOGIA,
1937-.
245

VENEZUELA. PERIODICALS.
BOLETIN DE LA ACADEMIA NACIONAL DE LA HISTORIA.
CARACAS. ACADEMIA NACIONAL DE LA HISTORIA, 1912-.
246

VENEZUELA. PERIODICALS.
BOLETIN DE LA ASOCIACION VENEZOLANA DE GEOLOGIA,
MINERIA Y PETROLEO.
CARACAS, 1949-.

247
VENEZUELA. PERIODICALS.
BOLETIN DE LA BIBLIOTECA GENERAL DE LA UNIVERSIDAD
DEL ZULIA.
MARACAIBO. UNIVERSIDAD DEL ZULIA, DIRECCION DE
CULTURA.

248
VENEZUELA. PERIODICALS.
BOLETIN DEL ARCHIVO GENERAL DE LA NACION.
CARACAS. ARCHIVO GENERAL DE LA NACION, 1923-.

249
VENEZUELA. PERIODICALS.
BOLETIN DEL ARCHIVO HISTORICO DE MIRAFLORES.
CARACAS. SECRETARIA GERERAL DE LA PRESIDENCIA DE LA
REPUBLICA, 1959-.

250
VENEZUELA. PERIODICALS.
BOLETIN DEL CENTRO DE HISTORIA DEL ESTADO TRUJILLO.
TRUJILLO. CENTRO DE HISTORIA DEL ESTADO TRUJILLO.

251
VENEZUELA. PERIODICALS.
BOLETIN DEL CENTRO DE HISTORIA LARENSE.
BARQUISIMETO. CENTRO DE HISTORIA LARENSE.

252
VENEZUELA. PERIODICALS.
BOLETIN DEL CENTRO DE INVESTIGACIONES HISTORICAS Y
ESTETICAS.
CARACAS. UNIVERSIDAD CENTRAL DE VENEZUELA, FACULTAD
DE ARQUITECTURA Y URBANISMO, CENTRO DE
INVESTIGACIONES HISTORICAS Y ESTETICAS.

253
VENEZUELA. PERIODICALS.
BOLETIN DEL CONGRESO.
CARACAS. SECRETARIA DEL CONGRESO DE LA REPUBLICA,
1947-.

254
VENEZUELA. PERIODICALS.
BOLETIN DEL INSTITUTO DE DERECHO PRIVADO.
CARACAS. UNIVERSIDAD CENTRAL DE VENEZUELA, 1966-.

255
VENEZUELA. PERIODICALS.
BOLETIN HISTORICO.
CARACAS. FUNDACION JOHN BOULTON, 1962-.

256
VENEZUELA. PERIODICALS.
BOLETIN MENSUAL DE ESTADISTICA.
CARACAS. MINISTERIO DE FOMENTO, DIRECCION GENERAL DE
ESTADISTICA Y CENSOS NACIONALES, 1941-.

257
VENEZUELA. PERIODICALS.
BUSINESS VENEZUELA.
CARACAS. AMERICAN CHAMBER OF COMMERCE OF VENEZUELA.

258
VENEZUELA. PERIODICALS.

CODEX.
CARACAS. UNIVERSIDAD CENTRAL DE VENEZUELA, FACULTAD
DE HUMANIDADES Y EDUCACION, ESCUELA DE
BIBLIOTECONOMIA Y ARCHIVOS, 1966-.

259
VENEZUELA. PERIODICALS.
CRONICA DE CARACAS.
CARACAS. EL CONCEJO MUNICIPAL DEL DISTRITO FEDERAL,
1951-.

260
VENEZUELA. PERIODICALS.
CUADERNOS DE INFORMACION ECONOMICA.
CARACAS. CORPORACION VENEZOLANA DE FOMENTO.

261
VENEZUELA. PERIODICALS.
CUADERNOS DE LA CORPORACION VENEZOLANA DE FOMENTO.
CARACAS, 1964-.

262
VENEZUELA. PERIODICALS.
CUADERNOS DE LA SOCIEDAD VENEZOLANA DE
PLANIFICACION.
CARACAS, 1962-.

263
VENEZUELA. PERIODICALS.
CULTURA UNIVERSITARIA.
CARACAS. UNIVERSIDAD CENTRAL DE VENEZUELA, DIRECCION
DE CULTURA, 1947-.

264
VENEZUELA. PERIODICALS.
EL FAROL.
CARACAS. CREOLE PETROLEUM CORPORATION, 1939-.

265
VENEZUELA. PERIODICALS.
GACETA LEGAL RAMIREZ Y GARAY.
CARACAS. RAMIREZ Y GARAY, 1959-.

266
VENEZUELA. PERIODICALS.
GALEON.
SAN FELIPE. CENTRO DE HISTORIA Y ESTADISTICAS
ECONOMICO-SOCIALES DEL ESTADO YARACUY.

267
VENEZUELA. PERIODICALS.
HUMANIDADES.
MERIDA. UNIVERSIDAD DE LOS ANDES, FACULTAD DE
HUMANIDADES Y EDUCACION, 1959-.

268
VENEZUELA. PERIODICALS.
INDICE DE LA REVISTA DE LA SOCIEDAD BOLIVARIANA DE
VENEZUELA. 1939-1955.
CARACAS. SOCIEDAD BOLIVARIANA DE VENEZUELA, 1959.

269
VENEZUELA. PERIODICALS.
INDICE GENERAL DEL BOLETIN DE LA ACADEMIA NACIONAL

DE LA HISTORIA, 1912-1964, NOS. 1-188.
CARACAS. ACADEMIA NACIONAL DE LA HISTORIA, 1966.
(EDICIONES CONMEMORATIVAS EN EL LXXV ANIVERSARIO DE
SU FUNDACION).

270

VENEZUELA. PERIODICALS.
INDICE 25 ANOS DE EL FAROL, POR CECILIA OSPINA.
CARACAS. CREOLE PETROLEUM CORPORATION, 1964.

271

VENEZUELA. PERIODICALS.
INFORME ECONOMICO.
CARACAS. BANCO CENTRAL DE VENEZUELA, 1961-.

272

VENEZUELA. PERIODICALS.
INTERCIENCIA. A JOURNAL OF SCIENCE AND TECHNOLOGY
FOR DEVELOPMENT.
CARACAS. INTERCIENCIA ASSOCIATION, 1976-.

273

VENEZUELA. PERIODICALS.
JORNADA.
CARACAS. INSTITUTO NACIONAL DE CULTURA Y BELLAS
ARTES, 1965-.

274

VENEZUELA. PERIODICALS.
MEMORIA DEL INSTITUTO TECNICO DE INMIGRACION Y
COLONIZACION.
CARACAS, 1940-.

275

VENEZUELA. PERIODICALS.
MONTALBAN.
CARACAS. UNIVERSIDAD CATOLICA ANDRES BELLO, 1972-.

276

VENEZUELA. PERIODICALS.
ORIENTACION ECONOMICA.
CARACAS. INSTITUTO VENEZOLANO DE ANALISIS ECONOMICO
Y SOCIAL, 1961-.

277

VENEZUELA. PERIODICALS.
ORIENTE.
CUMANA. UNIVERSIDAD DE ORIENTE, DIRECCION DE
EXTENSION CULTURAL.

278

VENEZUELA. PERIODICALS.
POLITICA.
CARACAS. EDITORIAL CORDILLERA, 1959-.

279

VENEZUELA. PERIODICALS.
REVISTA DE HISTORIA.
CARACAS. CENTRO DE ESTUDIOS HISTORICOS, 1960-.

280

VENEZUELA. PERIODICALS.
REVISTA DE INFORMACION POLITICA. DOCUMENTOS.
CARACAS. UNIVERSIDAD CENTRAL DE VENEZUELA, INSTITUTO

281
DE ESTUDIOS POLITICOS, 1960-.

VENEZUELA. PERIODICALS.
REVISTA DE LA MARINA.
CARACAS. LA MARINA DE GUERRA DE VENEZUELA.

282
VENEZUELA. PERIODICALS.
REVISTA DE LA SOCIEDAD BOLIVARIANA DE VENEZUELA.
CARACAS, 1939-.

283
VENEZUELA. PERIODICALS.
REVISTA DE LA UNIVERSIDAD DEL ZULIA.
MARACAIBO. UNIVERSIDAD DEL ZULIA, DIRECCION DE
CULTURA.

284
VENEZUELA. PERIODICALS.
REVISTA DE SANIDAD Y ASISTENCIA SOCIAL.
CARACAS. MINISTERIO DE SANIDAD Y ASISTENCIA SOCIAL,
SECCION DE EDUCACION SANITARIA Y PUBLICACIONES,
1936-.

285
VENEZUELA. PERIODICALS.
REVISTA DEL BANCO CENTRAL DE VENEZUELA.
CARACAS, 1941-.

286
VENEZUELA. PERIODICALS.
REVISTA DEL BANCO OBRERO.
CARACAS, 1954-.

287
VENEZUELA. PERIODICALS.
REVISTA NACIONAL DE CULTURA.
CARACAS. MINISTERIO DE EDUCACION NACIONAL, INSTITUTO
NACIONAL DE CULTURA Y BELLAS ARTES, 1938-.

288
VENEZUELA. PERIODICALS.
REVISTA SHELL.
CARACAS. COMPANIA SHELL DE VENEZUELA, 1952-.

289
VENEZUELA. PERIODICALS.
REVISTA VENEZOLANA DE GEOGRAFIA.
CARACAS, 1961-.

290
VENEZUELA. PERIODICALS.
SEMESTRE HISTORICO.
CARACAS. UNIVERSIDAD CENTRAL DE VENEZUELA, FACULTAD
DE HUMANIDADES Y EDUCACION, COORDINACION DE LOS
CURSOS DE POSTGRADO, 1975-.

291
VENEZUELA. PERIODICALS.
SIC.
CARACAS. REVISTA VENEZOLANA DE ORIENTACION, DIRIGIDA
POR PADRES JESUITAS.

292
VENEZUELA. PERIODICALS.
SIEMPRE FIRMES.
CARACAS. LA ESCUELA MILITAR DE VENEZUELA.

293
VENEZUELA. PERIODICALS.
SINTESIS ECONOMICA Y FINANCIERA. VENEZUELA.
BUENOS AIRES. OFICINA DE ESTUDIOS PARA LA
COLABORACION ECONOMICA INTERNACIONAL, 1959-.

294
VENEZUELA. PERIODICALS.
TRABAJO Y COMUNICACIONES.
CARACAS. MINISTERIO DEL TRABAJO Y DE COMUNICACIONES,
DIRECCION DE GABINETE Y ADMINISTRACION, SERVICIO DE
CULTURA Y PUBLICIDAD, 1938-.

295
VENEZUELA. PERIODICALS.
VENEZUELA BIOGRAFICA.
CARACAS. EDITORIAL BIOGRAFICA DE VENEZUELA, 1967-.

296
VENEZUELA. PERIODICALS.
VENEZUELA MISIONERA.
CARACAS. ESTUDIOS VENEZOLANOS INDIGENAS Y LAS OBRAS
MISIONALES PONTIFICIAS DE VENEZUELA.

297
VENEZUELA. PERIODICALS.
VENEZUELA OF TODAY. A PERIODICAL REVIEW OF
VENEZUELAN AFFAIRS.
NEW YORK. CONSULATE GENERAL OF VENEZUELA, 1927-.

298
VENEZUELA. PERIODICALS.
VENEZUELA UP-TO-DATE.
WASHINGTON, D.C. EMBASSY OF VENEZUELA INFORMATION
SERVICE, 1952-.

299
VENEZUELA. PRESIDENCIA.
CATALOGO DE PUBLICACIONES, 1959-1963. PRESENTACION
POR RAMON J. VALASQUEZ.
CARACAS, 1963.

300
VENEZUELA. PRESIDENCIA.
CATALOGO DE PUBLICACIONES, 1969-1973. PRESENTACION
POR LUIS ALBERTO MACHADO.
CARACAS, 1973.

301
VENEZUELA. STATISTICS.
ACTIVIDADES ESTADISTICAS DE LAS NACIONES AMERICANAS.
VENEZUELA. 2D ED.
WASHINGTON, D.C. PAN AMERICAN UNION, 1966.
(ACTIVIDADES ESTADISTICAS DE LAS NACIONES
AMERICANAS, NO. 22).

302
VENEZUELA. STATISTICS.
CATALOGO DE SERIES ESTADISTICAS.

303
CARACAS. MINISTERIO DE FOMENTO, OFICINA CENTRAL DE
COORDINACION Y PLANIFICACION, 1965.

304
VENEZUELA. SUPERINTENDENCIA DE BANCOS.
DIRECTORIO BANCARIO.
CARACAS, 1972.

305
VENEZUELA (FEDERAL DISTRICT). CONCEJO MUNICIPAL.
SIMON RODRIGUEZ. ESCRITOS SOBRE SU VIDA Y SU OBRA.
CARACAS, 1954.

306
VERBURG, GRACIELA M. DE. * VERBURG MOORE, J. A.
BIBLIOGRAFIA SOBRE REFORMA AGRARIA VENEZOLANA.
CARACAS. PRIETO, 1965.

307
VILLASANA, ANGEL RAUL, COMP.
ENSAYO DE UN REPERTORIO BIBLIOGRAFICO VENEZOLANO
(ANOS 1808-1950).
CARACAS. BANCO CENTRAL DE VENEZUELA, 1969-1970, 4
VOLS. (COLECCION CUATRICENTENARIO DE CARACAS, NO.
8).

308
WALNE, PETER, ED.
GUIDE TO MANUSCRIPT SOURCES FOR THE HISTORY OF LATIN
AMERICA AND THE CARIBBEAN IN THE BRITISH ISLES (A).
FOREWARD BY R.A. HUMPHREYS.
LONDON. OXFORD UNIVERSITY PRESS, 1973.

309
WATSON, GAYLE HUDGENS.
COLOMBIA, ECUADOR AND VENEZUELA. AN ANNOTATED GUIDE
TO REFERENCE MATERIALS IN THE HUMANITIES AND SOCIAL
SCIENCES.
METUCHEN, N.J. SCARECROW PRESS, 1971.

310
WAXMAN, SAMUEL MONTEFIORE.
BIBLIOGRAPHY OF THE BELLES-LETTRES OF VENEZUELA (A).
CAMBRIDGE, MASS. HARVARD UNIVERSITY PRESS, 1935.

311
WILGUS, ALVA CURTIS, COMP.
PRELIMINARY SURVEY OF COLLECTIONS OF PERSONAL PAPERS
RELATING TO LATIN AMERICA IN COLLEGE AND UNIVERSITY
LIBRARIES IN THE UNITED STATES (A).
NORTH MIAMI BEACH, FLA. INTER-AMERICAN
BIBLIOGRAPHICAL AND LIBRARY ASSOCIATION, 1970.

312
WILGUS, ALVA CURTIS, ED.
HISTORIES AND HISTORIANS OF HISPANIC AMERICA.
NEW YORK. COOPER SQUARE PUBLISHERS, 1942. (LIBRARY
OF LATIN AMERICAN HISTORY AND CULTURE).

WILGUS, KARNA S.
LATIN AMERICA, BOOKS. AN ANNOTATED BIBLIOGRAPHY.
NEW YORK. CENTER FOR INTER-AMERICAN RELATIONS, 1974.

313

ZIMMERMANN, BRUNO.
NEUERE STUDIEN 1945-1968. VENEZUELA.
FREIBURG. ARNOLD-BERGSTRAESSER-INSTITUT FUR
KULTURWISSENSCHAFTLICHE FORSCHUNG, 1968.
(BIBLIOGRAPHIEN ZU POLITIK UND GESELLSCHAFT
LATEINAMERIKANISCHER LANDER, NO. 2).

History

General Surveys and Texts

314

ACADEMIA NACIONAL DE LA HISTORIA, CARACAS.
CATALOGO. DONACION VILLANUEVA A LA ACADEMIA NACIONAL
DE LA HISTORIA. ESTUDIO PRELIMINAR, SELECCION Y
NOTAS DE BLAS BRUNI CELLI.
CARACAS, 1965.

315

ACADEMIA NACIONAL DE LA HISTORIA, CARACAS.
DISCURSOS DE INCORPORACION.
CARACAS, 1966, 4 VOLS. (EDICIONES CONMEMORATIVAS EN
EL LXXV ANIVERSARIO DE SU FUNDACION, NO. 2).

316

ACADEMIA NACIONAL DE LA HISTORIA, CARACAS.
DOCUMENTOS PARA LOS ANALES DE VENEZUELA DESDE EL
MOVIMIENTO SEPARATISTA DE LA UNION COLOMBIANA HASTA
NUESTROS DIAS.
CARACAS, 1889-1892, 11 VOLS.

317

ALEGRIA M., CEFERINO.
FIGURAS MEDICAS VENEZOLANAS.
CARACAS. EDICIONES PULMOBRONK, 1965-.

318

ALEGRIA M., CEFERINO.
HISTORIA DE LA MEDICINA EN EL ZULIA.
CARACAS. DIVISION DE EDUCACION SANITARIA, 1969, 3
VOLS.

319

ALEGRIA M., CEFERINO.
ZULIA MEDICO GEOGRAFICO (EL).
CARACAS. EDITORIAL GRAFOLIT, 1946.

320

ALFONSO, LUIS GERONIMO.
BREVE ANALISIS DEL PASADO DE VENEZUELA.
CARACAS. IMPRENTA NACIONAL, 1872.

321

ALFONZO GUZMAN, RAFAEL J.
ESTUDIO ANALITICO DE LA LEY DEL TRABAJO VENEZOLANO.
CARACAS. UNIVERSIDAD CENTRAL DE VENEZUELA, 1967, 2
VOLS.

322

ALOCUCIONES PRESIDENCIALES DE ANO NUEVO (1901-1971).
CARACAS. EDICIONES DE LA PRESIDENCIA DE LA
REPUBLICA, 1971.

323

ALVARADO, LISANDRO.
DELITOS POLITICOS EN LA HISTORIA DE VENEZUELA (LOS).
CARACAS. EDITORIAL RAGON, 1954.

324

AMERICAN UNIVERSITY, WASHINGTON, D.C. SPECIAL
OPERATIONS RESEARCH OFFICE.
AREA HANDBOOK FOR VENEZUELA.
WASHINGTON, D.C. GOVERNMENT PRINTING OFFICE, 1964.
(U.S. DEPARTMENT OF THE ARMY PAMPHLET).

325

ANGULO ARVELO, LUIS ALEJANDRO.
RESUMEN DE LA HISTORIA DE LA MEDICINA EN VENEZUELA
DESDE EL DESCUBRIMIENTO HASTA 1960. DIAGRAMA
CRONOLOGICO.
CARACAS. IMPRENTA UNIVERSITARIA, 1960.

326

ARCAYA, PEDRO MANUEL.
EN DEFENSA DE LA PROPIEDAD TERRITORIAL. ESTUDIOS
JURIDICOS.
CORO. TIPOGRAFIA ECONOMICA, 1904.

327

ARCAYA, PEDRO MANUEL.
ESTUDIOS DE SOCIOLOGIA VENEZOLANA. PROLOGO DE L.
VALLENILLA LANZ.
CARACAS. EDITORIAL CECILIO ACOSTA, 1941. (BIBLIOTECA
DE ESCRITORES Y ASUNTOS VENEZOLANOS, NO. 13).

328

ARCAYA, PEDRO MANUEL.
ESTUDIOS JURIDICOS.
CARACAS. EDITORIAL JURIDICA VENEZOLANA, 1963.

329

ARCAYA, PEDRO MANUEL.
ESTUDIOS SOBRE PERSONAJES Y HECHOS DE LA HISTORIA
VENEZOLANA.
CARACAS. TIPOGRAFIA COSMOS, 1911.

330

ARCAYA, PEDRO MANUEL.
HISTORIA DE LAS RECLAMACIONES CONTRA VENEZUELA.
CARACAS. PENSAMIENTO VIVO, 1964.

331

ARCAYA, PEDRO MANUEL.
HISTORIA DEL ESTADO FALCON, REPUBLICA DE VENEZUELA.
CARACAS. TIPOGRAFIA LA NACION, 1953.

332

ARCAYA, PEDRO MANUEL.
PENA DE LA CONFISCACION GENERAL DE BIENES EN
VENEZUELA (LA). ESTUDIO DE HISTORIA Y DERECHO.
CARACAS. IMPRESORES UNIDOS, 1945.

333

ARCHILA, RICARDO.
CINCO DISCURSOS PARA CINCO CENTENARIOS. RAMON ISIDRO
MONTES, JOSE MARIA VARGAS, LISANDRO ALVARADO, LUIS
RAZETTI, CIUDAD BOLIVAR.
CARACAS. TIPOGRAFIA VARGAS, 1964.

334

ARCHILA, RICARDO.

HISTORIA DE LA MEDICINA EN VENEZUELA.
MERIDA. UNIVERSIDAD DE LOS ANDES, EDICIONES DEL
RECTORADO, 1966.
335

ARCHILA, RICARDO.
HISTORIA DEL PALUDISMO EN LA ANTIGUA PROVINCIA DE
APURE.
CARACAS. TIPOGRAFIA VARGAS, 1949.
336

ARCILA FARIAS, EDUARDO.
HISTORIA DE LA INGENIERIA EN VENEZUELA.
CARACAS. COLEGIO DE INGENIEROS DE VENEZUELA, 1961, 2
VOLS.
337

ARCILA FARIAS, EDUARDO.
HISTORIA DE LA SOBERBIA Y OTROS ENSAYOS.
CARACAS. UNIVERSIDAD CENTRAL DE VENEZUELA, DIRECCION
DE CULTURA, 1963.
338

ARELLANO MORENO, ANTONIO.
BREVE HISTORIA DE VENEZUELA (1492-1958).
CARACAS. IMPRENTA NACIONAL, 1973.
339

ARELLANO MORENO, ANTONIO.
GUIA DE HISTORIA DE VENEZUELA. 1498-1968. 2D ED.
CARACAS. SINTESIS DOSMIL, 1971.
340

ARELLANO MORENO, ANTONIO.
MIRADOR DE HISTORIA POLITICA DE VENEZUELA.
CARACAS. EDICIONES EDIME, 1968.
341

ARELLANO MORENO, ANTONIO.
ORIGENES DE LA ECONOMIA VENEZOLANA.
CARACAS. EDICIONES DE LA BIBLIOTECA DE LA
UNIVERSIDAD CENTRAL DE VENEZUELA, 1974. (COLECCION
CIENCIAS ECONOMICAS).
342

ARELLANO MORENO, ANTONIO, COMP.
DOCUMENTOS PARA LA HISTORIA ECONOMICA DE VENEZUELA.
CARACAS. UNIVERSIDAD CENTRAL DE VENEZUELA, FACULTAD
DE HUMANIDADES Y EDUCACION, INSTITUTO DE
ANTROPOLOGIA E HISTORIA, 1961. (FUENTES HISTORICAS,
NO. 2).
343

ARMAS ALFONZO, ALFREDO.
SOBRE TI, VENEZUELA.
CARACAS. ERNESTO ARMITANO, 1972.
344

ARMAS CHITTY, JOSE ANTONIO DE.
CARABOBO.
CARACAS, 1972.
345

ARMAS CHITTY, JOSE ANTONIO DE.

GUAYANA. SU TIERRA Y SU HISTORIA.
CARACAS. MINISTERIO DE OBRAS PUBLICAS, DIRECCION DE
CARTOGRAFIA NACIONAL, 1964-1968, 2 VOLS.

346

ARMAS CHITTY, JOSE ANTONIO DE.
HISTORIA DE LA TIERRA DE MONAGAS.
MATURIN, VENEZUELA. EJECUTIVO DEL ESTADO MONAGAS,
1956. (EDICIONES CULTURA DEL ESTADO MONAGAS, NO. 3).

347

ARRAIZ, ANTONIO.
HISTORIA DE VENEZUELA.
CARACAS. FUNDACION EUGENIO MENDOZA, 1954-.

348

ASCANIO RODRIGUEZ, JUAN BAUTISTA.
APUNTES Y DOCUMENTOS PARA LA HISTORIA DEL REGISTRO
CIVIL EN VENEZUELA.
CARACAS. TIPOGRAFIA AMERICANA, 1925.

349

ASCANIO RODRIGUEZ, JUAN BAUTISTA.
MISERIAS DEL PUEBLO Y SUS CAUSAS, 93 ANOS DE
FORTIEJECUTIVISMO HASTA DEMOCESARISMO. COMPILACION
DE PUBLICACIONES HECHAS EN 1935 Y 1936.
CARACAS. TIPOGRAFIA AMERICANA, 1941.

350

ASCOLI, CARLOS A. D".
ESQUEMA HISTORICO-ECONOMICO DE VENEZUELA (DEL MITO
DE DORADO A LA ECONOMIA DEL CAFE).
CARACAS. BANCO CENTRAL DE VENEZUELA, 1970.

351

AZPURUA, RAMON, ED.
ANALES DE VENEZUELA. DOCUMENTOS PARA LA HISTORIA DE
VENEZUELA DESDE EL ANO DE 1830, PUESTOS POR ORDEN
CRONOLOGICO ... Y PUBLICADOS POR DISPOSICION DEL
GENERAL GUZMAN BLANCO ... TOMO 1.
CARACAS. LA OPINION NACIONAL, 1877. NO MORE
PUBLISHED.

352

BANCO CENTRAL DE VENEZUELA, CARACAS.
ASPECTOS HISTORICOS Y CULTURALES.
CARACAS, 1970.

353

BELLO, ANDRES.
TEMAS DE HISTORIA Y GEOGRAFIA. PROLOGO POR MARIANO
PICON SALAS.
CARACAS. EDICIONES DEL MINISTERIO DE EDUCACION,
1957. (OBRAS COMPLETAS, VOL. 19).

354

BELLO, ANDRES.
UNIVERSIDAD DE LOS ANDES A LA MEMORIA DE DON ANDRES
BELLO (LA). EDICION CON MOTIVO DE CUMPLIRSE
CENTENARIO (1865-1935) DEL FALLECIMIENTO DEL SABIO
HISPANOAMERICANO.
MERIDA, 1965. (EDICIONES DEL RECTORADO).

355

BELLO LOZANO, HUMBERTO.
HISTORIA DE LAS FUENTES E INSTITUCIONES JURIDICAS
VENEZOLANAS.
CARACAS. EDITORIAL ESTRADOS, 1966. (COLECCION
VOCACION POR EL DERECHO).

356

BERNSTEIN, HARRY.
VENEZUELA AND COLOMBIA.
ENGLEWOOD CLIFFS, N.J.   PRENTICE HALL, 1964. (THE
MODERN NATIONS IN HISTORICAL PERSPECTIVE).

357

BESSON, JUAN.
HISTORIA DEL ESTADO ZULIA.
MARACAIBO. EDICIONES HERMANOS BELLOSO ROSSELL,
1943-1949, 5 VOLS.

358

BETANCOURT, ROMULO.
HOMBRES Y VILLANOS.
CARACAS. EDICIONES CENTAURO, 1975.

359

BLANCO PENALVER, JUAN.
HISTORIA DE UN NAUFRAGIO.
MARACAY, VENEZUELA. EDITORIAL NUESTRA AMERICA, 1962.

360

BLANCO PENALVER, P.L.
HISTORIA TERRITORIAL DE VENEZUELA.
CARACAS. ESCUELAS GRAFICAS SALESIANAS, 1954-.

361

BLANCO PENALVER, P.L.
ORIGENES E HISTORIA DE LA UNIDAD ANDINA.
CARACAS. ESCUELAS GRAFICAS SALESIANAS, 1955.

362

BLANK, DAVID EUGENE.
POLITICS IN VENEZUELA. A COUNTRY STUDY.
BOSTON. LITTLE, BROWN AND COMPANY, 1973.

363

BOLETIN DE LA COLONIA TOVAR.
COLONIA TOVAR, 1843-1845. EDICION FACSIMILAR.
CARACAS, 1971.

364

BRICENO IRAGORRY, MARIO.
ALEGRIA DE LA TIERRA. PEQUENA APOLOGIA DE NUESTRA
AGRICULTURA ANTIGUA.
CARACAS. AVILA GRAFICA, 1952. (BIBLIOTECA
VENEZOLANISTA, NO. 1).

365

BRICENO IRAGORRY, MARIO.
CABALLO DE LEDESMA (EL). 3D ED.
CARACAS. TIPOGRAFIA AMERICANA, 1948.

366

BRICENO IRAGORRY, MARIO.
GENTE DE AYER Y DE HOY.

CARACAS. EDICIONES INDEPENDENCIA, 1953.
367
BRICENO IRAGORRY, MARIO.
INTRODUCCION Y DEFENSA DE NUESTRA HISTORIA.
CARACAS. TIPOGRAFIA AMERICANA, 1952.
368
BRICENO IRAGORRY, MARIO.
SALDO.
CARACAS. EDICIONES EDIME, 1956.
369
BRICENO PEROZO, RAMON.
MI PATRIA Y AMERICA EN LA HISTORIA.
MERIDA. EUROAMERICA IMPRESORES, 1971.
370
BRITO FIGUEROA, FEDERICO.
ENSAYOS DE HISTORIA SOCIAL VENEZOLANA.
CARACAS. UNIVERSIDAD CENTRAL DE VENEZUELA, DIRECCION
DE CULTURA, 1960.
371
BRITO FIGUEROA, FEDERICO.
HISTORIA ECONOMICA Y SOCIAL DE VENEZUELA. UNA
ESTRUCTURA PARA SU ESTUDIO.
CARACAS. UNIVERSIDAD CENTRAL DE VENEZUELA, DIRECCION
DE CULTURA, 1966, 2 VOLS. (COLECCION HUMANISMO Y
CIENCIA, NO. 2).
372
BURGGRAAFF, WINFIELD J.
VENEZUELAN REGIONALISM AND THE RISE OF TACHIRA. IN.
THE AMERICAS, 25(1968), 160-173.
373
CALDERA RODRIGUEZ, RAFAEL.
DERECHO DEL TRABAJO.
BUENOS AIRES. EL ATENEO, 1960.
374
CARDOZO, ARTURO.
SOBRE EL CAUCE DE UN PUEBLO. UN SIEGLO DE HISTORIA
TRUJILLANA, 1830-1930.
CARACAS. BIBLIOTECA DE AUTORES Y TEMAS TRUJILLANOS,
1963.
375
CARL, GEORGE EDMUND.
BRITISH COMMERCIAL INTEREST IN VENEZUELA DURING THE
NINETEENTH CENTURY.
PH.D. DISS., TULANE UNIVERSITY, 1968.
376
CARRERA DAMAS, GERMAN.
DIMENSION HISTORICA EN EL PRESENTE DE AMERICA LATINA
Y VENEZUELA (LA). TRES CONFERENCIAS.
CARACAS. UNIVERSIDAD CENTRAL DE VENEZUELA, FACULTAD
DE HUMANIDADES Y EDUCACION, ESCUELA DE HISTORIA,
1972. (SERIE VARIA, NO. 10).
377
CARRERA DAMAS, GERMAN.

ENTRE EL BRONCE Y LA POLILLA. CINCO ENSAYOS
HISTORICOS. PROLOGO DE PEDRO DUNO.
CARACAS. UNIVERSIDAD CENTRAL DE VENEZUELA, DIRECCION
DE CULTURA, 1958.
378

CARRERA DAMAS, GERMAN.
SOBRE EL ALCANCE Y EL SIGNIFICADO DE LAS POLITICAS
AGRARIAS EN VENEZUELA DURANTE EL SIGLO XIX. IN.
INTERNATIONAL ECONOMIC HISTORY CONGRESS, 4TH,
BLOOMINGTON, INDIANA, 1968. PONENCIAS, SECCION 8,
TIERRAS NUEVAS, EXPANSION TERRITORIAL Y OCUPACION
DEL SUELO EN AMERICA, SIGLOS XVI-XIX.
379

CARRERA DAMAS, GERMAN.
TEMAS DE HISTORIA SOCIAL Y DE LAS IDEAS.
CARACAS. EDICIONES DE LA BIBLIOTECA DE LA
UNIVERSIDAD CENTRAL DE VENEZUELA, 1969. (COLECCION
TEMAS).
380

CARRERA DAMAS, GERMAN.
TRES TEMAS DE HISTORIA. 2ND ED.
CARACAS. UNIVERSIDAD CENTRAL DE VENEZUELA, FACULTAD
DE HUMANIDADES Y EDUCACION, 1974.
381

CHIOSSONE, TULIO.
APUNTACIONES DE DERECHO PENITENCIARIO.
SAN JUAN DE LOS MORROS, VENEZUELA. TIPOGRAFIA
C.T.P., 1954.
382

CHIOSSONE, TULIO.
CINCO CONFERENCIAS.
CARACAS. EMPRESA EL COJO, 1972.
383

CHIOSSONE, TULIO.
FORMA DEL ESTADO (LA). CENTRALISMO Y FEDERALISMO.
CARACAS. EL COJO, 1961.
384

CHIOSSONE, TULIO.
PROBLEMAS SOCIALES EN LA FORMACION DEL ESTADO
VENEZOLANO (LOS).
CARACAS. GRAFICA AMERICANA, 1964.
385

CHIOSSONE, TULIO.
TEMAS JURIDICOS DE AYER Y DE HOY.
CARACAS. GRAFICA AMERICANA, 1969.
386

CONGRESO VENEZOLANO DE HISTORIA, 1ST, CARACAS, 1971.
MEMORIA DEL PRIMER CONGRESO VENEZOLANO DE HISTORIA.
CARACAS. ACADEMIA NACIONAL DE LA HISTORIA, 1972, 2
VOLS.
387

CONSERVADORES Y LIBERALES. LOS GRANDES TEMAS
POLITICOS. ED. PEDRO GRASES Y MANUEL PEREZ VILA.

CARACAS. PRESIDENCIA DE LA REPUBLICA, EDICIONES
CONMEMORATIVAS DEL SESQUICENTENARIO DE LA
INDEPENDENCIA, 1961. (PENSAMIENTO POLITICO
VENEZOLANO DEL SIGLO XIX, NO. 12).
388

CORDOVA BELLO, ELEAZAR.
ASPECTOS HISTORICOS DE LA GANADERIA EN EL ORIENTE
VENEZOLANO Y GUAYANA.
CARACAS, 1962.
389

CORREA, LUIS.
CENTENARIO DE AYACUCHO EN VENEZUELA (EL).
CARACAS. LITOGRAFIA DEL COMERCIO, 1925.
390

CORSER, EDUARDO.
VERDADES POLITICAS.
CARACAS. TIPOGRAFIA DE ESPINAL E HIJOS, 1887.
391

COVA, JESUS ANTONIO.
ENSAYOS DE CRITICA E HISTORIA. PROLOGO DE R.A.
RONDON MARQUEZ. 2D ED.
CARACAS. EDITORIAL CECILIO ACOSTA, 1941.
392

COVA, JESUS ANTONIO.
RESUMEN DE LA HISTORIA DE VENEZUELA DESDE EL
DESCUBRIMIENTO HASTA NUESTROS DIAS. 11TH ED.
CARACAS. LAS NOVEDADES, 1943.
393

CROES, HEMMY.
MOVIMIENTO OBRERO VENEZOLANO (EL). ELEMENTOS PARA SU
HISTORIA.
CARACAS. EDICIONES MOVIMIENTO OBRERO, 1973.
394

DAVILA, VICENTE.
INVESTIGACIONES HISTORICAS. 2D ED.
QUITO. IMPRENTA COLEGIO DON BOSCO, 1955, 2 VOLS. IN
1.
395

DAVILA, VICENTE.
PROBLEMAS SOCIALES.
SANTIAGO DE CHILE. IMPRENTA UNIVERSITARIA,
1939-1942, 2 VOLS.
396

DE ARMAS CHITTY, JOSE ANTONIO. SEE ARMAS CHITTY,
JOSE ANTONIO DE.
397

DE GRUMMOND, JANE LUCAS.
JACOB IDLER CLAIM AGAINST VENEZUELA, 1817-1890
(THE). IN.
HISPANIC AMERICAN HISTORICAL REVIEW, 34(1954),
131-157.
398

DEMETRIOU, GEORGE J.

CONSIDERATION OF SOME ASPECTS OF THE PROBLEM OF
LEGITIMACY IN VENEZUELAN POLITICS, 1830-1953 (A).
PH.D. DISS., UNIVERSITY OF MINNESOTA, 1954.
399

DIAZ, FABIAN DE JESUS.
VIDA ·E HISTORIA DE LA MEDICINA EN LA PROVINCIA.
VALENCIA. EDICION DEL EJECUTIVO DEL EDUARDO
CARABOBO, SECRETARIA DE EDUCACION Y CULTURA, 1966.
400

DOCUMENTOS QUE HICIERON HISTORIA. SIGLO Y MEDIO DE
VIDA REPUBLICANA, 1810-1861. TEXTOS Y NOTAS
PREPARADOS POR PEDRO GRASES Y MANUEL PEREZ VILA.
CARACAS. EDICIONES CONMEMORATIVAS DEL
SESQUICENTENARIO DE LA INDEPENDENCIA, 1962, 2 VOLS.
401

DODGE, STEPHEN CHARLES.
HISTORY OF THE DEVELOPMENT OF THE VENEZUELAN GUAYANA
REGION (THE).
PH.D. DISS., UNIVERSITY OF MINNESOTA, 1968.
402

DUPOUY, WALTER.
INDIO EN LA LEGISLACION VENEZOLANA (EL).
CARACAS. VENEGRAF, 1953, 2 PTS. IN 1 VOL.
403

ESCOVAR SALMON, RAMON.
JUSTICIA Y LA ACCION (LA).
CARACAS. EDITORIAL ARTE, 1966.
404

ESTADO MIRANDA (EL). SUS TIERRAS Y SUS HOMBRES.
CARACAS. EDITORIAL SUCRE, 1959. (EDICIONES DEL BANCO
MIRANDA).
405

EVOLUCION DEL TRANSPORTE EN VENEZUELA.
CARACAS. FUNDACION EUGENIO MENDOZA, 1970.
406

FEBRES CORDERO, ELOY.
REGISTRO CIVIL EN VENEZUELA (EL). COMENTARIOS Y
JURISPRUDENCIA.
MERIDA. UNIVERSIDAD DE LOS ANDES, FACULTAD DE
DERECHO, 1969.
407

FEBRES CORDERO, HECTOR.
CURSO DE DERECHO PENAL. PARTE ESPECIAL, CONFORME AL
CODIGO PENAL VENEZOLANO REFORMADO.
MERIDA. TALLERES GRAFICOS UNIVERSITARIOS, 1966.
408

FEBRES CORDERO, HECTOR.
CURSO DE DERECHO PENAL, DELITOS CONTRA LAS PERSONAS.
MERIDA. UNIVERSIDAD DE LOS ANDES, FACULTAD DE
DERECHO, 1962. (COLECCION JUSTITIA ET JUS, NO. 7).
409

FEBRES CORDERO, TULIO.
ARCHIVO DE HISTORIA Y VARIEDADES. PROLOGO DEL DOCTOR

RAFAEL CALDERA.
BOGOTA. EDITORIAL ANTARES, 1960. (OBRAS COMPLETAS,
VOLS. 2-3).
410
FEBRES CORDERO G., JULIO.
PANORAMA HISTORICO DE VENEZUELA, ENSAYOS.
MATURIN, 1946.
411
FELICE CARDOT, CARLOS.
VENEZOLANOS DE AYER Y DE HOY.
CARACAS. MINISTERIO DE EDUCACION, DEPARTAMENTO DE
PUBLICACIONES, 1971.
412
FERNANDEZ, LUIS MARIANO.
VENEZOLANO (EL).
MARACAIBO. UNIVERSIDAD DEL ZULIA, FACULTAD DE
HUMANIDADES Y EDUCACION, 1967. (MONOGRAFIAS Y
ENSAYOS, NO. 9).
413
FLEURY CUELLO, EDUARDO.
GUAJIRO, ESTUDIO CRANEOMETRICO.
CARACAS. EDITORIAL SUCRE, 1953.
414
FLEURY CUELLO, EDUARDO.
INDIOS PETROLEROS.
CARACAS. IMPRENTA NACIONAL, 1953.
415
FLEURY CUELLO, EDUARDO.
MOTILONES, ESTUDIO ANTROPOMETRICO DE LA COLECCION DE
CRANEOS MOTILONES.
CARACAS. EDITORIAL SUCRE, 1953.
416
FLOREZ ESTRADA, D. ALVARO.
EXAMEN IMPARCIAL DE LAS DISENCIONES DE LA AMERICA
CON LA ESPANA, DE LOS MEDIOS DE SU RECIPROCO
INTERES, Y DE LA UTILIDAD DE LOS ALIADOS DE LA
ESPANA. PROLOGO DE MANUEL ALFREDO RODRIGUEZ.
CARACAS. CONCEJO MUNICIPAL DEL DISTRITO FEDERAL,
1974.
417
FORTIQUE, JOSE RAFAEL.
DOS ANTAGONISTAS.
MARACAIBO. EDITORIAL UNIVERSITARIA DE LA UNIVERSIDAD
DEL ZULIA, 1967.
418
FRANKEL, BENJAMIN ADAM.
VENEZUELA AND THE UNITED STATES, 1810-1888.
PH.D. DISS., UNIVERSITY OF CALIFORNIA, BERKELEY,
1964.
419
FUERZAS ARMADAS DE VENEZUELA EN EL SIGLO XIX (LAS).
TEXTOS PARA SU ESTUDIO.
CARACAS. PRESIDENCIA DE LA REPUBLICA, 1963-, 12

VOLS. TO DATE.
420

GABALDON MARQUEZ, EDGAR.
VENEZUELA, SU IMAGEN DESVELADA. ENSAYO SOBRE EL
COLONIAJE, LA FORMA SOCIETARIA PECULIAR DE NUESTRO
PAIS, Y DE LA AMERICA LATINA.
MEXICO. J. RAMOS PIMENTEL, 1969. (COLECCION SENDEROS
DE NUEVAMERICA, NO. 1).
421

GABALDON MARQUEZ, JOAQUIN.
ARCHIVOS DE UNA INQUIETUD VENEZOLANA.
CARACAS. EDICIONES EDIME, 1956. (AUTORES
VENEZOLANOS).
422

GABALDON MARQUEZ, JOAQUIN.
DON GERARDO PATRULLO Y OTROS DESMAYOS.
CARACAS, 1952.
423

GALLEGOS ORTIZ, RAFAEL.
HISTORIA POLITICA DE VENEZUELA (LA). DE CIPRIANO
CASTRO A PEREZ JIMINEZ. VOL. 1.
CARACAS. IMPRENTA UNIVERSITARIA, 1960.
424

GARCIA BACCA, JUAN DAVID.
FILOSOFIA EN VENEZUELA DESDE EL SIGLO XVII AL XIX
(LA).
CARACAS. UNIVERSIDAD CENTRAL DE VENEZUELA, FACULTAD
DE HUMANIDADES Y EDUCACION INSTITUTO DE FILOSOFIA,
1956.
425

GARCIA CHUECOS, HECTOR.
RELATOS Y COMENTARIOS SOBRE TEMAS DE HISTORIA
VENEZOLANA.
CARACAS. IMPRENTA NACIONAL, 1957.
426

GIL FORTOUL, JOSE.
HISTORIA CONSTITUCIONAL DE VENEZUELA. 5TH ED.
CARACAS. LIBRERIA PINANGO, 1967, 3 VOLS.
427

GIL FORTOUL, JOSE.
HOMBRE Y LA HISTORIA (EL). Y OTROS ENSAYOS.
CARACAS. EDITORIAL CECILIO ACOSTA, 1941. (BIBLIOTECA
DE ESCRITORES Y ASUNTOS VENEZOLANOS, NO. 14).
428

GIL FORTOUL, JOSE.
OBRAS COMPLETAS.
CARACAS. MINISTERIO DE EDUCACION, DIRECCION DE
CULTURA Y BELLAS ARTES, 1953-1957, 7 VOLS. (COMISION
EDITORA DE LA OBRAS COMPLETAS DE JOSE GIL FORTOUL).
429

GILMORE, ROBERT L.
CAUDILLISM AND MILITARISM IN VENEZUELA, 1810-1910.
ATHENS, OHIO. OHIO UNIVERSITY PRESS, 1964.

430
    GOMEZ PICON, RAFAEL.
    ARCILLA NUESTRA Y SENDEROS VENEZOLANOS.
    BOGOTA, 1957.

431
    GONZALEZ, ELOY GUILLERMO.
    HISTORIA ESTADISTICA DE COJEDES (DESDE 1771).
    DECRETADO POR EL GOBIERNO DEL ESTADO EN LA
    CONMEMORACION DEL CENTENARIO DE VENEZUELA.
    CARACAS. TIPOGRAFIA AMERICANA, 1911.

432
    GONZALEZ ABREU, MANUEL.
    DEPENDENCIA COLONIAL VENEZUELA.
    CARACAS. UNIVERSIDAD CENTRAL DE VENEZUELA, 1974.

433
    GONZALEZ GUINAN, FRANCISCO.
    HISTORIA CONTEMPORANEA DE VENEZUELA.
    CARACAS. EDICIONES DE LA PRESIDENCIA DE LA
    REPUBLICA, 1954, 15 VOLS.

434
    GRASES, PEDRO. * PEREZ VILA, MANUEL, COMPS.
    DOCUMENTOS QUE HICIERON HISTORIA. SIGLO Y MEDIO DE
    VIDA REPUBLICANA, 1810-1961.
    CARACAS. PRESIDENCIA DE LA REPUBLICA, 1962, 2 VOLS.
    (EDICIONES CONMEMORATIVAS DEL SESQUICENTENARIO DE LA
    INDEPENDENCIA).

435
    GRASES, PEDRO. * PEREZ VILA, MANUEL, EDS.
    PENSAMIENTO POLITICO VENEZOLANO DEL SIGLO XIX.
    TEXTOS PARA SU ESTUDIO.
    CARACAS. PRESIDENCIA DE LA REPUBLICA, EDICIONES
    CONMEMORATIVAS DEL SESQUICENTENARIO DE LA
    INDEPENDENCIA, 1960-1962, 15 VOLS.

436
    GRASES, PEDRO, COMP.
    MATERIALES PARA LA HISTORIA DEL PERIODISMO EN
    VENEZUELA, DURANTE EL SIGLO XIX.
    CARACAS. EDICIONES DE LA ESCUELA DE PERIODISMO,
    1950.

437
    GRIFFIN, CHARLES C.
    ENSAYOS SOBRE HISTORIA DE AMERICA.
    CARACAS. UNIVERSIDAD CENTRAL DE VENEZUELA, FACULTAD
    DE HUMANIDADES Y EDUCACION, ESCUELA DE HISTORIA,
    1969.

438
    GRIFFIN, CHARLES C.
    REGIONALISM"S ROLE IN VENEZUELAN POLITICS. IN.
    INTER-AMERICAN QUARTERLY, 3(1941), 21-35.

439
    GRISANTI, ANGEL.
    RIO CARIBE Y CHACARACUAR. BOSQUEJO HISTORICO.
    CARACAS. TIPOGRAFIA PRINCIPIOS, 1968.

440

GUERRA INIGUEZ, DANIEL.
VOCACION POR LA LIBERTAD.
MERIDA. CENTRO DE HISTORIA DEL ESTADO MERIDA, 1962.

441

GUERRERO, EMILIO CONSTANTINO.
TACHIRA FISICO, POLITICO E ILUSTRADO (EL).
CARACAS. EDITORIAL CECILIO ACOSTA, 1943. (BIBLIOTECA
DE ESCRITORES Y ASUNTOS VENEZOLANOS, NO. 30).

442

GUERRERO MATHEUS, FERNANDO.
EN LA CIUDAD Y EL TIEMPO.
MARACAIBO. BANCO DE FOMENTO REGIONAL ZULIA,
1968-1970, 2 VOLS.

443

GUYANA. MINISTRY OF EXTERNAL AFFAIRS.
GUYANA-VENEZUELA RELATIONS.
GEORGETOWN, 1968.

444

GUZMAN, ANTONIO LEOCADIO.
DOCTRINA LIBERAL (LA). ED. PEDRO GRASES Y MANUEL
PEREZ VILA.
CARACAS. PRESIDENCIA DE LA REPUBLICA, EDICIONES
CONMEMORATIVAS DEL SESQUICENTENARIO DE LA
INDEPENDENCIA, 1961, 2 VOLS. (PENSAMIENTO POLITICO
VENEZOLANO DEL SIGLO XIX, VOLS. 5-6).

445

HADGIALY DIVO, MIGUEL, COMP.
ASI SE HA ESCRITO LA HISTORIA. "LOS MONJES" HAN SIDO
Y SON VENEZOLANOS.
CARACAS. EDITORIAL RAGON, 1955.

446

HARRIS, WILLIAM LANE.
RECLAMACIONES DE LAS ISLA DE AVES (LAS). UN ESTUDIO
DE LAS TECNICAS DE LAS RECLAMACIONES. TRADUCCION DE
JERONIMO CARRERA.
CARACAS. UNIVERSIDAD CENTRAL DE VENEZUELA, 1968.
(COLECCION TEMAS).

447

HELLMUND TELLO, ARTURO.
EN EL BAJO ORINOCO. 3D ED.
CARACAS, 1947.

448

HERNANDEZ, JOSE GREGORIO.
OBRAS COMPLETAS. COMPILACION Y NOTAS POR FERMIN
VELEZ BOZA.
CARACAS. UNIVERSIDAD CENTRAL DE VENEZUELA, 1968.

449

HERNANDEZ, MARCIAL.
SINOPSIS DE HISTORIA DE VENEZUELA.
MARACAIBO. TIPOGRAFIA DEL COMERCIO, 1914.

450

HISTORIA DE VENEZUELA.

CARACAS. EDICIONES EDIME, 1969-, 22 NOS. TO DATE, OF
100 PROPOSED.
451

HOLGUIN PELAEZ, HERNANDO.
MONJES, ENJUICIAMIENTO (SIC) DE UNA TRAICION,
1499-1975 (LOS). PROCESO HISTORICO, GEOGRAFICO,
POLITICO Y JURIDICO DE UN ARCHIPIELAGO AUN EN
SUB-JUDICE ENTRE COLOMBIA Y VENEZUELA.
BOGOTA. EDITORES PROSARTES, 1975.
452

HUMBERT, JULES.
HISTOIRE DE LA COLOMBIE, ET DU VENEZUELA DES
ORIGINES JUSQU"A NOS JOURS.
PARIS. F. ALCAN, 1921.
453

HUMPHREYS, ROBERT ARTHUR.
TRADITION AND REVOLT IN LATIN AMERICA AND OTHER
ESSAYS.
NEW YORK. COLUMBIA UNIVERSITY PRESS, 1969.
(INSTITUTE OF LATIN AMERICAN STUDIES PUBLICATION).
454

IRAZABAL, CARLOS.
HACIA LA DEMOCRACIA. CONTRIBUCION AL ESTUDIO DE LA
HISTORIA ECONOMICO-POLITICO-SOCIAL DE VENEZUELA.
CARACAS. PENSAMIENTO VIVO, 1961.
455

IRAZABAL, CARLOS.
VENEZUELA ESCLAVA Y FEUDAL.
CARACAS. PENSAMIENTO VIVO, 1964.
456

IRIARTE, DAVID R.
HISTORIA DE LA AVIACION CIVIL EN VENEZUELA.
CARACAS. OFICINA CENTRAL DE INFORMACION, 1971.
457

IZARD, MIGUEL LLORENS.
CAFE EN LA ECONOMIA VENEZOLANA DEL SIGLO XIX (EL).
ESTADO DE LA CUESTION. IN.
ESTUDIO (SPAIN), 1(1973), 205-273.
458

KEY AYALA, SANTIAGO.
BAJO EL SIGNO DEL AVILA. LOANZAS CRITICAS. EDICION
CONMEMORATIVA DEL DIA DE CARACAS.
CARACAS. EDITORIAL AVILA GRAFICA, 1949.
459

KEY AYALA, SANTIAGO.
HISTORIA EN "LONG-PRIMER."
CARACAS. EDITORIAL AVILA GRAFICA, 1949.
460

KISSLER, BETTY J.
VENEZUELA-GUIANA BOUNDARY DISPUTE, 1899-1966.
PH.D. DISS., UNIVERSITY OF TEXAS, 1971.
461

LANDAETA, FEDERICO.

NUEVE LUSTROS Y CUATRO GENERALES, 1899-1944. ENFOQUE
A TRAVES DE RELATOS Y ANECDOTAS.
CARACAS. IMPRESORES UNIDOS, 1944.
462

LANDAETA ROSALES, MANUEL.
GRAN RECOPILACION GEOGRAFICA, ESTADISTICA, E
HISTORICA DE VENEZUELA.
CARACAS. EDICIONES PATROCINADAS POR EL BANCO CENTRAL
DE VENEZUELA, 1963, 2 VOLS. (COLECCION
CUATRICENTENARIO DE CARACAS).
463

LANDAETA ROSALES, MANUEL.
RELACIONES ENTRE MEXICO Y VENEZUELA. BREVES NOTAS
HISTORICAS.
MEXICO. PUBLICACIONES DE LA SECRETARIA DE RELACIONES
EXTERIORES, 1927. (ARCHIVO HISTORICO DIPLOMATICO
MEXICANO, 21).
464

LANDAETA ROSALES, MANUEL.
VENEZOLANOS EN EL EXTERIOR (LOS).
CARACAS. TIPOGRAFIA J.M. HERRERA IRIGOYEN, 1903.
(FOLLETOS, VOL. 2, NO. 4).
465

LANDAETA ROSALES, MANUEL, COMP.
GOBIERNOS DE VENEZUELA DESDE 1810 HASTA 1905.
PUBLICADA POR DISPOSICION DEL GENERAL RAMON TELLO
MENDOZA.
CARACAS. TIPOGRAFIA HERRERA IRIGOYEN, 1905.
466

LANDER, TOMAS.
DOCTRINA LIBERAL (LA). ED. PEDRO GRASES Y MANUEL
PEREZ VILA.
CARACAS. PRESIDENCIA DE LA REPUBLICA, EDICIONES
CONMEMORATIVAS DEL SESQUICENTENARIO DE LA
INDEPENDENCIA, 1961. (PENSAMIENTO POLITICO
VENEZOLANO DEL SIGLO XIX, VOL. 4).
467

LEAL, ILDEFONSO, COMP.
DOCUMENTOS DEL REAL CONSULADO DE CARACAS.
INTRODUCCION DE EDUARDO ARCILA FARIAS.
CARACAS. UNIVERSIDAD CENTRAL DE VENEZUELA, FACULTAD
DE HUMANIDADES Y EDUCACION, INSTITUTO DE ESTUDIOS
HISPANOAMERICANOS, 1964.
468

LEMMO B., ANGELINA.
DE COMO SE DESMORONA LA HISTORIA. OBSERVACIONES A LA
"HISTORIA DE VENEZUELA," DE MORON.
CARACAS. EDICIONES DE LA BIBLIOTECA DE LA
UNIVERSIDAD CENTRAL DE VENEZUELA, 1973. (COLECCION
TEMAS, NO. 50).
469

LEON, RAMON DAVID.
HOMBRES Y SUCESOS DE VENEZUELA. LA REPUBLICA DESDE

JOSE ANTONIO PAEZ HASTA ROMULO GALLEGOS.
CARACAS. TIPOGRAFIA AMERICANA, 1952.

470

LEON, RAMON DAVID.
POR DONDE VAMOS ... (HISTORIA DE UN FETO POLITICO).
CARACAS. TIPOGRAFIA GARRIDO, 1938.

471

LIBERALES Y CONSERVADORES. TEXTOS DOCTRINALES. ED.
PEDRO GRASES Y MANUEL PEREZ VILA.
CARACAS. PRESIDENCIA DE LA REPUBLICA, EDICIONES
CONMEMORATIVAS DEL SESQUICENTENARIO DE LA
INDEPENDENCIA, 1961. (PENSAMIENTO POLITICO
VENEZOLANO DEL SIGLO XIX, VOLS. 10-11).

472

LIEUWEN, EDWIN.
VENEZUELA. TRADUCCION DE ROMAN JIMENEZ.
BUENOS AIRES. EDITORIAL SUDAMERICANA, 1964.
(COLECCION ENSAYOS).

473

LIEUWEN, EDWIN.
VENEZUELA. 2D ED.
LONDON. OXFORD UNIVERSITY PRESS, 1965.

474

LIEVANO AGUIRRE, INDALECIO.
ESPANA Y LAS LUCHAS SOCIALES DEL NUEVO MUNDO.
MADRID. EDITORIAL NACIONAL, 1972.

475

LOPEZ, CASTO FULGENCIO.
MARGARITA (LA). ISLA VENEZOLANA DE LAS PERLAS.
ASPECTO HISTORICO, CULTURAL, GEOGRAFICO, Y
ECONOMICO.
CARACAS. EDITORIAL IMPRESORES UNIDOS, 1940.

476

LOPEZ CONTRERAS, ELEAZAR.
PAGINAS PARA LA HISTORIA MILITAR DE VENEZUELA.
CARACAS. TIPOGRAFIA AMERICANA, 1944.

477

LOPEZ RIVERO, RAUL TOMAS.
GOBERNADORES DE MARACAIBO HASTA 1758.
MARACAIBO. IMPRENTA DEL ESTADO, 1965. (CENTRO
HISTORICO DEL ZULIA, NO. 4).

478

LUZARDO, RODOLFO.
RIO GRANDE. NORTE Y SUR. NORTH AND SOUTH. BILINGUAL
ED.
CARACAS. EDITORIAL SUCRE, 1965.

479

MACHADO, JOSE ESUTAQUIO.
DIA HISTORICO (EL).
CARACAS. OFICINA CENTRAL DE INFORMACION, 1970.

480

MAGALLANES, MANUEL VICENTE.
HISTORIA POLITICA DE VENEZUELA.

MADRID. EDICIONES EDIME, 1972, 3 VOLS.
481

MAGALLANES, MANUEL VICENTE.
PARTIDOS POLITICOS EN LA EVOLUCION HISTORICA
VENEZOLANA (LOS).
CARACAS, 1973.
482

MAGALLANES, MANUEL VICENTE.
PARTIDOS POLITICOS VENEZOLANOS.
CARACAS. TIPOGRAFIA VARGAS, 1959.
483

MALAVE MATA, HECTOR.
FORMACION HISTORICA DEL ANTIDESARROLLO DE VENEZUELA.
HAVANA. CASA DE LAS AMERICAS, 1974.
484

MANZANO, LUCAS.
CRONICAS DE ANTANO.
CARACAS. AVILA GRAFICA, 1951.
485

MANZANO, LUCAS.
GENTES DE AYER Y DE HOY.
CARACAS, 1959.
486

MARACAIBO. ARCHIVO DEL CONCEJO.
EXPEDIENTES DIVERSOS, I-II. PROLOGO, INDICE Y
EXTRACTOS POR AGUSTIN MILLARES CARLO.
MARACAIBO. CENTRO DE HISTORIA DEL ESTADO ZULIA,
1968.
487

MARINAS OTERO, LUIS, COMP.
CONSTITUCIONES DE VENEZUELA (LAS).
MADRID. EDICIONES CULTURA HISPANICA, 1965. (LAS
CONSTITUCIONES HISPANOAMERICANAS, VOL. 17).
488

MARSLAND, WILLIAM DAVID. * MARSLAND, AMY L.
VENEZUELA THROUGH ITS HISTORY.
NEW YORK. CROWELL, 1954.
489

MELICH ORSINI, JOSE.
ESTUDIOS DE DERECHO CIVIL.
CARACAS. EDICIONES FABRETON, 1974-1975, 2 VOLS.
(COLECCION GRANDES JURISTAS VENEZOLANOS).
490

MENA MORENO, JOSE RAFAEL.
DIARIO HISTORICO DE VENEZUELA.
CARACAS. UNIVERSIDAD CENTRAL DE VENEZUELA,
ORGANIZACION DE BIENSTAR ESTUDIANTIL, 1969.
491

MENDOZA, CRISTOBAL L.
TEMAS DE HISTORIA AMERICANA.
CARACAS, 1963-1965, 2 VOLS.
492

MIJARES, AUGUSTO.

EVOLUCION POLITICA DE VENEZUELA, 1810-1960 (LA).
BUENOS AIRES. EDITORIAL UNIVERSITARIA DE BUENOS
AIRES, 1967. (BIBLIOTECA DE AMERICA. LIBROS DEL
TIEMPO NUEVO, NO. 49).

493

MOLL, ROBERT.
LECCIONES DE ECONOMIA VENEZOLANA.
CARACAS. LITOGRAFIA DEL COMERCIO, 1944.

494

MONTILLA, RICARDO.
GENERACION DEL "28 EN LA HISTORIA DE VENEZUELA (LA).
CARACAS. PUBLICACIONES DEL GOBIERNO DEL ESTADO
GUARICO, 1964.

495

MORON, GUILLERMO.
CUADERNO CON NOTAS MORALES. ENSAYOS POLITICOS.
MADRID. EDICIONES GUADARRAMA, 1958.

496

MORON, GUILLERMO.
ESCRITO EN LA PARED.
CARACAS. MINISTERIO DE EDUCACION, DIRECCION GENERAL,
DEPARTMENTO DE PUBLICACIONES, 1970, 2 VOLS.

497

MORON, GUILLERMO.
HISTORIA DE VENEZUELA.
CARACAS. ITALGRAFICA, 1971, 5 VOLS.

498

MORON, GUILLERMO.
HISTORY OF VENEZUELA (A). EDITED AND TRANSLATED BY
JOHN STREET.
NEW YORK. ROY, 1963.

499

MORON, GUILLERMO.
PARA UNA HISTORIA DE LA MORAL POLITICA EN VENEZUELA.
CARACAS. ASOCIACION DE ESCRITORES VENEZOLANOS, 1960.
(CUADERNOS LITERARIOS, NO. 108).

500

NAVAS MIRALLES, JUAN VICENTE.
VIDA POLITICA Y MILITAR DEL YARACUY, 1855-1945.
CARACAS. IMPRENTA NACIONAL, 1962. (BIBLIOTECA DE
AUTORES Y TEMAS YARACUYANOS, NO. 1).

501

NUNEZ, ENRIQUE BERNARDO.
BAJO EL SAMAN. ALGUNOS COMENTARIOS, NOTAS,
REFLEXIONES, ARTICULOS.
CARACAS. TIPOGRAFIA VARGAS, 1963. (BIBLIOTECA
VENEZOLANA DE CULTURA).

502

NUNEZ ECARRI, CARLOS.
CONGRESO DE LA REPUBLICA (EL). ORIGEN Y FUNCIONES
DEL PARLAMENTO EN VENEZUELA.
CARACAS. EDICIONES DEL CONGRESO DE LA REPUBLICA,
1971.

503

OROPESA, JUAN.
BREVE HISTORIA DE VENEZUELA.
MEXICO. SECRETARIA DE EDUCACION PUBLICA, 1945.
(BIBLIOTECA ENCICLOPEDICA POPULAR, NO. 42).

504

OROPESA, JUAN.
CUATRO SIGLOS DE HISTORIA VENEZOLANA.
CARACAS. EDICIONES CENTAURO, 1973.

505

OROPEZA, NESTOR. * SALAS JIMENEZ, DANIEL.
HISTORIA DE LA FARMACIA VENEZOLANA. Y, EVOLUCION
HISTORICA DEL MEDICAMENTO EN VENEZUELA.
CARACAS. UNIVERSIDAD CENTRAL DE VENEZUELA, FACULTAD
DE FARMACIA, 1968.

506

PAN AMERICAN CONGRESS OF THE HISTORY OF MEDICINE.
2D, CARACAS, 1961.
TRABAJOS DEL II CONGRESO PANAMERICANO Y I VENEZOLANO
DE HISTORIA DE LA MEDICINA, CARACAS, 1961.
CARACAS. CONGRESO PANAMERICANO Y VENEZOLANO DE
HISTORIA DE LA MEDICINA, 1961.

507

PARDO, MERCEDES CARLOTA DE.
MONEDAS VENEZOLANAS.
CARACAS. BANCO CENTRAL DE VENEZUELA, 1973-, 4 VOLS.

508

PARRA, FRANCISCO JOSE.
DOCTRINAS DE LA CANCILLERIA VENEZOLANA.
NEW YORK, 1951, 2 VOLS.

509

PARRA, FRANCISCO JOSE.
DOCTRINAS DE LA CANCILLERIA VENEZOLANA. DIGESTO.
NEW YORK, 1952-1964, 6 VOLS.

510

PARRA, FRANCISCO JOSE.
ESTUDIOS DE DERECHO VENEZOLANO.
NEW YORK. LAS AMERICAS PUBLISHING CO., 1955-1963, 2
VOLS.

511

PARRA ARANGUREN, FERNANDO IGNACIO.
ANTECEDENTES DEL DERECHO DEL TRABAJO EN VENEZUELA,
1830-1928.
MARACAIBO. UNIVERSIDAD DEL ZULIA, FACULTAD DE
DERECHO, 1965.

512

PARRA ARANGUREN, GONZALO.
NACIONALIDAD VENEZOLANA ORIGINARIA (LA).
CARACAS. UNIVERSIDAD CENTRAL DE VENEZUELA, FACULTAD
DE DERECHO, 1964, 2 VOLS. (COLECCION DE ESTUDIOS
JURIDICOS, NOS. 31-32).

513

PARRA PEREZ, CARACCIOLO.

TRAZOS DE HISTORIA VENEZOLANA.
CARACAS. MINISTERIO DE EDUCACION, DIRECCION DE
CULTURA Y BELLAS ARTES, 1957. (BIBLIOTECA POPULAR
VENEZOLANA, SERIE AZUL, NO. 61).

514

PENSAMIENTO POLITICO VENEZOLANO DEL SIGLO XIX.
TEXTOS PARA SU ESTUDIO. ED. PEDRO GRASES Y MANUEL
PEREZ VILA.
CARACAS. PRESIDENCIA DE LA REPUBLICA, EDICIONES
CONMEMORATIVAS DEL SESQUICENTENARIO DE LA
INDEPENDENCIA, 1960-1962, 15 VOLS.

515

PERAZZO, NICOLAS.
FRONTERAS DE VENEZUELA. BREVAS REFERENCIAS
HISTORICAS.
CARACAS, 1965.

516

PERAZZO, NICOLAS.
NARRACIONES DE SAN FELIPE "EL FUERTE."
SAN FELIPE. IMPRENTA OFICIAL DEL ESTADO, 1966.

517

PERERA, AMBROSIO.
HISTORIA DE LA MEDICINA EN VENEZUELA.
CARACAS. MINISTERIO DE SANIDAD Y ASISTENCIA SOCIAL,
1951.

518

PERERA, AMBROSIO.
HISTORIA ORGANICA DE VENEZUELA.
CARACAS. EDITORIAL VENEZUELA, 1943.

519

PERERA, AMBROSIO.
HISTORIA POLITICO-TERRITORIAL DE LOS ESTADOS LARA Y
YARACUY. COLONIA, PRIMERA REPUBLICA, GRAN COLOMBIA,
REPUBLICA DE VENEZUELA.
CARACAS. C.A. ARTES GRAFICAS, 1946.

520

PEREZ DIAZ, JOSE ANTONIO.
CARABOBO, 1821-1971. DISCURSO.
CARACAS. IMPRENTA DEL CONGRESO DE LA REPUBLICA,
1971.

521

PICON LARES, EDUARDO.
REVELACIONES DE ANTANO.
CARACAS. EDITORIAL ELITE, 1938-.

522

PICON SALAS, MARIANO.
HORA Y DESHORA. TEMAS HUMANISTICOS, NOMBRES Y
FIGURAS, VIAJES Y LUGARES.
CARACAS. PUBLICACIONES DEL ATENEO DE CARACAS, 1963.

523

PICON SALAS, MARIANO.
1941. CINCO DISCURSOS SOBRE PASADO Y PRESENTE DE LA
NACION VENEZOLANA.

CARACAS. EDITORIAL LA TORRE, 1940.
524

PICON SALAS, MARIANO, ET AL.
VENEZUELA INDEPENDIENTE, 1810-1960.
CARACAS. FUNDACION EUGENIO MENDOZA, 1962.
525

PINTO C., MANUEL.
NOTICIAS DOCUMENTALES DEL ESTADO TRUJILLO.
CARACAS. ARCHIVO GENERAL DE LA NACION, 1970.
(BIBLIOTECA VENEZOLANA DE HISTORIA, NO. 12).
526

PINTO C., MANUEL.
VISION DOCUMENTAL DE MARGARITA.
LA ASUNCION. EDICIONES DEL EJECUTIVO DEL ESTADO
NUEVA ESPARTA, 1967. (COLECCION MATASIETE, NO. 1).
527

PLANAS SUAREZ, SIMON.
PRINCIPES AMERICAINS DE POLITIQUE INTERNATIONALE ET
LA DOCTRINE DE MONROE (LES).
GENEVA. IMPRIMERIE DE LA TRIBUNE DE GENEVE, 1959.
528

PLAZA, SALVADOR DE LA.
FORMACION DE LAS CLASES SOCIALES EN VENEZUELA (LA).
CARACAS. CIRCULO DE ESTUDIANTES DE HISTORIA, 1965.
529

POLANCO ALCANTARA, TOMAS.
SEIS CICLOS EN DOS SIGLOS DE HISTORIA VENEZOLANA.
SANTIAGO DE CHILE, 1971.
530

POLANCO MARTINEZ, TOMAS.
ESBOZO SOBRE HISTORIA ECONOMICA VENEZOLANA
MADRID. EDICIONES GUADARRAMA, 1960, 2 VOLS.
531

PUERTA FLORES, ISMAEL.
CINCO TESIS SOBRE LAS PASIONES, Y OTROS ENSAYOS,
BIOGRAFIAS.
CARACAS. MINISTERIO DE EDUCACION NACIONAL, DIRECCION
DE CULTURA, 1949. (BIBLIOTECA POPULAR VENEZOLANA,
NO. 30, SERIE AZUL. HISTORIA Y BIOGRAFIA).
532

PULIDO SANTANA, MARIA TRINIDAD.
DIPLOMACIA EN VENEZUELA (LA). CONTIENDAS CIVILES Y
RECLAMACIONES INTERNACIONALES.
CARACAS. UNIVERSIDAD CENTRAL DE VENEZUELA, FACULTAD
DE DERECHO, 1963. (PUBLICACIONES, VOL. 29, TESIS DE
DOCTORADO, VOL. 1).
533

QUILARQUE QUIJADA, PEDRO, COMP.
CONTRIBUCION AL ESTUDIO DEL ENRIQUECIMIENTO ILICITO
EN VENEZUELA DE FUNCIONARIOS Y EMPLEADOS PUBLICOS
1813-1959. PROLOGO POR MANUEL VICENTE LEDEZMA.
CARACAS. EDICIONES CENTAURO, 1973.

534

QUINTERO, RODOLFO.
CAMINOS PARA NUESTROS PUEBLOS.
CARACAS. UNIVERSIDAD CENTRAL DE VENEZUELA, FACULTAD
DE CIENCIAS ECONOMICAS Y SOCIALES, 1969.

535

QUINTERO, RODOLFO.
HOMBRE Y LA GUERRA (EL). ESTUDIO ANTROPOLOGICO.
CARACAS. UNIVERSIDAD CENTRAL DE VENEZUELA, 1965.
(COLECCION AVANCE, NO. 9).

536

QUINTERO, RODOLFO.
VIDA Y LAS LUCHAS DEL REVOLUCIONARIO VENEZOLANO
DANIEL DE LEON (LA).
MEXICO, 1955.

537

RAMOS MARTINEZ, JOSE ANTONIO.
MEMORIAS PARA LA HISTORIA DE CUMANA Y NUEVA
ANDALUCIA. 3D ED.
CUMANA. UNIVERSIDAD DE ORIENTE, 1966.

538

REYES, ANTONIO.
"PRESIDENTAS" DE VENEZUELA (PRIMERAS DAMAS DE LA
REPUBLICA EN EL SIGLO XIX). MATRONAS QUE FUERON
HONOR PARA LA PATRIA Y BLASON DE LA REPUBLICA. 2D
ED. AUM.
CARACAS. IMPRENTA NACIONAL, 1955.

539

REYES, ANTONIO.
ALARMA EN LA GUAIRA.
CARACAS, 1957.

540

REYES, VITELIO.
TRANCOS DE DOCE LEGUAS.
CARACAS, 1954.

541

REYES BAENA, JUAN FRANCISCO.
TREINTA Y DOS FIGURAS.
CARACAS. EDICIONES AULA NUESTRA, 1953.

542

RIVAS, ANGEL CESAR.
ENSAYOS DE HISTORIA POLITICA Y DIPLOMATICA.
MADRID. EDITORIAL AMERICA, 191-. (BIBLIOTECA DE
CIENCIAS POLITICAS Y SOCIALES, NO. 7).

543

RIVAS RIVAS, JOSE, COMP.
HISTORIA GRAFICA DE VENEZUELA.
CARACAS. PENSAMIENTO VIVO, 1961-63, 3 VOLS IN 4.

544

RODRIGUEZ, MANUEL ALFREDO.
ESTADISTICA EN LA HISTORIA DE VENEZUELA (LA).
CARACAS. EDICIONES CENTENARIO, DIRECCION GENERAL DE
ESTADISTICA Y CENSOS NACIONALES, MINISTERIO DE
FOMENTO, 1973.

545

RODRIGUEZ GANTEAUME, CARLOS, ED.
DOCUMENTOS PARA LA HISTORIA DEL MINISTERIO DE
FOMENTO, 1863-1963, ANO CENTENARIO.
CARACAS, 1963-.

546

RODRIGUEZ MALASPINA, LUIS.
SINOPSE DE VENEZUELA. 2D ED. TRADACAO DE REGINA
CELIA COLONIA.
RIO DE JANEIRO. OFICINAS GRAFICAS DO ATELIER DO
ARTE, 1969.

547

RODRIGUEZ RIVERO, P.D.
HISTORIA MEDICA DE VENEZUELA.
CARACAS. PARRA LEON, 1931.

548

RODULFO CORTES, SANTOS.
ANTOLOGIA DOCUMENTAL DE VENEZUELA, 1492-1900.
MATERIALES PARA LA ENSENANZA DE LA HISTORIA DE
VENEZUELA. UNA HISTORIA DE LA COMUNIDAD VENEZOLANA
CONTADA POR SUS PAPELES CLASICOS. 2D ED.
CARACAS, 1966.

549

ROHL, JUAN.
PEQUENA HISTORIA (LA). PROLOGO DE CARLOS PELLICER.
CARACAS. EDITORIAL ARTE, 1962. (EDICIONES CASA DEL
ESCRITOR, NO. 5).

550

ROJAS, ARISTIDES.
ELEMENTO VASCO EN LA HISTORIA DE VENEZUELA (EL).
CARACAS. IMPRENTA FEDERAL, 1874.

551

ROJAS, ARISTIDES.
HUMBOLDTIANAS. COMPILACION DE EDUARDO ROHL.
CARACAS. EDITORIAL CECILIO ACOSTA, 1942, 2 VOLS.
(BIBLIOTECA DE ESCRITORES Y ASUNTOS VENEZOLANOS,
NOS. 24, 25).

552

ROJAS, JOSE MARIA.
FRONTERAS DE VENEZUELA (LAS).
PARIS. GARNIER HERMANOS, 1891.

553

ROMANO, RUGGIERO.
CUESTIONES DE HISTORIA ECONOMICA LATINOAMERICANA.
CARACAS. UNIVERSIDAD CENTRAL DE VENEZUELA, FACULTAD
DE HUMANIDADES Y EDUCACION, ESCUELA DE HISTORIA,
1966.

554

RONDON LOVERA, CESAR.
DESDE EL ORINOCO HASTA EL ESEQUIBO. CRONICA EN GRADO
ELEMENTAL.
CARACAS. EDITORIAL DONA BARBARA, 1966. (DOCUMENTOS,
NO. 1).

555
ROUT, LESLIE B.
CLAIMS CLASHES, AND CROSS PURPOSES. A STUDY OF THE
GUYANA-VENEZUELA BOUNDARY DISPUTE.
N.P., 1970.

556
ROUT, LESLIE B.
WHICH WAY OUT. A STUDY OF THE GUYANA-VENEZUELA
BOUNDARY DISPUTE.
EAST LANSING. MICHIGAN STATE UNIVERSITY, LATIN
AMERICAN STUDIES CENTER, 1971. (MONOGRAPH NO. 4).

557
ROYAL INSTITUTE OF INTERNATIONAL AFFAIRS.
VENEZUELA, A BRIEF POLITICAL AND ECONOMIC SURVEY.
LONDON. OXFORD UNIVERSITY PRESS, 1958.

558
RUGGERI PARRA, PABLO.
DERECHO CONSTITUCIONAL VENEZOLANO. ESTUDIO HISTORICO
JURIDICO. 2D ED.
MERIDA. LIBRERIA SELECTA, 1953.

559
RUGGERI PARRA, PABLO.
HISTORIA POLITICA Y CONSTITUCIONAL DE VENEZUELA.
CARACAS. UNIVERSIDAD CENTRAL DE VENEZUELA, DIRECCION
DE CULTURA, EDITORIAL UNIVERSARIA, 1959.

560
RUGGERI PARRA, PABLO.
SUPREMACIA DE LA CONSTITUCION Y SU DEFENSA (LA).
JURISPRUDENCIA DEL ALTO TRIBUNAL VENEZOLANO
(1870-1940).
CARACAS. TIPOGRAFIA VENEZUELA, 1941.

561
SALAS, JULIO C.
ETNOGRAFIA DE VENEZUELA. ESTADOS MERIDA, TRUJILLO Y
TACHIRA. LOS ABORIGENES DE LA CORDILLERA DE LOS
ANDES. PROLOGO DEL DR. J.L. SALCEDO BASTARDO.
MERIDA. UNIVERSIDAD DE LOS ANDES, DIRECCION DE
CULTURA, 1956. (PUBLICACIONES, NO. 34).

562
SALAS, JULIO C.
TIERRA-FIRME (VENEZUELA Y COLOMBIA). ESTUDIOS SOBRE
ETNOLOGIA E HISTORIA. 2D ED.
MERIDA. UNIVERSIDAD DE LOS ANDES, FACULTAD DE
HUMANIDADES Y EDUCACION, 1971.

563
SALAZAR MARTINEZ, FRANCISCO.
HISTORIA DE BOLSILLO.
CARACAS. EDICIONES CROSOL, 1971.

564
SALAZAR MARTINEZ, FRANCISCO.
VENEZUELA, HISTORIAS CIVILES E INCIVILES.
CARACAS. LIBRERIA PINANGO, 1973.

565
SALCEDO BASTARDO, JOSE LUIS.
HISTORIA FUNDAMENTAL DE VENEZUELA. 4TH ED.
CARACAS. EDICIONES DE LA BIBLIOTECA DE LA
UNIVERSIDAD CENTRAL DE VENEZUELA, 1972. (COLECCION
HISTORIA, NO. 1).

566
SANCHEZ, JESUS MARIA.
APUNTES SOBRE GUATIRE.
GUATIRE. CASA DE LA CULTURA DEL ESTADO MIRANDA,
1965.

567
SEIJAS, RAFAEL FERNANDO.
ARTICULOS SOBRE ALGUNOS PUNTOS DE LA HISTORIA PATRIA
Y EL PROGRESO DE LAS RELACIONES EXTERIORES. UNA
BIOGRAFIA Y DOS DISCURSOS.
CARACAS. IMPRENTA BOLIVAR, 1883.

568
SIERRAALTA, MORRIS.
DE LOS RECURSOS DE AMPARO Y HABEAS CORPUS EN EL
DERECHO CONSTITUCIONAL VENEZOLANO.
CARACAS. EDICIONES JURIDICAS DE VENEZUELA, 1961.
(COLECCION MONOGRAFIA JURIDICAS).

569
SILVA OTERO, ARISTIDES.
INTRODUCCION AL ESTUDIO DE LA HISTORIA ECONOMICA.
CARACAS. UNIVERSIDAD CENTRAL DE VENEZUELA, INSTITUTO
DE INVESTIGACIONES ECONOMICAS Y SOCIALES, 1969.

570
SISO MARTINEZ, JOSE MARIA.
CENTO E CINQUENTA ANOS DE VIDA REPUBLICANA NA
VENEZUELA. 2D ED. TRADUCAO DE REGINA CELIA COLONIA.
RIO DE JANEIRO. OFICINAS GRAFICAS DO ATELIER DE
ARTE, 1969.

571
SISO MARTINEZ, JOSE MARIA.
CIENTO CINCUENTA ANOS DE VIDA REPUBLICANA.
CARACAS. MINISTERIO DE EDUCACION, DIRECCION TECNICA,
DEPARTAMENTO DE PUBLICACIONES, 1968. (COLECCION
VIGILIA, NO. 15).

572
SISO MARTINEZ, JOSE MARIA.
CONTENIDOS DE HISTORIA DE VENEZUELA. TERCER
ANO-CICLO BASICO.
CARACAS. EDITORIAL YOCOIMA, 1972.

573
SISO MARTINEZ, JOSE MARIA.
HISTORIA DE VENEZUELA. 9TH ED.
MEXICO. EDITORIAL YOCOIMA, 1967.

574
SISO MARTINEZ, JOSE MARIA.
MOMENTOS ESTELARES DE LA HISTORIA DE VENEZUELA.
CARACAS. INSTITUTO NACIONAL DE CULTURA Y BELLAS
ARTES, 1968. (BIBLIOTECA POPULAR VENEZOLANA, NO.

112).

575

SISO MAURY, CARLOS.
ESTUDIOS HISTORICOS VENEZOLANOS.
CARACAS. EDITORIAL REX, 1955.

576

SISO MAURY, CARLOS.
FORMACION DEL PUEBLO VENEZOLANO (LA). ESTUDIOS
SOCIOLOGICOS.
MADRID. EDITORIAL GARCIA ENCISO, 1953, 2 VOLS.

577

SOLA, RENE DE.
OPINION JURIDICA.
CARACAS. UNIVERSIDAD CENTRAL DE VENEZUELA, 1960.
(PUBLICACIONES DE LA FACULTAD DE DERECHO, VOL. 24).

578

SUAREZ, SANTIAGO GERARDO.
EVOLUCION HISTORICA DEL SITUADO CONSTITUCIONAL.
CARACAS, 1965.

579

SUAREZ, SANTIAGO GERARDO.
FUERZAS ARMADAS EN LA HISTORIA DE VENEZUELA (LAS).
CARACAS. PRENSAS VENEZOLANAS DE EDITORIAL ARTE,
1965-, 3 VOLS.

580

SUAREZ, SANTIAGO GERARDO.
TEMAS MILITARES.
CARACAS, 1970.

581

SUBERO, EFRAIN.
ACTUALIDAD Y DESTINO DE MARGARITA.
LA ASUNCION. MINISTERIO DE EDUCACION, 1969.

582

SUBERO, JESUS MANUEL.
CIEN ANOS DE HISTORIA MARGARITENA.
CARACAS. IMPRESORA DELTA, 1965.

583

TABLANTE GARRIDO, PEDRO NICOLAS.
FLORENCIO RAMIREZ. MAGISTRADO, JURISCONSULTO,
CATEDRATICO.
MERIDA. UNIVERSIDAD DE LOS ANDES, 1961.
(PUBLICACIONES DEL RECTORADO, NO. 10).

584

TAVERA ACOSTA, BARTOLOME.
ANALES DE GUAYANA.
CARACAS. IMPRENTA ESPANA, 1954.

585

TAVERA ACOSTA, BARTOLOME.
HISTORIA DE CARUPANO. 3D ED.
CARACAS. MINISTERIO DE EDUCACION, DEPARTAMENTO DE
PUBLICACIONES, 1969. (COLECCION VIGILIA, NO. 19).

586

TEJERA, MIGUEL.

COMPENDIO DE LA HISTORIA DE VENEZUELA DESDE EL
DESCUBRIMIENTO DE AMERICA HASTA NUESTROS DIAS.
PARIS. E. DENNE-SCHMITZ, 1875.
587

TEJERA, MIGUEL.
VENEZUELA PINTORESCA E ILUSTRADA. RELACION HISTORICA
DESDE EL DESCUBRIMIENTO DE LA AMERICA HASTA 1870.
USOS COSTUMBRES Y LITERATURA.
PARIS. E.D. SCHMITZ, 1875-1877, 2 VOLS.
588

TERRERO, BLAS JOSE.
THEATRO DE VENEZUELA Y CARACAS, DISPONELO DE VARIOS
INSTRUMENTOS AUTENTICOS Y CONCORDANTES, DIVIDIDO EN
DOS ERAS ECLESIASTICA Y POLITICA.
CARACAS. LITOGRAFIA DEL COMERCIO, 1926.
589

TORO MARFFESI, RAFAEL.
MENUDA HISTORIA DE MI TIERRA.
CARACAS, 1962.
590

TOSTA, VIRGILIO.
CAUDILLISMO SEGUN ONCE AUTORES VENEZOLANOS (EL).
CONTRIBUCION AL ESTUDIO DE PENSAMIENTO SOCIOLOGICO
NACIONAL.
CARACAS. TIPOGRAFIA GARRIDO, 1954.
591

TOSTA, VIRGILIO.
CRONICA DE BARINAS, SIGLOS XIX Y XX. EVOLUCION
HISTORICA, GEOGRAFICA, POLITICA, ECONOMICA Y
CULTURAL DE UNA REGION.
CARACAS. EDITORIAL SUCRE, 1970-1971, 2 VOLS.
592

TOSTA, VIRGILIO.
SUCEDIO EN BARINAS. EPISODIOS DE HISTORIA MENUDA.
CARACAS. EDITORIAL SUCRE, 1964.
593

TOSTA, VIRGILIO, ED.
SIETE BARINESES ILUSTRES.
BARINAS. IMPRENTA DEL ESTADO, 1958. (SERIE
HISTORICA, VOL. 2).
594

TROCONIS DE VERACOECHEA, ERMILA, COMP.
DOCUMENTOS PARA EL ESTUDIO DE LOS ESCLAVOS NEGROS EN
VENEZUELA.
CARACAS. ACADEMIA NACIONAL DE LA HISTORIA, 1969.
(BIBLIOTECA DE LA ACADEMIA NACIONAL DE LA HISTORIA,
NO. 103).
595

TROCONIS GUERRERO, LUIS.
CUESTION AGRARIA EN LA HISTORIA NACIONAL (LA).
SAN CRISTOBAL, VENEZUELA, 1962. (BIBLIOTECA DE
AUTORES Y TEMAS TACHIRENSES, NO. 29).

596
URDANETA, RAMON.
VERDADES Y LA HISTORIA (LAS).
CARACAS. EDICIONES CERVANTES, 1964.

597
URDANETA BRAVO, CIRO.
MARACAIBO. HISTORIA Y LEYENDAS.
CARACAS. EDICIONES X ANIVERSARIO DE LA CORPORACION
VENEZOLANA DE PETROLEO, 1970.

598
URRUTIA MONTOYA, MIGUEL. * ARRUBLA, MARIO.
COMPENDIO DE ESTADISTICAS HISTORICAS DE COLOMBIA.
BOGOTA. UNIVERSIDAD NACIONAL DE COLOMBIA, DIRECCION
DE DIVULGACION CULTURAL, 1970.

599
VALDIVIESO MONTANO, ACISCLO.
OBRAS JURIDICAS COMPLETAS. CODIGOS DE PROCEDIMIENTO
CIVIL, ENJUICIAMIENTO CRIMINAL Y PENAL, CONCORDADOS
Y ANOTADOS CON LA JURISPRUDENCIA DEL MAS ALTO
TRIBUNAL DE LA REPUBLICA. NUEVA EDICION CON
INSERCION DE JURISPRUDENCIA RECIENTE Y LEGISLACION
VIGENTE.
CARACAS. TIPOGRAFIA C. DE T.P., 1962, 2 VOLS.

600
VALERA Y MESSA, DIEGO JACINTO.
RELACION DE UN VIAJE POR TIERRA DE LOS CUICAS, CON
NOTAS DEL LIBRO DEL OBISPO MARIANO MARTI.
CARACAS. EDICIONES DEL MINISTERIO DE RELACIONES
INTERIORES, 1958.

601
VALLENILLA LANZ, LAUREANO.
CESARISMO DEMOCRATICO. ESTUDIOS SOBRE LAS BASES
SOCIOLOGICAS DE LA CONSTITUCION EFECTIVA DE
VENEZUELA. 4TH ED.
CARACAS. TIPOGRAFIA GARRIDO, 1961.

602
VALLENILLA LANZ, LAUREANO.
CRITICAS DE SINCERIDAD Y EXACTITUD.
CARACAS. EDICIONES GARRIDO, 1956.

603
VALOIS ARCE, DANIEL.
RESENA HISTORICA SOBRE LOS LIMITES DE COLOMBIA Y
VENEZUELA.
MEDELLIN. EDITORIAL BEDOUT, 1970.

604
VARGAS, FRANCISCO ALEJANDRO.
FIGURAS MILITARES.
CARACAS. GRAFOLIT, 1951.

605
VARGAS, FRANCISCO ALEJANDRO.
HISTORIA NAVAL DE VENEZUELA.
CARACAS. PUBLICACIONES DE LAS FUERZAS NAVALES DE LA
REPUBLICA DE VENEZUELA, N.D.

606
VARGAS, FRANCISCO ALEJANDRO.
PROCERES CORIANOS.
CARACAS. EDITORIAL GRAFOLIT, 1951.

607
VELOZ, RAMON.
ECONOMIA Y FINANZAS DE VENEZUELA, 1830-1944.
CARACAS, 1954.

608
VENEGAS FILARDO, PASCUAL.
VIAJEROS A VENEZUELA EN LOS SIGLOS XIX Y XX.
CARACAS. MONTE AVILA EDITORES, 1973. (COLECCION
TEMAS VENEZOLANOS).

609
VENEZUELA. CONSTITUTION.
CONSTITUCIONES DE VENEZUELA (LAS). RECOPILACION Y
ESTUDIO PRELIMINAR DE LUIS MARINAS OTERO.
MADRID. EDICIONES CULTURA HISPANICA, 1965. (LAS
CONSTITUCIONES HISPANOAMERICANAS, VOL. 17).

610
VENEZUELA. EJERCITO.
VENEZUELA EN LA INDEPENDENCIA, 1824-1924. OFRENDA
DEL EJERCITO DEL PERU EN EL CENTENARIO DE LA BATALLA
DE AYACUCHO.
CARACAS. LITOGRAFIA DEL COMERCIO, 1924.

611
VENEZUELA. LAWS, STATUTES, ETC.
COMENTARIOS AL CODIGO DE PROCEDIMIENTO CIVIL
VENEZOLANO. POR ARMINIO BORJAS. 3D ED.
CARACAS. EDICIONES SALES, 1964, 6 VOLS.

612
VENEZUELA. LAWS, STATUTES, ETC.
LEY DEL BANCO CENTRAL Y LEY GENERAL DE BANCOS Y
OTROS INSTITUTOS DE CREDITO, CON INDICE ANALITICO.
CARACAS. BANCO CENTRAL DE VENEZUELA, 1965. (OBRAS
CONMEMORATIVAS XXV ANIVERSARIO).

613
VENEZUELA. LAWS, STATUTES, ETC.
LEYES Y DECRETOS REGLAMENTARIOS DE LOS ESTADOS
UNIDOS DE VENEZUELA.
CARACAS. MINISTERIO DE RELACIONES INTERIORES,
1942-1944, 18 VOLS.

614
VENEZUELA. LAWS, STATUTES, ETC.
RECOPILACION DE LEYES Y DECRETOS DE VENEZUELA,
1830-. EDICION OFICIAL.
CARACAS. IMPRENTA NACIONAL, 1894-.

615
VENEZUELA. MINISTERIO DE FOMENTO.
DOCUMENTOS PARA LA HISTORIA DEL MINISTERIO DE
FOMENTO, 1863-1963.
CARACAS, 1963-.

616
VENEZUELA. MINISTERIO DE HACIENDA.

BOSQUEJO HISTORICO DE LA VIDA FISCAL DE VENEZUELA.
CARACAS. TIPOGRAFIA VARGAS, 1924.
617

VENEZUELA. MINISTERIO DE HACIENDA.
HISTORICAL SKETCH OF THE FISCAL LIFE OF VENEZUELA.
CARACAS. TIPOGRAFIA VARGAS, 1925.
618

VENEZUELA. MINISTERIO DE OBRAS PUBLICAS.
CENTENARIO DEL MINISTERIO DE OBRAS PUBLICAS.
INFLUENCIA DE ESTE MINISTERIO EN EL DESARROLLO,
1874-1974. POR EDUARDO ARCILA FARIAS.
CARACAS, 1974.
619

VENEZUELA. PRESIDENCIA.
CIENTO CINCUENTA ANOS DE VIDA REPUBLICANA.
1811-1961.
CARACAS. EDICIONES DE LA PRESIDENCIA DE LA
REPUBLICA, 1963. (BIBLIOTECA DEL SESQUICENTENARIO).
620

VENEZUELA. PRESIDENCIA.
DOCUMENTOS QUE HICIERON HISTORIA. SIGLO Y MEDIO DE
VIDA REPUBLICANA, 1810-1861. TEXTOS Y NOTAS
PREPARADOS POR PEDRO GRASES Y MANUEL PEREZ VILA.
CARACAS. EDICIONES CONMEMORATIVAS DEL
SESQUICENTENARIO DE LA INDEPENDENCIA, 1962, 2 VOLS.
621

VENEZUELA. PRESIDENCIA.
FUERZAS ARMADAS DE VENEZUELA EN EL SIGLO XIX (LAS).
TEXTOS PARA SU ESTUDIO.
CARACAS, 1963-, 12 VOLS. TO DATE.
622

VENEZUELA. PRESIDENCIA.
PENSAMIENTO POLITICO VENEZOLANO DEL SIGLO XIX.
TEXTOS PARA SU ESTUDIO. HAN PREPARADO LOS TEXTOS
PEDRO GRASES Y MANUEL PEREZ VILA.
CARACAS, 1960-62, 15 VOLS.
623

VENEZUELA. PRESIDENTE.
MENSAJES PRESIDENCIALES. 1830-. RECOPILACION, NOTAS
Y ESTUDIO PRELIMINAR PREPARADOS POR ANTONIO ARELLANO
MORENO.
CARACAS, 1970-.
624

VENEZUELA. TREATIES, ETC.
COLECCION DE TRATADOS PUBLICOS DE VENEZUELA.
CARACAS. IMPRENTA NACIONAL, 1910.
625

VENEZUELA. TREATIES, ETC.
TRATADOS PUBLICOS Y ACUERDOS INTERNACIONALES DE
VENEZUELA. EDICION CONMEMORATIVA DEL PRIMER
CENTENARIO DEL FALLECIMIENTO DEL LICENCIADO DIEGO
BAUTISTA URBANEJA, PRIMER CANCILLER DE LA REPUBLICA
DE VENEZUELA.

626
CARACAS. MINISTERIO DE RELACIONES EXTERIORES, 1957-.

627
VENEZUELA. TREATIES, ETC.
TRATADOS PUBLICOS Y ACUERDOS INTERNACIONALES DE
VENEZUELA, INCLUYENDOSE LOS DE LA ANTIGUA COLOMBIA.
1820-1955.
CARACAS. MINISTERIO DE RELACIONES EXTERIORES,
1924-1956, 10 VOLS.

628
VILLAFANE, JOSE GREGORIO.
OFRENDA LITERARIA DEL TACHIRA. APUNTES HISTORICOS
SOBRE LA SECCION TACHIRA. OFRENDA AL CENTENARIO DEL
LIBERTADOR.
CARACAS. IMPRENTA BOLIVAR, 1883.

629
VILLALBA VILLALBA, LUIS.
MARGARITENO A SU ISLA (UN).
CARACAS. GRAFICAS MARGARITA, 1962.

630
VILLALBA VILLALBA, LUIS.
NOTAS VENEZOLANAS.
CARACAS. ASOCIACION DE ESCRITORES VENEZOLANOS, 1970.
(CUADERNOS LITERARIOS, NO. 129).

631
VILLANUEVA BERRIZBEITIA, F.
DIECISEIS CANCILLERES DE VENEZUELA.
CARACAS. EDICIONES DE LA CANCILLERIA VENEZOLANA,
1960.

632
VILLEGAS PULIDO, GUILLERMO TELL.
JURISPRUDENCIA MEDICA VENEZOLANA. 2D ED., AJUSTADA A
LA LEGISLACION EN VIGENCIA EN VENEZUELA, PARA EL 30
DE SEPTIEMBRE DE 1938.
CARACAS. TIPOGRAFIA GARRIDO, 1938.

633
WILBERT, JOHANNES.
INDIOS DE LA REGION ORINOCO-VENTUARI.
CARACAS. INSTITUTO CARIBE DE ANTROPOLOGIA Y
SOCIOLOGIA, FUNDACION LA SALLE DE CIENCIAS
NATURALES, 1963. (MONOGRAFIA, NO. 8).

634
WOLF, ERNESTO.
TRATADO DE DERECHO CONSTITUCIONAL VENEZOLANO.
PROLOGO DEL DR. CARLOS MORALES.
CARACAS. TIPOGRAFIA AMERICANA, 1945, 2 VOLS.

635
YANES, ANTONIO RAFAEL.
HISTORIA Y LEYENDAS DE LA PATRIA CHICA.
CARACAS. EDITORIAL RAGON, 1954.

YANES, FRANCISCO JAVIER.
HISTORIA DE MARGARITA Y OBSERVACIONES DEL GENERAL
FRANCISCO ESTEBAN GOMEZ. PROLOGO DE LUIS B. PRIETO

F.
CARACAS. MINISTERIO DE EDUCACION NACIONAL, DIRECCION
DE CULTURA, 1948.

636

YANES, FRANCISCO JAVIER.
MANUAL POLITICO DEL VENEZOLANO. ESTUDIO PRELIMINAR
POR RAMON ESCOVAR SALOM.
CARACAS. ACADEMIA NACIONAL DE LA HISTORIA, 1959.
(BIBLIOTECA DE LA ACADEMIA NACIONAL DE LA HISTORIA,
NO. 14).

History

Pre-independence to 1810

637
ABBAD Y LASIERRA, FRAY INIGO.
VIAGE A LA AMERICA. EDICION FACSIMILAR.
CARACAS. BANCO NACIONAL DE AHORRO Y PESTAMO, 1974.

638
ACEREDA LA LINDE, MANUEL.
HISTORIA DE ARAGUA DE BARCELONA, DEL ESTADO
ANZOATEGUI Y DE LA NUEVA ANDALUCIA.
CARACAS. IMPRENTA NACIONAL, 1959.

639
ACOSTA SAIGNES, MIGUEL.
ELEMENTOS INDIGENAS Y AFRICANOS EN LA FORMACION DE
LA CULTURA VENEZOLANA.
CARACAS. UNIVERSIDAD CENTRAL DE VENEZUELA, FACULTAD
DE HUMANIDADES Y EDUCACION, INSTITUTO DE FILOSOFIA,
1955.

640
ACOSTA SAIGNES, MIGUEL.
ESTUDIOS DE ETNOLOGIA ANTIGUA DE VENEZUELA. 2D ED.
CARACAS. EDICIONES DE LA BIBLIOTECA DE LA
UNIVERSIDAD CENTRAL DE VENEZUELA, 1961. (COLECCION
CIENCIAS SOCIALES, NO. 2).

641
ACOSTA SAIGNES, MIGUEL.
TRATA DE ESCLAVOS EN VENEZUELA (LA).
CARACAS. REVISTA DE HISTORIA, 1961.

642
ACOSTA SAIGNES, MIGUEL.
VIDA DE LOS ESCLAVOS NEGROS EN VENEZUELA.
CARACAS. EDICIONES HESPERIDES, 1967.

643
ACOSTA SAIGNES, MIGUEL.
ZONA CIRCUNCARIBE. PERIODO INDIGENA.
MEXICO. PAN AMERICAN INSTITUTE OF GEOGRAPHY AND
HISTORY, 1953. (PROGRAMA DE HISTORIA DE AMERICA,
PERIODO INDIGENA, NO. 2).

644
AGUADO, PEDRO DE.
HISTORIA DE VENEZUELA.   PROLOGO, NOTAS Y APENDICES
POR JERONIMO BECKER.
MADRID. ACADEMIA DE LA HISTORIA, 1950, 2 VOLS.

645
AGUADO, PEDRO DE.
RECOPILACION HISTORIAL DE VENEZUELA. ESTUDIO
PRELIMINAR DE GUILLERMO MORON.
CARACAS. ACADEMIA NACIONAL DE LA HISTORIA, 1963, 2
VOLS. (BIBLIOTECA DE LA ACADEMIA NACIONAL DE LA

HISTORIA, NOS. 62-63).

646
ALCAZAR MOLINA, CAYETANO.
VIRREINATOS EN EL SIGLO XVIII (LOS).
BARCELONA AND BUENOS AIRES. SALVAT EDITORES, 1945.

647
ALEGRIA M., CEFERINO.
MEDICINA PRECOLOMBINA. O MEDICINA INDIGENA.
CARACAS. TIPOGRAFIA VARGAS, 1968. (HISTORIA DE LA
MEDICINA EN VENEZUELA).

648
ALEJANDRO DE HUMBOLDT, 1769-1859. HOMENAJE EN EL
BICENTENARIO DE SU NACIMIENTO.
CARACAS. EDICIONES DE LA PRESIDENCIA DE LA
REPUBLICA, 1969.

649
ALEJANDRO DE HUMBOLDT, 1769-1969.
BAD GODESBERG. INTER NACIONES, 1969.

650
ALEJANDRO DE HUMBOLDT POR TIERRAS DE VENEZUELA.
CARACAS. FUNDACION EUGENIO MENDOZA, 1969.

651
ALTOLAGUIRRE Y DUVALE, ANGEL DE, ED.
RELACIONES GEOGRAFICAS DE LA GOBERNACION DE
VENEZUELA (1767-68).
CARACAS. EDICIONES DE LA PRESIDENCIA DE LA
REPUBLICA, 1954.

652
ALVARADO, LISANDRO.
DATOS ETNOGRAFICOS DE VENEZUELA.
CARACAS. MINISTERIO DE EDUCACION NACIONAL, DIRECCION
DE CULTURA Y BELLAS ARTES, 1956. (OBRAS COMPLETAS,
VOL. 4).

653
ALVAREZ F., MERCEDES M.
ASPECTOS DE NUESTROS ORIGENES PATRIOS. HISTORIA
INTERPRETATIVA DE VENEZUELA.
CARACAS. ASOCIACION CULTURA INTERAMERICANA, 1944.
(BIBLIOTECA FEMENINA VENEZOLANA, NO. 9).

654
ALVAREZ F., MERCEDES M.
TEMA PARA LA HISTORIA DEL COMERCIO COLONIAL.
CARACAS. TIPOGRAFIA VARGAS, 1966.

655
ALVAREZ F., MERCEDES M.
TRIBUNAL DEL REAL CONSULADO DE CARACAS (EL).
CONTRIBUCION AL ESTUDIO DE NUESTRAS INSTITUCIONES.
CARACAS. COMISION NACIONAL DEL CUATRICENTENARIO DE
LA FUNDACION DE CARACAS, 1967, 2 VOLS. (EDICIONES
DEL CUATRICENTENARIO DE CARACAS).

656
AMEZAGA ARESTI, VICENTE DE.
HOMBRES DE LA COMPANIA GUIPUZCOANA. PROLOGO POR

PEDRO GRASES.
CARACAS. BANCO CENTRAL DE VENEZUELA, 1963.
(COLECCION HISTORICO-ECONOMICA VENEZOLANA, VOL. 9).
657

AMEZAGO ARESTI, VICENTE DE.
VICENTE ANTIONIO DE ICUZA, COMANDANTE DE CORSARIOS.
CARACAS. COMISION NACIONAL DEL CUATRICENTENARIO DE
CARACAS, 1966. (EDICIONES DEL CUATRICENTENARIO DE
CARACAS).
658

ARCAYA, PEDRO MANUEL.
INSURRECCION DE LOS NEGROS DE LA SERRANIA DE CORO.
CARACAS. PAN AMERICAN INSTITUTE OF GEOGRAPHY AND
HISTORY, COMMISSION ON HISTORY, 1949. (COMITE DE
ORIGENES DE LA EMANCIPACION, NO. 7).
659

ARCAYA U., PEDRO MANUEL.
CABILDO DE CARACAS (EL). PERIODO DE LA COLONIA. 2D
ED.
CARACAS. EDICIONES LIBRERIA HISTORIA, 1968.
660

ARCHILA, RICARDO.
HISTORIA DE LA MEDICINA EN VENEZUELA. EPOCA
COLONIAL.
CARACAS. TIPOGRAFIA VARGAS, 1961.
661

ARCILA FARIAS, EDUARDO.
COMERCIO ENTRE VENEZUELA Y MEXICO EN LOS SIGLOS XVI
Y XVII.
MEXICO. EL COLEGIO DE MEXICO, 1950.
662

ARCILA FARIAS, EDUARDO.
ECONOMIA COLONIAL DE VENEZUELA.
MEXICO. FONDO DE CULTURA ECONOMICA, 1946. (COLECCION
TIERRA FIRME, MEXICO, 24).
663

ARCILA FARIAS, EDUARDO.
REGIMEN DE LA ENCOMIENDA EN VENEZUELA (EL). 2D ED.
CARACAS. UNIVERSIDAD CENTRAL DE VENEZUELA, FACULTAD
DE ECONOMIA, INSTITUTO DE INVESTIGACIONES, 1966.
664

ARCILA FARIAS, EDUARDO, COMP.
REAL CONSULADO DE CARACAS (EL).
CARACAS. UNIVERSIDAD CENTRAL DE VENEZUELA, FACULTAD
DE HUMANIDADES Y EDUCACION, INSTITUTO DE ESTUDIOS
HISPANOAMERICANOS, 1957.
665

ARCILA FARIAS, EDUARDO, ED.
DOCTRINA DE LA JUSTA GUERRA CONTRA LOS INDIOS EN
VENEZUELA (LA). TRES DOCUMENTOS INEDITOS DEL ARCHIVO
DEL PALACIO ARZOBISPAL DE CARACAS. VERSION
PALEOGRAFICA POR DOLORES BONET DE SOTILLO.
TRADUCCION POR JUAN D. GARCIA BACCA.

CARACAS. UNIVERSIDAD CENTRAL DE VENEZUELA, DIRÉCCION
DE CULTURA, 1954.
666
ARCILA FARIAS, EDUARDO, ET AL.
OBRA PIA DE CHUAO (LA). 1568-1825.
CARACAS. UNIVERSIDAD CENTRAL DE VENEZUELA, CONSEJO
DE DESARROLLO CIENTIFICO Y HUMANISTICO, 1968.
(COMISION DE HISTORIA DE LA PROPIEDAD TERRITORIAL
AGRARIA EN VENEZUELA, NO. 1).
667
ARELLANO MORENO, ANTONIO, COMP.
DOCUMENTOS PARA LA HISTORIA ECONOMICA EN LA EPOCA
COLONIAL. VIAJES E INFORMES.
CARACAS. ACADEMIA NACIONAL DE LA HISTORIA, 1970.
(BIBLIOTECA DE LA ACADEMIA NACIONAL DE LA HISTORIA,
NO. 93).
668
ARELLANO MORENO, ANTONIO, ED.
FUENTES PARA LA HISTORIA ECONOMICA DE VENEZUELA,
SIGLO XVI.
CARACAS. TIPOGRAFIA "EL COMPAS," 1950.
669
ARELLANO MORENO, ANTONIO, ED.
RELACIONES GEOGRAFICAS DE VENEZUELA.
CARACAS. ACADEMIA NACIONAL DE LA HISTORIA, 1964.
(BIBLIOTECA DE LA ACADEMIA NACIONAL DE LA HISTORIA,
NO. 70).
670
ARMAS CHITTY, JOSE ANTONIO DE.
INFLUENCIA DE ALGUNAS CAPITULACIONES EN LA GEOGRAFIA
DE VENEZUELA.
CARACAS. UNIVERSIDAD CENTRAL DE VENEZUELA, FACULTAD
DE HUMANIDADES Y EDUCACION, INSTITUTO DE
ANTROPOLOGIA E HISTORIA, 1967. (SERIE DE HISTORIA).
671
BARALT, RAFAEL MARIA. * DIAZ, RAMON.
RESUMEN DE LA HISTORIA DE VENEZUELA DESDE EL ANO DE
1797 HASTA EL DE 1830. NOTAS DE VICENTE LECUNA.
PARIS. DESCLEE, 1939.
672
BARALT, RAFAEL MARIA.
RESUMEN DE LA HISTORIA DE VENEZUELA DESDE EL
DESCUBRIMIENTO DE SU TERRITORIO POR LOS CASTELLANOS
EN EL SIGLO XV, HASTA EL ANO DE 1797.
PARIS. DESCLEE, 1939.
673
BASTERRA, RAMON DE.
NAVIOS DE LA ILUSTRACION (LOS). UNA EMPRESA DEL
SIGLO XVIII. PROLOGO DE GUILLERMO DIAZ PLAJA.
MADRID. EDICIONES CULTURA HISPANICA, 1970.
674
BECERRA, RICARDO.
ENSAYO HISTORICO DOCUMENTADO DE LA VIDA DE DON

FRANCISCO DE MIRANDA.
CARACAS. IMPRENTA COLON, 1896, 2 VOLS.
675

BECERRA, RICARDO.
VIDA DE DON FRANCISCO DE MIRANDA, GENERAL...DE LA
PRIMERA REPUBLICA FRANCESA Y GENERALISIMO DE LOS DE
VENEZUELA.
MADRID. EDITORIAL AMERICA, 1918, 2 VOLS. (BIBLIOTECA
AYACUCHO, NOS. 22-23).
676

BELLO, ANDRES.
RESUMEN DE LA HISTORIA DE VENEZUELA (FRAGMENTO).
CARACAS. MINISTERIO DE EDUCACION, 1958.
677

BENZONI, GIROLAMO.
HISTORIA DEL MUNDO NUEVO (LA). TRADUCCION Y NOTAS DE
MARISA VANNINI DE GERULEWICZ. ESTUDIO PRELIMINAR DE
LEON CROIZAT.
CARACAS. ACADEMIA NACIONAL DE LA HISTORIA, 1967.
(BIBLIOTECA DE LA ACADEMIA NACIONAL DE LA HISTORIA,
NO. 86).
678

BENZONI, GIROLAMO.
HISTORY OF THE NEW WORLD. SHEWING HIS TRAVELS IN
AMERICA, FROM A.D. 1541 TO 1556, WITH SOME
PARTICULARS OF THE ISLAND OF CANARY. TRANSLATED AND
EDITED BY W.H. SMYTH.
NEW YORK. B. FRANKLIN, 1970. (HAKLUYT SOCIETY, 1ST
SERIES, NO. 21).
679

BIGGS, JAMES.
HISTORIA DEL INTENTO DE DON FRANCISCO DE MIRANDA
PARA EFECTUAR UNA REVOLUCION EN SUR AMERICA....
TRADUCCION DEL INGLES Y PROLOGO POR JOSE NUCETE
SARDI.
CARACAS. ACADEMIA NACIONAL DE LA HISTORIA, 1950.
680

BIGGS, JAMES.
HISTORY OF DON FRANCISCO DE MIRANDA"S ATTEMPT TO
EFFECT A REVOLUTION IN SOUTH AMERICA (THE). IN A
SERIES OF LETTERS. 3D ED.
BOSTON. E. OLIVER, 1811.
681

BLANCO FOMBONA, RUFINO.
CONQUISTADOR ESPANOL DEL SIGLO XVI (EL). ENSAYO DE
INTERPRETACION.
MADRID. EDITORIAL MUNDO LATINO, 1922.
682

BOLIVAR CORONADO, RAFAEL.
NUEVA UMBRIA, CONQUISTA Y COLONIZACION DE ESTE REINO
EN 1518. MISIONES DE ROSA BLANCA Y SAN JUAN DE LAS
GALDONAS EN 1656.
MADRID. EDITORIAL AMERICA, 1919. (BIBLIOTECA

AMERICANA DE HISTORIA COLONIAL).

683

BORGES JACINTO DEL CASTILLO, ANALOLA.
ALVAREZ ABREU Y SU EXTRAORDINARIA MISION EN INDIAS.
SANTA CRUZ DE TENERIFE. INSTITUTO DE ESTUDIOS
HISPANICOS DE CANARIAS, 1963.

684

BORGES JACINTO DEL CASTILLO, ANALOLA.
CASA DE AUSTRIA EN VENEZUELA DURANTE LA GUERRA DE
SUCESION ESPANOLA, 1702-1715 (LA). PROLOGO POR
ALEXANDER RANDA.
SALZBURG. CENTRO INTERNACIONAL DE INVESTIGACIONES
CIENTIFICAS PARA PROBLEMAS FUNDAMENTALES, MINISTERIO
DE EDUCACION NACIONAL DE AUSTRIA, 1963.

685

BORGES JACINTO DEL CASTILLO, ANALOLA.
SEMBLANZA DEL GENERAL AGUSTIN DELGADO, HEROE DE LA
CONQUISTA INDIANA.
SANTA CRUZ DE TENERIFE. UNIVERSIDAD DE LA LAGUNA,
1970.

686

BOZA, GUILLERMO.
ESTRUCTURA Y CAMBIO EN VENEZUELA COLONIAL.
CARACAS. FONDO EDITORIAL COMUN, 1973.

687

BRICE, ANGEL FRANCISCO.
SUBLEVACION DE MARACAIBO EN 1799 (LA). MANIFESTACION
DE SU LUCHA POR LA INDEPENDENCIA. DUSCURSO DE
INCORPORACION COMO INDIVIDUO DE NUMERO CONTESTACION
DEL CARLOS FELICE CARDOT.
CARACAS. ITALGRAFICA, 1960.

688

BRICENO IRAGORRY, MARIO.
CASA LEON Y SU TIEMPO. AVENTURA DE UN ANTI-HEROE.
4TH ED.
CARACAS. EDITORIAL EDIME, 1954.

689

BRICENO IRAGORRY, MARIO.
REGENTE HEREDIA (EL). O, LA PIEDAD HEROICA. 2D ED.
CARACAS. TIPOGRAFIA AMERICANA, 1949.

690

BRICENO PEROZO, MARIO.
JUEZ VISITADOR, ALONSO VASQUEZ DE CISNEROS (EL).
CARACAS. EDICIONES DEL CENTRO DE HISTORIA DEL ESTADO
TRUJILLO, 1974.

691

BRICENO PEROZO, MARIO.
MAGISTERIO Y EJEMPLO DE UN VASCO DEL SIGLO XVIII.
CARACAS, 1965.

692

BRICENO PEROZO, MARIO.
MIRANDONIANAS.
CARACAS. IMPRENTA LOPEZ, 1967.

693

BRICENO PEROZO, RAMON.
A TRAVES DE LAS ATLANTIDAS.
MERIDA. UNIVERSIDAD DE LOS ANDES, DEPARTAMENTO DE
EXTENSION CULTURAL, 1965.

694

BRITO FIGUEROA, FEDERICO.
ESTRUCTURA ECONOMICA DE VENEZUELA COLONIAL (LA).
CARACAS. UNIVERSIDAD CENTRAL DE VENEZUELA, FACULTAD
DE ECONOMIA, INSTITUTO DE INVESTIGACIONES, 1963.

695

BRITO FIGUEROA, FEDERICO.
INSURRECCIONES DE LOS ESCLAVOS NEGROS EN LA SOCIEDAD
COLONIAL VENEZOLANA (LAS).
CARACAS. EDITORIAL CANTACLARO, 1961.

696

CALDERON, JOSE B.
PETROGLIFO PREHISTORICO DE COLON DEL TACHIRA.
SAN CRISTOBAL, 1962. (BIBLIOTECA DE AUTORES Y TEMAS
TACHIRENSES, NO. 27).

697

CALENDARIO MANUAL Y GUIA UNIVERSAL DE FORASTEROS EN
VENEZUELA PARA EL ANO 1810. EDICION FACSIMILAR DEL
PRIMER LIBRO IMPRESO EN VENEZUELA. ESTUDIO
PRELIMINAR DE PEDRO GRASES.
CARACAS. ACADEMIA NACIONAL DE LA HISTORIA, 1959.
(BIBLIOTECA DE LA ACADEMIA NACIONAL DE LA HISTORIA,
NO. 16).

698

CAPRILES, ALEJANDRO MARIO.
CORONAS DE CASTILLA EN VENEZUELA.
MADRID. GRAFICAS OLBE, 1967.

699

CARILLEROS, MIGUEL MUNOZ DE SAN PEDRO, CONDE DE. *
NECTARIO MARIA, BROTHER.
GOBERNADOR Y MAESTRE DE CAMPO DIEGO GARCIA DE
PAREDES, FUNDADOR DE TRUJILLO DE VENEZUELA (EL).
MADRID. CONSEJO SUPERIOR DE INVESTIGACIONES,
CIENTIFICAS, INSTITUTO FERNANDEZ DE OVIEDO, 1957.

700

CARRERA DAMAS, GERMAN.
CRISIS DE LA SOCIEDAD COLONIAL (LA).
CARACAS. UNIVERSIDAD CENTRAL DE VENEZUELA, FACULTAD
DE HUMANIDADES Y EDUCACION, 1971.

701

CARRERA DAMAS, GERMAN.
SOBRE EL SIGNIFICADO SOCIO-ECONOMICO DE LA ACCION
HISTORICA DE BOVES.
CARACAS, 1964.

702

CASAS, BARTOLOME DE LAS.
BREVE RELACION DE LA DESTRUCCION DE LAS INDIAS
OCCIDENTALES, PRESENTADA A FELIPE II SIENDO PRINCIPE

DE ASTURIAS. NOTAS DEL LICENCIADO IGNACIO ROMERO
VARGAS YTURBIDE. ILUSTRACIONES DE VICENTE ROJA.
MEXICO. LIBROS LUCIERNAGA, 1957.

703

CASAS, BARTOLOME DE LAS.
DERECHOS CIVILES Y POLITICOS.
MADRID. EDITORIAL NACIONAL, 1974. (LIBROS DE
BOLSILLO).

704

CASAS, BARTOLOME DE LAS.
DEVASTATION OF THE INDIES (THE). A BRIEF ACCOUNT.
TRANSLATED BY HERMAN BRIFFAULT. INTRODUCTION BY HANS
MAGNUS ENZENSBERGER, WITH A DOSSIER BY MICHEL VAN
NIEUWSTADT.
NEW YORK. SEABURY PRESS, 1974.

705

CASAS, BARTOLOME DE LAS.
HISTORIA DE LAS INDIAS. ED. AGUSTIN MILLARES CARLO.
ESTUDIO PRELIMINAR DE LEWIS HANKE. 2D ED.
MEXICO. FONDO DE CULTURA ECONOMICA, 1965, 3 VOLS.
(BIBLIOTECA AMERICANA. SERIE DE CRONISTAS DE INDIAS,
NOS. 15-17).

706

CASAS, BARTOLOME DE LAS.
IN DEFENSE OF THE INDIANS. THE DEFENSE ... AGAINST
THE PERSECUTORS AND SLANDERERS OF THE PEOPLES OF THE
NEW WORLD DISCOVERED ACROSS THE SEA. TRANSLATED,
EDITED, AND ANNOTATED BY STAFFORD POOLE.
DEKALB. NORTHERN ILLINOIS UNIVERSITY PRESS, 1974.

707

CASAS, BARTOLOME DE LAS.
OBRAS ESCOGIDAS. ESTUDIO CRITICO PRELIMINAR Y
EDICION POR JUAN PEREZ DE TUDELA BUESO.
MADRID. EDICIONES ATLAS, 1957-1958, 5 VOLS.
(BIBLIOTECA DE AUTORES ESPANOLES DESDE LA FORMACION
DEL LENGUAJE HASTA NUESTROS DIAS, VOLS. 95-96,
105-106, 110).

708

CASAS, BARTOLOME DE LAS.
TRATADO DE INDIAS Y EL DOCTOR SEPULVEDA. ESTUDIO
PRELIMINAR DE MANUEL JIMENEZ FERNANDEZ.
CARACAS. ACADEMIA NACIONAL DE LA HISTORIA, 1962.
(BIBLIOTECA DE LA ACADEMIA NACIONAL DE LA HISTORIA,
NO. 56).

709

CASAS, BARTOLOME DE LAS.
TRATADOS. PROLOGOS DE LEWIS HANKE Y MANUEL GIMENEZ
FERNANDEZ. TRANSCRIPCION DE JUAN PEREZ DE TUDELA
BUESO. TRADUCCIONES DE AGUSTIN MILLARES CARLO Y
RAFAEL MORENO.
MEXICO. FONDO DE CULTURA ECONOMICO, 1965, 2 VOLS.
(BIBLIOTECA AMERICANA. SERIE DE CRONISTAS DE INDIAS,
NOS. 41-42).

710
CASTELLANOS, JUAN DE.
ELEGIAS DE VARONES ILUSTRES DE INDIAS. (ESTUDIO
PRELIMINAR DE ISAAC J. PARDO).
CARACAS. ACADEMIA NACIONAL DE LA HISTORIA, 1962.
(BIBLIOTECA DE LA ACADEMIA NACIONAL DE LA HISTORIA,
NO. 57).

711
CASTELLANOS V., RAFAEL RAMON, ED.
RELACION DE UN VIAJE POR TIERRA DE LOS CUICAS
REALIZADO EN 1687. CON NOTAS DEL LIBRO DEL OBISPO
MARIANO MARTI.
CARACAS. EDICIONES DEL MINISTERIO DE RELACIONES
INTERIORES, 1958.

712
CAULIN, ANTONIO.
HISTORIA CORO-GRAPHICA NATURAL Y EVANGELICA DE LA
NUEVA ANDALUCIA, PROVINCIAS DE CUMANA, GUAYANA, Y
VERTIENTES DEL RIO ORINOCO.
MADRID. JUAN DE SAN MARTIN, 1779. MICROFILM COPY,
BIBLIOTECA VATICANA, 1960.

713
CAULIN, ANTONIO.
HISTORIA DE LA NUEVA ANDALUCIA. ESTUDIO PRELIMINAR Y
EDICION CRITICA DE PABLO OJER.
CARACAS. ACADEMIA NACIONAL DE LA HISTORIA, 1966, 2
VOLS. (BIBLIOTECA DE LA ACADEMIA NACIONAL DE LA
HISTORIA, NOS. 81-82).

714
CESAR RIVAS, ANGEL, ET AL.
COLONIA Y LA INDEPENDENCIA (LA). JUICIOS DE
HISTORIADORES VENEZOLANOS.
CARACAS. PAN AMERICAN INSTITUTE OF GEOGRAPHY AND
HISTORY, 1949. (COMMISSION ON HISTORY, COMITE DE
ORIGENES DE LA EMANCIPACION, NO. 8).

715
CHANDLER, DAVID L.
HEALTH AND SLAVERY. A STUDY OF HEALTH CONDITIONS
AMONG NEGRO SLAVES IN THE VICE-ROYALTY OF NEW
GRANADA AND ITS ASSOCIATED SLAVE TRADE, 1600-1810.
PH.D. DISS., TULANE UNIVERSITY, 1972.

716
CISNEROS, JOSEPH LUIS DE.
DESCRIPCION EXACTA DE LA PROVINCIA DE BENEZUELA.
REPRODUCCION DE LAS EDICIONES DE VALENCIA (1764) Y
MADRID (1912) CON INTRODUCCION DE ENRIQUE BERNARDO
NUNEZ.
CARACAS. EDITORIAL AVILA GRAFICA, 1950. (BIBLIOTECA
DE GEOGRAFIA Y HISTORIA. SERIE ALEJANDRO DE
HUMBOLDT).

717
COLMENARES, MIGUEL ANGEL.
DESARROLLO DE NUESTRA AGRICULTURA EN LA COLONIA.

CARACAS. LA NACION, 1938.

718

COLOMBIANO DE FRANCISCO DE MIRANDA (EL), Y DOS
DOCUMENTOS AMERICANISTAS.
CARACAS, 1966. (COLECCION VENEZOLANISTA, SERIE
TESTIMONIOS, NO. 1).

719

CONJURACION DE 1808 EN CARACAS PARA LA FORMACION DE
UNA JUNTA SUPREMA GUBERNATIVA. INTERROGATORIO
ORDENADO POR EL REGENTE VISITADOR DON JOAQUIN DE
MOSQUERA Y FIGUEROA.
CARACAS. INSTITUTO PANAMERICANO DE HISTORIA, 1949.
(COMISION DE HISTORIA, COMITE DE ORIGENES DE LA
EMANCIPACION, NO. 3).

720

CONTRERAS SERRENA, J.N.
COMUNEROS VENEZOLANOS.
CARACAS. BIBLIOTECA DE AUTORES Y TEMAS TACHIRENSES,
1960.

721

CORDOBA, DIEGO.
MIRANDA, SOLDADO DEL INFORTUNIO.
CARACAS. EDICIONES DE LA CORPORACION VENEZOLANA DE
FOMENTO, 1967.

722

CORDOBA BELLO, ELEAZAR.
REFORMAS DEL DESPOTISMO ILUSTRADO EN AMERICA (LAS).
SIGLO XVIII HISPANO-AMERICANO.
CARACAS. UNIVERSIDAD CATOLICA ANDRES BELLO, 1975.

723

CORDOVA BELLO, ELEAZAR.
COMPANIAS HOLANDESAS DE NAVEGACION, AGENTES DE LA
COLONIZACION NEERLANDESA. PROLOGO POR GUILLERMO
FELIU CRUZ.
SEVILLE. ESCUELA DE ESTUDIOS HISPANO-AMERICANOS,
1964.

724

COVA, JESUS ANTONIO.
DESCUBRIDORES, CONQUISTADORES Y COLONIZADORES DE
VENEZUELA.
MADRID. SOCIEDAD HISPANO-VENEZOLANA DE EDICIONES,
1961.

725

COVA, JESUS ANTONIO.
MIRANDA, EL VENEZOLANO DEL "FUEGO SAGRADO."
CARACAS. TIPOGRAFIA VARGAS, 1949.

726

CRUXENT, JOSE MARIA. * ROUSE, IRVING.
ARCHAEOLOGICAL CHRONOLOGY OF VENEZUELA (AN).
WASHINGTON, D.C. PAN AMERICAN UNION, 1958-1959, 2
VOLS. IN 1 (SOCIAL SCIENCE MONOGRAPHS, NO. 6).

727

CRUXENT, JOSE MARIA. * ROUSE, IRVING.

ARQUEOLOGIA CRONOLOGICA DE VENEZUELA.
WASHINGTON, D.C. UNION PANAMERICANA, 1961, 2 VOLS.
(ESTUDIOS MONOGRAFICOS, NO. 6).

728

CRUXENT, JOSE MARIA.
RUTA DE LOSADA (LA).
CARACAS. GOBERNACION DEL DISTRITO FEDERAL, DIRECCION
CIVIL Y POLITICA, 1971. (PLAN CULTURAL CARACAS).

729

DALENCOUR, FRANCOIS.
FRANCISCO DE MIRANDA ET ALEXANDRE PETION.
L"EXPEDITION DE MIRANDA, LE PREMIER EFFORT DE
LIBERACION HISPANO-AMERICAINE, LE PREMIER
VAGISSEMENT DU PANAMERICANISME.
PORT-AU-PRINCE. IMPRENTA HERISSEY, 1955.

730

DAVILA, VICENTE.
BIOGRAFIA DE MIRANDA.
CARACAS. TIPOGRAFIA AMERICANA, 1933.

731

DAVILA, VICENTE.
DON SANCHO BRICENO, SU MONUMENTO EN TRUJILLO. EL
ARBOL DE LOS BRICENOS.
CARACAS. TIPOGRAFIA AMERICANA, 1927.

732

DESCUBRIMIENTO Y CONQUISTA DE VENEZUELA. TEXTOS
HISTORICOS CONTEMPORANEOS Y DOCUMENTOS
FUNDAMENTALES. ESTUDIO PRELIMINAR POR JOAQUIN
GABALDON MARQUEZ.
CARACAS. ACADEMIA NACIONAL DE LA HISTORIA, 1962, 2
VOLS. (BIBLIOTECA DE LA ACADEMIA NACIONAL DE LA
HISTORIA, NOS. 54-55).

733

DIARIO DE LA EXPEDICION A LA GUAIRA Y PUERTO CABELLO
EN LAS INDIAS OCCIDENTALES, BAJO EL MANDO DEL
COMODORO KNOWLES. ED. HERNANDO C. SANABRIA.
CARACAS. SOCIEDAD BOLIVARIANA DE VENEZUELA, 1966.

734

DIAS, MANUEL NUNES.
REAL CONSULADO DE CARACAS, 1793-1810 (EL).
TRADUCCION AL ESPANOL POR JAIME TELLO.
CARACAS. ACADEMIA NACIONAL DE LA HISTORIA, 1971.
(BIBLIOTECA DE LA ACADEMIA NACIONAL DE LA HISTORIA,
NO. 106).

735

DIAZ SANCHEZ, RAMON.
MARQUES DE VARINAS (EL). DESAGRAVIO DE UN
AVENTURERO. TRABAJO DE INCORPORACION COMO INDIVIDUO
DE NUMERO DE LA ACADEMIA NACIONAL DE LA HISTORIA.
CONTESTACION DEL ACADEMICO DE NUMERO CARLOS FELICE
CARDOT.
CARACAS. ACADEMIA NACIONAL DE LA HISTORIA, 1958.

736

DIAZ SOSA, RAFAEL ANGEL (PSEUD. RAFAEL PINEDA).
FRANCISCO DE MIRANDA EN ITALIA.
LOS TEQUES. GOBIERNO DEL ESTADO MIRANDA, EDICIONES
CASA DE LA CULTURA, 1966. (HOMENAJE EN EL
SESQUICENTENARIO DE LA MUERTE DE MIRANDA).

737

DOCUMENTOS DEL REAL CONSULADO DE CARACAS.
INTRODUCCION DE EDUARDO ARCILA FARIAS. SELECCION DE
ILDEFONSO LEAL.
CARACAS. UNIVERSIDAD CENTRAL DE VENEZUELA, FACULTAD
DE HUMANIDADES Y EDUCACION, INSTITUTO DE ESTUDIOS
HISPANOAMERICANOS, 1964.

738

DOCUMENTOS PARA LA HISTORIA COLONIAL DE LOS ANDES
VENEZOLANOS, SIGLOS XVI AL XVIII. PROLOGO POR J. A.
DE ARMAS CHITTY.
CARACAS. UNIVERSIDAD CENTRAL DE VENEZUELA, 1957.
(FUENTES HISTORICAS, NO. 1).

739

DOCUMENTOS RELATIVOS A LA INSURRECCION DE JUAN
FRANCISCO DE LEON. PROLOGO DE AUGUSTO MIJARES.
CARACAS. PAN AMERICAN INSTITUTE OF GEOGRAPHY AND
HISTORY, 1949. (COMMISSION ON HISTORY. COMITE DE
ORIGENES DE LA EMANCIPACION, NO. 1).

740

DOCUMENTOS RELATIVOS A LA REVOLUCION DE GUAL Y
ESPANA. PRECIDIDOS DE UN ESTUDIO HISTORICO-CRITICO
DEL DOCTOR HECTOR GARCIA CHUECOS.
CARACAS. PAN AMERICAN INSTITUTE OF GEOGRAPHY AND
HISTORY, 1949. (COMMISSION ON HISTORY. COMITE DE
ORIGENES DE LA EMANCIPACION, NO. 2).

741

DUARTE, CARLOS F.
INGENIERO MILITAR (EL). CASIMIRO ISAVA OLIVER,
1736-1802.
CARACAS. GRAFICAS EDICION DE ARTE, 1972.

742

DUARTE LEVEL, LINO.
CUADROS DE LA HISTORIA MILITAR Y CIVIL DE VENEZUELA,
DESDE EL DESCUBRIMIENTO Y CONQUISTA DE GUAYANA
HASTA LA BATALLA DE CARABOBO....
MADRID. EDITORIAL AMERICA, 1917.

743

DUPOUY, WALTER.
"HAZANA DE ALONSO ANDREA DE LEDESMA (LA)." BIOGRAFIA
NOVELADA DE UN CONQUISTADOR.
CARACAS. A.F. GIOVANAZZI, 1943.

744

DUPOUY, WALTER.
CATALINA DE MIRANDA, PRIMERA CORTESANA DE LA
CONQUISTA (BIOGRAFIA NOVELADA).
CARACAS. TIPOGRAFIA GARRIDO, 1945.

745

EDSALL, JOHN.
MEMORIAS DE UN RECLUTA DE LA EXPEDICION MIRANDINA.
INCIDENTES EN LA VIDA DE J. EDSALL. TRADUCCION DEL
INGLES Y PROLOGO POR JOSE NUCETE SARDI.
CARACAS. EDICIONES GARRIDO, 1954.

746

ESTORNES LASA, JOSE.
COMPANIA GUIPUZCOANA DE NAVEGACION DE CARACAS (LA).
BUENOS AIRES. EDITORIAL VASCA EKIN, 1948.
(BIBLIOTECA DE CULTURA VASCA, NO. 32).

747

FEBRES CORDERO, TULIO.
APOSTEOSIS DE COLON. ESCRITOS RELATIVOS A LA
CELEBRACION DEL CUARTO CENTENARIO DEL DESCUBRIMIENTO
DEL NUEVO MUNDO.
MERIDA. EL LAPIZ, 1890.

748

FEBRES CORDERO, TULIO.
CLAVE HISTORICA DE MERIDA. DOCUMENTOS PARA LA
HISTORIA DEL ZULIA EN LA EPOCA COLONIAL.
BOGOTA. EDITORIAL ANTARES, 1960. (OBRAS COMPLETAS,
VOL. 4).

749

FEBRES CORDERO, TULIO.
PROCEDENCIA Y LENGUA DE LOS ABORIGENES DE LOS ANDES
VENEZOLANOS. DECADAS DE LA HISTORIA DE MERIDA
(CONCESIONES DE TIERRA EN LA ANTIGUA GOBERNACION DE
MERIDA). EL DERECHO DE MERIDA A LA COSTA SUR DEL
LAGO DE MARACAIBO.
BOGOTA. EDITORIAL ANTARES, 1960. (OBRAS COMPLETAS,
VOL. 1).

750

FEBRES CORDERO, TULIO, COMP.
PAGINAS SUELTAS.
MERIDA. UNIVERSIDAD DE LOS ANDES, FACULTAD DE
HUMINADADES Y EDUCACION, ESCUELA DE LETRAS, CENTRO
DE INVESTIGACIONES LITERARIAS, 1966.

751

FEBRES CORDERO G., JULIO.
GUAICAIPURO, EL CAUDILLO LEGENDARIO.
CARACAS. EDICIONES EDIME, 1968. (PERSONAJES ILUSTRES
DE VENEZUELA, NO. 3).

752

FEDERMANN, ARNOLD.
DEUTSCHE KONQUISTADOREN IN SUDAMERIKA ... MIT EINEM
NACHDRUCK DER "INDIANISCHEN HISTORIA" DES NICOLAUS
FEDERMANN DES JUNGEREN VON ULM.
BERLIN. R. HOBBING, 1938.

753

FEDERMANN, NIKOLAUS.
INDIANISCHE HISTORIA. MIT EINER EINFUHRUNG VON JUAN
FRIEDE. ILLUSTRATIONEN VON PETER HAHLBROCK.
MUNICH. KLAUS BENNER VERLAG, 1965.

754
FEDERMANN, NIKOLAUS.
NARRACION DEL PRIMER VIAJE DE FEDERMANN A VENEZUELA.
TRADUCIDA Y ANOTADA POR EL DOCTOR PEDRO MANUEL
ARCAYA.
CARACAS. LITOGRAFIA Y TIPOGRAFIA DEL COMERCIO, 1916.

755
FEDERMANN, NIKOLAUS.
VIAJE A LAS INDIAS DEL MAR OCEANO. TRADUCCION DE
NELIDA ORFILA.
BUENOS AIRES. EDITORIAL NOVA, 1945. (COLECCION
VIAJEROS DE LAS AMERICAS).

756
FELICE CARDOT, CARLOS.
CURAZAO HISPANICO. ANTAGONISMO FLAMENCO-ESPANOL.
CARACAS. ACADEMIA NACIONAL DE LA HISTORIA, 1973.
(BIBLIOTECA DE LA ACADEMIA NACIONAL DE LA HISTORIA,
NO. 115).

757
FELICE CARDOT, CARLOS.
REBELION DE ANDRESOTE (LA). VALLES DEL YARACUY,
1730-1733. 2D ED.
BOGOTA. EDITORIAL ABC, 1957.

758
FELICE CARDOT, CARLOS.
REBELIONES, MOTINES Y MOVIMIENTOS DE MASAS EN EL
SIGLO XVIII. VENEZOLANO, 1730-1781.
MADRID. EDICIONES GUADARRAMA, 1961.

759
FELICE CARDOT, CARLOS.
VENEZUELA EN LOS CRONISTAS GENERALES DE INDIAS.
CARACAS. ITALGRAFICA, 1963.

760
FLEENER, CHARLES J.
EXPULSION OF THE JESUITS FROM THE VICEROYALTY OF NEW
GRANADA, 1767 (THE).
PH.D. DISS., UNIVERSITY OF FLORIDA, 1969.

761
FORTIQUE, JOSE RAFAEL.
MOTINES ANTI-JUDIOS DE CORO (LOS).
MARACAIBO. EDITORIAL PUENTE, 1973.

762
FRIEDE, JUAN.
GEOGRAPHICAL IDEAS AND THE CONQUEST OF VENEZUELA.
IN.
THE AMERICAS, 16(1959), 145-159.

763
FRIEDE, JUAN.
NICOLAS FEDERMAN, CONQUISTADOR DE VENEZUELA
(1506-1542).
CARACAS. EDICIONES DE LA FUNDACION EUGENIO MENDOZA,
1959. (BIBLIOTECA ESCOLAR. COLECCION DE BIOGRAFIAS,
NO. 31).

764

FRIEDE, JUAN.
VIDA Y VIAJES DE NICOLAS FEDERMAN, CONQUISTADOR,
POBLADOR Y COFUNDADOR DE BOGOTA, 1506-1542.
BOGOTA. EDICIONES LIBRERIA BUCHHOLZ, 1960.

765

FRIEDE, JUAN.
WELSER EN LA CONQUISTA DE VENEZUELA (LOS). EDICION
CONMEMORATIVA DEL IV CENTENARIO DE LA MUERTE DE
BARTOLOME WELSER, JEFE DE LA COMPANIA ALEMANA DE
AUGSBURGO.
CARACAS. EDICIONES EDIME, 1961. (GRANDES LIBROS
VENEZOLANOS).

766

GABALDON MARQUEZ, EDGAR.
MEXICO VIRREINAL Y LA "SUBLEVACION" DE CARACAS, 1810
(EL).
CARACAS. ARCHIVO GENERAL DE LA NACION, 1971.
(BIBLIOTECA VENEZOLANA DE LA HISTORIA, NO. 13).

767

GABALDON MARQUEZ, JOAQUIN.
FRANCISCO ISNARDY, 1750-1814.
CARACAS. FUNDACION EUGENIO MENDOZA, 1955.
(BIBLIOTECA ESCOLAR. COLECCION DE BIOGRAFIAS, NO.
20).

768

GABALDON MARQUEZ, JOAQUIN, COMP.
MUESTRARIO DE HISTORIADORES COLONIALES DE VENEZUELA.
CARACAS. MINISTERIO DE EDUCACION NACIONAL, DIRECCION
DE CULTURA, 1948. (BIBLIOTECA POPULAR VENEZOLANA,
NO. 26. SERIE MARRON. ANTOLOGIAS Y SELECCIONES).

769

GABALDON MARQUEZ, JOAQUIN, ED.
DESCUBRIMIENTO Y CONQUISTA DE VENEZUELA. TEXTOS
HISTORICOS CONTEMPORANEOS Y DOCUMENTOS
FUNDAMENTALES.
CARACAS. ACADEMIA NACIONAL DE LA HISTORIA, 1962, 2
VOLS. (BIBLIOTECA DE LA ACADEMIA NACIONAL DE LA
HISTORIA, NOS. 54-55).

770

GALLAGHER, PATRICK FRANCIS.
LA PITIA. AN EARLY CERAMIC SITE IN NORTHWESTERN
VENEZUELA.
PH.D. DISS., YALE UNIVERSITY, 1964.

771

GARCIA, LAUTICO.
FRANCISCO DE MIRANDA Y EL ANTIGUO REGIMEN ESPANOL.
CARACAS. ACADEMIA NACIONAL DE LA HISTORIA, 1961.
(MESA REDONDA DE LA COMISION DE HISTORIA DEL
INSTITUTO PANAMERICANO DE GEOGRAFIA E HISTORIA, NO.
5).

772

GARCIA CHUECOS, HECTOR.

CAPITANIA GENERAL DE VENEZUELA (LA). APUNTES PARA
UNA EXPOSICION DEL DERECHO POLITICO COLONIAL
VENEZOLANO.
CARACAS. C.A. ARTES GRAFICAS, 1945.
773

GARCIA CHUECOS, HECTOR.
ESTUDIOS DE HISTORIA COLONIAL VENEZOLANA.
CARACAS. TIPOGRAFIA AMERICANA, 1937-1938, 2 VOLS.
774

GARCIA CHUECOS, HECTOR.
SIGLO DIECIOCHO VENEZOLANO. ENSAYOS.
CARACAS. EDICIONES EDIME, 1956. (COLECCION AUTORES
VENEZOLANOS).
775

GARCIA CHUECOS, HECTOR.
VISITA DEL OBISPO DE PUERTO RICO A LA REGION
ORIENTAL DE VENEZUELA EN 1870 (SIC).
CARACAS, 1957.
776

GARCIA CHUECOS, HECTOR, ED.
ABOGADOS DE LA COLONIA. EXPEDIENTES TRAMITADOS ANTE
LA REAL AUDENCIA DE CARACAS POR DIVERSOS ASPIRANTES
AL TITULO DE ABOGADO. COPIA EXACTA DE SUS ORIGINALES
EXISTENTES EN EL ARCHIVO GENERAL DE LA NACION.
CARACAS. IMPRENTA NACIONAL, 1958.
777

GARCIA CHUECOS, HECTOR, ED.
HACIENDA COLONIAL VENEZOLANA, CONTADORES MAYORES Y
INTENDENTES DE EJERCITO Y REAL HACIENDA.
CARACAS. PAN AMERICAN INSTITUTE OF GEOGRAPHY AND
HISTORY, 1946. (4TH CONGRESS).
778

GARCIA CHUECOS, HECTOR, ED.
HISTORIA DOCUMENTAL DE VENEZUELA. COLECCION DE
PIEZAS HISTORICAS EXISTENTES EN EL ARCHIVO GENERAL
DE INDIAS, SEVILLA, ESPANA.
CARACAS. PUBLICACIONES DEL MINISTERIO DE JUSTICIA,
1957. (COLECCION HISTORICA VENEZOLANA).
779

GARCIA Y GARCIA, JOSE ANTONIO, COMP.
RELACIONES DE LOS VIREYES DEL NUEVO REINO DE
GRANADA, AHORA ESTADOS UNIDOS DE VENEZUELA, ESTADOS
UNIDOS DE COLOMBIA Y ECUADOR.
NEW YORK. IMPRENTA DE HALLET Y BREEN, 1869.
780

GARRIDO CONDE, MARIA TERESA.
PRIMERA CREACION DEL VIRREINATO DE NUEVA GRANADA
(1717-1723).
SEVILLE. ESCUELA DE ESTUDIOS HISPANO-AMERICANOS DE
SEVILLE, 1965. (PUBLICACIONES, NO. 161).
781

GAYTAN DE TORRES VENTIQUATRO, MANUEL.
RELACION Y VISTA DE OIOS QVE ... DE CIUDAD DE XEREZ,

HAZE A SU MAGESTAD EN EL REAL CONSEJO DE LAS
INDIAS, POR COMISION QUE PARA ELLO TUUO DE LAS
MINAS DE COBRE QUE AY EN LAS SERRANIAS DE COCOROTE,
PROUINCIA DE VENECUELA. (1621) EDICION FACSIMIL.
GRANTA, SPAIN. IMPRENTO CARRASCO, 1968.
782

GAZETA DE CARACAS. VOL. 1, 1808-1810, INTRODUCTION
BY MARIANO PICON SALAS. VOL. 2, 1811-1812,
INTRODUCTION BY PEDRO GRASES. FACSIMILE ED.
CARACAS. ACADEMIA NACIONAL DE LA HISTORIA, 1960, 2
VOLS. (BIBLIOTECA DE LA ACADEMIA NACIONAL DE LA
HISTORIA, NOS. 21-22).
783

GILII, FELIPE SALVADOR.
ENSAYO DE HISTORIA AMERICANA. TRADUCCION Y ESTUDIO
PRELIMINAR DE ANTONIO TOVAR.
CARACAS. ACADEMIA NACIONAL DE LA HISTORIA, 1965, 3
VOLS. (BIBLIOTECA DE LA ACADEMIA NACIONAL DE LA
HISTORIA, NOS. 71-73).
784

GIMENEZ FERNANDEZ, MANUEL.
ESTATUTO DE LA TIERRA DE CASAS (EL). ESTUDIO
HISTORICO Y JURIDICO DEL ASIENTO Y CAPITULACION PARA
PACIFICAR Y POBLAR LA TIERRA FIRME DE PARIA,
CONCEDIDA POR CARLOS V A SU CAPELLAN MICER BARTOLOME
DE LAS CASAS.
SEVILLE. EDITORIAL EDELCE, 1949.
785

GOETZL, URSULA.
ALEXANDER VON HUMBOLDT ALS GESCHICHTSSCHREIBER
AMERIKAS.
MUNICH. LUDWIG-MAXIMILIANS-UNIVERSITAT ZU MUNCHEN,
1966. (DISSERTATIONS-DRUCKEREI CHARLOTTE SCHON).
786

GONGORA, MARIO.
GRUPOS DE CONQUISTADORES EN TIERRA FIRME, 1509-1530
(LOS). FISONOMIA HISTORICO-SOCIAL DE UN TIPO DE
CONQUISTA.
SANTIAGO DE CHILE. UNIVERSIDAD DE CHILE, CENTRO DE
HISTORIA COLONIAL, 1962.
787

GONZALEZ, ELOY GUILLERMO.
HISTORIA DE VENEZUELA DESDE EL DESCUBRIMIENTO HASTA
1830.
CARACAS. EDITORIAL ELITE, 1930, 2 VOLS.
788

GONZALEZ GONZALEZ, GODOFREDO.
CRONICAS DE MARACAY. ENSAYO SOBRE LA VIDA COLONIAL.
MARACAY. CONCEJO MUNICIPAL DEL DISTRITO GIRADOT,
1967.
789

GOODSELL, JAMES N.
CARTAGENA DE INDIAS. ENTREPOT FOR A NEW WORLD

(1533-1597).
PH.D. DISS., HARVARD UNIVERSITY, 1966.

790
GOSLINGA, CORNELIS CHRISTIAAN.
DUTCH IN THE CARIBBEAN AND ON THE WILD COAST,
1580-1680 (THE).
ASSEN, THE NETHERLANDS. VAN GORCUM, 1971.

791
GRAFF, GARY W.
COFRADIAS IN THE NEW KINGDOM OF GRANADA. LAY
FRATERNITIES IN A SPANISH AMERICAN FRONTIER SOCIETY,
1600-1755.
PH.D. DISS., UNIVERSITY OF WISCONSIN, 1973.

792
GRAHAM, ROBERT BONTINE CUNNINGHAME.
CONQUEST OF NEW GRANADA (THE). BEING THE LIFE OF
GONZALO JIMENEZ DE QUESADA.
BOSTON. HOUGHTON MIFFLIN CO., 1922. REPRINT NEW
YORK. COOPER SQUARE PUBLISHERS, 1967.

793
GRASES, PEDRO.
CONSPIRACION DE GUAL Y ESPANA Y EL IDEARIO DE LA
INDEPENDENCIA (LA).
CARACAS. PAN AMERICAN INSTITUTE OF GEOGRAPHY AND
HISTORY, 1949. (COMMISSION ON HISTORY, COMITE DE
ORIGENES DE LA EMANCIPACION, NO. 6).

794
GRASES, PEDRO.
ESQUEMA PARA UNA INVESTIGACION DEL SIGLO XVIII
VENEZOLANO.
CARACAS, 1967.

795
GRASES, PEDRO.
LIBRO DE DEPONS (EL).
CARACAS. BANCO CENTRAL DE VENEZUELA, 1960.

796
GRASES, PEDRO.
VIAJERO FRANCISCO DEPONS, 1751-1812 (EL).
CARACAS, 1960.

797
GRISANTI, ANGEL.
MIRANDA, JUZGADO POR LOS FUNCIONARIOS ESPANOLES DE
SU TIEMPO. LOS ORIGENES DE LA INDEPENDENCIA
HISPANOAMERICANA SEGUN LOS DOCUMENTOS SECRETOS E
INEDITOS EXISTENTES EN LOS ARCHIVOS ESPANOLES.
CARACAS. J.E. GRISANTI, 1954.

798
GRISANTI, ANGEL.
MIRANDA, PRECURSOR DEL CONGRESO DE PANAMA Y DEL
PANAMERICANISMO. EL CONVENIO DE PARIS DE 1797.
ORIGEN DEL DERECHO INTERNACIONAL HISPANOAMERICANO.
CARACAS. J.E. GRISANTI, 1954.

799
GRISANTI, ANGEL.
MIRANDA Y LA EMPERATRIZ CATALINA LA GRANDE. MIRANDA
EN RUSIA, SUS RELACIONES CON CATALINA II Y OTROS
PERSONAJES DE ESE IMPERIO...
CARACAS. EMPRESA GUTENBERG, 1928.

800
GRISANTI, ANGEL.
PRECURSOR MIRANDA Y SU FAMILIA (EL). PRIMERA
BIOGRAFIA GENERAL DE LA FAMILIA DE MIRANDA.
CARACAS. MINISTERIO DE EDUCACION NACIONAL, DIRECCION
DE CULTURA, 1950. (BIBLIOTECA VENEZOLANA DE
CULTURA. COLECCION ANDRES BELLO).

801
GRISANTI, ANGEL.
PROCESO CONTRA DON SEBASTIAN DE MIRANDA, PADRE DEL
PRECURSOR DE LA INDEPENDENCIA CONTINENTAL (EL). OBRA
ESCRITA A BASE DE DOCUMENTOS INEDITOS QUE NO
FIGURAN EN EL ARCHIVO DEL GENERAL MIRANDA.
CARACAS. EDITORIAL AVILA GRAFICA, 1950.

802
HADGIALY DIVO, MIGUEL.
FRANCISCO FAJARDO, TENIENTE GENERAL DEL REY.
CARACAS. MINISTERIO DE EDUCACION, DIRECCION DE
CULTURA Y BELLAS ARTES, 1958. (COLECCION LETRAS
VENEZOLANAS, NO. 8).

803
HAEBLER, KONRAD.
UBERSEEISCHEN UNTERNEHMUNGEN DEL WELSER UND IHRER
GESELLSCHAFTER (DIE).
LEIPZIG. C. L. HIRSCHFELD, 1903.

804
HANKE, LEWIS.
ESTUDIOS SOBRE FRAY BARTOLOME DE LAS CASAS Y SOBRE
LA LUCHA POR LA JUSTICIA EN LA CONQUISTA ESPANLOA DE
AMERICA.
CARACAS. EDICIONES DE LA BIBLIOTECA DE LA
UNIVERSIDAD CENTRAL DE VENEZUELA, 1968. (COLECCION
CIENCIAS SOCIALES, NO. 12).

805
HERRERA LUQUE, FRANCISCO J.
BOVES, "EL UROGALLO."
CARACAS. EDITORIAL FUENTES, 1972. (COLECCION LA
HISTORIA VIVA, NO. 1).

806
HERRERA VIAL, FELIPE, COMP.
VIAJEROS POR TIERRAS DE CARABOBO, SIGLOS XVIII Y
XIX.
VALENCIA. UNIVERSIDAD DE CARABOBO, 1971. (EDICIONES
DEL RECTORADO).

807
HUBER, SIEGFRIED.
ENTDECKER UND EROBERER. DEUTSCHE KONQUISTADOREN IN
SUDAMERIKA MIT ZEITGENOSSISCHEN ERLEBNISBERICHTEN

UND DOKUMENTEN.
OLTEN, FREIBURG IM BREISGAU. WALTER, 1966.

808

HUMBERT, JULES.
L"OCCUPACION ALLEMANDE DU VENEZUELA AU SEIZIEME
SIECLE. PERIODE DITE DES WELSER (1528-1556).
BORDEAUX. FERET ET FILS, EDITEURS, 1905.

809

HUMBERT, JULES.
ORIGINES VENEZUELIENNES (LES). ESSAI SUR LA
COLONISATION ESPAGNOLE AU VENEZUELA (OUVRAGE
ACCOMPAGNE D"UNE GRAVURE ET D"UNE CARTE
GEOGRAPHIQUE).
BORDEAUX. FERET ET FILS, 1905.

810

HUMBOLDT, ALEXANDER, FREIHHER VON.
PERSONAL NARRATIVE OF TRAVELS TO THE EQUINOCTIAL
REGIONS OF THE NEW CONTINENT DURING THE YEARS
1799-1804 ... WITH MAPS, PLANS, ETC. WRITTEN IN
FRENCH ... AND TRANSLATED INTO ENGLISH BY HELEN
MARIA WILLIAMS. 3D ED.
LONDON. LONGMAN, HURST, REES, ORME, AND BROWN, 1822,
2 VOLS.

811

HUMBOLDT, ALEXANDER, FREIHHER VON.
VIAJE A LAS REGIONES EQUINOCCIALES DEL NUEVO
CONTINENTE ... 1799-1804. TRADUCCION DE LISANDRO
ALVARADO. 2D ED.
CARACAS. EDICIONES DEL MINISTERIO DE EDUCACION,
DIRECCION DE CULTURA Y BELLAS ARTES, 1956, 5 VOLS.
(BIBLIOTECA VENEZOLANA DE CULTURA. COLECCION "VIAJES
Y NATURALEZA").

812

HUMBOLDT, ALEXANDER, FREIHHER VON.
VOYAGE AUX REGIONS EQUINOXIALES DU NOUVEAU
CONTINENT, FAIT EN 1799, 1800, 1801, 1802, 1803 ET
1804, PAR AL. DE HUMBOLDT ET A. BONPLAND.... AVEC UN
ATLAS GEOGRAPHIQUE ET PHYSIQUE.
PARIS. LIBRAIRIE GRECQUE-LATINE-ALLEMANDE,
1815-1826, 12 VOLS.

813

HUMPHREYS, ROBERT ARTHUR. * CUERAS CANCINO,
FRANCISCO M.
WILLIAM ROBERTSON Y SU HISTORIA DE AMERICA POR ROBIN
H. HUMPHREYS. WILLIAM ROBERTSON Y SU VISION DE
AMERICA POR FRANCISCO CUERAS CANCIO.
MEXICO. INSTITUTO PANAMERICANO DE GEOGRAFIA E
HISTORIA, 1958. (PUBLICACION NO. 222).

814

HUSSEY, ROLAND DENNIS.
CARACAS COMPANY, 1728-1784 (THE). A STUDY IN THE
HISTORY OF SPANISH MONOPOLISTIC TRADE.
LONDON. H. MILFORD, OXFORD UNIVERSITY PRESS, 1934.

815

HUSSEY, ROLAND DENNIS.
COMPANIA DE CARACAS, 1728-1784 (LA). TRADUCCION DE
LEOPOLDO LANDAETA, PROLOGO POR ALFONSO ESPINOSA,
ESTUDIO BIBLIOGRAFICO POR PEDRO GRASES.
CARACAS. BANCO CENTRAL DE VENEZUELA, 1962.
(COLECCION HISTORICO-ECONOMICA VENEZOLANA, VOL. 8).

816

INFANTE, JOAQUIN.
PROYECTO DE CONSTITUCION PARA LA ISLA DE CUBA.
ESTUDIO PRELIMINAR POR EMETERIO S. SANTOVENIA.
CARACAS. ACADEMIA NACIONAL DE LA HISTORIA, 1959.
(BIBLIOTECA DE LA ACADEMIA NACIONAL DE LA HISTORIA,
NO. 15).

817

ISNARDY, FRANCISCO.
PROCESO POLITICO.
CARACAS. ACADEMIA NACIONAL DE LA HISTORIA, 1960.
(BIBLIOTECA DE LA ACADEMIA NACIONAL DE LA HISTORIA,
NO. 24).

818

JAHN, ALFREDO.
ABORIGENES DEL OCCIDENTE DE VENEZUELA (LOS). SU
HISTORIA, ETNOGRAFIA Y AFINIDADES LINGUISTICAS.
CARACAS. LITOGRAFIA Y TIPOGRAFIA DEL COMERCIO, 1927.

819

JAHN, ALFREDO.
AL (SIC) POBLACION PRECOLOMBINA DEL LAGO DE
MARACAIBO.
CARACAS. TIPOGRAFIA MERCANTIL, 1923.

820

JAIMES BERTI, JAIME. * SORIANO MARTINEZ, GRACIELA.
* PARRA PARDI, MARIELENA.
SOCIEDAD COLONIAL VENEZOLANA A TRAVES DEL TESTIMONIO
DE FRANCOIS DEPONS (LA).
CARACAS. UNIVERSIDAD CENTRAL DE VENEZUELA, FACULTAD
DE HUMANIDADES Y EDUCACION, ESCUELA DE HISTORIA,
1962.

821

JIMENEZ DE LA ESPADA, MARCOS, ED.
RELACIONES GEOGRAFICAS DE INDIAS.
MADRID. MINISTERIO DE FOMENTO, 1881-1897, 4 VOLS.

822

JOURNAL OF THE EXPEDITION TO LA GUAIRA AND PORTO
CAVALLOS IN THE WEST INDIES, UNDER THE COMMAND OF
COMMODORE KNOWLES. IN A LETTER FROM AN OFFICER ON
BOARD THE "BURFORD" TO HIS FRIEND IN LONDON.
LONDON. PRINTED FOR J. ROBINSON, AT THE GOLDEN LYON
IN LUDGATE STREET, 1744.

823

JUAN Y SANTACILIA, JORGE. * ULLOA, ANTONIO DE.
DISSERTACION HISTORICA, Y GEOGRAPHICA SOBRE EL
MERIDIANO DE DEMARCACION ENTRE LOS DOMINIOS DE

ESPANA, Y PORTUGAL, Y LOS PARAGES POR DONDE PASSA EN
LA AMERICA MERIDIONAL, CONFORME A LOS TRATADOS, Y
DERECHOS DE CADA ESTADO, Y LAS MAS SEGURAS, Y
MODERNAS OBSERVACIONES.
MADRID. IMPRENTA DE A. MARIN, 1749.

824

JUAN Y SANTACILIA, JORGE. * ULLOA, ANTONIO DE.
NOTICIAS SECRETAS DE AMERICA. SIGLO XVIII.
MADRID. EDITORIAL AMERICA, 1918, 2 VOLS. (BIBLIOTECA
AYACUCHO, NOS. 31-32).

825

JUAN Y SANTACILIA, JORGE. * ULLOA, ANTONIO DE.
VOYAGE TO SOUTH AMERICA (A). DESCRIBING, AT LARGE,
THE SPANISH CITIES, TOWNS, PROVINCES, ETC. ON THAT
EXTENSIVE CONTINENT. UNDERTAKEN BY COMMAND OF THE
KING OF SPAIN.... TRANSLATED FROM THE ORIGINAL
SPANISH 3D ED., TO WHICH ARE ADDED, BY MR. JOHN
ADAMS ... OCCASIONAL NOTES AND OBSERVATIONS, AN
ACCOUNT OF SOME PARTS OF THE BRAZILS, HITHERTO
UNKNOWN TO THE ENGLISH NATION, AND A MAP OF SOUTH
AMERICA CORRECTED.
LONDON. PRINTED FOR L. DAVIS, 1772.

826

JURADO, SANTOS.
RETABLO COLONIAL.
CARACAS. ASOCIACION DE INDUSTRIALES DE ACEITES Y
GRASAS VEGETALES COMESTIBLES, 1967.

827

KING, JAMES F.
NEGRO SLAVERY IN THE VICEROYALTY OF NEW GRANADA.
PH.D. DISS., UNIVERSITY OF CALIFORNIA, 1939.

828

KIRSCH, HENRY WILLIAMS.
PARDO IN VENEZUELAN SOCIETY, 1759-1812 (THE).
M.A. THESIS, UNIVERSITY OF FLORIDA, 1965.

829

KONETZKE, RICHARD.
SUD UND MITTELAMERIKA. DIE INDIANERKULTUREN
ALTAMERIKAS UND DIE SPANISCH-PORTUGIESISCHE
KOLONIALHERRSCHAFT.
FRANKFURT AM MAIN. FISHER, 1965-.

830

KONETZKE, RICHARD, ED.
COLECCION DE DOCUMENTOS PARA LA HISTORIA DE LA
FORMACION SOCIAL DE HISPANOAMERICA, 1493-1810.
MADRID. CONSEJO SUPERIOR DE INVESTIGACIONES
CIENTIFICAS, INSTITUTO JAIME BALMES, 1953-1962, 3
VOLS. IN 5.

831

KUETHE, ALLAN JAMES.
MILITARY REFORM IN THE VICEROYALTY OF NEW GRANADA,
1773-1796 (THE).
PH.D. DISS., UNIVERSITY OF FLORIDA, 1967.

832

LEMMO B., ANGELINA.
ETNOGRAFIA Y FUENTES HISTORICAS.
CARACAS. UNIVERSIDAD CENTRAL DE VENEZUELA, FACULTAD
DE HUMANIDADES Y EDUCACION, ESCUELA DE HISTORIA,
1970.

833

LEON, JUAN FRANCISCO DE.
DIARIO DE UNA INSURGENCIA. 1749. PROLOGO DE J. A. DE
ARMAS CHITTY.
CARACAS. CONSEJO MUNICIPAL DEL DISTRITO FEDERAL,
1971.

834

LIMONTA, JOSE ANTONIO DE.
LIBRO DE LA RAZON GENERAL DE LA REAL HACIENDA DEL
DEPARTAMENTO DE CARACAS. (ESTUDIO PRELIMINAR DE
MARIO BRICENO PEROZO).
CARACAS. ACADEMIA NACIONAL DE LA HISTORIA, 1962.
(BIBLIOTECA DE LA ACADEMIA NACIONAL DE LA HISTORIA,
NO. 61).

835

LIPPINCOTT, WILLIAM JULIAN.
ETHNOHISTORY AND THE AUTOCHTHONOUS PEOPLES OF
WESTERN VENEZUELA DURING THE IMMEDIATE POST-CONTACT
PERIOD.
PH.D. DISS., UNIVERSITY OF CALIFORNIA, LOS ANGELES,
1970.

836

LLAVADOR MIRA, JOSE.
GOBERNACION DE VENEZUELA EN EL SIGLO XVII (LA).
CARACAS. ACADEMIA NACIONAL DE LA HISTORIA, 1970.
(BIBLIOTECA DE LA ACADEMIA NACIONAL DE LA HISTORIA,
NO. 102).

837

LOPEZ, CASTO FULGENCIO.
HERENCIA DEL ALMIRANTE (LA). EL ARCHIVO DE INDIAS.
CARACAS. EDITORIAL ELITE, 1937. (PUBLICACIONES DE LA
ASOCIACION DE ESCRITORES VENEZOLANOS).

838

LOPEZ, CASTO FULGENCIO.
JUAN BAUTISTA PICORNELL Y LA CONSPIRACION DE GUAL Y
ESPANA.
CARACAS. EDICIONES NUEVA CADIZ, 1955.

839

LOPEZ, CASTO FULGENCIO.
LOPE DE AGUIRRE, EL PEREGRINO, APELLIDADO EL TIRANO,
PRIMER CAUDILLO LIBERTARIO DE AMERICA. HISTORIA DE
SU VIDA HAZANOSA Y CRUEL Y DE SU MUERTE TRAYDORA.
CARACAS, 1947.

840

LOPEZ CANTOS, ANGEL.
DON FRANCISCO DE SAAVEDRA, SEGUNDO INTENDENTE DE
CARACAS....

SEVILLE. CONSEJO SUPERIOR DE INVESTIGACIONES
CIENTIFICAS, ESCUELA DE ESTUDIOS HISPANO-AMERICANOS,
1973. (PUBLICACIONES, NO. 211).

841

LOPEZ RUIZ, JESUS MARIA G.
HERNANDEZ DE SERPA Y SU "HUESTE" DE 1569. CON
DESTINO A LA NUEVA ANDALUCIA.
CARACAS. ACADEMIA NACIONAL DE LA HISTORIA, 1974.
(BIBLIOTECA DE LA ACADEMIA NACIONAL DE LA HISTORIA,
NO. 120).

842

MANZANO MANZANO, JUAN.
COLON DESCUBRIO AMERICA DEL SUR EN 1494.
CARACAS. ACADEMIA NACIONAL DE LA HISTORIA, 1972.
(BIBLIOTECA DE LA ACADEMIA NACIONAL DE LA HISTORIA,
NO. 110).

843

MARCANO, GASPAR.
ETNOGRAFIA PRECOLOMBINA DE VENEZUELA.
CARACAS. UNIVERSIDAD CENTRAL DE VENEZUELA, FACULTAD
DE HUMANIDADES Y EDUCACION, INSTITUTO DE
ANTROPOLOGIA E HISTORIA, 1971. (SERIE DE
ANTROPOLOGIA).

844

MARTINEZ MENDOZA, JERONIMO.
ATAQUE DE LOS INGLESES A PUERTO CABELLO EL ANO DE
1743 (EL). EL ATAQUE A LA GUAIRA Y PUERTO CABELLO
POR LOS INGLESES EL ANO DE 1743.
CARACAS. TIPOGRAFIA VARGAS, 1959.

845

MARTINEZ MENDOZA, JERONIMO.
LEYENDA DE EL DORADO (LA). SU HISTORIA E INFLUENCIA
EN LA VENEZUELA ANTIGUA. DISCURSO DE INCORPORACION
COMO INDIVIDUO DE NUMERO.
CARACAS. ACADEMIA NACIONAL DE LA HISTORIA, 1967.

846

MARTINEZ MENDOZA, JERONIMO.
VENEZUELA COLONIAL. INVESTIGACIONES Y NOTICIAS PARA
EL CONOCIMIENTO DE SU HISTORIA.
CARACAS. EDITORIAL ARTE, 1965.

847

MATHEUS GONZALEZ, A.
COMERCIO EN LA COLONIA (EL).
MARACAIBO, 1933.

848

MCKENNAN, THEODORA, SISTER.
SANTANDER AND THE VOGUE OF BENTHAMISM IN COLOMBIA
AND NEW GRANADA.
PH.D. DISS., LOYOLA UNIVERSITY, 1970.

849

MEIKLEJOHN, NORMAN A.
OBSERVANCE OF NEGRO SLAVE LEGISLATION IN COLONIAL
NUEVA GRANADA (THE).

PH.D. DISS., COLUMBIA UNIVERSITY, 1968.

850

MELENDEZ PRADO, MANUEL ANTONIO.
"ORIGENES LARENSES" DESCUBRIMIENTO, CONQUISTA Y
COLONIZACION DE VENEZUELA HASTA 1628.
BARQUISIMETO, 1963, 2 VOLS.

851

MENDOZA, CRISTOBAL.
ESCRITOS DEL DOCTOR CRISTOBAL MENDOZA. EDICION
CONMEMORATIVA DEL BICENTENARIO DEL NACIMIENTO DEL
PRIMER PRESIDENTE DE LA REPUBLICA DE VENEZUELA.
CARACAS. EDICIONES DE LA PRESIDENCIA DE LA
PEPUBLICA, 1972.

852

MICHELENA, TOMAS.
FORTUNAS COLONIALES.
CARACAS. GEORGE CORSER, 1843.

853

MINGUET, CHARLES.
ALEXANDRE DE HUMBOLDT. HISTORIEN ET GEOGRAPHE DE
L"AMERIQUE ESPAGNOLE 1799-1804.
PARIS. FRANCOIS MASPERO, 1969. (LA DECOUVERTE).

854

MIRANDA, FRANCISCO DE.
ARCHIVO DEL GENERAL MIRANDA. EDITED BY VICENTE
DAVILA.
CARACAS. EDITORIAL SUR-AMERICA, 1929-1950, 24 VOLS.

855

MIRANDA, FRANCISCO DE.
HOY, EN CASA, LEYENDO. REVISION DE LECTURAS DE ...
MIRANDA. PROLOGO, SELECCION Y NOTAS DE GUILLERMO
MENESES.
CARACAS. EDICIONES DEL BANCO MIRANDA, 1960.

856

MIRANDA, FRANCISCO DE.
INDICE DEL ARCHIVO DEL GENERAL MIRANDA. PUBLICACION
ORDENADA POR EL MINISTRO DE INSTRUCCION PUBLICA DR.
RUBEN GONZALEZ.
CARACAS. TIPOGRAFIA AMERICANA, 1927.

857

MIRANDA, FRANCISCO DE.
LIBROS DE MIRANDA (LOS). ED. ARTURO USLAR PIETRI.
ADVERTENCIA BIBLIOGRAFICA POR PEDRO GRASES.
CARACAS. COMISION NACIONAL DEL CUATRICENTENARIO DE
LA FUNDACION DE CARACAS, 1966. (EDICIONES DEL
CUATRICENTENARIO DE CARACAS).

858

MOLLER, CARLOS MANUEL.
PAGINAS COLONIALES. ARTICULOS DE PERIODICOS Y
REVISTAS.
CARACAS, 1962. (EDICIONES DE LA ASOCIACION
VENEZOLANA AMIGOS DEL ARTE COLONIAL, NO. 1).

859
MONTENEGRO COLON, FELICIANO.
HISTORIA DE VENEZUELA. ESTUDIO PRELIMINAR POR
ALFREDO BOULTON.
CARACAS. ACADEMIA NACIONAL DE LA HISTORIA, 1960, 2
VOLS. (BIBLIOTECA DE LA ACADEMIA NACIONAL DE LA
HISTORIA, NOS. 26-27).

860
MORALES PADRON, FRANCISCO.
REBELION CONTRA LA COMPANIA DE CARACAS.
SEVILLE. ESCUELA DE ESTUDIOS HISPANOAMERICANOS,
1955.

861
MORAZZANI DE PEREZ ENCISO, GISELA.
INTENDENCIA EN ESPANA Y EN AMERICA (LA). PROLOGO DE
EDUARDO ARCILA FARIAS.
CARACAS. IMPRENTA UNIVERSITARIA, 1966.

862
MORAZZANI DE PEREZ ENCISO, GISELA.
ORDENANZAS DE INTENDENTES DE INDIAS (LAS). CUADRO
PARA SU ESTUDIO. PROLOGO DEL DOCTOR ALFONSO GARCIA
GALLO.
CARACAS. UNIVERSIDAD CENTRAL DE VENEZUELA, FACULTAD
DE DERECHO, 1972.

863
MORON, GUILLERMO.
CRONISTAS Y LA HISTORIA (LOS).
CARACAS. EDICIONES DEL MINISTERIO DE EDUCACION,
DIRECCION DE CULTURA Y BELLAS ARTES, 1957.
(BIBLIOTECA POPULAR VENEZOLANA, NO. 64. SERIE AZUL.
ENSAYO, HISTORIA, BIOGRAFIA, NARRACIONES Y
LEYENDAS).

864
MORON, GUILLERMO.
ORIGENES HISTORICOS DE VENEZUELA (LOS).
MADRID. CONSEJO SUPERIOR DE INVESTIGACIONES
CIENTIFICAS, INSTITUTO GONZALO FERNANDEZ DE OVIEDO,
1954-.

865
MORON, GUILLERMO.
TIERRA DE GRACIA (COMO NACIO VENEZUELA).
CARACAS. IMPRENTA NACIONAL, 1949.

866
MOSK, SANFORD ALEXANDER.
SPANISH PEARL-FISHING OPERATIONS ON THE PEARL COAST
IN THE SIXTEENTH CENTURY. IN.
HISPANIC AMERICAN HISTORICAL REVIEW, 18.3(1938),
392-402.

867
MUJICA, HECTOR.
PRIMERA IMAGEN DE CARACAS Y PRIMERA IMAGEN DE
VENEZUELA.
CARACAS. COMISION NACIONAL DEL CUATRICENTENARIO DE
LA FUNDACION DE CARACAS, 1967. (EDICIONES DEL

CUATRICENTENARIO DE CARACAS).

868
MUNOZ ORAA, CARLOS EMILIO.
COMUNEROS DE VENEZUELA (LOS). UNA REBELION POPULAR
DE PRE-INDEPENDENCIA.
MERIDA. UNIVERSIDAD DE LOS ANDES, FACULTAD DE
HUMANIDADES Y EDUCACION, 1971. (TESIS).

869
MUNOZ ORAA, CARLOS EMILIO.
SOCIEDAD VENEZOLANA FRENTE A LA INTENDENCIA (LA).
MERIDA. UNIVERSIDAD DE LOS ANDES, FACULTAD DE
HUMANIDADES Y EDUCACION, 1964.

870
NAVARRETE, JUAN ANTONIO.
ARCA DE LETRAS Y TEATRO UNIVERSAL. ESTUDIO
PRELIMINAR POR JOSE ANTONIO CALCANO.
CARACAS. ACADEMIA NACIONAL DE LA HISTORIA, 1962.
(BIBLIOTECA DE LA ACADEMIA NACIONAL DE LA HISTORIA,
NO. 60).

871
NECTARIO MARIA, BROTHER.
JUAN FERNANDEZ DE LEON, FUNDADOR DE GUANARE.
GUANARE. SOCIEDAD AMIGOS DE GUANARE, 1971.

872
NEW GRANADA (VICEROYALTY) AUDIENCIA.
ACUERDOS DE LA REAL AUDIENCIA DEL NUEVO REINO DE
GRANADA.
BOGOTA. ARCHIVO NACIONAL DE COLOMBIA, 1957-1958, 2
VOLS.

873
NOEL, JESSE A.
TRINIDAD, PROVINCIA DE VENEZUELA. HISTORIA DE LA
ADMINISTRACION ESPANOLA DE TRINIDAD.
CARACAS. ACADEMIA NACIONAL DE LA HISTORIA, 1972.
(BIBLIOTECA DE LA ACADEMIA NACIONAL DE LA HISTORIA,
NO. 109).

874
NUCETE SARDI, JOSE.
AVENTURA Y TRAGEDIA DE DON FRANCISCO DE MIRANDA. 5TH
ED. AUMENTADA.
CARACAS. MINISTERIO DE EDUCACION, DIRECCION DE
CULTURA Y BELLAS ARTES, DEPARTAMENTO DE
PUBLICACIONES, 1964. (BIBLIOTECA POPULAR VENEZOLANA,
NO. 91).

875
NUNEZ, ENRIQUE BERNARDO.
CACAO. ENSAYO Y PROLOGO DE ORLANDO ARAUJO.
CARACAS. BANCO CENTRAL DE VENEZUELA, 1972.
(COLECCION CUATRICENTENARIO DE CARACAS, NO. 9).

876
NUNEZ, ENRIQUE BERNARDO.
JUAN FRANCISCO LEON, O EL LEVANTAMIENTO CONTRA LA
COMPANIA GUIPUZCOANA.

CARACAS. EDITORIAL AVILA GRAFICA, 1949.

877

OJER, PABLO.
DON ANTONIO DE BERRIO, GOBERNADOR DEL DORADO.
CARACAS. UNIVERSIDAD CATOLICA ANDRES BELLO, FACULTAD
DE HUMANIDADES Y EDUCACION, INSTITUTO DE
INVESTIGACIONES HISTORICAS, 1960. (BIBLIOTECA DE
ESTUDIOS UNIVERSITARIOS, NO. 4).

878

OJER, PABLO.
FORMACION DEL ORIENTE VENEZOLANO (LA). VOL. I.
CREACION DE LAS GOBERNACIONES.
CARACAS. UNIVERSIDAD CATOLICA ANDRES BELLO, FACULTAD
DE HUMANIDADES Y EDUCACION, INSTITUTO DE
INVESTIGACIONES HISTORICAS, 1966. (BIBLIOTECA DE
ESTUDIOS UNIVERSITARIOS, NO. 6).

879

OJER, PABLO.
SALINAS DEL ORIENTE VENEZOLANO EN EL SIGLO XVII
(LAS).
CARACAS. UNIVERSIDAD CATOLICA ANDRES BELLO, 1962.
(COLECCION SAMAN, NO. 2).

880

OLAVARRIAGA URQUIETA, PEDRO JOSE DE.
INSTRUCCION GENERAL Y PARTICULAR DEL ESTADO PRESENTE
DE LA PROVINCIA DE VENEZUELA EN LOS ANOS DE 1720 Y
1721. ESTUDIO PRELIMINAR DE MARIO BRICENO PEROZO.
CARACAS. ACADEMIA NACIONAL DE LA HISTORIA, 1965.
(BIBLIOTECA DE LA ACADEMIA NACIONAL DE LA HISTORIA,
NO. 76).

881

ORAMAS, LUIS R.
CONQUISTA Y COLONIZACION DE LA PROVINCIA DE LOS
CARACAS. ESENCIALES RECTIFICACIONES A LA HISTORIA
DE VENEZUELA.
CARACAS. TALLER OFFSET, 1940.

882

ORAMAS, LUIS R.
EN POS DEL DORADO. ODISEA DE SIR WALTER RALEIGH, EL
GRAN IMPERIO DE ORO DE LA GUAYANA VENEZOLANA.
CARACAS. TIPOGRAFIA GARRIDO, 1947.

883

ORAMAS, LUIS R.
ESTUDIOS HISTORICOS. TRES CELEBRES CONQUISTADORES,
DIEGO GOMEZ DE AGUERO, FRANCISCO INFANTE, Y GARCIA
GONZALEZ DE SILVA.
CARACAS. TIPOGRAFIA AMERICANA, 1926. REPRINTED FROM
BOLETIN DE LA ACADEMIA NACIONAL DE LA HISTORIA,
9 (1926).

884

OSORIO JIMENEZ, MARCOS A.
MEMORIAS "HISTORICAS" DE BOUSSINGAULT (LAS).
MERIDA. UNIVERSIDAD DE LOS ANDES, 1956.

(PUBLICACIONES DE LA DIRECCION DE CULTURA, NO. 52).

885
OTS CAPDEQUI, JOSE MARIA.
INSTITUCIONES DE GOBIERNO DEL NUEVO REINO DE GRANADA
DURANTE EL SIGLO XVIII.
BOGOTA. UNIVERSIDAD NACIONAL DE COLOMBIA, SECCION DE
EXTENSION CULTURAL, 1950.

886
OTTE, ENRIQUE, COMP.
CEDULARIO DE LA MONARQUIA ESPANOLA RELATIVO A LA
ISLA DE CUBAGUA, 1523-1550.
CARACAS. FUNDACION JOHN BOULTON Y FUNDACION EUGENIO
MENDOZA, 1961, 2 VOLS.

887
OTTE, ENRIQUE, COMP.
CEDULARIOS DE LA MONARQUIA ESPANOLA DE MARGARITA,
NUEVA ANDALUCIA Y CARACAS, 1553-1604.
CARACAS. FUNDACION JOHN BOULTON, FUNDACION EUGENIO
MENDOZA Y FUNDACION SHELL, 1967, 2 VOLS.

888
OTTE, ENRIQUE, COMP.
CEDULARIOS DE LA MONARQUIA ESPANOLA RELATIVOS A LA
PROVINCIA DE VENEZUELA, 1529-1552.
CARACAS. FUNDACION JOHN BOULTON Y FUNDACION EUGENIO
MENDOZA, 1959, 2 VOLS.

889
OTTE, ENRIQUE, COMP.
CEDULAS DE LA MONARQUIA ESPANOLA RELATIVAS A LA
PARTE ORIENTAL DE VENEZUELA, 1520-1561.
CARACAS. FUNDACION JOHN BOULTON, FUNDACION EUGENIO
MENDOZA Y FUNDACION SHELL, 1965.

890
OTTE, ENRIQUE, COMP.
CEDULAS REALES RELATIVAS A VENEZUELA, 1500-1550.
CARACAS. FUNDACION JOHN BOULTON Y FUNDACION EUGENIO
MENDOZA, 1963.

891
OVIEDO, BASILO VICENTE DE.
CUALIDADES Y RIQUEZAS DEL NUEVO REINO DE GRANADA.
MANUSCRITO DEL SIGLO XVIII PUBLICADO, CON UN
PROLOGO, POR L. A. CUERVO.
BOGOTA. IMPRENTA NACIONAL, 1930.

892
OVIEDO Y BANOS, JOSE DE.
HISTORIA DE LA CONQUISTA Y POBLACION DE LA PROVINCIA
DE VENEZUELA. REPRODUCCION FACSIMILAR DE LA EDICION
HECHA POR DOMINGO NAVAS SPINOLA, EN CARACAS, 1824.
CARACAS. EDICIONES ARIEL, 1967. (HOMENAJE AL
CUATRICENTENARIO DE LA FUNDACION DE CARACAS.

893
OVIEDO Y BANOS, JOSE DE.
TESORO DE NOTICIAS Y INDICE GENERAL DE LAS COSAS MAS
PARTICULARES QUE SE CONTIENEN EN LOS LIBROS

CAPITULARES DE ESTA CIUDAD DE CARACAS DESDE SU
FUNDACION, HECHO POR JOSEPH DE OVIEDO Y BANOS,
SIENDO REXIDOR DE ELLA, EL ANO 1703 ...
CARACAS. MINISTERIO DE EDUCACION, DIRECCION GENERAL,
1967.
894

PAEZ PUMAR, MAURO, ED.
PROCLAMAS DE FILADELFIA DE 1774 Y 1775 EN LA CARACAS
DE 1777 (LOS).
CARACAS. CENTRO VENEZOLANO AMERICANO, 1973.
895

PANHORST, KARL HEINRICH.
ALEMANES EN VENEZUELA DURANTE EL SIGLO XVI (LOS).
CARLOS V Y LA CASA WELSER....
MADRID. EDITORIAL VOLUNTAD, S.A., 1927.
896

PARDO, ISAAC J.
ESTA TIERRA DE GRACIA, IMAGEN DE VENEZUELA EN EL
SIGLO XVI. 2D ED.
CARACAS. EDICIONES DEL MINISTERIO DE EDUCACION,
DIRECCION DE CULTURA Y BELLAS ARTES, DEPARTAMENTO
DE PUBLICACIONES, 1965. (BIBLIOTECA POPULAR
VENEZOLANA, NO. 104).
897

PARDO, ISAAC J.
JUAN DE CASTELLANOS. ESTUDIO DE LAS ELEGIAS DE
VARONES ILUSTRES DE INDIAS.
CARACAS. UNIVERSIDAD CENTRAL DE VENEZUELA, 1961.
898

PARRA MARQUEZ, HECTOR.
DOCTOR TOMAS HERNANDEZ DE SANABRIA (EL). PROLOGO DEL
DR. TULIO CHIOSSONE.
CARACAS. TIPOGRAFIA VARGAS, 1970. (GRANDES JURISTAS
DE LA COLONIA).
899

PARRA PEREZ, CARACCIOLO.
MIRANDA Y LA REVOLUCION FRANCESA.
MADRID. ALTAMIRA, 1966, 2 VOLS. (EDICIONES
CULTURALES DEL BANCO DEL CARIBE).
900

PARRA PEREZ, CARACCIOLO.
REGIMEN ESPANOL EN VENEZUELA (EL). ESTUDIO
HISTORICO. 2D ED.
MADRID. EDICIONES CULTURA HISPANICA, 1964.
901

PENA, ISRAEL.
JOSE ANGEL LAMAS (1775-1814).
CARACAS. UNIVERSIDAD CENTRAL DE VENEZUELA, DIRECCION
DE CULTURA, 1965. (COLECCION ANIVERSARIOS
CULTURALES, NO. 1).
902

PERERA, AMBROSIO.
ALBORES DE VENEZUELA. SIGNIFICADO DEL REGIMEN

ALEMAN, GENESIS DE LA NACIONALIDAD, ORIGEN Y
EXPRESION DEL AYUNTAMIENTO AMERICANO, ENCOMIENDAS
PRIMITIVAS DE BARQUISIMETO.
CARACAS. ARTES GRAFICAS, 1946.
903

PEREZ MATOS, MARTIN.
CABILDOS COLONIALES.
CARACAS. TIPOGRAFIA VARGAS, 1954.
904

PEREZ RAMIREZ, CESAR, COMP.
DOCUMENTOS PARA LA HISTORIA COLONIAL DE VENEZUELA.
MENSURA Y DESCRIPCION DE LOS PUEBLOS DE INDIOS...POR
EL OIDOR DECANO DE LA REAL AUDENCIA DE SANTO
DOMINGO DON LUIS DE CHAVEZ Y MENDOZA, 1782-1784.
CARACAS. EDITORIAL CRISOL, 1946.
905

PI SUNYER, CARLOS.
ARCHIVO Y LA CASA DE MIRANDA (EL).
CARACAS. EDICIONES DEL INSTITUTO DE ESTUDIOS
HISTORICOS MIRANDINO, 1969.
906

PI SUNYER, CARLOS.
MIRANDA Y CASANOVA.
CARACAS. INSTITUTO NACIONAL DE CULTURA Y BELLAS
ARTES, 1967. (ENSAYO, NO. 1).
907

PICON SALAS, MARIANO.
MIRANDA.
CARACAS. MINISTERIO DE EDUCACION, DIRECCION TECNICA,
1966. (COLECCION VIGILIA, NO. 9).
908

PICON SALAS, MARIANO.
QUIEN FUE FRANCISCO DE MIRANDA.
MEXICO. NOVARO, 1958. (COLECCION QUIERO SABER).
909

PIKAZA, OTTO.
DON GABRIEL JOSE DE ZULOAGA EN LA GOBERNACION DE
VENEZUELA (1737-1747).
SEVILLE. UNIVERSIDAD DE SEVILLA, ESCUELA DE ESTUDIOS
HISPANO-AMERICANOS, 1963. (PUBLICACIONES, NO. 146).
910

PINEDA, RAFAEL. SEE DIAZ SOSA, RAFAEL ANGEL.
911

PLAZA, JOSE ANTONIO DE.
MEMORIAS PARA LA HISTORIA DE LA NUEVA GRANADA DESDE
SU DESCUBRIMIENTO EL 20 DE JULIO DE 1810.
BOGOTA. R. GONZALEZ, 1850.
912

PLAZA DELGADO, AMILCAR.
ARMAS ESPANOLAS EN LA CONQUISTA DE VENEZUELA, SIGLO
XVI (LAS).
CARACAS. UNIVERSIDAD CENTRAL DE VENEZUELA, FACULTAD
DE HUMANIDADES Y EDUCACION, INSTITUTO DE ESTUDIOS

HISPANOAMERICANOS, 1956.

913

PONS, FRANCOIS RAYMOND JOSEPH DE.
TRAVELS IN SOUTH AMERICA.
NEW YORK. AMS PRESS, 1970, 2 VOLS. REPRINT OF 1807
LONDON EDITION.

914

PONS, FRANCOIS RAYMOND JOSEPH DE.
VIAJE A LA PARTE ORIENTAL DE TIERRA FIRME EN LA
AMERICA MERIDIONAL. TRADUCCION DE ENRIQUE
PLANCHART. ESTUDIO PRELIMINAR Y NOTAS POR PEDRO
GRASES.
CARACAS. BANCO CENTRAL DE VENEZUELA, 1960, 2 VOLS.
(COLECCION HISTORICO-ECONOMICA VENEZOLANA, VOLS.
4-5).

915

POSADA, EDUARDO. * IBANEZ, PEDRO M., COMPS.
RELACIONES DE MANDO. MEMORIAS PRESENTADOS POR LOS
GOBERNANTES DEL NUEVO REINO DE GRANADA.
BOGOTA. ACADEMIA COLOMBIA DE HISTORIA, 1910.
(BIBLIOTECA DE HISTORIA NACIONAL, VOL. 8).

916

RAMOS PEREZ, DEMETRIO.
MITO DEL DORADO (EL). SU GENESIS Y PROCESO. CON EL
DISCOVERY DE WALTER RALEIGH Y OTROS PAPELES
DORADISTAS.
CARACAS. ACADEMIA NACIONAL DE LA HISTORIA, 1973.
(BIBLIOTECA DE LA ACADEMIA NACIONAL DE LA HISTORIA,
NO. 116).

917

RAMOS PEREZ, DEMETRIO.
REVOLUCION DE CORO DE 1533 CONTRA LOS WELSER Y SU
IMPORTANCIA PARA EL REGIMEN MUNICIPAL (LA).
CARACAS. ARCHIVO GENERAL DE LA NACION, 1965.
(BIBLIOTECA VENEZOLANA DE HISTORIA, NO. 2).

918

RAMOS PEREZ, DEMETRIO.
XIMENEZ DE QUESADA EN SU RELACION CON LOS CRONISTAS
Y EL EPITOME DE LA CONQUISTA DEL NUEVO REINO DE
GRANADA.
SEVILLE. PUBLICACIONES DE LA ESCUELA DE ESTUDIOS
HISPANO-AMERICANOS DE SEVILLA, 1972.

919

REAL DIAZ, JOSE JOAQUIN.
ESTUDIO DIPLOMATICO DEL DOCUMENTO INDIANO.
SEVILLE. ESCUELA DE ESTUDIOS HISPANOAMERICANOS DE
SEVILLA, 1970.

920

REIMERS, ERICH. SEE RICHTER, ERICH.

921

REYES, ANTONIO.
CACIQUES ABORIGENES VENEZOLANOS. 3D ED. PROLOGO DE
ALBERTO INSUA.

CARACAS. IMPRENTA NACIONAL, 1953.
922

REYES BAENA, JUAN FRANCISCO.
TIMES DE LONDRES Y LA EXPEDICION DE MIRANDA A
VENEZUELA, 1806 (EL). INTRODUCCION, TRADUCCION Y
NOTAS DE JOSE NUCETE SARDI.
CARACAS. UNIVERSIDAD CENTRAL DE VENEZUELA, FACULTAD
DE HUMANIDADES Y EDUCACION, INSTITUTO VENEZOLANO DE
INVESTIGACIONES DE PRENSA, 1964.
923

RICHTER, ERICH (PSEUDS. ERICH REIMERS, ERICH
VOLKMAN).
WELSERLANDEN IN VENEZUELA (DIE).
LEIPZIG. W. GOLDMANN, 1938.
924

RICHTER, ERICH (PSEUDS. ERICH REIMERS, ERICH
VOLKMAR).
WEG ZUM DORADO (DER). (NEW VERSION OF DIE WELSER
LANDEN IN VENEZUELA).
STUTTGART. SCHWABENVERLAG, 1965.
925

RIONEGRO, FROILAN DE.
ACTUACIONES Y DOCUMENTOS DEL GOBIERNO CENTRAL DE LA
UNIDAD DE LA RAZA EN EL DESCUBRIMIENTO, EXPLORACION,
POBLACION, PACIFICACION Y CIVILIZACION DE LAS
ANTIGUAS PROVINCIAS ESPANOLAS, HOY REPUBLICA DE
VENEZUELA, 1486-1600, SIGLOS XV. Y XVI.
LA CORUNA. TIPOGRAFIA EL IDEAL GALLEGO, 1926-.
926

RIVAS BELANDRIA, JOSE JUAN.
ANTECEDENTES COLONIALES DE NUESTRA LEGISLACION
LABORAL.
MERIDA. UNIVERSIDAD DE LOS ANDES, FACULTAD DE
DERECHO, 1965. (COLECCION JUSTITIA ET JUS, NO. 14).
927

RIVERO CORDERO, HECTOR.
ALBORADA DE TIERRA FIRME (LA).
CARACAS. FONDO CULTURAL DEL BANCO DEL CARIBE, 1968.
928

ROBERTSON, WILLIAM SPENCE.
LIFE OF MIRANDA (THE).
NEW YORK. COOPER SQUARE PUBLISHERS, 1969, 2 VOLS.
(LIBRARY OF LATIN AMERICAN HISTORY AND CULTURE).
929

ROBERTSON, WILLIAM SPENCE.
VIDA DE MIRANDA (LA). TRADUCCION ORIGINAL DE JULIO
E. PAYRO. EDICION REVISADA Y COMPULSADA POR PEDRO
GRASES.
CARACAS. BANCO INDUSTRIAL DE VENEZUELA, 1967.
930

RODRIGUEZ FRESLE, JUAN.
CARNEO (EL). CON NOTAS EXPLICATIVAS DEL DOCTOR
MIGUEL AGUILERA.

BOGOTA. MINISTERIO DE EDUCACION NACIONAL, 1963.
931

RODRIGUEZ FRESLE, JUAN.
CONQUEST OF NEW GRANADA (THE). TRANSLATED BY WILLIAM
C. ATKINSON. ENGRAVINGS BY HAROLD BENNETT.
LONDON. FOLIO SOCIETY, 1961.
932

ROJAS, ARISTIDES.
CAPITULOS DE LA HISTORIA COLONIAL DE VENEZUELA.
MADRID. EDITORIAL AMERICA, 1919. (BIBLIOTECA DE LA
JUVENTUD HISPANO-AMERICANA, NO. 19).
933

ROJAS, ARISTIDES.
ESTUDIOS HISTORICOS. ORIGENES VENEZOLANOS.
CARACAS. OFICINA CENTRAL DE INFORMACION, 1972.
934

ROJAS, ARISTIDES.
ESTUDIOS INDIGENAS, CONTRIBUCION A LA HISTORIA
ANTIGUA DE VENEZUELA.
CARACAS. EDITORIAL CECILIO ACOSTA, 1941.
935

ROJAS, JOSE MARIA.
GENERAL MIRANDA (EL).
PARIS. GARNIER HERMANOS, 1884.
936

ROJAS, ULISES.
BENEFICIADO DON JUAN DE CASTELLANOS, CRONISTA DE
COLOMBIA Y VENEZUELA (EL). ESTUDIO
CRITICO-BIOGRAFICO.
TUNJA. CENTRO DE DIVULGACION PEDAGOGICA Y CULTURAL
DE BOYACA, 1958.
937

ROJAS, ULISES.
CACIQUE DE TURMEQUE Y SU EPOCA (EL).
TUNJA. IMPRENTA DEPARTAMENTAL, 1965.
938

ROSAS MARCANO, JESUS, COMP.
TIMES DE LONDRES Y LA EXPEDICION DE MIRANDA A
VENEZUELA, 1806 (EL). INTRODUCCION, TRADUCCION Y
NOTAS DE JOSE NUCETE SARDI.
CARACAS. UNIVERSIDAD CENTRAL DE VENEZUELA, FACULTAD
DE HUMANIDADES Y EDUCACION INSTITUTO VENEZOLANO DE
INVESTIGACIONES DE PRENSA, 1964.
939

ROUSE, IRVING. * CRUXENT, JOSE MARIA.
VENEZUELAN ARCHAEOLOGY.
NEW HAVEN. YALE UNIVERSITY PRESS, 1963. (CARIBBEAN
SERIES, NO. 6).
940

RUS, JOSE DOMINGO.
MARACAIBO REPRESENTADO EN TODOS SUS RAMOS.
INTRODUCCION POR FERNANDO GUERRERO MATHEUS. ESTUDIO
PRELIMINAR E INDICE ANALITICO POR AGUSTIN MILLARES

CARLO. 3D ED.
MARACAIBO. UNIVERSIDAD DEL ZULIA, DIRECCION DE
CULTURA, 1965.
941

SANGRONIZ, JOSE ANTONIO DE.
FAMILIAS COLONIALES DE VENEZUELA.
CARACAS. EDITORIAL BOLIVAR, 1943-.
942

SANOJA, MARIO.
FASE ZANCUDO (LA). INVESTIGACIONES ARQUEOLOGICAS EN
EL LAGO DE MARACAIBO.
CARACAS. UNIVERSIDAD CENTRAL DE VENEZUELA, INSTITUTO
DE INVESTIGACIONES ECONOMICAS Y SOCIALES, 1969.
943

SHERMAN, JOHN H.
GENERAL ACCOUNT OF MIRANDA"S EXPEDITION (A).
NEW YORK. M"FARLANE AND LONG, 1808.
944

SILVESTRE, FRANCISCO.
DESCRIPCION DEL REYNO DE SANTA FE DE BOGOTA. COPIA
DEL ORIGINAL QUE SE ENCUENTRA EN SEVILLA, EN EL
ARCHIVO GENERAL DE INDIAS, POR RICARDO S. PEREIRA,
1887.
BOGOTA. MINISTERIO DE EDUCACION NACIONAL, 1950.
(BIBLIOTECA POPULAR DE CULTURA COLOMBIANA, NO.
121).
945

SIMON, PEDRO.
EXPEDITION OF PEDRO DE URSUA AND LOPE DE AGUIRRE IN
SEARCH OF EL DORADO AND OMAGUA IN 1560-61.
TRANSLATED FROM FRAY PEDRO SIMON"S "SIXTH HISTORICAL
NOTICE OF THE CONQUEST OF TIERRA FIRME" BY WILLIAM
BOLLAERT.
NEW YORK. B. FRANKLIN, 1971. (HAKLUYT SOCIETY, FIRST
SERIES, NO. 28).
946

SIMON, PEDRO.
NOTICIAS HISTORIALES DE LAS CONQUISTAS DE TIERRA
FIRME EN LAS INDIAS OCCIDENTALES. EDICION DIRIGIDA
POR MANUEL JOSE FORERO.
BOGOTA, 1953, 9 VOLS. (BIBLIOTECA DE AUTORES
COLOMBIANOS, NOS. 44-52).
947

SIMON, PEDRO.
NOTICIAS HISTORIALES DE VENEZUELA. ESTUDIO
PRELIMINAR POR DEMETRIO RAMOS PEREZ.
CARACAS. ACADEMIA NACIONAL DE LA HISTORIA, 1963, 2
VOLS. (BIBLIOTECA DE LA ACADEMIA NACIONAL DE LA
HISTORIA, NOS. 66-67).
948

SMITH, WILLIAM STEPHENS.
TRIALS OF WILLIAM S. SMITH AND SAMUEL G. OGDEN, FOR
MISDEMEANOURS, HAD IN THE CIRCUIT COURT OF THE U. S.

FOR THE NEW YORK DISTRICT IN JULY, 1806 (THE).
NEW YORK. I. RILEY, 1807.

949

SUAREZ, SANTIAGO GERARDO.
MARINA, MILICIA Y EJERCITO EN LA COLONIA.
CARACAS, 1971.

950

SUAREZ, SANTIAGO GERARDO.
ORDENAMIENTO MILITAR DE INDIAS (EL).
CARACAS. ACADEMIA NACIONAL DE LA HISTORIA, 1971.
(BIBLIOTECA DE LA ACADEMIA NACIONAL DE LA HISTORIA,
NO. 107).

951

SUAREZ, SANTIAGO GERARDO, ED.
INSTITUCIONES MILITARES VENEZOLANAS DEL PERIODO
HISPANICO EN LOS ARCHIVOS (LAS).
CARACAS. ACADEMIA NACIONAL DE LA HISTORIA, 1969.
(BIBLIOTECA DE LA ACADEMIA NACIONAL DE LA HISTORIA,
NO. 92).

952

SUCRE, LUIS ALBERTO.
GOBERNADORES Y CAPITANES GENERALES DE VENEZUELA. 2D
ED.
CARACAS. LITOGRAFIA TECNOCOLOR, 1964.

953

SUCRE REYES, JOSE L.
ALGUNOS DATOS SOBRE CIERTAS CONSECUENCIAS ECONOMICAS
DEL DESCUBRIMIENTO DE LAS INDIAS OCCIDENTALES.
CARACAS. CAMARA DE COMERCIO, 1941.

954

SUCRE REYES, JOSE L.
CAPITANIA GENERAL DE VENEZUELA (LA).
BARCELONA. EDITORIAL R. M., 1969.

955

SUCRE REYES, JOSE L.
SYSTEME COLONIAL ESPAGNOL DANS L"ANCIEN VENEZUELA
(LE).
PARIS. ROUSSEAU ET CIE., 1939.

956

TANDRON, HUMBERTO.
CONSULADO OF CARACAS AND VENEZUELA"S OVERSEAS
COMMERCE, 1793-1811 (THE).
PH.D. DISS., COLUMBIA UNIVERSITY, 1970.

957

TIMES DE LONDRES Y LA EXPEDICION DE MIRANDA A
VENEZUELA, 1806 (EL). RECOPILACION DE JESUS ROSAS
MARCANO. INTRODUCCION, TRADUCCION Y NOTAS DE JOSE
NUCETE SARDI.
CARACAS. UNIVERSIDAD CENTRAL DE VENEZUELA, FACULTAD
DE HUMANIDADES Y EDUCACION, INSTITUTO VENEZOLANO DE
INVESTIGACIONES DE PRENSA, 1964.

958

TISNES J., ROBERTO MARIA.

MOVIMIENTOS PRE-INDEPENDIENTES GRANCOLOMBIANOS.
BOGOTA. ACADEMIA COLOMBIANA DE HISTORIA, 1962.
(BIBLIOTECA EDUARDO SANTOS, NO. 27).

959

TOSTA, VIRGILIO.
HISTORIA COLONIAL DE BARINAS.
CARACAS. EDITORIAL SUCRE, 1962-.

960

TOSTA GARCIA, FRANCISCO.
LEYENDAS DE LA CONQUISTA.
CARACAS. TIPOGRAFIA DE VAPOR GUTTENBERG-SOCIEDAD,
1893.

961

TROCONIS DE VERACOECHEA, ERMILA.
CORREGIMIENTO DE INDIOS EN EL TOCUYO EN LOS SIGLOS
XVII Y XVIII. (EL).
CARACAS. ACADEMIA NACIONAL DE LA HISTORIA, 1971.

962

UNIVERSIDAD CENTRAL DE VENEZUELA, CARACAS. ARCHIVO.
DOCUMENTOS DEL ARCHIVO UNIVERSITARIO DE CARACAS,
1725-1810 ... LOS ORDENA, ANOTA Y PUBLICA CARRCCIOLO
PARRA.
CARACAS. EDITORIAL SUR AMERICA, 1930-.

963

URQUINAONA Y PARDO, PEDRO DE.
RESUMEN DE LAS CAUSAS PRINCIPALES QUE PREPARARON Y
DIERON IMPULSO A LA EMANCIPACION DE LA AMERICA
ESPANOLA.
MADRID. IMPRENTA DE L.F. DE ANGULO, 1835.

964

USLAR PIETRI, ARTURO.
CAMINO DE EL DORADO (EL). 4TH ED.
BUENOS AIRES. EDITORIAL LOSADA, 1967.

965

USLAR PIETRI, ARTURO, ET AL.
VENEZUELA, 1498-1810.
CARACAS. SOCIEDAD DE AMIGOS DEL MUSEO DE BELLAS
ARTES DE CARACAS, 1965.

966

VALLENILLA LANZ, LAUREANO.
FINANZAS DE VENEZUELA BAJO EL REGIMEN ESPANOL (LAS).
CARACAS. LITOGRAFIA Y TIPOGRAFIA DEL COMERCIO, 1938.

967

VARGAS ARENAS, IRAIDA.
FASE SAN GERONIMO (LA). INVESTIGACIONES
ARQUEOLOGICAS EN EL ALTO CHAMA.
CARACAS. UNIVERSIDAD CENTRAL DE VENEZUELA, INSTITUTO
DE INVESTIGACIONES ECONOMICAS Y SOCIALES, 1969.
(COLECCION ANTROPOLOGIA, NO. 1).

968

VAZQUEZ DE ESPINOSA, ANTONIO.
COMPENDIO Y DESCRIPCION DE LAS INDIAS OCCIDENTALES.
TRANSCRITO DEL MANUSCRITO ORIGINAL POR CHARLES UPSON

CLARK.
WASHINGTON, D.C. THE SMITHSONIAN INSTITUTION, 1948.
969
VAZQUEZ DE ESPINOSA, ANTONIO.
COMPENDIUM AND DESCRIPTION OF THE WEST INDIES.
TRANSLATED BY CHARLES UPSON CLARK.
WASHINGTON, D.C. THE SMITHSONIAN INSTITUTION, 1942.
(SMITHSONIAN MISCELLANEOUS COLLECTION, VOL. 102).
970
VENEGAS FILARDO, PASCUAL.
ALEJANDRO DE HUMBOLDT, VALOR PLURAL DE LA CIENCIA.
CARACAS. INSTITUTO NACIONAL DE CULTURA Y BELLAS
ARTES, 1969. (COLECCION HOMENAJES, NO. 9).
971
VENEZUELA. ARCHIVO GENERAL DE LA NACION.
ENCOMIENDAS.
CARACAS, 1927-1949, 5 VOLS.
972
VENEZUELA. ARCHIVO GENERAL DE LA NACION.
HOJAS MILITARES. CONTIENE LAS HOJAS DE SERVICIO DE
LAS ANTIGUAS PROVINCIAS, QUE CONSTITUYERON EN 1777
LA CAPITANIA GENERAL DE VENEZUELA, DESDE 1768 ...
HASTA 1810.
CARACAS. TIPOGRAFIA AMERICANA, 1930-1950, 3 VOLS.
973
VENEZUELA. ARCHIVO GENERAL DE LA NACION.
ORIGENES DE LA HACIENDA EN VENEZUELA. DOCUMENTOS
INEDITOS DE LA EPOCA COLONIAL. ED. MARIO BRICENO
IRAGORRY.
CARACAS. IMPRENTA NACIONAL, 1942.
974
VENEZUELA (CAPITANIA GENERAL) LAWS, STATUTES, ETC.
LEGISLACION REAL SOBRE HACIENDA PARA LAS PROVINCIAS
COLONIALES VENEZOLANAS. ANTECEDENTES DE LA
LEGISLACION FISCAL DE LA REPUBLICA DE VENEZUELA.
CARACAS. MINISTERIO DE HACIENDA, 1954-1955, 2 VOLS.
975
VENEZUELA (CAPITANIA GENERAL) REAL AUDIENCIA.
FRANCISCO ISNARDI. PROCESO POLITICO.
CARACAS. ACADEMIA NACIONAL DE LA HISTORIA, 1960.
(BIBLIOTECA DE LA ACADEMIA NACIONAL DE LA HISTORIA,
NO. 24).
976
VENEZUELA EN LOS CRONISTAS GENERALES DE INDIAS.
ESTUDIO PRELIMINAR POR CARLOS FELICE CARDOT.
CARACAS. ACADEMIA NACIONAL DE LA HISTORIA, 1962, 2
VOLS. (BIBLIOTECA DE LA ACADEMIA NACIONAL DE LA
HISTORIA, NOS. 58-59).
977
VERGARA ARIAS, GUSTAVO.
JUAN PABLO VISCARDO Y GUZMAN. PRIMER PRECURSOR
IDEOLOGICO DE LA EMANCIPACION HISPANOAMERICANA.
LIMA. IMPRENTA DE LA UNIVERSIDAD NACIONAL MAYOR DE

SAN MARCOS, 1963.
978

VILA, MARCO AURELIO.
"REAL COMPANIA DE COMERCIO DE BARCELONA" EN
VENEZUELA, 1752-1816 (LA).
CARACAS. CENTRO DE ESTUDIOS HISTORICOS, 1960.
979

VILA, PABLO.
GESTAS DE JUAN ORPIN EN SU FUNDACION DE BARCELONA Y
DEFENSA DE ORIENTE.
CARACAS. UNIVERSIDAD CENTRAL DE VENEZUELA, 1975.
980

VILA, PABLO.
JOAN ORPI, L"HOME DE LA NOVA CATALUNGA. ULTIM
CONQUERIDOR A LES INDIES I FUNDADOR DE LA BARCELONA,
VENEZOLANA 1593-1645.
BARCELONA, EDITORIAL ARIEL, 1967.
981

VOLKMAR, ERICH. SEE RICHTER, ERICH.
982

WAGNER, ERIKA L.
PREHISTORY AND ETHNOHISTORY OF THE CARACHE AREA IN
WESTERN VENEZUELA (THE).
NEW HAVEN, CONN. YALE UNIVERSITY, DEPARTMENT OF
ANTHROPOLOGY, 1967. (PUBLICATIONS IN ANTHROPOLOGY,
NO. 71).
983

YANES, FRANCISCO JAVIER.
COMPENDIO DE LA HISTORIA DE VENEZUELA, DESDE SU
DESCUBRIMIENTO Y CONQUISTA HASTA QUE SE DECLARO
ESTADO INDEPENDIENTE.
CARACAS. ACADEMIA NACIONAL DE LA HISTORIA, 1944.
984

YBOT LEON, ANTONIO.
ARTERIA HISTORICA DEL NUEVO REINO DE GRANADA,
CARTAGENA-SANTA FE, 1538-1798 (LA). LOS TRABAJADORES
DEL RIO MAGDALENA Y EL CANAL DE DIQUE, SEGUN
DOCUMENTOS DEL ARCHIVO GENERAL DE INDIAS DE SEVILLA.
BOGOTA, 1952.
985

ZAPATERO, JUAN MANUEL.
GUERRA DEL CARIBE EN EL SIGLO XVIII (LA).
SAN JUAN. INSTITUTO DE CULTURA PUERTORIQUENA, 1964.

History

Independence, 1810—1830

986
ACADEMIA NACIONAL DE LA HISTORIA, CARACAS.
ACTA DE INDEPENDENCIA DE LOS ESTADOS UNIDOS DE
VENEZUELA DEL 5 DEL JULIO DE 1811. COMPENDIADA EN
1898 ... BAJO LA ADMINISTRACION DEL GENERAL IGNACIO
ANDRADE, PRESIDENTE CONSTITUCIONAL DE LA REPUBLICA.
CARACAS. IMPRENTA NACIONAL, 1899.

987
ACADEMIA NACIONAL DE LA HISTORIA, CARACAS.
CORREO DEL ORINOCO. 1818-1821. ANGOSTURA (VENEZUELA)
1818-1821.
PARIS. DESCLEE, DE BROUWER ET CIE., 1939.

988
ACADEMIA NACIONAL DE LA HISTORIA, CARACAS.
DOCUMENTOS EN HONOR DEL GRAN MARISCAL DE AYACUCHO
COORDINADOS POR LA COMISION, QUE NOMBRO DE SU SENO,
LA ACADEMIA NACIONAL DE LA HISTORIA.
CARACAS. IMPRENTA BOLIVAR, 1890.

989
ACADEMIA NACIONAL DE LA HISTORIA, CARACAS.
PROLOGO A LOS ANALES DE VENEZUELA. EDICION OFICIAL.
CARACAS. TIPOGRAFIA J.M. HERRERA IRIGOYEN Y CIA.,
1903.

990
ALEGRIA M., CEFERINO.
MEDICOS EN LA GESTA EMANCIPADORA DE VENEZUELA (LOS).
CARACAS. TALLERES GRAFICOS DE LA DIVISION DE
EDUCACION SANITARIA, 1961.

991
ALVAREZ F., MERCEDES M.
COMERCIO Y COMERCIATES Y SUS PROYECCIONES EN LA
INDEPENDENCIA VENEZOLANA. 2D ED.
CARACAS. TIPOGRAFIA VARGAS, 1964.

992
ALVAREZ F., MERCEDES M.
SIMON RODRIGUEZ TAL CUAL FUE. VIGENCIA PERENE DE SU
MAGISTERIO.
CARACAS. COMISION NACIONAL DEL CUATRICENTENARIO DE
LA FUNDACION DE CARACAS, 1966. (EDICIONES DEL
CUATRICENTENARIO DE CARACAS).

993
ARAMBARRI, FRANCISCO XAVIER.
HECHOS DEL GENERAL PABLO MORILLO EN AMERICA.
MADRID. EMBAJADA DE VENEZUELA, 1971. (DOCUMENTOS DE
LA CONQUISTA, COLONIZACION E INDEPENDENCIA DE
VENEZUELA, VOL. 1).

994
ARBELAEZ URDANETA, CARLOS.
BIOGRAFIA DEL GENERAL RAFAEL URDANETA, ULTIMO
PRESIDENTE DE LA GRAN COLOMBIA.
MARACAIBO. IMPRENTA DEL ESTADO ZULIA, 1945.

995
ARCAYA, PEDRO MANUEL.
GUERRA DE LA INDEPENDENCIA EN CORO Y PARAGUANA (LA).
CARACAS. LIBRARIA POLITECNICA MOULINES, 1974.

996
ARCAYA, PEDRO MANUEL.
INFLUENCIA DEL ELEMENTO VENEZOLANO EN LA
INDEPENDENCIA DE LA AMERICA LATINA.
CARACAS. IMPRENTA NACIONAL, 1916.

997
ARELLANO MORENO, ANTONIO, COMP.
MEMORIAS PROVINCIALES, 1845.
CARACAS. EDICIONES DEL CONGRESO DE LA REPUBLICA,
1973.

998
ARIAS ARGAEZ, DANIEL.
CANONIGO DON JOSE CORTES Y MADARIAGA (EL).
BOGOTA, ACADEMIA COLOMBIANA DE HISTORIA, 1938.

999
ARMAS AYALA, ALFONSO.
INFLUENCIA DEL PENSAMIENTO VENEZOLANO EN LA
REVOLUCION DE INDEPENDENCIA DE HISPANOAMERICA.
CARACAS. PAN AMERICAN INSTITUTE OF GEOGRAPHY AND
HISTORY, COMMISSION ON HISTORY, 1970. (COMITE DE
ORIGENES DE LA EMANCIPACION, NO. 15).

1000
ARMAS CHITTY, JOSE ANTONIO DE.
BATALLA DE CARABOBO (LA). ANTECEDENTES Y EFECTOS.
CARACAS. E. ARMITANO, 1971.

1001
ARRAGON, REGINALD FRANCIS.
PANAMA CONGRESS OF 1826 (THE).
PH.D. DISS., HARVARD UNIVERSITY, 1923.

1002
AURRECOECHEA, JOSE MARIA DE.
MEMORIA GEOGRAFICO-ECONOMICO-POLITICA DEL
DEPARTAMENTO DE VENEZUELA. EDICION FACSIMILAR
(1814).
CARACAS. BANCO CENTRAL DE VENEZUELA, 1959.
(COLECCION HISTORICO-ECONOMICA VENEZOLANA, NO. 3-A).

1003
AUSTRIA, JOSE DE.
BOSQUEJO DE LA HISTORIA MILITAR DE VENEZUELA.
ESTUDIO PRELIMINAR POR HECTOR GARCIA CHUECOS.
CARACAS. ACADEMIA NACIONAL DE LA HISTORIA, 1960, 2
VOLS. (BIBLIOTECA DE LA ACADEMIA NACIONAL DE LA
HISTORIA, NOS. 29-30).

1004
AZPURUA, FRANCISCO DE.

OBSERVACIONES A LOS RECUERDOS SOBRE LA REBELION DE
CARACAS, DE DON JOSE DOMINGO DIAZ. REIMPRESO SEGUN
LA EDICION DE 1829.
MADRID. IMPRENTA CLASICA ESPANOLA, 1913.
1005

BAKER, MAURY D., ED.
VOYAGE OF THE U. S. SCHOONER NONSUCH UP THE ORINOCO.
JOURNAL OF THE PERRY MISSION OF 1819 TO SOUTH
AMERICA. IN.
HISPANIC AMERICAN HISTORICAL REVIEW, 30(1950),
480-498.
1006

BARALT, RAFAEL MARIA. * DIAZ, RAMON.
RESUMEN DE LA HISTORIA DE VENEZUELA DESDE EL ANO DE
1797 HASTA EL DE 1830. NOTAS DE VICENTE LECUNA.
PARIS. DESCLEE, 1939.
1007

BARNOLA, PEDRO PABLO.
TRES CONMEMORACIONES MERIDENAS.
MERIDA. UNIVERSIDAD DE LOS ANDES, 1961.
(PUBLICACIONES DEL RECTORADO, NO. 8).
1008

BAULNY, OLIVIER.
CARLOS SOUBLETTE ET LA NAISSANCE DU VENEZUELA.
PAU, FRANCE, 1968.
1009

BELTRAN GUERRERO, LUIS.
CONGRESO DE ANGOSTURA (LA).
CARACAS. INSTITUTO NACIONAL DE CULTURA Y BELLAS
ARTES, 1969. (COLECCION HOMENAJES, NO. 6).
1010

BELTRAN GUERRERO, LUIS.
JOSE LUIS RAMOS. ESTUDIO PRELIMINAR.
CARACAS, 1961. (COLECCION CLASICOS VENEZOLANOS, NO.
1).
1011

BENCOMO BARRIOS, HECTOR.
CAMPANA DE CARABOBO, 1821.
CARACAS. MINISTERIO DE DEFENSA, 1971.
1012

BERMUDEZ DE CASTRO, LUIS.
BOBES, O EL LEON DE LOS LLANOS.
MADRID. ESPASA-CALPE, S.A., 1934. (VIDAS ESPANOLAS
E HISPANOAMERICANAS DEL SIGLO XIX, NO. 42).
1013

BETANCOURT RUIZ, ARMANDO.
MEMORIA DE UNA ORDENANZA DURANTE LA GUERRA DE
INDEPENDENCIA.
CARACAS, 1973.
1014

BIBLIOTECA AMERICANA, O MISCELANEA DE LITERATURA,
ARTES Y CIENCIAS, POR UNA SOCIEDAD DE AMERICANOS
LONDRES, 1823. FACSIMILE.

CARACAS. PRESIDENCIA DE LA REPUBLICA, 1972.

1015

BIERCK, HAROLD ALFRED, JR.
PEDRO GAUL, HIS PUBLIC CAREER.
PH.D. DISS., UNIVERSITY OF CALIFORNIA AT LOS
ANGELES, 1944.

1016

BIERCK, HAROLD ALFRED, JR.
STRUGGLE FOR ABOLITION IN GRAN COLOMBIA (THE). IN.
HISPANIC AMERICAN HISTORICAL REVIEW 33(1953),
365-386.

1017

BIERCK, HAROLD ALFRED, JR.
VIDA PUBLICA DE DON PEDRO GUAL. TRADUCCION DE
LEOPOLDO LANDAETA.
CARACAS. MINISTERIO DE EDUCACION NACIONAL, DIRECCION
DE CULTURA, 1947. (BIBLIOTECA VENEZOLANA DE
CULTURA. COLECCION "ANDRES BELLO").

1018

BINSTOCK, HANNA.
EMANCIPACION EN EL DERECHO VENEZOLANO (LA).
CARACAS. UNIVERSIDAD CENTRAL DE VENEZUELA, INSTITUTO
DE DERECHO PRIVADO, 1966. (CUADERNOS, NO. 1).

1019

BLANCO, EDUARDO.
CARABOBO. TUS HIJOS, PATRIA MIA, SUPIERON BATALLAR.
PROLOGO DE AUGUSTO MIJARES Y EPILOGO DE CRISTOBAL L.
MENDOZA.
CARACAS. PRESIDENCIA DE LA REPUBLICA DE VENEZUELA,
1971.

1020

BLANCO, EDUARDO.
VENEZUELA HEROICA. CUADROS HISTORICOS.
CARACAS. MINISTERIO DE EDUCACION, DEPARTAMENTO DE
PUBLICACIONES, 1971.

1021

BLANCO, FRANCISCO.
BOCETOS IMBORRABLES.
CARACAS. ESCUELAS GRAFICAS SALESIANAS, 1966.

1022

BLANCO, JOSE FELIX.
BOSQUEJO HISTORICO DE LA REVOLUCION DE VENEZUELA.
ESTUDIO PRELIMINAR POR LINO IRIBARREN CELIS.
CARACAS. ACADEMIA NACIONAL DE LA HISTORIA, 1960.
(BIBLIOTECA DE LA ACADEMIA NACIONAL DE LA HISTORIA,
NO. 28).

1023

BOUSSINGAULT, JEAN BAPTISTE JOSEPH DIEUDONNE.
MEMORIAS.
CARACAS. EDICIONES CENTAURO, 1974.

1024

BOUSSINGAULT, JEAN BAPTISTE JOSEPH DIEUDONNE.
VIAJES CIENTIFICOS A LOS ANDES ECUATORIALES. O,

COLECCION DE MEMORIAS SOBRE FISICA, QUIMICA E
HISTORIA NATURAL DE LA NUEVA GRANADA, ECUADOR Y
VENEZUELA. TRADUCIDAS POR J. ACOSTA.
PARIS. LASSERRE, 1849.

1025

BRICE, ANGEL FRANCISCO.
CONSTITUYENTE DE VENEZUELA DURANTE EL AÑO DE 1812
(EL). PALABRAS PRELIMINARES DE NECTARIO ANDRADE
LABARCA Y DE LUIS VILLALBA VILLALBA.
CARACAS. EDICIONES DE LA PRESIDENCIA, 1970.

1026

BRICE, ANGEL FRANCISCO, ED.
CONSTITUCIONES PROVINCIALES (LAS).
CARACAS. ACADEMIA NACIONAL DE LA HISTORIA, 1959.
(BIBLIOTECA DE LA ACADEMIA NACIONAL DE LA HISTORIA,
NO. 7).

1027

BRICE, ANGEL FRANCISCO, ED.
JOSE DOMINGO DIAZ. RECUERDOS SOBRE LA REBELION DE
CARACAS.
CARACAS. ACADEMIA NACIONAL DE LA HISTORIA, 1960.
(BIBLIOTECA DE LA ACADEMIA NACIONAL DE LA HISTORIA,
NO. 38).

1028

BRICENO, MARIANO DE.
HISTORIA DE LA ISLA DE MARGARITA.
CARACAS. MINISTERIO DE EDUCACION, DIRECCION GENERAL,
DEPARTAMENTO DE PUBLICACIONES, 1970. (COLECCION
VIGILIA, NO. 27).

1029

BRICENO IRAGORRY, MARIO.
CASA LEON Y SU TIEMPO. AVENTURA DE UN ANTI-HEROE.
4TH ED.
CARACAS. EDITORIAL EDIME, 1954.

1030

BRICENO IRAGORRY, MARIO.
REGENTE HEREDIA (EL). O, LA PIEDAD HEROICA. 2D ED.
CARACAS. TIPOGRAFIA AMERICANA, 1949.

1031

BRICENO MENDEZ, PEDRO.
RELACION HISTORICA DEL GENERAL PEDRO BRICENO MENDEZ.
EDICION DISPUESTA EN CUMPLIMIENTO DE LA RESOLUCION
DEL MINISTERIO DE RELACIONES EXTERIORES.
CARACAS. TIPOGRAFIA AMERICANA, 1933.

1032

BRICENO PEROZO, MARIO.
CAUSAS DE INFIDENCIA (LAS).
MADRID. EDICIONES GUADARRAMA, 1961.

1033

BRICENO PEROZO, MARIO.
DON CRISTOBAL MENDOZA. ABOGADO DE LA LIBERTAD.
CARACAS. ITALGRAFICA, 1972.

1034
BRICENO PEROZO, MARIO.
GENERAL JOSE ANZOATEGUI.
CARACAS. ITALGRAFICA, 1969.

1035
BRICENO PEROZO, MARIO.
VIDA Y PAPELES DE JUSTO BRICENO.
CARACAS. GRAFICA CONTINENTE, 1970. (ARCHIVO GENERAL
DE LA NACION. BIBLIOTECA VENEZOLANA DE HISTORIA, NO.
11).

1036
BRUNI CELLI, BLAS.
SECUESTROS EN LA GUERRA DE INDEPENDENCIA (LOS).
TRABAJO DE INCORPORACION DEL DR. BLAS BRUNI CELLI
COMO INDIVIDUO DE NUMERO DE LA ACADEMIA NACIONAL DE
LA HISTORIA.
CARACAS. IMPRENTA NACIONAL, 1965.

1037
BURKE, WILLIAM.
DERECHOS DE LA AMERICA DEL SUR Y MEXICO. ESTUDIO
PRELIMINAR POR AUGUSTO MIJARES.
CARACAS. ACADEMIA NACIONAL DE LA HISTORIA, 1959, 2
VOLS. (BIBLIOTECA DE LA ACADEMIA NACIONAL DE LA
HISTORIA, NOS. 10-11).

1038
BURKE, WILLIAM.
LIBERTAD DE CULTOS (LA). POLEMICA SUSCITADA. ESTUDIO
PRELIMINAR POR CARLOS FELICE CARDOT.
CARACAS. ACADEMIA NACIONAL DE LA HISTORIA, 1959.
(BIBLIOTECA DE LA ACADEMIA NACIONAL DE LA HISTORIA,
NO. 12).

1039
BUSHNELL, DAVID.
REGIMEN DE SANTANDER EN LA GRAN COLOMBIA (EL).
BOGOTA. TERCER MUNDO, 1966.

1040
BUSHNELL, DAVID.
SANTANDER REGIME IN GRAN COLOMBIA (THE).
NEWARK. UNIVERSITY OF DELAWARE PRESS, 1954.
(UNIVERSITY OF DELAWARE MONOGRAPH SERIES, NO. 5).

1041
CAJIGAL, JUAN MANUEL DE.
MEMORIAS SOBRE LA REVOLUCION DE VENEZUELA.
CARACAS. MINISTERIO DE JUSTICIA, JUNTA SUPERIOR DE
ARCHIVOS, 1960. (BIBLIOTECA VENEZOLANA DE HISTORIA,
NO. 1).

1042
CARABOBO, CAMINO ABIERTO. ALOCUCION EN EL CAMPO DE
CARABOBO POR RAFAEL CALDERA, Y POEMA DE ANDRES ELOY
BLANCO.
CARACAS. PRESIDENCIA DE LA REPUBLICA, 1971.

1043
CARACAS.
MUNICIPALIDAD DE CARACAS. TERMINADO EL ESCRUTINIO DE

LOS ELECTORES DE ESTE CANTON.
CARACAS. J. GUTIERREZ, 1822.

1044

CARACAS. AYUNTAMIENTO.
ACTA DEL 19 DE ABRIL. DOCUMENTOS DE LA SUPREMA JUNTA
DE CARACAS. INTRODUCCION POR GUILLERMO MENESES.
CARACAS, 1967.

1045

CARACAS. AYUNTAMIENTO.
EXTRAORDINARIO. ESTABLECIMIENTO DE NUEVO GOBIERNO EN
ESTA CAPITAL. ACTAS RESOLUCIONES Y ACUERDOS DEL
M.I.A. DE CARACAS 1810 A 1814. INTRODUCCION POR
GUILLERMO MENESES. EDICION FACSIMILAR.
CARACAS, 1966.

1046

CARRERA DAMAS, GERMAN.
BOVES. ASPECTOS SOCIOECONOMICOS DE LA GUERRA DE
INDEPENDENCIA. 3D ED.
CARACAS. EDICIONES DE LA BIBLIOTECA DE LA
UNIVERSIDAD CENTRAL DE VENEZUELA, 1972. (COLECCION
TEMAS).

1047

CARRERA DAMAS, GERMAN.
SIMON RODRIGUEZ. HOMBRE DE TRES SIGLOS.
CARACAS. CONCEJO MUNICIPAL DEL DISTRITO FEDERAL,
1971.

1048

CARRILLO MORENO, JOSE.
CARUJO. INSTRUMENTO DEL CONFLICTO HISTORICO ENTRE EL
CIVILISMO Y EL MILITARISMO.
CARACAS. CORPORACION GRAFICA, 1960.

1049

CARROCERA, CAYETANO DE.
OFRENDA A LA MEMORIA DEL GRAN MARISCAL DE AYACUCHO
EN EL PRIMER CENTENARIO DE SU MUERTE, 1830 - 4 DE
JUNIO - 1930.
CUMANA. EMPRESA RENACIMIENTO, 1930.

1050

CASTELLANOS V., RAFAEL RAMON.
ANTONIO DE LA GUERRA MONTERO, PROCER DE LA
INDEPENDENCIA.
BOGOTA. EDITORIAL KELLY, 1971.

1051

CAUSAS DE INFIDENCIA. DOCUMENTOS INEDITOS RELATIVOS
A LA REVOLUCION DE LA INDEPENDENCIA. EDICION
PREPARADA Y DIRIGIDA POR HECTOR GARCIA CHUECOS.
CARACAS. ARCHIVO GENERAL DE LA NACION, 1952, 2 VOLS.

1052

CAUSAS DE INFIDENCIA. DOCUMENTOS INEDITOS RELATIVOS
A LA REVOLUCION DE LA INDEPENDENCIA. PUBLICADOS CON
LA PROTECCION DEL SENOR GENERAL JUAN VICENTE GOMEZ
... LA EDICION HA SIDO DIRIGIDO POR LAUREANO
VALLENILLA LANZ.

CARACAS. ARCHIVO GENERAL DE LA NACION, 1917-.

1053

CAUSAS DE INFIDENCIA. ESTUDIO PRELIMINAR POR MARIO
BRICENO PEROZO.
CARACAS. ACADEMIA NACIONAL DE LA HISTORIA, 1960, 2
VOLS. (BIBLIOTECA DE LA ACADEMIA NACIONAL DE LA
HISTORIA, NOS. 31-32).

1054

CESAR RIVAS, ANGEL, ET AL.
COLONIA Y LA INDEPENDENCIA (LA). JUICIOS DE
HISTORIADORES VENEZOLANOS.
CARACAS. PAN AMERICAN INSTITUTE OF GEOGRAPHY AND
HISTORY, 1949. (COMMISSION ON HISTORY, COMITE DE
ORIGENES DE LA EMANCIPACION, NO. 8).

1055

CHALBAUD CARDONA, ESTEBAN.
ANZOATEGUI, GENERAL DE INFANTERIA. 3D ED.
BOYACA, 1957.

1056

CHAVES, JULIO CESAR.
ENTREVISTA DE GUAYAQUIL (LA).
BUENOS AIRES. EDITORIAL UNIVERSITARIA, 1965.
(BIBLIOTECA DE AMERICA, LIBROS DE TIEMPO NUEVO).

1057

CLEMENTE TRAVIESO, CARMEN.
MUJERES DE LA INDEPENDENCIA. SEIS BIOGRAFIAS DE
MUJERES VENEZOLANAS.
MEXICO. TALLERES GRAFICOS DE MEXICO, 1964.

1058

COLL Y PRAT, NARCISO.
MEMORIALES SOBRE LA INDEPENDENCIA DE VENEZUELA.
ESTUDIO PRELIMINAR POR MANUEL PEREZ VILA.
CARACAS. ACADEMIA NACIONAL DE LA HISTORIA, 1960.
(BIBLIOTECA DE LA ACADEMIA NACIONAL DE LA HISTORIA,
23).

1059

COLOMBIA. CONGRESO GENERAL, 1821.
CONGRESO DE CUCUTA DE 1821. CONSTITUCION Y LEYES.
INTRODUCCION POR ABEL CRUZ SANTOS.
BOGOTA. BANCO POPULAR, 1971. (BIBLIOTECA BANCO
POPULAR, NO. 21).

1060

COLOMBIA. LAWS, STATUTES, ETC.
CUERPO DE LEYES DE LA REPUBLICA DE COLOMBIA,
1821-1827. INTRODUCCION POR J.M. SISO MARTINEZ.
CARACAS. UNIVERSIDAD CENTRAL DE VENEZUELA, CONSEJO
DE DESARROLLO CIENTIFICO Y HUMANISTICO, 1961.

1061

CONDILLAC, ETIENNE BONNOT DE.
LOGICA (LA). O LOS PRIMEROS ELEMENTOS DEL ARTE DE
PENSAR. ESTUDIO PRELIMINAR POR GUILLERMO MORON.
TRADUCCION POR BERNARDO MARIA DE LA CALZADA.
CARACAS. ACADEMIA NACIONAL DE LA HISTORIA, 1959.

(BIBLIOTECA DE LA ACADEMIA NACIONAL DE LA HISTORIA,
NO. 18).

1062
CONGRESO DE ACADEMIAS E INSTITUTOS HISTORICOS SOBRE
EL PENSAMIENTO CONSTITUCIONAL DE LATINOAMERICA,
1810-1830, CARACAS, 1961.
PENSAMIENTO CONSTITUCIONAL DE LATINOAMERICA,
1810-1830 (EL). ACTAS Y PONENCIAS.
CARACAS. ACADEMIA NACIONAL DE LA HISTORIA, 1962, 5
VOLS. (BIBLIOTECA DE LA ACADEMIA NACIONAL DE LA
HISTORIA, NOS. 47-51).

1063
CONGRESO GRANCOLOMBIANO DE HISTORIA, 1821-1971.
BOGOTA. ACADEMIA COLOMBIANA DE HISTORIA, 1972.
(BIBLIOTECA DE HISTORIA NACIONAL, VOL. 115).

1064
COOZ, JOSE JESUS.
DOS PROCESOS Y UN GRAN CAPITULO DE HISTORIA
PROVINCIAL TRUJILLANA.
TRUJILLO, VENEZUELA. IMPRENTA OFICIAL, 1966.

1065
CORDOBA, DIEGO.
VIDA DEL MARISCAL SUCRE. "SU ESPADA FLOR Y SU BONDAD
CAPULLO."
MEXICO. EDITORIAL AMERICA NUEVA, 1959. (COLECCION
AUTORES CONTEMPORANEOS, NO. 13).

1066
CORREA, LUIS.
ELOGIO DE DON CRISTOBAL MENDOZA.
CARACAS. IMPRENTA NACIONAL, 1937.

1067
CORREO DEL ORINOCO. 1818-1821. ANGOSTURA (VENEZUELA)
1818-1821.
PARIS. DESCLEE, DE BROUWER ET CIE., 1939.

1068
CORTAZAR, ROBERTO, COMP.
CORRESPONDENCIA DIRIGIDA AL GENERAL FRANCISCO DE
PAULA SANTANDER.
BOGOTA. ACADEMIA COLOMBIANA DE HISTORIA, 1964-1970,
14 VOLS.

1069
COVA, JESUS ANTONIO.
DON SIMON RODRIGUEZ, MAESTRO Y FILOSOFO
REVOLUCIONARIO, VIDA Y OBRA DEL GRAN CIVILIZADOR. 3D
ED.
CARACAS. J. VILLEGAS, 1954.

1070
COVA, JESUS ANTONIO.
SAN MARTIN, ANIBAL DE LOS ANDES, VIDA Y OBRA DEL
GRAN CAPITAN. PROLOGO DE JOSE P. BARREIRO.
BUENOS AIRES. EDITORIAL VENEZUELA, 1947.

1071
COVA, JESUS ANTONIO.

SUCRE, CIUDADANO DE AMERICA. VIDA DEL GRAN MARISCAL
DE AYACUCHO.
CARACAS. EDITORIAL CECILIO ACOSTA, 1943. (BIBLIOTECA
DE ESCRITORES Y ASUNTOS VENEZOLANOS, NO. 33).
1072

DAUXION LAVAYSSE, JEAN FRANCOIS.
STATISTICAL, COMMERCIAL AND POLITICAL DESCRIPTION OF
VENEZUELA, TRINIDAD, MARGARITA AND TOBAGO (A).
CONTAINING VARIOUS ANECDOTES AND OBSERVATIONS OF THE
PAST AND PRESENT STATE OF THESE INTERESTING
COUNTRIES, FROM THE FRENCH ... WITH AN INTRODUCTION
AND EXPLANATORY NOTES BY THE EDITOR, EDWARD
BLAQUIERE.
WESTPORT, CONN. NEGRO UNIVERSITIES PRESS, 1969.
1073

DAUXION LAVAYSSE, JEAN FRANCOIS.
VIAJE A LAS ISLAS DE TRINIDAD, TABAGO, MARGARITA Y A
DIVERSAS PARTES DE VENEZUELA EN LA AMERICA
MERIDIONAL. TRADUCCION POR ANGELINA LEMMO E HILDA T.
DE RODRIGUEZ. NOTAS POR JOSE ANTONIO DE ARMAS
CHITTY Y MARCO AURELIO VILA.
CARACAS. UNIVERSIDAD CENTRAL DE VENEZUELA, INSTITUTO
DE ANTROPOLOGIA E HISTORIA, 1967. (SERIE DE FUENTES
HISTORICAS).
1074

DAUXION LAVAYSSE, JEAN FRANCOIS.
VOYAGE AUX ILES DE TRINIDAD, DE TABAGO, DE LA
MARGUERITE, ET DANS DIVERSES PARTIES DE VENEZUELA,
DANS L"AMERIQUE MERIDIONALE.
PARIS. F. SCHOELL, 1813.
1075

DAVILA, VICENTE.
ACCIONES DE GUERRA EN VENEZUELA DURANTE SU
INDEPENDENCIA.
CARACAS. TIPOGRAFIA AMERICANA, 1926.
1076

DAVILA, VICENTE.
DESTRUCCION DE PREGONERO.
CARACAS. TIPOGRAFIA AMERICANA, 1936.
1077

DERECHOS DEL HOMBRE Y DEL CIUDADANO. ESTUDIO
PRELIMINAR POR PABLO RUGGERI PARRA. ESTUDIO
CRITICO-HISTORICO POR PEDRO GRASES.
CARACAS. ACADEMIA NACIONAL DE LA HISTORIA, 1959.
(BIBLIOTECA DE LA ACADEMIA NACIONAL DE LA HISTORIA,
NO. 5).
1078

DIAZ, JOSE DOMINGO.
RECUERDOS SOBRE LA REBELION DE CARACAS. ESTUDIO
PRELIMINAR Y NOTAS DE ANGEL FRANCISCO BRICE.
CARACAS. ACADEMIA NACIONAL DE LA HISTORIA, 1961.
(BIBLIOTECA DE LA ACADEMIA NACIONAL DE LA HISTORIA,
NO. 38).

1079
DIAZ SANCHEZ, RAMON.
INDEPENDENCIA DE VENEZUELA Y SUS PERSPECTIVAS (LA).
REFLEXIONES EN TORNO AL LIBRO DE ACTAS DEL SUPREMO
CONGRESO DE 1811-1812.
CARACAS, 1960.

1080
DIAZ UGUETO, MANUEL.
LUIS BRION, 1782-1821, ALMIRANTE DE LA LIBERTAD.
DISCURSO.
CARACAS. EDICION DE LA PRESIDENCIA DE LA REPUBLICA,
1971.

1081
DIEZ Y NUEVE DE ABRIL DE 1810 (EL).
CARACAS. PAN AMERICAN INSTITUTE OF GEOGRAPHY AND
HISTORY, 1957. (COMMISSION ON HISTORY, COMITE DE
ORIGENES DE LA EMANCIPACION, NO. 11).

1082
DOCTRINA DE LA REVOLUCION EMANCIPADORA EN EL CORREO
DEL ORINOCO (LA).   SELECCION DE ARTICULOS
DOCTRINARIOS. ESTUDIOS PRELIMINARIOS POR LINO DUARTE
LEVEL Y LUIS CORREA.
CARACAS. ACADEMIA NACIONAL DE LA HISTORIA, 1959.
(BIBLIOTECA DE LA ACADEMIA NACIONAL DE LA HISTORIA,
NO. 17).

1083
DOCUMENTOS DE CANCILLERIAS EUROPEAS SOBRE
INDEPENDENCIA VENEZOLANA.
CARACAS. ACADEMIA NACIONAL DE LA HISTORIA, 1962, 2
VOLS. (BIBLIOTECA DE LA ACADEMIA NACIONAL DE LA
HISTORIA, NOS. 45-46).

1084
DUANE, WILLIAM H.
VIAJE A LA GRAN COLOMBIA EN LOS ANOS DE 1822-1823.
CARACAS. INSTITUTO NACIONAL DE HIPODROMOS, 1968, 2
VOLS. (COLECCION VENEZOLANISTA, SERIE VIAJEROS, NO.
2).

1085
DUARTE LEVEL, LINO.
CUADROS DE LA HISTORIA MILITAR Y CIVIL DE VENEZUELA,
DESDE EL DESCUBRIMIENTO Y CONQUISTA DE GUAYANA
HASTA LA BATALLA DE CARABOBO....
MADRID. EDITORIAL AMERICA, 1917.

1086
ELJURI YUNEZ S., ANTONIO R.
BATALLA NAVEL DEL LAGO DE MARACAIBO (LA). NARACCION.
2D ED. CORREGIDA Y AUMENTADA.
CARACAS. EDITORIAL ARTE, 1973.

1087
ENCINA, FRANCISCO ANTONIO.
INDEPENDENCIA DE NUEVA GRANADA Y VENEZUELA.
SANTIAGO, CHILE. EDITORIAL NASCIMIENTO, 1961-1962, 2
VOLS. (BOLIVAR Y LA INDEPENDENCIA DE LA AMERICA

ESPANOLA).

1088

EPISTOLARIO DE LA PRIMERA REPUBLICA. ESTUDIO
PRELIMINAR POR LA FUNDACION JOHN BOULTON.
CARACAS. ACADEMIA NACIONAL DE LA HISTORIA, 1960, 2
VOLS. (BIBLIOTECA DE LA ACADEMIA NACIONAL DE LA
HISTORIA, NOS. 35-36).

1089

FEBRES CORDERO, TULIO, COMP.
REVOLUCION DE 1810 EN LA PROVINCIA DE BARINAS (LA).
DOCUMENTOS.
BARINAS. GOBIERNO DEL ESTADO BARINAS, SERVICIO DE
EDICIONES Y PUBLICACIONES, 1958. (SERIE HISTORICA,
VOL. 1).

1090

FEBRES CORDERO, TULIO, ED.
ACTAS DE INDEPENDENCIA DE MERIDA, TRUJILLO Y TACHIRA
EN 1810.
MERIDA. TIPOGRAFIA DE "EL LAPIZ," 1910.

1091

FEBRES CORDERO G., JULIO.
PRIMER EJERCITO REPUBLICANO Y LA CAMPANA DE CORO
(EL).
CARACAS. EDICIONES DE LA CONTRALORIA GENERAL DE LA
REPUBLICA, 1973. (COLECCION HISTORIA).

1092

FELICE CARDOT, CARLOS.
MERIDA Y LA REVOLUCION DE 1826. O, "LA COSIATA."
MERIDA. UNIVERSIDAD DE LOS ANDES, 1963. (EDICIONES
DEL RECTORADO).

1093

FIGUEROA, MARCO.
POR LOS ARCHIVOS DEL TACHIRA.
SAN CRISTOBAL, 1961. (BIBLIOTECA DE AUTORES Y TEMAS
TACHIRENSES, NO. 20).

1094

FORTIQUE, ALEJO.
PAPELES DE ALEJO FORTIQUE (LOS). SELECCION, PROLOGO
Y NOTAS DE ARMANDO ROJAS.
CARACAS. UNIVERSIDAD CENTRAL DE VENEZUELA, DIRECCION
DE CULTURA, 1962.

1095

FORTIQUE, JOSE RAFAEL.
ALGUNOS ASPECTOS MEDICOS DE NUESTRA GUERRA DE
INDEPENDENCIA.
MARACAIBO. TIPOGRAFIA LA COLUMNA, 1963.

1096

FORTIQUE, JOSE RAFAEL.
CORSO VENEZOLANO Y LAS MISIONES DE IRVINE Y DE PERRY
EN ANGOSTURA (EL).
MARACAIBO, 1968.

1097

FORTIQUE, JOSE RAFAEL.

MEDICOS Y MEDICINA DE NUESTRA INDEPENDENCIA.
MARACAIBO. EDITORIAL UNIVERSITARIA LUZ, 1967.

1098

FORTIQUE, JOSE RAFAEL.
VICENTE SALIAS.
MARACAIBO. UNIVERSIDAD DEL ZULIA, 1969.

1099

FOSALBA, RAFAEL J.
ESTUDIOS HISTORICOS Y NUMISMATICOS, TRASCENDENCIA
ECONOMICA Y POLITICA DE LAS ACUNACIONES OBSIDIONALES
Y DE EMERGENCIA DURANTE LA REVOLUCION POR LA
INDEPENDENCIA DE VENEZUELA Y COLOMBIA.
CARACAS, 1944.

1100

FRANCO, JOSE LUCIANO.
GOBIERNO COLONIAL DE CUBA Y LA INDEPENDENCIA DE
VENEZUELA (EL).
HAVANA, 1960.

1101

FRIEDE, JUAN.
OTRA VERDAD (LA). LA INDEPENDENCIA AMERICANA VISTA
POR LOS ESPANOLES.
BOGOTA. EDICIONES TERCER MUNDO, 1972. (COLECCION
TRIBUNA LIBRE).

1102

FRIEDE, JUAN, COMP.
BATALLA DE BOYACA (LA). 7 DE AGOSTO DE 1819. A
TRAVES DE LOS ARCHIVOS ESPANOLES.
BOGOTA. BANCO DE LA REPUBLICA, 1969. (PUBLICACION
CONMEMORATIVA DEL SESQUICENTENARIO DE LA BATALLA).

1103

GACETA DE CARACAS. 1808-1818.
PARIS. H. DUPUY, 1939, 6 VOLS.

1104

GACETA DEL GOBIERNO DEL PERU. PERIODO DE GOBIERNO DE
SIMON BOLIVAR. 1823-1826. PROLOGOS POR CRISTOBAL L.
MENDOZA Y FELIX DENEGRI LUNA. EXPLICACION
PRELIMINAR POR PEDRO GRASES.
CARACAS. FUNDACION EUGENIO MENDOZA, 1967, 3 VOLS.
(EDICION DEDICADA A LA CONMEMORACION DEL
CUATRICENTENARIO DE CARACAS).

1105

GACETAS DE CARACAS DURANTE LA OCUPACION DEL GENERAL
BERMUDEZ (LAS). 17 Y 24 DE MAYO DE 1821. EDICION
FACSIMILAR. EXPLICACION PRELIMINAR POR PEDRO GRASES.
CARACAS. MINISTERIO DE LA DEFENSA, 1971.
(CONMEMORACION DEL SESQUICENTENARIO DE LA BATALLA DE
CARABOBO).

1106

GARCIA, CARLOS.
LEGION BRITANICA (LA).
CARACAS, 1971.

1107
GARCIA PONCE, GUILLERMO.
ARMAS EN LA GUERRA DE LA INDEPENDENCIA (LAS).
CARACAS. LA MURALLA, 1965.

1108
GARCIA QUINTERO, JOSE.
ENSAYO SOBRE EL 19 DE ABRIL DE 1810.
MERIDA. TALLERES GRAFICOS UNIVERSITARIOS, 1960.

1109
GIMENEZ, GAUDY.
ESTUDIOS DE HISTORIA VENEZOLANA. SOBRE LA EXISTENCIA
DE LA GUARDIA NACIONAL EN 1811 Y 1841. EL CONFLICTO
DE VENEZUELA CON LA COALICION EUROPEA EN 1902-1903.
CARACAS. IMPRENTA NACIONAL, 1962.

1110
GIMENEZ SILVA, FLORALIGIA.
INDEPENDENCIA DE VENEZUELA ANTE LAS CANCILLERIAS
EUROPEAS (LA).
CARACAS. ACADEMIA NACIONAL DE LA HISTORIA, 1961.
(BIBLIOTECA DE LA ACADEMIA NACIONAL DE LA HISTORIA,
NO. 39).

1111
GONZALEZ, ELOY GUILLERMO.
AL MARGEN DE LA EPOPEYA. 3D ED.
CARACAS. EDITORIAL ELITE, 1935.

1112
GONZALEZ, ELOY GUILLERMO.
DENTRO DE LA COSIATA.
CARACAS. IMPRENTA NACIONAL, 1907.

1113
GONZALEZ, ELOY GUILLERMO.
HISTORIA DE VENEZUELA DESDE EL DESCUBRIMIENTO HASTA
1830.
CARACAS. EDITORIAL ELITE, 1930, 2 VOLS.

1114
GONZALEZ, ELOY GUILLERMO.
RACION DEL BOA (LA).
CARACAS. EMPRESA EL COJO, 1908.

1115
GONZALEZ, JUAN VICENTE.
BIOGRAFIA DE JOSE FELIX RIBAS, EPOCA DE LA GUERRA A
MUERTE. PREFACIO DE R. BLANCO FOMBONA.
CARACAS. EDITORIAL GONZALEZ GONZALEZ, 1956.

1116
GONZALEZ, JUAN VICENTE.
JOSE FELIX RIBAS, BIOGRAFIA. PREFACIO DE R. BLANCO
FOMBONA.
CARACAS. MINISTERIO DE EDUCACION NACIONAL, DIRECCION
DE CULTURA, 1946. (BIBLIOTECA POPULAR VENEZOLANA.
SERIE AZUL. HISTORIA Y BIOGRAFIAS, NO. 5).

1117
GRASES, PEDRO. * PEREZ VILA, MANUEL, COMPS.
AMOR A LA PAZ (EL). CONMEMORACION DEL
SESQUICENTENARIO DE LOS TRATADOS DE TRUJILLO.

PROLOGO POR P. PEDRO P. BARNOLA.
CARACAS. EDICIONES DE LA PRESIDENCIA DE LA
REPUBLICA, 1970.
1118
GRASES, PEDRO.
BRITAIN AND HISPANIC LIBERALISM (1800-1830).
LONDON. CANNING HOUSE, 1975.
1119
GRASES, PEDRO.
COLOMBIANO DE FRANCISCO DE MIRANDA Y DOS DOCUMENTOS
AMERICANISTAS (EL).
CARACAS. INSTITUTO NACIONAL DE HIPODROMOS, 1966.
1120
GRASES, PEDRO.
CONSTITUCION FEDERAL DE 1811 Y SU IMPRESOR (LA).
CARACAS. IMPRENTA NACIONAL, 1959.
1121
GRASES, PEDRO.
HOMBRE DEL 19 DE ABRIL (UN). JUAN GERMAN ROSCIO.
CARACAS. AVILA GRAFICA, 1952.
1122
GRASES, PEDRO.
INDEPENDENCIA DE HISPANOAMERICA A TRAVES DE LOS
TEXTOS E IMPRESOS DE ANGOSTURA, 1817-1822.
SANTIAGO DE CHILE. UNIVERSIDAD CATOLICA DE CHILE,
INSTITUTO DE HISTORIA, 1969. (EDICIONES HISTORIA).
1123
GRASES, PEDRO.
RAFAEL MARIA BARALT, 1810-1860.
CARACAS. EDICIONES DE LA FUNDACION EUGENIO MENDOZA,
1959. (BIBLIOTECA ESCOLAR. COLECCION DE BIOGRAFIAS,
NO. 35).
1124
GRASES, PEDRO.
TIEMPO DE BELLO EN LONDRES Y OTROS ENSAYOS. PROLOGO
DE RAFAEL CALDERA.
CARACAS. EDICIONES DEL MINISTERIO DE EDUCACION,
DIRECCION DE CULTURA Y BELLAS ARTES, 1962.
(BIBLIOTECA VENEZOLANA DE CULTURA).
1125
GRASES, PEDRO.
TRADUCCIONES DE INTERES POLITICO-CULTURAL EN LA
EPOCA DE LA INDEPENDENCIA EN VENEZUELA.
CARACAS, 1961.
1126
GRASES, PEDRO, COMP.
FORJA DE UN EJERCITO. DOCUMENTOS DE HISTORIA MILITAR
1810-1814. PROLOGO DEL ELEAZAR LOPEZ CONTRERAS.
CARACAS. INSTITUTO NACIONAL DE HIPODROMOS, 1967.
(COLECCION VENEZOLANISTA, SERIE TESTIMONIOS, NO. 2).
1127
GRAZIANI, NAPOLEON.
GENERAL PEDRO MARIA FREYTES.

CARACAS. EDITORIAL CARACAS, 1928.

1128

GRIFFIN, CHARLES C.
TEMAS SOCIALES Y ECONOMICOS EN LA EPOCA DE LA
INDEPENDENCIA (LOS). CICLO DE CONFERENCIAS
ORGANIZADO POR LA FUNDACION EUGENIO MENDOZA, EN
CONMEMORACION DEL SESQUICENTENARIO DE LA
INDEPENDENCIA DE VENEZUELA.
CARACAS. FUNDACION JOHN BOULTON Y FUNDACION EUGENIO
MENDOZA, 1962.

1129

GRISANTI, ANGEL.
BELLO Y VARGAS, EN RELACION CON ESENCIALES PROBLEMAS
DE CULTURA Y DE POLITICA DURANTE LA COLONIA Y LA
INDEPENDENCIA DE VENEZUELA. CARTA Y MEMORIAL
INEDITOS DE BELLO EN QUE IMPETRA DE LA REGENCIA SER
AMNISTIADO Y EL PERMISO PARA PASAR A ESPANA.
CARACAS. JESUS E. GRISANTI, 1954.

1130

GRISANTI, ANGEL.
EMPARAN Y EL GOLPE DE ESTADO DE 1810.
CARACAS. TIPOGRAFIA LUX, 1960.

1131

GRISANTI, ANGEL.
GENERAL JOSE TRINIDAD MORAN, EL PEQUENO GIGANTE DE
EL TOCUYO. APUNTES BIOGRAFICOS.
CARACAS. AVILA GRAFICA, 1952.

1132

GRISANTI, ANGEL.
INFORME DE PALACIO FAJARDO A NAPOLEON, EMPERADOR Y
REY (EL). DOCUMENTO RIGUROSAMENTE INEDITO.
CARACAS, 1961.

1133

GRISANTI, ANGEL.
PROCESO CONTRA LOS ASESINOS DEL GRAN MARISCAL DE
AYACUCHO (EL). REFUTACION AL PRESIDENTE DE LA
ACADEMIA COLOMBIANA DE HISTORIA, D. LUIS MARTINEZ
DELGADO, Y AL DR. ALFONSO ROMERO AGUIRRE...
CARACAS. EDICIONES GARRIDO, 1955.

1134

GRISANTI, ANGEL.
RELACION BIOGRAFICA. LAS MAS EXTENSA, EXACTA Y
DOCUMENTADA, PUBLICADA HASTA LA FECHA, DE LA FAMILIA
DEL GRAN MARISCAL DE AYACUCHO.
QUITO, ECUADOR. IMPRENTA MUNICIPAL, 1945.

1135

GRISANTI, ANGEL.
REPERCUSION DEL 19 DE ABRIL DE 1810 EN LAS
PROVINCIAS, CIUDADES, VILLAS Y ALDEAS VENEZOLANAS.
2D ED.
CARACAS. TIPOGRAFIA LUX, 1959.

1136

GRISANTI, ANGEL.

REVOLUCION DE 1810 EN CUMANA (LA).
CUMANA, VENEZUELA. TALLERES TIPO-LITHOGRAFICOS,
IMPRENTA DEL ESTADO SUCRE, 1961.

1137

GRISANTI, ANGEL.
TENIENTE GENERAL MIGUEL DE LA TORRE Y SU ESPOSA, LA
VENEZOLANA DONA CONCEPCION DE LA VEGA (EL). HOMENAJE
AL SESQUICENTENARIO DE LA BATALLA DE CARABOBO,
1821-1971.
CARACAS, 1971.

1138

GRISANTI, ANGEL.
VARGAS INTIMO. UN SABIO DE CARNE Y HUESO. SU NINEZ,
ADOLESCENCIA Y JUVENTUD.
CARACAS. J.E. GRISANTI, 1954.

1139

GRISANTI, ANGEL.
VIDA EJEMPLAR DEL GRAN MARISCAL DE AYACUCHO.
CARACAS. MINISTERIO DE EDUCACION, DIRECCION DE
CULTURA Y BELLAS ARTES, 1952. (BIBLIOTECA VENEZOLANA
DE CULTURA. COLECCION ANDRES BELLO).

1140

GROOT, JOSE MANUEL.
HISTORIA ECLESIASTICA Y CIVIL DE NUEVA GRANADA.
BOGOTA. MINISTERIO DE EDUCACION NACIONAL, EDICIONES
DE LA REVISTA BOLIVAR, 1953, 5 VOLS. (BIBLIOTECA DE
AUTORES COLOMBIANOS, NOS. 57-61).

1141

GUEVARA CARRERA, JESUS MARIA.
FUNDACION DE LA CIUDAD DE MATURIN Y SU DEFENSA EN LA
GUERRA DE INDEPENDENCIA.
MATURIN. IMPRENTA DEL ESTADO MONAGAS, 1941.

1142

HACKETT, JAMES. * BROWN, CHARLES.
NARRACIONES DE DOS EXPEDICIONARIOS BRITANICOS DE LA
INDEPENDENCIA. TRADUCCION DE M. A. OSORIO JIMENEZ.
CARACAS. INSTITUTO NACIONAL DE HIPODROMOS, 1966.
(COLECCION VENEZOLANISTA, SERIE "VIAJEROS," NO. 1).

1143

HAMBLETON, JOHN H.
DIARIO DEL VIAJE POR EL ORINOCO HACIA ANGOSTURA
(JULIO 11-AGOSTO 24, 1819). CON LAS INSTRUCCIONES
PARA EL VIAJE DADAS POR EL SECRETARIO DE ESTADO,
JOHN QUINCY ADAMS. NOTA PRELIMINAR DE JUAN FRIEDE.
BOGOTA. BANCO DE LA REPUBLICA, 1969.

1144

HARTOG, JOHANNES.
MANUEL CAREL PIAR.
ORANJESTAD, NETHERLAND ANTILLES. N.V. UITGEVERS,
1967.

1145

HASBROUCK, ALFRED.
FOREIGN LEGIONARIES IN THE LIBERATION OF SPANISH

SOUTH AMERICA.
NEW YORK. COLUMBIA UNIVERSITY PRESS, 1928. REPRINT,
ANN ARBOR. UNIVERSITY MICROFILMS, 1964.
1146

HEREDIA Y MIESES, JOSE FRANCISCO.
MEMORIAS DEL REGENTE HEREDIA DE LAS REALES
AUDIENCIAS DE CARACAS Y MEXICO DIVIDIDAS EN CUATRO
EPOCAS -- MONTEVERDE, BOLIVAR, BOVES, MORILLO.
MADRID. EDITORIAL AMERICA, 1916.
1147

HEREDIA Y MIESES, JOSE FRANCISCO.
MEMORIAS SOBRE LAS REVOLUCIONES DE VENEZUELA ...
SEGUIDAS DE DOCUMENTOS HISTORICOS INEDITOS Y
PRECEDIDAS DE UN ESTUDIO BIOGRAFICO POR D. ENRIQUE
PINEYRO.
PARIS. LIBRERIA DE GARNIER HERMANOS, 1895.
1148

HERRERA CAMPINS, LUIS.
INDEPENDENCIA DE VENEZUELA (LA). CONMEMORACION
ANIVERSARIA.
CARACAS. EDICIONES DEL CONGRESO DE LA REPUBLICA,
1973.
1149

HIPPISLEY, GUSTAVUS.
NARRATIVE OF THE EXPEDITION TO THE RIVERS ORINOCO
AND APURE, IN SOUTH AMERICA (A). WHICH SAILED FROM
ENGLAND IN NOVEMBER 1817, AND JOINED THE PATRIOTIC
FORCES IN VENEZUELA AND CARACCAS.
LONDON. J. MURRAY, 1819.
1150

HOENIGSBERG, JULIO.
SANTANDER ANTE LA HISTORIA. ENSAYO
HISTORICO-BIOGRAFICO.
BARRANQUILLA, COLOMBIA. IMPRENTA DEPARTAMENTAL,
1970, 2 VOLS.
1151

HUCK, EUGENE R.
COLOMBIAN-UNITED STATES COMMERCIAL RELATIONS,
1821-1850.
PH.D. DISS., UNIVERSITY OF ALABAMA, 1963.
1152

HUMPHREYS, ROBERT ARTHUR.
BRITISH MERCHANTS AND SOUTH AMERICAN INDEPENDENCE.
IN.
PROCEEDINGS OF THE BRITISH ACADEMY, 51(1965),
151-174.
1153

HUMPHREYS, ROBERT ARTHUR, ED.
"DETACHED RECOLLECTIONS" OF GENERAL D.F. O"LEARY
(THE).
LONDON. THE ATHLONE PRESS, UNIVERSITY OF LONDON,
INSTITUTE OF LATIN AMERICAN STUDIES, 1969.

1154

IBANEZ SANCHEZ, JOSE ROBERTO.
PRESENCIA GRANADINA EN CARABOBO. HOMENAJE DE LAS
FUERZAS MILITARES DE COLOMBIA, EN EL
SESQUICENTENARIO DE LA CAMPANA LIBERTADORA DE
VENEZUELA DE 1821.
BOGOTA. DEPARTAMENTO DE RELACIONES PUBLICAS DEL
COMANDO GENERAL DE LAS FUERZAS MILITARES DE
COLOMBIA, 1971, 2 VOLS.

1155

INSTITUTO NACIONAL DE HIPODROMOS.
COLOMBIANO DE FRANCISCO DE MIRANDA Y DOS DOCUMENTOS
AMERICANISTAS (EL).
CARACAS, 1966. (COLECCION VENEZOLANISTA, SERIE
TESTIMONIOS, NO. 1).

1156

IRIBARREN CELIS, LINO.
DOS PROCERES DE PUERTO CABELLO, CORONELES DOMINGO
MESA Y MIGUEL VALDES.
PUERTO CABELLO. EDICIONES DEL CONCEJO MUNICIPAL,
1970.

1157

IRIBARREN CELIS, LINO.
GUERRA DE INDEPENDENCIA EN EL ESTADO LARA (LA).
ENSAYO DE INTERPRETACION HISTORICA. EDICION
CONMEMORATIVA DEL IV CENTENARIO DE LA CIUDAD
BARQUISIMETO.
CARACAS. EDITORIAL AVILA GRAFICA, 1951. (BIBLIOTECA
DE CULTURA LARENSE, VOL. 7).

1158

IRIBARREN CELIS, LINO.
SEMBLANZAS NEOSEGOVIANAS DEL PROCERATO DE
BARQUISIMETO.
CARACAS, 1966.

1159

IRIBARREN CELIS, LINO.
VIDA MILITAR DE DOMINGO MONTES, ILUSTRE PROCER DE LA
INDEPENDENCIA.
CARACAS. EDICIONES PARAGUACHOA, 1960.

1160

IRIBARREN CELIS, LINO.
VIDA MILITAR DEL PROCER ANDRES LINARES.
TRUJILLO. EDICIONES DEL EJECUTIVO DEL ESTADO
TRUJILLO, 1960. (BIBLIOTECA TRUJILLANA DE CULTURA,
NO. 11).

1161

IRISARRI, ANTONIO JOSE DE.
HISTORIA CRITICA DEL ASESINATO DEL GRAN MARISCAL DE
AYACUCHO.
HAVANA. CASA DE LAS AMERICAS, 1964. (COLECCION
LITERATURA LATINOAMERICANA, NO. 9).

1162

KAUFMANN, WILLIAM W.
BRITISH POLICY AND THE INDEPENDENCE OF LATIN

AMERICA. 1804-1828.
NEW HAVEN. YALE UNIVERSITY PRESS, 1951.

1163
KAUFMANN, WILLIAM W.
POLITICA BRITANICA Y LA INDEPENDENCIA DE LA AMERICA
LATINA (LA). 1804-1828. TRADUCIDO POR JERONIMO
CARRERA.
CARACAS. EDICIONES DE LA BIBLIOTECA DE LA
UNIVERSIDAD CENTRAL DE VENEZUELA, 1963.

1164
KING, JAMES F.
ROYALIST VIEW OF THE COLORED CASTES IN THE
VENEZUELAN WAR OF INDEPENDENCE (A). IN.
HISPANIC AMERICAN HISTORICAL REVIEW, 33(1953),
526-537.

1165
LANDAETA ROSALES, MANUEL.
HOMBRES Y MUJERES NOTABLES EN LA GUERRA DE LA
INDEPENDENCIA DE VENEZUELA, QUE NACIERON EN LA
ANTIGUA PROVINCIA DE BARCELONA.
CARACAS. IMPRENTA BOLIVAR, 1894.

1166
LANDAETA ROSALES, MANUEL.
PROCERES DE LA INDEPENDENCIA NACIONAL (LOS).
CARACAS. IMPRENTA BOLIVAR, 1895.

1167
LIBRO DE ORDENES GENERALES DEL EJERCITO DE
OPERACIONES DE LA NUEVA GRANADA, DE QUE ES
COMANDANTE EN JEFE EL GENERAL DE BRIGADA CIUDADANO
FRANCISCO DE PAULA SANTANDER 1819. PROLOGO Y NOTAS
DE GUILLERMO HERNANDEZ DE ALBA.
BOGOTA. BANCO CAFETERO, 1969.

1168
LOCKEY, JOSEPH BYRNE.
ORIGENES DEL PANAMERICANISMO. VERSION CASTELLANA,
CON ANOTACIONES, DISPUESTA POR LA CAMARA DE COMERCIO
DE CARACAS EN CONMEMORACION DEL PRIMER CENTENARIO
DEL CONGRESO DE PANAMA.
CARACAS. EMPRESA EL COJO, 1927.

1169
LOCKEY, JOSEPH BYRNE.
PAN-AMERICANISM. ITS BEGINNINGS.
NEW YORK. THE MACMILLAN CO., 1920.

1170
LOPEZ CONTRERAS, ELEAZAR.
SUCRE. SINTESIS DE SU VIDA MILITAR. 3D ED.
CARACAS. EDITORIAL CECILIO ACOSTA, 1946.

1171
LOPEZ CONTRERAS, ELEAZAR.
SYNOPSIS OF THE MILITARY LIFE OF SUCRE. TRANSLATED
BY KATE BROWN SCHROETER.
NEW YORK. H.R. ELLIOT AND CO., 1942.

1172
    LOPEZ GUEDEZ, HORACIO, ED.
    DOS INFORMES SOBRE LA PACIFICACION DE AMERICA EN
    1824.
    MERIDA. UNIVERSIDAD DE LOS ANDES, FACULTAD DE
    HUMANIDADES Y EDUCACION, 1967.
1173
    LOZANO CLEVES, ALBERTO.
    ASI SE HIZO LA INDEPENDENCIA.
    BOGOTA. EDITORIAL EL LIBERTADOR, 1959-1961, 2 VOLS.
1174
    LOZANO Y LOZANO, FABIO.
    ANZOATEGUI. VISIONES DE LA GUERRA DE INDEPENDENCIA.
    BOGOTA. ACADEMIA COLOMBIANA DE HISTORIA, 1963.
    (BIBLIOTECA DE LA HISTORIA NACIONAL, VOL. 100).
1175
    LYNCH, JOHN.
    SPANISH AMERICAN REVOLUTIONS, 1808-1826 (THE).
    NEW YORK. W.W. NORTON, 1973. (REVOLUTIONS IN THE
    MODERN WORLD).
1176
    MAGALLANES, MANUEL VICENTE.
    MIRANDA, LIBERTADOR DE CORO.
    CARACAS, 1967.
1177
    MAGALLANES, MANUEL VICENTE.
    MIRANDA EN EL OCASO.
    CARACAS. ASOCIACION DE ESCRITORES VENEZOLANOS, 1970.
    (CUADERNOS, NO. 131).
1178
    MALDONADO MICHELENA, VICTOR.
    DESCRIPCION DE LA BATALLA DE CARABOBO.
    CARACAS. FUERZAS ARMADAS DE VENEZUELA, ORGANO DEL
    MINISTERIO DE LA DEFENSA, 1959.
1179
    MANCERA GALLETTI, ANGEL.
    MUJER VENEZOLANA EN LA INDEPENDENCIA (LA).
    SESQUICENTENARIO 1810-1960.
    BUENOS AIRES. IMPRENTA LOPEZ, 1960.
1180
    MARIN, ALFONSO.
    PAEZ EN VALENCIA. BOSQUEJO HISTORICO PRESENTADO ...
    A LA ACADEMIA NACIONAL DE LA HISTORIA ...
    CARACAS. CROMOTIP, 1961.
1181
    MARIN, ALFONSO.
    REPORTAJE SOBRE EL CONGRESO DE 1812.
    VALENCIA. SECRETARIA DE EDUCACION Y CULTURA DEL
    EJECUTIVO DEL ESTADO CARABOBO, 1969. (BIBLIOTECA DE
    AUTORES Y TEMAS CARABOBENOS, NO. 6).
1182
    MATERIALES PARA EL ESTUDIO DE LA CUESTION AGRARIA EN
    VENEZUELA (1800-1830). ESTUDIO PRELIMINAR POR
    GERMAN CARRERA DAMAS.

CARACAS. UNIVERSIDAD CENTRAL DE VENEZUELA, CONSEJO
DE DESARROLLO CIENTIFICO Y HUMANISTICO, 1964.
1183
MATERIALES PARA EL ESTUDIO DE LA IDEOLOGIA REALISTA
DE LA INDEPENDENCIA.
CARACAS. UNIVERSIDAD CENTRAL DE VENEZUELA, FACULTAD
DE HUMANIDADES Y EDUCACION, INSTITUTO DE
ANTROPOLOGIA E HISTORIA, 1971, 2 VOLS.
1184
MENDOZA, CRISTOBAL L., ED.
PRIMERAS MISIONES DIPLOMATICAS DE VENEZUELA (LAS).
CARACAS. ACADEMIA NACIONAL DE LA HISTORIA, 1962, 2
VOLS. (BIBLIOTECA DE LA ACADEMIA NACIONAL DE LA
HISTORIA, NOS. 52-53).
1185
MENDOZA, CRISTOBAL L.
GUERRA A MUERTE (LA).
CARACAS. TIPOGRAFIA AMERICANA, 1951.
1186
MERCURIO VENEZOLANO. 1811. EDICION FACSIMILE CON
ESTUDIO PRELIMINAR POR LA COMISION EDITORA.
CARACAS. ACADEMIA NACIONAL DE LA HISTORIA, 1960.
(BIBLIOTECA DE LA ACADEMIA NACIONAL DE LA HISTORIA,
NO. 25).
1187
MICHELENA Y ROJAS, FRANCISCO.
VIAJES CIENTIFICOS EN TODO EL MUNDO. (EN LOS ANOS
1822-1842).
CARACAS. INSTITUTO NACIONAL DE HIPODROMOS, 1971.
(COLECCION VENEZOLANISTA, SERIE TESTIMONIOS).
1188
MIERES, ANTONIO.
TRES AUTORES EN LA HISTORIA DE BARALT.
CARACAS. UNIVERSIDAD CENTRAL DE VENEZUELA, FACULTAD
DE HUMANIDADES Y EDUCACION, INSTITUTO DE ESTUDIOS
HISPANOAMERICANOS, 1966.
1189
MIJARES, AUGUSTO.
IDEOLOGIA DE LA REVOLUCION EMANCIPADORA.
CARACAS. UNIVERSIDAD CENTRAL DE VENEZUELA, FACULTAD
DE HUMANIDADES Y EDUCACION, INSTITUTO DE FILOSOFIA,
1961.
1190
MILLARES CARLO, AGUSTIN. * SANCHEZ DIAZ, CARLOS,
COMPS.
DOCUMENTACION REALISTA SOBRE LA BATALLA NAVAL DEL
LAGO DE MARACAIBO.
MARACAIBO. FUNDACION ROTARIA DE MARACAIBO, 1973.
1191
MIRANDA, FRANCISCO DE.
TEXTOS SOBRE LA INDEPENDENCIA. ESTUDIO PRELIMINAR
POR JOSE NUCETE SARDI.
CARACAS. ACADEMIA NACIONAL DE LA HISTORIA, 1959.

(BIBLIOTECA DE LA ACADEMIA NACIONAL DE LA HISTORIA,
NO. 13).

1192

MONTENEGRO COLON, FELICIANO.
HISTORIA DE VENEZUELA. ESTUDIO PRELIMINAR POR
ALFREDO BOULTON.
CARACAS. ACADEMIA NACIONAL DE LA HISTORIA, 1960, 2
VOLS. (BIBLIOTECA DE LA ACADEMIA NACIONAL DE LA
HISTORIA, NOS. 26-27).

1193

MUDARRA, MIGUEL ANGEL.
FRASES CELEBRES DE LA INDEPENDENCIA. 2D ED.
CARACAS. PUBLICACIONES MUDBELL, 1969.

1194

MUDARRA, MIGUEL ANGEL.
INDEPENDENCIA EN CADA SITIO DE VENEZUELA (LA).
BUENOS AIRES. MUDBELL, 1969.

1195

MUDARRA, MIGUEL ANGEL.
VICTORIA DE CARABOBO (LA).
CARACAS. BIBLIOTECA DE HISTORIA DEL EJERCITO, 1971.
(COLECCION CARABOBO).

1196

NARINO, ANTONIO.
BAGATELA (LA). 1811-1812. EDICION FACSIMILAR.
BOGOTA. TALLERES DE LA LITOGRAFIA VANEGAS, 1966.

1197

NARRACIONES DE DOS EXPEDICIONARIOS BRITANICOS DE LA
INDEPENDENCIA. JAMES HACKETT, CHARLES BROWN.
TRADUCCION DE M.A. OSORIO JIMENEZ.
CARACAS. INSTITUTO NACIONAL DE HIPODROMOS, 1966.
(COLECCION VENEZOLANISTA, SERIE "VIAJEROS," NO. 1).

1198

NECTARIO MARIA, BROTHER.
BATALLA DE CARABOBO, 24 DE JUNIO DE 1821 (LA). 2D
ED.
MADRID. ESCUELAS PROFESIONALES SAGRADO CORAZON,
1971.

1199

NECTARIO MARIA, BROTHER.
VERDAD SOBRE MIRANDA EN LA CARRACA (LA). A LA LUZ DE
LA DOCUMENTACION INEDITA DEL ARCHIVO GENERAL DE
INDIAS DE SEVILLA, DEL ARCHIVO DE LA IGLESIA DE LA
CARRACA, DEL ARCHIVO GENERAL DEL DEPARTAMENTO
MARITIMO DE CADIZ ... Y DEL PUBLIC RECORD OFFICE DE
LONDRES.
MADRID. IMPRENTA JUAN BRAVO, 1964.

1200

NUCETE SARDI, JOSE. * PEREZ TENREIRO, TOMAS. *
IRIBARREN CELIS, LINO.
CAMPANA LIBERTADOR DE 1819 (LA).
CARACAS. ACADEMIA NACIONAL DE LA HISTORIA, 1969.
(EDICIONES CONMEMORATIVAS DEL SESQUICENTENARIO DE LA

BATALLA DE BOYACA).

1201

NUNEZ, ENRIQUE BERNARDO, COMP.
ACTA DEL 19 DE ABRIL DE 1810. DOCUMENTOS DE LA
SUPREMA JUNTA DE CARACAS.
CARACAS. CONCEJO MUNICIPAL, 1961.

1202

O"LEARY, DANIEL FLORENCIO.
"DETACHED RECOLLECTIONS" OF GENERAL D.F. O"LEARY
(THE). EDITED BY R.A. HUMPHREYS.
LONDON. THE ATHLONE PRESS, UNIVERSITY OF LONDON,
INSTITUTE OF LATIN AMERICAN STUDIES, 1969.

1203

O"LEARY, DANIEL FLORENCIO.
CAMPANA LIBERTADORA DE 1819 (LA).
CARACAS. PUBLICACIONES DE LA ACADEMIA NACIONAL DE LA
HISTORIA, 1970-.

1204

O"LEARY, DANIEL FLORENCIO.
CONGRESO INTERNACIONAL DE PANAMA EN 1826 (EL).
DESGOBIERNO Y ANARQUIA EN LA GRAN COLOMBIA. NOTAS DE
R. BLANCO FOMBONA.
MADRID. EDITORIAL AMERICA, 1920.

1205

O"LEARY, DANIEL FLORENCIO.
GRAN COLOMBIA Y ESPANA, 1819-1822. NOTAS DE R.
BLANCO FOMBONA.
MADRID. EDITORIAL AMERICA, 1919. (BIBLIOTECA DE LA
JUVENTUD HISPANO AMERICANA).

1206

O"LEARY, DANIEL FLORENCIO.
INDICE DE LOS DOCUMENTOS CONTENIDOS EN LAS MEMORIAS
DEL GENERAL DANIEL FLORENCIO O"LEARY, ELABORADO POR
MANUEL PEREZ VILA.
CARACAS. PUBLICACIONES DE LA SOCIEDAD BOLIVARIANA DE
VENEZUELA, 1956, 2 VOLS.

1207

O"LEARY, DANIEL FLORENCIO.
MEMORIAS. NARRACION. PROLOGO DE NICOLAS E. NAVARRO.
CARACAS. IMPRENTA NACIONAL, 1952, 3 VOLS.

1208

O"LEARY, DANIEL FLORENCIO.
MEMORIAS DEL GENERAL O"LEARY, PUBLICADAS POR SU
HIJO, SIMON B. O"LEARY, POR ORDEN DEL GOBIERNO DE
VENEZUELA Y BAJO LOS AUSPICIOS DE SU PRESIDENTE,
GENERAL GUZMAN BLANCO.
CARACAS. IMPRENTA DE LA GACETA OFICIAL, 1879-1914,
32 VOLS.

1209

OLSON, WILLIAM C.
FOREIGN ECONOMIC PENETRATION OF VENEZUELA,
1800-1830.
PH.D. DISS., UNIVERSITY OF NORTH CAROLINA AT CHAPEL

HILL, 1970.
1210
OROPESA, JUAN.
BIOGRAFIA DE SUCRE. 2D ED.
CARACAS. EDICIONES CENTAURO, 1973.
1211
OTS CAPDEQUI, JOSE MARIA.
IMPACT OF THE WARS OF INDEPENDENCE ON THE
INSTITUTIONAL LIFE OF THE NEW KINGDOM OF GRANADA
(THE).
THE AMERICAS, 17.2(OCT. 1960), 111-198.
1212
OTS CAPDEQUI, JOSE MARIA.
INSTITUCIONES DEL NUEVO REINO DE GRANADA AL TIEMPO
DE LA INDEPENDENCIA (LAS).
MADRID. CONSEJO SUPERIOR DE INVESTIGACIONES
CIENTIFICAS, 1958.
1213
PAEZ, JOSE ANTONIO.
ARCHIVO DEL GENERAL JOSE ANTONIO PAEZ. 1818-1823.
CARACAS. ACADEMIA NACIONAL DE LA HISTORIA, 1973, 2
VOLS. (BIBLIOTECA DE LA ACADEMIA NACIONAL DE LA
HISTORIA, NUEVA SERIE, NOS. 3-4).
1214
PARRA ARANGUREN, GONZALO.
CONSTITUCION DE 1830 Y LOS VENEZOLANOS POR
NATURALIZACION (LA).
CARACAS. UNIVERSIDAD CENTRAL DE VENEZUELA, FACULTAD
DE DERECHO, 1969. (ESTUDIOS JURIDICOS, NO. 45).
1215
PARRA ARANGUREN, GONZALO.
ORIGENES SOCIOLOGICO-JURIDICOS DE LA NACIONALIDAD
VENEZOLANA, 1810-1830.
CARACAS. UNIVERSIDAD CENTRAL DE VENEZUELA, FACULTAD
DE DERECHO, INSTITUTO DE DERECHO PRIVADO, 1963.
1216
PARRA MARQUEZ, HECTOR.
PRESIDENTES DE VENEZUELA. EL DOCTOR FRANCISCO
ESPEJO, ENSAYO BIOGRAFICO. 2D ED. CORR. Y AUM.
CARACAS, 1954.
1217
PARRA PEREZ, CARACCIOLO.
HISTORIA DE LA PRIMERA REPUBLICA DE VENEZUELA.
ESTUDIO PRELIMINAR POR CRISTOBAL L. MENDOZA. 2D ED.
CARACAS. ACADEMIA NACIONAL DE LA HISTORIA, 1959, 2
VOLS. (BIBLIOTECA DE LA ACADEMIA NACIONAL DE LA
HISTORIA, NOS. 19-20).
1218
PARRA PEREZ, CARACCIOLO.
MARINO Y LA INDEPENDENCIA DE VENEZUELA.
MADRID. EDICIONES CULTURA HISPANICA, 1954-1957, 5
VOLS.

1219

PARRA PEREZ, CARACCIOLO.
MISION DIPLOMATICA VENEZOLANA ANTE NAPOLEON EN 1813
(UNA).
CARACAS. INTER-AMERICAN CONFERENCE (10TH), 1953.
(PUBLICACIONES DE LA SECRETARIA GENERAL DE LA
CONFERENCIA INTERAMERICANA. COLECCION DE HISTORIA,
NO. 4).

1220

PARRA PEREZ, CARACCIOLO.
MONARQUIA EN LA GRAN COLOMBIA (LA).
MADRID. EDICIONES CULTURA HISPANICA, 1957.

1221

PARRA PEREZ, CARACCIOLO.
PAGINAS DE HISTORIA Y DE POLEMICA.
CARACAS. LITOGRAFIA DEL COMERCIO, 1943.

1222

PARRA PEREZ, CARACCIOLO, ED.
BAYONA Y LA POLITICA DE NAPOLEON EN AMERICA.
CARACAS. TIPOGRAFIA AMERICANA, 1939.

1223

PENA, ISRAEL.
DANIEL FLORENCIO O"LEARY (1800-1854).
CARACAS. EDICIONES DE LA FUNDACION EUGENIO MENDOZA,
1960.

1224

PENSAMIENTO CONSTITUCIONAL DE LATINO AMERICA
1810-1830. ACTAS Y PONENCIAS.
CARACAS. ACADEMIA NACIONAL DE LA HISTORIA, 1962, 5
VOLS. (BIBLIOTECA DE LA ACADEMIA NACIONAL DE LA
HISTORIA, NOS. 47-51).

1225

PENSAMIENTO CONSTITUCIONAL HISPANOAMERICANO HASTA
1830 (EL). COMPILACION DE CONSTITUCIONES SANCIONADAS
Y PROYECTOS CONSTITUCIONALES.
CARACAS. ACADEMIA NACIONAL DE LA HISTORIA, 1961, 5
VOLS. (BIBLIOTECA DE LA ACADEMIA NACIONAL DE LA
HISTORIA, NOS. 40-44).

1226

PENUELA, CAYO LEONIDAS.
ALBUM DE BOYACA. NOTA PRELIMINAR POR ULISES ROJAS.
2D ED.
TUNJA, COLOMBIA. EXTENSION CULTURAL DE BOYACA,
1969-1970, 2 VOLS.

1227

PERAZZO, NICOLAS.
APUNTES SOBRE LA INDEPENDENCIA EN EL YARACUY,
1810-1812.
CARACAS. EDITORA GRAFOS, 1964.

1228

PERAZZO, NICOLAS.
ETAPAS DE LA EPOPEYA 1812-1814.
CARACAS, 1965.

1229
    PERAZZO, NICOLAS.
    JOSE CORTES DE MADARIAGA.
    CARACAS. COMISION NACIONAL DEL CUATRICENTENARIO DE
    LA FUNDACION DE CARACAS, 1966. (EDICIONES DEL
    CUATRICENTENARIO DE CARACAS).

1230
    PERAZZO, NICOLAS.
    JOSEF CORTES MADARIAGA (1766-1826). EDICION
    AUMENTADA Y CORREGIDA.
    CARACAS. BANCO CENTRAL DE VENEZUELA, 1972.
    (COLECCION HISTORICO-ECONOMICA VENEZOLANA, VOL. 13).

1231
    PERAZZO, NICOLAS.
    VIDA Y PROCESO DE DON JUSTO MAYA. PROLOGO DEL DR.
    RAFAEL CALDERA.
    CARACAS. GRAFOS, 1967.

1232
    PEREZ MENDEZ, CANDIDO, COMP.
    DOCUMENTOS DE CARABOBO, 1821.
    CARACAS. BIBLIOTECA DE HISTORIA DEL EJERCITO, 1971.
    (COLECCION CARABOBO).

1233
    PEREZ TENREIRO, TOMAS.
    ANTONIO JOSE DE SUCRE. GRAN MARISCAL DE AYACUCHO.
    1795-1830.
    CARACAS. LA SOCIEDAD BOLIVARIANA DE VENEZUELA Y EL
    PLAN CULTURAL CARACAS DE LA GOBERNACION DEL DISTRITO
    FEDERAL, 1972.

1234
    PEREZ TENREIRO, TOMAS.
    DON MIGUEL DE LA TORRE Y PANDO. RELACION DE SUS
    CAMPANAS EN COSTA FIRME 1815-1822.
    VALENCIA. EJECUTIVO DEL ESTADO CARABOBO, 1971.

1235
    PEREZ TENREIRO, TOMAS.
    GENERALES EN JEFE DE LA INDEPENDENCIA (LOS). APUNTES
    BIOGRAFICOS.
    CARACAS, 1967.

1236
    PEREZ TENREIRO, TOMAS.
    JOSE TOMAS BOVES. PRIMERA LANZA DEL REY.
    CARACAS, 1969.

1237
    PEREZ TENREIRO, TOMAS.
    RASGOS BIOGRAFICOS DEL GENERAL FRANCISCO DE PAULA
    ALCANTARA.
    CARACAS. ACADEMIA NACIONAL DE LA HISTORIA, 1969.

1238
    PEREZ TENREIRO, TOMAS.
    SUCESOS MILITARES DE CORO EN LOS ANOS DE 1821 Y 1822
    (LOS).
    CARACAS. ARCHIVO GENERAL DE LA NACION, 1972.
    (BIBLIOTECA VENEZOLANA DE HISTORIA, NO. 16).

1239

PEREZ VILA, MANUEL.
VIDA DE DANIEL FLORENCIO O"LEARY. PRIMER EDECAN DEL
LIBERTADOR.
CARACAS. EDICIONES DE LA SOCIEDAD BOLIVARIANA DE
VENEZUELA, 1957.

1240

PEREZ VILA, MANUEL, COMP.
INDICE DE LOS DOCUMENTOS CONTENIDOS EN LAS MEMORIAS
DEL GENERAL DANIEL FLORENCIO O"LEARY.
CARACAS. EDICIONES DE LA SOCIEDAD BOLIVARIANA DE
VENEZUELA, 1957, 2 VOLS.

1241

PI SUNYER, CARLOS.
GENERAL JUAN ROBERTSON (EL). UN PROCER DE LA
INDEPENDENCIA.
CARACAS. EDITORIAL ARTE, 1971. (HOMENAJE AL
SESQUICENTENARIO DE LA BATALLA DE CARABOBO).

1242

PINO ITURRIETA, ELIAS A.
MENTALIDAD VENEZOLANA DE LA EMANCIPACION, 1810-1812
(LA). PROLOGO DE LEOPOLDO ZEA.
CARACAS. UNIVERSIDAD CENTRAL DE VENEZUELA, FACULTAD
DE HUMANIDADES Y EDUCACION, INSTITUTO DE ESTUDIOS
HISPANOAMERICANOS, 1971.

1243

PINTO C., MANUEL.
POR EL NACIENTE COLOMBIA.
CARACAS. EDICIONES DE LA SOCIEDAD BOLIVARIANA DE
VENEZUELA, 1959.

1244

POLANCO ALCANTARA, TOMAS.
FORMAS JURIDICAS EN LA INDEPENDENCIA (LAS).
CARACAS. UNIVERSIDAD CENTRAL DE VENEZUELA, FACULTAD
DE DERECHO, INSTITUTO DE ESTUDIOS POLITICOS, 1962.

1245

PORTER, ROBERT KER.
SIR ROBERT KER PORTER"S CARACAS DIARY, 1825-1842. A
BRITISH DIPLOMAT IN A NEWBORN NATION. EDITED BY
WALTER DUPUOY.
CARACAS. INSTITUTO OTTO Y MAGDALENA BLOHM, 1966.

1246

POUDENX, H. * MAYER, F.
VENEZUELA DE LA INDEPENDENCIA (LA). MEMORIA.
CONTRIBUCION A LA HISTORIA DE LA REVOLUCION DE LA
CAPITANIA DE CARACAS, DESDE LA ABDICACION DE CARLOS
IV HASTA...1814. TRADUCCION DE ANGEL RAUL VILLASANA.
CARACAS. BANCO CENTRAL DE VENEZUELA, 1963.
(COLECCION CUATRICENTENARIO DE CARACAS, NO. 1).

1247

PRENSA HEROICA (LA). SELECCION DEL CORREO DEL
ORINOCO, EN HOMENAJE AL SESQUICENTENARIO DEL
PERIODICO DE ANGOSTURA, 1818-1822.

CARACAS. EDICIONES DE LA PRESIDENCIA DE LA
REPUBLICA, 1968.

1248

PUBLICISTA DE VENEZUELA (EL).   ESTUDIO PRELIMINAR
POR JOAQUIN GABALDON MARQUEZ.
CARACAS. ACADEMIA NACIONAL DE LA HISTORIA, 1959.
(BIBLIOTECA DE LA ACADEMIA NACIONAL DE LA HISTORIA,
NO. 8).

1249

QUEVEDO, NUMA.
TEMA. LA GUERRA A MUERTE, CAMINO DE LA LIBERTAD Y
FUENTE DE DERECHO. TRABAJO DE INCORPORACION A LA
ACADEMIA DE CIENCIAS POLITICAS Y SOCIALES.
CARACAS. EMPRESA EL COJO, 1968.

1250

REPERTORIO AMERICANO (EL). LONDRES, 1826-1827.
PROLOGO E INDICES POR PEDRO GRASES. EDICION
FACSIMILAR.
CARACAS. EDICION DE LA PRESIDENCIA DE LA REPUBLICA
EN CONMEMORACION DEL SESQUICENTENARIO DE LA
INDEPENDENCIA LITERARIA DE HISPANOAMERICA, 1973, 4
VOLS. IN 2.

1251

RESTREPO, JOSE MANUEL.
HISTORIA DE LA REVOLUCION DE LA REPUBLICA DE
COLOMBIA EN LA AMERICA MERIDIONAL.
BOGOTA. MINISTERIO DE EDUCACION NACIONAL, 1942-1950,
8 VOLS IN 5. (BIBLIOTECA POPULAR DE CULTURA
COLOMBIANA...HISTORIA).

1252

RESTREPO, JOSE MANUEL, COMP.
DOCUMENTOS IMPORTANTES DE NUEVA GRANADA, VENEZUELA Y
COLOMBIA. APENDICE DE LA HISTORIA DE COLOMBIA.
ESCOGIDOS POR JOSE MANUEL RESTREPO, 1861.
BOGOTA. UNIVERSIDAD NACIONAL DE COLOMBIA, DIRECCION
DE DIVULGACION CULTURAL PUBLICACIONES, 1969-1970, 2
VOLS. (HISTORIA DE COLOMBIA, VOLS. 5-6).

1253

REVENGA, JOSE RAFAEL.
HACIENDA PUBLICA EN VENEZUELA, 1828-1830 (LA).
MISION DE ... COMO MINISTRO DE HACIENDA.
INTRODUCCION DE AUGUSTO MIJARES.
CARACAS. BANCO CENTRAL DE VENEZUELA, 1953.

1254

RIANO, CAMILO.
CAMPANA LIBERTADORA DE 1819 (LA). PROLOGO DE ALBERTO
LEE LOPEZ.
BOGOTA. EDITORIAL ANDES, 1969. (SESQUICENTENARIO DE
LA CAMPANA LIBERTADOR DE 1819).

1255

RIVAS, ANGEL CESAR.
ORIGENES DE LA INDEPENDENCIA DE VENEZUELA. DISCURSO.
CARACAS. EL COJO, 1909.

1256

ROBERTON, JOHN.
JOHN ROBERTON, CIRUJANO DEL EJERCITO DE BOLIVAR.
EDITED BY JOSE RAFAEL FORTIQUE.
MARACAIBO. EDITORIAL PUENTE, 1972.

1257

ROBERTON, JOHN.
JOURNAL OF AN EXPEDITION 1400 MILES UP THE ORINOCO
AND 300 MILES UP THE ARAUCA....
LONDON. BLACK, YOUNG AND YOUNG, 1822.

1258

RODRIGUEZ, MANUEL ALFREDO.
CORREO DEL ORINOCO (EL).
CARACAS. INSTITUTO NACIONAL DE CULTURA Y BELLAS
ARTES, 1969.

1259

RODRIGUEZ VILLA, ANTONIO.
TENIENTE GENERAL DON PABLO MORILLO (EL). PRIMER
CONDE DE CARTAGENA, MARQUES DE LA PUERTA
(1778-1837).
MADRID. EDITORIAL AMERICA, 1920, 2 VOLS.

1260

ROJAS, ARISTIDES.
ESTUDIO HISTORICO. EL CONSTITUYENTE DE VENEZUELA Y
EL CUADRO DE MARTIN TOVAR Y TOVAR QUE REPRESENTA EL
5 DE JULIO DE 1811.
CARACAS. EL COJO, 1884.

1261

ROJAS, ARISTIDES.
ORIGENES DE LA REVOLUCION VENEZOLANA.
CARACAS. LA OPINION NACIONAL, 1883.

1262

ROJAS, ARMANDO.
CREADORES DE LA DIPLOMACIA VENEZOLANA (LOS).
CARACAS. EDITORIAL ARTE, 1965. (COLECCION AUTORES Y
TEMAS MERIDENOS, NO. 6).

1263

RONDON MARQUEZ, RAFAEL ANGEL.
HERES, EL ADUSTO. RASGOS BIOGRAFICOS.
CARACAS. TIPOGRAFIA GARRIDO, 1942.

1264

ROSALES, RAFAEL MARIA.
REYES VARGAS, PALADIN DEL PROCERATO MESTIZO.
TACHIRA. CENTRO DE HISTORIA DEL TACHIRA, 1950.

1265

ROSALES, RAFAEL MARIA.
TACHIRA EN LA EMANCIPACION (EL).
CARACAS, 1964. (BIBLIOTECA DE AUTORES Y TEMAS
TACHIRENSES, NO. 40).

1266

ROSAS MARCANO, JESUS.
INDEPENDENCIA DE VENEZUELA Y LOS PERIODICOS DE
PARIS, 1808-1825 (LA).

CARACAS. UNIVERSIDAD CENTRAL DE VENEZUELA, CONSEJO
DE DESARROLLO CIENTIFICO Y HUMANISTICO, INSTITUTO DE
INVESTIGACIONES DE PRENSA, 1964.

1267

ROSCIO, JUAN GERMAN.
JUAN GERMAN ROSCIO. ESCRITOS REPRESENTATIVOS.
HOMENAJE A LOS 150 ANOS DE SU MUERTE.
CARACAS. EDICIONES DE LA PRESIDENCIA DE LA
REPUBLICA, 1971.

1268

ROUND TABLE ON THE ORIGINS OF THE SPANISH AMERICAN
EMANCIPATION MOVEMENT, CARACAS, 1960.
MOVIMIENTO EMANCIPADOR DE HISPANOAMERICA (EL). ACTAS
Y PONENCIAS.
CARACAS. ACADEMIA NACIONAL DE LA HISTORIA, 1961, 4
VOLS. (MESA REDONDA DE LA COMISION DE HISTORIA DEL
INSTITUTO PANAMERICANO DE GEOGRAFIA E HISTORIA, NOS.
1-4).

1269

RUMAZO GONZALEZ, ALFONSO.
SUCRE, GRAN MARISCAL DE AYACHUCHO.
MADRID. AGUILAR, 1964.

1270

SALCEDO BASTARDO, JOSE LUIS.
CARABOBO. NACIONALIDAD E HISTORIA.
CARACAS. COMISION DEL MINISTERIO DE LA DEFENSA PARA
EL SESQUICENTENARIO DE LA BATALLA DE CARABOBO, 1971.
(BIBLIOTECA DE HISTORIA DEL EJERCITO. COLECCION
CARABOBO).

1271

SANTANDER, FRANCISCO DE PAULA.
CARTAS DE SANTANDER. EDICION DEL GOBIERNO DE
VENEZUELA. OBRA FORMADA POR VICENTE LECUNA CON LA
COLABORACION DE LA SENORITA ESTHER BARRET DE
NAZARIS.
CARACAS. LITOGRAFIA Y TIPOGRAFIA DEL COMERCIO, 1942.

1272

SANTANDER, FRANCISCO DE PAULA.
CARTAS Y MENSAJES. COMPILACION DE ROBERTO CORTAZAR.
BOGOTA, 1953-1956, 10 VOLS.

1273

SEMANARIO DE CARACAS. ESTUDIO PRELIMINAR POR PEDRO
JOSE MUNOZ.
CARACAS. ACADEMIA NACIONAL DE LA HISTORIA, 1959.
(BIBLIOTECA DE LA ACADEMIA NACIONAL DE LA HISTORIA,
NO. 9).

1274

SHERWELL, GUILLERMO A.
ANTONIO JOSE DE SUCRE, GRAN MARISCAL DE AYACUCHO,
HEROE Y MARTIR DE LA INDEPENDENCIA AMERICANA.
BOSQUEJO DE SU VIDA ... VERSION DEL INGLES POR
SAMUEL DARIO MALDONADO.
CARACAS. EDICION DEL BANCO INDUSTRIAL DE VENEZUELA,

1970.

1275

SILVA OTERO, ARISTIDES.
CONGRESO DE PANAMA (EL).
CARACAS. UNIVERSIDAD CENTRAL DE VENEZUELA, INSTITUTO
DE INVESTIGACIONES ECONOMICAS Y SOCIALES, 1969.
(CUADERNOS, SERIE DOCENCIA, NO. 3).

1276

SILVA OTERO, ARISTIDES.
DIPLOMACIA HISPANOAMERICANISTA DE LA GRAN COLOMBIA
(LA). SU SIGNIFICACION EN LA HISTORIA DE LA
DIPLOMACIA Y DEL DERECHO INTERNACIONAL AMERICANOS.
CARACAS. UNIVERSIDAD CENTRAL DE VENEZUELA, FACULTAD
DE CIENCIAS ECONOMICAS Y SOCIALES, INSTITUTO DE
INVESTIGACIONES, 1967. (COLECCION ESQUEMA).

1277

SOTO TOMAYO, CARLOS.
ESTUDIO HISTORICO MILITAR DE LA CAMPANA DE CARABOBO.
CARACAS. IMPRENTA NACIONAL, 1962.

1278

STOAN, STEVEN K.
PABLO MORILLO AND VENEZUELA, 1815-1820.
COLUMBUS, OHIO. OHIO STATE UNIVERSITY PRESS, 1974.

1279

SUBERO, JESUS MANUEL.
MATASIETE, MONTANA DE LA GLORIA.
CARACAS. IMPRESORA DELTA, 1967.

1280

SUCRE, ANTONIO JOSE DE.
ARCHIVO DE SUCRE. INTRODUCCION Y NOTAS POR PEDRO
GRASES.
CARACAS. FUNDACION VICENTE LECUNA Y BANCO DE
VENEZUELA, 1973-, 1 VOL. TO DATE.

1281

SUCRE, ANTONIO JOSE DE.
CORTESANIA DIPLOMATICA ENTRE S.E. EL SR. DR. D. LUIS
CORDERO, PRESIDENTE DE LA REPUBLICA, Y EL EXCMO.
SR. DR. D. ANTONIO JOSE DE SUCRE, E.E. Y MINISTRO
PLENIPOTENCIARIO DE VENEZUELA.

1282

SUCRE, ANTONIO JOSE DE.
DOCUMENTOS DE LA GUERRA DE 1828-1829. LA CAMPANA DE
LOS TREINTA DIAS.
QUITO. TALLERES TIPOGRAFICOS NACIONALES, 1928.

1283

SUCRE, ANTONIO JOSE DE.
DOCUMENTOS EN HONOR DEL GRAN MARISCAL DE AYACUCHO
COORDINADOS POR LA COMISION, QUE NOMBRO DE SU SENO,
LA ACADEMIA NACIONAL DE LA HISTORIA.
CARACAS. IMPRENTA BOLIVAR, 1890.

1284

SUCRE, ANTONIO JOSE DE.
VERDADERO TESTAMENTO DEL GRAN MARISCAL DE AYACUCHO Y

UNA DE LAS ULTIMAS CARTAS QUE DIRIGIO A SU ESPOSA
(EL). PUBLICADOS, CON OTROS DOCUMENTOS, ALFREDO
FLORES Y CAAMANO.
QUITO. IMPRENTA DE LA UNIVERSIDAD CENTRAL, 1926.
1285

TESTIMONIOS DE LA EPOCA EMANCIPADORA. ESTUDIO
PRELIMINAR POR ARTURO USLAR PIETRI.
CARACAS. ACADEMIA NACIONAL DE LA HISTORIA, 1961.
(BIBLIOTECA DE LA ACADEMIA NACIONAL DE LA HISTORIA,
NO. 37).
1286

TISNES J., ROBERTO MARIA.
MARTIRES DE LA PATRIA (LOS). 1810-1819.
BOGOTA. IMPRENTA DE LAS FUERZAS ARMADAS, 1966.
1287

TOSTA, VIRGILIO.
SEMBLANZA Y ELOGIO DEL PROCER JUAN ANTONIO RODRIGUEZ
DOMINGUEZ.
CARACAS. EDICIONES DEL CONGRESO DE LA REPUBLICA,
1969.
1288

TOSTA GARCIA, FRANCISCO.
DIECINUEVE DE ABRIL (EL). 2D ED.
CARACAS. EDITORIAL ELITE, 1942.
1289

TOSTA GARCIA, FRANCISCO.
GUERRA A MUERTE (LA).
CARACAS. TIPOGRAFIA "LA SEMANA" DE R.A. GARCIA,
1906.
1290

ULLRICK, LAURA F.
SPANISH ADMINISTRATION IN VENEZUELA, 1808-1820.
PH.D. DISS., NORTHWESTERN UNIVERSITY, 1921.
1291

URBINA, RAFAEL SIMON.
VICTORIA, DOLOR Y TRAGEDIA.
TRUJILLO. L. SANCHEZ ANDUJAR, 1946.
1292

URDANETA, RAFAEL.
ARCHIVO DEL GENERAL RAFAEL URDANETA. DOCUMENTOS PARA
LA HISTORIA DEL MAXIMO HEROE DEL ZULIA. 1788-1830.
CARACAS. EDICIONES DE LA PRESIDENCIA DE LA
REPUBLICA, 1970-, 4 VOLS.
1293

URDANETA, RAMON.
BETIJOQUE, CARACHE, NIQUITAO. EPISODIOS SANGRIENTOS
DE LA GUERRA A MUERTE.
CARACAS. EDITORIAL ARTE, 1963.
1294

URQUINAONA Y PARDO, PEDRO DE.
MEMORIAS DE URQUINAONA COMISIONADO DE LA REGENCIA
ESPANOLA PARA LA PACIFICACION DEL NUEVO REINO DE
GRANADA.

MADRID. EDITORIAL AMERICA, 1917. (BIBLIOTECA
AYACUCHO, NO. 14).

1295

USLAR PIETRI, ARTURO, ED.
TESTIMONIOS DE LA EPOCA EMANCIPADORA.
CARACAS. ACADEMIA NACIONAL DE LA HISTORIA, 1960.
(BIBLIOTECA DE LA ACADEMIA NACIONAL DE LA HISTORIA,
NO. 37).

1296

USLAR PIETRI, ARTURO, ET AL.
CARABOBO PARA TODOS. PRESENTACION DE MARGOT BOULTON
DE BOTTOME.
CARACAS. EDITORIAL ARTE, 1971.

1297

USLAR PIETRI, JUAN.
HISTORIA DE LA REBELION POPULAR DE 1814.
CONTRIBUCION AL ESTUDIO DE LA HISTORIA DE VENEZUELA.
2D ED.
CARACAS. EDICIONES EDIME, 1962.

1298

VALDIVIESO MONTANO, ACISCLO.
JOSE TOMAS BOVES, CAUDILLO HISPANO. EL MAS RECIO
BATALLADOR REALISTA DURANTE LA GUERRA A MUERTE, ANOS
DE 1812 A 1814.
CARACAS. EDITORIAL GONZALEZ GONZALEZ, 1955.

1299

VARGAS, FRANCISCO ALEJANDRO.
GUAYAQUIL Y SUS LIBERTADORES.
CARACAS. ARCHIVO GENERAL DE LA NACION, 1970.
(BIBLIOTECA VENEZOLANA DE HISTORIA, NO. 9).

1300

VARGAS, FRANCISCO ALEJANDRO.
NUESTROS PROCERES NAVALES.
CARACAS. IMPRENTA NACIONAL, 1964.

1301

VARGAS MENA, LEONOR XOCHITL.
INDEPENDENCIA DE VENEZUELA Y SUS REPERCUSIONES EN LA
NUEVA ESPANA (LA).
MEXICO. UNIVERSIDAD NACIONAL AUTONOMA DE MEXICO,
1965.

1302

VEJERANO, JORGE RICARDO.
ORIGENES DE LA INDEPENDENCIA SURAMERICANA.
BOGOTA. CROMOS, 1925.

1303

VELASQUEZ, CESAR VICENTE.
ENSAYO HISTORICO SOBRE LA REVOLUCION DE CARACAS DE
1810.
QUITO. CASA DE LA CULTURA ECUATORIANA, 1961.

1304

VENEZUELA.
INTERESTING OFFICIAL DOCUMENTS RELATING TO THE
UNITED PROVINCES OF VENEZUELA ... IN SPANISH AND

ENGLISH.
LONDON. PRINTED FOR LONGMAN AND CO., 1812.

1305
VENEZUELA.
TEXTOS OFICIALES DE LA PRIMERA REPUBLICA DE
VENEZUELA. PORTICO POR CRISTOBAL L. MENDOZA. ESTUDIO
PRELIMINAR POR PEDRO PABLO BARNOLA.
CARACAS. ACADEMIA NACIONAL DE LA HISTORIA, 1959, 2
VOLS. (BIBLIOTECA DE LA ACADEMIA NACIONAL DE LA
HISTORIA, NOS. 1-2).

1306
VENEZUELA.
TOMA DE RAZON, 1810 A 1812. REGISTRO DE
NOMBRAMIENTOS Y ACTOS OFICIALES EMANADOS DE LA
PRIMERA JUNTA PATRIOTICA Y DE LA PRIMERA REPUBLICA
DE VENEZUELA.
CARACAS. OFICINA DE COMPILACION, CLASIFICACION Y
PUBLICACION DEL ARCHIVO DEL LIBERTADOR, 1955.

1307
VENEZUELA. CONGRESO CONSTITUYENTE, 1811-1812.
LIBRO DE ACTAS DEL SUPREMO CONGRESO DE VENEZUELA,
1811-1812. ESTUDIO PRELIMINAR POR RAMON DIAZ
SANCHEZ.
CARACAS. ACADEMIA NACIONAL DE LA HISTORIA, 1959, 2
VOLS. (BIBLIOTECA DE LA ACADEMIA NACIONAL DE LA
HISTORIA, NOS. 3-4).

1308
VENEZUELA. CONGRESO CONSTITUYENTE, 1811-1812.
LIBRO NACIONAL DE LOS VENEZOLANOS (EL). ACTAS DEL
CONGRESO CONSTITUYENTE DE VENEZUELA EN 1811.
ORIGENES DE LA REPUBLICA.
CARACAS. TIPOGRAFIA AMERICANA, 1911.

1309
VENEZUELA. CONGRESO CONSTITUYENTE, 1819.
ACTAS DEL CONGRESO DE ANGOSTURA (FEBRERO 15 1819 -
JULIO 31, 1821). PROLOGO DE ANGEL FRANCISCO BRICE.
ED. AL CUIDADO DE PEDRO GRASES.
CARACAS. UNIVERSIDAD CENTRAL DE VENEZUELA, INSTITUTO
DE DERECHO PUBLICO, 1969. (COLECCION HISTORIA
CONSTITUCIONAL VENEZOLANA).

1310
VENEZUELA. CONGRESO CONSTITUYENTE, 1819.
ACTOS DE LA DIPUTACION PERMANENTE DEL CONGRESO DE
ANGOSTURA. NOTAS POR J. D. MONSALVE.
BOGOTA. ACADEMIA COLOMBIANA DE HISTORIA, 1927.
(BIBLIOTECA DE LA HISTORIA NACIONAL, VOL. 40).

1311
VENEZUELA. CONGRESO CONSTITUYENTE, 1819.
CONGRESO DE ANGOSTURA. LIBRO DE ACTAS, PUBLICADO POR
ROBERT CORTAZAR Y LUIS AUGUSTO CUERVO.
BOGOTA. IMPRENTA NACIONAL, 1921. (BIBLIOTECA DE
HISTORIA NACIONAL, VOL. 34).

1312

VENEZUELA. CONSTITUTION.
CONSTITUCION DE VENEZUELA DE 1819. HOMENAJE AL
SESQUICENTENARIO DEL CONGRESO DE ANGOSTURA. EDICION
FACSIMILAR.
CARACAS. CONGRESO NACIONAL, 1969.

1313

VENEZUELA. CONSTITUTION.
CONSTITUCION FEDERAL DE VENEZUELA, 1811. ESTUDIO
PRELIMINAR POR PEDRO GRASES. REPRODUCCION FACSIMILAR
DE LA EDICION DE 1812 EN CONMEMORATION DEL
SESQUICENTENARIO DE LA INDEPENDENCIA DE VENEZUELA,
1811-1861.
CARACAS. CORPORACION PUBLICITARIA NACIONAL, 1961.

1314

VENEZUELA. CONSTITUTION.
CONSTITUCION FEDERAL DE VENEZUELA DE 1811 (LA).
ESTUDIO PRELIMINAR POR CARACCIOLO PARRA PEREZ.
CARACAS. ACADEMIA NACIONAL DE LA HISTORIA, 1959.
(BIBLIOTECA DE LA ACADEMIA NACIONAL DE LA HISTORIA,
NO. 6).

1315

VENEZUELA. CONSTITUTION.
LIBERTADOR Y LA CONSTITUCION DE ANGOSTURA DE 1819
(EL). TRANSCRIPCION, NOTAS Y ADVERTENCIA EDITORIAL
POR PEDRO GRASES. PROLOGO POR TOMAS POLANCO A.
CARACAS. BANCO HIPOTECARIO DE CREDITO URGANO, 1970.

1316

VENEZUELA. DECLARACION DE INDEPENDENCIA.
ACTA DE LA INDEPENDENCIA, MDCCCXI. RECUERDO DE SU
PRIMER CENTENARIO BAJO LA PRESIDENCIA DEL GRAL. JUAN
VICENTE GOMEZ, 1911.
CARACAS. LITOGRAFIA COMERCIO, 1911.

1317

VENEZUELA. MINISTERIO DE RELACIONES INTERIORES.
VENEZUELA EN EL CENTENARIO DE SU INDEPENDENCIA,
1811-1911.
CARACAS. TIPOGRAFIA AMERICANA, 1912, 2 VOLS.

1318

VENEZUELA. PRESIDENCIA.
CARABOBO, GENERACION DE HEROES. SESQUICENTENARIO DE
LA BATALLA DE CARABOBO, 1821-1971.
CARACAS, 1971.

1319

VENEZUELA (CAPITANIA GENERAL) REAL AUDIENCIA.
CAUSAS DE INFIDENCIA. ESTUDIO PRELIMINAR POR MARIO
BRICENO PEROZO.
CARACAS. ACADEMIA NACIONAL DE LA HISTORIA, 1960, 2
VOLS. (BIBLIOTECA DE LA ACADEMIA NACIONAL DE LA
HISTORIA, NOS. 31-32).

1320

VENEZUELA (CAPITANIA GENERAL) REAL AUDIENCIA.
INFIDENTES DEL TACHIRA (LOS). CONTRIBUCION A LA
INDEPENDENCIA. POR MARIO BRICENO PEROZO.

SAN CRISTOBAL, 1961. (BIBLIOTECA DE AUTORES Y TEMAS
TACHIRENSES, VOL. 21).

1321

VERNA, PAUL.
VIDA Y MUERTE DEL CORONEL LEONARDO INFANTE.
CARACAS. MINISTERIO DE EDUCACION, DIRECCION GENERAL,
DEPARTAMENTO DE PUBLICACIONES, 1972.

1322

VILLANUEVA, CARLOS A.
HISTORIA DIPLOMATICA DE LA PRIMERA REPUBLICA DE
VENEZUELA. EDICION POSTUMA PREPARADA POR BLAS BRUNI
CELLI.
CARACAS. TALLERES GRAFICOS EDICION DE ARTE, 1969.

1323

VILLANUEVA, CARLOS A.
IMPERIO DE LOS ANDES (EL).
PARIS. P. OLLENDORFF, 1913. (LA MONARQUIA EN
AMERICA, VOL. 4).

1324

VILLANUEVA, CARLOS A.
MONARQUIA EN AMERICA (LA).
PARIS. P. OLLENDORFF, 1912-1913, 4 VOLS.

1325

VILLANUEVA, CARLOS A.
NAPOLEON Y LA INDEPENDENCIA DE AMERICA.
PARIS. GARNIER HERMANOS, 1912.

1326

VILLANUEVA, LAUREANO.
VIDA DE DON ANTONIO JOSE DE SUCRE, GRAN MARISCAL DE
AYACUCHO.
CARACAS. MINISTERIO DE EDUCACION NACIONAL, DIRECCION
DE CULTURA, 1945.

1327

VIVIAN, JAMES F.
ORINOCO RIVER AND ANGOSTURA, VENEZUELA IN THE SUMMER
OF 1819 (THE). THE NARRATIVE OF A MARYLAND NAVAL
CHAPLAIN (JOHN N. HAMBLETON). IN.
THE AMERICAS, 24.2(OCT. 1967), 160-183.

1328

VOWELL, RICHARD LONGEVILLE.
CAMPANAS Y CRUCEROS DURANTE LA GUERRA DE
EMANCIPACION HISPANO-AMERICANA. MEMORIAS DE UN
OFICIAL DE LA LEGION BRITANICA. PROLOGO POR R.
BLANCO FOMBONA.
CARACAS. ACADEMIA NACIONAL DE LA HISTORIA, 1973.
(BIBLIOTECA DE LA ACADEMIA NACIONAL DE LA HISTORIA,
NUEVA SERIE, NO. 9).

1329

VOWELL, RICHARD LONGEVILLE.
SABANAS DE BARINAS (LAS). INTRODUCCION POR JUAN
USLAR PIETRI.
CARACAS. ACADEMIA NACIONAL DE LA HISTORIA, 1973.
(BIBLIOTECA DE LA ACADEMIA NACIONAL DE LA HISTORIA,

NUEVA SERIE, NO. 10).

1330

YANES, FRANCISCO JAVIER.
HISTORIA DE LA PROVINCIA DE CUMANA EN LA
TRANSFORMACION POLITICA DE VENEZUELA DESDE EL DIA 27
DE ABRIL DE 1810 HASTA EL PRESENTE ANO DE 1821.
CARACAS. MINISTERIO DE EDUCACION NACIONAL, DIRECCION
DE CULTURA Y BELLAS ARTES, 1949.

1331

YANES, FRANCISCO JAVIER.
RELACION DOCUMENTADA DE LOS PRINCIPALES SUCESOS
OCURRIDOS EN VENEZUELA DESDE QUE SE DECLARO ESTADO
INDEPENDIENTE HASTA EL ANO DE 1821.
CARACAS. ACADEMIA NACIONAL DE LA HISTORIA, 1943, 2
VOLS.

1332

ZUMETA, CESAR. * CORREA, LUIS. * BELTRAN GUERRERO,
LUIS.
TRES DUSCURSOS EN HOMENAJE A CRISTOBAL MENDOZA,
PRIMER PRESIDENTE DE VENEZUELA, 1772-1829.
CARACAS. IMPRENTA DEL CONGRESO DE LA REPUBLICA,
1972.

History

1333
ACEVEDO, RAFAEL.
APUNTES PARA LA HISTORIA DE LA CONSPIRACION DE PAEZ,
CONTRA LAS INSTITUCIONES DE SU PATRIA.
CARACAS. IMPRENTA DE TOMAS ANTERO, 1848.

1334
ACEVEDO, RAFAEL.
MONAGAS AND PAEZ, BEING A BRIEF VIEW OF THE LATE.
EVENTS IN VENEZUELA. COMPILED BY THOMAS WILLIAMS.
NEW YORK. S.W. BENEDICT, 1850.

1335
ACOSTA, CECILIO.
CECELIO ACOSTA. TEXTOS. ED. PEDRO GRASES Y MANUEL
PEREZ VILA.
CARACAS. PRESIDENCIA DE LA REPUBLICA, EDICIONES
CONMEMORATIVAS DEL SESQUICENTENARIO DE LA
INDEPENDENCIA, 1961. (PENSAMIENTO POLITICO
VENEZOLANO DEL SIGLO XIX, VOL. 9).

1336
ACOSTA, CECILIO.
OBRAS. INTRODUCCION DE JOSE MARTI.
CARACAS. EL COJO, 1907-1909, 5 VOLS.

1337
ACOSTA, CECILIO.
PAGINAS ESCOGIDAS. SELECCION DE J.A. COVA. PROLOGO
DE JOSE MARTI.
CARACAS. EDITORIAL CECILIO ACOSTA, 1940.

1338
ACOSTA SAIGNES, MIGUEL.
ALEJANDRO DE HUMBOLDT, 1769-1859.
CARACAS. FUNDACION EUGENIO MENDOZA, 1955. (COLECCION
DE BIOGRAFIAS, NO. 19).

1339
ADLERCREUTZ, FREDRIK THOMAS.
CARTERA DEL CORONEL CONDE DE ADLERCREUTZ (LA).
DOCUMENTOS INEDITOS RELATIVOS A LA HISTORIA DE
VENEZUELA Y DE LA GRAN COLOMBIA. INTRODUCCION Y
NOTAS DE CARACCIOLO PARRA PEREZ.
PARIS. EDITIONS EXCELSIOR, 1928.

1340
ALEGRIA M., CEFERINO.
PROGRESO DE LA MEDICINA VENEZOLANA ENTRE LOS ANOS
1850-1890.
CARACAS, 1968.

1341
ALFONZO VAZ, CARLOS.
PAEZ Y ARGENTINA. ULTIMO LUSTRO.

CARACAS. EDICIONES DE LA PRESIDENCIA DE LA
REPUBLICA, 1973.

1342

ALVARADO, LISANDRO.
HISTORIA DE LA REVOLUCION FEDERAL EN VENEZUELA.
CARACAS. MINISTERIO DE EDUCACION, DIRECCION DE
CULTURA Y BELLAS ARTES, 1956. (OBRAS COMPLETAS, VOL.
5).

1343

APPUN, KARL FERDINAND.
UNTER DEN TROPEN. WANDERUNGEN DURCH VENEZUELA, AM
ORINOCO, DURCH BRITISCH GUAYANA UND AM
AMAZONENSTROME IN JAHREN 1849-1868.
JENA, GERMANY. H. COSTENOBLE, 1871, 2 VOLS.

1344

ARMAS CHITTY, JOSE ANTONIO DE.
FERMIN TORO Y SU EPOCA.
CARACAS. INSTITUTO NACIONAL DE CULTURA Y BELLAS
ARTES, 1966.

1345

BARALT, RAFAEL MARIA.
ESCRITOS POLITICOS.
MARACAIBO. EDICIONES DE LA UNIVERSIDAD DEL ZULIA,
1972. (OBRAS COMPLETAS, VOL. 7).

1346

BARALT, RAFAEL MARIA.
OBRAS COMPLETAS. PRESENTACION DE ANTONIO BORJAS
ROMERO. INTRODUCCION DE GUILLERMO DIAZ PLAJA.
PROLOGO DE AUGUSTIN MIJARES.
MARACAIBO. UNIVERSIDAD DEL ZULIA, 1960-.

1347

BARALT, RAFAEL MARIA.
RAFAEL MARIA BARALT. PROLOGO DE RAFAEL YEPES
TRUJILLO.
CARACAS. ACADEMIA VENEZOLANA DE LA LENGUA, 1963.
(COLECCION CLASICOS VENEZOLANOS, NO. 7).

1348

BARNOLA, PEDRO PABLO.
ESTUDIOS SOBRE ANDRES BELLO.
CARACAS. MINISTERIO DE EDUCACION, 1970. (COLECCION
VIGILIA, NO. 22).

1349

BELLO, ANDRES.
OBRAS COMPLETAS.
CARACAS. EDICIONES DEL MINISTERIO DE EDUCACION,
1951-1957, 20 VOLS.

1350

BELLO, ANDRES.
PENSAMIENTO VIVO DE ANDRES BELLO (EL). PRESENTADO
POR GERMAN ARCINIEGAS.
BUENOS AIRES. EDITORIAL LOSADA, 1958. (BIBLIOTECA
DEL PENSAMIENTO VIVO, NO. 33).

1351

BELLO, ANDRES.
PRINCIPIOS DE DERECHO DE JENTES. FACSIMILE DE LA
PRIMERA EDICION (1832) ... ORDENADA POR EL CONGRESO
NACIONAL DE VENEZUELA COMO HOMENAJE EN EL CENTENARIO
DE LA MUERTE DEL AUTOR.
CARACAS. DIRECCION DE IMPRENTA Y PUBLICACIONES DEL
CONGRESO NACIONAL, 1965.

1352

BELLO, ANDRES.
TEXTOS Y MENSAJES DE GOBIERNO. PROLOGO POR GUILLERMO
FELIU CRUZ.
CARACAS. EDICIONES DEL MINISTERIO DE EDUCACION,
1964. (OBRAS COMPLETAS, VOL. 16).

1353

BLANCO, FRANCISCO.
BOCETOS IMBORRABLES.
CARACAS. ESCUELAS GRAFICAS SALESIANAS, 1966.

1354

BLANCO FOMBONA, RUFINO.
JUDAS CAPITOLINO.
CHARTRES. IMPRENTA DE E. GARNIER, 1912.

1355

BOLIVAR CORONADO, RAFAEL.
LLANERO (EL). ESTUDIO DE SOCIOLOGIA VENEZOLANO.
(FALSELY ATTRIBUTED TO DANIEL MENDOZA). CON UN
ESTUDIO SOBRE EL GAUCHO Y EL LLANERO, POR JOSE E.
MACHADO.
BUENOS AIRES. EDITORIAL VENEZUELA, 1947.

1356

BRICE, ANGEL FRANCISCO.
ESTUDIO ACERCA DE LA PERSONALIDAD DEL GENERAL JUAN
JOSE FLORES.
CARACAS. BIBLIOTECA DE HISTORIA DEL EJERCITO, 1971.
(COLECCION CARABOBO).

1357

BRICENO IRAGORRY, MARIO.
VIDA Y PAPELES DE URDANETA EL JOVEN.
CARACAS. TIPOGRAFIA AMERICANA, 1946.

1358

BRICENO PEROZO, MARIO.
GENERAL EN JEFE CARLOS SOUBLETTE.
CARACAS. ITALGRAFICA, 1970.

1359

BRICENO PEROZO, MARIO.
VIDA Y PAPELES DE JUSTO BRICENO.
CARACAS. GRAFICA CONTINENTE, 1970. (ARCHIVO GENERAL
DE LA NACION. BIBLIOTECA VENEZOLANA DE HISTORIA, NO.
11).

1360

BRITO FIGUEROA, FEDERICO.
EZEQUIEL ZAMORA. UN CAPITULO DE LA HISTORIA
NACIONAL.
CARACAS. EDITORIAL AVILA GRAFICA, 1951. (COLECCION

PRISMA, NO. 3).

1361

BRITO FIGUEROA, FEDERICO.
LIBERACION DE LOS ESCLAVOS (LA).
CARACAS, 1951.

1362

BRUNI CELLI, BLAS.
ESTUDIOS HISTORICOS.
CARACAS, 1964.

1363

BUTLER, ROBERT W.
ORIGINS OF THE LIBERAL PARTY IN VENEZUELA (THE).
1830-1848.
PH.D. DISS., UNIVERSITY OF TEXAS AT AUSTIN, 1972.

1364

CARACAS (PROVINCE).
ESTADISTICA GENERAL DE LA PROVINCIA DE CARACAS EN
1855.
CARACAS. IMPRENTA DE SALVADOR LARRAZABAL, 1856.

1365

CARRILLO BATALLA, TOMAS ENRIQUE, COMP.
HISTORIA DE LAS FINANZAS PUBLICAS EN VENEZUELA,
1830-1857.
CARACAS. BANCO CENTRAL DE VENEZUELA, 1969-1973, 10
VOLS. (CUATRICENTENARIO DE LA CIUDAD DE CARACAS).

1366

CARRILLO MORENO, JOSE.
MATIAS SALAZAR. HISTORIA VENEZOLANA.
CARACAS. EDICIONES GARRIDO, 1954.

1367

CODAZZI, GIOVANNI BATTISTA AGOSTINO.
MEMORIAS (LAS). TRADUCCION, PRESENTACION Y NOTAS DE
MARISA VANNINI GERULEWICZ.
CARACAS. EDICIONES DE LA BIBLIOTECA DE LA
UNIVERSIDAD CENTRAL DE VENZUELA, 1970. (COLECCION
TEMAS, NO. 32).

1368

CODAZZI, GIOVANNI BATTISTA AGOSTINO.
OBRAS ESCOGIDAS. PROLOGO DE ENRIQUE BERNARDO NUNEZ.
ADVERTENCIA EDITORIAL Y NOTAS DE PEDRO GRASES.
CARACAS. MINISTERIO DE EDUCACION, DIRECCION DE
CULTURA Y BELLAS ARTES, DEPARTAMENTO DE
PUBLICACIONES, 1961, 2 VOLS. (BIBLIOTECA VENEZOLANA
DE CULTURA).

1369

CODIFICACION DE PAEZ (LA). ESTUDIO PRELIMINAR DE
GONZALO PARRA ARANGUREN. INTRODUCCION POR JUAN
CRISOSTOMO FALCON.
CARACAS. ACADEMIA NACIONAL DE LA HISTORIA, 1974, 1
VOL. TO DATE. (BIBLIOTECA DE LA ACADEMIA NACIONAL DE
LA HISTORIA, NUEVA SERIE, NOS. 15-).

1370

COVA, JESUS ANTONIO.

CENTAURO (EL). VIDA DEL GENERAL JOSE ANTONIO PAEZ,
CAUDILLO VENEZOLANO Y BRIGADIER DEL EJERCITO
ARGENTINO.
BUENOS AIRES. EDITORIAL VENEZUELA, 1947. (BIBLIOTECA
INDOAMERICANA, NO. 2).

1371
COVA, JESUS ANTONIO, ED.
ARCHIVO DEL MARISCAL JUAN CRISOSTOMO FALCON.
PUBLICACION ACORDADA POR EL GOBIERNO DEL ESTADO
FALCON Y DIRIGIDA POR J.A. COVA.
CARACAS. IMPRENTA NACIONAL, 1957-1960, 5 VOLS.

1372
CUERVO, LUIS AUGUSTO, ED.
EPISTOLARIO DEL DOCTOR RUFINO CUERVO.
BOGOTA. IMPRENTA NACIONAL, 1918-22, 3 VOLS.
(BIBLIOTECA DE LA HISTORIA NACIONAL, NOS. 22-24).

1373
DALLETT, FRANCIS JAMES.
CREATION OF THE VENEZUELAN NAVAL SQUADRON, 1848-1860
(THE). IN.
THE AMERICAN NEPTUNE, 30(1970), 260-278.

1374
DE GRUMMOND, JANE LUCAS.
ENVOY TO CARACAS. THE STORY OF JOHN G.A. WILLIAMSON,
NINETEENTH-CENTURY DIPOLOMAT.
BATON ROUGE. LOUISIANA STATE UNIVERSITY PRESS, 1951.

1375
DE GRUMMOND, JANE LUCAS, ED.
COMADRES DE CARACAS (LAS). HISTORIA DE JOHN G.A.
WILLIAMSON, PRIMER DIPLOMATICO NORTEAMERICANO EN
VENEZUELA.
BARQUISIMETO. EDICIONES NUEVA SEGOVIA, 1955.

1376
DIAZ SANCHEZ, RAMON.
CECILIO ACOSTA, 1818-1881.
CARACAS. EDICIONES DE LA FUNDACION EUGENIO MENDOZA,
1953. (COLECCION DE BIOGRAFIAS, NO. 6).

1377
DIAZ SANCHEZ, RAMON.
GUZMAN. ELIPSE DE UNA AMBICION DE PODER. 5TH ED.
CARACAS. EDITORIAL MEDITERRANEO, 1968, 2 VOLS.

1378
DIAZ SANCHEZ, RAMON.
GUZMAN BLANCO, PROTOTIPO DE LA BURGUESIA LIBERAL.
CARACAS. EDICIONES EDIME, 1968. (PERSONAJES ILUSTRES
DE VENEZUELA, NO. 9).

1379
DIEZ, JULIO.
MARISCAL JUAN CRISOSTOMO FALCON.
CARACAS, 1928. (THESIS, UNIVERSIDAD CENTRAL DE
VENEZUELA).

1380
DOCTRINA POSITIVISTA (LA). ED. PEDRO GRASES Y MANUEL

PEREZ VILA.
CARACAS. PRESIDENCIA DE LA REPUBLICA, EDICIONES
CONMEMORATIVAS DEL SESQUICENTENARIO DE LA
INDEPENDENCIA, 1961, 2 VOLS. (PENSAMIENTO POLITICO
VENEZOLANO DEL SIGLO XIX, VOLS. 13-14).
1381
DOMINICI, ANIBAL.
BIOGRAFIA DEL GENERAL JOSE EUSEBIO ACOSTA. CON
VARIOS DOCUMENTOS RELATIVOS A SU CARRERA POLITICA Y
MILITAR.
CARACAS. IMPRENTA DE ANTERO HERMANOS, 1883.
1382
ESPINAL, VALENTIN.
VALENTIN ESPINAL. DIARIO DE UN DESTERRADO,
1861-1863. PROLOGO POR PEDRO GRASES.
CARACAS. COMISION NACIONAL DEL CUATRICENTENARIO DE
LA FUNDACION DE CARACAS, 1966. (EDICIONES DEL
CUATRICENTENARIO DE CARACAS).
1383
FALCON, JUAN CRISOSTOMO.
ARCHIVO DEL MARISCAL JUAN CRISOSTOMO FALCON.
PUBLICACION ACORDADA POR EL GOBIERNO DEL ESTADO
FALCON Y DIRIGIDA POR J.A. COVA.
CARACAS. IMPRENTA NACIONAL, 1957-1960, 5 VOLS.
1384
FERNANDEZ, CARMELO.
MEMORIAS DE CARMELO FERNANDEZ Y RECUERDOS DE SANTA
MARTA, 1842.
CARACAS. ACADEMIA NACIONAL DE LA HISTORIA, 1973.
(BIBLIOTECA DE LA ACADEMIA NACIONAL DE LA HISTORIA,
NUEVA SERIE, NO. 7).
1385
FORTIQUE, ALEJO.
PAPELES DE ALEJO FORTIQUE (LOS). SELECCION, PROLOGO
Y NOTAS DE ARMANDO ROJAS.
CARACAS. UNIVERSIDAD CENTRAL DE VENEZUELA, DIRECCION
DE CULTURA, 1962.
1386
FUNDACION JOHN BOULTON, CARACAS.
ARCHIVO DEL GENERAL JOSE ANTONIO PAEZ ...
DOCUMENTACION DEL ARCHIVO NACIONAL DE COLOMBIA.
BOGOTA. EDITORIAL KELLY, 1957-.
1387
GABALDON MARQUEZ, JOAQUIN, COMP.
DOCUMENTOS POLITICOS Y ACTOS EJECUTIVOS Y
LEGISLATIVOS DE LA REVOLUCION FEDERAL DESDE EL 20 DE
FEBRERO DE 1859 HASTA EL 18 DE MARZO DE 1864.
CARACAS. COMISION CONMEMORATIVA Y DE ESTUDIO DEL
REGIMEN FEDERAL, 1959. (EDICIONES CONMEMORATIVAS DEL
PRIMER CENTENARIO DE LA REVOLUCION FEDERAL, NO. 1).
1388
GARCIA, ANTONIO.
PAEZ, GUERRILLERO DEL LLANO.

BOGOTA. COOPERATIVA DE EDITORES, 1955. (COLECCION
BIOGRAFIAS).
1389
GARCIA BUSTILLOS, GONZALO.
PAEZ, PRIMER LIDER POPULAR DE VENEZUELA. 1790 - 13
DE JUNIO - 1970.
CARACAS. EDICIONES DEL CONGRESO DE LA REPUBLICA,
1971.
1390
GONZALEZ, BENIGNO.
BIOGRAFIA DEL ILUSTRE CIUDADANO GENERAL EZEQUIEL
ZAMORA.
CARACAS. OFICINA CENTRAL DE INFORMACION, 1975.
(SERIE EZEQUIEL ZAMORA Y SU TIEMPO, NO. 2).
1391
GONZALEZ, JUAN VICENTE.
CONSTITUCION Y EL FUSIL (LA). ARTICULOS DEL DIARIO
DE LA TARDE. COMPILACION, PROLOGO Y NOTAS DE RAFAEL
ANGEL INSAUSTI.
CARACAS. PUBLICACIONES DE LA PRESIDENCIA DE LA
REPUBLICA, 1963. (COLECCION NUESTRO SIGLO XIX, NO.
7).
1392
GONZALEZ, JUAN VICENTE.
DOCTRINA CONSERVADORA (LA). ED. PEDRO GRASES Y
MANUEL PEREZ VILA.
CARACAS. PRESIDENCIA DE LA REPUBLICA, EDICIONES
CONMEMORATIVAS DE SESQUICENTENARIO DE LA
INDEPENDENCIA, 1961, 2 VOLS. (PENSAMIENTO POLITICO
VENEZOLANO DEL SIGLO XIX, VOLS. 2-3).
1393
GONZALEZ, JUAN VICENTE.
EPISTOLAS CATILINARIAS SOBRE EL OCHO DE JULIO.
COMPILACION Y ESTUDIOS DE VICTOR JOSE CEDILLO Y
VIRGILIO TOSTA.
CARACAS. EDICIONES GARRIDO, 1955.
1394
GONZALEZ, JUAN VICENTE.
GUZMANILLO DE ALFARACHE. ARTICULOS DEL DIARIO DE LA
TARDE, 1846.
CARACAS. PRESIDENCIA DE LA REPUBLICA, 1962.
(COLECCION NUESTRO SIGLO XIX, NO. 2).
1395
GONZALEZ, JUAN VICENTE.
HISTORIA DEL PODER CIVIL EN COLOMBIA Y VENEZUELA.
CARACAS. LIBRERIA CRUZ DEL SUR, 1951.
1396
GONZALEZ, JUAN VICENTE.
HISTORIA Y PASION DE VENEZUELA. SELECCION, PROLOGO Y
NOTAS DE ARTURO USLAR PIETRI.
WASHINGTON, D. C. UNION PANAMERICANA, 1950.
(ESCRITORES DE AMERICAS).

1397

GONZALEZ, JUAN VICENTE.
JUAN VICENTE GONZALEZ. PROLOGO DE PEDRO GRASES.
CARACAS. ACADEMIA VENEZOLANA DE LA LENGUA, 1962.
(COLECCION CLASICOS VENEZOLANOS, NO. 2).

1398

GONZALEZ, JUAN VICENTE.
OLIGARCAS Y LIBERALES. ARTICULOS DEL DIARIO DE LA
TARDE, 1846.
CARACAS. PUBLICACIONES DE LA PRESIDENCIA DE LA
REPUBLICA, 1962. (COLECCION NUESTRO SIGLO XIX, NO.
1).

1399

GONZALEZ, JUAN VICENTE.
PRESENCIA DE JUAN VICENTE GONZALEZ. SELECCION,
PROLOGO Y NOTAS DEL DR. VIRGILIO TOSTA.
CARACAS. TIPOGRAFIA GARRIDO, 1954.

1400

GONZALEZ, JUAN VICENTE, ED.
EDICION FACSIMILAR DE LA REVISTA LITERARIA (1865).
PROLOGO DE PEDRO GRASES. EDICION CONMEMORATIVA DEL
PRIMER FESTIVAL DEL LIBRO DE AMERICA AUSPICIADO POR
LA UNIVERSIDAD CENTRAL DE VENEZUELA Y LA ASOCIACION
DE INDUSTRIALES DE ARTES GRAFICAS.
CARACAS. TIPOGRAFIA VARGAS, 1956.

1401

GRAHAM, ROBERT BONTINE CUNNINGHAME.
JOSE ANTONIO PAEZ.
LONDON. W. HEINEMANN LTD., 1929. REPRINT FREEPORT,
N.Y. BOOKS FOR LIBRARIES PRESS, 1971.

1402

GRAHAM, ROBERT BONTINE CUNNINGHAME.
JOSE ANTONIO PAEZ. PROLOGO POR CRISTOBAL L. MENDOZA.
TRADUCCION DE ANTONIO DE BLOIS CARREÑO Y RAFAEL
BOSCH.
CARACAS. ACADEMIA NACIONAL DE LA HISTORIA, 1973.
(BIBLIOTECA DE LA ACADEMIA NACIONAL DE LA HISTORIA,
NUEVA SERIE, NO. 5).

1403

GRASES, PEDRO.
RAFAEL MARIA BARALT, 1810-1860.
CARACAS. EDICIONES DE LA FUNDACION EUGENIO MENDOZA,
1959. (BIBLIOTECA ESCOLAR. COLECCION DE BIOGRAFIAS,
NO. 35).

1404

GRAY, WILLIAM HENRY.
AMERICAN DIPLOMACY IN VENEZUELA 1835-1865. IN.
HISPANIC AMERICAN HISTORICAL REVIEW, 20(1940),
551-574.

1405

GRAY, WILLIAM HENRY.
DIPLOMATIC RELATIONS BETWEEN THE UNITED STATES AND
VENEZUELA, 1830-1864 (THE).
PH.D. DISS., UNIVERSITY OF CHICAGO, 1938.

1406
GRISANTI, ANGEL.
GENERAL JOSE TRINIDAD MORAN, EL PEQUENO GIGANTE DE
EL TOCUYO. APUNTES BIOGRAFICOS.
CARACAS. AVILA GRAFICA, 1952.

1407
GUERRA, RAFAEL SATURNO.
REVOLUCION DE 1858 (LA).
VALENCIA. PUBLICACIONES DEL EJECUTIVO DEL ESTATO
CARABOBO, 1958.

1408
GUZMAN, ANTONIO LEOCADIO.
CAUSA CELEBRE POR SU INIQUIDAD LA DE SUPUESTA
CONSPIRACION DEL REDACTOR DE "EL VENEZOLANO" ANTONIO
L. GUZMAN EN 1846. MANDADA IMPRIMIR POR ACTO
LEGISLATIVO DE 22 DE JUNIO DE 1883.
CARACAS. LA OPINION NACIONAL, 1884, 6 VOLS.

1409
GUZMAN, ANTONIO LEOCADIO.
EDITORIALES DE "EL VENEZOLANO," POR ANTONIO L.
GUZMAN. PUBLICADOS POR ACTOS LEGISLATIVOS DE 1882 Y
1883.
CARACAS. LA OPINION NACIONAL, 1883, 4 VOLS.

1410
HAWKSHAW, SIR JOHN.
REMINISCENSES OF SOUTH AMERICA. FROM TWO AND A HALF
YEARS RESIDENCE IN VENEZUELA.
LONDON. JACKSON AND WALFORD, 1838.

1411
HURTADO LENA, MIGUEL.
OCASO DEL MARISCAL JUAN CRISOSTOMO FALCON (EL).
CARACAS. ARCHIVO GENERAL DE LA NACION, 1972.
(BIBLIOTECA VENEZOLANA DE HISTORIA, NO. 16).

1412
IRIBARREN, GUILLERMO.
PENSAMIENTOS SOBRE CAMINOS.
CARACAS. PRESIDENCIA DE LA REPUBLICA, 1960.

1413
IRIBARREN CELIS, LINO.
REVOLUCION DE 1854 (LA).
CARACAS. TIPOGRAFIA AMERICANA, 1954.

1414
JAPURA, MIGUEL MARIA LISBOA, BARAO DE.
RELACAO DE UMA VIAGEM A VENEZUELA, NOVA GRANADA, E
EQUADOR, PELO CONSELHEIRO LISBOA.
BRUSSELS. A. LACROIX, VERBOECKHOVEN E CIA, 1866.

1415
JAPURA, MIGUEL MARIA LISBOA, BARAO DE.
RELACION DE UN VIAJE A VENEZUELA, NUEVA GRANADA Y
ECUADOR.
CARACAS. EDICIONES DE LA PRESIDENCIA DE LA
REPUBLICA, 1954.

1416

JOSE ANTONIO PAEZ VISTO POR CINCO HISTORIADORES.
CARACAS. ACADEMIA NACIONAL DE LA HISTORIA, 1973.
(BIBLIOTECA DE LA ACADEMIA NACIONAL DE LA HISTORIA,
NUEVA SERIE, NO. 14).

1417

JOSE ANTONIO PAEZ VISTO POR SEIS HISTORIADORES.
CARACAS. IMPRENTA DEL CONGRESO DE LA REPUBLICA,
1973.

1418

KROUSEL, HILDA SANCHEZ, ED.
TRANSLATED AND ANNOTATED AUTOBIOGRAFIA DEL GENERAL
JOSE ANTONIO PAEZ.
PH.D. DISS., LOUISIANA STATE UNIVERSITY, 1970, 2
VOLS.

1419

LANDAETA ROSALES, MANUEL.
BIOGRAFIA DEL VALIENTE CIUDADANO GENERAL EZEQUIEL
ZAMORA.
CARACAS. COMISION CONMEMORATIVA Y DE ESTUDIO DEL
REGIMEN FEDERAL, 1961-. (EDICIONES CONMEMORATIVAS
DEL PRIMER CENTENARIO DE LA REVOLUCION FEDERAL, NO.
4).

1420

LANDAETA ROSALES, MANUEL.
FALCON Y ZAMORA.
CARACAS. IMPRENTA BOLIVAR, 1897.

1421

LANDAETA ROSALES, MANUEL.
LIBERTAD DE LOS ESCLAVOS EN VENEZUELA (LA).
CARACAS. IMPRENTA BOLIVAR, 1895.

1422

LANDER, TOMAS.
SATIRA POLITICA (LA). SELECCION, 1831-1845.
CARACAS. PUBLICACIONES DE LA PRESIDENCIA DE LA
REPUBLICA, 1962. (COLECCION NUESTRO SIGLO XIX, NO.
3).

1423

LEON TAPIA, JOSE.
POR AQUI PASO ZAMORA.
CARACAS. OFICINA CENTRAL DE INFORMACION, 1976.
(SERIE EZEQUIEL ZAMORA Y SU TIEMPO, NO. 7).

1424

LIBRO DE DECRETOS DEL PODER EJECUTIVO DE VENEZUELA
POR EL DESPACHO DEL INTERIOR Y JUSTICIA, 1831-1842.
CARACAS. BANCO CENTRAL DE VENEZUELA, 1973.

1425

LISBOA, MIGUEL MARIA. SEE JAPURA, MIGUEL MARIA
LISBOA, BARAO DE.

1426

LOMBARDI, JOHN V.
DECADENCIA Y ABOLICION DE LA ESCLAVITUD EN
VENEZUELA. 1820-1854. TRADUCCION POR MERCEDES
RIVERA.

CARACAS. EDICIONES DE LA BIBLIOTECA DE LA
UNIVERSIDAD CENTRAL DE VENEZUELA, 1974.
1427
LOMBARDI, JOHN V.
DECLINE AND ABOLITION OF NEGRO SLAVERY IN VENEZUELA,
1820-1854 (THE).
WESTPORT, CONN. GREENWOOD, 1971.
1428
LOMBARDI, JOHN V. * HANSON, JAMES A.
FIRST VENEZUELAN COFFEE CYCLE (THE), 1830-1855. IN.
AGRICULTURAL HISTORY, 44(1970), 355-367.
1429
LOMBARDI, JOHN V.
MANUMISSION, MANUMISOS AND APENDIZAJE IN REPUBLICAN
VENEZUELA. IN.
HISPANIC AMERICAN HISTORICAL REVIEW, 49(1969),
656-678.
1430
LUCAS, NANCY J.
ANNOTATED DIARY OF JOHN GUSTAVUS ADOLPHUS WILLIAMSON
OF PERSON COUNTY, NORTH CAROLINA, FIRST DIPLOMATIC
REPRESENTATIVE OF THE UNITED STATES TO VENEZUELA,
1835-1840 (THE).
PH.D. DISS., LOUISIANA STATE UNIVERSITY, 1946.
1431
MARTI, JOSE.
DON MIGUEL PENA (1781-1833).
VALENCIA. PUBLICIDAD HERLUC, 1967. (COLECCION
CABRIALES, NO. 1).
1432
MARTINEZ ARISTEGUIETA, FERNANDO.
DON FERMIN TORO.
CARACAS. EDITORIAL CARACAS, 1928.
1433
MATERIALES PARA EL ESTUDIO DE LA CUESTION AGRARIA EN
VENEZUELA (1829-1860). ENAJENACION Y ARRENDAMIENTO
DE TIERRAS BALDIAS. ESTUDIO PRELIMINAR POR CARMEN
GOMEZ R.
CARACAS. UNIVERSIDAD CENTRAL DE VENEZUELA, CONSEJO
DE DESARROLLO CIENTIFICO Y HUMANISTICO, 1971.
1434
MATTHEWS, ROBERT P., JR.
RURAL VIOLENCE AND SOCIAL UNREST IN VENEZUELA,
1840-1858. ORIGINS OF THE FEDERALIST WAR.
PH.D. DISS., NEW YORK UNIVERSITY, 1974.
1435
MENDOZA, DANIEL. SEE BOLIVAR CORONADO, RAFAEL.
1436
MICHELENA, TOMAS.
RESENA BIOGRAFICA DE SANTOS MICHELENA. PARTE
HISTORICA, ADMINISTRATIVA Y POLITICA DE VENEZUELA,
DESDE 1824 A 1848. 2D ED.
CARACAS. AVILA GRAFICA, 1951.

1437
MICHELENA, TOMAS.
RESUMEN DE LA VIDA MILITAR Y POLITICA DEL CIUDADANO
ESCLARECIDO GENERAL JOSE ANTONIO PAEZ.
CARACAS. ACADEMIA NACIONAL DE LA HISTORIA, 1973.
(BIBLIOTECA DE LA ACADEMIA NACIONAL DE LA HISTORIA,
NUEVA SERIE, NO. 6).

1438
MICHELENA, TOMAS, ED.
OFRENDA A LA MEMORIA DEL GENERAL CARLOS SOUBLETTE EN
SU CENTENARIO, 15 DE DICIEMBRE DE 1889.
CARACAS. IMPRENTA DE EL ECONOMISTA, 1890.

1439
MIERES, ANTONIO.
TRES AUTORES EN LA HISTORIA DE BARALT.
CARACAS. UNIVERSIDAD CENTRAL DE VENEZUELA, FACULTAD
DE HUMANIDADES Y EDUCACION, INSTITUTO DE ESTUDIOS
HISPANOAMERICANOS, 1966.

1440
MILLARES CARLO, AGUSTIN.
BARALT Y LA REPUBLICA DOMINICANA.
MARACAIBO. EDITORIAL UNIVERSITARIA LUZ, 1964.

1441
MONTILLA, RICARDO.
JOSE ANTONIO PAEZ, EL DE LA ASOMBROSA VALENTIA.
DISCURSO PRONUNCIADO EN ACARIGUA, AL INAUGURARSE
ESTATUA ECUESTRE DEL HEROE EN EL 175 ANIVERSARIO DE
SU NACIMIENTO.
CARACAS, 1965.

1442
MUJICA, HECTOR.
HISTORIA DE UNA SILLA (LA). ANTONIO LEOCADIO GUZMAN.
CARACAS. EDICIONES PENSAMIENTO VIVO, 1958.

1443
NAVARRO, EMILIO.
REVOLUCION FEDERAL, 1859 A 1863 (LA). PROLOGO POR
JOSE NUCETE SARDI.
CARACAS, 1963. (EDICIONES CONMEMORATIVAS DEL PRIMER
CENTENARIO DE LA REVOLUCION FEDERAL, NO. 5).

1444
NUNEZ PONTE, JOSE MANUEL.
ENSAYO HISTORICO ACERCA DE LA ESCLAVITUD Y DE SU
ABOLICION EN VENEZUELA. 3D ED.
CARACAS. EMPRESA EL COJO, 1954.

1445
O"LEARY, DANIEL FLORENCIO.
ACTIVIDADES DIPLOMATICOS DEL GENERAL DANIEL
FLORENCIO O"LEARY EN EUROPA, ANOS DE 1834 A 1839.
CARTAS AL GENERAL CARLOS SOUBLETTE, VICE-PRESIDENTE
DE LA REPUBLICA DE VENEZUELA, POR MONSENOR NICOLAS
E. NAVARRO.
CARACAS. ACADEMIA NACIONAL DE LA HISTORIA, 1939.

1446

OASIS (EL). BARCELONA, 1856. EDICION FACSIMILAR.
CARACAS, 1970.

1447

OJER, PABLO.
ROBERT H. SCHOMBURGK, EXPLORADOR DE GUAYANA Y SUS
LINEAS DE FRONTERA.
CARACAS. INSTITUTO DE ESTUDIOS HISPANOAMERICANOS,
FACULTAD DE HUMANIDADES Y EDUCACION, UNIVERSIDAD
CENTRAL DE VENEZUELA, 1969.

1448

PAEZ, JOSE ANTONIO.
ARCHIVO DEL GENERAL JOSE ANTONIO PAEZ ...
DOCUMENTACION DEL ARCHIVO NACIONAL DE COLOMBIA.
BOGOTA. FUNDACION JOHN BOULTON (CARACAS), 1957-.

1449

PAEZ, JOSE ANTONIO.
AUTOBIOGRAFIA DEL GENERAL JOSE ANTONIO PAEZ.
CARACAS. ACADEMIA NACIONAL DE LA HISTORIA, 1973, 2
VOLS. (BIBLIOTECA DE LA ACADEMIA NACIONAL DE LA
HISTORIA, NUEVA SERIE, NOS. 1-2).

1450

PAEZ, JOSE ANTONIO.
MAXIMAS DE NAPOLEON SOBRE EL ARTE DE LA GUERRA.
TRADUCIDAS Y ANOTADAS POR EL GENERAL JOSE ANTONIO
PAEZ.
CARACAS. IMPRENTA NACIONAL, OFICINA CENTRAL DE
INFORMACION, 1971.

1451

PAEZ, RAMON.
ESCENAS RUSTICAS EN SUR AMERICA. O, LA VIDA EN LOS
LLANOS DE VENEZUELA. TRADUCCION DEL DR. FRANCISCO
IZQUIERDO.
CARACAS. ACADEMIA NACIONAL DE LA HISTORIA, 1973.
(BIBLIOTECA DE LA ACADEMIA NACIONAL DE LA HISTORIA,
NUEVA SERIE, NO. 8).

1452

PARRA PEREZ, CARACCIOLO.
MARINO Y LAS GUERRAS CIVILES.
MADRID. EDICIONES CULTURA HISPANICA, 1958-1960, 3
VOLS.

1453

PEREZ VILA, MANUEL, ED.
CANDIDATURA DE ANTONIO LEOCADIO GUZMAN, 1845-1846
(LA).
CARACAS. PUBLICACIONES DE LA PRESIDENCIA DE LA
REPUBLICA, 1963. (COLECCION NUESTRO SIGLO XIX, NO.
5).

1454

PLANAS SUAREZ, SIMON.
PAEZ, RESTAURADOR DE LA INDEPENDENCIA Y DE LA
REPUBLICA DE VENEZUELA EN 1830.
BUENOS AIRES. IMPRENTA LOPEZ, 1957.

1455
PUERTA FLORES, ISMAEL. * VARGAS, PEDRO JOSE.
ANTONIO LEOCADIO GUZMAN, PASION DE LIBERALISMO. JUAN
MANUEL CAGIGAL, HISTORIA DE UNA PASION POR LA
CIENCIA.
CARACAS. ASOCIACION DE ESCRITORES VENEZOLANOS, 1948.
(CUADERNOS LITERARIOS, NO. 58).

1456
RAYFIELD, JO ANN.
DANIEL FLORENCIO O"LEARY. FROM BOLIVIAN GENERAL TO
BRITISH DIPLOMAT, 1834-1854.
PH.D. DISS., VANDERBILT UNIVERSITY, 1969.

1457
REYES, VITELIO.
PAEZ, VENEZOLANO INTEGRAL, BIOGRAFIA. EL HOMBRE, EL
HEROE, EL MAGISTRADO.
CARACAS. IMPRENTA NACIONAL, 1957.

1458
REYES, VITELIO.
VIDA Y OBRA DEL MARISCAL JUAN C. FALCON, ARQUETIPO
DE LONGANIMIDAD.
CARACAS. OFICINA CENTRAL DE INFORMACION, 1970.

1459
REYES BAENA, JUAN FRANCISCO.
VALENTIN ESPINAL, 1803-1866.
CARACAS. FUNDACION EUGENIO MENDOZA, 1954.

1460
RODRIGUEZ, JOSE SANTIAGO.
CONTRIBUCION AL ESTUDIO DE LA GUERRA FEDERAL EN
VENEZUELA.
CARACAS. IMPRENTA NACIONAL, 1960, 2 VOLS. (EDICIONES
CONMEMORATIVAS DEL PRIMER CENTENARIO DE LA
REVOLUCION FEDERAL, NO. 2).

1461
ROJAS, ARMANDO.
ALEJO FORTIQUE, 1797-1845.
CARACAS. FUNDACION EUGENIO MENDOZA, 1960.

1462
ROJAS, JOSE MARIA.
BOSQUEJO HISTORICO DE VENEZUELA. PRIMERA PARTE
1830-1863.
PARIS, 1888.

1463
ROJAS, PEDRO JOSE.
DOCTRINA CONSERVADORA (LA). ED. PEDRO GRASES Y
MANUEL PEREZ VILA.
CARACAS. PRESIDENCIA DE LA REPUBLICA, EDICIONES
CONMEMORATIVAS DEL SESQUICENTENARIO DE LA
INDEPENDENCIA, 1961, 2 VOLS. (PENSAMIENTO POLITICO
VENEZOLANO DEL SIGLO XIX, VOLS. 7-8).

1464
ROJAS, PEDRO JOSE.
PEDRO JOSE ROJAS, O UNA PASION AL SERVICIO DE LA
POLITICA. PROLOGO DE ARMANDO ROJAS.

CARACAS. PUBLICACIONES DE LA PRESIDENCIA DE LA
REPUBLICA, 1966. (COLECCION NUESTRO SIGLO XIX, NO.
7).

1465

ROJAS, PEDRO JOSE.
VINDICACION. COLECCION DE LOS ULTIMOS ARTICULOS
PUBLICADOS EN "EL INDEPENDIENTE."
CARACAS. IMPRENTA DE EL INDEPENDIENTE, 1863.

1466

RONDON MARQUEZ, RAFAEL ANGEL.
ESCLAVITUD EN VENEZUELA (LA). EL PROCESO DE SU
ABOLICION Y LAS PERSONALIDADES DE SUS DECISIVOS
PROPULSORES, JOSE GREGORIO MONAGAS Y SIMON PLANAS.
CARACAS. TIPOGRAFIA GARRIDO, 1954.

1467

ROSENBLAT, ANGEL.
ANDRES BELLO A LOS CIEN ANOS DE SU MUERTE.
CARACAS. UNIVERSIDAD CENTRAL DE VENEZUELA, FACULTAD
DE HUMANIDADES Y EDUCACION, INSTITUTO DE FILOLOGIA
ANDRES BELLO, 1966.

1468

ROSTI, PAL.
MEMORIAS DE UN VIAJE POR AMERICA. INTRODUCCION DE
TIBOR WITTMAN. TRADUCCION Y NOTAS POR JUDITH SAROSI.
CARACAS. UNIVERSIDAD CENTRAL DE VENEZUELA, FACULTAD
DE HUMANIDADES Y EDUCACION, ESCUELA DE HISTORIA,
1968.

1469

SALVI, ADOLFO.
SOUBLETTE, PROCER MILITAR Y CIVIL.
CARACAS. GOBERNACION DEL DISTRITO FEDERAL, 1956.

1470

SNOW, LEWIS FREDERICK, JR.
PAEZ YEARS (THE). VENEZUELAN ECONOMIC LEGISLATION,
1830-1846.
PH.D. DISS., UNIVERSITY OF NORTH CAROLINA AT CHAPEL
HILL, 1970.

1471

SOCIEDAD ECONOMICA DE AMIGOS DEL PAIS, CARACAS.
MEMORIAS Y ESTUDIOS, 1829-1839. COMPILACION, PROLOGO
BIBLIOGRAFICO Y NOTAS POR PEDRO GRASES. ESTUDIO
PRELIMINAR POR PASCUAL VENEGAS FILARDO.
CARACAS. BANCO CENTRAL DE VENEZUELA, 1958, 2 VOLS.
(COLECCION HISTORICO-ECONOMICA VENEZOLANA, VOLS.
1-2).

1472

SOUBLETTE, CARLOS.
OFRENDA A LA MEMORIA DEL GENERAL CARLOS SOUBLETTE EN
SU CENTENARIO. 15 DE DICIEMBRE DE 1889.
CARACAS. "EL ECONOMISTA," 1890. REISSUED, CARACAS.
PRESIDENCIA DE LA REPUBLICA, 1970.

1473

TORO, FERMIN.

DOCTRINA CONSERVADORA (LA). OFRECIMIENTO POR ROMULO
BETANCOURT.
CARACAS. PRESIDENCIA DE LA REPUBLICA, EDICIONES
CONMEMORATIVAS DEL SESQUICENTENARIO DE LA
INDEPENDENCIA, 1960. (PENSAMIENTO POLITICO
VENEZOLANO DEL SIGLO XIX, VOL. 1).

1474
TORO, FERMIN.
FERMIN TORO. ESTUDIO PRELIMINAR DE DOMINGO MILIANI.
CARACAS. ACADEMIA VENEZOLANA DE LA LENGUA, 1963, 2
VOLS. (COLECCION CLASICOS VENEZOLANOS, NOS. 5-6).

1475
TORO, FERMIN.
FERMIN TORO. SELECCION, ESTUDIO BIOGRAFICO Y NOTAS
DEL DR. VIGILIO TOSTA. PROLOGO DEL DR. SAMUEL BENAIM
NUNEZ.
CARACAS. TIPOGRAFIA AMERICANA, 1954.

1476
TORO, FERMIN.
REFLEXIONES SOBRE LA LEY DE 10 DE ABRIL DE 1834, Y
OTRAS OBRAS.
CARACAS. MINISTERIO DE EDUCACION NACIONAL, DIRECCION
DE CULTURA, 1941. (BIBLIOTECA VENEZOLANA DE
CULTURA, COLECCION CLASICOS VENEZOLANOS).

1477
TOSTA, VIRGILIO.
FERMIN TORO, POLITICO Y SOCIOLOGO DE LA ARMONIA.
CARACAS. IMPRENTA J. BRAVO, 1958.

1478
VARGAS, JOSE MARIA.
OBRAS COMPLETAS. COMPILACION Y NOTAS DEL DR. BLAS
BRUNI CELLI.
CARACAS. MINISTERIO DE EDUCACION, 1958-1966, 7 VOLS.
IN 10.

1479
VARGAS, JOSE MARIA.
VARGAS. RELACION AUTOBIOGRAFICA, INEDITA, SOBRE EL
GOLPE DE ESTADO QUE LO DEPUSO EN 1835.
CARACAS. TIPOGRAFIA PRINCIPIOS, 1959.

1480
VEINTE DISCURSOS SOBRE EL GENERAL JOSE ANTONIO PAEZ.
CARACAS. ACADEMIA NACIONAL DE LA HISTORIA, 1973.
(BIBLIOTECA DE LA ACADEMIA NACIONAL DE LA HISTORIA,
NUEVA SERIE, NO. 13).

1481
VENEZUELA. CONGRESO CONSTITUYENTE, 1830.
ACTA DE INSTALACION DEL CONGRESO CONSTITUCIONAL DE
VENEZUELA.
VALENCIA. J. PERMANER, 1830.

1482
VENEZUELA. CONGRESO CONSTITUYENTE, 1830.
CONSTITUCION Y DEMAS ACTOS LEGISLATIVAS, SANCIONADOS
POR EL CONGRESO CONSTITUYENTE DE VENEZUELA, EN

1830.
CARACAS. IMPRENTA DE G.F. DEVISME, 1832.

1483

VENEZUELA. LAWS, STATUTES, ETC.
ACTOS DE LA CONVENCION NACIONAL DE VENEZUELA, 5 DE
JULIO DE 1858 - 3 DE FEBRERO DE 1859. EDICION
OFICIAL.
CARACAS. IMPRENTA AL VAPOR DE M.M. ZARZAMENDI, 1859.

1484

VENEZUELA. LAWS, STATUTES, ETC.
DOCUMENTOS POLITICOS Y ACTOS EJECUTIVOS Y
LEGISLATIVOS DE LA REVOLUCION FEDERAL (DESDE EL 20
DE FEBRERO DE 1859 HASTA EL 18 DE MARZO DE 1864).
COMPILACION, PROLOGO Y NOTAS DEL DOCTOR JOAQUIN
GABALDON MARQUEZ.
CARACAS, 1959. (EDICIONES CONMEMORATIVAS DEL PRIMER
CENTENARIO DE LA REVOLUCION FEDERAL).

1485

VENEZUELA. LAWS, STATUTES, ETC.
LEY DEL CONGRESO Y DECRETOS DEL GOBIERNO SOBRE
REDUCCION Y CIVILIZACION DE INDIGENAS.
CARACAS. IMPRENTA DE V. ESPINAL, 1842.

1486

VENEZUELA. LAWS, STATUTES, ETC.
LIBRO DE DECRETOS DEL PODER EJECUTIVO DE VENEZUELA,
POR EL DESPACHO DEL INTERIOR Y JUSTICIA, 1831-1842.
CARACAS. BANCO CENTRAL DE VENEZUELA, 1973.

1487

VENEZUELA. PRESIDENCIA.
HOMENAJE AL GENERAL CARLOS SOUBLETTE EN EL
CENTENARIO DE SU MUERTE (1789-1870).
CARACAS, 1970.

1488

VENEZUELA. STATISTICS.
ESTADISTICAS DE LA PROVINCIAS EN LA EPOCA DE PAEZ
(LAS). COMPILACION DE ANTONIO ARELLANO MORENO.
CARACAS. ACADEMIA NACIONAL DE LA HISTORIA, 1973.
(BIBLIOTECA DE LA ACADEMIA NACIONAL DE LA HISTORIA,
NUEVA SERIE, NO. 11).

1489

VILLANUEVA, LAUREANO.
APOTEOSIS DE PAEZ.
CARACAS. IMPRENTA Y LITOGRAFIA DEL GOBIERNO
NACIONAL, 1888.

1490

VILLANUEVA, LAUREANO.
BIOGRAFIA DEL DOCTOR JOSE VARGAS.
CARACAS. CONCEJO MUNICIPAL DEL DISTRITO FEDERAL,
1954.

1491

VILLANUEVA, LAUREANO.
VIDA DEL VALIENTE CIUDADANO GENERAL EZEQUIEL ZAMORA.
CARACAS. IMPRENTA FEDERACION, 1898.

1492
    WILLIAMS, THOMAS, COMP.
    MONAGAS AND PAEZ, BEING A BRIEF VIEW OF THE LATE
    EVENTS IN VENEZUELA.
    NEW YORK. S.W. BENEDICT, 1850.
1493
    WILLIAMSON, JOHN GUSTAVUS ADOLPHUS.
    CARACAS DIARY, 1835-1840. THE JOURNAL OF JOHN G.A.
    WILLIAMSON, FIRST DIPLOMATIC REPRESENTATIVE OF THE
    UNITED STATES TO VENEZUELA. ED. JANE LUCAS DE
    GRUMMOND.
    BATON ROUGE. CAMELLIA PUB. CO., 1954.
1494
    WILLIAMSON, JOHN GUSTAVUS ADOLPHUS.
    COMADRES DE CARACAS (LAS). VERSION Y ESTUDIO DE JANE
    LUCAS DE GRUMMOND.
    CARACAS. ACADEMIA NACIONAL DE LA HISTORIA, 1973.
    (BIBLIOTECA DE LA ACADEMIA NACIONAL DE LA HISTORIA,
    NUEVA SERIE, NO. 12).

History

From the Federal Wars through the Gómez regime, 1863—1935

1495

ACEDO DE SUCRE, MARIA DE LOURDES. * NONES M., CARMEN
MARGARITA.
GENERACION VENEZOLANA DE 1928 (LA). ESTUDIO DE UNA
ELITE POLITICA.
CARACAS. EDICIONES ARIEL, 1967.

1496

ACOSTA, CECILIO.
CARTAS VENEZOLANAS. APRECIACION DE CECILIO ACOSTA
POR JOSE MARTI.
MADRID. EDITORIAL AMERICA, 1918. (BIBLIOTECA ANDRES
BELLO, NO. 50).

1497

ACOSTA, CECILIO.
CECELIO ACOSTA. TEXTOS. ED. PEDRO GRASES Y MANUEL
PEREZ VILA.
CARACAS. PRESIDENCIA DE LA REPUBLICA, EDICIONES
CONMEMORATIVAS DEL SESQUICENTENARIO DE LA
INDEPENDENCIA, 1961. (PENSAMIENTO POLITICO
VENEZOLANO DEL SIGLO XIX, VOL. 9).

1498

ACOSTA, CECILIO.
OBRAS. INTRODUCCION DE JOSE MARTI.
CARACAS. EL COJO, 1907-1909, 5 VOLS.

1499

ACOSTA, CECILIO.
PAGINAS ESCOGIDAS. SELECCION DE J.A. COVA. PROLOGO
DE JOSE MARTI.
CARACAS. EDITORIAL CECILIO ACOSTA, 1940.

1500

ACOSTA SAIGNES, MIGUEL.
LATIFUNDIO.
MEXICO. EDITORIAL POPULAR, 1938.

1501

ADRIANI, ALBERTO.
LABOR VENEZOLANISTA. 2D ED.
MERIDA. UNIVERSIDAD DE LOS ANDES, 1962.

1502

AGUDO FREYTES, RAUL.
PIO TAMAYO Y LA VANGUARDIA.
CARACAS. EDICIONES DE LA BIBLIOTECA DE LA
UNIVERSIDAD CENTRAL DE VENEZUELA, 1969. (COLECCION
TEMAS).

1503

ALBOR, JOSE PIO. * LANDAETA ROSALES, MANUEL, EDS.
DOCUMENTOS RELATIVOS A LA VIDA PUBLICA DEL GENERAL
JOAQUIN CRESPO.

1504
CARACAS. IMPRENTA COLON, 1894-1896, 3 VOLS.

1505
ALDREY, FAUSTO TEODORO DE. * GUTIERREZ, RAFAEL
HERNANDEZ.
RASGOS BIOGRAFICOS PARA LA HISTORIA DE LA VIDA
PUBLICA DEL GENERAL GUZMAN BLANCO. ARTICULOS
EDITORIALES DE LA OPINION NACIONAL, DIARIO DE
CARACAS, PUBLICADOS DESDE EL 2 DE AGOSTO DE 1872
HASTA EL 18 DE FEBRERO DE 1873.
CARACAS. IMPRENTA DE LA OPINION NACIONAL, 1876.

1506
ALEGRIA M., CEFERINO.
PROGRESO DE LA MEDICINA VENEZOLANA ENTRE LOS ANOS
1850-1890.
CARACAS, 1968.

1507
ALFONSO, LUIS GERONIMO.
A VENEZUELA EN EL CENTENARIO DEL LIBERTADOR.
CARACAS. IMPRENTA DE LA PATRIA, 1892.

1508
ALFONSO, LUIS GERONIMO.
REVOLUCION DE 1867 A 1868 (LA).
CARACAS, 1868.

1509
ALVARADO, LISANDRO.
OBRAS COMPLETAS.
CARACAS. MINISTERIO DE EDUCACION, DIRECCION DE
CULTURA Y BELLAS ARTES, 1953-1958, 8 VOLS.

1510
ALVARADO ARELLANO, FRANCISCO.
MEMORIAS DE UN TACHIRENSE DEL SIGLO XIX.
SAN CRISTOBAL, VENEZUELA, 1961. (BIBLIOTECA DE
AUTORES Y TEMAS TACHIRENSES, NO. 14).

1511
ANDRADE, IGNACIO.
POR QUE TRIUNFO LA REVOLUCION RESTAURADORA.
"MEMORIAS" Y EXPOSICION A LOS VENEZOLANOS DE LOS
SUCESOS 1898-1899. PROLOGO DE ANTONIO REYES.
CARACAS. EDICIONES GARRIDO, 1955.

1512
ARCAYA, PEDRO MANUEL.
CUENTA QUE EL DR. PEDRO MANUEL ARCAYA RINDE AL
PUEBLO VENEZOLANO DE LOS FONDOS DEL CAPITULO VII Y
CREDITOS ADICIONALES AL MISMO, DEL PRESUPUESTO DE
GASTOS DEL DESPACHO DE RELACIONES INTERIORES ...
1925 HASTA ... 1929.
CARACAS. IMPRESORES UNIDOS, 1941, 2 VOLS.

1513
ARCAYA, PEDRO MANUEL.
GOMEZ REGIME IN VENEZUELA AND ITS BACKGROUND (THE).
BALTIMORE. THE SUN PRINTING CO., 1936.

ARCAYA, PEDRO MANUEL.

MEMORIAS DEL DOCTOR PEDRO MANUEL ARCAYA. PROLOGO DEL
DOCTOR CARLOS I. ARCAYA.
CARACAS. TALLERES DEL INSTITUTO GEOGRAFICO Y
CATASTRAL, 1963.
1514

ARCAYA, PEDRO MANUEL.
NEW NOTES ON POLITICAL HISTORY.
WASHINGTON, D.C. NATIONAL CAPITAL PRESS, 1924.
1515

ARCAYA, PEDRO MANUEL.
NOTES ON POLITICAL HISTORY.
WASHINGTON, D.C., 1924.
1516

ARCAYA, PEDRO MANUEL.
NUEVAS APUNTACIONES DE HISTORIA POLITICA.
WASHINGTON, D.C. NATIONAL CAPITAL PRESS, 1924.
1517

ARCAYA, PEDRO MANUEL.
VENEZUELA Y SU ACTUAL REGIMEN.
BALTIMORE. SUN PRINTING OFFICE, 1935.
1518

ARISTEGUIETA ROJAS, PEDRO ELIAS.
NUEVA VENEZUELA REVOLUCIONARIA (LA). MEMORIAS.
MEXICO, 1921.
1519

BARRAL, JEAN AUGUSTIN.
AVENIR DE GRANDES EXPLOITATIONS AGRICOLES ETABLIES
SUR LES COTES DU VENEZUELA.
PARIS. G. MASSON, 1881.
1520

BARRAL, JEAN AUGUSTIN.
PORVENIR DE LAS GRANDES EXPLOTACIONES AGRICOLAS
ESTABLECIDAS EN LAS COSTAS DE VENEZUELA. TRADUCCION
POR MARCO AURELIO VILA.
CARACAS. COMISION NACIONAL DEL CUATRICENTENARIO DE
LA FUNDACION DE CARACAS, COMISION DE OBRAS
ECONOMICAS, 1966. (EDICIONES DEL CUATRICENTENARIO DE
CARACAS).
1521

BELL, PURL LORD.
VENEZUELA. A COMMERCIAL AND INDUSTRIAL HANDBOOK,
WITH A CHAPTER ON THE DUTCH WEST INDIES.
WASHINGTON, D.C. GOVERNMENT PRINTING OFFICE, 1922.
(DEPARTMENT OF COMMERCE, BUREAU OF FOREIGN AND
DOMESTIC COMMERCE, SPECIAL AGENTS SERIES, NO. 212).
1522

BENET, FERNANDO.
GUIA GENERAL DE VENEZUELA.
CARACAS (LEIPZIG, IMPRENTA DE O. BRANDSTETTER),
1929-.
1523

BETANCOURT SOSA, FRANCISCO.
PUEBLO EN REBELDIA. RELATO HISTORICO DE LA

SUBLEVACION MILITAR DEL 7 DE ABRIL DE 1928.
CARACAS. EDICIONES GARRIDO, 1959.
1524

BLOCKADE OF VENEZUELA. IN.
HISTORY TODAY, 15(1965), 475-485.
1525

BONET DE SOTILLO, DOLORES, ED.
CRITICA DE LA FEDERACION. CAMPANAS DE PRENSA.
1863-1870.
CARACAS. IMPRENTA NACIONAL, 1964-1968, 4 VOLS.
(EDICIONES CONMEMORATIVAS DEL PRIMER CENTENARIO DE
LA REVOLUCION FEDERAL, NOS. 6-9).
1526

BRANDT, CARLOS.
BAJO LA TIRANIA DE CIPRIANO CASTRO. SU DESGRACIADA
ACTITUD DURANTE EL BOMBARDEO Y EL BLOQUEO DE 1902.
CARACAS. TIPOGRAFIA VARGAS, 1952.
1527

BRANDT, CARLOS.
EPOCA DEL TERROR (LA).
CARACAS. PUBLICITAS GRECCO, 1947.
1528

BRICENO, MANUEL.
ILUSTRES (LOS). O, LA ESTAFA DE LOS GUZMANES.
CARACAS. EDICIONES FE Y CULTURA, 195-.
1529

BRICENO AYESTARAN, SANTIAGO.
MEMORIAS DE SU VIDA MILITAR Y POLITICA. VARIOS
LUSTROS DE HISTORIA TACHIRENSE.
CARACAS. TIPOGRAFIA AMERICANA, 1949.
1530

BRICENO IRAGORRY, MARIO.
RIBERAS (LOS). HISTORIAS DE VENEZUELA.
CARACAS. EDICIONES INDEPENDENCIA, 1957.
1531

BRITO, ANDRES.
REMEMBRANZAS. LA REVOLUCION LIBERTADORA EN EL
ORIENTE DE LA REPUBLICA.
CARACAS. IMPRESORES UNIDOS, 1945.
1532

BRITO FIGUEROA, FEDERICO.
TIEMPO DE EZEQUIEL ZAMORA. 2D ED.
CARACAS. EDICIONES CENTAURO, 1975.
1533

CAIVANO, TOMAS.
VENEZUELA.
BARCELONA. ANTONIO LOPEZ, 1897.
1534

CALCANO HERRERA, JULIO.
BOSQUEJO HISTORICO DE LA REVOLUCION LIBERTADORA,
1902-1903.
CARACAS. LITOGRAFIA DEL COMERCIO, 1944.

1535
CALDERA RODRIGUEZ, RAFAEL.
TRES DISCURSOS SOBRE JOSE GREGORIO HERNANDEZ.
PROLOGO DE PEDRO PABLO AGUILAR.
CARACAS, 1969.

1536
CALZADILLA VALDES, FERNANDO.
POR LOS LLANOS DE APURE.
CARACAS. MINISTERIO DE EDUCACION NACIONAL, DIRECCION
DE CULTURA, 1948. (BIBLIOTECA POPULAR VENEZOLANA,
NO. 25. SERIE ROJA--NOVELAS Y CUENTOS).

1537
CARLISLE, DOUGLAS H.
ORGANIZATION FOR THE CONDUCT OF FOREIGN RELATIONS IN
VENEZUELA, 1909-1935 (THE).
PH.D. DISS., UNIVERSITY OF NORTH CAROLINA, 1951.

1538
CARRERAS, CHARLES EDWARD.
UNITED STATES ECONOMIC PENETRATION OF VENEZUELA AND
ITS EFFECTS ON DIPLOMACY. 1895-1906.
PH.D. DISS., UNIVERSITY OF NORTH CAROLINA AT CHAPEL
HILL, 1971.

1539
CARRILLO MORENO, JOSE.
CIPRIANO CASTRO. EL ARREBATO NACIONALISTA.
CARACAS. EDICIONES EDIME, 1970. (PERSONAJES ILUSTRES
DE VENEZUELA, NO. 10).

1540
CARRILLO MORENO, JOSE.
MATIAS SALAZAR. HISTORIA VENEZOLANA.
CARACAS. EDICIONES GARRIDO, 1954.

1541
CARRILLO MORENO, JOSE.
PIO GIL. "EL CAPITAN TRICOFERO," CIPRIANO CASTRO.
PUNADO DE GUIJARROS. 2D ED.
CARACAS. IMPRENTA NACIONAL, 1969. (BIBLIOTECA DE
AUTORES Y TEMAS TACHIRENSES, NO. 47).

1542
CARSON, DONALD K.
RICHARD OLNEY, SECRETARY OF STATE, 1895-1897.
PH.D. DISS., UNIVERSITY OF KENTUCKY, 1969.

1543
CASANAS, SEBASTIAN.
NOTAS POLITICAS. 1893.
NEW YORK, 1893.

1544
CASANAS, SEBASTIAN.
PROYECTO DE CONSTITUCION. ARTICULOS SUELTOS.
EXPOSICION DEL DOCTOR S. CASANAS, JULIO DE 1891.
CARACAS. CASA EDITORIAL DE LA OPINION NACIONAL,
1891.

1545
CASTELLANOS V., RAFAEL RAMON.
GUZMAN BLANCO INTIMO.

CARACAS. EDICIONES LIBRERIA HISTORIA, 1969.
1546
CASTRO, CIPRIANO.
CASTRO, EPISTOLARIO PRESIDENCIAL (1899-1908).
RECOPILACION Y PROLOGO POR ELIAS PINO ITURRIETA.
CARACAS. UNIVERSIDAD CENTRAL DE VENEZUELA, FACULTAD
DE HUMANIDADES Y EDUCACION, INSTITUTO DE ESTUDIOS
HISPANOAMERICANOS, 1974.
1547
CASTRO, CIPRIANO.
DOCUMENTOS DEL GENERAL CIPRIANO CASTRO.
CARACAS. TIPOGRAFIA J. M. HERRERA IRIGOYEN Y CIA.,
1903-1908, 6 VOLS.
1548
CASTRO, CIPRIANO.
TWO NOTABLE DOCUMENTS OF GENERAL CASTRO, PRESIDENT
OF VENEZUELA.
NEW YORK, 1904.
1549
CAYAMA MARTINEZ, RAFAEL.
GENERAL GREGORIO SEGUNDO RIERA (EL). NOTAS
BIOGRAFICAS.
CARACAS. TIPOGRAFIA LA NACION, 1941.
1550
CAZENEUVE, PAUL DE. * HARAINE, FRANCOIS.
ETATS UNIS DE VENEZUELA (LES).
PARIS. SAUVAITRE, 1888.
1551
CHACIN SANCHEZ, SANTOS.
HORACIO DUCHARNE, UN ROMANTICO ILUSO DE LA LIBERTAD.
CARACAS. EDICIONES ORIENTE, 1965.
1552
CHILD, CLIFTON JAMES.
VENEZUELA-BRITISH GUIANA BOUNDARY ARBITRATION OF
1899 (THE). IN.
AMERICAN JOURNAL OF INTERNATIONAL LAW, 44(1950),
682-693.
1553
CLARK, CYRUS NORMAN.
GENERAL GOMEZ Y SU OBRA (EL).
CARACAS. IMPRENTA BOLIVAR, 1916.
1554
CLARK, CYRUS NORMAN.
VENEZUELA AND HER PROGRESSIVE RULER. AN
APPRECIATION.
CARACAS. LITOGRAFIA Y TIPOGRAFIA DEL COMERCIO, 1929.
1555
CLARK, CYRUS NORMAN.
VENEZUELA UNDER GENERAL JUAN VICENTE GOMEZ. A REVIEW
OF TWENTY-FIVE YEARS.
CARACAS. LITOGRAFIA Y TIPOGRAFIA DEL COMERCIO, 1933.
1556
CLEVELAND, GROVER.

VENEZUELAN BOUNDARY CONTROVERSY (THE).
PRINCETON. PRINCETON UNIVERSITY PRESS, 1913.
1557
CLINTON, DANIEL JOSEPH (PSEUD. THOMAS ROURKE).
GOMEZ, TIRANO DE LOS ANDES. 2D ED.
BUENOS AIRES. EDITORIAL CLARIDAD, 1952.
1558
CLINTON, DANIEL JOSEPH (PSEUD. THOMAS ROURKE).
GOMEZ, TYRANT OF THE ANDES.
NEW YORK. W. MORROW AND CO., 1941.
1559
CCLL, PEDRO EMILIO.
OBRAS. ESTUDIO PRELIMINAR DE RAFAEL ANGEL INSAUSTI.
CARACAS. FONDO DE PUBLICACIONES DE LA FUNDACION
SHELL Y ACADEMIA VENEZOLANA DE LA LENGUA, 1966.
(COLECCION CLASICOS VENEZOLANOS, NO. 14).
1560
CORDERO VELASQUEZ, LUIS.
GOMEZ Y LAS FUERZAS VIVAS.
CARACAS. EDITORIAL DON EME, 1971.
1561
CORDOBA, DIEGO.
DESTERRADOS Y JUAN VICENTE GOMEZ (LOS). MEMORIAS DE
PEDRO ELIAS ARISTEGUIETA.
CARACAS, 1968.
1562
CORREA, LUIS, COMP.
GENERAL J.V. GOMEZ (EL). DOCUMENTOS PARA LA HISTORIA
DE SU GOBIERNO.
CARACAS. LITOGRAFIA DEL COMERCIO, 1925.
1563
CORSER, EDUARDO.
REIVINDICACION (LA). ARTICULOS POLITICOS.
CARACAS. LA OPINION NACIONAL, 1879.
1564
COVA, JESUS ANTONIO.
ENTRE BARROTES. DIARIO DE UN PERIODISTA EN LA
CARCEL.
CARACAS. EDICIONES LA TORRE, 1938.
1565
COVA, JESUS ANTONIO.
GUZMAN BLANCO, SU VIDA Y SU OBRA.
CARACAS. AVILA GRAFICA, 1950.
1566
COVA, JESUS ANTONIO. * KEY AYALA, SANTIAGO.
JOSE GIL FORTOUL Y PEDRO EMILIO COLL.
CARACAS. ACADEMIA NACIONAL DE LA HISTORIA, 1953.
1567
CRITICA DE LA FEDERACION. CAMPANAS DE PRENSA.
1863-1870. ESTUDIO PRELIMINAR POR DOLORES BONET DE
SOTILLO.
CARACAS. IMPRENTA NACIONAL, 1964-1968, 4 VOLS.
(EDICIONES CONMEMORATIVAS DEL PRIMER CENTENARIO DE

LA REVOLUCION FEDERAL, NOS. 6-9).
1568
CUERVO, ANGEL. * CUERVO, RUFINO JOSE.
VIDA DE RUFINO CUERVO Y NOTICIAS DE SU EPOCA. 2D ED.
BOGOTA. PRENSA DE LA BIBLIOTECA NACIONAL, 1946, 2
VOLS. (PUBLICACIONES DEL MINISTERIO DE EDUCACION,
BIBLIOTECA POPULAR DE CULTURA COLOMBIANA, NOS.
84-85).
1569
DALTON, LEONARD V.
VENEZUELA.
CARACAS. BANCO CENTRAL DE VENEZUELA, 1966.
(COLECCION CUATRICENTENARIO DE CARACAS).
1570
DAMBORIENA, ANGEL.
ROMULO GALLEGOS Y LA PROBLEMATICA VENEZOLANA.
CARACAS. UNIVERSIDAD CATOLICA ANDRES BELLO, FACULTAD
DE HUMANIDADES Y EDUCACION, 1960. (BIBLIOTECA DE
ESTUDIOS UNIVERSITARIOS, NO. 5).
1571
DIAZ, FABIAN DE JESUS.
ENSAYO BIOGRAFICO DEL DR. JESUS MARIA BRICENO PICON.
VALENCIA. PARIS EN AMERICA, 1965. (PUBLICACIONES DEL
CONCEJO MUNICIPAL DEL DISTRITO VALENCIA).
1572
DIAZ, FABIAN DE JESUS.
HISTORIADORES REGIONALES DE CARABOBO, CON TITULO DE
MIEMBROS CORRESPONDIENTES DURANTE EL SIGLO ACTUAL.
VALENCIA, VENEZUELA. SECRETARIA DE EDUCACION Y
CULTURA DEL ESTADO DE CARABOBO, 1968.
1573
DIAZ GUERRA, ALIRIO.
DIEZ ANOS EN VENEZUELA.
CARACAS. EDITORIAL ELITE, 1933.
1574
DIAZ SANCHEZ, RAMON.
CECILIO ACOSTA, 1818-1881.
CARACAS. EDICIONES DE LA FUNDACION EUGENIO MENDOZA,
1953. (COLECCION DE BIOGRAFIAS, NO. 6).
1575
DIAZ SANCHEZ, RAMON.
GUZMAN. ELIPSE DE UNA AMBICION DE PODER. 5TH ED.
CARACAS. EDITORIAL MEDITERRANEO, 1968, 2 VOLS.
1576
DIAZ SANCHEZ, RAMON.
GUZMAN BLANCO, PROTOTIPO DE LA BURGUESIA LIBERAL.
CARACAS. EDICIONES EDIME, 1968. (PERSONAJES ILUSTRES
DE VENEZUELA, NO. 9).
1577
DIAZ SANCHEZ, RAMON.
TRANSICION POLITICA Y REALIDAD EN VENEZUELA.
CARACAS. COOPERATIVA DE ARTES GRAFICAS, 1937.

1578
    DIAZ VALDEPARES, J.R.
    INDICATOR COMERCIAL E INDUSTRIAL DE VENEZUELA.
    CARACAS. TIPOGRAFIA UNIVERSAL, 1904.

1579
    DOCTRINA POSITIVISTA (LA). ED. PEDRO GRASES Y MANUEL
    PEREZ VILA.
    CARACAS. PRESIDENCIA DE LA REPUBLICA, EDICIONES
    CONMEMORATIVAS DEL SESQUICENTENARIO DE LA
    INDEPENDENCIA, 1961, 2 VOLS. (PENSAMIENTO POLITICO
    VENEZOLANO DEL SIGLO XIX, VOLS. 13-14).

1580
    DUARTE, FRANCISCO J.
    HOMENAJE AL DR. FRANCISCO J. DUARTE, 1883-1972.
    PERSONALIDAD Y CORRESPONDENCIA.
    CARACAS. EDICIONES DE LA PRESIDENCIA DE LA
    REPUBLICA, 1974.

1581
    DUFFY, EDWARD GERALD.
    POLITICS OF EXPEDIENCY. DIPLOMATIC RELATIONS BETWEEN
    THE UNITED STATES AND VENEZUELA DURING THE JUAN
    VICENTE GOMEZ ERA.
    PH.D. DISS., THE PENNSYLVANIA STATE UNIVERSITY,
    1969.

1582
    DUNHAM, LOWELL.
    ROMULO GALLEGOS, VIDA Y OBRA. TRADUCCION DEL INGLES
    DE GONZALO BARRIOS Y RICARDO MONTILLA.
    MEXICO. EDICIONES DE ANDREA, 1957. (COLECCION
    STUDIUM, NO. 15).

1583
    EASTWICK, EDWARD B.
    VENEZUELA. O APUNTES SOBRE LA VIDA EN UNA REPUBLICA
    SUDAMERICANA CON LA HISTORIA DEL EMPRESTITO DE 1864.
    CARACAS. BANCO CENTRAL DE VENEZUELA, 1959.
    (COLECCION HISTORICO-ECONOMICA VENEZOLANA, VOL. 3).

1584
    ESPINAL, VALENTIN.
    VERDADES AMARGAS DE ACTUALIDAD, DEDICADAS AL SENOR
    GENERAL JOAQUIN CRESPO Y AL EJERCITO LEGALISTA BAJO
    SUS ORDENES.
    CARACAS, 1892.

1585
    ESPINOZA, JOSE ANTONIO.
    REGIONALES. DESCRIPCIONES, TIPOS, COSTUMBRES.
    PARIS. LIBRERIA DE GARNIER HERMANOS, 1898.

1586
    FEBRES CORDERO, TULIO.
    OBRAS COMPLETAS. PROLOGO DEL DOCTOR RAFAEL CALDERA.
    BOGOTA. EDITORIAL ANTARES, 1960, 6 VOLS IN 7.

1587
    FELICE CARDOT, CARLOS.
    EPISTOLARIO. GIL FORTOUL EN LA INTIMIDAD FAMILIAR Y
    EN LA DIPLOMACIA.

CARACAS. ITLAGRAFICA, 1974.
1588

FENTON, P.F.
DIPLOMATIC RELATIONS OF THE UNITED STATES AND
VENEZUELA, 1880-1915. IN.
HISPANIC AMERICAN HISTORICAL REVIEW, 8(1928),
330-356.
1589

FERNANDEZ, CARLOS EMILIO.
HOMBRES Y SUCESOS DE MI TIERRA, 1909-1929.
CARACAS. BIBLIOTECA ROCINANTE, 1960.
1590

FERNANDEZ, PABLO EMILIO.
GOMEZ, EL REHABILITADOR.
CARACAS. J. VILLEGAS, 1956.
1591

FOSSI BARROETA, LUIS.
POLITICA EN TONO MENOR.
CARACAS, 1962. (BIBLIOTECA DE AUTORES Y TEMAS
TACHIRENSES, NO. 31).
1592

FOSSUM, PAUL R.
ANGLO-VENEZUELAN BOUNDARY CONTROVERSY (THE). IN.
HISPANIC AMERICAN HISTORICAL REVIEW, 8(1928),
299-329.
1593

FOSTER, JOHN WATSON.
VENEZUELAN CLAIMS. LETTER OF J.W. FOSTER TO S.M.
CULLOM, CHAIRMAN OF THE COMMITTEE ON FOREIGN
RELATIONS OF THE SENATE, WASHINGTON, APRIL 14, 1908.
APPENDIX.
WASHINGTON, D.C., 1908.
1594

GALLEGOS, MANUEL MODESTO.
ANALES CONTEMPORANEOS. MEMORIAS DEL GENERAL MANUEL
MODESTO GALLEGOS, 1925.
CARACAS. TIPOGRAFIA CASA DE ESPECIALIDADES,
1925-1926, 2 VOLS. IN 1.
1595

GALLEGOS, MANUEL MODESTO.
HISTORIA CONTEMPORANEA. OTRO CAPITULO DE MIS
MEMORIAS INEDITAS. GENERALES ANTONIO GUZMAN BLANCO Y
JOAQUIN CRESPO, SUS RELACIONES POLITICAS. ORIGEN Y
RUPTURA. 1869-1888.
CARACAS. TIPOGRAFIA MERCANTIL, 1924.
1596

GARCIA GIL, PEDRO.
CUARENTA Y CINCO AÑOS DE UNIFORME. MEMORIAS, 1901 A
1945.
CARACAS. EDITORIAL BOLIVAR, 1947.
1597

GARCIA NARANJO, NEMESIO.
VENEZUELA AND ITS RULER. TRANSLATED BY CALLA WHEATON

ESTEVA.
NEW YORK. CARRANZA AND CO., 1927.

1598

GELBER, LIONEL MORRIS.
BASES AND BLOCKADE IN THE CARIBBEAN, A TWENTIETH
CENTURY PRECEDENT. IN.
CONTEMPORARY REVIEW, 203(1963), 81-83.

1599

GERSTACKER, FRIEDRICH WILHELM CHRISTIAN.
VIAJE POR VENEZUELA EN EL ANO 1868. TRADUCCION DE
ANA MARIA GATHMANN.
CARACAS. UNIVERSIDAD CENTRAL DE VENEZUELA, FACULTAD
DE HUMANIDADES Y EDUCACION, DEPARTAMENTO DE IDIOMAS
MODERNOS, CATEDRA DE ALEMAN, 1968.

1600

GERSTL, OTTO.
MEMORIAS E HISTORIAS. REMINISCENCIAS DE MIS
CINCUENTA Y TANTOS ANOS EN VENEZUELA.
CARACAS. EDICIONES DE LA FUNDACION JOHN BOULTON,
1974.

1601

GIL FORTOUL, JOSE.
DISCURSOS Y PALABRAS (1910-1915).
CARACAS. IMPRENTA NACIONAL, 1915.

1602

GIL FORTOUL, JOSE.
FILOSOFIA CONSTITUCIONAL. PROLOGO DE J.A. COVA. 3D
ED.
CARACAS. EDITORIAL CECILIO ACOSTA, 1940.

1603

GOERING, ANTON.
VENEZUELA, EL MAS BELLO PAIS TROPICAL. TRADUCCION DE
MARIA LUISA GANZENMULLER DE BLAY.
MERIDA. UNIVERSIDAD DE LOS ANDES, 1962.

1604

GOERING, ANTON.
VOM TROPISCHEN TIEFLANDE ZUM EWIGEN SCHNEE. EINE
MALERISCHE SCHILDERUNG DES SCHONSTEN TROPENLANDES
VENEZUELA.
LEIPZIG. A. FISCHER, 1893.

1605

GOMEZ, JUAN VICENTE.
GENERAL J.V. GOMEZ (EL). DOCUMENTOS PARA LA HISTORIA
DE SU GOBIERNO.
CARACAS. LITOGRAFIA DEL COMERCIO, 1925.

1606

GONZALEZ, FERNANDO.
MI COMPADRE. 2D ED.
MEDELLIN. EDITORIAL BEDOUT, 197-. (BOLSI LIBROS
BEDOUT, NO. 71).

1607

GONZALEZ GUINAN, FRANCISCO.
HISTORIA DEL GOBIERNO DE LA ACLAMACION, PERIODO

CONSTITUCIONAL DE VENEZUELA, PRESIDIDO POR EL
GENERAL GUZMAN BLANCO (1886-1887).
CARACAS. TIPOGRAFIA UNIVERSAL, 1899.

1608

GONZALEZ GUINAN, FRANCISCO.
HISTORIA DEL GOBIERNO DEL DOCTOR J.P. ROJAS PAUL,
PRESIDENTE DE LOS ESTADO UNIDOS DE VENEZUELA EN EL
PERIODO CONSTITUCIONAL DE 1888 A 1890.
VALENCIA. LA VOZ PUBLICA, 1891.

1609

GONZALEZ GUINAN, FRANCISCO.
MIS MEMORIAS.
CARACAS. IMPRENTA NACIONAL, 1964. (EDICIONES DE LA
PRESIDENCIA).

1610

GONZALEZ GUINAN, FRANCISCO.
REMINISCENCIAS HISTORICAS DE VENEZUELA. 2D ED. CORR.
Y AUM.
CARACAS. LITOGRAFIA Y TIPOGRAFIA DEL COMERCIO, 1929.

1611

GONZALEZ GUINAN, FRANCISCO.
TRADICIONES DE MI PUEBLO.
CARACAS. EDITORIAL RAGON C.A., 1954.

1612

GRISANTI, CARLOS F.
ESTUDIOS JURIDICOS. ANALISIS DE ALGUNAS REFORMAS
CONTENIDAS EN EL CODIGO CIVIL DE 1916.
CARACAS. EL COJO, 1916.

1613

GUELL Y MERCADOR, JOSE (PSEUD. HORTENSIO).
GUZMAN BLANCO Y SU TIEMPO. CONSIDERACIONES RESPECTO
A LA INFLUENCIA DE ESTE EMINENTE REPUBLICANO EN LA
REGENERACION POLITICA Y SOCIAL DE VENEZUELA.
CARACAS. LA OPINION NACIONAL, 1883.

1614

GUERRERO, EMILIO CONSTANTINO.
CAMPANA HEROICA. ESTUDIO HISTORICO-MILITAR DE LA
COMPANA DIRIGIDA EN VENEZUELA POR EL GENERAL
CIPRIANO CASTRO.
CARACAS. TIPOGRAFIA J.M. HERRERA IRIGOYEN, 1903.

1615

GUERRERO, EMILIO CONSTANTINO.
SANGRE PATRIA.
CARACAS. TIPOGRAFIA J.M. HERRERA IRIGOYEN, 1904.

1616

GUZMAN, ANTONIO LEOCADIO.
LIMITES ENTRE VENEZUELA Y NUEVA COLOMBIA. EDICION
OFICIAL.
CARACAS. LA OPINION NACIONAL, 1880.

1617

GUZMAN BLANCO, ANTONIO.
DOCUMENTOS PARA LA HISTORIA. MEMORANDUM DEL GENERAL
GUZMAN BLANCO, PRESIDENTE DE LOS ESTADOS UNIDOS DE

VENEZUELA, DIRIJIDOS A SUS SECRETARIOS Y MINISTROS
SIEMPRE QUE SALIO A CAMPANA EN LOS ANOS DE 1870,
1871 Y 1872. ED. F.T. DE ALDREY, NICANOR BOLET
PERAZA, AND EDUARDO CALCANO. 2D ED.
CARACAS. IMPRENTA DE LA OPINION NACIONAL, 1876.

1618

GUZMAN BLANCO, ANTONIO.
EN DEFENSA DE LA CAUSA LIBERAL. 2D ED.
PARIS. A. LAHURE, 1894.

1619

GUZMAN BLANCO, ANTONIO.
GLORIAS DEL ILUSTRE AMERICANO, REGENERADOR I
PACIFICADOR DE VENEZUELA, JENERAL GUZMAN BLANCO.
CARACAS. IMPRENTA DE "EL DEMOCRATA," POR E. LOPEZ,
1875.

1620

GUZMAN BLANCO, ANTONIO.
LIMITES DE LOS ESTADOS UNIDOS DE VENEZUELA.
PARIS. A. LAHURE, 1891.

1621

HAGUE. PERMANENT COURT OF ARBITRATION.
VENEZUELAN ARBITRATION BEFORE THE HAGUE TRIBUNAL,
1903 (THE). PROCEEDINGS OF THE TRIBUNAL UNDER THE
PROTOCOLS ... SIGNED AT WASHINGTON, MAY 7, 1903.
WASHINGTON, D.C. GOVERNMENT PRINTING OFFICE, 1905.
(58TH CONGRESS, 3D SESSION, SENATE DOCUMENT 119).

1622

HEDRICK, EDITH VAIL.
DIPLOMACY OF THE VENEZUELAN BOUNDARY CONTROVERSY
(THE).
PH.D. DISS., UNIVERSITY OF CALIFORNIA, BERKELEY,
1942.

1623

HENDRICKSON, EMBERT J.
NEW VENEZUELAN CONTROVERSY (THE). THE RELATIONS OF
THE UNITED STATES AND VENEZUELA, 1904 TO 1914.
PH.D. DISS., UNIVERSITY OF MINNESOTA, 1964.

1624

HENDRICKSON, EMBERT J.
ROOSEVELT"S SECOND VENEZUELAN CONTROVERSY. IN.
HISPANIC AMERICAN HISTORICAL REVIEW, 50(1970),
482-498.

1625

HENDRICKSON, EMBERT J.
ROOT"S WATCHFUL WAITING AND THE VENEZUELAN
CONTROVERSY. IN.
AMERICAS 23.2, OCT 1966. PP. 115-129.

1626

HEREDIA, CIPRIANO.
ANO 29 (EL). RECUENTO DE LA LUCHA ARMADA.
CARACAS. EDICIONES CENTAURO, 1974.

1627

HERNANDEZ, JOSE MANUEL.

ANTE LA HISTORIA. EL GENERAL MANUEL HERNANDEZ, JEFE
DEL PARTIDO LIBERAL NACIONALISTA, AL GENERAL
CIPRIANO CASTRO, PRESIDENTE DE LOS ESTADOS UNIDOS DE
VENEZUELA.
PHILADELPHIA, 1904.
1628

HERNANDEZ, JOSE MANUEL.
GENERAL JOSE MANUEL HERNANDEZ BEFORE PUBLIC OPINION.
INCONSEQUENCE AND DISLOYALTY. PROCESSAL ITEMS.
WASHINGTON, D.C., 1904.
1629

HERNANDEZ, JOSE MANUEL.
INCONSEQUENCIA Y TRAICION. PIEZAS DE UN PROCESO. EL
"MOCHO" EN LA PICOTA.
CARACAS, 1904.
1630

HEWITT, CLYDE E.
VENEZUELA AND THE GREAT POWERS, 1902-1909. A STUDY
IN INTERNATIONAL INVESTMENT AND DIPLOMACY.
PH.D. DISS., UNIVERSITY OF CHICAGO, 1949.
1631

HIBBS, JAMES RUSSELL.
CARACAS AWARDS OF 1868 AND THEIR SIGNIFICANCE IN THE
RELATIONS OF VENEZUELA AND THE UNITED STATES,
1865-1889 (THE).
PH.D. DISS., UNIVERSITY OF PENNSYLVANIA, 1941.
1632

HILL, HOWARD COPELAND.
ROOSEVELT AND THE CARIBBEAN.
NEW YORK. RUSSELL AND RUSSEL, 1965.
1633

HOOD, MIRIAM.
GUNBOAT DIPLOMACY 1895-1905. GREAT POWER PRESSURE IN
VENEZUELA.
LONDON. ALLEN AND UNWIN, 1975.
1634

HORTENSIO. SEE GUELL Y MERCADOR, JOSE.
1635

HUMPHREYS, ROBERT ARTHUR.
ANGLO-AMERICAN RIVALRIES AND THE VENEZUELA CRISIS OF
1895. IN.
LONDON. TRANSACTIONS OF THE ROYAL HISTORICAL
SOCIETY, FIFTH SERIES, VOL. 17 (1967), PP. 131-134.
1636

IM THURN, EVERARD FERDINAND, SIR.
BOUNDARY BETWEEN BRITISH GUIANA AND VENEZUELA. (THE).
DEMERARA, 1879.
1637

INTERNATIONAL BUREAU OF THE AMERICAN REPUBLICS,
WASHINGTON, D.C.
VENEZUELA. ESBOZO GEOGRAFICO, RECURSOS NATURALES,
LEGISLACION, CONDICIONES ECONOMICAS, DESARROLLO
ALCANZADO, PROSPECTO DE FUTURO DESENVOLVIMIENTO.

ED. Y COMP. POR N. VELOG GOITICOA.
CARACAS. IMPRENTA BOLIVAR, 1905.

1638

JAMES, HENRY.
RICHARD OLNEY AND HIS PUBLIC SERVICE. WITH
DOCUMENTS, INCLUDING UNPUBLISHED DIPLOMATIC
CORRESPONDENCE.
BOSTON AND NEW YORK. HOUGHTON MIFFLIN, 1923. REPRINT
NEW YORK, DACAPO PRESS, 1971.

1639

JERVEY, THEODORE DEHON.
WILLIAM LINDSAY SCRUGGS, A FORGOTTEN DIPLOMAT. IN.
SOUTH ATLANTIC QUARTERLY, 27(1928), 292-309.

1640

JONES, CHESTER LLOYD.
CARIBBEAN SINCE 1900 (THE).
NEW YORK. PRENTICE HALL, INC., 1936.

1641

JOSEPH, CEDRIC L.
VENEZUELA-GUYANA BOUNDARY ARBITRATION OF 1889 (THE).
AN APPRAISAL. IN.
CARIBBEAN STUDIES, 10.2(JULY 1970), 56-87 AND
10.4(JAN. 1971), 35-74).

1642

JUGO DELGADO, PEDRO JOSE.
TIRANO MAS EN LA PICOTA (UN). POLITICA VENEZOLANA.
NEW YORK, 1911.

1643

JUGO DELGADO, PEDRO JOSE, COMP.
PELIGRO DE LA INTERVENCION EN VENEZUELA (EL).
NEW YORK. M.P. BASSO, 1930.

1644

KEY AYALA, SANTIAGO.
ENTRE GIL FOUTOUL Y LISANDRO ALVARADO.
CARACAS. TIPOGRAFIA LA NACION, 1945. (CUADERNOS
LITERARIOS DE LA ASOCIACION DE ESCRITORES
VENEZOLANOS, NO. 49).

1645

KHAN, RAIS A.
UNITED STATES AND INTERNATIONAL ARBITRATION,
1895-1912 (THE).
PH.D. DISS., UNIVERSITY OF CALIFORNIA AT BERKELEY,
1962.

1646

KING, PETER HENRY.
WHITE MAN"S BURDEN (THE). BRITISH IMPERIALISM AND
ITS LESSONS FOR AMERICA AS SEEN BY AMERICAN
PUBLICISTS, FROM THE VENEZUELA CRISIS TO THE BOER
WAR.
PH.D. DISS., UNIVERSITY OF CALIFORNIA AT LOS
ANGELES, 1959.

1647

LANDAETA ROSALES, MANUEL.

BIOGRAFIA DEL BENEMERITO GENERAL JOAQUIN CRESPO.
CARACAS. IMPRENTA BOLIVAR, 1893.
1648
LANDAETA ROSALES, MANUEL.
RIQUEZA CIRCULANTE EN VENEZUELA. O, SEA, MONEDA,
BANCOS, CUADRO DE LOS PROYECTOS DE BANCOS E
INSTITUTOS DE CREDITO EN VENEZUELA, CAJAS DE AHORRO,
MONTES DE PIEDAD, SEGUROS Y METROLOGIA.
CARACAS. IMPRENTA BOLIVAR, 1903.
1649
LANDAETA ROSALES, MANUEL.
VIAJE DEL GENERAL CIPRIANO CASTRO, PRESIDENTE DE LA
REPUBLICA AL CENTRO, SUR Y ORIENTE DE VENEZUELA EN
ABRIL Y MAYO DE 1905.
CARACAS. IMPRENTA NACIONAL, 1905.
1650
LANDAETA ROSALES, MANUEL, COMP.
INVASIONES DE COLOMBIA A VENEZUELA EN 1901, 1902 Y
1903.
CARACAS. IMPRENTA BOLIVAR, 1903.
1651
LANDAETA ROSALES, MANUEL, COMP.
RESUMEN DE LA VIDA PUBLICA DEL EMINENTE CIUDADANO
GENERAL EN JEFE JACINTO REGINO PACHANO. HONORES
TRIBUTADOS A SU MEMORIA.
CARACAS. IMPRENTA BOLIVAR, 1903.
1652
LARRAZABAL, FELIPE.
IDEARIO POLITICO Y ECONOMICO, 1844-1872. SELECCION
DE SUS ESCRITOS. COMPILACION, PROLOGO Y NOTAS DE
PEDRO GRASES.
CARACAS. PUBLICACIONES DE LA PRESIDENCIA DE LA
REPUBLICA, 1963. (COLECCION NUESTRO SIGLO XIX, NO.
6).
1653
LARRAZABAL HENRIQUEZ, OSVALDO.
AZUL DE MANICUARE.
CARACAS. EDICIONES DE LA BIBLIOTECA DE LA
UNIVERSIDAD CENTRAL DE VENEZUELA, 1971. (COLECCION
AVANCE, NO. 33).
1654
LARRAZABAL HENRIQUEZ, OSVALDO.
ENRIQUE BERNARDO NUNEZ.
CARACAS. UNIVERSIDAD CENTRAL DE VENEZUELA, 1969.
1655
LAVIN, JOHN.
AUREOLA PARA GOMEZ (UNA).
CARACAS. DISTRIBUIDORA CONTINENTAL, 195-.
1656
LAVIN, JOHN.
HALO FOR GOMEZ (A).
NEW YORK. PAGEANT PRESS, 1954.

1657
    LECUNA, VICENTE.
    REVOLUCION DE QUEIPA (LA). PROLOGO DE RAMON DIAZ
    SANCHEZ.
    CARACAS. EDICIONES GARRIDO, 1954.

1658
    LEON, CESAR A., ED.
    HONOR Y PATRIOTISMO. INTERESANTES DOCUMENTOS PARA LA
    HISTORIA DE VENEZUELA. AGRESION EXTRANJERA,
    BOMBARDEO DE LA FORTALEZA SAN CARLOS, DEFENSA
    HEROICA POR EL GENERAL JORGE A. BELLO.
    CARACAS. HERRERA IRIGOYEN, 1906.

1659
    LEVEL DE GODA, LUIS.
    CAMPANAS DEL GENERAL ANTONIO GUZMAN BLANCO, SU
    CARACTER Y CONDICIONES MILITARES.
    CARACAS, 1889.

1660
    LEVEL DE GODA, LUIS.
    EN DEFENSA DE LA HISTORIA CONTEMPORANEA DE VENEZUELA
    POLITICA Y MILITAR.
    BARCELONA. IMPRENTA DE J. CUNILL SALA, 1894.

1661
    LEVEL DE GODA, LUIS.
    HISTORIA CONTEMPORANEA DE VENEZUELA. POLITICA Y
    MILITAR, 1858-1886. VOL. 1.
    CARACAS. IMPRENTA NACIONAL, 1954.

1662
    LISCANO VELUTINI, JUAN.
    ROMULO GALLEGOS.
    MEXICO. ORGANIZACION EDITORIAL NOVARO, 1968.

1663
    LISCANO VELUTINI, JUAN.
    ROMULO GALLEGOS Y SU TIEMPO.
    CARACAS. UNIVERSIDAD CENTRAL DE VENEZUELA, 1961.
    (BIBLIOTECA DE CULTURA UNIVERSITARIA, NO. 5).

1664
    LIVERMORE, SEWARD W.
    THEODORE ROOSEVELT, THE AMERICAN NAVY, AND THE
    VENEZUELAN CRISIS OF 1902-1903. IN.
    AMERICAN HISTORICAL REVIEW, 51(1946), 452-471.

1665
    LOPEZ, JACINTO.
    OPRESOR Y EL LIBERTADOR (EL). CASTRO Y MATOS.
    CONTRIBUCION A LA INFORMACION CONTEMPORANEA EN
    VENEZUELA.
    NEW YORK. IMPRENTA "LAS NOVEDADES," 1912.

1666
    LOPEZ, JACINTO.
    PLAN DE ORGANIZACION DE LA REVOLUCION DE VENEZUELA
    ... PROPUESTO A LOS JEFES Y DIRECTORES DE LA
    REVOLUCION. SE PUBLICA PARA FORMAR LA OPINION DE LOS
    VENEZOLANOS EN EL DESTIERRO Y DECIRLE AL MUNDO
    CUALES SON LOS PROPOSITOS E IDEALES DE LA REVOLUCION

DE VENEZUELA.
NEW YORK, 1923.
1667

LOPEZ, JOSE HERIBERTO.
CUENTOS DE ACERO. ANECDOTARIO SATIRICO, EPOCA DEL
GOMEZALATO. 2D ED.
CARACAS. COOPERATIVA DE ARTES GRAFICAS, 1936.
1668

LOPEZ, JOSE HERIBERTO.
VICTIMA (LA). ILUSTRACIONES DE LOPEZ MENDEZ.
HAVANA. RAMBLA, BONZA Y CA., 1925.
1669

LOPEZ CONTRERAS, ELEAZAR.
PROCESO POLITICO SOCIAL, 1928-1936. 2D ED.
CARACAS. EDITORIAL ANCORA, 1955.
1670

LOPEZ MENDEZ, LUIS.
OBRAS COMPLETAS. PROLOGO DE LUIS BELTRAN GUERRERO.
SAN CRISTOBAL, VENEZUELA, 196-. (BIBLIOTECA DE
AUTORES Y TEMAS TACHIRENSES, NO. 6).
1671

LOPEZ MENDEZ, LUIS.
PARTIDOS POLITICOS, 1887-1891 (LOS).
CARACAS. PUBLICACIONES DE LA PRESIDENCIA DE LA
REPUBLICA, 1962. (COLECCION NUESTRO SIGLO XIX, NO.
4).
1672

LOSSADA PINERES, JUAN A.
HOMBRES NOTABLES DE LA REVOLUCION DEL 92 EN
VENEZUELA.
CARACAS AND MARACAIBO. IMPRENTA Y LITOGRAFIA
NACIONAL, IMPRENTA AMERICANA, 1893-1895, 2 VOLS.
1673

MACHADO, GUSTAVO.
ASALTO A CURAZAO (EL).
BARCELONA. IMPRENTA MYRIA, 1930.
1674

MACHADO, GUSTAVO. * PLAZA, SALVADOR DE LA.
VERDADERA SITUACION DE VENEZUELA (LA).
MEXICO. EDITORIAL P.R.V., 1929.
1675

MALDONADO, SAMUEL DARIO.
OBRAS DE SAMUEL DARIO MALDONADO. CENTENARIO DE SU
NACIMIENTO.
CARACAS. PRESIDENCIA DE LA PEPUBLICA, 1970-, 3 VOLS.
TO DATE.
1676

MARQUEZ BUSTILLOS, V.
DOS CAMPANAS.
CARACAS. LITOGRAFIA Y TIPOGRAFIA DEL COMERCIO, 1916.
1677

MARQUEZ BUSTILLOS, V.
ELECCION PRESIDENCIAL DEL GENERAL JUAN VICENTE GOMEZ

(LA).
CARACAS. IMPRENTA NACIONAL, 1915.

1678
MARQUEZ BUSTILLOS, V.
REFORMA MILITAR VENEZOLANA (LA).
CARACAS. LITOGRAFIA Y TIPOGRAFIA DEL COMERCIO, 1917.

1679
MARQUEZ BUSTILLOS, V.
SEMBLANZA DEL GENERAL JUAN VICENTE GOMEZ.
CARACAS. LITOGRAFIA DEL COMERCIO, 1919.

1680
MARQUEZ CANIZALES, AUGUSTO.
DISCURSO DE ORDEN. SESION SOLEMNE DEL DIA DE
CARACAS.
CARACAS. CONCEJO MUNICIPAL DEL DISTRITO FEDERAL,
DIRECCION DE RELACIONES PUBLICAS, 1966.

1681
MARTZ, JOHN D.
VENEZUELA"S "GENERATION OF "28." THE GENESIS OF
POLITICAL DEMOCRACY. IN.
JOURNAL OF INTER-AMERICAN STUDIES, 6(1964), 17-32.

1682
MEDINA, JOSE RAMON.
ROMULO GALLEGOS. ENSAYO BIOGRAFICO.
CARACAS. EDITORIAL ARTE, 1966.

1683
MENDIBLE, LUCIANO.
TREINTA AÑOS DE LUCHA. DOCUMENTOS PARA LA VIDA
PUBLICA DEL DOCTOR LUCIANO MENDIBLE, 1908-1940.
CARACAS. COOPERATIVA DE ARTES GRAFICAS, 1941.

1684
MENSAJES PRESIDENCIALES Y DISCURSOS DE CANCILLERES.
RECLAMACION DE LA GUAYANA ESEQUIBA.
CARACAS. REPUBLICA DE VENEZUELA, MINISTERIO DE
RELACIONES EXTERIORES, 1967.

1685
MICHELENA, TOMAS.
MISION DIPLOMATICA DE MICHELENA EN LA GRAN BRETANA
(LA).
CARACAS. TIPOGRAFIA DE EL TIEMPO, 1894.

1686
MICHELENA Y ROJAS, FRANCISCO.
EXPLORACION OFICIAL POR LA PRIMERA VENEZUELA DESDE
EL NORTE DE LA AMERICA DEL SUR SIEMPRE POR RIOS,
ENTRANDO POR LAS BOCAS DEL ORINOCO ... TOCANDO EN
LAS CAPITALES DE LAS PRINCIPALES PROVINCIAS DEL
IMPERIO EN LOS AÑOS DE 1855 HASTA 1859.
BRUSSELS. A. LACROIX, VERBOECKHOVEN Y CIA, 1867.

1687
MIJARES, AUGUSTO.
INTERPRETACION PESIMISTA DE LA SOCIOLOGIA
HISPANOAMERICANA (LA). 2D ED.
MADRID. A. AGUADO, 1952.

1688
MORANTES, PEDRO MARIA (PSEUD. PIO GIL).
AMARILLO, AZUL Y ROJO. PERSONALISMOS Y VERDADES.
CARACAS. TIPOGRAFIA GARRIDO, 1952.
1689
MORANTES, PEDRO MARIA (PSEUD. PIO GIL).
CAPITAN TRICOFERO, CIPRIANO CASTRO (EL). LA
REVOLUCION RESTAURADORA, EL GENIO Y LA FORTUNA.
CARACAS, 1968.
1690
MORANTES, PEDRO MARIA (PSEUD. PIO GIL).
CUATRO ANOS DE MI CARTERA. RADIOGRAFIA DE LA
ADULACION EN VENEZUELA.
CARACAS. EDICIONES CENTAURO, 1975.
1691
MORANTES, PEDRO MARIA (PSEUD. PIO GIL).
FELICITADORES (LOS).
CARACAS. TIPOGRAFIA GARRIDO, 1952.
1692
MORANTES, PEDRO MARIA (PSEUD. PIO GIL).
FELICITADORES Y "VENEZUELA 1900" (LOS). 3D ED.
CARACAS. EDICIONES CENTAURO, 1974.
1693
NAVA, JULIAN.
ILLUSTRIOUS AMERICAN (THE). THE DEVELOPMENT OF
NATIONALISM IN VENEZUELA UNDER ANTONIO GUZMAN
BLANCO. IN.
HISPANIC AMERICAN HISTORICAL REVIEW, 45(1965),
527-543.
1694
NAVA, JULIAN.
SOCIAL HISTORY OF VENEZUELA UNDER GUZMAN BLANCO (A).
PH.D. DISS., HARVARD UNIVERSITY, 1955.
1695
NAVA, RAMIRO.
OBRAS COMPLETAS. COMPILADAS POR MARIA NAVA DE POSSE
DE RIVAS.
MADRID. EDITORIAL MEDITERRANEO, 1971.
1696
NUNEZ, ENRIQUE BERNARDO.
ESTATUA DE EL VENEZOLANO (LA). (GUZMAN. O, UN
DESTINO FRUSTRADO). EL 24 DE ENERO.
CARACAS. UNIVERSIDAD CENTRAL DE VENEZUELA, FACULTAD
DE HUMANIDADES Y EDUCACION, 1963.
1697
NUNEZ, ENRIQUE BERNARDO.
HOMBRE DE LA LEVITA GRIS (EL). LOS ANOS DE LA
RESTAURACION LIBERAL.
CARACAS. EDICIONES EDIME, 1953.
1698
NUNEZ, ENRIQUE BERNARDO.
TRES MOMENTOS EN LA CONTROVERSIA DE LIMITES DE
GUAYANA. EL INCIDENTE DEL YURUAN, CLEVELAND Y LA

DOCTRINA MONROE. 2D ED.
CARACAS. MINISTERIO DE RELACIONES EXTERIORES, 1962.
1699
NUNEZ PONTE, JOSE MANUEL.
DR. JOSE GREGORIO HERNANDEZ. ENSAYO CRITICO,
BIOGRAFICO. 3D ED.
CARACAS. IMPRENTA NACIONAL, 1959.
1700
NUNEZ PONTE, JOSE MANUEL.
NUESTRO GRAN APOSTOL.
CARACAS. EDITORIAL BOLIVAR, 1939.
1701
OLAVARRIA, DOMINGO ANTONIO.
ESTUDIO HISTORICO-POLITICO, REFUTACION AL
"MANIFIESTO LIBERAL" DE 1893. 2D ED., CORREGIDA Y
NOTABLEMENTE AUMENTADA, CONTIENE ADEMAS UN APENDICE.
VALENCIA. TIPOGRAFIA ARTISTICA MIJARES, 1895.
(HISTORIA PATRIA, NO. 10).
1702
OTERO SILVA, MIGUEL.
FIEBRE. NOVELA DE LA REVOLUCION VENEZOLANA.
CARACAS. EDICIONES DEL MINISTERIO DE EDUCACION,
DIRECCION DE CULTURA Y BELLAS ARTES, 1961.
(BIBLIOTECA POPULAR VENEZOLANA, NO. 77).
1703
PACHANO, JACINTO REGINO.
BIOGRAFIA DEL MARISCAL JUAN C. FALCON. PROLOGO POR
LINO IRIBARREN CELIS. 2D ED.
CARACAS. IMPRENTA NACIONAL, 1960. (COMISION
CONMEMORATIVA Y DE ESTUDIO DEL REGIMEN FEDERAL.,
EDICIONES CONMEMORATIVAS DEL PRIMER CENTENARIO DE LA
REVOLUCION FEDERAL, NO. 3).
1704
PACHECO, LUIS EDUARDO.
ORIGENES DEL PRESIDENTE GOMEZ.
CARACAS. TALLERES DE ARTES GRAFICAS, 1968.
1705
PARADA, NEMECIO.
TACHIRA DE MI INFANCIA Y JUVENTUD (EL).
CARACAS, 1966. (BIBLIOTECA DE TEMAS Y AUTORES
TACHIRENSES, NO. 42).
1706
PAREDES, ANTONIO.
COMO LLEGO CIPRIANO CASTRO AL PODER. MEMORIAS
CONTEMPORANEAS O BOSQUEJO HISTORICO DONDE SE VE COMO
LLEGO CIPRIANO CASTRO AL PODER EN VENEZUELA Y COMO
SE HA SOSTENIDO EN EL 1906. 2D ED.
CARACAS. EDICIONES GARRIDO, 1954.
1707
PAREDES, ANTONIO.
DIARIO DE MI PRISION EN SAN CARLOS.
CARACAS. PRESIDENCIA DE LA REPUBLICA, 1963.
(COLECCION VENEZUELA PEREGRINA, NO. 3).

1708

PAREJA PAZ SOLDAN, JOSE. * VELASQUEZ, RAMON J.
JUAN VICENTE GOMEZ. UN FENOMENO TELURICO. 4TH ED.
CARACAS. EDICIONES CENTAURO, 1972.

1709

PARRA, PEDRO MARIA.
VENEZUELA OPRIMIDA. CUADROS POLITICOS DEL GOBIERNO
DE GOMEZ.
N.P., 1913.

1710

PARRA ARANGUREN, FERNANDO IGNACIO.
SITUACION LABORAL EN VENEZUELA EN 1916 (LA).
MARACAIBO, 1967.

1711

PARSONS, EDWARD B.
GERMAN-AMERICAN CRISIS OF 1902-1903 (THE). IN.
THE HISTORIAN, 33(1971), 436-452.

1712

PENZINI HERNANDEZ, JUAN.
VIDA Y OBRA DE JOSE GIL FORTOUL (1861-1943).
CARACAS. MINISTERIO DE RELACIONES EXTERIORES, 1972.

1713

PEPPER B., JOSE VICENTE.
DON RODOLFO Y SU FISCAL.
CARACAS. EDITORIAL BOLIVAR, 1938.

1714

PEREIRA, PEDRO N.
EN LA PRISION. LOS ESTUDIANTES DE 1928.
CARACAS. EDITORIAL AVILA GRAFICA, 1952. (EDICIONES
DE LA LIBRERIA "SANTOS LUZARDO").

1715

PEREZ ARCAY, JACINTO.
GUERRA FEDERAL (LA). CONSECUENCIAS.
CARACAS. LIBRERIA POLITECNICA MOULINES, 1974.

1716

PICON SALAS, MARIANO.
DIAS DE CIPRIANO CASTRO (LOS). HISTORIA VENEZOLANA
DEL 1900.
CARACAS. PRIMER FESTIVAL DEL LIBRO POPULAR
VENEZOLANO, 1958. (BIBLIOTECA BASICA DE CULTURA
VENEZOLANA).

1717

PIMENTEL, CECILIA.
BAJO LA TIRANIA, 1919-1935.
CARACAS. LA BODONIANA, 1970.

1718

PINO ITURRIETA, ELIAS A.
CASTRO. EPISTOLARIO PRESIDENCIAL.
CARACAS. UNIVERSIDAD CENTRAL DE VENEZUELA, INSTITUTO
DE ESTUDIOS HISPANOAMERICANOS, 1974.

1719

PIO GIL. SEE MORANTES, PEDRO MARIA.

1720

PLANAS SUAREZ, SIMON.
CONFLICTO VENEZOLANO CON ALEMANIA, GRAN BRETANA E
ITALIA, Y LA FAMOSA DOCTRINA DRAGO (EL). HISTORIA Y
DIPLOMACIA.
BUENOS AIRES. IMPRENTA LOPEZ, 1963.

1721

PLANAS SUAREZ, SIMON.
EXTRANJEROS EN VENEZUELA, SU CONDICION ANTE EL
DERECHO PUBLICO Y PRIVADO DE LA REPUBLICA (LOS). 2D
ED.
LISBON. CENTRO TIPOGRAFICO COLONIAL, 1917.

1722

PLAZA A., EDUARDO.
INTRODUCCION AL DERECHO INTERNACIONAL DE ANDRES
BELLO.
CARACAS, 1955.

1723

POCATERRA, JOSE RAFAEL.
ARCHIVO DE JOSE RAFAEL POCATERRA. LA OPOSICION A
GOMEZ.
CARACAS. BANCO INDUSTRIAL DE VENEZUELA, 1973, 2
VOLS.

1724

POCATERRA, JOSE RAFAEL.
GOMEZ, THE SHAME OF AMERICA. FRAGMENTS FROM THE
MEMOIRS OF A CITIZEN OF THE REPUBLIC OF VENEZUELA
IN THE DAYS OF HER DECADENCE.
PARIS. A. DELPEUCH, 1929.

1725

POCATERRA, JOSE RAFAEL.
MEMORIAS DE UN VENEZOLANO DE LA DECADENCIA.
CARACAS. ORGANIZACION CONTINENTAL DE LOS FESTIVALES
DEL LIBRO, 195-, 2 VOLS.

1726

POCATERRA, JOSE RAFAEL.
TYRANNIE AU VENEZUELA, GOMEZ, LA HONTE DE
L"AMERIQUE. FRAGMENTS DES "MEMOIRES D"UN VENEZUELIEN
DE LA DECADENCE."
PARIS. A. DELPEUCH, 1928.

1727

PRISIONES DE VENEZUELA Y LA MUERTE DE JUAN VICENTE
GOMEZ, 1935. PRESENTADA POR GUSTAVO MACHADO.
CARACAS. EDICIONES CENTAURO, 1974.

1728

RALSTON, JACKSON HARVEY, ED.
REPORT OF FRENCH-VENEZUELAN MIXED CLAIMS COMMISSION
OF 1902.
WASHINGTON, D.C. GOVERNMENT PRINTING OFFICE, 1906.
(U.S. 59TH CONGRESS, 1ST SESSION, SENATE DOCUMENT
533).

1729

RALSTON, JACKSON HARVEY, ED.
VENEZUELAN ARBITRATIONS OF 1903, INCLUDING

PROTOCOLS, PERSONNEL AND RULES OF COMMISSION
OPINIONS, AND SUMMARY OF AWARDS.
WASHINGTON, D.C. GOVERNMENT PRINTING OFFICE, 1904.
(U.S. 58TH CONGRESS, 2D SESSION, SENATE DOCUMENT
316).
1730

RANGEL, DOMINGO ALBERTO.
ANDINOS EN EL PODER (LOS). BALANCE DE UNA HEGEMONIA,
1899-1945.
CARACAS, 1965.
1731

RISQUEZ, FRANCISCO ANTONIO.
DISCURSOS Y CONFERENCIAS.
CARACAS. TIPOGRAFIA AMERICANA, 1926.
1732

RISQUEZ, FRANCISCO ANTONIO.
VENEZUELA Y LOS ESTADOS UNIDOS. CONFERENCIA DADA EN
EL SALON DE LA UNION IBERO-AMERICANA.
MADRID. IMPRENTA EL TRABAJO, 1908.
1733

RODRIGUEZ, MANUEL ALFREDO.
ANDUEZA PALACIO Y LA CRISIS DEL LIBERALISMO
VENEZOLANO.
CARACAS. LA ESTRELLA EN LA MIRA, 1968.
1734

ROHL, JUAN.
ARTURO MICHELENA, 1863-1898. SU VIDA Y SU OBRA.
CARACAS. EDITORIAL ARTE, 1966.
1735

ROHL, JUAN.
RICARDO ZULOAGA, 1867-1932. 2D ED., CORREGIDA Y
AUMENTADA. PROLOGO DE GUILLERMO MORON.
CARACAS, 1967.
1736

ROJAS, ARMANDO.
GUZMAN BLANCO Y LA GUAYANA ESQUIBA.
CARACAS. ACADEMIA NACIONAL DE LA HISTORIA, 1971.
1737

ROJAS, ARMANDO.
MISIONES DIPLOMATICAS DE GUZMAN BLANCO (LAS).
ENSAYO.
CARACAS. MONTE AVILA, 1972.
1738

ROJAS, JOSE MARIA.
RECUERDOS DE LA PATRIA.
CARACAS. PRESIDENCIA DE LA REPUBLICA, 1963.
(COLECCION VENEZUELA PEREGRINA, NO. 5).
1739

ROJAS, JOSE MARIA.
TIEMPO PERDIDO. COLECCION DE ESCRITOS SOBRE
POLITICA, LITERATURA Y HACIENDA PUBLICA.
CARACAS, 1967.

1740

ROJAS PAUL, JUAN PABLO.
GUZMAN BLANCO Y CRESPO, LA CACAREADA REACCION CONTRA
LA CAUSA LIBERAL.
CARACAS, 1894.

1741

ROLDAN OLIARTE, ESTEBAN.
GENERAL JUAN VICENTE GOMEZ, VENEZUELA DE CERCA (EL).
MEXICO. IMPRENTA MUNDIAL, 1933. (HOMBRES DE AMERICA,
VOL. 5).

1742

ROLDAN OLIARTE, ESTEBAN.
VENEZUELA ADENTRO (TREINTA ANOS DE POLITICA).
SAN JOSE, COSTA RICA. IMPRENTA LINES, A. REYES,
1928.

1743

RONCAYOLO, MME. L.
AU VENEZUELA, 1876-1892. SOUVENIRS.
PARIS. P. DUPONT, 1894.

1744

RONDON MARQUEZ, RAFAEL ANGEL.
CRESPO Y LA REVOLUCION LEGALISTA.
CARACAS. EDICIONES DE LA CONTRALORIA, 1973.
(COLECCION HISTORIA).

1745

RONDON MARQUEZ, RAFAEL ANGEL.
GUZMAN BLANCO, "EL AUTOCRATA CIVILIZADOR." PARABOLA
DE LOS PARTIDOS POLITICOS TRADICIONALES EN LA
HISTORIA DE VENEZUELA.
CARACAS. TIPOGRAFIA GARRIDO, 1944, 2 VOLS.

1746

ROSS, GARY MEREDITH.
ANGLO-AMERICAN DIPLOMATIC RELATIONS WITH REGARD TO
NICARAGUA AND VENEZUELA. FEBRUARY 1894-JANUARY 1896.
PH.D. DISS., WASHINGTON STATE UNIVERSITY, 1966.

1747

ROUGIER, ANTOINE.
RECENTES GUERRES CIVILES DE LA COLOMBIE ET DU
VENEZUELA (LES).
PARIS. A. PEDONE, 1904.

1748

ROURKE, THOMAS. SEE CLINTON, DANIEL JOSEPH.

1749

SALAZAR MARTINEZ, FRANCISCO.
TIEMPO DE COMPADRES, DE CIPRIANO CASTRO A JUAN
VICENTE GOMEZ.
CARACAS. LIBRERIA PINANGO, 1972.

1750

SCHAEL, GUILLERMO JOSE.
PORMENORES DE TRES EPISODIOS HISTORICOS EN
VENEZUELA.
CARACAS. AUTO-AGRO, 1958.

1751

SCHOENRICH, OTTO.

VENEZUELA-BRITISH GUIANA BOUNDARY DISPUTE. IN.
AMERICAN JOURNAL OF INTERNATIONAL LAW, 43(1949),
523-530.
1752
SCRUGGS, WILLIAM LINDSAY.
BRITISH AGGRESSIONS IN VENEZUELA, OR THE MONROE
DOCTRINE ON TRIAL. 3D ED.
ATLANTA. THE FRANKLIN PRINTING AND PUBLISHING CO.,
1895.
1753
SCRUGGS, WILLIAM LINDSAY.
CASE OF VENEZUELA. BRIEF CONCERNING THE QUESTION OF
BOUNDARY BETWEEN VENEZUELA AND BRITISH GUIANA.
SUBMITTED TO THE TRIBUNAL OF ARBITRATORS CONSTITUTED
IN CONFORMITY WITH THE TREATY OF FEBRUARY 2, 1897.
ATLANTA. THE FRANKLIN PRINTING AND PUBLISHING CO.,
1898.
1754
SCRUGGS, WILLIAM LINDSAY.
COLOMBIAN AND VENEZUELAN REPUBLICS, WITH NOTES ON
OTHER PARTS OF CENTRAL AND SOUTH AMERICA (THE).
BOSTON. LITTLE, BROWN, AND CO., 1900.
1755
SCRUGGS, WILLIAM LINDSAY.
FALLACIES OF THE BRITISH "BLUE BOOK" ON THE
VENEZUELAN QUESTION, BY W.L. SCRUGGS, LEGAL ADVISER
OF THE VENEZUELAN GOVERNMENT. 2D ED.
WASHINGTON, D.C. MCGILL AND WALLACE, 1896.
1756
SCRUGGS, WILLIAM LINDSAY.
LORD SALISBURY"S MISTAKES, BY W.L. SCRUGGS, COUNSEL
FOR THE VENEZUELAN GOVERNMENT. 3D ED.
WASHINGTON, D.C. MCGILL AND WALLACE, 1896.
1757
SEIJAS, RAFAEL FERNANDO.
DERECHO INTERNACIONAL VENEZOLANO (EL). LIMITES
BRITANICOS DE GUAYANA.
CARACAS. IMPRENTA NACIONAL, 1888.
1758
SEIJAS, RAFAEL FERNANDO.
PRACTICAS DEL MINISTERIO VENEZOLANO DE RELACIONES
EXTERIORES.
MADRID. TIPOGRAFIA DE TERCENO, 1890-.
1759
SEIJAS, RAFAEL FERNANDO.
PRESIDENTE (EL).
CARACAS. TIPOGRAFIA GARRIDO, 1940.
1760
SEIJAS, RAFAEL FERNANDO.
TO THE "LONDON TIMES." TRANSLATION OF AN ARTICLE
WHICH APPEARED IN THE "DIARIO" OF CARACAS, NOV. 25,
1895.
ATLANTA. FRANKLIN PRINTING AND PUBLISHING, 1896.

1761

SEIJAS, RAFAEL FERNANDO.
VENEZUELAN INTERNATIONAL LAW. BRITISH BOUNDARIES OF
GUAYANA. ACCOMPANIED BY A MAP TO BE CIRCULATED
SEPARATELY.
PARIS. IMPRENTA C. PARISET, 1888.

1762

SLOAN, JENNIE A.
ANGLO-AMERICAN RELATIONS AND THE VENEZUELAN BOUNDARY
DISPUTE.
PH.D. DISS., UNIVERSITY OF CHICAGO, 1934.

1763

SLOAN, JENNIE A.
ANGLO-AMERICAN RELATIONS AND THE VENEZUELAN BOUNDARY
DISPUTE. IN.
HISPANIC AMERICAN HISTORICAL REVIEW, 18(1938),
486-506.

1764

SOSA, ARTURO.
FILOSOFIA POLITICA DEL GOMECISMO (LA). ESTUDIO DEL
PENSAMIENTO DE LAUREANO VALLENILLA LANZ.
BARQUISIMETO. CENTRO GUMILLA, 1974.

1765

SPENCE, JAMES MUDIE.
LAND OF BOLIVAR (THE). OR WAR, PEACE AND ADVENTURE
IN THE REPUBLIC OF VENEZUELA. 2D ED.
LONDON. S. LOW, MARSTON, SEARLE AND RIVINGTON,
1878, 2 VOLS.

1766

SPENCE, JAMES MUDIE.
TIERRA DE BOLIVAR (LA). O, GUERRA, PAZ Y AVENTURA EN
LA REPUBLICA DE VENEZUELA. TRADUCCION DE JAIME
TELLO.
CARACAS. BANCO CENTRAL DE VENEZUELA, 1966, 2 VOLS.
(COLECCION CUATRICENTENARIO DE CARACAS).

1767

SPENCE, JAMES MUDIE.
VISITA A VENEZUELA. TRADUCCION POR JAIME TELLO.
CARACAS. INSTITUTO NACIONAL DE COOPERACION
EDUCATIVA, 1971. (EDICIONES CULTURALES, NO. 11).

1768

STODDARD, THEODORE LOTHROP.
GOMEZ IS VENEZUELA. IN.
WORLD TODAY, 57(1931), 561-565.

1769

SULLIVAN, WILLIAM M.
RISE OF DESPOTISM IN VENEZUELA (THE). CIPRIANO
CASTRO, 1899-1908.
PH.D. DISS., UNIVERSITY OF NEW MEXICO, 1974.

1770

TEJERA, MIGUEL.
VENEZUELA EN LA EXPOSICION DE PARIS EN 1878.
CARACAS. IMPRENTA BOLIVAR, 1878.

1771

TELLO MENDOZA, RAMON, COMP.
VIAJE DEL GENERAL CIPRIANO CASTRO, PRESIDENTE DE LA
REPUBLICA, AL CENTRO, SUR Y ORIENTE DE VENEZUELA EN
ABRIL Y MAYO DE 1905.
CARACAS. IMPRENTA NACIONAL, 1905.

1772

TORO JIMENEZ, FERMIN.
MISION DIPLOMATICA EN VENEZUELA (1866) (UNA).
CARACAS. UNIVERSIDAD CENTRAL DE VENEZUELA, FACULTAD
DE DERECHO, 1971. (COLECCION TRABAJOS DE ASCENSO,
NO. 2).

1773

TOSTA, VIRGILIO.
F. TOSTA GARCIA, MILITAR, POLITICO, ESCRITOR,
ACADEMICO. PROLOGO DEL DOCTOR S. KEY AYALA.
CARACAS. TIPOGRAFIA GARRIDO, 1953.

1774

UNITED STATES.
CASE OF THE UNITED STATES OF AMERICA ON BEHALF OF
THE ORINOCO STEAMSHIP COMPANY AGAINST THE UNITED
STATES OF VENEZUELA (THE).
WASHINGTON, D. C. GOVERNMENT PRINTING OFFICE, 1910,
2 VOLS.

1775

UNITED STATES. COMMISSION TO INVESTIGATE AND REPORT
UPON THE TRUE DIVISION LINE BETWEEN VENEZUELA AND
BRITISH GUIANA.
REPORT AND ACCOMPANYING PAPERS.
WASHINGTON, D.C. GOVERNMENT PRINTING OFFICE, 1897, 9
VOLS.

1776

UNITED STATES. LIBRARY OF CONGRESS.
LIST OF WRITINGS ON THE VENEZUELAN CASE, 1902-1903.
WASHINGTON, D.C., 1908.

1777

VALLENILLA LANZ, LAUREANO.
DISGREGACION E INTEGRACION. 2D ED.
MADRID. INSTITUTO DE ESTUDIOS POLITICOS, 1962.
(COLECCION ENSAYOS POLITICOS).

1778

VALLENILLA LANZ, LAUREANO.
REHABILITACION DE VENEZUELA (LA). COMPANAS POLITICAS
DE EL NUEVO DIARIO (1915-1926).
CARACAS. LITOGRAFIA Y TIPOGRAFIA VARGAS, 1926-1928.

1779

VALLENILLA MARCANO, JOSE.
CARRETERAS DE VENEZUELA. LA OBRA MAXIMA DEL GENERAL
JUAN VICENTE GOMEZ.
CARACAS. LITOGRAFIA DEL COMERCIO, 1917.

1780

VARELA, HECTOR FLORENCIO.
GUZMAN BLANCO ANTE LA AMERICA.

BUENOS AIRES, 1879.

1781

VELASQUEZ, RAMON J.
CAIDA DEL LIBERALISMO AMARILLO (LA). TIEMPO Y DRAMA
DE ANTONIO PAREDES. 2D ED.
CARACAS. CROMOTIP, 1973.

1782

VENEGAS FILARDO, PASCUAL.
LISANDRO ALVARADO (1858-1929).
CARACAS. EDICIONES DE LA FUNDACION EUGENIO MENDOZA,
1956. (BIBLIOTECA ESCOLAR. COLECCION DE
BIBLIOGRAFIAS, NO. 23).

1783

VENEZUELA.
AFFAIRE DE THE ORINOCO STEAMSHIP COMPANY LIMITED.
PLAIDOIRIES PRONONCEES DEVANT LE TRIBUNAL PAR LE
REPRESENTANT DU VENEZUELA, DR. CARLOS F. GRISANTI.
PARIS. IMPRENTE L. DUC ET CIE, 1910.

1784

VENEZUELA.
ASUNTO DE THE ORINOCO STEAMSHIP COMPANY LIMITED.
ALEGATOS PRONUNCIADOS ANTE EL TRIBUNAL POR EL
REPRESENTANTE DE VENEZUELA, DR. CARLOS F. GRISANTI.
PARIS. IMPRENTE L. DUC ET CIE, 1910.

1785

VENEZUELA.
CONJURACION CONTRA LA VIDA DEL GENERAL JUAN VICENTE
GOMEZ, PRESIDENTE CONSTITUCIONAL DE LA REPUBLICA.
PROTESTA NACIONAL.
CARACAS. TIPOGRAFIA AMERICANA, 1911.

1786

VENEZUELA.
OFFICIAL HISTORY OF THE DISCUSSION BETWEEN VENEZUELA
AND GREAT BRITAIN ON THEIR GUIANA BOUNDARIES.
ATLANTA. THE FRANKLIN PRINTING AND PUBLISHING CO.,
1896.

1787

VENEZUELA.
ORINOCO STEAMSHIP COMPANY, LIMITED (THE). ALEGATOS
DEL REPRESENTANTE DE VENEZUELA, DR. CARLOS F.
GRISANTI (1910).
CARACAS. EMPRESA EL COJO, 1930.

1788

VENEZUELA.
PROCESO FRANCO-VENEZOLANO.
CARACAS. IMPRENTA NACIONAL, 1906.

1789

VENEZUELA.
TITULOS DE VENEZUELA EN SUS LIMITES CON COLOMBIA,
REUNIDOS Y PUESTOS EN ORDEN POR DISPOSICION DEL
ILUSTRE AMERICANO Y REGENERADOR DE VENEZUELA,
GENERAL ANTONIO GUZMAN BLANCO, PRESIDENTE DE LA
REPUBLICA. EDICION OFICIAL.

1790
CARACAS. IMPRENTA DE LA CONCORDIA, 1869, 3 VOLS.

VENEZUELA.
VENEZUELA Y LA COMPANIA FRANCESA DE CABLES
TELEGRAFICOS. RUIDOSO PROCESO. DOCUMENTOS PUBLICADO
EN "EL CONSTITUCIONAL."
CARACAS. IMPRENTA NACIONAL, 1905, 4 VOLS.

1791
VENEZUELA.
VENEZUELA-BRITISH BOUNDARY ARBITRATION. THE
COUNTER-CASE OF THE UNITED STATES OF VENEZUELA
BEFORE THE TRIBUNAL OF ARBITRATION TO CONVENE AT
PARIS UNDER THE PROVISIONS OF THE TREATY BETWEEN THE
UNITED STATES OF VENEZUELA AND HER BRITANNIC
MAJESTY, SIGNED AT WASHINGTON FEBRUARY 2, 1897.
NEW YORK. THE EVENING POST PRINTING HOUSE, 1898, 4
VOLS.

1792
VENEZUELA. ASAMBLEA NACIONAL CONSTITUYENTE, 1901.
ASAMBLEA NACIONAL CONSTITUYENTE DE 1901. PUBLICACION
HECHA DE ORDEN DEL GENERAL CIPRIANO CASTRO,
PRESIDENTE PROVISIONAL.
CARACAS. IMPRENTA BOLIVAR, 1901.

1793
VENEZUELA. ASAMBLEA NACIONAL CONSTITUYENTE, 1901.
JURAMENTO DEL PRESIDENTE PROVISIONAL DE LA REPUBLICA
Y CLAUSURA DE LA CAMARA.
CARACAS. TIPOGRAFIA HERRERA IRIGOYEN, 1901.

1794
VENEZUELA. CONGRESO.
DOCUMENTOS FAVORABLES A LAS REFORMAS DE LA
CONSTITUCION DE 1864, PEDIDAS POR EL ILUSRE
AMERICANO GENERAL GUZMAN BLANCO, PRESIDENTE DE LA
REPUBLICA, Y SANCIONADAS POR EL CONGRESO FEDERAL DE
1874.
CARACAS. IMPRENTA DE LA OPINION NACIONAL, 1874.

1795
VENEZUELA. CONSTITUTION.
CONSTITUCIONES DE LA REPUBLICA Y DE LOS ESTADOS Y
LEYES ORGANICAS DEL DISTRITO FEDERAL, LOS
TERRITORIOS Y LA ALTA CORTA FEDERAL. RECOPILADAS DE
ORDEN DEL ILUSTRE AMERICANO GENERAL GUZMAN BLANCO.
EDICION OFICIAL.
CARACAS. DIRECCION DE ESTADISTICA, 1876.

1796
VENEZUELA. DELEGADOS AL CENTENARIO DEL CONGRESO DE
PANAMA.
VENEZUELA EN EL CENTENARIO DEL CONGRESO DE PANAMA.
PUBLICACION HECHA DE ORDEN DEL BENEMERITO GENERAL
JUAN VICENTE GOMEZ, PRESIDENTE DE LA REPUBLICA DE
VENEZUELA.
CARACAS. LITOGRAFIA Y TIPOGRAFIA DEL COMERCIO, 1926.

1797
VENEZUELA. MINISTERIO DE FOMENTO.
EXPOSICION NACIONAL DE VENEZUELA EN 1883 (LA). OBRA
ESCRITA DE ORDEN DEL ... GENERAL GUZMAN BLANCO POR
A. ERNST.
CARACAS. IMPRENTA DE LA OPINION NACIONAL, 1884-1886,
2 VOLS.

1798
VENEZUELA. MINISTERIO DE HACIENDA.
MEMORIA DE LA COMISION DE BIENES NACIONALES. MEMORIA
ESCRITA POR DISPOSICION DEL GENERAL GUZMAN BLANCO,
ILUSTRE AMERICANO, REGENERADOR Y PRESIDENTE
CONSTITUCIONAL DE LOS ESTADOS UNIDOS DE VENEZUELA,
Y PRESENTADA AL MINISTRO DE HACIENDA POR LA COMISION
DE BIENES NACIONALES EN 30 DE ENERO DE 1877.
CARACAS, 1877.

1799
VENEZUELA. MINISTERIO DE OBRAS PUBLICAS.
MEMORIA DEL MINISTERIO DE OBRAS PUBLICAS AL CONGRESO
DE LOS ESTADOS UNIDOS DE VENEZUELA EN 1875. EDICION
FACSIMILAR.
CARACAS, 1973.

1800
VENEZUELA. MINISTERIO DE RELACIONES EXTERIORES.
ASUNTO DE LIMITES ENTRE VENEZUELA Y COLOMBIA.
REPLICA DE LOS ESTADOS UNIDOS DE VENEZUELA A LA
RESPUESTA DE COLOMBIA, 30 DE JUNIO DE 1920.
CARACAS. TIPOGRAFIA AMERICANA, 1921.

1801
VENEZUELA. MINISTERIO DE RELACIONES EXTERIORES.
ASUNTOS INTERNACIONALES. CORRESPONDENCIA DEL
MINISTERIO DE RELACIONES EXTERIORES DE LOS ESTADOS
UNIDOS DE VENEZUELA CON ALGUNAS DE LAS LEGACIONES
ACREDITADAS EN LA REPUBLICA. 1900-1903.
CARACAS. TIPOGRAFIA J.M. HERRERA IRIGOYEN Y CA.,
1903.

1802
VENEZUELA. MINISTERIO DE RELACIONES EXTERIORES.
DOCUMENTOS RELATIVOS A LA CUESTION
VENEZOLANO-HOLANDESA. EDICION OFICIAL.
CARACAS. IMPRENTA NACIONAL, 1908.

1803
VENEZUELA. PRESIDENCIA.
PRIMEROS ACTOS DEL EJECUTIVO FEDERAL PARA LA
ESTADISTICA DE VENEZUELA, 1871. EDICION FACSIMILAR.
CARACAS. EDICIONES CENTENARIO DIRECCION GENERAL DE
ESTADISTICA Y CENSOS NACIONALES, 1973.

1804
VENEZUELA. STATISTICS.
APUNTES ESTADISTICOS... DE LOS TERRITORIOS
FEDERALES, DEL DISTRITO FEDERAL, DEL ESTADO APURE -
ESTADO ZULIA.
CARACAS. IMPRENTA NACIONAL, 1875-1877, 22 VOLS.

1805

VENEZUELA. STATISTICS.
ESTADISTICA VENEZOLANA (LA). SUS PRINCIPIOS Y
TENDENCIAS, SU ORGANIZACION ADMINISTRATIVA, SU
FUNCIONAMIENTO. LA STATISTIQUE VENEZUELIENNE. SES
PRINCIPES ET SES TENDANCES, SON ORGANISATION
ADMINISTRATIVE, SON FONTIONNEMENTE.
CARACAS. DIRECCION GENERAL DE ESTADISTICA, 1913.

1806

VENEZUELA ANTE EL CONFLICTO CON LAS POTENCIAS
ALIADAS, ALEMANIA, INGLATERRA E ITALIA EN 1902 Y
1903. COMPILACION DE MANUEL LANDAETA ROSALES BAJO LA
DIRECCION DE R. TELLO MENDOZA.
CARACAS. TIPOGRAFIA UNIVERSAL, 1905, 2 VOLS.

1807

VIGAS, ANDRES JORGE.
PERFILES PARLAMENTARIOS DEL CONGRESO DE 1890.
CARACAS. LA OPINION NACIONAL, 1891.

1808

VILA SELMA, JOSE.
ROMULO GALLEGOS.
SEVILLE. PUBLICACIONES DE LA ESCUELA DE ESTUDIOS
HISPANO-AMERICANOS DE SEVILLA, 1954.

1809

VILLAFANE, JOSE GREGORIO.
INFORME DADO AL GOBIERNO SOBRE LOS ACTOS DE LA
COMISION MIXTA NOMBRADA PARA CONOCER Y DECIDIR DE
LAS RECLAMACIONES NORTE-AMERICANAS CONTRA VENEZUELA.
CARACAS. IMPRENTA DE LA CONCORDIA, 1868.

1810

WISE, GEORGE S.
CAUDILLO. A PORTRAIT OF ANTONIO GUZMAN BLANCO.
NEW YORK. COLOMBIA UNIVERSITY PRESS, 1951.

1811

WOLCOTT, EDWARD OLIVER.
MONROE DOCTRINE AND THE VENEZUELAN BOUNDARY (THE).
SPEECH IN THE SENATE OF THE UNITED STATES, JANUARY
22, 1896.
WASHINGTON, D.C., 1896. (MONROE DOCTRINE, NO. 5).

1812

ZULIA ILUSTRADO (EL). REVISTA MENSUAL. EDICION
FACSIMIL. 1888-1891. PROLOGO POR PEDRO GUZMAN.
MARACAIBO. FUNDACION BELLOSO, 1965.

1813

ZUMETA, CESAR.
CONTINENTE ENFERMO (EL). COMPILACION, PROLOGO Y
NOTAS DE RAFAEL ANGEL INSAUSTI.
CARACAS, 1961. (COLECCION RESCATE).

1814

ZUMETA, CESAR.
HOMBRES Y PROBLEMAS DE AMERICA LATINA (1906-1908).
SELECCION Y NOTAS DE RAFAEL ANGEL INSAUSTI. PROLOGO
DE ARTURO USLAR PIETRI.
CARACAS. PRESIDENCIA DE LA REPUBLICA, 1973.

1815

ZUMETA, CESAR.
POTENCIAS Y LA INTERVENCION EN HISPANOAMERICA (LAS).
CRONICAS AMERICAS Y EUROPEAS. SELECCION Y NOTAS DE
RAFAEL ANGEL INSAUSTI.
CARACAS. PUBLICACIONES DE LA PRESIDENCIA DE LA
REPUBLICA, 1963. (COLECCION VENEZUELA PEREGRINA, NO.
4).

1816

ZUMETA, CESAR.
TEIMPO DE AMERICA Y DE EUROPA, 1889-1916. SELECCION,
PROLOGO Y NOTAS DE RAFAEL ANGEL INSAUSTI.
CARACAS. PUBLICACIONES DE LA PRESIDENCIA DE LA
REPUBLICA, 1962. (COLECCION VENEZUELA PEREGRINA, NO.
2).

History

Since 1935

1817

ABALO, LUIS JOSE.
INTRODUCCION AL MANIFIESTO DEMOCRATICO. QUE ES LA
NEO-DEMOCRACIA.
CARACAS. VELAZQUEZ, 1962.

1818

ABALO, LUIS JOSE.
VENEZUELA PROBABLE (UNA). SUGERENCIAS INSTRUMENTALES
PARA EL PLAN DE LA NACION.
CARACAS, 1964.

1819

ABOUHAMAD H., JEANNETTE.
FUNDAMENTOS TEORICOS PARA EL ESTUDIO DE LAS
NECESIDADES Y DE LAS ASPIRACIONES HUMANAS.
CARACAS. UNIVERSIDAD CENTRAL DE VENEZUELA, 1972.

1820

ABOUHAMAD H., JEANNETTE.
HOMBRES DE VENEZUELA (LOS). SUS NECESIDADES, SUS
ASPIRACIONES.
CARACAS. UNIVERSIDAD CENTRAL DE VENEZUELA, CONSEJO
DE DESARROLLO CIENTIFICO Y HUMANISTICO, 1970.

1821

ABREU, JOSE VICENTE.
GUASINA. DONDE EL RIO PERDIO LAS SIETE ESTRELLAS.
RELATOS DE UN CAMPO DE CONCENTRACION DEL REGIMEN DE
PEREZ JIMENEZ. 2D ED.
CARACAS. J.A. CATALA, 1974. (LOS LIBROS DE LA
RESISTENCIA, NO. 2).

1822

ABREU, JOSE VICENTE.
SE LLAMABA S.N. NOVELA-TESTIMONIO. ED. JOSE AGUSTIN
CATALA. 6TH ED.
CARACAS. J.A. CATALA, 1971. (LOS LIBROS DE LA
RESISTENCIA, NO. 1).

1823

ACCION DE GOBIERNO DEL PRESIDENTE PEREZ. LOS
PRIMEROS 100 DIAS.
CARACAS. INFORMACION DOCUMENTAL DE AMERICA LATINA,
1974.

1824

ACCION DEMOCRATICA (VENEZUELA).
ACCION DEMOCRATICA, DOCTRINA Y PROGRAMA.
CARACAS. SECRETARIA NACIONAL DE PROPOGANDA, 1962.

1825

ACCION DEMOCRATICA (VENEZUELA).
ACCION DEMOCRATICA ANTE LA FARSA ELECTORAL DE LA
DICTADURA MILITAR DE VENEZUELA.

MEXICO, 1952.

1826
ACCION DEMOCRATICA (VENEZUELA).
CARTAS DE LOS PRESOS POLITICOS Y OTROS DOCUMENTOS.
CARACAS, 1951.

1827
ACCION DEMOCRATICA (VENEZUELA).
INFORME SOBRE ACTIVIDADES DE LA "QUINTA COLUMNA" EN
VENEZUELA.
CARACAS. LITOGRAFIA Y TIPOGRAFIA VARGAS, 1942.

1828
ACCION DEMOCRATICA (VENEZUELA).
LEONARDO RUIZ PINEDA, HEROE Y MARTIR DE LA
RESISTENCIA CIVIL VENEZOLANA.
MEXICO. B. DE SILVA, 1953.

1829
ACCION DEMOCRATICA (VENEZUELA).
PROGRAMA DEL GOBIERNO DE COLABORACION APROBADO
CONJUNTAMENTE POR LOS PARTIDOS ACCION DEMOCRATICA,
FRENTE NACIONAL DEMOCRATICO Y UNION REPUBLICANA
DEMOCRATICA.
CARACAS. IMPRENTA NACIONAL, 1965.

1830
ACCION DEMOCRATICA (VENEZUELA).
VENEZUELA BAJO EL SIGNO DEL TERROR, 1948-1952. LIBRO
NEGRO DE UNA DICTADURA. 2D ED.
SANTIAGO DE CHILE. PUBLICACIONES VALMORE RODRIGUEZ,
195-.

1831
ACEDO MENDOZA, CARLOS.
AMERICA LATINA, MARGINALIDAD Y SUBDESARROLLO.
CARACAS. FONDO EDITORIAL COMUN, 1973.

1832
ACEDO MENDOZA, CARLOS. * URDANETA FINUCCI, CARLOS.
ANALISIS DEL PLAN DE LA NACION, 1965-1968.
CARACAS, 1968.

1833
ACEDO MENDOZA, CARLOS.
DESARROLLO COMUNAL Y PROMOCION POPULAR. MARGINALIDAD
E INTEGRACION.
CARACAS. FONDO EDITORIAL COMUN, 1968.

1834
ACEDO MENDOZA, CARLOS. * OLMOS DE MANZO, SHEILA.
DESARROLLO DE LA COMUNIDAD (EL). UNA TECNICA PARA
SUPERAR LA DEPENDENCIA.
CARACAS. FONDO EDITORIAL COMUN, 1971.

1835
ACEDO MENDOZA, CARLOS.
DESARROLLO Y MARGINALIDAD.
CARACAS, 1961.

1836
ACEDO MENDOZA, CARLOS.
DOCTRINA Y POLITICA, RECOPILACION DE EXPOSICIONES

DISCURSOS Y CONFERENCIAS DEL PRESIDENTE DE
FUNDACOMUN.
CARACAS. FUNDACION PARA EL DESARROLLO DE LA
COMUNIDAD Y FOMENTO MUNICIPAL, 1970.
1837

ACEDO MENDOZA, CARLOS.
INSTITUCIONES FINANCIERAS.
CARACAS, 1958, 2 VOLS.
1838

ACEDO MENDOZA, CARLOS.
REFLEXIONES ALREDEDOR DEL CAMBIO DE ESTRUCTURAS.
CONFERENCIA DICTADA EN LA ASOCIACION PRO-VENEZUELA,
EN CARACAS ... 1967.
CARACAS. ASOCIACION PRO-VENEZUELA, 1967.
1839

ACEDO MENDOZA, CARLOS.
VENEZUELA. RUTA Y DESTINO. ESTUDIO SOBRE EL
DESARROLLO INTEGRAL DE VENEZUELA, ENMARCADO EN EL
DESARROLLO CONTINENTAL DE AMERICA LATINA. 2D ED.
CARACAS. FONDO EDITORIAL COMUN, 1971.
1840

ACEDO MENDOZA, CARLOS.
VENEZUELA HACIA UNA DEMOCRACIA SOCIAL.
CARACAS. INSTITUTO VENEZOLANO DE ACCION COMUNITARIA,
1964.
1841

ACEDO MENDOZA, CLEMY MACHADO. SEE MACHADO DE ACEDO
MENDOZA, CLEMY.
1842

ACOSTA SAIGNES, MIGUEL.
NOTICIA SOBRE EL PROBLEMA INDIGENA EN VENEZUELA.
FOTOS DEL AUTOR.
CARACAS. PUBLICACIONES DE LA COMISION INDIGENISTA,
1948-.
1843

AGUILAR, ARTURO.
TIERRA SIN JUSTICIA. HISTORIA Y POLITICA
CONTEMPORANEAS.
CARACAS.   TIPOGRAFIA VARGAS, 1958.
1844

AHUMADA CORVALAN, JORGE.
HIPOTESIS PARA EL DIAGNOSTICO DE UNA SITUACION DE
CAMBIO SOCIAL. EL CASO DE VENEZUELA.
CARACAS. UNIVERSIDAD CENTRAL DE VENEZUELA, CENTRO DE
ESTUDIOS DE DESARROLLO (CENDES), 1964.
1845

AHUMADA CORVALAN, JORGE.
HYPOTHESIS FOR THE DIAGNOSIS OF A SITUATION OF
SOCIAL CHANGE. THE CASE OF VENEZUELA. IN.
INTERNATIONAL SOCIAL SCIENCE JOURNAL, 16.2(1964),
192-202.
1846

ALBORNOZ, ORLANDO.

DESARROLLO POLITICO EN VENEZUELA.
CARACAS. UNIVERSIDAD CENTRAL DE VENEZUELA, CONSEJO
DE DESARROLLO CIENTIFICO Y HUMANISTICO, 1974.
1847

ALBORNOZ, ORLANDO.
SOCIEDAD VENEZOLANA (LA).
CARABOBO. EDICIONES DE LA DIRECCION DE CULTURA DE LA
UNIVERSIDAD DE CARABOBO, 1973.
1848

ALEMAN C., ROMULO E.
ADMINISTRACION PUBLICA COMO INSTRUMENTO DE
DESARROLLO.
CARACAS. IMPRENTA NACIONAL, 1964.
1849

ALEXANDER, ROBERT JACKSON.
COMMUNIST PARTY OF VENEZUELA (THE).
STANFORD, CALIFORNIA. HOOVER INSTITUTION PRESS,
1969. (COMPARATIVE COMMUNIST PARTY POLITICS. HOOVER
INSTITUTION STUDIES, NO. 24).
1850

ALEXANDER, ROBERT JACKSON.
DEMOCRATIC REVOLUTION IN VENEZUELA. IN.
ANNALS OF THE AMERICAN ACADEMY OF POLITICAL AND
SOCIAL SCIENCE, 358 (MARCH 1965), 150-158.
1851

ALEXANDER, ROBERT JACKSON.
POLITICAL EXPERIMENT IN VENEZUELA. IN.
CURRENT HISTORY, VOL. 49, DEC. 1965.
1852

ALEXANDER, ROBERT JACKSON.
VENEZUELAN DEMOCRATIC REVOLUTION (THE). A PROFILE OF
THE REGIME OF ROMULO BETANCOURT.
NEW BRUNSWICK, N. J. RUTGERS UNIVERSITY PRESS, 1964.
1853

ALLEN, HENRY JUSTIN.
VENEZUELA, A DEMOCRACY.
NEW YORK. DOUBLEDAY, DORAN AND CO., 1940.
1854

ALLEN, HENRY JUSTIN.
VENEZUELA, UNA DEMOCRACIA. VERSION CASTELLANA DE
ELOY LORENZO REBORA.
BUENOS AIRES. EDITORIAL CLARIDAD, 1945. (BIBLIOTECA
LA TIERRA Y EL HOMBRE, VOL. 5).
1855

ALLEN, ROBERT LORING.
CUENTAS REGIONALES.
MERIDA. UNIVERSIDAD DE LOS ANDES, INSTITUTO DE
INVESTIGACIONES ECONOMICAS, 1962.
1856

ALLEN, ROBERT LORING.
LECCIONES DE ECONOMIA REGIONAL.
MERIDA. UNIVERSIDAD DE LOS ANDES, INSTITUTO DE
INVESTIGACIONES ECONOMICAS, 1972, 2 VOLS.

1857

ALTUVE CARRILLO, LEONARDO.
YO FUI EMBAJADOR DE PEREZ JIMENEZ.
CARACAS. LIBROVEN, 1973.

1858

ALVAREZ, FEDERICO, ET AL.
IZQUIERDA VENEZOLANA Y LAS ELECCIONES DEL 73 (LA).
UN ANALISIS POLITICO Y POLEMICO.
CARACAS. SINTESIS DOSMIL, 1974.

1859

ANDUEZA, JOSE GUILLERMO.
CONGRESO (EL). ESTUDIO JURIDICO.
CARACAS. EDICIONES DEL CONGRESO DE LA REPUBLICA,
1971.

1860

ANTECEDENTES DEL REVISIONISMO EN VENEZUELA, SALVADOR
DE LA PLAZA, JACQUES DUCLOS.
CARACAS. FONDO EDITORIAL SALVADOR DE LA PLAZA, 1973.
(COLECCION IDEOLOGIA).

1861

ANZOLA MONTAUBAN, ELOY.
FUNCION DEL CAPITAL EXTRANJERO EN EL DESARROLLO DE
VENEZUELA.
CARACAS. EMPRESA EL COJO, 1965. (EDICIONES DE LA
BOLSA DE COMERCIO DE CARACAS, NO. 34).

1862

ARAUJO, JESUS, ED.
JURISPRUDENCIA DEL TRABAJO, 1949-1951.
CARACAS. IMPRESORA IDEAL, 1953.

1863

ARAUJO, ORLANDO.
OPERACION PUERTO RICO SOBRE VENEZUELA.
CARACAS. DEPARTAMENTO DE ASUNTOS TECNICOS Y
ECONOMICOS, 1967. (PUBLICACIONES DEL COMITE POLITICO
NACIONAL DEL PARTIDO REVOLUCIONARIO DE INTEGRACION
NACIONALISTA).

1864

ARAUJO, ORLANDO.
SITUACION INDUSTRIAL DE VENEZUELA.
CARACAS. EDICIONES DE LA BIBLIOTECA DE LA
UNIVERSIDAD CENTRAL DE VENEZUELA, 1969. (NUEVOS
PLANTEAMIENTOS, NO. 1).

1865

ARAUJO, ORLANDO.
VENEZUELA VIOLENTA. ENSAYO.
CARACAS. EDICIONES HESPERIDES, 1968.

1866

ARCAYA, PEDRO MANUEL.
DEFENSA ... EN LOS JUICIOS CIVILES QUE CONTRA EL Y
OTROS INTENTO EL DOCTOR JUAN JOSE ABREU, PROCURADOR
GENERAL DE LA NACION.
CARACAS. LITOGRAFIA Y TIPOGRAFIA DEL COMERCIO, 1939.

1867
ARCAYA, PEDRO MANUEL.
ESTUDIO CRITICO DE LAS EXCEPCIONES DE
INADMISIBILIDAD Y OTRAS PREVIAS DEL DERECHO PROCESO
VENEZOLANO.
CARACAS. TIPOGRAFIA GARRIDO, 1955.

1868
ARCAYA, PEDRO MANUEL.
TETRALOGIA JURIDICA. LOS PROCESOS VENEZOLANOS POR
PECULADO Y ENRIQUECIMIENTO INDEBIDO.
CARACAS. IMPRESORES UNIDOS, 1947.

1869
ARCENEAUX, WILLIAM.
VENEZUELAN EXPERIENCE (THE). 1958 AND THE PATRIOTIC
JUNTA.
PH.D. DISS., LOUISIANA STATE UNIVERSITY, 1969.

1870
ARCHILA, RICARDO.
GEOGRAFIA MEDICO-SANITARIA DEL ESTADO COJEDES CON
ESPECIAL REFERENCIA AL PALUDISMO.
CARACAS. EDITORIAL GRAFOLIT, 1946. (XII CONFERENCIA
SANITARIA PANAMERICANA. CUADERNOS AMARILLOS, NO.
17).

1871
ARCHILA, RICARDO.
LUIS RAZETTI O BIOGRAFIA DE LA SUPERACION.
CARACAS. UNIVERSIDAD CENTRAL DE VENEZUELA, 1963.

1872
ARELLANO MORENO, ANTONIO.
DOCTRINA Y LEGISLACION SOBRE SEGUROS MERCANTILES.
4TH ED.
CARACAS. EDICIONES EDIME, 1970.

1873
ARELLANO MORENO, ANTONIO.
TEMAS DE ECONOMIA.
CARACAS. OFICINA CENTRAL DE INFORMACION, 1970.
(BIBLIOTECA DE AUTORES Y TEMAS TACHIRENSES, NO. 52).

1874
ARTEAGA SANCHEZ, ALBERTO.
ESTAFA Y OTROS FRAUDES EN LA LEGISLACION PENAL
VENEZOLANA (LA).
CARACAS. UNIVERSIDAD CENTRAL DE VENEZUELA, FACULTAD
DE DERECHO, 1971. (COLECCION ESTUDIOS JURIDICOS, NO.
51).

1875
ARVELO JIMENEZ, NELLY.
POLITICAL RELATIONS IN A TRIBAL SOCIETY. A STUDY OF
THE YE"CUANA INDIANS OF VENEZUELA.
PH.D. DISS., CORNELL UNNVERSITY, 1971.

1876
ASCANIO JIMENEZ, AUGUSTIN, ET AL.
VENEZUELA Y SUS FRONTERAS EN LA HORA CERO.
CARACAS, 1972.

1877
    ASCOLI, CARLOS A. D".
    INSTRUMENTOS DE LA POLITICA COMERCIAL (LOS).
    CARACAS. UNIVERSIDAD CENTRAL DE VENEZUELA, FACULTAD
    DE CIENCIAS ECONOMICAS Y SOCIALES, 1973.
1878
    ASCOLI, CARLOS A. D".
    MONEDA, COMERCIO EXTERIOR Y OTROS ENSAYOS.
    CARACAS. EDICIONES DEL BANCO CENTRAL DE VENEZUELA,
    1967.
1879
    ASOCIACION PRO-VENEZUELA.
    DENUNCIA Y COMERCIO EXTERIOR. LA DENUNCIA DEL
    TRATADO CON LOS ESTADOS UNIDOS Y EL COMERCIO
    EXTERIOR VENEZOLANO.
    CARACAS. LA ASOCIACION PRO-VENEZUELA, 1972.
1880
    ASOCIACION PRO-VENEZUELA.
    LABOR NACIONALISTA.
    CARACAS, 1965.
1881
    ATILIO PUJOL, HECTOR.
    ADMINISTRACION PARA LA DEMOCRACIA.
    CARACAS. FONDO EDITORIAL COMUN, 1970.
1882
    ATLANTIC REPORT. VENEZUELA. IN.
    ATLANTIC MONTHLY, 211(MAY 1963), 31-32.
1883
    AUVERT, ENRIQUE.
    DEMOCRACIA MILITANTE.
    CARACAS. EDITORIAL ARTE, 1963.
1884
    BAEZ FINOL, VINCENCIO.
    LEYES AGRARIAS DE VENEZUELA. COMPARACION DE SU
    ARTICULADO.
    CARACAS. COMISION DE REFORMA AGRARIA, 1958.
1885
    BAEZ MENESES, JESUS.
    EVOLUCION EN MARCHA.
    CARACAS, 1960.
1886
    BALESTRINI CONTREVAS, CESAR.
    INDUSTRIA DEL MINERAL DE HIERRO EN VENEZUELA (LA).
    CARACAS. COMISION NACIONAL DEL CUATRICENTENARIO DE
    LA FUNDACION DE CARACAS, 1967. (EDICIONES DEL
    CUATRICENTENARIO DE CARACAS).
1887
    BANCO CENTRAL DE VENEZUELA, CARACAS.
    ASPECTOS METODOLOGICOS DE LAS CUENTAS NACIONALES DE
    VENEZUELA.
    CARACAS, 1972.
1888
    BANCO CENTRAL DE VENEZUELA, CARACAS.
    BANCO CENTRAL Y LA ECONOMIA NACIONAL (EL).

ORGANIZACION Y FUNCIONAMIENTO.
CARACAS, 1961.

1889
BANCO CENTRAL DE VENEZUELA, CARACAS.
DESARROLLO Y PERSPECTIVA ECONOMICA GENERAL. INFORME
PARA LA X CONFERENCIA INTERAMERICANA.
CARACAS. BANCO CENTRAL DE VENEZUELA, DEPARTAMENTO DE
INVESTIGACIONES ECONOMICAS Y ESTADISTICAS, 1954.

1890
BANCO CENTRAL DE VENEZUELA, CARACAS.
ECONOMIA VENEZOLANA EN LOS ULTIMOS TREINTA AÑOS
(LA).
CARACAS, 1971. (COLECCION XXX ANIVERSARIO).

1891
BANCO CENTRAL DE VENEZUELA, CARACAS.
INGRESO NACIONAL DE VENEZUELA.
CARACAS. EDITORIAL RELAMPAGO, 1949.

1892
BANCO CENTRAL DE VENEZUELA, CARACAS.
MEMORIA. CORRESPONDIENTE AL EJERCICIO ANUAL 1961.
CARACAS, 1962.

1893
BANCO CENTRAL DE VENEZUELA, CARACAS.
SINTESIS DE LA ECONOMIA VENEZOLANA, 1961-1967.
CARACAS. BANCO CENTRAL DE VENEZUELA, 1968.

1894
BANCO DEL CARIBE.
VENEZUELA. SU ECONOMIA EN HECHOS Y CIFRAS,
1960-1963.
CARACAS. EDICIONES BANCO DEL CARIBE, 1965.

1895
BARAN, EVELYN M.
ECONOMIC DEVELOPMENT OF VENEZUELA (THE).
PH.D. DISS., RADCLIFFE COLLEGE, 1959.

1896
BARON, D.
ROLE OF COPEI (COMITE POR ORGANIZACION POLITICA Y
ELECTORAL INDEPENDIENTE) (THE). IN.
COLUMBIAN ESSAYS IN INTERNATIONAL AFFAIRS (NEW
YORK), 1965, 279-308.

1897
BARRENECHEA, MANRO.
UNIONISM IN VENEZUELA. IN.
AMERICA, 107(AUGUST 1962), 626.

1898
BARRIOS, GONZALO.
DIAS Y LA POLITICA (LOS). CRONICAS PERIODISTICAS.
CARACAS, 1963.

1899
BASCH, ANTONIN. * KYBAL, MILIC.
CAPITAL MARKETS IN LATIN AMERICA. A GENERAL SURVEY
AND SIX COUNTRY STUDIES. WITH THE ASSISTANCE OF LUIS
SANCHEZ-MASI. INTRODUCTION BY FELIPE HERRERA.

NEW YORK. PRAEGER PUBLISHERS FOR THE INTER-AMERICAN
DEVELOPMENT BANK, 1970. (PRAEGER SPECIAL STUDIES IN
INTERNATIONAL ECONOMICS AND DEVELOPMENT).

1900
BASIC DATA ON THE ECONOMY OF VENEZUELA. IN.
OVERSEAS BUSINESS REPORTS, 2(1967), 1-30.

1901
BELANDRIA, FRANCISCO.
EMPIRICAL STUDY OF CONSUMER EXPENDITURE PATTERNS IN
VENEZUELAN CITIES (AN).
PH.D. DISS., NORTHWESTERN UNIIERSITY, 1971.

1902
BELTRAN, VIRGILIO RAFAEL.
PAPEL POLITICO Y SOCIAL DE LAS FUERZAS ARMADAS EN
AMERICA LATINA (EL). ENSAYOS.
CARACAS. MONTE AVILA, 1970.

1903
BELTRAN GUERRERO, LUIS.
TEMA DE LA REVOLUCION (EL). ENSAYOS.
CARACAS. MONTE AVILA EDITORES, 1970. (COLECCION
DONAIRE).

1904
BETANCOURT, ROMULO.
COMENTARIOS DE PRENSA INTERNACIONAL SOBRE LA GIRA
DEL SENOR PRESIDENTE DE LA REPUBLICA, DON ROMULO
BETANCOURT, A PUERTO RICO-EE.UU.-MEXICO Y SANTO
DOMINGO.
CARACAS. MULTIMPRESSION MIRAFLORES, 1963, 2 VOLS.

1905
BETANCOURT, ROMULO.
DEMOCRATIC REVOLUTION IN LATIN AMERICA (THE).
POSSIBILITIES AND OBSTACLES.
STORRS. UNIVERSITY OF CONNECTICUT, 1965. (THE BRIEN
MCMANON LECTURE, 1965. BULLETIN, VOL. 61, NO. 1).

1906
BETANCOURT, ROMULO.
DOS ANOS DE GOBIERNO DEMOCRATICO, 1959-1961.
CARACAS. IMPRENTA NACIONAL, 1961.

1907
BETANCOURT, ROMULO.
EFICACIA DE LA COALICION. BALANCE DE UN ANO DE
GOBIERNO, 1959.
CARACAS. IMPRENTA NACIONAL, 1960. (PUBLICACIONES DE
LA SECRETARIA GENERAL DE LA PRESIDENCIA DE LA
REPUBLICA).

1908
BETANCOURT, ROMULO.
GOLPES DE ESTADO Y GOBIERNOS DE FUERZA EN AMERICA
LATINA. LA DRAMATICA EXPERIENCIA DOMINICANA.
CARACAS, 1966.

1909
BETANCOURT, ROMULO.
HACIA AMERICA LATINA DEMOCRATICA E INTEGRADA.

ENFOQUE Y PROLOGO DE MARIANO PICON SALAS. 2D ED.
CARACAS. EDITORIAL SENDEROS, 1967.

1910
BETANCOURT, ROMULO.
POR LOS CAMINOS DE SUCRE, EN LA ENTRANA DE
VENEZUELA.
CARACAS. IMPRENTA NACIONAL, 1959. (GIRAS
PRESIDENCIALES, NO. 1).

1911
BETANCOURT, ROMULO.
POR TIERRAS DE PORTUGUESA, EN LA ENTRANA DE
VENEZUELA.
CARACAS. IMPRENTA NACIONAL, 1960. (GIRAS
PRESIDENCIALES, NO. 4).

1912
BETANCOURT, ROMULO.
REITERADOS CONCEPTOS SOBRE PROBLEMAS DEL CAMPO
VENEZOLANO. EXPOSICIONES DEL DOCTOR V. GIMENEZ
LANDINEZ SOBRE LA SIGNIFICACION DE LA REFORMA
AGRARIA.
CARACAS. PRESIDENCIA DE LA REPUBLICA, 1959.

1913
BETANCOURT, ROMULO.
REPUDIO UNANIME A LA SUBVERSION. DISCURSO ... Y
MANIFESTACIONES DE SOLIDARIDAD CON EL GOBIERNO
NACIONAL EN APOYO AL ORDEN DEMOCRATICO Y DE DERECHO.
CARACAS. IMPRENTA NACIONAL, 1960.

1914
BETANCOURT, ROMULO.
REVOLUCION DEMOCRATICA EN VENEZUELA, 1959-1964.
CARACAS. IMPRENTA NACIONAL, 1968, 4 VOLS.

1915
BETANCOURT, ROMULO.
ROMULO BETANCOURT. POSICION Y DOCTRINA. CONFERENCIAS
Y DISCURSOS.
CARACAS. EDITORIAL CORDILLERA, 1958.

1916
BETANCOURT, ROMULO.
ROMULO BETANCOURT, PENSAMIENTO Y ACCION. RECOPILADO
Y EDITADO POR MIEMBROS DE ACCION DEMOCRATICA EN EL
EXILIO.
MEXICO, 1951.

1917
BETANCOURT, ROMULO.
TRAYECTORIA DEMOCRATICA DE UNA REVOLUCION. DISCURSOS
Y CONFERENCIAS.
CARACAS. IMPRENTA NACIONAL, 1948.

1918
BETANCOURT, ROMULO.
TRES ANOS DE GOBIERNO DEMOCRATICO (1959-1962).
CARACAS. IMPRENTA NACIONAL, 1962, 3 VOLS.

1919
BETANCOURT, ROMULO.

VENEZUELAN MIRACLE (THE). IN.
REPORTER, 31(AUGUST 1964), 37-41.
1920
BEYER, JOHN C.
HIGH GROWTH, UNEMPLOYMENT, AND PLANNING IN
VENEZUELA. SOME OBSERVATIONS. IN.
ECONOMIC DEVELOPMENT AND CULTURAL CHANGE, 18(1970),
267-277.
1921
BIANCO, JESUS M., ET AL.
MARIO BRICENO IRAGORRY, PENSADOR CATOLICO Y
NACIONALISTA, 1897-1958. HOMENAJE NACIONAL EN EL
DECIMO ANIVERSARIO DE SU MUERTE.
CARACAS. UNIVERSIDAD CENTRAL DE VENEZUELA, DIRECCION
DE CULTURA, 1969. (CUADERNOS DE NUESTRO TIEMPO, NO.
5).
1922
BLANCO, ANDRES ELOY.
ANDRES ELOY BLANCO - PARLAMENTARIO. COMPILACION POR
LUIS PASTORI. PROLOGO POR LUIS B. PRIETO FIGUEROA.
CARACAS. CONGRESO DE LA REPUBLICA, 1967, 2 VOLS.
1923
BLANCO, ANDRES ELOY.
NAVEGACION DE ALTURA.
CARACAS. EDITORIAL CONDOR, 1941.
1924
BLANCO, ANDRES ELOY.
OBRAS ESCOGIDAS.
CARACAS. LIBRERIA ANTIGUA Y MODERNA, 1971, 2 VOLS.
1925
BLANCO, ANDRES ELOY.
ROMULO GALLEGOS SIGNIFICA UNIDAD VENEZOLANA,
SIGNIFICA UNIDAD AMERICANA. PROLOGO POR RICARDO
MONTILLA.
CARACAS, 1969.
1926
BLANCO MUNOZ, AGUSTIN.
ELEMENTOS PARA UNA DISCUSION SOBRE LOS MODELOS DE
VIOLENCIA EN VENEZUELA.
CARACAS. EDICIONES DESORDEN, 1974.
1927 ·
BLANCO MUNOZ, AGUSTIN.
OPOSICION ENTRE CIUDAD Y CAMPO EN VENEZUELA.
CARACAS. UNIVERSIDAD CENTRAL DE VENEZUELA, FACULTAD
DE CIENCIAS ECONOMICAS Y SOCIALES, 1974. (COLECCION
ESQUEMA).
1928
BLANCO PENALVER, P.L.
LOPEZ CONTRERAS ANTE LA HISTORIA.
CARACAS. TIPOGRAFIA GARRIDO, 1957. (VIDAS
VENEZOLANAS).
1929
BLANK, DAVID EUGENE.

POLICY MAKING STYLE AND POLITICAL DEVELOPMENT. THE
INTRODUCTION OF A SYSTEM OF DEMOCRATIC PLANNING IN
VENEZUELA 1958-1968.
PH.D. DISS., COLUMBIA UNIVERSITY, 1969.
1930
BLENDON, EDITH MYRETTA JAMES.
VENEZUELA AND THE UNITED STATES, 1928-1948. THE
IMPACT OF VENEZUELAN NATIONALISM.
PH.D. DISS., UNIVERSITY OF MARYLAND, 1971.
1931
BOMBINO MATIENZO, JUAN P.
FINANCIMIENTO DE LA VIVIENDA PROPIA EN VENEZUELA
(EL).
CUMANA. UNIVERSIDAD DE ORIENTE, 1966.
1932
BONILLA, FRANK.
ELITES INVISIBLES (LAS).
CARACAS. UNIVERSIDAD CENTRAL DE VENEZUELA, CENTRO DE
ESTUDIOS DEL DESARROLLO, 1969. (ENSAYOS Y
EXPOSICIONES, NO. 8).
1933
BONILLA, FRANK. * SILVA MICHELENA, JOSE A., EDS.
EXPLORACIONES EN ANALISIS Y EN SINTESIS.
CARACAS. UNIVERSIDAD CENTRAL DE VENEZUELA, CENTRO DE
ESTUDIOS DEL DESARROLLO, 1967. (CAMBIO POLITICO EN
VENEZUELA, NO. 1).
1934
BONILLA, FRANK.
FAILURE OF ELITES (THE).
CAMBRIDGE. M.I.T. PRESS, 1970. (THE POLITICS OF
CHANGE IN VENEZUELA, VOL. 2).
1935
BONILLA, FRANK. * SILVA MICHELENA, JOSE A., EDS.
FRACASO DE LAS ELITES (EL).
CARACAS. UNIVERSIDAD CENTRAL DE VENEZUELA, CENTRO DE
ESTUDIOS DEL DESARROLLO, 1972. (CAMBIO POLITICO EN
VENEZUELA, NO. 2).
1936
BONILLA, FRANK. * SILVA MICHELENA, JOSE A., EDS.
STRATEGY FOR RESEARCH ON SOCIAL POLICY (A).
CAMBRIDGE. M.I.T. PRESS, 1967. (THE POLITICS OF
CHANGE IN VENEZUELA, VOL. 1).
1937
BONILLA, FRANK. * SILVA MICHELENA, JOSE A., EDS.
STUDYING THE VENEZUELAN POLITY. EXPLORATIONS IN
ANALYSIS AND SYNTHESIS.
CAMBRIDGE. CENTER FOR INTERNATIONAL STUDIES,
MASSACHUSETTS INSTITUTE OF TECHNOLOGY, 1966.
1938
BOTERO, RODRIGO.
COLOMBIA, VENEZUELA Y LA INTEGRACION ECONOMICA
LATINOAMERICANA. IN.
REVISTA DE ECONOMIA LATINOAMERICANA, 39(1974),

39-53.
1939
BOTSFORD, KEITH.
VENEZUELA, REVOLUTION AND COUNTER-REVOLUTION. IN.
IRVING HOWE, ED., A DISSENTER"S GUIDE TO FOREIGN
POLICY, NEW YORK, PRAEGER, 1968, 314-330.
1940
BRANGER, ARMANDO.
DESOCUPACION Y TRABAJO.
CARACAS. INSTITUTO VENEZOLANO DE ACCION COMUNITARIA,
1962.
1941
BRAVO, DOUGLAS.
AVEC DOUGLAS BRAVO DANS LES MAQUIS VENEZUELIENS. ED.
LOUIS CONSTANT.
PARIS. F. MASPERO, 1968. (DOSSIERS PARTISANS).
1942
BRETT MARTINEZ, ALI.
PORTENAZO (EL). HISTORIA DE UNA REBELION.
CARACAS. EDICIONES ADARO, 1970.
1943
BREWER CARIAS, ALLAN RANDOLPH.
CAMBIO POLITICO Y REFORMA DEL ESTADO EN VENEZUELA.
CONTRIBUCION AL ESTUDIO DEL ESTADO DEMOCRATICO Y
SOCIAL DE DERECHO.
MADRID. EDITORIAL TECNOS, 1975.
1944
BREWER CARIAS, ALLAN RANDOLPH.
CONTROL DE LAS ACTIVIDADES ECONOMICAS DEL ESTADO EN
EL DERECHO VENEZOLANO.
CARACAS. CONTRALORIA GENERAL DE LA REPUBLICA, 1969.
1945
BREWER CARIAS, ALLAN RANDOLPH.
DERECHO Y DESARROLLO.
CARACAS. UNIVERSIDAD CENTRAL DE VENEZUELA, FACULTAD
DE DERECHO, 1971.
1946
BREWER CARIAS, ALLAN RANDOLPH.
EMPRESAS PUBLICAS EN EL DERECHO COMPARADO (LAS).
ESTUDIO SOBRE EL REGIMEN DE LAS ACTIVIDADES
INDUSTRIALES Y COMERCIALES DEL ESTADO.
CARACAS. UNIVERSIDAD CENTRAL DE VENEZUELA,
PUBLICACIONES DE LA FACULTAD DE DERECHO, 1967.
(ESTUDIOS JURIDICOS, VOL. 37).
1947
BREWER CARIAS, ALLAN RANDOLPH.
ESTATUTO DEL FUNCIONARIO PUBLICO EN LA LEY DE
CARRERA ADMINISTRATIVA (EL). PROLOGO DE RAFAEL
CALDERA.
CARACAS. COMISION DE ADMINISTRACION PUBLICA, 1971.
1948
BREWER CARIAS, ALLAN RANDOLPH.
EXPROPIACION POR CAUSA DE UTILIDAD PUBLICA O INTERES

SOCIAL (LA). JURISPRUDENCIA, DOCTRINA
ADMINISTRATIVA, LEGISLACION.
CARACAS. UNIVERSIDAD CENTRAL DE VENEZUELA, FACULTAD
DE DERECHO, 1966. (PUBLICACIONES DEL INSTITUTO DE
DERECHO PUBLICO, NO. 2).

1949

BREWER CARIAS, ALLAN RANDOLPH.
INSTITUCIONES FUNDAMENTALES DEL DERECHO
ADMINISTRATIVO Y LA JURISPRUDENCIA VENEZOLANA (LAS).
CARACAS. UNIVERSIDAD CENTRAL DE VENEZUELA, FACULTAD
DE DERECHO, 1964. (COLECCION TESTS DE DOCTORADO,
VOL. 4).

1950

BREWER CARIAS, ALLAN RANDOLPH.
PROBLEMAS CONSTITUCIONALES DE LA INTEGRACION
ECONOMICA LATINOAMERICANA (LOS).
CARACAS. BANCO CENTRAL DE VENEZUELA, 1968.

1951

BREWER CARIAS, ALLAN RANDOLPH.
REGIMEN JURIDICO-ADMINISTRATIVO DE LA NACIONALIDAD Y
CIUDADANIA VENEZOLANAS (EL).
CARACAS. UNIVERSIDAD CENTRAL DE VENEZUELA, FACULTAD
DE DERECHO, 1965. (PUBLICACIONES DEL INSTUTUTO DE
DERECHO PUBLICO, NO. 1).

1952

BREWER CARIAS, ALLAN RANDOLPH.
REVOLUCION PARA EL DESARROLLO (UNA).
CARACAS. COMISION DE ADMINISTRACION PUBLICA,
ADMINISTRACION PARA EL DESARROLLO, 1970.

1953

BRICE, ANGEL FRANCISCO.
LECCIONES DE PROCEDIMIENTO CIVIL.
CARACAS. EDITORIAL NUEVA VENEZUELA, 1964-1967, 3
VOLS.

1954

BRICENO AYESTARAN, SANTIAGO.
MEMORIAS DE SU VIDA MILITAR Y POLITICA. VARIOS
LUSTROS DE HISTORIA TACHIRENSE.
CARACAS. TIPOGRAFIA AMERICANA, 1949.

1955

BRICENO IRAGORRY, MARIO.
CARTERA DEL PROSCRITO (1952-1958).
CARACAS. EDITORIAL LAS NOVEDADES, 1958.

1956

BRICENO IRAGORRY, MARIO.
DIALOGOS DE LA SOLEDAD.
MERIDA. UNIVERSIDAD DE LOS ANDES, 1958.

1957

BRICENO IRAGORRY, MARIO.
IDEARIO POLITICO.
CARACAS. EDITORIAL "LAS NOVEDADES," 1958.

1958

BRICENO IRAGORRY, MARIO.

MENSAJE SIN DESTINO. ENSAYO SOBRE NUESTRA CRISIS DE
PUEBLO.
CARACAS. AVILA GRAFICA, 1952. (COLECCION NUESTRA
TIERRA, NO. 3).

1959

BRICENO IRAGORRY, MARIO.
OBRAS SELECTAS.
MADRID. EDICIONES EDIME, 1966. (CLASICOS Y MODERNOS
HISPANOAMERICANOS).

1960

BRICENO IRAGORRY, MARIO.
PEREZ JIMENEZ, PRESIDENTE. LA AUTOELECCION DE UN
DESPOTA, 30 DE NOVIEMBRE DE 1952.
CARACAS. EDICIONES CENTAURO, 1971.

1961

BRICENO IRAGORRY, MARIO.
SENTIDO Y VIGENCIA DEL 30 DE NOVIEMBRE. HOMENAJE DE
UNION REPUBLICANA DEMOCRATICA ... EN EL TERCER
ANIVERSARIO DE SU MUERTE.
CARACAS. EDITORIAL DOCTRINA, 1961.

1962

BRICENO IRAGORRY, MARIO.
TRADICION DE LOS MEJORES (LA). ESQUEMA
INTERPRETATIVO DE LA REALIDAD POLITICA DE VENEZUELA.
MADRID. EDICIONES BITACORA, 1953.

1963

BRICENO PEROZO, MARIO.
MENSAJE PRESENTADO ... A LA ASAMBLEA LEGISLATIVA DEL
ESTADO TRUJILLO EN SUS SESIONES ORDINARIAS DE 1959.
TRUJILLO, VENEZUELA. IMPRENTA OFICIAL, 1959.

1964

BRICENO PICON, MARIO.
CARTILLA PATRIOTICA. LA INFAMIA DEL ESEQUIBO.
CARACAS. EDICIONES INDEPENDENCIA, 1966.

1965

BRITO FIGUEROA, FEDERICO.
VENEZUELA, SIGLO XX.
HAVANA. CASA DE LAS AMERICAS, 1967. (COLECCION
PREMIO).

1966

BRITO FIGUEROA, FEDERICO.
VENEZUELA CONTEMPORANEA. PAIS COLONIAL.
CARACAS. EDICIONES TEORIA Y PRAXIS, 1972.

1967

BRONS, ARMANDO.
VENEZUELA Y LA PLANIFICACION DEL DESARROLLO.
CARACAS. CORPORACION VENEZOLANO DE FOMENTO,
DEPARTAMENTO DE RELACIONES PUBLICAS, 1963.

1968

BROSSARD, EMMA B.
ROMULO BETANCOURT. A STUDY IN THE EVOLUTION OF A
CONSTITUTIONAL STATESMAN.
PH.D. DISS., CLAREMONT GRADUATE SCHOOL AND

UNIVERSITY CENTER, 1971.
1969
BUNIMOV PARRA, BORIS.
INTRODUCCION A LA SOCIOLOGIA ELECTORAL VENEZOLANA.
CARACAS. EDITORIAL ARTE, 1968.
1970
BURELLI RIVAS, MIGUEL ANGEL.
AFIRMACION DE VENEZUELA. ITINERARIO DE UNA
INQUIETUD.
CARACAS. EDITORIAL ARTE, 1971.
1971
BURGGRAAFF, WINFIELD J.
MILITARY ORIGINS OF VENEZUELA"S 1945 REVOLUTION
(THE). IN.
CARIBBEAN STUDIES, 11.3(1971), 35-54.
1972
BURGGRAAFF, WINFIELD J.
VENEZUELAN ARMED FORCES IN POLITICS, 1935-1959
(THE).
COLUMBIA. UNIVERSITY OF MISSOURI PRESS, 1972.
1973
BURNS, JOSEPH EDWARD.
FINANCIAL INTERMEDIARIES AND ECONOMIC GROWTH IN
VENEZUELA.
PH.D. DISS., UNIVERSITY OF OREGON, 1967.
1974
BUSTILLO M., JUAN A.
TECNOLOGIA GERENCIAL, VISIBILIDAD DE CONSECUENCIAS Y
EFICIENCIA ORGANIZACIONAL.
CARACAS. INSTITUTO DE ESTUDIOS SUPERIORES DE
ADMINISTRACION, 1974. (EDICIONES IESA, NO. 3).
1975
BUTLER, ROBERT.
CONTEMPORARY VENEZUELA. REVIEW ESSAY. IN.
JOURNAL OF INTERAMERICAN STUDIES AND WORLD AFFAIRS,
17(1975), 237-244.
1976
BUTLER, ROBERT A. * HERRICK, BRUCE.
ANALYSIS OF VENEZUELAN NATIONAL INCOME STATISTICS
(AN). SOURCES AND METHODS.
SANTA MONICA, CALIFORNIA. THE RAND CORP., 1968.
(RAND PAPER, P-3846).
1977
CABALLERO, MANUEL.
MUNDO NO SE ACABA EN DICIEMBRE (EL).
CARACAS. EDICIONES CENTAURO, 1973.
1978
CABRERA SIFONTES, HORACIO.
GUAYANA ESEQUIBA.
CARACAS, 1970.
1979
CALATRAVA, ALONSO.
CAPITAL AGRICOLA DE VENEZUELA (EL).

CARACAS. MINISTERIO DE AGRICULTURA Y CRIA, DIRECCION
DE INVESTIGACION, DIVISION DE ESTUDIOS ECONOMICOS,
1963.

1980

CALDERA RODRIGUEZ, RAFAEL.
BLOQUE LATINOAMERICANO (EL). DISCURSOS. PROLOGO DE
GONZALO GARCIA BUSTILLOS. 3D ED.
CARACAS. OFICINA CENTRAL DE INFORMACION, 1970.

1981

CALDERA RODRIGUEZ, RAFAEL.
DEBATE (EL). CALDERA-USLAR PIETRI. TEXTO COMPLETO
DEL DEBATE POR TELEVISION EL 22 OCTUBRE 1963.
CARACAS, 1963.

1982

CALDERA RODRIGUEZ, RAFAEL.
DEFENSA DE LA CONSTITUCIONALIDAD.
CARACAS, 1962. (PUBLICACIONES DE LA FRACCION
PARLAMENTARIA DE COPEI, NO. 4).

1983

CALDERA RODRIGUEZ, RAFAEL.
DEMOCRACIA CRISTIANA Y DESARROLLO.
CARACAS. INSTITUTO DE FORMACION DEMOCRATA CRISTIANA,
1964. (COLECCION DESARROLLO Y LIBERTAD, NO. 2).

1984

CALDERA RODRIGUEZ, RAFAEL.
ESPECIFICIDAD DE LA DEMOCRACIA CRISTIANA. 2D ED.
BARCELONA. EDITORIAL NOVA TERRA, 1973. (COLECCION
PUNTO DE VISTA, NO. 23).

1985

CALDERA RODRIGUEZ, RAFAEL.
HABLA EL PRESIDENTE. DIALOGO SEMANAL CON EL PUEBLO
VENEZOLANO. 1969-1974.
CARACAS. EDICIONES DE LA PRESIDENCIA DE LA
REPUBLICA, 1970-1974, 5 VOLS.

1986

CALDERA RODRIGUEZ, RAFAEL.
HOMENAJE AL ECUADOR. DISCURSO PRONUNCIADO ANTE LA
CAMARA DE DIPUTADOS DEL ECUADOR. QUITO, 31 DE AGOSTO
DE 1960.
CARACAS. CROMOTIP, 1972.

1987

CALDERA RODRIGUEZ, RAFAEL.
IDEARIO. LA DEMOCRACIA CRISTIANA EN AMERICA LATINA.
PROLOGO DE ALCEU AMOROSO LIMA. SELECCION,
INTRODUCCION Y NOTAS POR RAFAEL TOMAS CALDERA.
BARCELONA. EDICIONES ARIEL, 1970. (COLECCION DEMOS.
BIBLIOTECA DE CIENCIA POLITICA).

1988

CALDERA RODRIGUEZ, RAFAEL.
JUSTICIA SOCIAL INTERNACIONAL Y NACIONALISMO
LATINOAMERICANO.
MADRID. SEMINARIOS Y EDICIONES, 1973.

1989

CALDERA RODRIGUEZ, RAFAEL.
METAS DE VENEZUELA. SELECCION DE DISCURSOS DEL
PRESIDENTE.
CARACAS. OFICINA CENTRAL DE INFORMACION, 1970, 2
VOLS.

1990

CALDERA RODRIGUEZ, RAFAEL.
MOLDES PARA LA FRAGUA. TROZOS BIOGRAFICOS.
BUENOS AIRES. EL ATENEO, 1962.

1991

CALDERA RODRIGUEZ, RAFAEL.
POLITICOS Y TECNICOS.
CARACAS, 1963. (PUBLICACIONES DE LA FRACCION
PARLAMENTARIA DE COPEI, SEGUNDA ETAPA, NO. 14).

1992

CALDERA RODRIGUEZ, RAFAEL.
REALIZACION DE UN PROGRAMA (LA).
CARACAS. OFICINA CENTRAL DE INFORMACION, CA. 1973.

1993

CALDERA RODRIGUEZ, RAFAEL.
SELECCION DE CONCEPTOS. 2D ED. AUMENTADA.
CARACAS. OFICINA CENTRAL DE INFORMACION, 1972.

1994

CALDERA RODRIGUEZ, RAFAEL.
SOLIDARIDAD PLURALISTA DE AMERICA LATINA (LA).
CARACAS. OFICINA CENTRAL DE INFORMACION, 1973.

1995

CALDERA RODRIGUEZ, RAFAEL.
TEMAS DE SOCIOLOGIA VENEZOLANA. EDICION PREPARADA
POR MIREYA CALDERA DE PIETRI Y RAFAEL TOMAS CALDERA.
CARACAS. EDITORIAL TIEMPO NUEVO, 1973.

1996

CALDERA RODRIGUEZ, RAFAEL.
TOWARDS A NEW HEMISPHERIC TREATMENT.
CARACAS. OFICINA CENTRAL DE INFORMACION, 1970.

1997

CALELLO, HUGO.
CIENCIA SOCIAL Y REVOLUCION EN LATINOAMERICA.
CARACAS. EDICIONES DE LA BIBLIOTECA DE LA
UNIVERSIDAD CENTRAL DE VENEZUELA, 1969. (NUEVOS
PLANTEAMIENTOS, NO. 6).

1998

CALELLO, HUGO.
HACIA UNA SOCIOLOGIA DEL SUBDESARROLLO.
CARACAS. UNIVERSIDAD CENTRAL DE VENEZUELA, INSTITUTO
DE INVESTIGACIONES ECONOMICAS Y SOCIALES, 1968.

1999

CALELLO, HUGO.
IDEOLOGIA Y NEOCOLONIALISMO.
CARACAS. EDICIONES DE LA BIBLIOTECA DE LA
UNIVERSIDAD CENTRAL DE VENEZUELA, 1969. (COLECCION
AVANCE, NO. 21).

2000
CALLANAN, EDWARD F.
TERROR IN VENEZUELA. IN.
MILITARY REVIEW, 49(1969), 49-56.

2001
CALVANI SILVA, ARISTEDES.
INTRODUCCION A LA REALIDAD SOCIAL.
CARACAS, 1969.

2002
CALVANI SILVA, ARISTEDES.
SOBRE LA INMUNIDAD PARLAMENTARIA.
CARACAS. FRACCION PARLAMENTARIA DE COPEI, 1964.
(PUBLICACIONES, SEGUNDA ETAPA, NO. 19).

2003
CAMPO, JUAN.
ACTUALIDAD ECONOMICA VENEZOLANA.
MEXICO, 1953.

2004
CAMPO, JUAN.
COMERCIO EXTERIOR DE VENEZUELA. ANALISIS ESTADISTICO
Y ARANCELARIO DE IMPORTACION Y EXPORTACION.
DIVERSOS ASPECTOS DE LA ECONOMIA NACIONAL E
INTERNACIONAL.
CARACAS. EDITORIAL ELITE, 1939.

2005
CAMPO, JUAN.
TEMAS ECONOMICOS VENEZOLANOS.
MEXICO, 1952.

2006
CANAL RAMIREZ, GONZALO.
RAFAEL CALDERA, O CAPACITACION DEL CIUDADANO. BOCETO
PARA UNA BIOGRAFIA.
BOGOTA. CANAL RAMIREZ-ANTARES, 1971.

2007
CAPRILES, MIGUEL ANGEL.
MEMORIAS DE LA INCONFORMIDAD. 2D ED.
CARACAS, 1973.

2008
CARACAS. CAMARA DE COMERCIO.
ANALISIS DE LA POLITICA TRIBUTARIA EN RELACION CON
EL DESARROLLO ECONOMICO NACIONAL. CONTRIBUCION DE LA
CAMARA DE COMERCIO DE CARACAS A LA XVIII ASAMBLEA
ANUAL, MERIDA, MAYO-JUNIO, 1962.
CARACAS, 1962.

2009
CARACAS. ROTUNDA.
ARCHIVO DE LA ROTUNDA. RECOPILACION DE ANIBAL
LISANDRO ALVARADO.
CARACAS. EDICIONES GARRIDO, 1954.

2010
CARDENAS, RODOLFO JOSE.
CIENCIA Y TECNOLOGIA.
CARACAS. OFICINA CENTRAL DE INFORMACION, 1970.

2011
  CARDENAS, RODOLFO JOSE.
  COMBATE POLITICO (EL). SOLO PARA LIDERES NUEVOS. 2D
  ED.
  CARACAS. EDITORIAL DONA BARBARA, 1966.
2012
  CARDENAS, RODOLFO JOSE.
  INSURRECCION POPULAR EN VENEZUELA (LA).
  CARACAS. EDICIONES CATATUMBO, 1961.
2013
  CARDENAS, RODOLFO JOSE.
  SOBRE UNA POLITICA CIENTIFICA.
  CARACAS, 1967. (PARTIDO SOCIALCRISTIANO, FRACCION
  PARLAMENTARIA, 4 ETAPA, NO. 46).
2014
  CARDENAS C., ANTONIO LUIS. * CHALBAND ZERPA,
  REINALDO.
  USURPACION DE LA GUAYANA ESEQUIBA. ENFOQUE
  GEOGRAFICO, ESTUDIO HISTORICO-JURIDICO.
  MERIDA, 1965.
2015
  CARIAS, GERMAN.
  CUANDO SE JUZGA A LOS JUECES. REPORTAJE.
  CARACAS. MONTE AVILA EDITORES, 1969. (COLECCION
  TEMAS VENEZOLANOS).
2016
  CARPIO CASTILLO, RUBEN.
  ACCION DEMOCRATICA 1941-1971. BOSQUEJO HISTORICO DE
  UN PARTIDO.
  CARACAS. EDICIONES REPUBLICA, 1971.
2017
  CARPIO CASTILLO, RUBEN.
  GOLFO DE VENEZUELA (EL). MAR TERRITORIAL Y
  PLATAFORMA CONTINENTAL. 2D ED.
  CARACAS. EDICIONES REPUBLICA, 1971.
2018
  CARPIO CASTILLO, RUBEN.
  VENEZUELAN PARLIAMENT (THE). IN.
  INTER-PARLIAMENTARY BULLETIN, 51(FIRST QUARTER
  1971), 4-8.
2019
  CARRILLO BATALLA, TOMAS ENRIQUE.
  CRISIS Y ADMINISTRACION FISCAL.
  CARACAS. UNIVERSIDAD CENTRAL DE VENEZUELA, FACULTAD
  DE HUMANIDADES Y EDUCACION, INSTITUTO DE
  INVESTIGACIONES DE LA FACULTAD DE ECONOMIA, 1964.
2020
  CARRILLO BATALLA, TOMAS ENRIQUE.
  DESARROLLO DEL SECTOR MANUFACTURERO INDUSTRIAL DE LA
  ECONOMIA VENEZOLANA (EL).
  CARACAS. UNIVERSIDAD CENTRAL DE VENEZUELA, INSTITUTO
  DE INVESTIGACIONES ECONOMICAS, 1962.
2021
  CARRILLO BATALLA, TOMAS ENRIQUE.

DESARROLLO ECONOMICO DE VENEZUELA.
CARACAS. UNIVERSIDAD CENTRAL DE VENEZUELA, FACULTAD
DE ECONOMIA, 1963.
2022

CARRILLO BATALLA, TOMAS ENRIQUE.
ECONOMIA DEL COMERCIO INTERNACIONAL DE VENEZUELA
(LA). APENDICE - DISPOSICIONES LEGALES SOBRE CONTROL
DE CAMBIOS.
CARACAS. EDITORIAL MUNDO ECONOMICO, 1962.
2023

CARRILLO BATALLA, TOMAS ENRIQUE.
INTRODUCCION A LAS FINANZAS PUBLICAS Y ANOTACIONES
SOBRE LA REFORMA FISCAL.
CARACAS. UNIVERSIDAD CENTRAL DE VENEZUELA, 1973.
2024

CARRILLO BATALLA, TOMAS ENRIQUE.
MONEDA, CREDITO Y BANCA EN VENEZUELA.
CARACAS. BANCO CENTRAL DE VENEZUELA, 1964, 2 VOLS.
(COLECCION CUATRICENTENARIO DE CARACAS).
2025

CARRILLO BATALLA, TOMAS ENRIQUE.
POLITICA FISCAL.
CARACAS. CONCEJO MUNICIPAL DEL DISTRITO FEDERAL,
1968. (EDICIONES DEL CUATRICENTENARIO DE CARACAS).
2026

CARRILLO BATALLA, TOMAS ENRIQUE.
PROCESO PRESUPUESTARIO VENEZOLANO (EL).
CARACAS. CONCEJO MUNICIPAL DEL DISTRITO FEDERAL,
1968. (EDICIONES DEL CUATRICENTENARIO DE CARACAS).
2027

CASADO HIDALGO, LUIS R.
PROCEDIMIENTO ADMINISTRATIVO-TRIBUTARIO EN EL
DERECHO VENEZOLANO.
CARACAS. UNIVERSIDAD CENTRAL DE VENEZUELA, 1966.
2028

CASANOVA, RAMON VICENTE.
DERECHO AGRARIO. UNA DOCTRINA PARA LA REFORMA
AGRARIA VENEZOLANA.
MERIDA. UNIVERSIDAD DE LOS ANDES, FACULTAD DE
DERECHO, 1967. (COLECCION JUSTITIA ET JUS, NO. 18).
2029

CASANOVA, RAMON VICENTE.
TEMAS DE LA REFORMA AGRARIA (LOS).
MERIDA. UNIVERSIDAD DE LOS ANDES, FACULTAD DE
DERECHO, 1963. (COLECCION JUSTITIA ET JUS, NO. 11).
2030

CASAS GONZALEZ, ANTONIO.
PLANIFICACION EN VENEZUELA (LA). UN ENSAYO DE
PLANIFICACION INTEGRAL.
CARACAS. PRESIDENCIA DE LA REPUBLICA, OFICINA
CENTRAL DE COORDINACION Y PLANIFICACION, 1972.
2031

CASTILLO, DOMINGO B.

MEMORIAS DE MANO LOBO. LA CUESTION MONETARIA EN
VENEZUELA.
CARACAS. PRESIDENCIA DE LA REPUBLICA, 1962.
(COLECCION VENEZUELA PEREGRINA, NO. 1).

2032

CASTRO, FIDEL.
CRITICAS A LA DIRECCION DEL PARTIDO COMUNISTA DE
VENEZUELA.
MONTEVIDEO. NATIVA LIBROS, 1967.

2033

CASTRO-COMMUNIST INSURGENCY IN VENEZUELA. A STUDY OF
INSURGENCY AND COUNTERINSURGENCY OPERATIONS AND
TECHNIQUES IN VENEZUELA, 1960-1964.
ALEXANDRIA, VIRGINIA. ATLANTIC RESEARCH CORPORATION,
1964.

2034

CATALA, JOSE AGUSTIN.
DOCUMENTOS PARA LA HISTORIA. LA DENUNCIA. CRIMENES Y
TORTURAS EN EL REGIMEN DE PEREZ JIMENEZ.
CARACAS,   1969.

2035

CATALA, JOSE AGUSTIN.
PROCESO A UN EX-DICTADOR. JUICIO AL GENERAL MARCOS
PEREZ JIMENEZ.
CARACAS. JOSE AGUSTIN CATALA, 1969, 2 VOLS.

2036

CATALA, JOSE AGUSTIN, COMP.
VENEZUELA Y CHILE CUANDO LOS MILITARES DECRETAN EL
TERROR Y LA MUERTE.
CARACAS. EDICIONES CENTAURO, 1974.

2037

CATALA, JOSE AGUSTIN, ED.
DOCUMENTOS PARA LA HISTORIA DE LA RESISTENCIA.
PEREZ JIMENEZ Y SU REGIMEN DE TERROR.
CARACAS, 1969. (LOS LIBROS DE LA RESISTENCIA, NO.
3).

2038

CATALA, JOSE AGUSTIN, ED.
LIBRO NEGRO, 1952. VENEZUELA BAJO EL SIGNO DEL
TERRO. EDICION FACSIMILAR.
CARACAS. J.A. CATALA, 1974.

2039

CATALA, JOSE AGUSTIN, ED.
LIBRO ROJO, 1936. EL ROTULO DE COMUNISTA EN EL
REGIMEN DEL GENERAL LOPEZ CONTRERAS. EDICION
FACSIMILAR.
CARACAS. J.A. CATALA, 1972.

2040

CENTRO DOMINICANO DE PROMOCION DE EXPORTACIONES.
PERFIL DE MERCADO DE VENEZUELA.
SANTO DOMINGO. EL CENTRO, 1974.

2041

CENTRO INTERAMERICANO DE LA VIVIENDA.

PROYECTO DE EVALUACION DE LOS SUPERBLOQUES.
CARACAS. BANCO OBRERO, 1961.

2042

CERTAD, LEONARDO.
PROTECCION POSESORIA (LA). TEORIA GENERAL EN EL
DERECHO VENEZOLANO.
UNIVERSIDAD CENTRAL DE VENEZUELA, FACULTAD DE
DERECHO, 1964. (COLECCION TESIS DE DOCTORADO, VOL.
2).

2043

CHACON, ALFREDO.
CONTRA LA DEPENDENCIA.
CARACAS. SINTESIS DOSMIL, 1973.

2044

CHEN, CHI YI.
DESARROLLO Y PLANIFICACION.
CARACAS, 1965.

2045

CHEN, CHI YI. * BRUCKER, ENRIQUE.
ECONOMIA SOCIAL DEL TRABAJO. CASO DE VENEZUELA.
CARACAS. UNIVERSIDAD CATOLICA ANDRES BELLO,
INSTITUTO DE INVESTIGACIONES, 1969.

2046

CHEN, CHI YI.
ESTRATEGIA DEL DESARROLLO REGIONAL. CASO DE
VENEZUELA.
CARACAS. EDITORIAL ARTE, 1967.

2047

CHILDERS, VICTOR ERNEST.
HUMAN RESOURCES DEVELOPMENT. VENEZUELA.
BLOOMINGTON, IND. INTERNATIONAL DEVELOPMENT
RESEARCH CENTER, INDIANA UNIVERSITY, 1974. (STUDIES
IN HUMAN RESOURCES AND DEVELOPMENT).

2048

CHILDERS, VICTOR ERNEST.
UNEMPLOYMENT IN VENEZUELA.
D.B.A. DISS., INDIANA UNIVERSITY, 1967.

2049

CHIOSSONE, TULIO.
MANUAL DE DERECHO PENAL VENEZOLANO. COLECCION CURSOS
DE DERECHO.
CARACAS. UNIVERSIDAD CENTRAL DE VENEZUELA, 1972.

2050

CHIOSSONE, TULIO.
MANUAL DE DERECHO PROCESAL PENAL. 2D ED.
CARACAS. UNIVERSIDAD CENTRAL DE VENEZUELA, FACULTAD
DE DERECHO, 1967. (CURSOS DE DERECHO).

2051

CHIOSSONE, TULIO.
PROYECTO DEL CODIGO PENAL VENEZOLANO Y EXPOSICION DE
MOTIVOS.
CARACAS. INSTITUTO DE CODIFICACION Y JURISPRUDENCIA,
1955-.

2052

CHIOSSONE, TULIO.
SANCIONES EN DERECHO MERCANTIL.
CARACAS. EL COJO, 1960.

2053

CHIOSSONE, TULIO.
TEMAS SOCIALES VENEZOLANOS.
CARACAS. TIPOGRAFIA AMERICANA, 1950.

2054

CLARK, ROBERT P.
LAFTA DEBATE IN VENEZUELA (THE). A TEST CASE IN
BUILDING CONSENSUS.
PH.D. DISS., SCHOOL OF ADVANCED INTERNATIONAL
STUDIES, JOHNS HOPKINS UNIVERSITY, 1966.

2055

CLEMENTS (JOHN A.) ASSOCIATES.
REPORT ON VENEZUELA.
NEW YORK, 1959.

2056

COCHRANE, JAMES D.
VENEZUELAN EXECUTIVE (THE). BACKGROUND MATERIAL FOR
A STUDY OF THE LEONI ADMINISTRATION. IN.
CARIBBEAN STUDIES, 6.4 (JAN. 1967), 61-73.

2057

COCKCROFT, JAMES D. * VICENTE, EDUARDO.
VENEZUELA AND FALN. IN.
MONTHLY REVIEW, 17 (NOV. 1965), 29-31.

2058

COCKCROFT, JAMES D.
VENEZUELA"S FIDELISTAS. TWO GENERATIONS.
STANFORD, CALIFORNIA. INSTITUTE OF HISPANIC AMERICAN
AND LUSO-BRAZILIAN STUDIES, STANFORD UNIVERSITY,
1963.

2059

COHEN, SAUL B. * ROSENTHAL, LEWIS D.
GEOGRAPHICAL MODEL FOR POLITICAL SYSTEMS ANALYSIS.
IN.
GEOGRAPHICAL REVIEW, 61 (1971), 5-31.

2060

COLEGIO DE ECONOMISTAS DE VENEZUELA.
DIAGNOSTICO DE LA ECONOMIA VENEZOLANA. EDICION AL
CIUDADO DE JOSE MORENO COLMENARES.
CARACAS. UNIVERSIDAD CENTRAL DE VENEZUELA, 1964.
(COLECCION TEMAS).

2061

COLMENARES PERAZA, J.R.
APARCERIA AGRICOLA (LA).
CARACAS, 1943.

2062

COMISION VENEZOLANA DE JUSTICIA Y PAZ, CARACAS.
JUSTICIA Y PAZ. EL SUBDESARROLLO LATINOAMERICANO A
LA LUZ DE "POPULORUM PROGRESSIO."
CARACAS, 1968.

2063

COMMISSION TO STUDY THE FISCAL SYSTEM OF VENEZUELA.
FISCAL SYSTEM OF VENEZUELA (THE). A REPORT BY CARL
S. SHOUP ET AL.
BALTIMORE. JOHNS HOPKINS PRESS, 1959.

2064

COMMISSION TO STUDY THE FISCAL SYSTEM OF VENEZUELA.
INFORME SOBRE EL SISTEMA FISCAL DE VENEZUELA.
COMISION REDACTORA, CARL S. SHOUP, DIRECTOR, ET AL.
CARACAS. MINISTERIO DE HACIENDA, COMISION DE
ESTUDIOS FINANCIEROS Y ADMINISTRATIVO, 1960, 2 VOLS.

2065

CONCEJALES MUNICIPALES Y CURAS PARROCOS.
CARACAS. UNIVERSIDAD CENTRAL DE VENEZUELA, CENTRO DE
ESTUDIOS DE DESARROLLO (CENDES), 1973. (ESTUDIOS DE
CONFLICTOS Y CONSENSO, NO. 13).

2066

CONFEDERACION DE TRABAJADORES DE VENEZUELA.
INFORME DEL PRESIDENTE DE LA CTV AL 5. CONGRESO DE
TRABAJADORES.
CARACAS, 1964.

2067

CONFEDERATION OF BRITISH INDUSTRY. MISSION TO
VENEZUELA.
VENEZUELA, NOW. REPORT OF THE CBI MISSION TO
VENEZUELA.
LONDON. C.B.I., 1975.

2068

CONFERENCE OLIVAINT DE BELGIQUE.
DEMOCRATIE EN MARCHE (UNE). LE VENEZUELA. SESSION
D"ETUDE 25 JUILLET-15 AUOT .1967.
BRUSSELS. CONFERENCE OLIVAINT DE BELGIQUE, 1968, 2
VOLS.

2069

CONGRESO VENEZOLANO DE SALUD PUBLICA, 1ST, CARACAS,
1956.
TRABAJOS DEL PRIMER CONGRESO VENEZOLANO DE SALUD
PUBLICA Y TERCERA CONFERENCIA NACIONAL DE UNIDADES
SANITARIAS.
CARACAS, 1956.

2070

CONGRESO VENEZOLANO DE SALUD PUBLICA, 2D, CARACAS,
1961.
PONENCIAS.
CARACAS, 1961, 4 VOLS. IN 2.

2071

CONGRESO VENEZOLANO DE SALUD PUBLICA, 3D, CARACAS,
1966.
DOCUMENTOS.
CARACAS. MINISTERIO DE SANIDAD Y ASISTENCIA SOCIAL,
1966.

2072

CONSEJO DE BIENESTAR RURAL, CARACAS.

ESTUDIO DE LOS RECURSOS AGRICOLAS DEL ESTADO YARACUY
Y DE PARTES DE LOS ESTADOS FALCON Y CARABOBO.
CARACAS. MINISTERIO DE AGRICULTURA Y CRIA, 1955, 2
VOLS.
2073
CONSEJO DE BIENESTAR RURAL, CARACAS.
ESTUDIO DE PLAN ARROCERO DE LA CORPORACION
VENEZOLANA DE FOMENTO.
CARACAS, 1952, 3 PTS. (ESTUDIOS ESPECIALES).
2074
CONSEJO DE BIENESTAR RURAL, CARACAS.
PRESENT STATUS AND POSSIBILITIES OF AGRICULTURAL
DEVELOPMENT IN VENEZUELA.
CARACAS, 1967.
2075
CONSEJO DE BIENESTAR RURAL, CARACAS.
PROBLEMAS ECONOMICAS Y SOCIALES DE LOS ANDES
VENEZOLANOS.
CARACAS, 1955.
2076
CONTRIBUCION A LA CONSTRUCCION DEL FUTURO DE
VENEZUELA. DOCUMENTOS PROVISIONALES, 1968-1969.
CARACAS. UNIVERSIDAD CATOLICA ANDRES BELLO, CENTRO
DE ESTUDIOS DEL FUTURO, 1970-.
2077
COOK, HUGH L.
NEW AGRARIAN REFORM LAW AND ECONOMIC DEVELOPMENT IN
VENEZUELA (THE). IN.
LAND ECONOMICS, 37(FEBRUARY 1961), 5-17.
2078
COOKE, THOMAS M.
DYNAMICS OF FOREIGN POLICY DECISION-MAKING IN
VENEZUELA (THE).
PH.D. DISS., THE AMERICAN UNIVERSITY, 1968.
2079
COPEI. SEE PARTIDO SOCIALCRISTIANO.
2080
CORDOVA, ARMANDO. * SILVA MICHELENA, HECTOR.
ASPECTOS TEORICOS DEL SUBDESARROLLO. COLECCION
MATERIALES PARA EL ESTUDIO DEL DESARROLLO Y LA
PLANIFICACION ECONOMICA.
CARACAS. UNIVERSIDAD CENTRAL DE VENEZUELA, FACULTAD
DE CIENCIAS ECONOMICAS Y SOCIALES, INSTITUTO DE
INVESTIGACIONES, 1967. (COLECCION MATERIALES PARA EL
ESTUDIO DEL DESARROLLO Y LA PLANIFICACION
ECONOMICA).
2081
CORDOVA, ARMANDO.
INVERSIONES EXTRANJERAS Y SUBDESARROLLO. EL MODELO
PRIMARIO EXPORTADOR IMPERIALISTA.
CARACAS. UNIVERSIDAD CENTRAL DE VENEZUELA, FACULTAD
DE CIENCIAS ECONOMICAS Y SOCIALES, 1973.

2082

CORPORACION VENEZOLANA DE FOMENTO.
MATERIAS PRIMAS EN VENEZUELA.
CARACAS, 1964. (ESTUDIOS PRELIMINARES SOBRE
INDUSTRIAS, NO. 2, SERIE 1).

2083

CORPORACION VENEZOLANA DE FOMENTO. DIVISION DE
ESTUDIOS GENERALES.
ESTUDIO ECONOMICO SOBRE TURISMO EN VENEZUELA. ZONA
CENTRAL.
CARACAS, 1967.

2084

CORPORACION VENEZOLANA DE FOMENTO. DIVISION DE
ESTUDIOS GENERALES.
ESTUDIO ECONOMICO SOBRE TURISMO EN VENEZUELA. ZONA
OCCIDENTAL.
CARACAS, 1968.

2085

CORPORACION VENEZOLANA DE FOMENTO. DIVISION DE
ESTUDIOS GENERALES.
ESTUDIO ECONOMICO SOBRE TURISMO EN VENEZUELA. ZONA
SUR-ORIENTAL.
CARACAS, 1967.

2086

CORRO, ALEJANDRO DEL, COMP.
VENEZUELA, LA VIOLENCIA.
CUERNAVACA, MEXICO. CENTRO INTERCULTURAL DE
DOCUMENTACION, 1968, 5 VOLS. (CIDOC, DOSSIER, NOS.
32-36).

2087

COUTSOUMARIS, GEORGE.
POLICY OBJECTIVES IN LATIN AMERICAN LAND REFORM,
WITH SPECIAL REFERENCE TO VENEZUELA. IN.
INTER-AMERICAN ECONOMIC AFFAIRS, 16(1962), 25-40.

2088

CRAZUT, RAFAEL J.
BANCO CENTRAL DE VENEZUELA (EL). NOTAS SOBRE LA
HISTORIA Y EVOLUCION DEL INSTITUTO, 1940-1970.
CARACAS. BANCO CENTRAL DE VENEZUELA, 1970.

2089

CRAZUT, RAFAEL J.
CONSIDERACIONES ACERCA DE LAS INVERSIONES PRIVADAS
EXTRANJERAS EN VENEZUELA.
CARACAS. COMISION NACIONAL DEL CUATRICENTENARIO DE
LA FUNDACION DE CARACAS, 1967. (EDICIONES DEL
CUATRICENTENARIO DE CARACAS).

2090

CRIMENES IMPUNES DE LA DICTADURA (LOS). 2D ED. DE LA
DENUNCIA.
CARACAS. EDICIONES CENTAURO, 1972.

2091

CRIST, RAYMOND E.
BASES OF SOCIAL INSTABILITY IN VENEZUELA (THE). IN.
AMERICAN JOURNAL OF ECONOMICS AND SOCIOLOGY,

1(1941), 37-44.

2092

CRIST, RAYMOND E. * LEAHY, EDWARD P.
VENEZUELA. SEARCH FOR A MIDDLE GROUND.
NEW YORK. VAN NOSTRAND REINHOLD CO., 1969. (VAN
NOSTRAND SEARCHLIGHT BOOK, NO. 43).

2093

CRISTOBAL MONTES, ANGEL.
ESTUDIOS DE DERECHO CIVIL.
CARACAS. UNIVERSIDAD CENTRAL DE VENEZUELA, FACULTAD
DE DERECHO, 1970. (PUBLICACIONES, NO. 48).

2094

CRUZ DEL SUR (CARACAS).
ASI SE FRAGUO LA INSURRECCION (DOCUMENTOS
CLANDESTINOS 1956-1958).
CARACAS. EDICIONES DE LA REVISTA CRUZ DEL SUR, 1958.

2095

CUENCA, HUMBERTO.
DERECHO PROCESAL CIVIL.
CARACAS. EDICIONES DE LA BIBLIOTECA DE LA
UNIVERSIDAD CENTRAL DE VENZUELA, 1968-1969, 2 VOLS.

2096

CUENCA, HUMBERTO.
DERECHO PROCESAL EN VENEZUELA (LA).
CARACAS. UNIVERSIDAD CENTRAL DE VENEZUELA, FACULTAD
DE DERECHO, 1956. (PUBLICACIONES DEL FACULTAD DE
DERECHO, VOL. 12).

2097

CULHANE, EUGENE K.
YOUTH AND POLITICS IN VENEZUELA. IN.
AMERICA, 107(JUNE 1962), 352-353.

2098

CUSACK, THOMASINE.
REAPPRAISAL OF THE ECONOMIC RECORD OF VENEZUELA,
1939-1959 (A). IN.
JOURNAL OF INTER-AMERICAN STUDIES, 3(1961), 477-496.

2099

DALY GUEVARA, JAIME R.
DERECHO COOPERATIVO.
CARACAS. UNIVERSIDAD CENTRAL DE VENEZUELA, FACULTAD
DE DERECHO, 1967. (COLECCION TESIS DE DOCTORADO,
VOL. 7).

2100

DAMS, THEODOR.
MARGINALITAT. MOTIVIERUNG UND MOBILISIERUNG VON
SELBSTHILFEGRUPPEN ALS AUFGABE DER
ENTWICKLUNGS-POLITIK.
BENSHEIM-AUERBACH, GERMANY. KUBEL-STIFTUNG, 1970.
(SCHRIFTEN DER KUBEL-STIFTUNG, NO. 3).

2101

DAY, GEORGE H. * QUINONES, EDWARD.
VENEZUELA. LAND REFORM IN ACTION. IN.
FOREIGN AGRICULTURE, 26(DECEMBER 1962), 5-7.

2102

DELWART, LOUIS O.
LAND FOR VENEZUELANS. IN.
AMERICAS, 13(1961), 25-30.

2103

DEPORTE EN VENEZUELA (EL).
CARACAS. UNIVERSIDAD CENTRAL DE VENEZUELA, 1968.
(SERIE FOROS).

2104

DERROTISMO Y NUEVAS TACTICAS.
CARACAS. EDICIONES LUCHA, 1967.

2105

DIAMANTE OSILIA, OTTO F.
GUIA DEL PROCESO DE AJUSTE Y CIERRE. EL USO DE LA
HOJA DE TRABAJO.
CARACAS. UNIVERSIDAD CENTRAL DE VENEZUELA, FACULTAD
DE CIENCIAS ECONOMICAS Y SOCIALES, INSTITUTO DE
INVESTIGACIONES, 1968.

2106

DIAZ, FABIAN DE JESUS.
ENSAYO BIOGRAFICO DEL DR. JESUS MARIA BRICENO PICON.
VALENCIA. PARIS EN AMERICA, 1965. (PUBLICACIONES DEL
CONCEJO MUNICIPAL DEL DISTRITO VALENCIA).

2107

DIAZ RANGEL, ELEAZAR.
COMO SE DIVIDIO EL P.C.V.
CARACAS. EDITORIAL D. FUENTES, 1971. (COLECCION
TESTIMONIOS, NO. 3).

2108

DIAZ RANGEL, ELEAZAR.
NOTICIAS CENSURADAS.
CARACAS. SINTESIS DOSMIL, 1974.

2109

DIAZ SEIJAS, PEDRO.
LUIS BELTRAN PRIETO, LIDER DEL PUEBLO.
CARACAS. COSTA AMIC, 1968.

2110

DIAZ UNGRIA, ADELAIDA G. DE. * CASTILLO, HELIA L.
DE.
ANTROPOLOGIA FISICA DE LOS INDIOS IRAPA.
CARACAS. UNIVERSIDAD CENTRAL DE VENEZUELA, 1971.

2111

DIEZ, JULIO.
HISTORIA Y POLITICA. 2D ED.
CARACAS. PENSAMIENTO VIVO, 1963. (COLECCION
HISTORIA).

2112

DINKELSPIEL, JOHN RANDOLPH.
ADMINISTRATIVE STYLE AND ECONOMIC DEVELOPMENT. THE
ORGANIZATION AND MANAGEMENT OF THE GUAYANA REGION
DEVELOPMENT OF VENEZUELA.
PH.D. DISS., HARVARD UNIVERSITY, 1967.

2113

DIUGUID, LEWIS H.
CHANGING OF THE GUARD IN VENEZUELA. IN.
SAIS REVIEW, 7(SUMMER 1963), 13-18.

2114

DOMINGUEZ CHACIN, J.M.
PARTIDO POLITICO (EL). ESTRUCTURA Y ORGANIZACION DE
UNION REPUBLICANA DEMOCRATICA. 2D ED.
CARACAS. EDITORIAL DOCTRINA, 1961, 2 VOLS.

2115

DOYLE, JOSEPH J.
VENEZUELA 1958. TRANSITION FROM DICTATORSHIP TO
DEMOCRACY.
PH.D. DISS., THE GEORGE WASHINGTON UNIVERSITY, 1967.

2116

DREYER LANDAETA, ARMANDO.
REFORMA AGRARIA Y DESARROLLO ECONOMICO.
CARACAS. MONTE AVILA EDITORES, 1971. (COLECCION
TEMAS VENEZOLANOS).

2117

DUARTE, FRANCISCO J.
HOMENAJE AL DR. FRANCISCO J. DUARTE, 1883-1972.
PERSONALIDAD Y CORRESPONDENCIA.
CARACAS. EDICIONES DE LA PRESIDENCIA DE LA
REPUBLICA, 1974.

2118

DUBUC PICON, ROBERTO. * UGALDE, LUIS.
EVOLUCION HISTORICA DEL SECTOR AGROPECUARIO Y SU
CRISIS ACTUAL.
CARACAS. OFICINA DE ESTUDIOS SOCIOECONOMICOS, 1973.

2119

DUENOS Y ADMINISTRADORES DE LA AGRICULTURA
COMERCIALIZADA Y DE LAS EMPRESAS GANADERAS.
CARACAS. UNIVERSIDAD CENTRAL DE VENEZUELA, CENTRO DE
ESTUDIOS DE DESARROLLO (CENDES), 1973. (ESTUDIOS DE
CONFLICTOS Y CONSENSO, NO. 5).

2120

DUNO, PEDRO.
SOBRE APARATOS, DESVIACIONES Y DOGMAS.
CARACAS. EDITORIAL NUEVA IZQUIERDA, 1969.

2121

DUPOUY, WALTER.
CLASE MEDIA EN VENEZUELA (LA).
WASHINGTON, D.C. PAN AMERICAN UNION, DIVISION OF
PHILOSOPHY, LETTERS, AND SCIENCE, 1951. (MATERIALES
PARA EL ESTUDIO DE LA CLASE MEDIA EN LA AMERICA
LATINA, VOL. 5).

2122

DUPRAY, NORMAND H.
AVES DE RAPINA SOBRE VENEZUELA. ANALISIS DE LA
SITUACION POLITICA CONTEMPORANEA...Y DE LAS CAUSAS
POR LAS CUALES FUE ASESINADO EL CORONEL CARLOS
DELGADO CHALBAUD. 2D ED.
BUENOS AIRES, 1958.

2123

EASTWOOD, DAVID A.
LAND REFORM IN VENEZUELA. THEORY AND PRACTICE.
LIVERPOOL. CENTRE FOR LATIN AMERICAN STUDIES,
UNIVERSITY OF LIVERPOOL, 1974. (MONOGRAPH SERIES,
NO. 5).

2124

ECHEVARRIA SALVAT, OSCAR A., ET AL.
VENEZUELA 1950-1967. VARIABLES, PARAMETERS AND
METHODOLOGY OF THE NATIONAL ACCOUNTS. 2D ED.
WASHINGTON, D.C. INTER-AMERICAN DEVELOPMENT BANK,
SOCIO-ECONOMIC DEVELOPMENT DIVISION, 1968.

2125

ECHEVARRIA SALVAT, OSCAR A.
VENEZUELA"S CHOICE. EXPANSION OF PETROCHEMICAL
FACILITIES. IN.
MODERN GOVERNMENT, 10.2(MARCH 1969), 40-46.

2126

ECONOMIA VENEZOLANA EN LOS ULTIMOS VEINTICINO ANOS
(LA). HECHOS Y CIFRAS RELEVANTES.
CARACAS. BANCO CENTRAL DE VENEZUELA, 1966.

2127

ECONOMIC DEVELOPMENT OF VENEZUELA (THE). BASED ON
THE REPORT OF AN ECONOMIC SURVEY MISSION ORGANIZED
BY THE INTERNATIONAL BANK FOR RECONSTRUCTION AND
DEVELOPMENT. IN.
INTERNATIONAL LABOUR REVIEW, 84(1961), 301-307.

2128

EGANA, MANUEL R.
COMUNIDAD ECONOMICA EUROPEA (LA).
CARACAS. BANCO CENTRAL DE VENEZUELA, 1967.

2129

EICHLER, ARTURO.
ENSENANZA DE LA CONSERVACION EN VENEZUELA (LA).
MERIDA. UNIVERSIDAD DE LOS ANDES, FACULTAD DE
ECONOMIA, INSTITUTO DE INVESTIGACIONES ECONOMICAS,
1968.

2130

EIDT, ROBERT C.
AGRARIAN REFORM AND THE GROWTH OF NEW RURAL
SETTLEMENTS IN VENEZUELA. IN.
ERDKUNDE, 29.2(1975), 118-133.

2131

EJECUTIVOS DE LA GRAN INDUSTRIA MANUFACTURERA.
CARACAS. UNIVERSIDAD CENTRAL DE VENEZUELA, CENTRO DE
ESTUDIOS DE DESARROLLO (CENDES), 1973. (ESTUDIOS DE
CONFLICTOS Y CONSENSO, NO. 8).

2132

EJECUTIVOS Y EMPLEADOS DEL GRAN COMERCIO Y DUENOS DE
PEQUENOS COMERCIOS.
CARACAS. UNIVERSIDAD CENTRAL DE VENEZUELA, CENTRO DE
ESTUDIOS DE DESARROLLO (CENDES), 1973. (ESTUDIOS DE
CONFLICTOS Y CONSENSO, NO. 14).

2133
    ELLENBOGEN, BERTRAM LEIGHTON.
    STUDY OF THE SOCIAL ORGANIZATION OF A PLANTATION
    COMMUNITY IN THE COFFEE PRODUCING REGION OF
    SOUTHWESTERN VENEZUELA (A).
    PH.D. DISS., THE UNIVERSITY OF WISCONSIN, 1959.

2134
    ELMER, M.C.
    GROWTH OF A MIDDLE CLASS IN VENEZUELA (THE).
    SOCIAL SCIENCE, 38(1963), 145-147.

2135
    EQUIPOS JUVENILES PEREZJIMENISTAS Y DESARROLLISTAS.
    MARCOS PEREZ JIMENEZ. DIEZ ANOS DE DESARROLLO.
    CARACAS, 1973.

2136
    ERASMUS, CHARLES.
    UPPER LIMITS OF PEASANTRY AND AGRARIAN REFORM.
    BOLIVIA, VENEZUELA AND MEXICO COMPARED. IN.
    ETHNOLOGY, 6.4(OCT. 1967), 349-380.

2137
    ERMINY, EDWIN.
    DIARY ABOUT THE CUBAN-VENEZUELAN EXPEDITION TO THE
    DOMINICAN REPUBLIC, FOUND NEXT TO THE BODY OF THE
    VENEZUELAN (A). REVELATIONS IN CONNECTION WITH THE
    DECEIPT (SIC) PRACTICED BY ROMULO BETANCOURT AND
    OTHER POLITICAL LEADERS ON VENEZUELA.
    CARACAS. FREE VENEZUELA NATIONAL ANTI-COMMUNIST
    MOVEMENT PUBLICATIONS, 1959.

2138
    ESCOVAR SALMON, RAMON.
    ORDEN POLITICO E HISTORIA EN VENEZUELA. 2D ED.
    CARACAS. MINISTERIO DE JUSTICIA, 1966. (COLECCION
    ESTUDIOS VARIOS, NO. 2).

2139
    ESPINOSA, ALFONSO.
    PROCESO MONETARIO (EL). VENEZUELA 1930/1960.
    CARACAS. EDITORIAL ARTE, 1963.

2140
    EWELL, JUDITH.
    EXTRADITION AND TRIAL OF MARCOS PEREZ JIMENEZ,
    1959-1968 (THE). A CASE STUDY IN THE ENFORCEMENT OF
    ADMINISTRATIVE RESPONSIBILITY.
    PH.D. DISS., UNIVERSITY OF NEW MEXICO, 1972.

2141
    F.N.D. (FEDERACION NACIONAL DEMOCRATICA) Y EL
    GOBIERNO DE COLABORACION (EL). DOCUMENTOS.
    CARACAS, 1967.

2142
    FABBRICA ITALIANA AUTOMOBILI TORINO (FIAT),
    ARGENTINA. OFICINA DE ESTUDIOS PARA LA COLABORACION
    ECONOMICA INTERNACIONAL.
    VENEZUELA. SINTESIS ECONOMICA Y FINANCIERA.
    BUENOS AIRES, 1970.

2143

FALCON BRICENO, MARCOS.
CUESTION DE LIMITES ENTRE VENEZUELA Y LA GUYANA
BRITANICA (LA).
CARACAS. MINISTERIO DE RELACIONES EXTERIORES, 1962.

2144

FALCON BRICENO, MARCOS.
QUESTION OF THE BOUNDARY BETWEEN VENEZUELA AND
BRITISH GUIANA (THE). STATEMENT BY THE MINISTER OF
FOREIGN AFFAIRS BEFORE THE SPECIAL POLITICAL
COMMITTEE OF THE GENERAL ASSEMBLY OF THE UNITED
NATIONS ON 12TH NOVEMBER 1962.
CARACAS. MINISTRY OF FOREIGN AFFAIRS PUBLICATIONS,
1962.

2145

FALCON URBANO, MIGUEL A.
DESARROLLO E INDUSTRIALIZACION DE VENEZUELA. UN
ENFOQUE METODOLOGICO.
CARACAS. UNIVERSIDAD CENTRAL DE VENEZUELA, FACULTAD
DE CIENCIAS ECONOMICAS Y SOCIALES, 1969.

2146

FEBRES CORDERO CONTRERAS, CARLOS L.
LOOK AT THE SCOPE OF VENEZUELAN LABOR LEGISLATION
(A). IN.
INTER-AMERICAN LAW REVIEW, 5.2(1963), 383-409.

2147

FEDERACION VENEZOLANA DE CAMARAS Y ASOCIACIONES DE
COMERCIO Y PRODUCCION.
PROBLEMAS DE LA ACTIVIDAD AGROPECUARIA NACIONAL Y
LOS REQUISITOS PARA SU DESARROLLO.
BARCELONA, VENEZUELA, 1964. (PUBLICACIONES DE
FEDECAMARAS, NO. 7).

2148

FEINSTEIN, OTTO.
ROLE OF FOREIGN INVESTMENT IN THE DEVELOPMENT OF
VENEZUELA (THE).
PH.D. DISS., UNIVERSITY OF CHICAGO, 1965.

2149

FEO CALCANO, GUILLERMO.
DEMOCRACIA VS. DICTADURA. ARTICULOS PERIODISTICOS.
CARACAS, 1963.

2150

FERNANDEZ, PABLO EMILIO.
GUAYANA ESEQUIBA VENEZOLANA.
CARACAS, 1966.

2151

FERNANDEZ SHAW ITURRALDE, DANIEL.
ORGANIZACION INTERNACIONAL.
CARACAS. UNIVERSIDAD CENTRAL DE VENEZUELA, CONSEJO
DE DESARROLLO CIENTIFICO Y HUMANISTICO, 1965.

2152

FERNANDEZ Y FERNANDEZ, RAMON.
REFORMA AGRARIA EN VENEZUELA.

CARACAS. LAS NOVEDADES, 1948.
2153

FERRER FARIA, IVAN.
ENSAYO SOCIOLOGICO DE UN MEDIO RURAL CONCENTRADO
VENEZOLANO.
MARACAIBO. TIPOGRAFIA CERVANTES, 1957.
2154

FIGUEROA VELASQUEZ, EMILIO.
BARCELONAZO (EL). RELATO DE UN SOBREVIVIENTE DE UNO
DE LOS MAS BESTIALES CRIMENES COMETIDOS POR LOS
ADECOS. PROLOGO DE SILVIO RUIZ.
CARACAS. EDICIONES GARRIDO, 1971.
2155

FORO SOBRE REFORMA AGRARIA, UNIVERSIDAD CENTRAL DE
VENEZUELA, 1966.
REFORMA AGRARIA VENEZOLANA. CONCEPCION, EVALUACION Y
PERSPECTIVAS.
CARACAS. DIRECCION DE CULTURA, UNIVERSIDAD CENTRAL
DE VENEZUELA, 1968. (COLECCION FOROS Y SEMINARIOS,
NO. 3. SERIE FOROS).
2156

FRANCO G., JOSE MARIA.
LEGAL INSECURITY OF LANDED PROPERTY IN VENEZUELA
(THE). A CASE STUDY OF THE REGISTRY AND CADASTRAL
SYSTEMS.
PH.D. DISS., THE UNIVERSITY OF WISCONSIN, 1971.
2157

FRIEDMANN, JOHN.
REGIONAL DEVELOPMENT POLICY, A CASE STUDY OF
VENEZUELA.
CAMBRIDGE. M.I.T. PRESS, 1966. (THE JOINT CENTER FOR
URBAN STUDIES OF THE MASSACHUSETTS INSTITUTE OF
TECHNOLOGY AND HARVARD UNIVERSITY).
2158

FRIEDMANN, JOHN.
REGIONAL PLANNING. A PROBLEM IN SPATIAL INTEGRATION.
IN.
REGIONAL SCIENCE ASSOCIATION, 5(1959), 167-180.
2159

FRIEDMANN, JOHN.
VENEZUELA. FROM DOCTRINE TO DIALOGUE. PREFACE BY
BERTRAM M. GROSS.
SYRACUSE, N.Y. SYRACUSE UNIVERSITY PRESS, 1965.
(NATIONAL PLANNING SERIES, NO. 1).
2160

FUENMAYOR, JUAN BAUTISTA.
1928-1948. VEINTE ANOS DE POLITICA.
CARACAS, 1968.
2161

FUENTES OLIVEIRA, RAFAEL.
REVOLUCION DEMOCRATICA O INSURRECCION EXTREMISTA.
CARACAS, 1961.

2162

FUNDACION EUGENIO MENDOZA.
CAMPO VENEZOLANO (EL).
CARACAS, 1972.

2163

FUNDACION PARA EL DESARROLLO DE LA REGION
CENTRO-OCCIDENTAL.
PLAN TENTATIVO REGIONAL, 1975-1979. TERCERA
APROXIMACION.
BARQUISIMETO. FUDECO, 1974, 6 VOLS.

2164

GABALDON, ARNOLDO.
ENSAYOS SOBRE DESARROLLO NACIONAL. ALGUNAS
ORIENTACIONES PARA SUPERAR EL SUBDESARROLLO EN
VENEZUELA.
CARACAS. MONTE AVILA EDITORES, 1974.

2165

GABALDON, ARNOLDO.
POLITICA SANITARIA (UNA).
CARACAS. PUBLICACIONES DEL MINISTERIO DE SANIDAD Y
ASISTENCIA SOCIAL, 1965, 2 VOLS.

2166

GABALDON MARQUEZ, JOAQUIN.
MEMORIA Y CUENTA DE LA GENERACION DEL 28, CON UN
APENDICE DOCUMENTAL Y UN EPILOGO. PALABRAS
PRELIMINARES DE AUGUSTO MARQUEZ CANIZALES.
CARACAS, 1958.

2167

GABALDON MARQUEZ, JOAQUIN.
PAGINAS DE EVASION Y DEVANEO, 1948-1958.
CARACAS, 1959.

2168

GABALDON MARQUEZ, JOAQUIN, ET AL.
HOMBRE LLAMADO (UN). ROMULO BETANCOURT.
APRECIACIONES CRITICAS SOBRE SU VIDA Y SU OBRA.
CARACAS. EDICIONES CENTAURO, 1975.

2169

GALL, NORMAN.
CONTINENTAL REVOLUTION (THE). INSURGENCY IN
VENEZUELA. IN.
NEW LEADER, 48(APRIL 1965), 3-7.

2170

GALL, NORMAN.
TEODORO PETKOFF, THE CRISIS OF THE PROFESSIONAL
REVOLUTIONARY. PART I, YEARS OF INSURRECTION. PART
II, A NEW PARTY. IN.
AMERICAN UNIVERSITIES FIELDSTAFF REPORTS, EAST COAST
SOUTH AMERICA SERIES, VOL. 16, NO. 1, 1972, AND
VOL. 17, NO. 9, 1973.

2171

GALLEGOS, ROMULO, ET AL.
ROMULO BETANCOURT, INTERPRETACION DE SU DOCTRINA
POPULAR Y DEMOCRATICA.
CARACAS. SUMA, 1958.

2172
   GAMBUS GARCIA, JUAN.
   DISPERSO Y UNIDO.
   CARACAS, 1969.

2173
   GARAICOECHEA C., MANUEL FELIPE.
   COMERCIO EXTERIOR Y LA ESTRATEGIA DEL DESARROLLO
   ECONOMICO DE VENEZUELA (EL).
   CARACAS. UNIVERSIDAD CENTRAL DE VENEZUELA, FACULTAD
   DE CIENCIAS ECONOMICAS Y SOCIALES, INSTITUTO DE
   INVESTIGACIONES, 1969. (COLECCION MATERIALES PARA EL
   ESTUDIO DEL DESARROLLO Y LA PLANIFICACION
   ECONOMICA).

2174
   GARCIA ITURBE, REINALDO.
   SIDERUGICA (LA). SU RUTA HACIA LA KOPPERS. PROLOGO
   DE SALVADOR DE LA PLAZA.
   CARACAS. PENSAMIENTO VIVO, 1961.

2175
   GARCIA PONCE, GUILLERMO.
   INTRODUCCION A LA POLITICA VENEZOLANA.
   CARACAS. COMISION NACIONAL DE EDUCACION DEL PARTIDO
   COMUNISTA DE VENEZUELA, 1961.

2176
   GARCIA PONCE, GUILLERMO.
   POLITICA, TACTICA Y ESTRATEGIA.
   CARACAS. EDICIONES DOCUMENTOS POLITICOS, 1967.
   (DOCUMENTOS POLITICOS, NO. 2).

2177
   GARCIA PONCE, GUILLERMO.
   POLITICA Y CLASE MEDIA.
   CARACAS. EDITORIAL LA MURALLA, 1966.

2178
   GARCIA PONCE, GUILLERMO.
   TEORIA POLITICA Y REALIDAD NACIONAL.
   CARACAS. LA MURALLA, 1967.

2179
   GARCIA PONCE, GUILLERMO.
   TUNEL DEL SAN CARLOS (EL).
   CARACAS. EDICIONES LA MURALLA, 1968.

2180
   GARCIA PONCE, SERVANDO.
   STOLEN PEARL OF LATIN AMERICA (THE). IN.
   INTERNATIONAL AFFAIRS (MOSCOW), JUNE 1965, 38-44.

2181
   GEIGEL LOPE BELLO, NELSON.
   EXPERIENCIA VENEZOLANA EN PROTECCION AMBIENTAL (LA).
   CARACAS. FONDO EDITORIAL COMUN, 1974.

2182
   GERONIMO SHAYA, YOLANDA DI.
   ESTUDIO SOCIO-ECONOMICO DEL ASENTAMIENTO, "EL
   DELEITE."
   CARACAS. MINISTERIO DE AGRICULTURA Y CRIA, DIVISION

DE ECONOMIA AGRICOLA, 1961.
2183

GERSTL, OTTO.
MEMORIAS E HISTORIAS. REMINISCENCIAS DE MIS
CINCUENTA Y TANTOS ANOS EN VENEZUELA.
CARACAS. EDICIONES DE LA FUNDACION JOHN BOULTON,
1974.
2184

GIMENEZ ANZOLA, HERNAN, COMP.
SEGUROS, JURISPRUDENCIA VENEZOLANA.
CARACAS. CAMARA DE ASEGURADORES DE VENEZUELA, 196-.
2185

GIMENEZ LANDINEZ, VICTOR MANUEL.
AGRICULTURA, REFORMA AGRARIA Y DESARROLLO.
CARACAS. EDITORIAL ARTE, 1962.
2186

GIMENEZ LANDINEZ, VICTOR MANUEL.
CAPACITACION PARA LA REFORMA AGRARIA INTEGRAL.
CONCEPTOS, METODOLOGIAS E INSTRUMENTOS IDONEOS.
BOGOTA. INSTITUTO INTERAMERICANO DE CIENCIAS
AGRICOLAS DE LA OEA, CENTRO INTERAMERICANO DE
REFORMA AGRARIA, 1966.
2187

GIMENEZ LANDINEZ, VICTOR MANUEL.
EVALUACION DE LA REFORMA AGRARIA ANTE EL CONGRESO
NACIONAL.
CARACAS. MINISTERIO DE AGRICULTURA Y CRIA, 1962.
2188

GIMENEZ LANDINEZ, VICTOR MANUEL.
POLITICA DE PRODUCCION AGROPECUARIA. EXPOSICION ANTE
LA XVII ASEMBLEA ANUAL DE LA FEDERACION VENEZOLANA
DE CAMARAS Y ASOCIACIONES DE COMERCIO Y PRODUCCION,
PUERTO CABELLO, 11 DE ABRIL DE 1961.
CARACAS. MINISTERIO DE AGRICULTURA Y CRIA, 1961.
2189

GIMENEZ LANDINEZ, VICTOR MANUEL.
REFORMA AGRARIA CONDICION DEL DESARROLLO (LA).
CARACAS. INSTITUTO AGRARIO NACIONAL, 1970.
2190

GIMENEZ LANDINEZ, VICTOR MANUEL.
REFORMA AGRARIA INTEGRAL (LA).
CARACAS. MINISTERIO DE AGRICULTURA Y CRIA,
1963-1964, 2 VOLS.
2191

GIMENEZ LANDINEZ, VICTOR MANUEL.
REFORMA AGRARIA Y DESARROLLO AGROPECUARIO EN
VENEZUELA, 1959-1963.
CARACAS. EDITORIAL ARTE, 1963.
2192

GITTES, ENRIQUE F.
INCOME TAX REFORM. THE VENEZUELAN EXPERIENCE. IN.
HARVARD JOURNAL ON LEGISLATION, 5(1968), 125-173.

2193
GOMEZ, HENRY.
INDUSTRIA DEL MINERAL DE HIERRO EN VENEZUELA (LA).
EXPERIENCIA Y PERSPECTIVAS.
CARACAS. UNIVERSIDAD CATOLICA ANDRES BELLO,
INSTITUTO DE INVESTIGACIONES ECONOMICAS, 1970.

2194
GOMEZ GRILLO, ELIO.
HORA DE AUDIENCIA. NOTAS DE CRIMINOLOGIA, DERECHO
PENAL Y PENOLOGIA.
CARACAS. UNIVERSIDAD CENTRAL DE VENEZUELA, 1970.
(COLECCION AVANCE, NO. 29).

2195
GOMEZ GRILLO, ELIO.
INTRODUCCION A LA CRIMINOLOGIA. CON ESPECIAL
REFERENCIA AL MEDIO VENEZOLANO. 2ND ED.
CARACAS. UNIVERSIDAD CENTRAL DE VENEZUELA, FACULTAD
DE DERECHO, 1964. (COLECCION TESIS DE DOCTORADO,
VOL. 5).

2196
GONZALEZ, CESAR.
RUBEN GONZALEZ. UNA VIDA AL SERVICIO DE VENEZUELA.
CARACAS. IMPRENTA NACIONAL, 1972.

2197
GONZALEZ BERTI, LUIS.
COMPENDIO DE DERECHO MINERO VENEZOLANO.
MERIDA. UNIVERSIDAD DE LOS ANDES, 1957-1960, 2 VOLS.

2198
GONZALEZ C., RICARDO.
C.V.F. (CORPORACION VENEZOLANO DE FOMENTO) Y SU
DOCTRINA ECONOMIA (LA).
CARACAS, 1956.

2199
GONZALEZ GONZALEZ, GODOFREDO.
CONTRA LOS DESEQUILIBRIOS ECONOMICOS.
CARACAS. FRACCION PARLAMENTARIA DE COPEI, 1964.
(PUBLICACIONES, SEGUNDA ETAPA, NO. 25).

2200
GONZALEZ GONZALEZ, GODOFREDO. * HERRERA CAMPINS,
LUIS.
ENMIENDA NO. 1 DE LA CONSTITUCION (LA).
CARACAS. FRACCION PARLAMENTARIA DEL PARTIDO
SOCIALCRISTIANO COPEI, 1972. (PUBLICACIONES, QUINTA
ETAPA, NO. 54).

2201
GONZALEZ GONZALEZ, JOSE.
PROBLEMA DE LA VIVIENDA RURAL EN VENEZUELA (EL).
CARACAS, 1943.

2202
GONZALEZ GORRONDONA, JOSE JOAQUIN.
PLANIFICACION ECONOMICA Y SU APLICABILIDAD AL CASO
VENEZOLANO (LA).
CARACAS. COMISION NACIONAL DEL CUATRICENTENARIO DE
LA FUNDACION DE CARACAS, 1967. (EDICIONES DEL

CUATRICENTENARIO DE CARACAS).

2203

GORDON, MAX.
VENEZUELA, COUNTRY OF CONTRADICTIONS. IN.
CONTEMPORARY REVIEW, 185(1954), 235-237.

2204

GRAYSON, GEORGE W.
VENEZUELA"S PRESIDENTIAL POLITICS. IN.
CURRENT HISTORY, 66(1974), 23-27.

2205

GROVES, RODERICK T.
ADMINISTRATIVE REFORM AND THE POLITICS OF REFORM.
THE CASE OF VENEZUELA. IN.
PUBLIC ADMINISTRATION REVIEW, 27(1967), 436-445.

2206

GROVES, RODERICK T.
ADMINISTRATIVE REFORM IN VENEZUELA, 1958-1963.
PH.D. DISS., THE UNIVERSITY OF WISCONSIN, 1965.

2207

GROVES, RODERICK T. * LEVY, FRED D.
PLANNING AND ADMINISTRATIVE REFORM IN VENEZUELA.
PAPERS PREPARED FOR THE LATIN AMERICAN DEVELOPMENT
ADMINISTRATION COMMITTEE.
BLOOMINGTON, IND. COMPARATIVE ADMINISTRATIVE GROUP,
AMERICAN SOCIETY FOR PUBLIC ADMINISTRATION, 1967.

2208

GRUB, PHILLIP D. * MIELE, ARTHUR R.
CHANGING MARKET STRUCTURE IN THE INDUSTRIAL
DEVELOPMENT OF VENEZUELA (THE). IN.
THE JOURNAL OF DEVELOPING AREAS, 3.4(JULY 1969),
513-526 AND 4.1(OCT. 1969), 69-80.

2209

GUERRA INIGUEZ, DANIEL.
DERECHO DE ASILO EN VENEZUELA (EL).
CARACAS. UNIVERSIDAD CENTRAL DE VENEZUELA, FACULTAD
DE CIENCIAS ECONOMIAS Y SOCIALES, DIVISION DE
PUBLICACIONES, 1973. (COLECCION LIBROS).

2210

GUERRA INIGUEZ, DANIEL.
DERECHO INTERNACIONAL PRIVADO.
CARACAS. GRAFICA AMERICANA, 1967-.

2211

GUEVARA BENZO, JUAN M.
DESARROLLO RURAL VENEZOLANO (EL). ESTUDIO DE ALGUNOS
DE SUS PRINCIPALES FACTORES.
CARACAS. FUNDACION EUGENIO MENDOZA, COMITE DE
AGRICULTURA, 1968.

2212

GUNTHER, A.E.
VENEZUELA IN 1940. IN.
GEOGRAPHICAL JOURNAL, 97(1941), 46-53, 73-79.

2213

GUTIERREZ ALFARO, TITO.

GRAN BRETANA, EL ACUERDO DE GINEBRA Y LA GUAYANA
ESEQUIBA (LA).
CARACAS. EMPRESA EL COJO, 1969.
2214

GUTIERREZ ALFARO, TITO, ED.
DOCUMENTOS INEDITOS PARA LA HISTORIA DE LA
INTRODUCCION DEL SEGURO SOCIAL OBLIGATORIO EN
VENEZUELA.
CARACAS, 1960.
2215

HADGIALY DIVO, MIGUEL.
REALIDADES VENEZOLANAS (ECONOMIA Y FINANZAS).
CARACAS. EDITORIAL CONDOR, 1942.
2216

HALLSTROM, A. * LINARES, M.
ESTADISTICAS OFICIALES SOBRE LA DELINCUENCIA EN
VENEZUELA (LAS). UN ANALISIS CRITICO.
CARACAS. UNIVERSIDAD CENTRAL DE VENEZUELA, INSTITUTO
DE CIENCIAS PENALES Y CRIMINOLOGIA, 1972.
(CUADERNOS, NO. 1).
2217

HAMILTON, WILLIAM L.
STUDENT POLITICS AND THE VENEZUELAN POLITICAL
SYSTEM.
PH.D. DISS., FLETCHER SCHOOL OF LAW AND DIPLOMACY,
1969.
2218

HANBORG, C.A.
VENEZUELA UNDER BETANCOURT. IN.
CURRENT HISTORY, 40(APRIL 1961), 232-240.
2219

HARBRON, JOHN D.
VENEZUELA, TEST FOR DEMOCRACY. IN.
STATIST, 187(APRIL 1965), 929-932.
2220

HARDING, TIMOTHY F. * LANDAU, SAUL.
TERRORISM, GUERRILLA WARFARE AND THE VENEZUELAN
LEFT. IN.
STUDIES ON THE LEFT, 4(FALL 1964), 118-128.
2221

HASSAN, MOSTAFA FATHY.
CAPITAL FLIGHT. VENEZUELA 1958-1960. IN.
INTER-AMERICAN ECONOMIC AFFAIRS, 17(1963), 53-73.
2222

HASSAN, MOSTAFA FATHY.
CRECIMIENTO ECONOMICO Y PROBLEMAS DE EMPLEO EN
VENEZUELA. TRADUCCION DE LUIS CABANA.
CARACAS. BANCO CENTRAL DE VENEZUELA, 1973.
(COLECCION DE ESTUDIOS ECONOMICOS, NO. 1).
2223

HASSAN, MOSTAFA FATHY.
HIGH GROWTH, UNEMPLOYMENT, AND PLANNING IN
VENEZUELA. IN.

ECONOMIC DEVELOPMENT AND CULTURAL CHANGE, 15(1967),
452-464.

2224
HASSAN, MOSTAFA FATHY.
SECOND FOUR-YEAR PLAN OF VENEZUELA (THE). IN.
JOURNAL OF INTER-AMERICAN STUDIES, 9(1967), 296-320.

2225
HAWKSHAW, SIR JOHN.
REMINISCENCIAS DE SUDAMERICA. DOS ANOS Y MEDIO DE
RESIDENCIA EN VENEZUELA. TRADUCCION DE JAIME TELLO.
CARACAS. EDICIONES DE LA PRESIDENCIA DE LA
REPUBLICA, 1975. (COLECCION VIAJEROS Y LEGIONARIOS,
NO. 2).

2226
HEATON, LOUIS E.
AGRICULTURAL DEVELOPMENT OF VENEZUELA (THE).
FOREWARD BY LOWELL S. HARDIN.
NEW YORK. PRAEGER PUBLISHERS, 1969. (BENCH MARK
STUDIES ON AGRICULTURAL DEVELOPMENT IN LATIN
AMERICA, NO. 5).

2227
HERBOLZHEIMER, EMIL OTTO.
CROSS-SECTION ANALYSIS OF DEMAND FOR HOUSING IN
VENEZUELA.
PH.D. DISS., MICHIGAN STATE UNIVERSITY, 1972.

2228
HERRERA CAMPINS, LUIS.
UN ANO DE ESFUERZOS PARA EL CAMBIO.
CARACAS, 1970.

2229
HERRERA OROPEZA, JOSE.
HACIA UNA VENEZUELA NACIONALISTA.
CARACAS. PENSAMIENTO VIVO, 1967.

2230
HERRERA OROPEZA, JOSE.
VENEZUELA Y EL TERCER MUNDO. 2D ED.
CARACAS. PENSAMIENTO VIVO, 1970.

2231
HILL, GEORGE WILLIAM.
CENTRAL TACARIGUA. ESTUDIO SOCIOLOGICO.
CARACAS. CORPORACION VENEZOLANO DE FOMENTO,
DEPARTAMENTO DE RELACIONES PUBLICAS, 1960.

2232
HILL, GEORGE WILLIAM. * BELTRAN, GREGORIO. * MARINO,
CRISTINA.
SOCIAL WELFARE AND LAND TENURE IN THE AGRARIAN
REFORM PROGRAM OF VENEZUELA. IN.
LAND ECONOMICS, 28(1952), 17-29.

2233
HILL, GEORGE WILLIAM. * SILVA MICHELENA, JOSE A. *
HILL, RUTH OLIVER.
VIDA RURAL EN VENEZUELA (LA).
CARACAS. MINISTERIO DE SANIDAD Y ASISTENCIA SOCIAL,

1960.

2234

HOLGUIN PELAEZ, HERNANDO.
PROYECCIONES DE UN LIMITE MARITIMO ENTRE COLOMBIA Y
VENEZUELA. PRIMER ENSAYO SOBRE EL TEMA CONTROVERSIA
DE LIMITES COLOMBIA-VENEZUELA.
BOGOTA. EDITORES Y DISTRIBUIDORES ASOCIADOS, 1971.

2235

HOLMES, DAVID NOYES, JR.
ECONOMIC NATURE OF THE CREDIT UNION AND ITS ROLE IN
RURAL CREDIT REFORM (THE). A CASE STUDY OF
VENEZUELA.
PH.D. DISS., UNIVERSITY OF CALIFORNIA, LOS ANGELES,
1968.

2236

HOOVER, JOHN P.
SUCRE, SOLDADO Y REVOLUCIONARIO.
CUMANA. UNIVERSIDAD DE ORIENTE, 1975.

2237

HURTADO, HECTOR.
OBJECTIVOS GENERALES DE LA PLANIFICACION.
CARACAS. OFICINA CENTRAL DE INFORMACION, 1965.

2238

IDUARTE, ANDRES.
CON ROMULO GALLEGOS.
CARACAS. MONTE AVILA EDITORES, 1969. (COLECCION
DONAIRE).

2239

ILLARRAMENDY, ALBA.
SOBRE LA LEY DE INVERSION DEL SITUADO
CONSTITUCIONAL.
CARACAS. FRACCION PARLAMENTARIA, PARTIDO
SOCIALCRISTIANO, 1967. (PUBLICACIONES, CUARTA ETAPA,
NO. 45).

2240

INFORME DUMONT, 1975. UNA VISION SOBRE LA
AGRICULTURA VENEZOLANA.
CARACAS. COMISION DEL PLAN NACIONAL DE
APROVECHAMIENTO DE LOS RECURSOS HIDRAULICOS, 1975.
(PUBLICACION NO. 17).

2241

INSTITUTE FOR THE COMPARATIVE STUDY OF POLITICAL
SYSTEMS.
VENEZUELA ELECTION FACTBOOK. ELECTIONS, DECEMBER,
1963.
WASHINGTON, D.C., 1963.

2242

INSTITUTO PARA EL DESARROLLO ECONOMICO Y SOCIAL,
CARACAS.
DESARROLLO Y PROMOCION DEL HOMBRE.
CARACAS. EDITORIAL ARTE, 1965.

2243

INSTITUTO PARA EL DESARROLLO ECONOMICO Y SOCIAL,

CARACAS.
PLANIFICACION DEMOCRATICA. PRESENTADO EN LA XXI
ASAMBLEA ANUAL DE FEDECAMARAS, MARACAIBO, 1965.
CARACAS, 1965, 2 VOLS. IN 1.
2244

INSTITUTO PARA FL DESARROLLO ECONOMICO Y SOCIAL,
CARACAS.
RECURSOS DE ALTO NIVEL EN VENEZUELA (LOS).
CARACAS, 1966.
2245

INTERNATIONAL BANK FOR RECONSTRUCTION AND
DEVELOPMENT.
ECONOMIC DEVELOPMENT OF VENEZUELA (THE). REPORT OF A
MISSION ORGANIZED BY THE I.B.R.D. AT THE REQUEST OF
THE VENEZUELAN GOVERNMENT.
BALTIMORE. JOHNS HOPKINS PRESS, 1961.
2246

INTERNATIONAL CONGRESS OF COMPARATIVE LAW. 5TH,
BRUSSELS, 1958.
PONENCIAS VENEZOLANAS PARA EL V CONGRESO
INTERNACIONAL DE DERECHO COMPARADO, BRUSELAS, 1958.
CARACAS. UNIVERSIDAD CENTRAL DE VENEZUELA, INSTITUTO
DE DERECHO PRIVADO, SECCION DE DERECHO COMPARADO,
1958. (PUBLICACIONES, NO, 5).
2247

INTERNATIONAL CONGRESS OF COMPARATIVE LAW. 6TH,
HAMBURG, 1962.
PONENCIAS VENEZOLANAS PARA EL VI CONGRESO
INTERNACIONAL DE DERECHO COMPARADO, HAMBURGO, 1962.
CARACAS. UNIVERSIDAD CENTRAL DE VENEZUELA, INSTITUTO
DE DERECHO PRIVADO, SECCION DE DERECHO COMPARADO,
1962. (PUBLICACIONES, NO. 8).
2248

INTERNATIONAL CONGRESS OF COMPARATIVE LAW. 7TH,
UPPSALA, 1966.
PONENCIAS VENEZOLANAS AL VII CONGRESO INTERNACIONAL
DE DERECHO COMPARADO, UPSALA, AGOSTO DE 1966.
CARACAS. UNIVERSIDAD CENTRAL DE VENEZUELA, INSTITUTO
DE DERECHO PRIVADO, SECCION DE DERECHO COMPARADO,
1966. (PUBLICACIONES, NO, 18)..
2249

INTERNATIONAL LABOR OFFICE.
INFORME AL GOBIERNO DE VENEZUELA SOBRE ESTADISTICAS
DEL TRABAJO.
GENEVA, 1971. (PROGRAMA DE LAS NACIONES UNIDAS PARA
EL DESARROLLO, SECTOR COOPERACION TECNICA).
2250

INTERNATIONAL LABOR OFFICE.
LIBERTAD SINDICAL Y LAS CONDICIONES DE TRABAJO EN
VENEZUELA. INFORME DE LA MISION DE LA OFICINA
INTERNACIONAL DEL TRABAJO (22 DE JULIO - 1 DE
SEPTIEMBRE DE 1949).
GENEVA. PUBLICACIONES DE LA CONFEDERACION DE

TRABAJADORES DE CUBA, 1950.

2251

INTERNATIONAL LABOUR ORGANIZATION. INTERNATIONAL
LABOUR OFFICE.
FREEDOM OF ASSOCIATION AND CONDITIONS OF WORK IN
VENEZUELA. REPORT OF THE MISSION OF THE
INTERNATIONAL LABOR OFFICE (22 JULY - 1 SEPTEMBER
1949).
GENEVA, 1950.

2252

IRIBARREN BORGES, IGNACIO.
ACUERDO DE GINEBRA (EL).
CARACAS. OFICINA CENTRAL ·DE INFORMACION, 1966.
(PAPELES PUBLICOS, NO. 13).

2253

IRIBARREN BORGES, IGNACIO.
GUAYANA ESEQUIBA NUESTRA.
CARACAS. OFICINA CENTRAL DE INFORMACION, 1965.
(PAPELES PUBLICOS, NO. 3).

2254

JASPERSEN, FREDERICK ZARR.
ECONOMIC IMPACT OF THE VENEZUELAN AGRARIAN REFORM
(THE).
PH.D. DISS., INDIANA UNIVERSITY, 1969.

2255

JATAR DOTTI, BRAULIO.
INHABILITACION DE LA EXTREMA IZQUIERDA Y GUERRILLAS
CORIANAS.
CARACAS. SECRETARIA DE ASUNTOS PARLIAMENTARIOS Y
MUNICIPALES DE ACCION DEMOCRATICA, 1963. (COLECCION
PUEBLO Y PARLAMENTO, NO. 3).

2256

JIMENEZ DE ASUA, LUIS. * MENDEZ, JOSE AUGUSTIN.
ANTEPROYECTO DE CODIGO PENAL DE 1967 Y EXPOSICION DE
MOTIVOS, CON NOTAS EXPLICATIVAS DE LAS REFORMAS
PROPUESTAS.
CARACAS. EDICIONES DEL CONGRESO DE LA REPUBLICA,
1967.

2257

JONES, EARL. * OCANDO, LUIS. * GUEVARA, JUAN.
BAILADORES. ESTUDIO AGROSOCIAL DE UNA REGION RURAL
VENEZOLANA.
CARACAS. INSTITUTO CARIBE DE ANTROPOLOGIA Y
SOCIOLOGIA, FUNDACION LA SALLE DE CIENCIAS
NATURALES, 1964.

2258

KANTOR, HARRY.
DEVELOPMENT OF ACCION DEMOCRATICA DE VENEZUELA
(THE). IN.
JOURNAL OF INTER-AMERICAN STUDIES, 1(1959), 237-255.

2259

KANTOR, HARRY.
ROMULO BETANCOURT Y ACCION DEMOCRATICA DE VENEZUELA.

IN.
COMBATE, NO. 6(1959), 3-12.
2260
KELLEY, R. LYNN.
1966 VENEZUELAN TAX REFORM. IN.
INTER-AMERICAN ECONOMIC AFFAIRS, 24(1970), 77-94.
2261
KHAN, MOHSIN S.
STRUCTURE AND BEHAVIOR OF IMPORTS OF VENEZUELA. IN.
REVIEW OF ECONOMICS AND STATISTICS, 52(1975),
221-224.
2262
KIRBY, JOHN.
VENEZUELA"S LAND REFORM, PROGRESS AND CHANGE. IN.
JOURNAL OF INTERAMERICAN STUDIES AND WORLD AFFAIRS,
15(1973), 205-220.
2263
KOLB, GLEN L.
DEMOCRACY AND DICTATORSHIP IN VENEZUELA, 1945-1958.
NEW LONDON. CONNECTICUT COLLEGE, 1974. (CONNECTICUT
COLLEGE MONOGRAPH   NO. 10).
2264
KUEBLER, JEANNE.
VENEZUELA, TARGET FOR REDS. IN.
EDITORIAL RESEARCH REPORTS, 1(1963), 189-206.
2265
LA ROCHE, HUMBERTO J.
CONTROL JURISDICCIONAL DE LA CONSTITUCIONALIDAD EN
VENEZUELA Y LOS ESTADOS UNIDOS (EL).
MARACAIBO. UNIVERSIDAD DEL ZULIA, FACULTAD DE
DERECHO, 1972.
2266
LABANA CORDERO, EFRAIN.
TO3 - CAMPO ANTIGUERRILLERO. PROLOGO DE JOSE VICENTE
RANGEL. EPILOGO DE FREDDY BALZAN. 3D ED.
CARACAS. EDICIONES BARBARA, 1970. (SERIE NEGRA, NO.
2).
2267
LANDAETA, FEDERICO.
CUANDO REINARON LAS SOMBRAS. ENSAYO. TRES ANOS DE
LUCHAS CONTRA EL "ROMULATO" EN VENEZUELA.
MADRID. IMPRENTA GRAFICA CLEMARES, 1955.
2268
LANDAETA, FEDERICO.
MI GENERAL. BREVE BIOGRAFIA DEL GENERAL MARCOS PEREZ
JIMENEZ, PRESIDENTE DE LA REPUBLICA DE VENEZUELA.
MADRID. LA CORUNA, 1957.
2269
LANDAETA, FEDERICO.
RASTILLO. RELATOS DE UN ANTRO DE HORRORES.
CARACAS, 1939.
2270
LANSBERG, IVAN.

SEGURO (EL). FUNDAMENTOS Y FUNCION.
CARACAS. CONCEJO MUNICIPAL DEL DISTRITO FEDERAL,
1968. (EDICIONES DEL CUATRICENTENARIO DE CARACAS).
2271

LARA PENA, PEDRO JOSE, ET AL.
PACTO ANDINO Y LA INDUSTRIA VENEZOLANA (EL).
POLEMICA CON DOMINGO ALBERTO RANGEL.
CARACAS, 1972.
2272

LARES MARTINEZ, ELOY.
MANUAL DE DERECHO ADMINISTRATIVO.
CARACAS. UNIVERSIDAD CENTRAL DE VENEZUELA, FACULTAD
DE DERECHO, 1963.
2273

LARRALDE, ALICIA.
LO QUE QUIERO RECORDAR DESDE TERESA DE LA PARRA,
MARCOS PEREZ JIMENES HASTA EL CAMBIO.
CARACAS. EDICIONES GARRIDO, 1969.
2274

LARRAZABAL HENRIQUEZ, OSVALDO.
ENRIQUE BERNARDO NUNEZ.
CARACAS. UNIVERSIDAD CENTRAL DE VENEZUELA, 1969.
2275

LASI, JUAN.
SEGURO SOBRE LOS DEPOSITOS BANCARIOS Y POSIBILIDADES
DE SU APLICACION EN VENEZUELA (EL).
CARACAS. BANCO CENTRAL DE VENEZUELA, 1961.
2276

LATEIN-AMERIKANISCHES INSTITUT AN DER HOCHSCHULE ST.
GALLEN FUR WIRTSCHAFTS- UND SOZIAL-WISSENSCHAFTEN.
VENEZUELA HEUTE. WIRTSCHAFTLICHE, SOZIALE,
KULTURELLE UND POLITISCHE ASPEKTE.
ZURICH. ORELL FUSSLI VERLAG, 1968.
2277

LEON, CESAR A.
HUELLAS DEL PASADO.
MARACAIBO, 1944-1945, 2 VOLS.
2278

LEON, RAMON DAVID.
A DONDE LLEGAMOS. EL HOMBRE DE MACARIGUA.
CARACAS. GRAFICA AMERICANA, 1966.
2279

LEON DROZ BLANCO. TENIENTE DEL EJERCITO VENEZOLANO,
ASESINADO EN BARRANQUILLA, COLOMBIA.
CARACAS. EDICIONES CENTAURO, 1971. (LOS CRIMENES DE
PEREZ JIMENEZ).
2280

LEONARDO RUIZ PINEDA. GUERRILLERO DE LA LIBERTAD.
PROLOGO DE MANUEL ALFREDO RODRIGUEZ. 2D ED.
CARACAS. EDICIONES CENTAURO, 1973.
2281

LEONI. UNA CONDICION HUMANA.
CARACAS. J.A. CATALA, 1972.

2282
LEONI, RAUL.
DOCUMENTOS PRESIDENCIALES, 1964-1967.
CARACAS. OFICINA CENTRAL DE INFORMACION, 1965-1967,
3 VOLS.

2283
LEONI, RAUL.
EQUILIBRIO AGRO-INDUSTRIAL PARA EL DESARROLLO.
DISCURSO DEL PRESIDENTE LEONI A LA XXI ASAMBLEA
FEDECAMARAS, MARACAIBO, 28 DE MAYO, 1965.
CARACAS. OFICINA CENTRAL DE INFORMACION, 1965.

2284
LEONI, RAUL.
VIEW FROM CARACAS. IN.
FOREIGN AFFAIRS, 43(1965), 639-646.

2285
LEPERVANCHE PARPARCEN, RENE DE. * SUBERO, ARMANDO A.
STATEMENT OF THE LAWS OF VENEZUELA, IN MATTERS
AFFECTING BUSINESS (A). 3D ED., REVISED AND
ENLARGED.
WASHINGTON, D.C. PAN AMERICAN UNION, 1962.

2286
LEVINE, DANIEL HARRIS.
CONFLICT AND POLITICAL CHANGE IN VENEZUELA.
PRINCETON, N.J. PRINCETON UNIVERSITY PRESS, 1973.

2287
LEVY, FRED D.
ECONOMIC PLANNING IN VENEZUELA.
NEW YORK. PRAEGER, 1968. (PRAEGER SPECIAL STUDIES IN
INTERNATIONAL ECONOMICS AND DEVELOPMENT).

2288
LEVY, FRED D.
ECONOMIC PLANNING IN VENEZUELA. IN.
YALE ECONOMIC ESSAYS, 7(1967), 273-321.

2289
LEVY, FRED D.
PLANIFICACION ECONOMICA EN VENEZUELA (LA).
CARACAS. COMISION NACIONAL DE CUATRICENTENARIO DE LA
FUNDACION DE CARACAS, COMISION DE OBRAS ECONOMICAS,
1968. (EDICIONES DEL CUATRICENTENARIO DE CARACAS).

2290
LIEUWEN, EDWIN.
GENERALES CONTRA PRESIDENTES EN AMERICA LATINA.
TRADUCCION DE JULIO A. RAMOS.
BUENOS AIRES. EDICIONES SIGLO VEINTE, 1965.

2291
LIEUWEN, EDWIN.
GENERALS VS. PRESIDENTS. NEOMILITARISM IN LATIN
AMERICA.
NEW YORK. PRAEGER, 1964.

2292
LIEUWEN, EDWIN.
POLITICAL FORCES IN VENEZUELA. IN.

WORLD TODAY, 16(1960), 345-355.
2293

LISCANO, TOMAS.
MORAL DEL ABOGADO Y DE LA ABOGACIA (LA).
CARACAS. PRESIDENCIA DE LA REPUBLICA, 1973.
2294

LISTOV, V.
VENEZUELAN GUERRILLAS. IN.
INTERNATIONAL AFFAIRS (MOSCOW), DECEMBER 1963,
54-58.
2295

LLAMBI, LUIS, ET AL.
COOPERATIVISMO EN VENEZUELA. ESTUDIOS SOBRE
PARTICIPACION E IDOLOGIA.
CARACAS. FONDO EDITORIAL COMUN, 1973.
2296

LOLLETT C., CARLOS MIGUEL. * CASTELLANOS, DIEGO
LUIS.
ANALISIS DE LAS EXPERIENCIAS DEL MERCADO DE
CAPITALES EN VENEZUELA.
MEXICO. CENTRO DE ESTUDIOS MONETARIOS
LATINOAMERICANOS, 1964.
2297

LOLLETT C., CARLOS MIGUEL.
BOLSA DE COMERCIO DE VENEZUELA (LA).
CARACAS. CONCEJO MUNICIPAL DE DISTRITO FEDERAL,
1968. (EDICIONES DEL CUATRICENTENARIO DE CARACAS).
2298

LOLLETT C., CARLOS MIGUEL.
ESTRUCTURA FINANCIERA DE VENEZUELA (LA). CONFERENCIA
DICTADA EN LA SEDE DE LA BOLSA DE CARACAS, EL DIA
JUEVES 28 DE DICIEMBRE DE 1962.
CARACAS. BOLSA DE COMERCIO DE CARACAS, 1963.
2299

LOPEZ BORGES, NICANOR.
ASESINATO DE DELGADO CHALBAUD (EL). ANALISIS DE UN
SUMARIO.
CARACAS. J.A. CATALA, 1971.
2300

LOPEZ CONTRERAS, ELEAZAR.
GOBIERNO Y ADMINISTRACION, 1936-1941.
CARACAS. EDITORIAL ARTE, 1966.
2301

LOPEZ CONTRERAS, ELEAZAR.
PROCESO DE LIMITES ENTRE VENEZUELA Y COLOMBIA.
NEW YORK. LAS AMERICAS, 1953.
2302

LOPEZ CONTRERAS, ELEAZAR.
TRIUNFO DE LA VERDAD (EL). DOCUMENTOS PARA LA
HISTORIA VENEZOLANA.
MEXICO. EDICION GENIO LATINO, 1949.
2303

LOPEZ GUINAZU, ANTONIO A.

MODERNIZATION IN VENEZUELA (1950-1961).
PH.D. DISS., COLORADO STATE UNIVERSITY, 1970.
2304
LOSADA, BENITO RAUL.
SINTESIS MONETARIA.
CARACAS. BANCO CENTRAL DE VENEZUELA, 1971.
2305
LOSADA ALDANA, RAMON.
VENEZUELA. LATIFUNDIA Y SUBDESARROLLO. ESTUDIO
SOCIOJURIDICO SOBRE LA CUESTION AGRARIA VENEZOLANA.
CARACAS. UNIVERSIDAD CENTRAL DE VENEZUELA, DIRECCION
DE CULTURA, 1969. (COLECCION HUMANISMO Y CIENCIA,
NO. 7).
2306
LOTT, LEO B.
EXECUTIVE POWER IN VENEZUELA. IN.
AMERICAN POLITICAL SCIENCE REVIEW, 50(1956),
422-441.
2307
LOTT, LEO B.
NATIONALIZATION OF JUSTICE IN VENEZUELA (THE). IN.
INTER-AMERICAN ECONOMIC AFFAIRS, 13(1959), 3-19.
2308
LOTT, LEO B.
VENEZUELA. IN.
MARTIN C. NEEDLER, ED., POLITICAL SYSTEMS OF LATIN
AMERICA, 1964.
2309
LOTT, LEO B.
VENEZUELA AND PARAGUAY. POLITICAL MODERNITY AND
TRADITION IN CONFLICT.
NEW YORK. HOLT, RINEHART AND WINSTON, 1972. (MODERN
COMPARATIVE POLITICS SERIES).
2310
LOTT, LEO B.
1952 VENEZUELAN ELECTIONS (THE). A LESSON FOR 1957.
IN.
WESTERN POLITICAL QUARTERLY, 10(1957), 541-558.
2311
LUGO, FRANCISCO ANICETO.
PEREZ JIMENEZ, FUERZA CREADORA. 18 ENSAYOS SOBRE LA
SITUACION PUBLICA VENEZOLANA.
CARACAS. IMPRENTA NACIONAL, 1953.
2312
LUGO, FRANCISCO ANICETO.
REVOLUCION VENEZOLANA (LA). SUBSTANCIA Y NERVIO DE
LA POLITICA EN VENEZUELA.
CARACAS. TIPOGRAFIA AMERICANA, 1937.
2313
LUGO, OLMEDO.
POLITICOS DE VENEZUELA.
CARACAS. CONGRESO DE LA REPUBLICA, 1969.

2314
LUZARDO, RODOLFO.
LENGUAJE ZULIANO, NOTAS ADICIONALES. Y ANDALUCISMOS
EN VENEZUELA.
CARACAS. EDITORIAL SUCRE, 1968.

2315
LUZARDO, RODOLFO.
VENEZUELA, BUSINESS AND FINANCES.
ENGLEWOOD CLIFFS, N.J. PRENTICE-HALL, 1957.

2316
MACDONALD, JOHN STUART. * MACDONALD, LEATRICE D.
JOBS AND HOUSING, ALTERNATIVE DEVELOPMENTS IN THE
VENEZUELAN GUAYANA. IN.
JOURNAL OF INTER-AMERICAN STUDIES, 13(1971),
342-366.

2317
MACEOIN, GARY.
COLOMBIA AND VENEZUELA AND THE GUIANAS.
NEW YORK. TIME-LIFE BOOKS, 1971. (LIFE WORLD
LIBRARY).

2318
MACEOIN, GARY.
COLOMBIA Y VENEZUELA. VERSION EN ESPANOL. DIRECCION,
JULIO F. YANEZ. TRADUCCION, DR. JULIO LLORENS.
MEXICO. OFFSET MULTICOLOR, 1966. (BIBLIOTECA
UNIVERSAL DE LIFE EN ESPANOL).

2319
MACHADO, EDUARDO.
PRIMERAS AGRESIONES DEL IMPERIALISMO CONTRA
VENEZUELA (LAS).
CARACAS. DISTRIBUIDORA MAGRIJA, 1958.

2320
MACHADO, GUSTAVO.
EN EL CAMINO DEL HONOR. LOS PARLAMENTARIOS ACUSAN
DESDE EL CUARTEL SAN CARLOS.
CARACAS, 1966.

2321
MACHADO, GUSTAVO.
VENEZUELA, UNA DICTADURA MILITAR FASCISTA AL
SERVICIO DE LOS MONOPOLIOS EXTRANJEROS.
MEXICO. TRIBUNA DE MEXICO, 1954. (EDICIONES, NO. 3).

2322
MACHADO, GUSTAVO, ET AL.
COMUNISTAS ACUSAN (LOS). EL BETANCURISMO EN EL
BANQUILLO.
CARACAS. EDITORAL CANTACLARO, 1969.

2323
MACHADO, LUIS ALBERTO.
COPEI CONTRA LA REFORMA TRIBUTARIA.
CARACAS. FRACCION PARLAMENTARIA, PARTIDO
SOCIALCRISTIANO, 1967. (PUBLICACIONES, CUARTA ETAPA,
NO. 42).

2324
MACHADO DE ACEDO MENDOZA, CLEMY.

ACTITUDES ANTE EL CAMBIO SOCIAL.
CARACAS. COMISION NACIONAL DEL CUATRICENTENARIO DE
LA FUNDACION DE CARACAS, 1966. (EDICIONES DEL
CUATRICENTENARIO DE CARACAS).
2325

MACHADO GOMEZ, ALFREDO.
BANCO CENTRAL Y POLITICA MONETARIA.
CARACAS. OFICINA CENTRAL DE INFORMACION, 1965.
(TEMAS DEL DESARROLLO ECONOMICA DE VENEZUELA, NO.
9).
2326

MACHADO GOMEZ, ALFREDO.
CRISIS Y RECUPERACION. LA ECONOMIA VENEZOLANA ENTRE
1961-1968.
CARACAS. BANCO CENTRAL DE VENEZUELA, 1972.
2327

MADDOX, JAMES G.
VENEZUELA EXPERIENCES A BOOM. IN.
AMERICAN UNIVERSITIES FIELDSTAFF REPORTS, EAST COAST
SOUTH AMERICA SERIES, VOL. 3, NO. 1, 1954.
2328

MAGALLANES, MANUEL VICENTE.
CUATRO PARTIDOS NACIONALES. ACCION DEMOCRATICA,
COPEI, PARTIDO COMUNISTA DE VENEZUELA, UNION
REPUBLICANA DEMOCRATICA.
CARACAS, 1973.
2329

MALAVE MATA, HECTOR.
APROXIMACION AL ANALISIS ESTRUCTURAL DE LA INFLACION
EN VENEZUELA. IN.
REVISTA DE ECONOMIA LATINOAMERICANA, 25-26(1968),
73-135.
2330

MALAVE MATA, HECTOR.
DIALECTICA DE LA INFLACION. ANALYSIS ESTRUCTURAL DE
LA INFLACION Y EL SUBDESARROLLO CON ESPECIAL
REFERENCIA AL CASO VENEZOLANO.
CARACAS. UNIVERSIDAD CENTRAL DE VENEZUELA, 1972.
2331

MALAVE MATA, HECTOR.
ESTRUCTURA, SUPERESTRUCTURA, SISTEMA.
CARACAS. EDITORIAL NUEVA IZQUIERDA, 1969. (COLECCION
MONOGRAFIAS).
2332

MALDONADO GUTIERREZ, RAFAEL.
APUNTES DE OBLIGACIONES. VERSION TAQUIGRAFICA DE
CLASES DICTADAS EN LA UNIVERSIDAD CENTRAL DE
VENEZUELA, 1950-1951.
CARACAS. UNIVERSIDAD CENTRAL DE VENEZUELA, 1956, 2
VOLS.
2333

MALDONADO PARILLI, JORGE EZEQUIEL.
YO LUCHE CONTRA EL DELITO.

MADRID. A. AGUADO, 1962.

2334
MANCERA GALLETTI, ANGEL.
ANALISIS DE NUESTRA VIDA SOCIAL Y ECONOMICA.
CARACAS. EL COJO, 1962.

2335
MANCERA GALLETTI, ANGEL.
CAPITALISMO POPULAR. CONFERENCIA DICTADA EN LA
ASOCIACION DE COOPERACION CIVICA, EL 10 DE OCTUBRE
DE 1962.
CARACAS. BOLSA DE COMERCIO DE CARACAS, 1962.

2336
MANCERA GALLETTI, ANGEL.
CIVILISMO Y MILITARISMO.
CARACAS, 1960.

2337
MANCERA GALLETTI, ANGEL.
DE LA OSCURIDAD HACIA LA LUZ. ESTUDIO CRITICO
BIOGRAFICO DE MARIO BRICENO IRAGORRY.
CARACAS. ASOCIACION DE ESCRITORES VENEZOLANOS, 1960.
(EDICIONES CASA DEL ESCRITOR, NO. 1).

2338
MANIFIESTOS DE LA LIBERACION (LOS). RECOPILACION DE
LOS MANIFIESTOS QUE CIRCULARON CLANDESTINAMENTE
DESDE EL PRIMERO HASTA EL 23 DE ENERO DE 1958, DIA
DE LA LIBERACION VENEZOLANA.
CARACAS. EDITORIAL PENSAMIENTO VIVO, 1958.

2339
MANTILLA CACERES, WENCESLAO.
NECESIDAD Y TECNICA DE LA REFORMA AGRARIA.
CARACAS. OFICINA CENTRAL DE INFORMACION, 1965.
(TEMAS DE DESARROLLO ECONOMICO DE VENEZUELA, NO.
10).

2340
MANTILLA CACERES, WENCESLAO.
PLANIFICACION Y EJECUCION DE LA REFORMA AGRARIA EN
VENEZUELA.
CARACAS. OFICINA CENTRAL DE INFORMACION, 1966.
(TEMAS DEL DESARROLLO ECONOMICO DE VENEZUELA, SERIE
II, NO. 4).

2341
MARCANO RODRIGUEZ, R.
APUNTACIONES ANALITICAS SOBRE LAS MATERIAS
FUNDAMENTALES Y GENERALES DEL CODIGO DE
PROCEDIMIENTO CIVIL VENEZOLANO. 2D ED.
CARACAS, 1960, 3 VOLS.

2342
MARQUEZ, POMPEYO.
HACIA DONDE VA EL 23 DE ENERO.
CARACAS. PENSAMIENTO VIVO, 1959.

2343
MARQUEZ, POMPEYO.
HACIA UNA PATRIA LIBRE.

2344
CARACAS. LA MURALLA, 1967.

MARQUEZ, POMPEYO.
IMPERIALISMO, DEPENDENCIA, LATIFUNDISMO.
CARACAS. LA MURALLA, 1968.
2345
MARQUEZ, POMPEYO.
POLEMICA NECESARIA (UNA).
CARACAS. EDICIONES DOCUMENTOS POLITICOS, 1968.
2346
MARQUEZ, POMPEYO.
REFORMA O REVOLUCION.
CARACAS. LA MURALLA, 1968.
2347
MARQUEZ, POMPEYO.
SOCIALISMO EN TIEMPO PRESENTE.
CARACAS. EDICIONES CENTAURO, 1973.
2348
MARQUEZ, POMPEYO.
VIAS DE DESARROLLO (LAS).
CARACAS. FONDO EDITORIAL VENEZOLANO, 1967.
2349
MARQUEZ, POMPEYO.
VIGENCIA DEL PARTIDO COMUNISTA DE VENEZUELA NO ESTA
EN DISCUSION (LA).
CARACAS. EDICIONES DOCUMENTOS POLITICOS, 1967.
2350
MARTE, GABRIEL.
DEMOCRACIA SIN PARTIDOS POLITICOS (UNA).
CARACAS, 1970.
2351
MARTIN, AMERICO.
MARCUSE Y VENEZUELA. SE ABURGUESA LA CLASE OBRERA EN
VENEZUELA.
CARACAS. CUADERNOS ROCINANTE, 1969.
2352
MARTIN, AMERICO.
PECES GORDOS (LOS).
VALENCIA, VENEZUELA. YADELL HERMANOS, 1975.
2353
MARTINEZ, ANIBAL R.
ENERGY POLICIES OF THE WORLD. VENEZUELA.
NEWARK. UNIVERSITY OF DELAWARE, COLLEGE OF MARINE
STUDIES, CENTER FOR THE STUDY OF MARINE POLICY,
1975. (ENERGY POLICIES OF THE WORLD).
2354
MARTINEZ, RAFAEL ELINO.
AQUI TODO EL MUNDO ESTA ALZAO.
CARACAS. EL OJO DEL CAMELLO, 1973.
2355
MARTINEZ AMENGUAL, GUMERSINDO.
VENEZUELA.
HAVANA. CENTRO DE DOCUMENTACION JUAN F. NOYOLA, CASA

DE LAS AMERICAS, 1967. (COLECCION NUESTROS PAISES).

2356

MARTINEZ C., ILDEMARO.
INSTITUCIONES PARA EL DESARROLLO. ANALISIS DE
FUNDACOMUN EN VENEZUELA.
CARACAS. INSTITUTO DE ESTUDIOS SUPERIORES DE
ADMINISTRACION, 1974. (EDICIONES IESA, NO. 1).

2357

MARTINEZ INFANTE, ANGEL B.
PRESUPUESTO EMPRESARIAL (EL). CONDICIONES PARA LA
INSTALACION DE UN SISTEMA PRESUPUESTARIO.
CARACAS. UNIVERSIDAD CENTRAL DE VENEZUELA, INSTITUTO
DE INVESTIGACIONES ECONOMICAS Y SOCIALES, 1969.
(SERIE ADMINISTRACION CONTADURIA, NO. 1).

2358

MARTINEZ LOPEZ, MERCEDES.
ADMINISTRACION SOCIAL Y EL DESARROLLO (LA).
CARACAS. UNIVERSIDAD CENTRAL DE VENEZUELA, INSTITUTO
DE INVESTIGACIONES ECONOMICAS, 1970. (COLECCION
ESQUEMA).

2359

MARTINEZ OLAVARRIA, LEOPOLDO.
EVOLUCION Y REALIDAD DE LA VIVIENDA.
CARACAS. OFICINA CENTRAL DE INFORMACION, 1965.
(TEMAS DEL DESARROLLO ECONOMICO DE VENEZUELA, NO.
3).

2360

MARTINEZ OLAVARRIA, LEOPOLDO.
PROBLEMA DE VIVIENDA EN VENEZUELA.
CARACAS. BANCO OBRERO, 1965.

2361

MARTINEZ OLAVARRIA, LEOPOLDO.
PROBLEMAS DE VIVIENDA EN VENEZUELA. IN.
POLITICA, 41-42(1965), 55-64.

2362

MARTINEZ SUAREZ, FELIX.
TRES ANOS DE CASTRO COMUNISMO. VENEZUELA ANTE LA
AGRESION TOTALITARIA.
CARACAS, 1964.

2363

MARTINEZ TERRERO, JOSE.
COOPERATIVAS DE VENEZUELA (LAS).
CARACAS. CENTRO GUMILLA, 1972.

2364

MARTINEZ TERRERO, JOSE.
DESARROLLO ECONOMICO DE VENEZUELA.
CARACAS. UNIVERSIDAD CATOLICA ANDRES BELLO, ESCUELA
DE PERIODISMO, 1970.

2365

MARTZ, JOHN D.
ACCION DEMOCRATICA. EVOLUTION OF A MODERN POLITICAL
PARTY IN VENEZUELA.
PRINCETON. PRINCETON UNIVERSITY PRESS, 1966.

2366
MARTZ, JOHN D.
GROWTH AND DEMOCRATIZATION OF THE VENEZUELAN LABOR
MOVEMENT. IN.
INTER-AMERICAN ECONOMIC AFFAIRS, 17(1963), 3-18.

2367
MARTZ, JOHN D.
POLITICAL PARTIES IN COLOMBIA AND VENEZUELA.
CONTRASTS IN SUBSTANCE AND STYLE. IN.
WESTERN POLITICAL QUARTERLY, 18(1965), 318-333.

2368
MATA MOLLEJAS, LUIS.
JUICIO AL PRESIDENTE. ENSAYOS.
CARACAS. FONDO EDITORIAL COMUN, 1974.

2369
MATOS ROMERO, MANUEL.
PROBLEMA DE LA NAVEGACION VENEZOLANA I LA ECONOMIA
NACIONAL (EL).
MARACAIBO. TIPOGRAFIA EL PAIS, 1938.

2370
MATOS ROMERO, MANUEL.
VENEZUELA Y MEXICO ANTE EL IMPERIALISMO.
MARACAIBO. EMPRESA PANORAMA, 1939.

2371
MAYOBRE, JOSE ANTONIO.
INVERSIONES EXTRANJERAS EN VENEZUELA (LAS). 2D ED.
CARACAS. MONTE AVILA EDITORES, 1970. (COLECCION
TEMAS VENEZOLANOS).

2372
MAYORCA, JUAN MANUEL.
CONCIENTIZACION PARA LA PREVENCION.
CARACAS. MINISTERIO DE JUSTICIA, DIRECCION DE
PREVENCION DEL DELITO, 1972.

2373
MAYORCA, JUAN MANUEL.
CRIMINOLOGIA. PARTE ESTATICA.
CARACAS. GRAFICA AMERICANA, 1963.

2374
MAYORCA, JUAN MANUEL.
INTRODUCCION AL ESTUDIO DE UNA ANOMALIA SOCIAL.
CARACAS. COMISION NACIONAL DEL CUATRICENTENARIO DE
LA FUNDACION DE CARACAS, 1967. (EDICIONES DEL
CUATRICENTENARIO DE CARACAS).

2375
MAZA ZAVALA, DOMINGO FELIPE.
ASPECTOS DEL DESARROLLO ECONOMICO DE VENEZUELA.
ARTICULOS DE PRENSA.
CARACAS. UNIVERSIDAD CENTRAL DE VENEZUELA, FACULTAD
DE HUMANIDADES Y EDUCACION, ESCUELA DE PERIODISMO,
1962. (CUADERNO, NO. 20).

2376
MAZA ZAVALA, DOMINGO FELIPE.
DOS NOTAS SOBRE LA ECONOMIA VENEZOLANA.

CARACAS. EDITORIAL MUNDO ECONOMICO, 1961.
2377

MAZA ZAVALA, DOMINGO FELIPE.
ECONOMISTA ANTE EL SUBDESARROLLO (EL).
CARACAS. UNIVERSIDAD CENTRAL DE VENEZUELA, INSTITUTO
DE INVESTIGACIONES ECONOMICAS Y SOCIALES, 1969.
(CUADERNOS DEL INSTITUTO. SERIE ACTUAL, NO. 1).
2378

MAZA ZAVALA, DOMINGO FELIPE.
INTERNACIONALIZACION DEL BOLIVAR Y LA LIQUIDEZ
INTERNACIONAL (LA).
CARACAS. COMISION NACIONAL DEL CUATRICENTENARIO DE
LA FUNDACION DE CARACAS, 1967. (EDICIONES DEL
CUATRICENTENARIO DE CARACAS).
2379

MAZA ZAVALA, DOMINGO FELIPE.
PARADOJAS VENEZOLANAS. CRONICAS DE ECONOMIA Y
ANGUSTIA SOCIAL.
CARACAS, 1959.
2380

MAZA ZAVALA, DOMINGO FELIPE.
PROBLEMAS DE LA ECONOMIA EXTERIOR DE VENEZUELA.
CARACAS. EDICIONES DE LA BIBLIOTECA DE LA
UNIVERSIDAD CENTRAL DE VENEZUELA, 1962.
2381

MAZA ZAVALA, DOMINGO FELIPE. * MALAVE MATA, HECTOR.
* SILVA MICHELENA, HECTOR.
VENEZUELA. ECONOMIA Y DEPENDENCIA. 2D ED.
CARACAS. EDICIONES CABIMAS, 1972.
2382

MAZA ZAVALA, DOMINGO FELIPE.
VENEZUELA, UNA ECONOMIA DEPENDIENTE.
CARACAS. UNIVERSIDAD CENTRAL DE VENEZUELA, FACULTAD
DE ECONOMIA, INSTITUTO DE INVESTIGACIONES, 1964.
2383

MAZA ZAVALA, DOMINGO FELIPE, ET AL.
PERFILES DE LA ECONOMIA VENEZOLANA.
CARACAS. IMPRENTA UNIVERSITARIA, 1964.
2384

MAZA ZAVALA, DOMINGO FELIPE, ET AL.
VENEZUELA, CRECIMIENTO SIN DESARROLLO.
CARACAS. UNIVERSIDAD CENTRAL DE VENEZUELA, 1974.
(COLECCION LATINOAMERICA HOY).
2385

MCCLINTOCK, ROBERT.
DEVELOPMENT OF NATIONALISM AND THE NATIONALISM OF
DEVELOPMENT (THE). ADDRESS. IN.
DEPARTMENT OF STATE BULLETIN, 64(APRIL 19, 1971),
522-528.
2386

MCMILLAN, DOUGLAS FRANCIS.
VENEZUELAN UNIVERSITY STUDENTS AS A FORCE IN
NATIONAL POLITICS, 1928-1963.

PH.D. DISS., UNIVERSITY OF NEW MEXICO, 1970.
2387
MEDINA ANGARITA, ISAIAS.
CUATRO ANOS DE DEMOCRACIA. PROLOGO DE ARTURO USLAR
PIETRI.
CARACAS. PENSAMIENTO VIVO, 1963.
2388
MEDINA SILVA, PEDRO. * HURTADO BARRIOS, NICOLAS.
POR QUE LUCHAMOS.
CARACAS. FUERZAS ARMADAS DE LIBERACION NACIONAL,
DIRECCION DE PUBLICACIONES, 1963.
2389
MEINHARDT LARES, ADOLFO.
INFORME MEINHARDT.
CARACAS. EDICIONES BARBARA, 1969.
2390
MEINHARDT LARES, ADOLFO.
YO, EL TERRORISTA, 1957-1962.
MADRID. EDITORIAL CUNILLERA, 1974.
2391
MELENDEZ, JUAN V.
ACTUALIDAD Y PERSPECTIVAS ECONOMICAS DE 85 FINCAS
PRODUCTORAS DE CANA DE AZUCAR EN LA ZONA DE
INFLUENCIA DEL CENTRAL TACARIGUA, ESTADO CARABOBO,
VENEZUELA.
CARACAS. UNIVERSIDAD CENTRAL DE VENEZUELA, FACULTAD
DE AGRONOMIA, 1970.
2392
MELENDEZ, JUAN V.
MODELOS DE PROGRAMACION LINEAL EN PLANIFICACION DE
ASENTAMIENTOS CAMPESINOS.
MARACAY. UNIVERSIDAD CENTRAL DE VENEZUELA, FACULTAD
DE AGRONOMIA, INSTITUTO DE ECONOMIA AGRICOLA Y
CIENCIAS SOCIALES, 1973.
2393
MELICH ORSINI, JOSE.
RESPONSABILIDADES CIVILES EXTRACONTRACTUALES.
PUEBLA, MEXICO. EDITORIAL CAJICA, 1965.
2394
MENDOZA A., FRANCISCO.
C.V.F. Y LA ECONOMIA NACIONAL (LA). DISCURSOS Y
CONFERENCIAS.
CARACAS. CORPORACION VENEZOLANA DE FOMENTO, 1967.
2395
MENDOZA GOITICOA, EDUARDO.
AGRICULTURA. FACTOR CLAVE DE DESARROLLO. ARTICULOS Y
CHARLAS 1940-1967.
CARACAS. EDITORIAL SUCRE, 1967.
2396
MENDOZA TROCONIS, JOSE RAFAEL.
CURSO DE DERECHO PENAL VENEZOLANO. 5TH ED.
CARACAS. EMPRESA EL COJO, 1965-.

2397

MENDOZA TROCONIS, JOSE RAFAEL.
ESTUDIO DE SOCIOLOGIA CRIMINAL VENEZOLANA.
CARACAS, 1952.

2398

MENDOZA TROCONIS, JOSE RAFAEL.
TRATAMIENTO DE LOS INADAPTADOS.
CARACAS. EMPRESA EL COJO, 1965.

2399

MIJARES ULLOA, LUIS A.
NEW PENSIONS INSURANCE LAW IN VENEZUELA. IN.
INTERNATIONAL SOCIAL SECURITY REVIEW, 20.4(1967),
429-445.

2400

MILLE MILLE, GERARDO.
DELITOS CONTRA LA ECONOMIA NACIONAL.
CARACAS. UNIVERSIDAD CENTRAL DE VENEZUELA, INSTITUTO
DE CIENCIAS PENALES Y CRIMINOLOGICAS, 1968.
(PUBLICACIONES DE LA FACULTAD DE DERECHO, VOL. 38).

2401

MITTRA, SID.
ECONOMICS OF ECONOMIC PLANNING. THE EXPERIENCE OF
VENEZUELA. IN.
DEVELOPING ECONOMICS, 3(1965), 73-87.

2402

MOLEIRO, RODOLFO.
PROBLEMA DE LA VIVIENDA EN VENEZUELA (EL).
CARACAS. EDICIONES DEL INSTITUTO DE LA VIVIENDA,
1967.

2403

MONAGAS, AQUILES.
TESTIMONIO DE UNA TRAICION A VENEZUELA. DEMANDA DE
NULIDAD DEL TRATADO DE LIMITES DE 1941 ENTRE
VENEZUELA Y COLOMBIA.
CARACAS. EDICIONES GARRIDO, 1975.

2404

MONASTERIOS, RUBEN.
IMAGEN DE LA COMUNIDAD (LA). A TRAVES DE TECNICAS
OBSERVACIONALES RELATIVAMENTE NO ESTRUCTURADAS.
CARACAS. FONDO EDITORIAL COMUN, 1970.

2405

MONDRAGON, CARLOS.
BOCETOS VENEZOLANOS.
CARACAS. EDITORIAL CECILIO ACOSTA, 1941.

2406

MONSALVE CASADO, EZEQUIEL.
POLITICA Y ECONOMIA.
CARACAS. EMPRESA EL COJO, 1966.

2407

MONSEN, R. JOSEPH.
PROSPECTS FOR BUSINESS IN VENEZUELA. IN.
BUSINESS HORIZONS, 6(1963), 29-34.

2408

MONTIEL ORTEGA, LEONARDO.

NOTAS SOBRE LA NUEVA POLITICA DE PROTECCION A LA
INDUSTRIA TEXTIL.
CARACAS. MINISTERIO DE FOMENTO, DIRECCION DE
INDUSTRIAS, 1966.
2409
MONTIEL ORTEGA, LEONARDO.
POLITICA DE AJUSTES AL DESARROLLO INDUSTRIAL
VENEZOLANO, PROBLEMA Y DINAMICA DE LA
INDUSTRIALIZACION EN VENEZUELA, PROGRAMAS PARA EL
DESARROLLO DE INDUSTRIAS.
CARACAS. MINISTERIO DE FOMENTO, 1967.
2410
MOORE, JOHN ROBERT.
IMPACT OF FOREIGN DIRECT INVESTMENT ON AN
UNDERDEVELOPED ECONOMY (THE). THE VENEZUELAN CASE.
PH.D. DISS., CORNELL UNIVERSITY, 1956.
2411
MORALES, ISIDRO. * IRALA BURGOS, PAUL. * IRALA
BURGOS, JERONIMO.
FORO NACIONAL SOBRE VENEZUELA Y LA INTEGRACION
LATINO-AMERICANA. LAS EMPRESAS MULTINACIONALES Y LA
INTEGRACION. IN.
ARCHAEOLOGY, 32.47(1971), 83-110.
2412
MORALES, VICTOR HUGO.
DEL PORTENAZO AL PERU.
CARACAS. EDITORIAL D. FUENTES, 1971.
2413
MORALES CRESPO, EDDIE.
DESARROLLO E INDUSTRIALIZACION.
CARACAS. CORPORACION VENEZOLANO DE FOMENTO, 1965.
2414
MORALES CRESPO, EDDIE.
DESARROLLO INDUSTRIAL.
CARACAS. OFICINA CENTRAL DE INFORMACION, 1965.
(TEMAS DEL DESARROLLO ECONOMICO DE VENEZUELA, NO.
1).
2415
MORALES CRESPO, EDDIE.
GASTO PUBLICO Y REFORMA TRIBUTARIA.
CARACAS. OFICINA CENTRAL DE INFORMACION, 1966.
(PAPELES PUBLICOS, NO. 20).
2416
MORALES CRESPO, EDDIE.
PRESUPUESTO Y DESARROLLO.
CARACAS. OFICINA CENTRAL DE INFORMACION, 1966.
2417
MORGIEWICZ, DANIEL J.
VENEZUELA AND HER DEMOCRATIC REVOLUTION. IN.
NAVAL WAR COLLEGE REVIEW, 19.10(JUNE 1967), 1-18.
2418
MORILLO, GILBERTO.
ENRIQUECIMIENTO ILICITO EN VENEZUELA (EL).

CARACAS. SECRETARIA NACIONAL DE FUERZA DEMOCRATICA
POPULAR, 1965.
2419

MOSONYI, ESTEBAN EMILIO.
INDIGENA VENEZOLANO EN POS DE SU LIBERACION
DEFINITIVA (EL).
CARACAS. UNIVERSIDAD CENTRAL DE VENEZUELA, FACULTAD
DE CIENCIAS ECONOMICAS Y SOCIALES, DIVISION DE
PUBLICACIONES, 1975. (COLECCION ANTROPOLOGIA Y
SOCIOLOGIA).
2420

MOSONYI, ESTEBAN EMILIO.
YARUROS DE GUACHARA (LOS). ENSAYO DE PLANIFICACION
INDIGENISTA INTEGRAL.
CARACAS, 1965.
2421

MUELLER, HANS J.
VENEZUELA.
WASHINGTON, D.C. DEPARTMENT OF COMMERCE, BUREAU OF
INTERNATIONAL COMMERCE, 1969. (INTERNATIONAL
MARKETING INFORMATION SERVICE, COUNTRY MARKET
SURVEY).
2422

MUESTRA DE CAMPESINOS TRADICIONALES, CAMPESINOS EN
ASENTAMIENTOS DEL I.A.N. Y OBREROS AGRICOLAS.
CARACAS. UNIVERSIDAD CENTRAL DE VENEZUELA, CENTRO DE
ESTUDIOS DE DESARROLLO (CENDES), 1973. (ESTUDIOS DE
CONFLICTOS Y CONSENSO, NO. 6).
2423

MUESTRA DE EMPLEADOS PUBLICOS.
CARACAS. UNIVERSIDAD CENTRAL DE VENEZUELA, CENTRO DE
ESTUDIOS DE DESARROLLO (CENDES), 1973. (ESTUDIOS DE
CONFLICTOS Y CONSENSO, NO. 7).
2424

MUESTRA DE GUAYANA.
CARACAS. UNIVERSIDAD CENTRAL DE VENEZUELA, CENTRO DE
ESTUDIOS DE DESARROLLO (CENDES), 1973. (ESTUDIOS DE
CONFLICTOS Y CONSENSO, NO. 11).
2425

MUESTRA DE LIDERES SINDICALES.
CARACAS. UNIVERSIDAD CENTRAL DE VENEZUELA, CENTRO DE
ESTUDIOS DE DESARROLLO (CENDES), 1973. (ESTUDIOS DE
CONFLICTOS Y CONSENSO, NO. 1).
2426

MUESTRA DE OBREROS Y EMPLEADOS DE LA INDUSTRIA
MANUFACTURERA.
CARACAS. UNIVERSIDAD CENTRAL DE VENEZUELA, CENTRO DE
ESTUDIOS DE DESARROLLO (CENDES), 1973. (ESTUDIOS DE
CONFLICTOS Y CONSENSO, NO. 9).
2427

MUJICA, CIRO A.
CREDITO AGROPECUARIO Y PRODUCTIVIDAD.
CARACAS. OFICINA CENTRAL DE INFORMACION, 1965.

(TEMAS DEL DESARROLLO ECONOMICO DE VENEZUELA, NO.
6).

2428

MURPHY, THOMAS T.
VENEZUELA AS A FOREIGN INVESTMENT TARGET. IN.
BUSINESS TOPICS, 12(AUTUMN 1964), 23-29.

2429

MYERS, DAVID JOEL.
DEMOCRATIC CAMPAIGNING IN VENEZUELA. CALDERA"S
VICTORY.
CARACAS. FUNDACION LA SALLE DE CIENCIAS NATURALES,
INSTITUTO CARIBE DE ANTROPOLOGIA Y SOCIOLOGIA, 1973.
(MONOGRAFIA, NO. 17).

2430

NACIONALIZACION DEL HIERRO EN VENEZUELA, 1975.
PROLOGO POR ARGENIS GAMBOA.
CARACAS. EDICIONES CENTAURO, 1974.

2431

NARANJO, YURY.
REVOLUCION DE LA DEMOCRACIA (LA).
CARACAS, 1972.

2432

NARANJO OSTTY, RAFAEL.
DEFENSA DEL GENERAL MARCOS PEREZ JIMENEZ,
EX-PRESIDENTE DE LA REPUBLICA, ANTE LA CORTE SUPREMA
DE JUSTICIA DE VENEZUELA. VERSION TAQUIGRAFICA.
CARACAS, 1966, 2 VOLS.

2433

NARANJO OSTTY, RAFAEL.
DOCTRINA Y ACCION JURIDICAS.
CARACAS, 1963.

2434

NARANJO OSTTY, RAFAEL.
VERDAD DE UN JUICIO TRANSCENDENTAL (LA).
CARACAS. EDICIONES GARRIDO, 1968.

2435

NOTT, DAVID.
VENEZUELA, ECONOMIC REFORMS AND NATIONALISM. IN.
BANK OF LONDON AND SOUTH AMERICA REVIEW, 5(1971),
250-257.

2436

NUCETE SARDI, JOSE.
CUADERNOS DE INDAGACION Y DE IMPOLITICA (NOTAS
VENEZOLANAS).
GENEVA. SONOR, 1937.

2437

NUNEZ, ENRIQUE BERNARDO.
SIGNOS EN EL TIEMPO. ALUSION A CARABOBO 1939-1950.
VALENCIA. EJECUTIVO DEL ESTADO CARABOBO, SECRETARIA
DE EDUCACION Y CULTURA, 1969. (BIBLIOTECA DE AUTORES
Y TEMAS CARABOBENOS, NO. 5).

2438

NUNEZ PONTE, JOSE MANUEL.

SELECCION DE ESCRITOS.
CARACAS. PRESIDENCIA DE LA REPUBLICA, 1973.

2439

NUNEZ TENORIO, J.R.
CARACTER DE LA REVOLUCION VENEZOLANA (EL).
CARACAS. EDITORIAL CRITICA MARXISTA, 1969.
(COLECCION REVOLUCION).

2440

NUNEZ TENORIO, J.R.
VENEZUELA, MODELO NEOCOLONIAL. JUSTICIA SOCIAL PARA
SER REALMENTE LIBRES.
CARACAS. EDICIONES DE LA BIBLIOTECA DE LA
UNIVERSIDAD CENTRAL DE VENEZUELA, 1969. (NUEVOS
PLANTEAMIENTOS, NO. 7).

2441

OCAMPO V., TARSICIO, COMP.
VENEZUELA, "ASTRONAUTAS" DE COPEI, 1965-67.
DOCUMENTOS Y REACCIONES DE PRENSA.
CUERNAVACA, MEXICO. CENTRO INTERCULTURAL DE
DOCUMENTACION, 1968. (CIDOC, DOSSIER, NO. 17).

2442

OCTAVIO, JOSE ANDRES.
ELEMENTOS FUNDAMENTALES DEL IMPUESTO SOBRE LA RENTA
EN LA LEY DEL 16 DE DICIEMBRE DE 1966 (LOS).
CARACAS. UNIVERSIDAD CENTRAL DE VENEZUELA, FACULTAD
DE DERECHO, 1971. (COLECCION TRABAJOS DE ASCENSO,
NO. 1).

2443

OFICINA DE ESTUDIOS SOCIOECONOMICOS.
ANSIEDAD EN LA JUVENTUD CONTEMPORANEA.
CARACAS, 1969.

2444

OFICINA DE ESTUDIOS SOCIOECONOMICOS.
VALORES, ESTRUCTURA Y SOCIEDAD.
CARACAS. FONDO EDITORIAL COMUN, 1974.

2445

OGLE, RICHARD ALAN.
COMMUNICATION AND DECISION-MAKING IN THE
ADMINISTRATION OF VENEZUELA"S RENEWABLE NATURAL
RESOURCES.
PH.D. DISS., STATE UNIVERSITY COLLEGE OF FORESTRY AT
SYRACUSE UNIVERSITY, 1967.

2446

OJEDA, FABRICIO.
GUERRA DEL PUEBLO (LA).
CARACAS. EDITORIAL D. FUENTES, 1970. (COLECCION
RENOVACION CRITICA).

2447

OJEDA, FABRICIO.
HACIA EL PODER REVOLUCIONARIO.
HAVANA. GUAIRAS, 1967.

2448

OJEDA, ROSELIANO.

GENESIS DE UN SENDERO.
CARACAS, 1968.
2449
OJEDA, ROSELIANO.
PALABRAS VUELAN, LOS ESCRITOS QUEDAN (LAS).
OPINIONES PUBLICADAS, 1961-1962.
CARACAS, 1962.
2450
OJEDA OLAECHEA, ALONSO. * SANTANA, JORGE.
SITUACION ACTUAL DEL CAMPO VENEZOLANO.
CARACAS, 1970.
2451
OPERATIONS AND POLICY RESEARCH, INC., WASHINGTON,
D.C. INSTITUTE FOR THE COMPARATIVE STUDY OF
POLITICAL SYSTEMS.
VENEZUELAN ELECTIONS OF DEC. 1, 1963 (THE).
WASHINGTON, D.C., 1964. 3 VOLS. (ELECTION ANALYSIS
SERIES, NO. 2).
2452
ORONA, ANGELO RAYMOND.
SOCIAL ORGANIZATION OF THE MARGARITENO FISHERMEN,
VENEZUELA (THE).
PH.D.   DISS., UNIVERSITY OF CALIFORNIA, LOS ANGELES,
1968.
2453
OROPEZA, AMBROSIO.
NUEVA CONSTITUCION VENEZOLANA, 1961 (LA).
CARACAS, 1969.
2454
OROPEZA P., IGNACIO.
MCDULO PARA EL DESARROLLO (UN).
MEXICO. EDITORIAL ROBLE, 1973.
2455
OROZCO CARDONA, RIGOBERTO.
GRAN COLOMBIA DEL SIGLO XX (LA).
CALI. EDITORIAL OROCAR, 1949.
2456
ORTEGA DIAZ, PEDRO.
VEINTITRES DE ENERO (EL). Y OTRAS NOTAS DE HISTORIA.
CARACAS. EDICIONES LA MURALLA, 1969.
2457
ORTIZ, POLA C. DE.
EVALUACION DE LA POLITICA DE SUSTITUCION DE
IMPORTACIONES DE MATERIAS PRIMAS EN FUNCION DEL
DESARROLLO ECONOMICO DEL PAIS.
CARACAS. MINISTERIO DE AGRICULTURA Y CRIA, DIRECCION
DE ECONOMIA Y ESTADISTICA AGROPECUARIA, DIVISION DE
ECONOMIA AGRICOLA, 1965.
2458
ORTIZ, POLA C. DE. * GISLASON, CONRAD.
FINANCIAMIENTO AGRICOLA POR LOS BANCOS PRIVADOS.
CARACAS. MINISTERIO DE AGRICULTURA Y CRIA, DIRECCION
DE ECONOMIA Y ESTADISTICA AGROPECUARIA, DIVISION DE

ECONOMIA AGRICOLA, 1962.
2459

OSORIO, LUIS ENRIQUE.
DEMOCRACIA EN VENEZUELA.
BOGOTA. EDITORIAL LITOGRAFIA COLOMBIA, 1943.
(EDICIONES DE "LA IDEA").
2460

PALACIOS, LEOPOLDO.
DOMICILIO EN EL DERECHO CIVIL VENEZOLANO (EL).
CARACAS. UNIVERSIDAD CENTRAL DE VENEZUELA, 1972.
2461

PALACIOS, LEOPOLDO.
MARCAS COMERCIALES EN VENEZUELA (LAS).
CARACAS. EDICIONES DE LA BIBLIOTECA DE LA
UNIVERSIDAD CENTRAL DE VENEZUELA, 1968. (COLECCION
CIENCIAS JURIDICAS, NO. 3).
2462

PALACIOS HERRERA, OSCAR.
JUVENTUD, REVOLUCION Y TRABAJO.
CARACAS. FUNDACION EUGENIO MENDOZA, 1967. (ONCE
GRANDES TEMAS DE NUESTRO TIEMPO).
2463

PALENZONA, ARMANDO.
REPUBLICA DEL VENEZUELA SOTTO L"ASPETTO ECONOMICO E
LE SUE RELAZIONI CON L"ITALIA (LA).
MILAN. M. BORRONI, 1931.
2464

PAN AMERICAN HEALTH ORGANIZATION.
ERRADICACION DE LA MALARIA EN VENEZUELA. REGISTRO DE
UN AREA DE MALARIA ERRADICADA.
WASHINGTON, D.C., 1961.
2465

PAN AMERICAN SANITARY BUREAU.
EVALUACION DEL AREA DE MALARIA ERRADICADA
REGISTRADA. VENEZUELA.
WASHINGTON, D.C. OFICINA SANITARIA PANAMERICANA,
1968.
2466

PAN AMERICAN SANITARY BUREAU.
PROYECCION CUADRIENAL DEL PROGRAMA DE LA
ORGANIZACION EN LA ZONA I, 1968-1971. VENEZUELA.
CARACAS, 1967.
2467

PAN AMERICAN UNION.
DESARROLLO ECONOMICO Y SOCIAL DE VENEZUELA.
WASHINGTON, D.C., 1962.
2468

PAN AMERICAN UNION. DEPARTMENT OF PUBLIC
INFORMATION.
VENEZUELA.
WASHINGTON, D.C., 1960. (AMERICAN REPUBLICS SERIES,
NO. 21).

2469

PAN AMERICAN UNION. DIVISION OF PHILOSOPHY, LETTERS,
AND SCIENCE.
MATERIALES PARA EL ESTUDIO DE LA CLASE MEDIA EN LA
AMERICA LATINA. EDICION Y RECOPILACION DE THEO R.
CREVENNA. (VOL. 5, LA CLASE MEDIA EN COSTA RICA,
HAITI Y VENEZUELA).
WASHINGTON, D.C., 1950-1951, 6 VOLS. (PUBLICACIONES
DE LA OFICINA DE CIENCIAS SOCIALES).

2470

PARISCA MENDOZA, CARLOS.
JURISPRUDENCIA DEL TRABAJO.
CARACAS. TALLERES TIPOGRAFIA DE LA CAJA DE TRABAJO
PENITENCIARIO, 1964.

2471

PARRA, DARIO.
DICTAMENES JURIDICOS.
CARACAS, 1957.

2472

PARRA, DARIO.
VENEZUELA. "DEMOCRACIA" VS. "DICTADURA".
MADRID, 1961.

2473

PARRA LEON, MIGUEL.
ENFOQUES COLOMBO-VENEZOLANOS.
CARACAS. EDICIONES TIEMPO Y ESPACIO, 1971.

2474

PARRA LEON, MIGUEL.
PROBLEMA AGRARIO EN VENEZUELA (EL).
CARACAS. SUMA, 1959.

2475

PARRA MARQUEZ, HECTOR.
EXTRADICION, CON UN ESTUDIO SOBRE LA LEGISLACION
VENEZOLANA AL RESPECTO (LA).
MEXICO. EDITORIAL GUARANIA, 1960.

2476

PARRA PEREZ, CARACCIOLO.
DISCURSOS.
MADRID. ALTAMIRA, 1961.

2477

PARSONS, KENNETH H. * PENN, RAYMOND T. * RAUP,
PHILIP M.
LAND TENURE. PROCEEDINGS OF THE INTERNATIONAL
CONFERENCE ON LAND TENURE AND RELATED PROBLEMS IN
WORLD AGRICULTURE, HELD AT MADISON, WISCONSIN, 1951.
MADISON. UNIVERSITY OF WISCONSIN PRESS, 1956.

2478

PARTIDO COMUNISTA DE VENEZUELA.
APORTES A LA HISTORIA DEL P.C.V.
MARACAIBO, 1971. (BIBLIOTECA DE DOCUMENTOS
HISTORICOS).

2479

PARTIDO COMUNISTA DE VENEZUELA. COMISION AGRARIA
NACIONAL.

SOBRE LA CUESTION AGRARIA EN VENEZUELA.
CARACAS. EDICIONES CANTACLARO, 1960.
2480

PARTIDO COMUNISTA VENEZOLANO.
PROBLEMAS CANDENTES DEL MOVIMIENTO REVOLUCIONARIO
VENEZOLANO.
MEXICO. EDICIONES DEL COMITE CENTRAL, 1967.
2481

PARTIDO DEMOCRATA VENEZOLANO Y SU PROCESO (EL).
DOCUMENTOS. EXPOSICION DE JOSE RAFAEL GABALDON.
CARACAS. EDITORIAL ELITE, 1938.
2482

PARTIDO DEMOCRATICO VENEZOLANO.
LIBERTAD ECONOMICA Y LA INTERVENCION DEL ESTADO
(LA). CICLO DE CONFERENCIAS ... SETIEMBRE DE 1944.
CARACAS. TIPOGRAFIA LA NACION, 1945.
2483

PARTIDO DEMOCRATICO VENEZOLANO.
MANIFIESTO, BASES Y ESTATUTOS.
CARACAS. TIPOGRAFIA AMERICANA, 1943.
2484

PARTIDO SOCIALCRISTIANO.
DIAGNOSTICO ECONOMICO DE VENEZUELA.
CARACAS. OFICINA NACIONAL DEL PROGRAMA DE GOBIERNO,
1968.
2485

PARTIDO SOCIALCRISTIANO.
PROGRAMA DE GOBIERNO 1964-1969.
CARACAS. PARTIDO SOCIAL CRISTIANO COPEI, 1964.
2486

PARTIDO SOCIALCRISTIANO. FRACCION PARLAMENTARIA.
DIECINUEVE ANOS DE COPEI (LOS).
CARACAS. SECRETARIA DE INFORMACION, 1965.
(PUBLICACIONES, NO. 28).
2487

PARTIDO SOCIALCRISTIANO. FRACCION PARLAMENTARIA.
FRENTE AL ACUERDO DE GINEBRA.
CARACAS, 1966. (PUBLICACIONES, NO. 35).
2488

PARTIDO SOCIALCRISTIANO. FRACCION PARLAMENTARIA.
SOBRE ESTABILIDAD Y CESANTIA.
CARACAS, 1965. (PUBLICACIONES, NO. 34).
2489

PARTIDO SOCIALCRISTIANO. FRACCION PARLAMENTARIA.
SOCIEDAD POR HACER (LA). PRINCIPIOS FUNDAMENTALES E
INTRODUCCION DEL PROGRAMA DE GOBIERNO DE RAFAEL
CALDERA.
CARACAS, 1972. (COLECCION IDEOLOGIA Y DOCTRINA, NO.
1).
2490

PENN, RAYMOND T. * SCHUSTER, GEORGE.
REFORMA AGRARIA DE VENEZUELA (LA). IN.
REVISTA INTERAMERICANA DE CIENCIAS SOCIALES,

2.1(1963), 29-39.

2491
PEPPER B., JOSE VICENTE.
CANDIDATO DE LAS MAYORIAS VENEZOLANAS, 1941 (EL).
CARACAS, 1941.

2492
PEPPER B., JOSE VICENTE.
EN LA BRECHA.
CARACAS, 1939.

2493
PEPPER B., JOSE VICENTE.
FICHAS DEL ROMULATO.
TRUJILLO. EDITORA MONTALVO, 1947.

2494
PEPPER B., JOSE VICENTE.
HOMBRES. 2D ED.
CARACAS. EDITORIAL BOLIVAR, 1939.

2495
PEPPER B., JOSE VICENTE.
RECONSTRUCCION INTEGRAL DE VENEZUELA.
VALENCIA, VENEZUELA. EDITORIAL ABORIGEN, 1953.

2496
PEPPER B., JOSE VICENTE. * RICON CALCANO DE PEPPER,
GRACIELA.
VENEZUELA DENTRO DE LA ORBITA SOVIETICA.
TRUJILLO. EDITORA MONTALVO, 1947.

2497
PEREZ, ANN MERCEDES.
VERDAD INEDITA (LA). HISTORIA DE LA REVOLUCION DE
OCTUBRE (1945) REVELADA POR SUS DIRIGENTES
MILITARES. 2D ED.
BUENOS AIRES, 1953.

2498
PEREZ, CARLOS ANDRES. * PINERUA ORDAZ, LUIS. * MEZA,
SALOM.
SUBVERSION EXTREMISTA EN VENEZUELA (LA). UNA
DENUNCIA SOBRE LA SUBVERSION. LA VIOLENCIA
ANTIDEMOCRATICA. OBJECTIVIDAD DE UNA INVESTIGACION
PARLAMENTARIA.
CARACAS. FRACCION PARLAMENTARIA DE ACCION
DEMOCRATICA, 1964.

2499
PEREZ CASTILLO, JUAN PABLO.
SOME ASPECTS OF THE ECONOMIC DEVELOPMENT OF
VENEZUELA DURING THE POST-WORLD WAR II PERIOD,
1945-1960.
PH.D. DISS., TULANE UNIVERSITY, 1963.

2500
PEREZ DIAZ, JOSE ANTONIO.
DISCURSOS.
CARACAS. PUBLICACIONES DEL CONGRESO DE LA REPUBLICA,
1969.

2501

PEREZ DIAZ, JOSE ANTONIO. * CALDERA RODRIGUEZ,
RAFAEL.
PUEBLO, CONGRESO, PRESIDENTE. DISCURSOS PRONUNCIADOS
POR LOS DOCTORES J.A. PEREZ DIAZ, PRESIDENTE DEL
CONGRESO, Y RAFAEL CALDERA, PRESIDENTE DE LA
REPUBLICA ... 11 DE MARZO DE 1969.
CARACAS. DIRECCION DE IMPRENTA Y PUBLICACIONES DEL
CONGRESO DE LA REPUBLICA, 1969.

2502

PEREZ DUPUY, HENRIQUE.
ALGUNAS ORIENTACIONES SOBRE PROBLEMAS ECONOMICOS
VENEZOLANOS.
CARACAS. LITOGRAFIA Y TIPOGRAFIA DEL COMERCIO, 1939.

2503

PEREZ DUPUY, HENRIQUE.
ECONOMIA LIBRE Y SUS VENTAJAS (LA). ARTICULOS
PUBLICADOS EN DIVERSOS DIARIOS DE CARACAS, ENTRE LOS
ANOS DE 1948 A 1958.
CARACAS, 1959.

2504

PEREZ DUPUY, HENRIQUE.
INTERVENCIONISMO ECONOMICO, SIGNO DE DECADENCIA DE
LOS PUEBLOS (EL).
BUENOS AIRES. IMPRENTA LOPEZ, 1964.

2505

PEREZ DUPUY, HENRIQUE.
LIBERALISMO CREADOR FRENTE AL SOCIALISMO DESTRUCTOR
(EL).
CARACAS. EDITORIAL "RAGON," 1954.

2506

PEREZ DUPUY, HENRIQUE.
OPINIONES SOBRE LA LIMITACION O EXPANSION EN LA
ECONOMIA VENEZOLANA. PROLOGO POR PEDRO JOSE LARA
PENA.
CARACAS. TRAMPA-TIP, 1971.

2507

PEREZ DUPUY, HENRIQUE.
RECOMENDACIONES SOBRE ECONOMIA Y EL GASTO PUBLICO.
CARACAS. TIPOGRAFIA FRIULANA, 1971.

2508

PEREZ DUPUY, HENRIQUE.
SANA ECONOMIA DEBE PRIVAR SOBRE LA POLITICA
PARTIDISTA (UNA).
CARACAS. TIPOGRAFIA FRIULANA, 1969.

2509

PEREZ DUPUY, HENRIQUE.
SIN ADMINISTRACION NO HAY BUEN GOBIERNO.
CARACAS, 1960.

2510

PEREZ DUPUY, HENRIQUE.
VERDAD Y LA EXPERIENCIA EN ECONOMIA (LA).
BUENOS AIRES. EDITORIAL VENEZUELA, 1948.

2511

PEREZ JIMENEZ, MARCOS.
FRENTE A LA INFAMIA. 2D ED.
CARACAS. CRUZADA CIVICA NACIONALISTA, EDICIONES
GARRIDO, 1968.

2512

PEREZ JIMENEZ, MARCOS.
PEREZ JIMENEZ HABLA DE LA CONSPIRACION. EL TIRANO
ACUSA A SUS COMPLICES. POR ELOISA FORERO MANZANO Y
FEDERICO ALAMO FUENTES.
CARACAS, 1960.

2513

PEREZ JIMENEZ, MARCOS.
PROCESO A UN EX-DICTADOR. JUICIO AL GENERAL (R)
MARCO PEREZ JIMENEZ.
CARACAS. J.A. CATALA, 1969, 2 VOLS.

2514

PEREZ LUCIANI, RODRIGO.
DEUDA PUBLICA EXTERNA Y BALANZA DE PAGOS. CASO DE
VENEZUELA.
CARACAS. UNIVERSIDAD CATOLICA ANDRES BELLO,
INSTITUTO DE INVESTIGACIONES ECONOMICAS, 1971.

2515

PERICCHI L., JUAN JACOBO.
NUESTROS RECURSOS FORESTALES Y SU APROVECHAMIENTO.
CARACAS. COMISION NACIONAL DEL CUATRICENTENARIO DE
LA FUNDACION DE CARACAS, 1968. (EDICIONES DEL
CUATRICENTENARIO DE CARACAS).

2516

PERKINS, MILO RANDOLPH.
INFORME SOBRE LA ECONOMIA VENEZOLANA. CONFIDENCIAL
HASTA QUE SEA PUBLICADO POR EL GOBIERNO DE
VENEZUELA, 19 DE SEPTIEMBRE DE 1958.
CARACAS. MINISTERIO DE FOMENTO, 1958.

2517

PERNAUT ARDANAZ, MANUEL.
DIEZ ANOS DE DESARROLLO ECONOMICO Y SOCIAL EN
VENEZUELA.
CARACAS. COMISION NACIONAL DEL CUATRICENTENARIO DE
LA FUNDACION DE CARACAS, 1966. (EDICIONES DEL
CUATRICENTENARIO DE CARACAS).

2518

PERNAUT ARDANAZ, MANUEL.
EN TORNO AL DECRETO 724.
CARACAS. PUBLICACIONES DE LA SECRETARIA GENERAL DE
LA PRESIDENCIA DE LA REPUBLICA, 1962.

2519

PERNAUT ARDANAZ, MANUEL.
SITUACION MONETARIA (LA).
CARACAS. UNIVERSIDAD CATOLICA ANDRES BELLO,
1960-1961, 3 VOLS.

2520

PETIT, ANTHONY CHARLES RODRIGUEZ.
HEURISTIC APPROACH TO DEVELOPMENT PLANNING IN A

VENEZUELAN-TYPE DUAL ECONOMY (A).
PH.D. DISS., NEW YORK UNIVERSITY, 1968.
2521

PETKOFF, TEODORO.
RAZON Y PASION DEL SOCIALISMO. EL TEMA SOCIALISTA EN
VENEZUELA.
CARACAS. EDICIONES CENTAURO, 1973.
2522

PETKOFF, TEODORO.
SOCIALISMO PARA VENEZUELA.
CARACAS. EDITORIAL DOMINGO FUENTES, 1970. (COLECCION
ESTOS DIAS).
2523

PETRICEKS, JANIS.
SHIFTING CULTIVATION IN VENEZUELA.
PH.D. DISS., STATE UNIVERSITY COLLEGE OF FORESTRY AT
SYRACUSE UNIVERSITY, 1968.
2524

PETRULLO, VINCENZO.
YARUROS DEL RIO CAPANAPARO (LOS). TRADUCCION DE
ANGELINA LEMMO B. Y RAFAEL SALAS JIMENEZ.
CARACAS. UNIVERSIDAD CENTRAL DE VENEZUELA, INSTITUTO
DE ANTROPOLOGIA E HISTORIA, 1969.
2525

PHILLIPS, JOSEPH D.
GUAYANA IN VENEZUELA"S' DEVELOPMENT (THE). IN.
BUSINESS REVIEW, 20 (NOVEMBER 1963), 6-8.
2526

PLANAS SUAREZ, SIMON.
DESASTRADA NEGOCIACION DIPLOMATICA (UNA). EL TRATADO
DE FRONTERAS Y LIBRE NAVEGACION DE LOS RIOS
VENEZOLANOS FIRMADO ENTRE VENEZUELA Y COLOMBIA.
BUENOS AIRES, 1949.
2527

PLANAS SUAREZ, SIMON.
PAGINAS DE PREOCUPACION Y PATRIOTISMO (1936-1941).
BUENOS AIRES, 1950.
2528

PLANAS SUAREZ, SIMON.
RUMBOS LIBERALES.
CARACAS. LITOGRAFIA Y TIPOGRAFIA DEL COMERCIO, 1939.
2529

PLANAS SUAREZ, SIMON.
VENEZUELA SOBERANA. PANAMERICANISTA NO REGIONALISTA.
CARACAS. TIPOGRAFIA AMERICANA, 1954.
2530

PLANIFICACION EN VENEZUELA (LA). NORMAS LEGALES Y
REGLAMENTARIAS.
CARACAS. OFICINA CENTRAL DE COORDINACION Y
PLANIFICACION, PRESIDENCIA DE LA REPUBLICA, 1973.
2531

PLAZA, SALVADOR DE LA.
DESARROLLO ECONOMICO E INDUSTRIAS BASICAS.

CARACAS. UNIVERSIDAD CENTRAL DE VENEZUELA, 1962.
(COLECCION AVANCE, NO. 2).
2532

PLAZA, SALVADOR DE LA.
ESTRUCTURA DE LA INTEGRACION NACIONAL.
CARACAS. UNIVERSIDAD CENTRAL DE VENEZUELA, 1973.
2533

PLAZA, SALVADOR DE LA.
PROBLEMA DE LA TIERRA (EL). LA REFORMA AGRARIA.
ELEMENTO BASICO DE PLANIFICACION DE LA ECONOMIA
NACIONAL.
MEXICO. EDICIONES FUENTE CULTURAL, 1947.
2534

PLAZA, SALVADOR DE LA.
REFORMA AGRARIA (LA).
CARACAS. PENSAMIENTO VIVO, 1959.
2535

PLAZA, SALVADOR DE LA.
REFORMA AGRARIA EN VENEZUELA. OBJECTOS Y EVALUACION.
CARACAS. UNIVERSIDAD CENTRAL DE VENEZUELA, 1964.
2536

PLAZA, SALVADOR DE LA.
VENEZUELA, PAIS PRIVILEGIADO.
CARACAS. UNIVERSIDAD CENTRAL DE VENEZUELA, FACULTAD
DE CIENCIAS ECONOMICAS Y SOCIALES, DIVISION DE
PUBLICACIONES, 1973. (COLECCION SALVADOR DE LA
PLAZA).
2537

PLAZA A., EDUARDO.
CONTRIBUCION DE VENEZUELA AL PANAMERICANISMO DURANTE
EL PERIODO 1939-1943 (LA).
CARACAS. TIPOGRAFIA AMERICANA, 1945.
2538

POLANCO ALCANTARA, TOMAS.
ADMINISTRACION PUBLICA (LA). ENSAYO DE
INTERPRETACION DE SU NATURALEZA JURIDICA Y DE LAS
NORMAS QUE REGULAN SU ORGANIZACION, COMPETENCIA Y
FUNCIONAMIENTO.
CARACAS. UNIVERSIDAD CENTRAL DE VENEZUELA, 1950.
2539

POLANCO ALCANTARA, TOMAS.
DERECHO ADMINISTRATIVO ESPECIAL. ESTUDIO SISTEMATICO
DE LA MATERIA ADMINISTRATIVA EN LA LEGISLACION
VENEZOLANA.
CARACAS. UNIVERSIDAD CENTRAL DE VENEZUELA, FACULTAD
DE DERECHO, 1959.
2540

POLANCO ALCANTARA, TOMAS.
EMPRESA BANCARIA Y SU CONTROL (LA).
CARACAS. UNIVERSIDAD CATOLICA ANDRES BELLO, 1966.
2541

POLITICA AGRARIA Y DESARROLLO.
VALENCIA. UNIVERSIDAD DE CARABOBO, CENTRO DE

ESTUDIOS AGRICOLOS, 1972.

2542

PONTE, ANDRES F.
COMO SALVAR A VENEZUELA. C.R.N., CRUZADA REFORMADORA
NACIONALISTA, "LA CERENA."
NEW YORK. C. LOPEZ PRESS, 1937.

2543

POVEDA RAMOS, GABRIEL. * CARDENAS, MANUEL JOSE.
INFORME SOBRE LA SITUACION DE LA INDUSTRIA
VENEZOLANA.
MEDELLIN. ASOCIACION NACIONAL DE INDUSTRIALES,
OFICINA CENTRAL, 1972.

2544

POWELL, JOHN DUNCAN.
PEASANT SOCIETY AND CLIENTELIST POLITICS. IN.
AMERICAN POLITICAL SCIENCE REVIEW, 64.2(1970),
411-425.

2545

POWELL, JOHN DUNCAN.
POLITICAL MOBILIZATION OF THE VENEZUELAN PEASANT
(THE).
CAMBRIDGE. HARVARD UNIVERSITY PRESS, 1971.

2546

POWELL, JOHN DUNCAN.
POLITICS OF AGRARIAN REFORM IN VENEZUELA (THE).
HISTORY, SYSTEM, AND PROCESS.
PH.D. DISS., THE UNIVERSITY OF WISCONSIN, 1966.

2547

POWELL, JOHN DUNCAN.
PRELIMINARY REPORT ON THE FEDERACION CAMPESINA DE
VENEZUELA. ORIGINS, ORGANIZATION, LEADERSHIP AND
ROLE IN THE AGRARIAN REFORM PROGRAM.
MADISON. LAND TENURE CENTER, UNIVERSITY OF
WISCONSIN, 1964. (RESEARCH PAPER, NO. 9).

2548

POWELL, JOHN DUNCAN.
PROBLEMAS AGRARIOS DE VENEZUELA EN PERSPECTIVA
COMPARATIVA (LOS).
MADISON. UNIVERSITY OF WISCONSIN, LAND TENURE
CENTER, 1969.

2549

POWELL, JOHN DUNCAN.
ROLE OF THE FEDERACION CAMPESINA IN THE VENEZUELAN
AGRARIAN REFORM PROCESS.
MADISON. UNIVERSITY OF WISCONSIN, LAND TENURE
CENTER, 1967. (RESEARCH PAPER NO. 26).

2550

POWELL, JOHN DUNCAN.
VENEZUELA, THE PEASANT UNION MOVEMENT. IN.
LANDSBERGER, HENRY A. LATIN AMERICAN PEASANT
MOVEMENTS. ITHACA. CORNELL UNIVERSITY PRESS, 1969,
PP. 62-100.

2551

POWELL, JOHN DUNCAN.
VENEZUELAN AGRARIAN PROBLEMS IN COMPARATIVE
PERSPECTIVE. IN.
COMPARATIVE STUDIES IN SOCIETY AND HISTORY, 13.
1971, PP. 282-300.

2552

PRIETO FIGUEROA, LUIS BELTRAN.
SUFRAGIO Y DEMOCRACIA.
CARACAS. EDICIONES DEL CONGRESO DE LA REPUBLICA,
1971.

2553

PROCTOR, N.
ECONOMIC DEVELOPMENTS IN GUAYANA, VENEZUELA. IN.
GEOGRAPHY, 53.239(APRIL 1968), 183-186.

2554

PROPIETARIOS DE PEQUENAS INDUSTRIAS.
CARACAS. UNIVERSIDAD CENTRAL DE VENEZUELA, CENTRO DE
ESTUDIOS DE DESARROLLO (CENDES), 1973. (ESTUDIOS DE
CONFLICTOS Y CONSENSO, NO. 15).

2555

PULIDO, OBDULIO.
VOZ ALTA.
CARACAS. EDITORIAL "DON QUIJOTE," 1939.

2556

QUEVEDO, NUMA.
DISERTACIONES JURIDICAS.
CARACAS. EDITORIAL ARTE, 1965.

2557

QUEVEDO, NUMA.
GOBIERNO PROVISORIO 1958 (EL).
CARACAS. PENSAMIENTO VIVO Y LIBRERIA HISTORIA, 1963.

2558

QUEVEDO, NUMA.
META POSIBLE (LA). VISION CONTINENTAL. PROLOGO DE
AGUSTIN RODRIGUEZ GARAVITO.
BOGOTA. EDITORIAL KELLY, 1970.

2559

QUEVEDO, NUMA.
POLITICA Y PARLAMENTO.
CARACAS. "LAS NOVEDADES," 1951.

2560

QUEVEDO, NUMA.
TESTIMONIO DE LA TIERRA. PROLOGO POR RAFAEL RAMON
CASTELLANOS.
BOGOTA. EDITORIAL KELLY, 1971.

2561

QUEVEDO, RAFAEL ISIDRO.
EVALUACION DE ALGUNOS ASPECTOS SOCIALES Y
AGROECONOMICOS DEL PROYECTO DE DESARROLLO INTEGRAL
DE LA REGION CENTROOCCIDENTAL DEL ESTADO COJEDES,
VENEZUELA.
MARACAY. UNIVERSIDAD CENTRAL DE VENEZUELA, FACULTAD
DE AGRONOMIA, 1971.

2562
QUIJADA, RAMON.
REFORMA AGRARIA EN VENEZUELA.
CARACAS. EDITORIAL ARTE, 1963.

2563
QUINTERO, RODOLFO.
CLASE OBRERA Y REVOLUCION.
CARACAS. VILORIA Y CRUZ, 1970.

2564
QUINTERO, RODOLFO.
ELEMENTOS PARA UNA SOCIOLOGIA DEL TRABAJO.
CARACAS. EDICIONES DE LA BIBLIOTECA DE LA
UNIVERSIDAD CENTRAL DE VENEZUELA, 1963. (COLECCION
CIENCIAS SOCIALES, NO. 7).

2565
QUINTERO, RODOLFO.
INTERVIENE LA CIA EN INVESTIGACIONES SOCIOLOGICAS
QUE SE REALIZAN EN VENEZUELA.
CARACAS. TEORIA Y PRAXIS, 1968.

2566
QUINTERO, RODOLFO.
SINDICALISMO Y CAMBIO SOCIAL EN VENEZUELA.
CARACAS. UNIVERSIDAD CENTRAL DE VENEZUELA, FACULTAD
DE ECONOMIA, INSTITUTO DE INVESTIGACIONES
ECONOMICAS, 1966. (BOLETIN BIBLIOGRAFICO, EDICION
ESPECIAL, SEGUNDA EPOCA, NO. 8).

2567
QUINTERO, RODOLFO.
VENEZUELA"S TRADE UNIONS. IN.
NEW TIMES (MOSCOW), DECEMBER 16, 1964, 24-26.

2568
RAMIREZ FARIA, CARLOS, ET AL.
VENEZUELA HUELE MAL.
CARACAS. EDITORIAL FUENTES, 1973. (COLECCION
RENOVACION CRITICA).

2569
RANGEL, DOMINGO ALBERTO.
ANDINOS EN EL PODER (LOS). BALANCE DE UNA HEGEMONIA,
1899-1945.
CARACAS, 1965.

2570
RANGEL, DOMINGO ALBERTO.
CAPITAL Y DESARROLLO.
CARACAS. UNIVERSIDAD CENTRAL DE VENEZUELA, INSTITUTO
DE INVESTIGACIONES ECONOMICAS Y SOCIALES,
1969-1970, 3 VOLS.

2571
RANGEL, DOMINGO ALBERTO.
ELECCIONES 1973. EL GRAN NEGOCIO.
VALENCIA, VENEZUELA. YADELL HERMANOS, 1974.

2572
RANGEL, DOMINGO ALBERTO.
GRIETAS DEL TIEMPO (LAS). TESTIMONIO DE UNA EPOCA

REVUELTA.
CARACAS. OFIDI, 1969.
2573
RANGEL, DOMINGO ALBERTO.
HISTORIA ECONOMICA DE VENEZUELA.
CARACAS. PENSAMIENTO VIVO, 1962.
2574
RANGEL, DOMINGO ALBERTO.
INDUSTRIALIZACION DE VENEZUELA (LA).
CARACAS. EDICIONES PENSAMIENTO VIVO, 1958.
2575
RANGEL, DOMINGO ALBERTO.
INVASION DE MR. FORD (LA).
VALENCIA, VENEZUELA. YADELL HERMANOS, 1975.
2576
RANGEL, DOMINGO ALBERTO.
MERCADERES DEL VOTO (LOS). ESTUDIO DE UN SISTEMA.
VALENCIA, VENEZUELA. YADELL HERMANOS, 1973.
2577
RANGEL, DOMINGO ALBERTO.
MONEDA LADRONA (LA). LA DEVALUACION EN EL BANQUILLO.
CARACAS. PENSAMIENTO VIVO, 1964.
2578
RANGEL, DOMINGO ALBERTO.
OLIGARQUIA DEL DINERO (LA). 3D ED.
CARACAS. EDITORIAL FUENTES, 1972. (BIBLIOTECA DE
OBRAS DE ECONOMIA).
2579
RANGEL, DOMINGO ALBERTO.
PROCESO DEL CAPITALISMO CONTEMPORANEO EN VENEZUELA
(EL).
CARACAS. UNIVERSIDAD CENTRAL DE VENEZUELA, DIRECCION
DE CULTURA, 1968. (COLECCION HUMANISMO Y CIENCIA,
NO. 6).
2580
RANGEL, DOMINGO ALBERTO.
REVOLUCION DE LAS FANTASIAS (LA).
CARACAS. EDICIONES OFIDI, 1966.
2581
RANGEL, DOMINGO ALBERTO.
VENEZUELA, PAIS OCUPADO.
LA PAZ, BOLIVIA. LIBRERIA-EDITORIAL JUVENTUD, 1955.
2582
RANGEL, DOMINGO ALBERTO.
VENEZUELA, PAIS OCUPADO. EDICION VENEZOLANA.
CARACAS. PENSAMIENTO VIVO, 1960.
2583
RANGEL, DOMINGO ALBERTO, ET AL.
ROMULO, EL GENERAL BETANCOURT, Y OTROS ESCRITOS.
CARACAS. EDICIONES CENTAURO, 1971.
2584
RANGEL, JOSE VICENTE.
EXPEDIENTE NEGRO. PORTADA Y VINETAS, MATEO MANAURE.

2D ED.
CARACAS. EDITORIAL DOMINGO FUENTES, 1969. (COLECCION
TESTIMONIOS).

2585

RANGEL, JOSE VICENTE.
TIEMPO DE VERDADES. PROLOGO DE MANUEL CABALLERO.
CARACAS. EDICIONES CENTAURO, 1973.

2586

RAYBURN, JOHN C.
DEVELOPMENT OF VENEZUELA"S IRON ORE DEPOSITS. IN.
INTER-AMERICAN ECONOMIC AFFAIRS, 6(1952), 52-70.

2587

RAYBURN, JOHN C.
SOME ASPECTS OF THE IMPACT OF ANGLO-SAXON CAPITAL
AND TECHNOLOGY IN VENEZUELA.
PH.D. DISS., UNIVERSITY OF CHICAGO, 1952.

2588

REFORMA ADMINISTRATIVA EN VENEZUELA, 1969-1971 (LA).
CARACAS. COMISION DE ADMINISTRACION PUBLICA, 1971.

2589

REUNION IBEROAMERICANA DE ESPECIALISTAS EN DERECHO
AGRARIO, MERIDA, VENEZUELA, 1974.
MEMORIA.
MERIDA. INSTITUTO INTERAMERICANO DE CIENCIAS
AGRICOLAS, INSTITUTO IBEROAMERICANO DE DERECHO
AGRARIO Y REFORMA AGRARIA, 1974.

2590

REYES, VITELIO.
USTEDES SON LOS DELINCUENTES, O MI DEFENSA EN EL
TRIBUNAL DE LA HISTORIA.
MADRID. GRAFICAS EGOS, 1969.

2591

RIPPY, J. FRED.
VENEZUELAN VICISSITUDES, 1945-1956. IN.
INTER-AMERICAN ECONOMIC AFFAIRS, 11(WINTER 1957),
73-82.

2592

RI_QUEZ, FERNANDO.
INVESTIGACION INTEGRAL DE UN GRUPO REPRESENTATIVO DE
LA DELINCUENCIA FEMENINA EN VENEZUELA.
CARACAS. MINISTERIA DE JUSTICIA, 1960.

2593

RISQUEZ, FRANCISCO ANTONIO. * GIL BORGES, ESTEBAN.
* BRANCE, JUAN B.
MANUAL DE MEDICINA LEGAL, AJUSTADO A LA LEGISLACION
VENEZOLANA.
SANTIAGO DE CHILE. ZIG-ZAG, 1939.

2594

RISQUEZ FIGUEROA, JESUS MARIA.
INTRODUCCION A LA SOCIOLOGIA VENEZOLANA. PROLOGO DEL
DR. CRISTOBAL BENITEZ.
CARACAS. EDITORIAL CONDOR, 1942.

2595

RISQUEZ FIGUEROA, JESUS MARIA.
LECCIONES PRELIMINARES DE MERCADOS.
CARACAS. UNIVERSIDAD CENTRAL DE VENEZUELA, FACULTAD
DE ECONOMIA, 1954.

2596

RIVAS MIJARES, GUSTAVO, ET AL.
CONTAMINACION AMBIENTAL EN VENEZUELA. PROLOGO DE
CARLOS ACEDO MENDOZA.
CARACAS. FONDO EDITORIAL COMUN, 1973.

2597

RIVAS RIVAS, JOSE.
TRES DIVISIONES DE ACCION DEMOCRATICA (LAS).
CARACAS. PENSAMIENTO VIVO, 1968. (HISTORIA GRAFICA,
TOMO ESPECIAL).

2598

RIVAS RIVAS, JOSE, COMP.
ANO CON WOLFGANG LARRAZABAL (UN). UNA HISTORIA
CONTADA EN RECORTES DE PERIODICOS.
CARACAS. PENSAMIENTO VIVO, 1962. (HISTORIA GRAFICA
DE VENEZUELA, VOL. 3).

2599

RIVAS RIVAS, JOSE, COMP.
DE GOMEZ A GALLEGOS. UNA HISTORIA CONTADA EN
RECORTES DE PERIODICOS.
CARACAS. PENSAMIENTO VIVO, 1963, 2 VOLS. IN 1.
(HISTORIA GRAFICA DE VENEZUELA, VOL. 1).

2600

RIVAS RIVAS, JOSE, COMP.
GOBIERNO DE ROMULO BETANCOURT (EL).
CARACAS. PENSAMIENTO VIVO, 1965. (HISTORIA GRAFICA
DE VENEZUELA, VOL. 4, PART 1).

2601

RIVAS RIVAS, JOSE, COMP.
MUNDO Y LA EPOCA DE PEREZ JIMENEZ (EL). UNA HISTORIA
CONTADA EN RECORTES DE PERIODICOS.
CARACAS. PENSAMIENTO VIVO, 1961. (HISTORIA GRAFICA
DE VENEZUELA, VOL. 2).

2602

RIVERA OVIEDO, JOSE E.
COPEI. IDEOLOGIA Y ORGANIZACION.
CARACAS. AVILARTE, 1972.

2603

RIVERA OVIEDO, JOSE E.
HISTORIA E IDEOLOGIA DE LOS CRISTIANOS VENEZOLANOS.
CARACAS. HERMAR, 1969.

2604

RIVERA OVIEDO, JOSE E.
SOCIAL CRISTIANOS EN VENEZUELA (LOS).
CARACAS. IMPRESOS HERMAR, 1969. (HISTORIA
IDEOLOGIA).

2605

RIVERO, MANUEL RAFAEL.
POLITICA DESDE MI POSTIGO (LA).

CARACAS. IMPRENTA NACIONAL, 1963.
2606
RODRIGUEZ, JOSE, COMP.
QUIEN DERROCO A GALLEGOS.
CARACAS. TIPOGRAFIA GARRIDO, 1961.
2607
RODRIGUEZ, JOSE I.
SAVINGS AND LOAN HOUSING MARKET IN VENEZUELA DURING
THE SIXTIES AND EARLY SEVENTIES.
PH.D. DISS., INDIANA UNIVERSITY, 1976.
2608
RODRIGUEZ, LUIS I.
PATRIA DE BOLIVAR SECUESTRADA (LA).
MEXICO. EDICIONES HUMANISMO, 1954. (COLECCION
POLITICA DE AMERICA, NO. 3).
2609
RODRIGUEZ, RENALDO F.
VENEZUELA, A MARKET FOR U.S. PRODUCTS. A SUPPLEMENT
TO INTERNATIONAL COMMERCE.
WASHINGTON, D.C. U.S. DEPARTMENT OF COMMERCE, BUREAU
OF INTERNATIONAL COMMERCE, 1964.
2610
RODRIGUEZ, VALMORE.
BAYONETAS SOBRE VENEZUELA.
MEXICO. EDITORES B. DE SILVA, 1950.
2611
RODRIGUEZ BOSCAN, HECTOR.
HISTORIA DE LA BENEFICENCIA Y ASISTENCIA SOCIAL EN
EL ESTADO ZULIA.
MARACAIBO. JIMENEZ, 1953-.
2612
RODRIGUEZ H., IVAN.
POLITICA CONTEMPORANEA. RECOPILACION DE ARTICULOS
PUBLICADOS.
CARACAS. EDITORIAL RAGON, 1954.
2613
RODRIGUEZ ITURBE, JOSE.
RETO REVOLUCIONARIO (EL). NUESTRA GENERACION Y LA
POLITICA.
CARACAS. EDICIONES NUEVA POLITICA, 1969.
2614
RODRIGUEZ URRACA, JOSE.
ELEMENTOS INQUISITIVOS EN EL PROCESO CIVIL
VENEZOLANO.
VALENCIA. UNIVERSIDAD DE CARABOBO, FACULTAD DE
DERECHO, 1966.
2615
RODRIQUEZ G., GUMERSINDO.
FRACASO DE LA INSURRECCION (EL). ESTUDIO SOBRE LA
TEORIA Y LA PRACTICA DE LA PSEUDOIZQUIERDA EN
VENEZUELA.
CARACAS, 1962.

2616

ROJAS, WILSON J.
RAZON Y OBJECTIVOS PARA LA VIGENCIA DE LA REFORMA
AGRARIA EN VENEZUELA.
CARACAS. INSTITUTO AGRARIO NACIONAL, 1962.

2617

ROMERO OCANDO, EDDIE.
NUEVO ENFOQUE EN EL INDIGENISMO VENEZOLANO (UN).
CARACAS. MINISTERIO DE JUSTICIA, DIRECCION DE CULTOS
Y ASUNTOS INDIGENAS, OFICINA CENTRAL DE ASUNTOS
INDIGENAS, 1975.

2618

ROMULO BETANCOURT, SEMBLANZA DE UN POLITICO POPULAR,
1928-1948.
CARACAS. EDICIONES CARIBE, 1948. (ESCRITORES DE
VENEZUELA Y DE AMERICA).

2619

RONDON DE SANSO, HILDEGART.
PATENTES Y SIGNOS DISTINTIVOS. DOCTRINA
ADMINISTRATIVA Y JURISPRUDENCIA
CONTENCIOSO-ADMINISTRATIVA.
CARACAS. UNIVERSIDAD CENTRAL DE VENEZUELA, 1968.
(COLECCION ESTUDIOS JURIDICOS, NO. 43).

2620

RONDON LOVERA, CESAR.
PROBLEMAS POLITICOS DE VENEZUELA. SELECCION DE
ARTICULOS.
CARACAS, 1963.

2621

ROSAS MARCANO, JESUS.
PRENSA NACIONAL Y LAS ELECCIONES GENERALES DE 1958
(LA).
CARACAS. UNIVERSIDAD CENTRAL DE VENEZUELA, FACULTAD
DE HUMANIDADES Y EDUCACION, INSTITUTO DE
INVESTIGACIONES DE PRENSA, 1961.

2622

ROTHER, KLAUS.
TRANSPORTE Y COMMUNICACIONES DE VENEZUELA.
CARACAS. FONDO EDITORIAL COMUN, 1970.

2623

ROTHER, KLAUS.
WIRTSCHAFT UND BERUFSERZIEHUNG IN VENEZUELA.
BERLIN. COLLOQUIUM VERLAG, 1972. (BIBLIOTECA
IBERO-AMERICANA, NO. 16).

2624

RUEDA, ANIBAL.
LEGISLACION VENEZOLANA ANTE LOS CONVENIOS AEREOS
INTERNACIONALES (LA).
VALENCIA. UNIVERSIDAD DE CARABOBO, FACULTAD DE
DERECHO, 1965.

2625

RUIZ PINEDA, LEONARDO.
LEONARDO RUIZ PINEDA. GUERRILLERO DE LA LIBERTAD.
PROLOGO DE MANUEL ALFREDO RODRIGUEZ. 2D ED.

CARACAS. EDICIONES CENTAURO, 1973.
2626
RUIZ PINEDA, LEONARDO.
VENTANAS AL MUNDO. AUTOBIOGRAFIA, ACCION
PARLAMENTARIA, ARTICULOS DE PRENSA.
SAN CRISTOBAL, 1961. (BIBLIOTECA DE AUTORES Y TEMAS
TACHIRENSES, NO. 17).
2627
SADER PEREZ, RUBEN.
EN EL CIRCULO MILITAR.
CARACAS, 1968.
2628
SADER PEREZ, RUBEN.
TEMAS PARA UN CAMBIO DE REGIMEN POLITICO.
CARACAS. FECOMUN, 1971.
2629
SALAZAR, JORGE.
PRIMARY TYPE EXPORT ACTIVITIES AS LEADING SECTORS IN
ECONOMIC DEVELOPMENT. THE VENEZUELAN CASE.
PH.D. DISS., UNIVERSITY OF CALIFORNIA, BERKELEY,
1967.
2630
SALERA, VIRGIL.
BROADENING THE INDUSTRIAL FRONT IN VENEZUELA. IN.
INTER-AMERICAN ECONOMIC AFFAIRS, 8(1955), 69-86.
2631
SALERA, VIRGIL.
ON ANTI-VENEZUELAN ECONOMIC BIASES. IN.
INTER-AMERICAN ECONOMIC AFFAIRS, 11(1957), 69-85.
2632
SANCHEZ, AVELINO.
VENEZUELA REPUBLICANA. EXPOSICION DEL PROCESO
POLITICO-SOCIAL DE UN REGIMEN, 1936-1940.
CARACAS. IMPRESORES UNIDOS, 1940.
2633
SANGUINETI VARGAS, YOLANDA.
EXPERIENCIA EN EL ESTADO PORTUGESA (UNA).
CARACAS, 1960.
2634
SANIN.
DEMOCRACIA CON ENERGIA. DESDE PALCO DE SOMBRA.
CARACAS. VADELL HERMANOS, 1974.
2635
SANSO, BENITO. * RONDON DE SANSO, HILDEGART.
ESTUDIOS DE DERECHO INDUSTRIAL.
CARACAS. UNIVERSIDAD CENTRAL DE VENEZUELA, 1965,
(COLECCION ESTUDIOS JURIDICOS, 35).
2636
SANTOS URRIOLA, JOSE.
TRAZOS EN ARENA. CRONICAS.
CARACAS. EDICIONES CENTAURO, 1974.
2637
SARDA, JUAN.

MONETARY AND FISCAL POLICY AND THE BALANCE OF
PAYMENTS IN VENEZUELA. IN.
INTER-AMERICAN ECONOMIC AFFAIRS, 5(1951), 47-66.
2638

SARDA, JUAN.
SOME ASPECTS OF ECONOMIC DEVELOPMENT IN VENEZUELA.
IN.
INTER-AMERICAN ECONOMIC AFFAIRS, 6(1952), 29-39.
2639

SARDA, JUAN, ED.
ECONOMIC DEVELOPMENT IN VENEZUELA. A SYMPOSIUM. IN.
INTER-AMERICAN ECONOMIC AFFAIRS, 7(1954), 3-90.
2640

SCARPATI, ROSARIO.
PELIGROS Y DESAFIOS DE LA INGENIERIA SOCIAL.
CARACAS. FONDO EDITORIAL COMUN, 1969.
2641

SCHAEDEL, RICHARD. * WISDOM, ROBERT.
COMMUNITY DEVELOPMENT IN VENEZUELA. A REPORT FOR THE
AGENCY FOR INTERNATIONAL DEVELOPMENT.
WASHINGTON, D.C., 1962.
2642

SCHMIDT, WILSON.
VENEZUELA, THE INTERNATIONAL MONETARY FUND AND
MULTIPLE EXCHANGE RATES. IN.
INTER-AMERICAN ECONOMIC AFFAIRS, 7(1953), 48-63.
2643

SCHRICKEL, CLYDE CALVIN.
PERSONNEL PRACTICES OF UNITED STATES MANUFACTURING
FIRMS OPERATING IN COLOMBIA, ECUADOR, PERU, AND
VENEZUELA.
PH.D. DISS., THE OHIO STATE UNIVERSITY, 1966.
2644

SCHUSTER, JORGE F.
RURAL PROBLEM-SOLVING POLICIES IN VENEZUELA, WITH
SPECIAL REFERENCE TO THE AGRARIAN ISSUE.
PH.D. DISS., THE UNIVERSITY OF WISCONSIN, 1971.
2645

SCHUYLER, GEORGE W. * ZSCHOCK, DIETER K.
VENEZUELAN PROGRESS CONSIDERED. IN.
CURRENT HISTORY, 60(1971), 95-101.
2646

SEGURO SOBRE LOS DEPOSITOS BANCARIOS Y POSIBILIDADES
DE SU APLICACION EN VENEZUELA (EL).
CARACAS. BANCO CENTRAL DE VENEZUELA, 1961.
2647

SEHWERERT FERRER, ARNALDO.
RELACIONES PUBLICAS E INFORMACION EN LA
ADMINISTRACION MUNICIPAL. 2D ED.
CARACAS. FONDO EDITORIAL COMUN, 1974.
2648

SEMINARIO INTERNACIONAL DE EJECUTIVOS SOBRE LA
RESPONSABILIDAD EMPRESARIAL EN EL PROGRESO SOCIAL DE

VENEZUELA. MARACAY, VENEZUELA, 1963.
RESPONSABILIDAD EMPRESARIAL EN EL PROGRESO SOCIAL DE
VENEZUELA (LA).
MARACAY. FUNDACION CREOLE, ASOCIACION VENEZOLANA DE
EJECUTIVOS Y FUNDACION MENDOZA, 1963.
2649
SEQUERA DE SEGNINI, ISBELIA. * SEQUERA TAMAYO, PEDRO
E.
PRODUCTIVIDAD EN LA AGRICULTURA (LA). UN CASO
ESPECIFICO.
CARACAS. CONCEJO MUNICIPAL DEL DISTRITO FEDERAL,
1968. (EDICIONES DEL CUATRICENTENARIO DE CARACAS).
2650
SERPA ARCAS, HECTOR.
CODIGO DE ENJUICIAMIENTO CRIMINAL. GUIA PRACTICA.
CARACAS. UNIVERSIDAD CENTRAL DE VENEZUELA, INSTITUTO
DE CIENCIAS PENALES, 1966.
2651
SERVICIO INFORMATIVO VENEZOLANO.
VENEZUELA BAJO EL NUEVO IDEAL NACIONAL.
REALIZACIONES DURANTE EL PRIMERO ANO DE GOBIERNO DEL
CORONEL MARCOS PEREZ JIMENEZ. 2 DE DICIEMBRE DE
1952 - 19 DE ABRIL DE 1954.
CARACAS. S.I.V., 1954.
2652
SGANBATTI, SONIA.
MUJER, CIUDADANO DE SEGUNDO ORDEN.
CARACAS. FONDO EDITORIAL COMUN, 1975.
2653
SGANBATTI, SONIA.
MUJER, EL MENOR Y LA FAMILIA EN LA LEGISLACION
VENEZOLANA (LA).
CARACAS. FONDO EDITORIAL COMUN, 1975.
2654
SHAPIRO, SAMUEL.
BETANCOURT"S VENEZUELA, ALTERNATIVE TO CASTROISM.
IN.
COMMENTARY, 31(1961), 479-485.
2655
SHELP, RONALD K.
LATIN AMERICAN LEADERSHIP IN TRANSITION. LEGITIMACY
VS. PERSONALISM. IN.
SAIS REVIEW, 10(WINTER 1966), 27-34.
2656
SHIBLIN, P.
VENEZUELA UNDER BETANCOURT. IN.
NEW TIMES (MOSCOW), FEBRUARY 28, 1962, 11-13.
2657
SHOUP, CARL S., ET AL.
FISCAL SYSTEM OF VENEZUELA (THE).
BALTIMORE. JOHNS HOPKINS PRESS, 1959.
2658
SHOUP, CARL S., ET AL.

INFORME SOBRE EL SISTEMA FISCAL DE VENEZUELA.
CARACAS. MINISTERIO DE HACIENDA, COMISION DE
ESTUDIOS FINANCIEROS Y ADMINISTRATIVO, 1960, 2 VOLS.
2659

SILVA, CARLOS RAFAEL.
CONCEPTO, COMPOSICION Y FUNCION DE LAS RESERVAS
MONETARIAS INTERNACIONALES. ANALISIS PORMENORIZADO
DEL CASO VENEZOLANO.
CARACAS. COMISION NACIONAL DEL CUATRICENTENARIO DE
LA FUNDACION DE CARACAS, 1965. (EDICIONES DEL
CUATRICENTENARIO DE CARACAS).
2660

SILVA, CARLOS RAFAEL.
TEMAS FINANCIEROS VENEZOLANOS.
CARACAS, 1962.
2661

SILVA GUILLEN, RAFAEL.
REFORMA AGRARIA EN VENEZUELA (LA).
CARACAS. INSTITUTO AGRARIO NACIONAL, 1962.
2662

SILVA MICHELENA, JOSE A.
CONFLICT AND CONSENSUS IN VENEZUELA.
PH.D. DISS., MASSACHUSETTS INSTITUTE OF TECHNOLOGY,
1968.
2663

SILVA MICHELENA, JOSE A.
CRISIS DE LA DEMOCRACIA.
CARACAS. UNIVERSIDAD CENTRAL DE VENEZUELA, CENTRO DE
ESTUDIOS DEL DESARROLLO, 1970. (CAMBIO POLITICO EN
VENEZUELA, VOL. 3).
2664

SILVA MICHELENA, JOSE A.
ILLUSION OF DEMOCRACY IN DEPENDENT NATIONS (THE).
CAMBRIDGE, MASS. M.I.T. PRESS, 1971. (CENTER FOR
INTERNATIONAL STUDIES. POLITICS OF CHANGE IN
VENEZUELA, NO. 3).
2665

SIMULMATICS CORPORATION.
DYNAMIC MODELS FOR SIMULATING THE VENEZUELAN
ECONOMY, PREPARED ... FOR CENTRO DE ESTUDIOS DE
DESARROLLO (CENDES), UNIVERSIDAD CENTRAL DE
VENEZUELA AND THE AGENCY FOR INTERNATIONAL
DEVELOPMENT, UNITED STATES OF AMERICA.
CAMBRIDGE, 1966.
2666

SISO MAURY, CARLOS.
ESTUDIOS DE HACIENDA PUBLICA VENEZOLANA.
PRESUPUESTOS Y GASTOS PUBLICOS.
CARACAS. IMPRENTA NACIONAL, 1957.
2667

SISO MAURY, CARLOS.
ESTUDIOS JURIDICOS. DERECHO CIVIL, PROCESAL Y
MERCANTIL. EDICION AUMENTADA Y CORREGIDA.

CARACAS. EDICIONES FABRETON, 1972.
2668
SISO MAURY, CARLOS.
LABOR VENEZOLANISTA.
CARACAS. EDITORIAL REX, 1956.
2669
SIVOLI G., ALBERTO.
VENEZUELA Y SUS RIQUEZAS MINERALES.
CARACAS. COMISION NACIONAL DEL CUATRICENTENARIO DE
LA FUNDACION DE CARACAS, 1967. (EDICIONES DEL
CUATRICENTENARIO DE CARACAS).
2670
SLAWINSKI, ZYGMUNT.
ECONOMIA PARALELA (LA). PROLOGO DE CARLOS ACEDO
MENDOZA.
CARACAS. FONDO EDITORIAL COMUN, 1972.
2671
SNOW, PETER.
POLITICAL SPECTRUM IN VENEZUELA (THE). IN.
CARIBBEAN STUDIES, 4(1965), 36-47.
2672
SOBERMAN, RICHARD M.
TRANSPORT TECHNOLOGY FOR DEVELOPING REGIONS. A STUDY
OF ROAD TRANSPORTATION IN VENEZUELA.
CAMBRIDGE. M.I.T. PRESS, 1968.
2673
SOLA, RENE DE.
ANO DE MAGISTRATURA (UN). JURISPRUDENCIA Y
ORGANIZACION JUDICIAL 1948-49. UNA SINTESIS DE LOS
FALLOS QUE DICTARA EN EJERCICIO DEL JUZGADO DE
PRIMERA INSTANCIA EN LO CIVIL DEL DISTRITO FEDERAL.
PROLOGO DE CARLOS MORALES.
CARACAS. EDICIONES CASASOLA, 1959.
2674
SOLA, RENE DE.
DE LA COMERCIALIDAD DE LAS OPERACIONES INMOBILIARIAS
EN EL DERECHO VENEZOLANO. PROLOGO DE JOAQUIN
SANCHEZ-COVISA.
CARACAS. EDICIONES GARRIDO, 1955.
2675
SOLA, RENE DE.
DERECHO VENEZOLANO SOBRE LETRA DE CAMBIO (EL).
EXPLICACIONES DE CLASE. VERSIONES TAQUIGRAFICAS DE
RAFAEL MALDONADO GUTIERREZ CORRESPONDIENTES AL
CURSO 1950-1951.
CARACAS, 1965.
2676
SOLA, RENE DE.
GUAYANA ESEQUIBA Y EL ACUERDO DE GINEBRA.
CARACAS, 1966.
2677
SPRINGER, P.B.
SOCIAL SOURCES OF POLITICAL BEHAVIOR OF VENEZUELAN

MILITARY OFFICERS. AN EXPLORATORY ANALYSIS. IN.
POLITICO (PAVIA, ITALY), 30.2(JUNE 1965), 348-355.

2678
SUAREZ, MARIA MATILDE.
ETIOLOGY, HUNGER, AND FOLK DISEASES IN THE
VENEZUELAN ANDES. IN.
JOURNAL OF ANTHROPOLOGICAL RESEARCH, 30(1974),
41-54.

2679
SUAREZ, SANTIAGO GERARDO.
REGIMEN DE LOPEZ CONTRERAS (EL).
CARACAS. EDITORIAL ARTE, 1965.

2680
SUGARMAN, GEORGE.
ANALYSIS OF PERSONNEL MANAGEMENT IN THE MINISTRY OF
AGRICULTURE OF VENEZUELA.
PH.D. DISS., THE AMERICAN UNIVERSITY, 1960.

2681
TARNOI, LADISLAO.
NUEVA IDEAL NACIONAL DE VENEZUELA (EL). VIDA Y OBRA
DE MARCOS PEREZ JIMENEZ.
MADRID. EDICIONES VERDAD, 1954.

2682
TARRE MURZI, ALFREDO.
POLITICA LABORAL EN VENEZUELA (LA). CONFERENCIAS,
DISCURSOS Y PONENCIAS.
CARACAS. MINISTERIO DEL TRABAJO, 1970.

2683
TAYLOR, PAUL C.
VENEZUELA, A CASE STUDY OF RELATIONSHIPS BETWEEN
COMMUNITY DEVELOPMENT AND AGRARIAN REFORM.
CARACAS. BUREAU OF SOCIAL AFFAIRS OF THE UNITED
NATIONS, 1961.

2684
TAYLOR, PHILIP B., JR.
DEMOCRACY FOR VENEZUELA. IN.
CURRENT HISTORY, 51(1966), 303.

2685
TAYLOR, PHILIP B., JR.
PROGRESS IN VENEZUELA. IN.
CURRENT HISTORY, 53(1967), 270-274+.

2686
TAYLOR, PHILIP B., JR.
THOUGHTS ON COMPARATIVE EFFECTIVENESS. LEADERSHIP
AND THE DEMOCRATIC LEFT IN COLOMBIA AND VENEZUELA.
MIMEOGRAPHED. BUFFALO. STATE UNIVERSITY OF NEW YORK,
COUNCIL ON INTERNATIONAL STUDIES, 1971. (SPECIAL
STUDIES, NO. 2).

2687
TAYLOR, PHILIP B., JR.
VENEZUELA, 1969. ANALYSIS OF PROGRESS. PAPERS
PREPARED FOR A CONFERENCE HELD AT WASHINGTON, D.C.,
NOVEMBER 10-11, 1969.

WASHINGTON, D.C. SCHOOL OF ADVANCED INTERNATIONAL
STUDIES, JOHNS HOPKINS UNIVERSITY, 1971.

2688

TAYLOR, PHILIP B., JR.
VENEZUELAN GOLPE DE ESTADO OF 1958 (THE). THE FALL
OF MARCOS PEREZ JIMENEZ.
WASHINGTON, D. C. INSTITUTE FOR THE COMPARATIVE
STUDY OF POLITICAL SYSTEMS, 1968. (POLITICAL STUDIES
SERIES, NO. 4).

2689

TESTIMONIO DE LA REPUBLICA EN VENEZUELA, PRIMERO DE
ENERO - 23 DE JULIO, 1958.
CARACAS. TIPOGRAFIA VARGAS, 1958.

2690

TEXIER, J. M.
ASPECTS OF THE CO-OPERATIVE MOVEMENT IN VENEZUELA.
IN.
COOPERATION INFORMATION, 45.4(1969), 7-46 AND
46.1(1970), 6-53.

2691

TINOCO RICHTER, CESAR A.
TEORIA DE LA ADMINISTRACION Y DEL DERECHO
ADMINISTRATIVO.
CARACAS. UNIVERSIDAD CENTRAL DE VENEZUELA, FACULTAD
DE CIENCIAS ECONOMICAS Y SOCIALES, INSTITUTO DE
INVESTIGACIONES, 1970.

2692

TORRES MOLINA, BHILLA.
RAFAEL SIMON, TREMENDO GUERRILLERO.
CARACAS, 1973.

2693

TORRES RIVERO, ARTURO LUIS.
CONTRATO DE CONSERJERIA EN EL DERECHO VENEZOLANO
(EL).
CARACAS. UNIVERSIDAD CENTRAL DE VENEZUELA, FACULTAD
DE DERECHO, 1964. (PUBLICACIONES, VOL. 29).

2694

TORRES RIVERO, ARTURO LUIS, COMP.
ARTICULO 75 (PROGRAMATICO U OPERATIVO) DE LA
CONSTITUCION DE 1961 Y EL ESTABLECIMIENTO LEGAL DE
LA FILIACION NATURAL (EL).
CARACAS. UNIVERSIDAD CENTRAL DE VENEZUELA, FACULTAD
DE DERECHO, 1971. (HISTORIA JURIDICA VENEZOLANA).

2695

TOVAR, RAMON A.
VENEZUELA, PAIS SUBDESARROLLADO. 3D ED.
CARACAS. UNIVERSIDAD CENTRAL DE VENEZUELA, FACULTAD
DE CIENCIAS ECONOMICAS Y SOCIALES, 1968.

2696

TRAVIESO, FERNANDO.
CIUDAD, REGION Y SUBDESARROLLO.
CARACAS. FONDO EDITORIAL COMUN, 1972.

2697

TRUJILLO, ALEJANDRO E.
RESPUESTA DEL DESTINO (LA). LA ROTUNDA POR DENTRO.
CARACAS. EDICIONES GARRIDO, 1954.

2698

TUGWELL, FRANKLIN.
CHRISTIAN DEMOCRATS OF VENEZUELA (THE). IN.
JOURNAL OF INTER-AMERICAN STUDIES, 7.2(APRIL 1965),
245-267.

2699

UGARTE PELAYO, ALIRIO. * GABALDON MARQUEZ, JOAQUIN.
AMERICA LATINA ANTE ESTADOS UNIDOS. UN DISCURSO Y
VARIAS CARTAS.
CARACAS. UNIVERSIDAD CENTRAL DE VENEZUELA, DIRECCION
DE CULTURA, 1967. (CUADERNOS DE NUESTRO TIEMPO, NO.
2).

2700

UGARTE PELAYO, ALIRIO.
DESTINO DEMOCRATICO DE VENEZUELA.
CARACAS. EDICIONES UNION REPUBLICANA DEMOCRATICA,
1960.

2701

UGARTE PELAYO, ALIRIO.
DISCURSOS PARLAMENTARIO.
CARACAS. SECRETARIA DE LA CAMARA DE DIPUTADOS, 1965.

2702

UGARTECHE, PEDRO.
SUCESOS DE CARACAS (LOS). 1 DE OCTUBRE DE 1961.
LIMA, 1961.

2703

UMANA BERNAL, JOSE, ED.
TESTIMONIO DE LA REVOLUCION EN VENEZUELA. 1 DE ENERO
- 23 DE JULIO, 1958.
CARACAS. TIPOGRAFIA VARGAS, 1958.

2704

UNITED NATIONS. ECONOMIC COMMISSION FOR LATIN
AMERICA.
RELACIONES ENTRE EL DESARROLLO DE LA COMUNIDAD Y LA
REFORMA AGRARIA. VENEZUELA.
NEW YORK. CEPAL, 1964.

2705

UNITED NATIONS EDUCATIONAL, SCIENTIFIC AND CULTURAL
ORGANIZATION. SCIENCE COOPERATION OFFICE FOR LATIN
AMERICA.
VENEZUELA.
MONTEVIDEO, 1964-65, 2 VOLS. (SCIENTIFIC
INSTITUTIONS AND SCIENTISTS IN LATIN AMERICA).

2706

UNITED STATES. BUREAU OF FOREIGN AND DOMESTIC
COMMERCE. OFFICE OF INTERNATIONAL TRADE.
INVESTMENT IN VENEZUELA. CONDITIONS AND OUTLOOK FOR
UNITED STATES INVESTORS. BY MAGURN, JOSEPH J., ET
AL.
WASHINGTON, D.C., 1953.

2707

UNITED STATES. DEPARTMENT OF LABOR. BUREAU OF LABOR
STATISTICS.
LABOR LAW AND PRACTICE IN VENEZUELA.
WASHINGTON, D.C., 1961.

2708

UNIVERSIDAD CENTRAL DE VENEZUELA, CARACAS.
ESTADO YARACUY (EL).
CARACAS. UNIVERSIDAD CENTRAL DE VENEZUELA, DIRECCION
DE CULTURA, 1966. (COLECCION FOROS Y SEMINARIOS,
NO. 2. SERIE SEMINARIOS, NO. 1).

2709

UNIVERSIDAD CENTRAL DE VENEZUELA, CARACAS. CENTRO DE
ESTUDIOS DEL DESARROLLO.
ESTILOS DE DESARROLLO.
CARACAS, 1971.

2710

UNIVERSIDAD CENTRAL DE VENEZUELA, CARACAS. CENTRO DE
ESTUDIOS DEL DESARROLLO.
ESTUDIO DE CONFLICTOS Y CONSENSO.
CARACAS, 1966-1967, 15 VOLS. (SERIE DE RESULTADOS
PARCIALES).

2711

UNIVERSIDAD CENTRAL DE VENEZUELA, CARACAS. CENTRO DE
ESTUDIOS DEL DESARROLLO.
REFORMA AGRARIA EN VENEZUELA (LA). VERSION
PRELIMINAR.
CARACAS, 1968-, 9 VOLS.

2712

UNIVERSIDAD CENTRAL DE VENEZUELA, CARACAS. ESCUELA
DE SOCIOLOGIA Y ANTROPOLOGIA.
MEMORIA. X ANIVERSARIO DE LA ESCUELA DE SOCIOLOGIA Y
ANTROPOLOGIA.
CARACAS, 1965. (INSTITUTO DE INVESTIGACIONES
ECONOMICAS, BOLETIN BIBLIOGRAFICO, EDICION ESPECIAL
NO. 5).

2713

UNIVERSIDAD CENTRAL DE VENEZUELA, CARACAS. INSTITUTO
DE CIENCIAS PENALES Y CRIMINOLOGICAS.
TRASTORNOS DE LA CONDUCTA JUVENIL. TRABAJO DE
INVESTIGACION REALIZADO ... BAJO LA DIRECCION DEL
DOCTOR TULIO CHOISSONE.
CARACAS, 1968. (PUBLICACIONES DE LA FACULTAD DE
DERECHO, NO. 39).

2714

UNIVERSIDAD CENTRAL DE VENEZUELA, CARACAS. INSTITUTO
DE DERECHO PUBLICO.
ARCHIVO DE DERECHO PUBLICO Y CIENCIAS DE LA
ADMINISTRACION.
CARACAS, 1971-1972, 2 VOLS.

2715

UNIVERSIDAD CENTRAL DE VENEZUELA, CARACAS. INSTITUTO
DE INVESTIGACIONES ECONOMICAS Y SOCIALES.

VENEZUELA PRIMERO.
CARACAS, 1964.
2716

UNIVERSIDAD DE LOS ANDES, MERIDA.
ESTUDIO DE CUENTAS REGIONALES DE LOS ESTADOS
BARINAS, MERIDA, TACHIRA, Y TRUJILLO.
MERIDA. INSTITUTO DE INVESTIGACIONES ECONOMICAS,
1966, 2 VOLS.
2717

URDANETA, IGNACIO.
POLEMICA EN LA REVOLUCION.
CARACAS. EDITORIAL C.M./NUEVA IZQUIERDA, 1969.
(COLECCION REVOLUCION).
2718

URDANETA BESSON, GILBERTO. * RAMIREZ CUBILLAN,
GONZALO. * BERNARDONI, JESUS.
NITROVEN. UNA EMPRESA DE VENEZUELA.
CARACAS. EDICIONES DE LA FRACCION PARLAMENTARIA DEL
PARTIDO SOCIALCRISTIANO, 1972. (PUBLICACIONES DE LA
FRACCION PARLAMENTARIA DE COPEI, 5 ETAPA, NO. 53).
2719

USLAR PIETRI, ARTURO.
CHALLENGE TO VENEZUELA (THE). IN.
BUSINESS VENEZUELA, 15(1970), 10-15.
2720

USLAR PIETRI, ARTURO.
DE UNA A OTRA VENEZUELA.
CARACAS. EDICIONES MESA REDONDA, CA. 1950.
2721

USLAR PIETRI, ARTURO.
DEL HACER Y DESHACER DE VENEZUELA.
CARACAS. PUBLICACIONES DEL ATENEO DE CARACAS, 1962.
2722

USLAR PIETRI, ARTURO.
EN BUSCA DEL NUEVO MUNDO.
MEXICO. FONDO DE CULTURA ECONOMICA, 1969. (COLECCION
POPULAR, NO. 93).
2723

USLAR PIETRI, ARTURO.
HACIA EL HUMANISMO DEMOCRATICO.
CARACAS. FRENTE NACIONAL DEMOCRATICO, 1965.
2724

USLAR PIETRI, ARTURO.
MATERIALES PARA LA CONSTRUCCION DE VENEZUELA.
CARACAS. EDICIONES ORINOCO, 1959.
2725

USLAR PIETRI, ARTURO.
SUMARIO DE ECONOMIA VENEZOLANA. PARA ALIVIO DE
ESTUDIANTES. 3D ED.
CARACAS. FUNDACION EUGENIO MENDOZA, 1960.
2726

USLAR PIETRI, ARTURO.
VACAS GORDAS Y LAS VACAS FLACAS (LAS).

CARACAS. EDICIONES DEL CONSEJO MUNICIPAL DEL
DISTRITO FEDERAL, 1968.
2727
USLAR PIETRI, JUAN.
ESTRUCTURA SOCIAL Y POLITICA DE VENEZUELA (LA).
PARIS. LIBRARIE DES EDITIONS ESPAGNOLES, 1951.
2728
UZCATEGUI D., RAFAEL A.
ESTRUCTURA DE LA SEGURIDAD SOCIAL VENEZOLANA Y SUS
IMPLICACIONES ECONOMICAS.
CARACAS. COMISION NACIONAL DEL CUATRICENTENARIO DE
LA FUNDACION DE CARACAS, 1966. (EDICIONES DEL
CUATRICENTENARIO DE CARACAS).
2729
UZCATEGUI D., RAFAEL A.
SEGURO SOCIAL OBLIGATORIO.
CARACAS. UNIVERSIDAD CENTRAL DE VENEZUELA, FACULTAD
DE ECONOMIA, INSTITUTO DE INVESTIGACIONES, 1966.
2730
UZCATEGUI URDANETA, MARIANO.
ASPECTOS ECONOMICOS JURIDICOS DEL AGRO VENEZOLANO.
CARACAS. EDITORIAL EL SAMAN, 1956.
2731
VALLENILLA, LUIS.
URGENCIA EN FOMENTAR UN MERCADO DE CAPITALES.
CARACAS. EMPRESA EL COJO, 1966. (EDICIONES DE LA
BOLSA DE COMERCIO DE CARACAS, NO. 39).
2732
VALLENILLA LANZ, LAUREANO.
FUERZAS VIVAS.
MADRID. VAHER, 1963.
2733
VALLENILLA LANZ, LAUREANO, HIJO.
CARTAS DE AUSENTE.
CARACAS. EDICIONES GARRIDO, 1971.
2734
VALLENILLA LANZ, LAUREANO, HIJO.
ESCRITO DE MEMORIA.
CARACAS. EDICIONES GARRIDO, 1967.
2735
VALLENILLA LANZ, LAUREANO, HIJO.
RAZONES DE PROSCRITO.
CHOISY-LE-RO (SEINE). IMPRENTA DES GONDOLES, 1965.
2736
VARGAS MUNOZ, FRANCISCO.
AGRARISMO, CAMPESINADO Y REFORMA AGRARIA.
CARACAS. OFICINAS DE RELACIONES PUBLICAS DEL
INSTITUTO AGRARIO NACIONAL, 1964.
2737
VARNEY, HAROLD LORD.
VENEZUELA, THE LYNCH TRIAL OF MARCOS PEREZ JIMENEZ.
IN.
AMERICAN OPINION, 8(SEPTEMBER 1965), 15-23.

2738
VEGA, LUIS.
VENEZUELA IN TRANSITION. RICH COUNTRY, POOR PEOPLE.
IN.
NEW LEADER, 47(JULY 1964), 10-11.

2739
VELASQUEZ, RAMON J.
CRISTOBAL MENDOZA O LA BONDAD UTIL.
CARACAS, EDICIONES DE LA PRESIDENCIA DE LA
REPUBLICA, 1972.

2740
VELEZ BOZA, FERMIN. * BAUMGARTNER, JUAN.
ESTUDIO GENERAL, CLINICO Y NUTRICIONAL EN TRIBUS
INDIGENAS DEL TERRITORIO FEDERAL AMAZONAS DE
VENEZUELA.
CARACAS, 1962.

2741
VELEZ BOZA, FERMIN, ET AL.
ALIMENTACION EN VENEZUELA, EVOLUCION 1949-1963 (LA).
CARACAS, 1965.

2742
VEN DER PLUIJM, THEODORE.
ANALYSIS OF THE AGRARIAN REFORM PROCESS IN VENEZUELA
(AN). IN.
LAND REFORM, LAND SETTLEMENT AND COOPERATIVES, NO.
2(1972), 1-21.

2743
VENEGAS BORGES, PEDRO LUIS.
SISTEMA ESTADISTICO NACIONAL (EL). UNA INSTITUCION
EN CRISIS.
CARACAS. DIRECCION GENERAL DE ESTADISTICA Y CENSOS
NACIONALES, 1974.

2744
VENEGAS FILARDO, PASCUAL.
DE UNA VENEZUELA TRADICIONAL A UNA VENEZUELA
INTEGRAL.
CARACAS. EMPRESA EL COJO, 1969.

2745
VENEGAS FILARDO, PASCUAL.
PAISAJE ECONOMICO DE VENEZUELA (EL).
CARACAS. MINISTERIO DE EDUCACION, DIRECCION DE
CULTURA Y BELLAS ARTES, 1956.

2746
VENEGAS FILARDO, PASCUAL.
SIETE ENSAYOS SOBRE ECONOMIA DE VENEZUELA.
CARACAS. MONTE AVILA EDITORES, 1970. (COLECCION
TEMAS VENEZOLANOS).

2747
VENEZUELA.
FREEDOM OF ASSOCIATION AND CONDITIONS OF WORK IN
VENEZUELA. OBSERVATIONS OF THE GOVERNMENT OF
VENEZUELA ON THE REPORT OF THE MISSION OF THE
INTERNATIONAL LABOR OFFICE.

GENEVA. INTERNATIONAL LABOR OFFICE, 1951. (STUDIES
AND REPORTS, NEW SERIES, NO. 21A).

2748

VENEZUELA.
HOUSING AND SOCIAL SECURITY. REPORT PRESENTED BY THE
REPUBLIC OF VENEZUELA.
CARACAS. GENERAL SECRETARIAT, 1955. (INTER-AMERICAN
CONFERENCE ON SOCIAL SECURITY. 5TH, CARACAS, 1966.
REPORT 1, ITEM 3).

2749

VENEZUELA. IN.
INTERNATIONAL ECONOMIC SURVEY, APRIL 1969, 1-24.

2750

VENEZUELA. COMISION DE ADMINISTRACION PUBLICA.
INFORME SOBRE LA REFORMA DE LA ADMINISTRACION
PUBLICA NACIONAL.
CARACAS, 1972, 2 VOLS.

2751

VENEZUELA. COMISION DE ADMINISTRACION PUBLICA.
REFORMA ADMINISTRATIVA EN VENEZUELA, 1969-1971.
CARACAS, 1971.

2752

VENEZUELA. COMISION DEL PLAN NACIONAL DE
APROVECHAMIENTO DE LOS RECURSOS HIDRAULICOS.
ESTRUCTURA MACROECONOMICA DE VENEZUELA. UNA
ALTERNATIVAS PARA EL ANO 2000.
CARACAS, 1970.

2753

VENEZUELA. COMISION INDIGENISTA.
FUERO INDIGENA VENEZOLANO.
CARACAS, 1954, 2 VOLS.

2754

VENEZUELA. COMISION INDIGENISTA.
NUESTRO INDIO. REALIDAD, ACCION OFICIAL, MISIONES
RELIGIOSAS, PROYECTOS. EXPOSICION INDIGENISTA
PERMANENTE.
CARACAS. MINISTERIO DE JUSTICIA, COMISION
INDIGENISTA NACIONAL, 1960.

2755

VENEZUELA. COMISION INVESTIGADORA CONTRA EL
ENRIQUECIMIENTO ILICITO.
LLOVERA PAEZ, PROCONSUL DE LA DICTADURA. SENTENCIA.
CARACAS. EDICIONES CENTAURO, 1971. (LOS JERARCAS
IMPUNES DEL PEREZJIMENISMO).

2756

VENEZUELA. COMISION INVESTIGADORA CONTRA EL
ENRIQUECIMIENTO ILICITO.
VALLENILLA LANZ, ARISTOCRATA DEL OPROBIO. SENTENCIA.
CARACAS. EDICIONES CENTAURO, 1971. (LOS JERARCAS
IMPUNES DEL PEREZJIMENISMO).

2757

VENEZUELA. COMISION PROMOTORA DEL DESARROLLO DE LOS
ANDES.

ANDES, DIAGNOSTICO ECONOMICO (LOS).
MERIDA, 1965. SUPPLEMENTO ESTADISTICO, 1966.
2758
VENEZUELA. CONGRESO.
CUENTA ANTE EL PAIS. MENSAJE DEL PRESIDENTE DE LA
REPUBLICA Y EXPOSICIONES DE LOS MINISTROS DEL
GABINETE, ANTE EL CONGRESO NACIONAL, EN EL CUARTO
ANO DE GOBIERNO.
CARACAS. OFICINA CENTRAL DE INFORMACION, 1973.
2759
VENEZUELA. CONGRESO. CAMARA DEL SENADO.
RECUPERACION DE LA GUAYANA ESEQUIBA. DISCURSOS
PRONUNCIADOS EN LA SESION SOLEMNE DEL 13 DE OCTUBRE
DE 1965.
CARACAS. PUBLICACIONES DE LA SECRETARIA DEL SENADO
DE LA REPUBLICA, 1965.
2760
VENEZUELA. CONGRESO. CAMARA DEL SENADO. COMISION
PERMANENTE DE POLITICA INTERIOR.
TO5 - YUMARE. INFORME SOBRE UN CAMPO
ANTI-GUERRILLERO VENEZOLANO.
CARACAS. EDITORIAL D. FUENTES, 1970. (COLECCION
TESTIMONIO, NO. 2).
2761
VENEZUELA. CONGRESO. COMISION DELEGADA.
DECIMO ANIVERSARIO DE LA CONSTITUCION DE 1961.
CARACAS. EDICIONES DEL CONGRESO DE LA REPUBLICA,
1971.
2762
VENEZUELA. CONSTITUTION.
CONSTITUCION DE LA REPUBLICA DE VENEZUELA Y
DISPOSICIONES TRANSITORIAS, PROMULGADA POR EL
CONGRESO NACIONAL EL 23 DE ENERO DE 1961. (GACETA
OFICIAL NO. 662 EXTRAORDINARIO).
CARACAS. TIPOGRAFIA GARRIDO, 1962.
2763
VENEZUELA. CORTE SUPREMA DE JUSTICIA.
ARTE DE ENRIQUECERSE EN EL PODER (EL). RECUENTO DE
UN PROCESO Y CONCLUSIONES DE UNA SENTENCIA. PEREZ
JIMENEZ ANTE LA JUSTICIA.
CARACAS. EDICIONES CENTAURO, 1971.
2764
VENEZUELA. DELEGACION VENEZOLANA AL PARLAMENTO
LATINOAMERICANO.
INFORME QUE PRESENTA LA DELEGACION DEL CONGRESO DE
VENEZUELA QUE ASISTIO AL PARLAMENTO LATINOAMERICANO
CELEBRADO EN LIMA, PERU, 1964.
CARACAS. DIRECCION DE IMPRENTA Y PUBLICACIONES DEL
CONGRESO NACIONAL, 1965.
2765
VENEZUELA. DIRECCION DE COMERCIO EXTERIOR Y
CONSULADOS.
INTERCAMBIO COMERCIAL ENTRE VENEZUELA Y LOS PAISES

SURAMERICANOS.
CARACAS, 1963. (ESTUDIOS SOBRE COMERCIO EXTERIOR,
NO. 14).

2766

VENEZUELA. DIRECCION DE COMERCIO EXTERIOR Y
CONSULADOS. DIVISION DE ESTADISTICA.
INTERCAMBIO COMERICAL ENTRE VENEZUELA Y LA
ASOCIACION EUROPEA DE LIBRE COMERCIO (A.E.L.C.).
CARACAS, 1967.

2767

VENEZUELA. DIRECCION DE PLANIFICACION AGROPECUARIA.
COLONIZACION AGRARIA EN VENEZUELA, 1830-1957 (LA).
CARACAS, 1959.

2768

VENEZUELA. DIRECCION NACIONAL DE INFORMACION.
ASPECTS OF VENEZUELA. THE NATION, CULTURAL LIFE,
ECONOMY, INDUSTRY AND PETROLEUM.
CARACAS, 1964.

2769

VENEZUELA. INSTITUTO AGRARIO NACIONAL.
REFORMA AGRARIA VENEZOLANA. CONCEPCION, EVALUACION Y
PERSPECTIVAS.
CARACAS. UNIVERSIDAD CENTRAL DE VENEZUELA, DIRECCION
DE CULTURA, 1968. (COLECCION FOROS Y SEMINARIOS,
SERIE FOROS, NO. 3).

2770

VENEZUELA. INSTITUTO AGRARIO NACIONAL.
REFORMA AGRARIA Y EL DESARROLLO AGROPECUARIO (LA). A
LOS SEIS ANOS DE PROMULGADA LA LEY DE REFORMA
AGRARIA.
CARACAS, 1966.

2771

VENEZUELA. INSTITUTO AGRARIO NACIONAL.
RESUMEN DE ACTIVIDADES Y DIRECTORIO CAMPESINO.
DISTRITO FEDERAL, ESTADO ..., TERRITORIO ....
CARACAS, 1960-.

2772

VENEZUELA. JUNTA REVOLUCIONARIA DE GOBIERNO.
REVOLUCION VENEZOLANA ANTE LA OPINION DE AMERICA
(LA).
CARACAS. IMPRENTA NACIONAL, 1946.

2773

VENEZUELA. LAWS, STATUTES, ETC.
CODIGO CIVIL. ANOTADO Y CONCORDADO CON OTRAS LEYES
... POR MARIANO ARCAYA.
CARACAS. EMPRESA EL COJO, 1968, 5 VOLS. IN 2.

2774

VENEZUELA. LAWS, STATUTES, ETC.
CODIGO PENAL. ANOTADO Y CONCORDADO CON
JURISPRUDENCIA DE INSTANCIA Y CASACION POR MARIANO
ARCAYA.
CARACAS. EMPRESA EL COJO, 1968, 2 VOLS.

2775
VENEZUELA. LAWS, STATUTES, ETC.
COMPILACION LEGISLATIVA DE VENEZUELA ... SEGUN LOS
TEXTOS OFICIALES, CON UN REPERTORIO ALFABETICO
COMPLETO Y MINUCIOSO POR A. PULIDO VILLAFANE, LUIS
LORETO Y FRANCISCO CARSI ZACARES. PROLOGO DE TULIO
CHOISSONE.
CARACAS. EDITORIAL ANDRES BELLO, 1942-.

2776
VENEZUELA. LAWS, STATUTES, ETC.
DECRETOS DEL PRESIDENTE DE VENEZUELA, CARLOS ANDRES
PEREZ. DESPUES DE LOS 100 DIAS.
CARACAS. EDICIONES CENTAURO, 1974.

2777
VENEZUELA. LAWS, STATUTES, ETC.
LABOR LAW OF VENEZUELA, PRESENTED IN ENGLISH AND
SPANISH, AS PUBLISHED IN THE OFFICIAL GAZETTE, EXTRA
EDITION NO. 200, NOVEMBER 3, 1947. ENGLISH
TRANSLATION REVIEWED BY MARIANO ARCAYA.
CARACAS. TRANSLATION SERVICE, 1949.

2778
VENEZUELA. LAWS, STATUTES, ETC.
LEGISLACION AGRARIA VENEZOLANA. COMPILACION E INDICE
TEMATICO ELABORADO POR MIGUEL ANGEL HERNANDEZ
OCANTO.
CARACAS. INSTITUTO AGRARIA NACIONAL, 1969.

2779
VENEZUELA. LAWS, STATUTES, ETC.
LEYES POLITICAS DE VENEZUELA. RECOPILACION Y NOTAS
INTRODUCTORIAS DE JUAN JOSE RACHADELL.
CARACAS. UNIVERSIDAD CENTRAL DE VENEZUELA, INSTITUTO
DE ESTUDIOS POLITICOS, 1968.

2780
VENEZUELA. LAWS, STATUTES, ETC.
LEYES SOCIALES DE VENEZUELA.
CARACAS. EDICIONES DE LA CAJA DE TRABAJO
PENITENCIARIO, 1964.

2781
VENEZUELA. LAWS, STATUTES, ETC.
REGULATION OF THE LABOR LAW OF VENEZUELA, PRESENTED
IN ENGLISH.
CARACAS. TRANSLATION SERVICE, 1949.

2782
VENEZUELA. MINISTERIO DE AGRICULTURA Y CRIA.
EVALUACION DE LA REFORMA AGRARIA ANTE EL CONGRESO
NACIONAL. EXPOSICION DEL ... VICTOR M. GIMENEZ
LANDINEZ.
CARACAS, 1962.

2783
VENEZUELA. MINISTERIO DE AGRICULTURA Y CRIA. OFICINA
MINISTERIAL DE PROGRAMACION Y PRESUPUESTO. DIVISION
DE ORGANIZACION Y METODOS.
ORGANIZACION Y ADMINISTRACION DEL SECTOR
AGROPECUARIO DE VENEZUELA.

CARACAS, 1967. (PROGRAMA DE LAS NACIONES UNIDAS PARA
EL DESARROLLO, PROYECTO 80).

2784

VENEZUELA. MINISTERIO DE RELACIONES EXTERIORES.
LIBRO AMARILLO DE LA REPUBLICA DE VENEZUELA,
PRESENTADO AL CONGRESO NACIONAL EN SUS SESIONES
ORDINARIAS DE 1969 POR EL MINISTRO DE RELACIONES
EXTERIORES, IGNACIO IRIBARREN BORGES.
CARACAS. IMPRENTA NACIONAL, 1969.

2785

VENEZUELA. MINISTERIO DE RELACIONES INTERIORES.
POLITICA DEMOCRATICA DEL GOBIERNO CONSTITUCIONAL.
COMPILACION DE LUIS AUGUSTO DUBUC.
CARACAS. DIRECCION NACIONAL DE INFORMACION, 196-.

2786

VENEZUELA. OFICINA CENTRAL DE COORDINACION Y
PLANIFICACION.
ESTUDIO DE LOS RECURSOS HUMANOS EN VENEZUELA.
VERSION PRELIMINAR.
CARACAS, 1968.

2787

VENEZUELA. OFICINA CENTRAL DE COORDINACION Y
PLANIFICACION.
PLAN DE LA NACION, 1963-1966. VERSION CORREGIDA.
CARACAS, 1963.

2788

VENEZUELA. OFICINA CENTRAL DE COORDINACION Y
PLANIFICACION.
PLAN DE LA NACION, 1965-1968.
CARACAS, 1965.

2789

VENEZUELA. OFICINA CENTRAL DE COORDINACION Y
PLANIFICACION.
PROCESO DE PLANIFICACION EN VENEZUELA (EL).
CARACAS, 1965.

2790

VENEZUELA. OFICINA CENTRAL DE COORDINACION Y
PLANIFICACION.
PROGRAMA DE LA INDUSTRIA MANUFACTURERA. PLAN DE LA
NACION, 1963-1966.
CARACAS, 1963.

2791

VENEZUELA. OFICINA CENTRAL DE INFORMACION.
NACIONES UNIDAS Y VENEZUELA (LAS).
CARACAS. IMPRENTA NACIONAL, 196- .

2792

VENEZUELA. OFICINA CENTRAL DE INFORMACION.
SEIS ANOS DE AGRESION.
CARACAS, 1967.

2793

VENEZUELA. OFICINA CENTRAL DE INFORMACION.
SIX YEARS OF AGGRESSION.
CARACAS, 1967.

2794

VENEZUELA. OFICINA NACIONAL DE INFORMACION Y
PUBLICACIONES.
DOCUMENTOS OFICIALES RELATIVOS AL MOVIMIENTO MILITAR
DEL 24 DE NOVIEMBRE DE 1948.
CARACAS, 1949.

2795

VENEZUELA. PRESIDENCIA.
PANORAMA ECONOMICO DE VENEZUELA.
CARACAS, 1961.

2796

VENEZUELA. PRESIDENCIA.
VENEZUELA BAJO EL NUEVO IDEAL NACIONAL.
REALIZACIONES DURANTE EL TERCER AÑO DE GOBIERNO DEL
GENERAL MARCOS PEREZ JIMENEZ, 2 DE DICIEMBRE DE
1954, 19 DE ABRIL DE 1956.
CARACAS. IMPRENTA NACIONAL, 1956.

2797

VENEZUELA. PRESIDENCIA.
VENEZUELA Y CUBA, ROMPIMIENTO DE RELACIONES.
RESPALDO NACIONAL.
CARACAS. PUBLICACIONES DE LA SECRETARIA GENERAL DE
LA PRESIDENCIA DE LA REPUBLICA, 1961.

2798

VENEZUELA. PRESIDENCIA. SECRETARIA GENERAL.
GOBIERNO Y NACION DEFIENDEN EN VENEZUELA EL REGIMEN
DEMOCRATICO. ACTOS CONTRA EL TERRORISMO COMUNISTA.
CARACAS, 1963.

2799

VENEZUELA. PRESIDENCIA. SECRETARIA GENERAL.
VICTORIA DEMOCRATICA EN VENEZUELA. EDITORIALES DE LA
PRENSA MUNDIAL.
CARACAS. IMPRENTA NACIONAL, 1964.

2800

VENEZUELA. STATISTICS.
CENSOS INDUSTRIAL, COMERCIAL Y EMPRESAS QUE PRESTAN
SERVICIOS. 1936. EDICION OFICIAL.
CARACAS. MINISTERIO DE FOMENTO, DIRECCION GENERAL DE
ESTADISTICA, 1937-1941, 23 VOLS.

2801

VENEZUELA. STATISTICS.
COMPUTOS DEFINITIVOS ESPECIFICADOS POR
CIRCUNSCRIPCIONES ELECTORALES.
CARACAS. CONSEJO SUPREMO ELECTORAL, 1968, 8 VOLS.

2802

VENEZUELA. STATISTICS.
DIFERENCIACION DE LA POBLACION ELECTORAL INSCRITA EN
RURAL-INTERMEDIA-URBANA.
CARACAS. DIRECCION DE REGISTRO ELECTORAL, DIVISION
DE SOCIOLOGIA, 1970.

2803

VENEZUELA. STATISTICS.
ESTADISTICAS AGROPECUARIAS.

CARACAS. INSTITUTO AGRARIO NACIONAL, 196--.
2804
VENEZUELA. STATISTICS.
ESTADISTICAS DEL ESTADO ....
CARACAS. DIRECCION DE ECONOMIA Y ESTADISTICA
AGROPECUARIA, 1962-.
2805
VENEZUELA. STATISTICS.
ESTADISTICAS DEL TRABAJO.
CARACAS. DIVISION DE ESTADISTICAS DEL TRABAJO,
196--.
2806
VENEZUELA. STATISTICS.
GUIA INDUSTRIAL Y COMERCIAL DE VENEZUELA, 1943.
CARACAS. MINISTERIO DE FOMENTO, DIRECCION GENERAL DE
ESTADISTICA, 1943-1944, 3 VOLS. SUPPLEMENT,
DISTRITO FEDERAL, 1943-.
2807
VENEZUELA, LA REALIDAD NACIONAL 68. IDEAS PARA LA
ELABORACION DE UN PROGRAMA DE GOBIERNO. 2D ED.
CARACAS. PUBLICACIONES DEL PROGRAMA DE GOBIERNO,
1968. (PUBLICACIONES DEL PROGRAMA EXTRAORDINARIO,
NO. 11).
2808
VENEZUELA, 1969. ANALYSIS OF PROGRESS. PAPERS
PREPARED FOR A CONFERENCE HELD AT WASHINGTON, D.C.,
NOVEMBER 10-11, 1969. EDITED, WITH AN INTRODUCTION
BY PHILIP B. TAYLOR, JR.
WASHINGTON, D.C. SCHOOL OF ADVANCED INTERNATIONAL
STUDIES, JOHNS HOPKINS UNIVERSITY, 1971.
2809
VENEZUELA (FEDERAL DISTRICT) JUZGADO PRIMERO DE
PRIMERA INSTANCIA EN LO PENAL.
SUMARIO DEL JUICIO SEGUIDO A LAS PERSONAS INDICIADAS
DE HABER COMETIDO AL ASESINATO DEL CORONEL CARLOS
DELGADO CHALBAUD, PRESIDENTE DE LA JUNTA MILITAR DE
GOBIERNO.
CARACAS. OFICINA NACIONAL DE INFORMACION Y
PUBLICACIONES, 1951.
2810
VENEZUELA FACES THE MARKET. IN.
ECONOMIST, 217(OCTOBER 1965), 411-413.
2811
VENEZUELA Y EL MUNDO EN LA EPOCA DE PEREZ JIMENEZ.
CARACAS. PENSAMIENTO VIVO, 196-.
2812
VENEZUELA Y EL PACTO ANDINO. DOCUMENTOS Y
CONTROVERSIA.
CARACAS. INFORMACION DOCUMENTAL DE AMERICA LATINA,
1975. (INDAL, DOSSIER NO. 10).
2813
VERA GOMEZ, LUIS.
GESTION DE GOBIERNO EN EL ZULIA (UNA). HACIA LA

TRANFORMACION DE LAS ESTRUCTURAS REGIONALES.
CARACAS. EDITORIAL URBI, 1966. (COLECCION LOGOS).
2814

VILA, MARCO AURELIO.
PENINSULA DE PARAGUANA (LA). POSIBILIDADES
SOCIO-ECONOMICAS.
CARACAS. CORPORACION VENEZOLANA DE FOMENTO,
DEPARTAMENTO DE RELACIONES PUBLICAS, 1970.
2815

VILLALBA, JOVITO.
UNIDAD, BASE INSUSTITUIBLE DE LA DEMOCRACIA (LA).
PROLOGO DE ALIRIO UGARTE PELAYO.
CARACAS. EDITORIAL DOCTRINA, 1961.
2816

VILLALBA, JOVITO, ET AL.
U.R.D. Y LA REVOLUCION CUBANA. CONTIENE IMPORTANTE
DOCUMENTO DEL GENERAL LAZARO CARDENAS, HASTA AHORA
INEDITO EN VENEZUELA.
CARACAS. EDITORIAL DOCTRINA, 1961.
2817

VILLALBA VILLALBA, LUIS.
HECHOS ANTISOCIALES DEL MENOR. APUNTES ANALITICOS.
CARACAS. UNIVERSIDAD CENTRAL DE VENEZUELA, FACULTAD
DE DERECHO, 1965. (COLECCION ESTUDIOS JURIDICOS,
VOL. 34).
2818

VILLALBA VILLALBA, LUIS.
RETRATO DE CALDERO (UN). INSTITUTO VENEZOLANO DE
DERECHO SOCIAL, 30 DE OCTUBRE DE 1967.
CARACAS. TIPOGRAFIA REMAR, 1969.
2819

VIZCAINO, JUAN F.
VENEZUELA. LOS MERCADOS COMUNES Y LA ASOCIACION
LATINO AMERICANA DE LIBRE COMERCIO.
CARACAS. CORPORACION VENEZOLANA DE FOMENTO, 1967.
(ESTUDIOS ESPECIALES).
2820

VON LAZAR, ARPAD. * BEADLE, VI ANN.
NATIONAL INTEGRATION AND INSURGENCY IN VENEZUELA. AN
EXERCISE IN CAUSATION. IN.
WESTERN POLITICAL QUARTERLY, 24(1971), 136-145.
2821

WAITS, CARON RICHARD.
FINANCIAL AND REAL GROWTH IN VENEZUELA. A STUDY OF
THE RELATIONSHIP BETWEEN FINANCIAL AND REAL
VARIABLES.
PH.D. DISS., THE UNIVERSITY OF TEXAS, 1963.
2822

WALLACE, W.D.
VENEZUELA"S ECONOMY EXPANDS. IN.
FOREIGN TRADE (CANADA), 122(1965), 31-35.
2823

WATERS, R.F.

ECONOMIC BACKWARDNESS IN THE VENEZUELAN ANDES. A
STUDY OF THE TRADITIONAL SECTOR OF THE DUAL ECONOMY.
IN.
PACIFIC VIEWPOINT (WELLINGTON, NEW ZEALAND),
8.1(1967), 17-67.
2824

WHARTON, CLIFTON R.
C.B.R. IN VENEZUELA. IN.
INTER-AMERICAN ECONOMIC AFFAIRS, 4(1950), 3-15.
2825

WHITAKER, ARTHUR P.
CUBA"S INTERVENTION IN VENEZUELA. A TEST OF OAS. IN.
ORBIS, 8(FALL 1964), 511-536.
2826

WILFRIDO OMANA. CAPITAN DEL EJERCITO VENEZOLANO,
ASESINADO EN CARACAS.
CARACAS. EDICIONES CENTAURO, 1971. (LOS CRIMINES DE
PEREZ JIMENEZ).
2827

WILGUS, ALVA CURTIS, ED.
CARIBBEAN (THE). VENEZUELAN DEVELOPMENT, A CASE
HISTORY.
GAINESVILLE. UNIVERSITY OF FLORIDA PRESS, 1963.
(SCHOOL OF INTERNATIONAL AMERICAN STUDIES,
CARIBBEAN CONFERENCE SERIES, VOL. 13).
2828

WILKIE, JAMES W.
MEASURING LAND REFORM. SUPPLEMENT TO THE STATISTICAL
ABSTRACT OF LATIN AMERICA. WITH A SPECIAL MAP AND
GRAPH SERIES ON LAND REFORM BY RICHARD W. WILKIE AND
JOHN MARTI.
LOS ANGELES. UNIVERSITY OF CALIFORNIA, LATIN
AMERICAN CENTER, 1974. (THE UCLA STATISTICAL
ABSTRACT OF LATIN AMERICA, SUPPLEMENT SERIES, NO.
5).
2829

WILKINS, BILLY HUGHEL.
FOREIGN INVESTMENT AND INTERNALLY GENERATED FUNDS. A
VENEZUELAN CASE. IN.
INTER-AMERICAN ECONOMIC AFFAIRS, 16(1963), 3-10.
2830

WILLIAMS, ALBERT P.
INDUSTRIAL DIVERSIFICATION AND VENEZUELAN PUBLIC
POLICY.
PH.D. DISS., FLETCHER SCHOOL OF LAW AND DIPLOMACY,
1967.
2831

WITTE, ANN DRYDEN.
EMPLOYMENT IN THE MANUFACTURING SECTOR OF DEVELOPING
ECONOMIES. A STUDY OF MEXICO, PERU, AND VENEZUELA.
PH.D. DISS., NORTH CAROLINA STATE UNIVERSITY AT
RALEIGH, 1971.

2832

WORK BEGINS FOR DEVELOPMENT OF VAST TERRITORY. IN.
VENEZUELA UP-TO-DATE, 13(WINTER 1971, 1972), 7-8.

2833

WRIGHT, WINTHROP R.
CAFE CON LECHE. A BRIEF LOOK AT RACE RELATIONS IN
TWENTIETH CENTURY VENEZUELA. IN.
MARYLAND HISTORY, SPRING 1970.

2834

YEPES BOSCAN, GUILLERMO, COMP.
VIOLENCIA Y POLITICA. ENSAYOS POR LUIS HERRERA
CAMPINS ET AL.
CARACAS. MONTE AVILA EDITORES, 1972. (COLECCION
ESTUDIOS ESPECIALES).

2835

YEPEZ, LUIS FERNANDO.
EVALUATION OF THE VENEZUELAN SUGAR POLICY (AN).
PH.D. DISS., THE UNIVERSITY OF WISCONSIN, 1970.

2836

ZAGO, ANGELA.
AQUI NO HA PASADO NADA.
CARACAS. SINTESIS DOSMIL, 1972. (TESTIMONIOS).

2837

ZAMBRANO VELASCO, JOSE ALBERTO.
REFORMA LEGAL EN VENEZUELA (LA).
CARACAS. EDITORIAL SUCRE, 1965.

2838

ZAMORA, ANTONIO.
MEMORIA DE LA GUERRILLA VENEZOLANA.
CARACAS. SINTESIS DOSMIL, 1974.

2839

ZUNIGA CISNEROS, MIGUEL.
ENSAYOS.
CARACAS. UNIVERSIDAD CENTRAL DE VENEZUELA, FACULTAD
DE CIENCIAS ECONOMICAS Y SOCIALES, DIVISION DE
PUBLICACIONES, 1973-. (COLECCION ENSAYOS).

Bolivar

On, About, or By Bolivar

2840
ACADEMIA NACIONAL DE LA HISTORIA, CARACAS.
PAGINAS DE DEVOCION BOLIVARIANA. PROLOGO POR CARLOS
FELICE CARDOT.
CARACAS. ITALGRAFICA, 1973.

2841
ACOSTA RODRIGUEZ, LUIS JOSE.
BOLIVAR PARA TODOS. VISION DIDACTICA DEL LIBERTADOR.
CARACAS. EDICIONES DEL CONGRESO DE LA REPUBLICA,
1971.

2842
AGUILERA MALTA, DEMETRIO.
GENERALES DE BOLIVAR (LOS).
MEXICO. SECRETARIA DE EDUCACION PUBLICA,
SUBSECRETARIA DE ASUNTOS CULTURALES, 1965.
(CUADERNOS DE LECTURA POPULAR, NO. 9. COLECCION EL
HOMBRE EN LA HISTORIA).

2843
ALBUM DE LA GUARDIA DEL LIBERTADOR. PRIMER
CENTENARIO DE SU MUERTE.
BOGOTA. IMPRENTA NACIONAL, 1932.

2844
ANDRE, MARIUS.
BOLIVAR ET LA DEMOCRATIE.
PARIS. EDITIONS EXCELSIOR, 1924.

2845
ANDRE, MARIUS.
BOLIVAR Y LA DEMOCRACIA. TRADUCCION DE JACINTO
MARTINEZ.
BARCELONA. ARALUCE, 1924.

2846
ANGELL, HILDEGARDE.
SIMON BOLIVAR, SOUTH AMERICAN LIBERATOR.
NEW YORK. W.W. NORTON AND CO., INC., 1930.

2847
ARRAIZ, ANTONIO.
BOLIVAR. 32 LECCIONES PARA JOVENES AMERICANOS.
CARACAS. CULTURAL VENEZOLANA, 1952.

2848
ARROYAVE VELEZ, EDUARDO.
CAMINOS DE PIEDRA. ESTAMPAS Y LEYENDAS DEL
LIBERTADOR Y SUS TENIENTES.
MEDELLIN, COLOMBIA, 1955.

2849
AVILA, FRANCISCO J.
BOLIVAR, COMUNICADOR SOCIAL.
VALENCIA, VENEZUELA. PARIS EN AMERICA, 1971.

2850

AYALA, SEGUNDO F.
BOLIVAR Y EL SISTEMA INTERAMERICANO.
QUITO. IMPRENTA MUNICIPAL, 1962-.

2851

BANCO CENTRAL DE VENEZUELA, CARACAS.
HOMENAJE AL LIBERTADOR. EXPOSICION PATROCINADA POR
EL BANCO CENTRAL DE VENEZUELA Y LA EMBAJADA DE LA
REPUBLICA DE COLOMBIA. MINIATURAS, NUMISMATICA,
FILATELIA Y DOCUMENTOS BOLIVARIANOS, 29 DE
SEPTIEMBRE - 22 DE OCTUBRE 1967.
CARACAS, 1967.

2852

BAPTIS IRVINE"S REPORTS ON SIMON BOLIVAR, WITH AN
INTRODUCTION BY LEWIS HANKE. IN.
HISPANIC AMERICAN HISTORICAL REVIEW, 16(1936),
360-373.

2853

BARNOLA, PEDRO PABLO.
AL ENCUENTRO DE BOLIVAR.
CARACAS. ARCHIVO GENERAL DE LA NACION, 1970.
(BIBLIOTECA VENEZOLANA DE LA HISTORIA, NO. 8).

2854

BARNOLA, PEDRO PABLO.
BOLIVAR, MAESTRO DEL PUEBLO.
CARACAS. EDICIONES DEL CONGRESO DE LA REPUBLICA,
1971.

2855

BARNOLA, PEDRO PABLO.
POR QUE BOLIVAR. DISCURSO.
CARACAS. IMPRENTA NACIONAL, 1960.

2856

BELAUNDE, VICTOR ANDRES.
BOLIVAR AND THE POLITICAL THOUGHT OF THE SPANISH
AMERICAN REVOLUTION.
BALTIMORE. THE JOHNS HOPKINS PRESS, 1938.

2857

BELAUNDE, VICTOR ANDRES.
BOLIVAR Y EL PENSAMIENTO POLITICO DE LA REVOLUCION
HISPANOAMERICANA.
CARACAS. PRESIDENCIA DE LA REPULBICA, 1974.

2858

BELAUNDE, VICTOR ANDRES, ET AL.
ESTUDIOS SOBRE EL "BOLIVAR" DE MADARIAGA.
CARACAS. PUBLICACIONES DE LA SOCIEDAD BOLIVARIANA DE
VENEZUELA, 1967.

2859

BENITEZ, CRISTOBAL.
SOCIOLOGIA POLITICA. ENSAYOS.
CARACAS. COOPERATIVA DE ARTES GRAFICAS, 1938.

2860

BLANCO, JOSE FELIX, ED.
DOCUMENTOS PARA LA HISTORIA DE LA VIDA PUBLICA DEL

LIBERTADOR DE COLOMBIA, PERU Y BOLIVIA, PUBLICADOS
POR DISPOSICION DEL GENERAL GUZMAN BLANCO, ILUSTRE
AMERICANO, REGENERADOR Y PRESIDENTE DE LOS ESTADOS
UNIDOS DE VENEZUELA, EN 1875.
CARACAS. IMPRENTA DE LA OPINION NACIONAL, 1875-1878,
14 VOLS.

2861
BLANCO FOMBONA, RUFINO.
BOLIVAR ESCRITOR.
TRUJILLO, 1953. (PUBLICACIONES LITERARIAS DE LA
EMBAJADA DE VENEZUELA, NO. 1).

2862
BLANCO FOMBONA, RUFINO.
BOLIVAR Y LA GUERRA A MUERTE. EPOCA DE BOVES,
1813-1814.
CARACAS. IMPRESORES UNIDOS, 1942.

2863
BLANCO FOMBONA, RUFINO.
ESPIRITU DE BOLIVAR (EL). ENSAYO DE INTERPRETACION
PSICOLOGICA.
CARACAS. IMPRESORES UNIDOS, 1943.

2864
BLANCO FOMBONA, RUFINO.
MOCEDADES DE BOLIVAR, EL HEROE ANTES DEL HEROISMO.
CARACAS. MINISTERIO DE EDUCACION NACIONAL, DIRECCION
DE CULTURA, 1945. (BIBLIOTECA POPULAR VENEZOLANA.
SERIE AZUL, HISTORIA Y BIOGRAFIAS, NO. 2).

2865
BLANCO FOMBONA, RUFINO, COMP.
DISCURSOS Y PROCLAMAS DE BOLIVAR.
PARIS. GARNIER HERMANOS, 1913.

2866
BOLIVAR, SIMON.
ADDRESS OF BOLIVAR AT THE CONGRESS OF ANGOSTURA,
FEBRUARY 15, 1819 (AN). TRANSLATED BY FRANCISCO
JAVIER YANES.
WASHINGTON, D.C. B.S. ADAMS, 1919.

2867
BOLIVAR, SIMON.
AMERICA Y EL LIBERTADOR. PROLOGO DEL DR. CRISTOBAL
L. MENDOZA.
CARACAS. PUBLICACIONES DE LA SECRETARIA GENERAL DE
LA DECIMA CONFERENCIA INTERAMERICANA, 1953.
(COLECCION HISTORIA, NO. 3).

2868
BOLIVAR, SIMON.
BOLIVAR. SELECCION Y PROLOGO DE FRANCISCO MONTERDE.
MEXICO. SECRETARIA DE EDUCACION PUBLICA, 1943. (EL
PENSAMIENTO DE AMERICA, NO. 5).

2869
BOLIVAR, SIMON.
BOLIVAR, CAMILO TORRES Y FRANCISCO ANTONIO ZEA.
BOGOTA. EDITORIAL MINERVA, 1936. (BIBLIOTECA ALDEANA

DE COLOMBIA. ELOCUENCIA, NO. 72).

2870
BOLIVAR, SIMON.
BOLIVAR, PINTADO POR SI MISMO. ED. R. BLANCO
FOMBONA.
CARACAS. EDICIONES DEL MINISTERIO DE EDUCACION,
DIRECCION DE CULTURA Y BELLAS ARTES, 1959.
(BIBLIOTECA POPULAR VENEZOLANA, NO. 67).

2871
BOLIVAR, SIMON.
BOLIVAR INTIMO. CARTAS. COMPILACION Y NOTA DE
HUMBERTO RUMBOS.
MEXICO. EMBAJADA DE VENEZUELA, 1967.

2872
BOLIVAR, SIMON.
BOLIVAR Y SANTANDER, CORRESPONDENCIA, 1819-1820.
PRELIMINAR DE LAUREANO GARCIA ORTIZ.
BOGOTA. IMPRENTA DEL ESTADO MAYOR GENERAL,
MINISTERIO DE GUERRA, 1940.

2873
BOLIVAR, SIMON.
BORRADORES DEL DISCURSO DE ANGOSTURA (LOS). ED.
MANUEL PEREZ VILA.
CARACAS. INSTITUTO NACIONAL DE CULTURA Y BELLAS
ARTES, 1969.

2874
BOLIVAR, SIMON.
CARTA DE JAMAICA. ED. CRISTOBAL L. MENDOZA.
CARACAS. EDICIONES DE LA PRESIDENCIA DE LA
REPUBLICA, 1972.

2875
BOLIVAR, SIMON.
CARTA DE JAMAICA. THE JAMAICA LETTER. LETTRE A UN
HABITANT DE LA JAMAIQUE.
CARACAS. EDICIONES DEL MINISTERIO DE EDUCACION,
DIRECCION TECNICA, DEPARTAMENTO DE PUBLICACIONES,
1965.

2876
BOLIVAR, SIMON.
CARTAS DE BOLIVAR ESCRITAS EN SAN CRISTOBAL.
SAN CRISTOBAL. COLEGIO MARIA AUXILIADORA, 1961.

2877
BOLIVAR, SIMON.
CARTAS DEL LIBERTADOR. 2D ED.
CARACAS. BANCO DE VENEZUELA, FUNDACION VICENTE
LECUNA, 1964-1970, 8 VOLS.

2878
BOLIVAR, SIMON.
CARTAS DEL LIBERTADOR CORREGIDAS CONFORME A LOS
ORIGINALES. 1799-1830. MANDADAS PUBLICAR POR EL
GOBIERNO DE VENEZUELA. PRECIDIDO POR JUAN VICENTE
GOMEZ. ED. VICENTE LECUNA ET AL.
CARACAS. LITOGRAFIA Y TIPOGRAFIA DEL COMERICO,

1929-1959, 12 VOLS.

2879
BOLIVAR, SIMON.
CARTAS Y DOCUMENTOS INEDITOS DE EL LIBERTADOR Y
OTROS PROCERES DE LA INDEPENDENCIA.
BOGOTA. MUSEO NACIONAL, 1973.

2880
BOLIVAR, SIMON.
CORRESPONDENCIA DEL LIBERTADOR (1819-1829). ARCHIVO
DE SUCRE. COLECCION JIJON Y CAAMANO, QUITO.
PRESENTACION POR ALFREDO BOULTON.
CARACAS. FUNDACION VICENTE LECUNA Y BANCO DE
VENEZUELA, 1974. (CONMEMORACION DEL SESQUICENTENARIO
DE AYACUCHO).

2881
BOLIVAR, SIMON.
DECRETOS DEL LIBERTADOR.
CARACAS. PUBLICACIONES DE LA SOCIEDAD BOLIVARIANA DE
VENEZUELA, 1961, 3 VOLS.

2882
BOLIVAR, SIMON.
DISCURSO DE ANGOSTURA. SPEECH OF GENERAL BOLIVAR TO
THE CONGRESS OF VENEZUELA. DISCOURS PRONONCE PAR LE
LIBERATEUR A ANGOSTURA LE 15 FEVRIER 1819, POUR
L"INAUGURATION DU SECOND CONGRES NATIONAL
VENEZUELIEN.
CARACAS. MINISTERIO DE EDUCACION, DIRECCION TECNICA,
DEPARTAMENTO DE PUBLICACIONES, 1969.

2883
BOLIVAR, SIMON.
DOCUMENTOS. LOS ORIGENES DE LA DEPENDENCIA
NEOCOLONIAL. SELECCION Y PROLOGO DE GERARDO RIVAS
MORENO.
BOGOTA. FRENTE DE ESTUDIOS SOCIALES, FUNDACION
EDITORIAL, 1970.

2884
BOLIVAR, SIMON.
ESCRITOS DEL LIBERTADOR.
CARACAS. SOCIEDAD BOLIVARIANA DE VENEZUELA,
1964-1974, 10 VOLS. (CUATRICENTENARIO DE LA CIUDAD
DE CARACAS).

2885
BOLIVAR, SIMON.
ESCRITOS POLITICOS. SELECCION E INTRODUCCION DE
GRACIELA SORIANO.
MADRID. ALIANZA EDITORIAL, 1969. (EL LIBRO DE
BOLSILLO, NO. 175. SECCION CLASICOS).

2886
BOLIVAR, SIMON.
IDEARIO POLITICO. PROLOGO, SELECCION Y NOTAS DE
MARIUS ANDRE Y J.A. COVA.
CARACAS. EDICIONES CENTAURO, 1973.

2887
BOLIVAR, SIMON.
ITINERARIO DOCUMENTAL DE SIMON BOLIVAR. ESCRITOS
SELECTOS.
CARACAS. EDICIONES DE LA PRESIDENCIA DE LA
REPUBLICA, 1970.

2888
BOLIVAR, SIMON.
LIBERATOR SIMON BOLIVAR (THE). MAN AND IMAGE. EDITED
AND WITH AN INTRODUCTION BY DAVID BUSHNELL.
NEW YORK.   KNOPF, 1970. (BORZOI BOOKS ON LATIN
AMERICA).

2889
BOLIVAR, SIMON.
LIBERTADOR Y LA UNIVERSIDAD DE CARACAS (EL). LOS
DECRETOS DE 1827. PROLOGO POR AUGUSTO MIJARES.
CARACAS. EDICIONES DE LA PRESIDENCIA DE LA
REPUBLICA, 1972.

2890
BOLIVAR, SIMON.
OBRAS COMPLETAS. COMPILACION Y NOTAS DE VICENTE
LECUNA. 2D ED.
HAVANA. EDITORIAL LEX, 1950, 3 VOLS., SUPPLEMENT.

2891
BOLIVAR, SIMON.
PAGINAS LITERARIAS. SELECCION Y PROLOGO DE MARIUS
ANDRE.
PARIS. CASA EDITORIAL FRANCO IBERO-AMERICANA, 191-.

2892
BOLIVAR, SIMON.
PAPELES DE BOLIVAR, PUBLICADOS POR VICENTE LECUNA.
CARACAS. LITOGRAFIA DEL COMERCIO, 1917.

2893
BOLIVAR, SIMON.
PENSAMIENTO DEL LIBERTADOR (EL).
BOGOTA. MINISTERIO DE EDUCACION NACIONAL, EDICIONES
DE LA REVISTA BOLIVAR, 1953, 2 VOLS. (BIBLIOTECA DE
AUTORES COLOMBIANOS, NOS. 40-41).

2894
BOLIVAR, SIMON.
PENSAMIENTO POLITICO DEL LIBERTADOR (EL).
BOGOTA. IMPRENTA NACIONAL, 1953.

2895
BOLIVAR, SIMON.
PENSAMIENTO VIVO DE BOLIVAR (EL). PRESENTADO POR
RUFINO BLANCO FOMBONA.
CARACAS. EDICIONES CENTAURO, 1975.

2896
BOLIVAR, SIMON.
PENSAMIENTOS DE EL LIBERTADOR. RECOPILADOS POR JOSE
RAMON POCATERRA.
MARACAIBO. IMPRENTA DEL ESTADO, 1963. (BIBLIOTECA DE
AUTORES Y TEMAS ZULIANOS, NO.   3).

2897
BOLIVAR, SIMON.
PHILOSOPHICAL REFLECTIONS OF SIMON BOLIVAR. ED.
RICARDO FARGIER SUAREZ.
MERIDA, VENEZUELA, 1970.

2898
BOLIVAR, SIMON.
POLITICAL THOUGHT OF BOLIVAR. SELECTED WRITINGS. ED.
GERALD E. FITZGERALD.
THE HAGUE. MARTINUS NIJHOFF, 1971.

2899
BOLIVAR, SIMON.
PROCLAMAS Y DISCURSOS DEL LIBERTADOR, MANDADOS
PUBLICAR POR EL GOBIERNO DE VENEZUELA, PRESIDIDO POR
EL GENERAL ELEAZAR LOPEZ CONTRERAS. ED. VICENTE
LECUNA.
CARACAS. LITOGRAFIA Y TIPOGRAFIA DEL COMERCIO, 1939.

2900
BOLIVAR, SIMON.
RESUMEN SUCINTO DE LA VIDA DEL GENERAL SUCRE.
CARACAS. EDICIONES DE LA PRESIDENCIA DE LA
REPUBLICA, 1972.

2901
BOLIVAR, SIMON.
SELECTED WRITINGS. COMPILED BY VICENTE LECUNA.
EDITED BY HAROLD A. BIERCK, JR. TRANSLATED BY LEWIS
BERTRAND. 2D ED.
NEW YORK. BOLIVARIAN SOCIETY OF VENEZUELA, 1951, 2
VOLS.

2902
BOLIVAR, SIMON.
SIMON BOLIVAR. SIETE DOCUMENTOS ESENCIALES.
INTRODUCCION Y SUBTITULOS POR J.L. SALCEDO BASTARDO.
CARACAS. EDICIONES DE LA PRESIDENCIA DE LA
REPUBLICA, 1973.

2903
BOLIVAR, SIMON.
SIMON BOLIVAR Y ANDRES BELLO, CORRESPONDENCIA.
REUNIDA Y ANOTADA POR EUGENIO ORREGO VICUNA.
SANTIAGO DE CHILE. PRENSAS DE LA UNIVERSIDAD DE
CHILE, 1935.

2904
BOLIVAR, SIMON.
TESTAMENTO DE SU EXA. LIBERTADOR DE COLOMBIA, GRAL.
SIMON BOLIVAR.
BOGOTA. PUBLICACIONES DEL BANCO DE LA REPUBLICA,
1953.

2905
BOLIVAR, SIMON.
TRES ESCRITOS DE BOLIVAR. PROLOGO DE RUFINO BLANCO
FOMBONA.
CARACAS. EDICIONES DEL MINISTERIO DE EDUCACION,
1959.

2906
    BORGES, CARLOS.
    DISCURSO DEL PRESBITERO CARLOS BORGES EN LA CASA
    NATAL DEL LIBERTADOR.
    BUENOS AIRES. EMBAJADA DE VENEZUELA, 1952.
2907
    BORJA ALVAREZ, ALDA.
    CAPITAN DE LOS ANDES (EL).
    QUITO, 1960, 2 VOLS.
2908
    BOSCH, JUAN.
    BOLIVAR Y LA GUERRA SOCIAL.
    BUENOS AIRES. EDITORIAL J. ALVAREZ, 1966.
2909
    BOTELLO, OLDMAN.
    BOLIVAR EN ARAGUA (LOS).
    MARACAY. SECRETARIA DE GOBIERNO DEL ESTADO, 1973.
2910
    BOULTON, ALFREDO.
    MIRANDA, BOLIVAR Y SUCRE. TRES ESTUDIOS
    ICONOGRAFICOS.
    CARACAS, 1959.
2911
    BOULTON, ALFREDO.
    RETRATOS DE BOLIVAR (LOS). 2D ED.
    CARACAS, 1964.
2912
    BRICE, ANGEL FRANCISCO.
    BOLIVAR, LIBERTADOR Y ESTADISTA. 2D ED.
    MARACAIBO. UNIVERSIDAD DEL ZULIA, 1968.
2913
    BRICE, ANGEL FRANCISCO.
    BOLIVAR VISTO POR CARLOS MARX.
    CARACAS, 1961.
2914
    BRICE, ANGEL FRANCISCO.
    CONSTITUCION BOLIVARIANA. CONFERENCIA.
    CARACAS. IMPRENTO NACIONAL, 1959.
2915
    BRICE, ANGEL FRANCISCO. * CARDOZO, ARTURO.
    HOMENAJE AL LIBERTADOR.
    TRUJILLO. EDICIONES DEL EJECUTIVO DEL ESTADO
    TRUJILLO, 1960.
2916
    BRICE, ANGEL FRANCISCO.
    SIMON BOLIVAR Y FRAY BARTOLOME DE LAS CASAS ANTE SUS
    CRITICOS.
    CARACAS. ITALGRAFICA, 1969.
2917
    BRICENO PEROZO, MARIO.
    BOLIVAR EN LA CIUDAD DE NUESTRA SENORA DE LA PAZ DE
    TRUJILLO.
    CARACAS. ACADEMIA NACIONAL DE LA HISTORIA, 1963.

BOLIVAR

2918
    BRICENO PEROZO, MARIO.
    BOLIVAR QUE LLEVAMOS POR DENTRO (EL). 2D ED.
    CARACAS. ARCHIVO GENERAL DE LA NACION, 1968.

2919
    BRICENO PEROZO, MARIO.
    BOLIVAR Y EL IDEAL DEMOCRATICO.
    CARACAS. SOCIEDAD BOLIVARIANA DE VENEZUELA, 1968.
    (BIBLIOTECA POPULAR BOLIVARIANA, NO. 3).

2920
    BRICENO PEROZO, MARIO.
    HISTORIA BOLIVARIANA.
    CARACAS. MINISTERIO DE EDUCACION, 1970. (COLECCION
    VIGILIA, NO. 26).

2921
    BRICENO PEROZO, MARIO.
    IDEAL HISPANOAMERICANISTA DEL LIBERTADOR (EL).
    CARACAS, 1974.

2922
    BRICENO PEROZO, MARIO.
    REMINISCENCIAS GRIEGAS Y LATINAS EN LAS OBRAS DEL
    LIBERTADOR.
    CARACAS, 1971.

2923
    BUSANICHE, JOSE LUIS.
    BOLIVAR VISTO POR SUS CONTEMPORANEOS.
    MEXICO. FONDO DE CULTURA ECONOMICA, 1960.

2924
    CAMPOS, JORGE.
    BOLIVAR, BIOGRAFIA ILUSTRADA.
    BARCELONA. EDICIONES DESTINO, 1963.

2925
    CAPO, JOSE MARIA.
    BOLIVAR, SU MAESTRO Y SU AMANTE.
    HAVANA. EDITORIAL LEX, 1956.

2926
    CARACAS. CASA NATAL DE SIMON BOLIVAR. ARCHIVO.
    ARCHIVO DEL LIBERTADOR (EL). INDICE POR ANGEL
    GRISANTI.
    CARACAS. OFICINA DE COMPILACION, CLASIFICACION Y
    PUBLICACION DEL ARCHIVO DEL LIBERTADOR EN LA CASA
    NATAL DEL HEROE, 1956, 3 VOLS.

2927
    CARACAS. CASA NATAL DE SIMON BOLIVAR. ARCHIVO.
    INDICE DE LA REPRODUCCION COSTEADA POR LAS
    FUNDACIONES CREOLE, SHELL, EUGENIO MENDOZA Y JOHN
    BOULTON. CON MOTIVO DEL SESQUICENTENARIO DE LA
    INDEPENDENCIA DE VENEZUELA.
    CARACAS. ARCHIVO DEL LIBERTADOR, 1965.

2928
    CARACAS. MUSEO BOLIVARIANO.
    CATALOGO.
    CARACAS. IMPRENTA DE LA DIRECCION DE CULTURA,
    MINISTERIO DE EDUCACION NACIONAL, 1947.

2929

CARACAS. MUSEO DE BELLAS ARTES.
EXPOSICION ICONOGRAFICA DEL LIBERTADOR.
CONMEMORACION DEL TRASLADO DE LOS RESTOS DE BOLIVAR
A CARACAS.
CARACAS, 1942.

2930

CARBIA, ROMULO D.
SAN MARTIN Y BOLIVAR, FRENTE AL HALLAZGO DE NUEVOS
DOCUMENTOS.
BUENOS AIRES. TALLERES GRAFICOS DE LA COMPANIA GRAL.
FABRIL FINACIERA, 1941.

2931

CARBONELL, DIEGO.
PSICOPATOLOGIA DE BOLIVAR. INTRODUCCION DE MARIA DE
LOURDES CARBONELL.
CARACAS. EDICIONES DE LA BIBLIOTECA DE LA
UNIVERSIDAD CENTRAL DE VENEZUELA, 1965. (COLECCION
CIENCIAS SOCIALES, NO. 10).

2932

CARRERA DAMAS, GERMAN.
CULTO A BOLIVAR (EL). ESBOZO PARA UN ESTUDIO DE LA
HISTORIA DE LAS IDEAS EN VENEZUELA. 2D ED.
CARACAS. EDICIONES DE LA BIBLIOTECA DE LA
UNIVERSIDAD CENTRAL DE VENEZUELA, 1973.

2933

CARRILLO MORENO, JOSE.
AL ENCUENTRO DE BOLIVAR.
CARACAS. ARCHIVO GENERAL DE LA NACION, 1970.
(BIBLIOTECA VENEZOLANA DE HISTORIA, NO. 8).

2934

CARRILLO MORENO, JOSE.
BOLIVAR, MAESTRO DEL PUEBLO.
CARACAS. EDICIONES DEL CONGRESO DE LA REPUBLICA,
1971.

2935

CARRILLO MORENO, JOSE.
SIMON BOLIVAR, PASTOR DE PROFECIAS.
CARACAS. EDICIONES EDIME, 1967. (PERSONAJES ILUSTRES
DE VENEZUELA, NO. 2).

2936

CARRILLO MORENO, JOSE, COMP.
BOLIVAR DESDE COJEDES HASTA CARABOBO.
SAN CARLOS. IMPRENTA OFICIAL DEL ESTADO COJEDES,
1971.

2937

CASTELLANOS V., RAFAEL RAMON.
CARACAS Y EL LIBERTADOR. LA APOTEOSIS DEL
CENTENARIO, 1883.
CARACAS, 1969.

2938

CASTELLANOS V., RAFAEL RAMON.
PERMANENCIA DE BOLIVAR (LA).

CARACAS, 1970.
2939
CATALOGO DE LA EXPOSICION BIBLIOGRAFICA "SIMON
BOLIVAR."
BILBAO, SPAIN. ARCHIVO Y BIBLIOTECA DE LA DIPUTACION
DE VIZCAYA, 1960.
2940
CHAVES, JULIO CESAR.
SAN MARTIN Y BOLIVAR EN GUAYAQUIL.
BUENOS AIRES. EDITORIAL AYACUCHO, 1950.
2941
CHAVEZ PERALTA, SAUL.
SUENO Y REALIDAD DE SIMON BOLIVAR.
MEXICO. EDITORIAL RENACIMIENTO, 1960. (COLECCION DE
BIOGRAFICAS RENACIMIENTO).
2942
CLAUDIO DE LA TORRE, JOSEFA AURELIA.
ROLE OF THE EIGHTEENTH-CENTURY FRENCH PHILOSOPHES IN
BOLIVAR"S LIBERATION AND ORGANIZATION OF THE
SPANISH COLONIES IN LATIN AMERICA (THE).
PH.D. DISS., INDIANA UNIVERSITY, 1962.
2943
CLINTON, DANIEL JOSEPH (PSEUD. THOMAS ROURKE).
BOLIVAR, EL HOMBRE DE LA GLORIA, LIBERTADOR DE
COLOMBIA, VENEZUELA, ECUADOR, PERU Y BOLIVIA. 2D ED.
BUENOS AIRES. EDITORIAL CLARIDAD, 1945.
2944
CLINTON, DANIEL JOSEPH (PSEUD. THOMAS ROURKE).
MAN OF GLORY, SIMON BOLIVAR.
NEW YORK. W. MORROW AND CO., 1939.
2945
COLOMBIA. LAWS, STATUTES, ETC.
DECRETOS DEL LIBERTADOR.
CARACAS. PUBLICACIONES DE LA SOCIEDAD BOLIVARIANA DE
VENEZUELA, 1961, 3 VOLS.
2946
CONGRESO INTERNACIONAL DE SOCIEDADES BOLIVARIANAS,
1ST, CARACAS, 1960.
MEMORIA.
CARACAS. EDICIONES DE LA SOCIEDAD BOLIVARIANA DE
VENEZUELA, 1962.
2947
CORRALES, MANUAL EZEQUIEL, ED.
HOMENAJE DE COLOMBIA AL LIBERTADOR SIMON BOLIVAR EN
SU PRIMER CENTENARIO, 1783-1883.
BOGOTA. MEDARDO RIVAS, 1884.
2948
CORREA, LUIS.
BOLIVARIANISMO DE JUAN VICENTE GONZALEZ (EL).
CARACAS. INSTITUTO NACIONAL DE CULTURA Y BELLAS
ARTES, 1966. (COLECCION HISTORIA).
2949
COVA, JESUS ANTONIO.

FILOSOFIA POLITICA DEL LIBERTADOR.
CARACAS, 1953.
2950

COVA, JESUS ANTONIO.
SUPERHOMBRE (EL). VIDA Y OBRA DEL LIBERTADOR. 3D ED.
CARACAS. LAS NOVEDADES, 1943.
2951

COVA, JESUS ANTONIO.
VIDA DE BOLIVAR.
BUENOS AIRES. EMECE EDITORES, 1943.
2952

CRESPO TORAL, REMIGICO.
BOLIVAR, EL HEROE Y EL GENIO DE AMERICA. COMPILACION
Y PROLOGO DE VICTOR MANUEL ALBORNOZ.
CUENCA. PUBLICACIONES DEL CENTRO DE ESTUDIOS
HISTORICOS Y GEOGRAFICOS DE CUENCA, 1960.
2953

DAVILA, VICENTE.
BOLIVAR, INTELECTUAL Y GALANTE.
MEXICO. IMPRENTA R. ROS E HIJO, 1942.
2954

DEL RIO, DANIEL A.
SIMON BOLIVAR.
NEW YORK. BOLIVARIAN SOCIETY OF THE UNITED STATES,
1965.
2955

DIAZ SANCHEZ, RAMON.
BOLIVAR, EL CARAQUENO.
GUATEMALA. TALLERES DE POESIA DE LA EDITORIAL ISTMO,
1971.
2956

ENCINA, FRANCISCO ANTONIO.
ENTREVISTA DE GUAYAQUIL (LA). FIN DEL PROTECTORADO Y
DEFUNCION DEL EJERCITO LIBERTADOR DE CHILE.
SANTIAGO. EDITORIAL NASCIMENTO, 1953.
2957

ENCINA, FRANCISCO ANTONIO.
PRIMERA REPUBLICA DE VENEZUELA (LA). BOSQUEJO
PSICOLOGICO DE BOLIVAR.
SANTIAGO DE CHILE. EDITORIAL NASCIMENTO, 1958.
2958

ESTRADA MONSALVE, JOAQUIN.
BOLIVAR, SU PENSAMIENTO, SU VIDA, SU OBRA, SU
LECCION.
BOGOTA. EDITORIAL MINERVA, 1944.
2959

FEBRES CORDERO G., JULIO.
REFRANERO DE BOLIVAR (EL). FUENTES PARA EL ESTUDIO
DE SU PENSAMIENTO POLITICO.
CARACAS. EDICIONES CENTAURO, 1975.
2960

FERNANDEZ GARCIA, ALEJANDRO.
RELICARIOS (LOS). SILUETAS ROMANTICAS EN LA VIDA DEL

LIBERTADOR.
CARACAS. TIPOGRAFIA UNIVERSAL, 1935.

2961
FITZGERALD, GERALD E.
POLITICAL THOUGHT OF BOLIVAR (THE). SELECTED
WRITINGS.
THE HAGUE. MARTINUS NIJHOFF, 1971.

2962
FRAGACHAN, FELIX R., COMP.
SIMON BOLIVAR, SINTESIS PANORAMICA DE LA VIDA DEL
GRANDE HOMBRE. HOMENAJE A LA SEMANA DE LA PATRIA.
CARACAS. TIPOGRAFIA AMERICANA, 1954.

2963
FRANK, WALDO DAVID.
BIRTH OF A WORLD. BOLIVAR IN TERMS OF HIS PEOPLES.
BOSTON. HOUGHTON MIFFLIN, 1951.

2964
FUENMAYOR, ALEJANDRO.
VIDA DEL LIBERTADOR (LA). ENSAYO SOBRE LA VIDA DEL
PADRE DE LA PATRIA, CONSIDERADA COMO TEMA VITAL DE
EDUCACION EN LA ESCUELA ACTIVA VENEZOLANA.
CARACAS. TIPOGRAFIA AMERICANA, 1940.

2965
FUNDACION JOHN BOULTON, CARACAS.
ACOTACIONES BOLIVARIANAS. DECRETOS MARGINALES DEL
LIBERTADOR, 1813-1830.
CARACAS, 1960.

2966
GABALDON MARQUEZ, JOAQUIN.
BOLIVAR DE MADARIAGA Y OTROS BOLIVARES (EL).
CARACAS. EDICIONES PARAGUACHOA, 1960.

2967
GANDIA, ENRIQUE DE.
BOLIVAR Y LA LIBERTAD.
BUENOS AIRES. EDITORIAL OBERON, 1957. (SERIE
HISTORICA DE INVESTIGACION Y CRITICA, VOL. 3).

2968
GARCIA DEFFENDINI, ALFREDO JOSE.
BOLIVAR Y EL DISCURSO DE ANGOSTURA.
CARACAS. EDITORIAL ARTE, 1970.

2969
GARCIA HERNANDEZ, MANUEL.
BOLIVAR, REALIDAD CONTINENTAL. PROLOGO DE JUAN
PINTO.
BUENOS AIRES. SOCIEDAD IMPRESORA AMERICANA, 1942.
(COLECCION CONTINENTE, NO. 3).

2970
GARCIA NARANJO, NEMESIO.
SIMON BOLIVAR.
SAN ANTONIO, TEXAS. CASA EDITORIAL LOZANO, 1931.

2971
GARCIA NAVARRO, SONIA.
BOLIVAR Y SU AFECTO POR CARACAS.

CARACAS. PRENSAS VENEZOLANAS DE EDITORIAL ARTE,
1966.
2972

GARCIA TAMAYO, JUAN TOMAS.
DOS ENSAYOS. BOLIVAR-GOETHE.
SAN CRISTOBAL. EDITORIAL VANGUARDIA, 1965.
(COLECCION MANUEL FELIPE RUGELAS, NO. 11).
2973

GOMEZ HURTADO, ALVARO.
SOBRE LA SIGNIFICACION HISTORICA DE BOLIVAR.
BOGOTA. FENIX, 1957. (COLECCION FENIX, NO. 2).
2974

GOMEZ PICON, ALIRIO.
BOLIVAR Y SANTANDER. HISTORIA DE UNA AMISTAD.
BOGOTA. EDITORIAL KELLY, 1971. (BIBLIOTECA DE
HISTORIA NACIONAL, VOL. 113).
2975

GRISANTI, ANGEL.
ARCHIVO DEL LIBERTADOR (EL).
CARACAS. IMPRENTA NACIONAL, 1956, 3 VOLS.
(PUBLICACIONES DE LA CASA NATAL DEL LIBERTADOR).
2976

GRISANTI, ANGEL.
BOLIVAR, SI ESCALO EL CHIMBORAZO Y ESCRIBIO SU
DELIRIO EN RIOBAMBA. OBRA PRE-CONMEMORATIVA DEL
CUATRICENTENARIO DE CARACAS.
CARACAS, 1964.
2977

GRISANTI, ANGEL.
BOLIVAR, SU IDILIO Y MATRIMONIO EN MADRID. 2D ED.
CARACAS. TIPOGRAFIA VARGAS, 1971.
2978

GRISANTI, ANGEL.
RETRATOS DE BOLIVAR Y DE SUCRE.
CARACAS, 1969.
2979

GRISANTI, ANGEL, ED.
ICONOGRAFIA DE LA FAMILIA DEL LIBERTADOR. CASA NATAL
DEL LIBERTADOR.
CARACAS. IMPRENTA NACIONAL, 1956.
2980

GUERRA INIGUEZ, DANIEL.
PENSAMIENTO INTERNACIONAL DE BOLIVAR.
CARACAS. EDITORIAL RAGON, 1955.
2981

GUEVARA, ARTURO.
HISTORIA CLINICA DEL LIBERTADOR. ESTUDIO, NOSOLOGICO
Y PSICOBIOGRAFICO DE BOLIVAR.
CARACAS. LITOGRAFIA Y TIPOGRAFIA DEL COMERCIO, 1948.
2982

GURRI, DAMIAN A.
SIMON BOLIVAR. EL IDEAL PANAMERICANO DEL LIBERTADOR.
MONTEVIDEO. TALLERES GRAFICOS DE A. MONTEVERDE,

1966.

2983

GUTIERREZ, JOSE FULGENCIO.
BOLIVAR Y SU OBRA.
BOGOTA. EDITORIAL ABC, 1953. (BIBLIOTECA DE AUTORES
COLOMBIANOS).

2984

GUTIERREZ ISAZA, ELVIA.
FLORILEGIO BOLIVARIANO.
MEDELLIN. EDITORIAL GRANAMERICA, 1955.

2985

GUZMAN, ANTONIO LEOCADIO.
FUNERALES Y LA APOTEOSIS DE BOLIVAR (LOS). 7TH ED.
CARACAS. LA OPINION NACIONAL, 1872.

2986

GUZMAN BLANCO, ANTONIO.
LIBERTADOR DE LA AMERICA DEL SUR (EL).
LONDON. RANKEN AND CO., 1885.

2987

HELLMUND TELLO, ARTURO.
CUMBRES DE GLORIA.
CARACAS, 1957-.

2988

HERNANDEZ DE ALBA, GUILLERMO.
MISION DE BOLIVAR A LONDRES EN 1810 (LA).
CONFERENCIA LEIDA EN LA ACADEMIA COLOMBIANA DE
HISTORIA.
BOGOTA. IMPRENTA NACIONAL, 1930.

2989

HERRERA, JOSE DE LA CRUZ.
BOLIVAR, FORJADOR DE LA LIBERTAD.
CARACAS. EDICIONES DE LA SOCIEDAD BOLIVARIANA DE
VENEZUELA, 1957.

2990

HILDEBRANDT, MARTHA.
LENGUA DE BOLIVAR (LA).
CARACAS. UNIVERSIDAD CENTRAL DE VENEZUELA, FACULTAD
DE HUMANIDADES Y EDUCACION, INSTITUTO DE FILOLOGIA
"ANDRES BELLO," 1961-.

2991

HISPANO, CORNELIO. SEE LOPEZ, ISMAEL.

2992

HUDSON, RANDALL ORMSBEE.
LAST YEARS OF SIMON BOLIVAR, 1828-1830 (THE). A
STUDY IN FUTILITY.
PH.D. DISS., THE UNIVERSITY OF NORTH CAROLINA AT
CHAPEL HILL, 1965.

2993

IRIBARREN CELIS, LINO.
CAMPANA ADMIRABLE 1813 (LA).
CARACAS. ACADEMIA NACIONAL DE LA HISTORIA, 1963.
(ANTOLOGIA DEL SESQUICENTENARIO).

2994
IRIBARREN CELIS, LINO.
CINCO RUTAS DE LA VICTORIA (LAS).
TRUJILLO. EDICIONES DEL CENTRO DE HISTORIA DEL
ESTADO TRUJILLO, 1965.

2995
IRIBARREN CELIS, LINO.
GLOSAS PARA UNA NUEVA INTERPRETACION DE LA HISTORIA
MILITAR DE VENEZUELA DURANTE LA GUERRA A MUERTE
1814.
CARACAS. IMPRENTA NACIONAL, 1964.

2996
IZQUIERDO, JOSE.
CRANEO DEL LIBERTADOR SIMON BOLIVAR (EL). 2D ED.
CARACAS. EDICIONES EDIME, 1956.

2997
JIMENEZ ARRAIZ, FRANCISCO.
CAMINO DE GLORIA.
CARACAS. TIPOGRAFIA AMERICANA, 1925.

2998
KEY AYALA, SANTIAGO.
RESENA DE LAS CEREMONIAS CONSAGRADAS POR EL GOBIERNO
Y EL PUEBLO DE VENEZUELA A HONRAR LA MEMORIA DE
SIMON BOLIVAR ... 1942, PARA SOLEMNIZAR EL
CENTENARIO DE LA TRASLACION DE LOS RESTOS DEL
LIBERTADOR A LA CIUDAD DE CARACAS.
CARACAS. TIPOGRAFIA AMERICANA, 1943.

2999
KEY AYALA, SANTIAGO.
VIDA EJEMPLAR DE SIMON BOLIVAR.
CARACAS. EDICIONES EDIME, 1955.

3000
LARRAZABAL, FELIPE.
VIDA DEL LIBERTADOR SIMON BOLIVAR. NUEVA EDICION
MODERNIZADA, CON PROLOGO Y NOTAS DE R. BLANCO
FOMBONA.
MADRID. EDITORIAL AMERICA, 1918.

3001
LAVERDE AMAYA, ISIDORO.
VIAJE A CARACAS. RECUERDOS DE LA FIESTA DEL
CENTENARIO DEL LIBERTADOR.
BOGOTA. I. BORDA, 1885.

3002
LAVERDE AMAYA, ISIDORO.
VIAJE A VENEZUELA (UN).
BOGOTA. IMPRENTA LA NACION, 1889.

3003
LECUNA, VICENTE.
BOLIVAR Y EL ARTE MILITAR.
NEW YORK. FUNDACION VICENTE LECUNA, 1955.

3004
LECUNA, VICENTE.
BREVARIO DE IDEAS BOLIVARIANAS. HOMENAJE DE LA
CAMARA DE COMERCIO DE CARACAS EN EL CENTENARIO DEL

NACIMIENTO DE EMINENTE BOLIVARIANO.
CARACAS. CAMARA DE COMERCIO DE CARACAS, 1970.

3005

LECUNA, VICENTE.
CAMPANA DEL LIBERTADOR EN 1818.
CARACAS. TIPOGRAFIA AMERICANA, 1939.

3006

LECUNA, VICENTE.
CARTAS APOCRIFAS SOBRE LA CONFERENCIA DE GUAYAQUIL.
CARACAS. ARCHIVO GENERAL DE LA NACION, 1973.
(BIBLIOTECA VENEZOLANA DE HISTORIA, NO. 19).

3007

LECUNA, VICENTE. * BARRET DE NAZARIS, ESTHER. *
PEREZ VILA, MANUEL.
CASA NATAL DEL LIBERTADOR (LA). SU HISTORIA.
CATALOGO DE CUADROS, MUEBLES Y RELIQUIAS. DATOS
SOBRE EL ARCHIVO DEL LIBERTADOR.
CARACAS. SOCIEDAD BOLIVARIANA DE VENEZUELA, 1954.

3008

LECUNA, VICENTE.
CATALOGO DE ERRORES Y CALUMNIAS EN LA HISTORIA DE
BOLIVAR.
NEW YORK. FUNDACION VICENTE LECUNA, 1956, 3 VOLS.

3009

LECUNA, VICENTE.
CONFERENCIA DE GUAYAQUIL, SEGUN LAS RELACIONES
DICTADAS POR BOLIVAR Y LOS DOCUMENTOS
CORRESPONDIENTES A TODOS LOS ACONTECIMIENTOS QUE LA
PRECEDIERON Y MOTIVARON, EXISTENTES EN EL PERU, EN
LA ARGENTINA Y EN LOS PAISES DE LA GRAN COLOMBIA.
CARACAS. TIPOGRAFIA AMERICANA, 1943.

3010

LECUNA, VICENTE.
CRONICA RAZONADA DE LAS GUERRAS DE BOLIVAR. 2D ED.
NEW YORK. FUNDACION VICENTE LECUNA, 1960, 3 VOLS.

3011

LECUNA, VICENTE.
ENTREVISTA DE GUAYAQUIL (LA). 4TH ED.
CARACAS. FUNDACION VICENTE LECUNA, 1962-1963, 2
VOLS.

3012

LECUNA, VICENTE.
RELACIONES DIPLOMATICOS DE BOLIVAR CON CHILE Y
BUENOS AIRES. OBRA PREPARADA CON LA COLABORACION DE
ESTHER BARRET DE NAZARIS, BAJO LOS AUSPICIOS DE LA
SOCIEDAD BOLIVARIANA DE VENEZUELA.
CARACAS. IMPRENTA NACIONAL, 1955, 2 VOLS.

3013

LEMLY, HENRY ROWAN.
BOLIVAR, LIBERATOR OF VENEZUELA, COLOMBIA, ECUADOR,
PERU AND BOLIVIA.
BOSTON. THE STRATFORD CO., 1923.

3014
LETURIA, PEDRO.
OCASO DEL PATRONATO REAL EN LA AMERICA ESPANOLA
(EL). LA ACCION DIPLOMATICA DE BOLIVAR ANTE PIO VII
(1820-1823) A LA LUZ DEL ARCHIVO VATICANO.
MADRID. ADMINISTRACION DE RAZON Y FE, 1925.

3015
LIEVANO AGUIRRE, INDALECIO.
BOLIVARISMO Y MONROISMO.
BOGOTA. EDITORIAL REVISTA COLOMBIANA, 1969.
(POPULIBRO, NO. 25).

3016
LIEVANO AGUIRRE, INDALECIO.
RAZONES SOCIO-ECONOMICAS DE LA CONSPIRACION DE
SEPTIEMBRE CONTRA EL LIBERTADOR.
CARACAS. ARCHIVO GENERAL DE LA NACION, 1968.
(BIBLIOTECA VENEZOLANA DE HISTORIA, NO. 7).

3017
LONDONO, JULIO.
VISION GEOPOLITICA DE BOLIVAR (LA).
BOGOTA. IMPRENTA DEL ESTADO MAYOR GENERAL, 1950.

3018
LOPEZ, ISMAEL (PSEUD. CORNELIO HISPANO).
HISTORIA SECRETA DE BOLIVAR.
PARIS AND MADRID. EDICIONES LITERARIAS, 1924.

3019
LOPEZ, ISMAEL (PSEUD. CORNELIO HISPANO).
LIBRO DE ORO DE BOLIVAR (EL).
PARIS. GARNIER HERMANOS, 1931.

3020
LOPEZ CONTRERAS, ELEAZAR.
BOLIVAR, CONDUCTOR DE TROPAS.
CARACAS. EDITORIAL ELITE, 1930.

3021
LOPEZ CONTRERAS, ELEAZAR.
CALLAO HISTORICO (EL).
CARACAS. LITOGRAFIA DEL COMERCIO, 1926.

3022
LOPEZ CONTRERAS, ELEAZAR.
IDEOLOGIA BOLIVARIANA.
CARACAS. EDITORIAL CRISOL, 1944.

3023
LOPEZ CONTRERAS, ELEAZAR.
TEMAS DE HISTORIA BOLIVARIANA.
MADRID. EDITORIAL J.B., 1954.

3024
LOPEZ MALDONADO, ULPIANO.
DEL CONGRESO DE PANAMA A LA CONFERENCIA DE CARACAS,
1826-1954. EL GENIO DE BOLIVAR A TRAVES DE LA
HISTORIA DE LAS RELACIONES INTERAMERICANAS.
QUITO. IMPRENTA DEL MINISTERIO DE EDUCACION, 1954.

3025
LUDWIG, EMIL.
BOLIVAR, CABALLERO DE LA GLORIA Y DE LA LIBERTAD.

TRADUCCION POR ENRIQUE PLANCHART. 6TH ED.
MEXICO. EDITORIAL DIANA, 1966.

3026

LUDWIG, EMIL.
BOLIVAR, THE LIFE OF AN IDEALIST.
NEW YORK. ALLIANCE BOOK CORPORATION, 1942.

3027

LUGO, FRANCISCO ANICETO.
IDEAL BOLIVARIANO (EL).
CARACAS. EDITORIAL ELITE, 1938.

3028

MACKENZIE, MAURICIO.
IDEALES DE BOLIVAR EN EL DERECHO INTERNACIONAL
AMERICANO (LOS).
BOGOTA. IMPRENTA NACIONAL, 1955. (BIBLIOTECA DEL
MINISTERIO DE GOBIERNO, COLECCION BOLIVARIANA, NO.
1).

3029

MADARIAGA, SALVADOR DE.
BOLIVAR.
NEW YORK. SCHOCKEN BOOKS, 1969.

3030

MANCINI, JULES.
BOLIVAR ET L"EMANCIPATION DES COLONIES ESPAGNOLES
DES ORIGENES A 1815.
PARIS. PERRIN ET CIE., 1912.

3031

MANCINI, JULES.
BOLIVAR Y LA EMANCIPACION DE LAS COLONIAS ESPANOLAS
DESDE LOS ORIGENES HASTA 1815. TRADUCCION DE CARLOS
DOCTEUR.
BOGOTA. EDITORIAL ABC, 1944, 2 VOLS. (BIBLIOTECA
POPULAR DE CULTURA COLOMBIANA, NOS. 41-42).

3032

MARSCHALL, PHYLLIS. * CRANE, JOHN.
DAUNTLESS LIBERATOR (THE). SIMON BOLIVAR.
NEW YORK. THE CENTURY CO., 1933.

3033

MASUR, GERHARD.
SIMON BOLIVAR. REV. ED.
ALBUQUERQUE. UNIVERSITY OF NEW MEXICO PRESS, 1969.

3034

MATA, GONZALO HUMBERTO.
REFUTACION A "LAS CUATRO ESTACIONES DE MANUELA, LOS
AMORES DE MANUELA SAENZ Y SIMON BOLIVAR," BIOGRAFIA
POR VICTOR W. VON HAGEN.
CUENCA, ECUADOR, 1959.

3035

MENDEZ PEREIRA, OCTAVIO.
BOLIVAR Y LAS RELACIONES INTERAMERICANAS.
PANAMA. IMPRENTA NACIONAL, 1960.

3036

MENDOZA, CRISTOBAL L.

ESCRITOS DEL LIBERTADOR (LOS).
CARACAS. EDITORIAL ARTE, 1968.
3037
MIJARES, AUGUSTO.
LIBERTADOR (EL). 5TH ED.
CARACAS. MINISTERIO DE OBRAS PUBLICAS, 1969.
3038
MONSALVE, JOSE D.
IDEAL POLITICO DEL LIBERTADOR SIMON BOLIVAR (EL).
BOGOTA. IMPRENTA NACIONAL, 1916.
3039
MUNOZ SANZ, JUAN PABLO.
TESTAMENTO INMORTAL. VALORACION MORAL E HISTORICA DE
LA ULTIMA PROCLAMA DEL LIBERTADOR.
CARACAS. EDICIONES DE LA SOCIEDAD BOLIVARIANA DE
VENEZUELA, 1959.
3040
NAVARRO, NICOLAS EUGENIO.
CRISTIANA MUERTE DEL LIBERTADOR (LA). EDICION
AMPLIFICADA.
CARACAS. IMPRENTA NACIONAL, 1955.
3041
NAVARRO, NICOLAS EUGENIO.
DESTINATARIO DE LA "CARTA DE JAMAICA" (EL). EN TORNO
A UN LUMINOSO HALLAZGO DOCUMENTAL.
CARACAS. IMPRENTA NACIONAL, 1954.
3042
NAVARRO, NICOLAS EUGENIO.
LITIGIO VENTILADO ANTE LA REAL AUDIENCIA DE CARACAS
SOBRE DOMICILIO TUTELAR Y EDUCACION DEL MENOR SIMON
BOLIVAR, ANO DE 1795.
CARACAS. IMPRENTA NACIONAL, 1955.
3043
NAVARRO, NICOLAS EUGENIO.
MASONERIA Y LA INDEPENDENCIA A PROPOSITO DE UNOS
"REPARILLOS" (LA). OFRENDA A LA MEMORIA DE BOLIVAR
EN EL ANO CENTESIMO DE SU INMORTAL DECRETO DE 8 DE
NOVIEMBRE DE 1828, CONDENATORIO DE LA MASONERIA.
CARACAS. EDITORIAL SUR-AMERICA, 1928.
3044
NAVARRO, NICOLAS EUGENIO.
POLITICA RELIGIOSA DEL LIBERTADOR (LA).
CARACAS. TIPOGRAFIA AMERICANA, 1933.
3045
NECTARIO MARIA, BROTHER.
IDEAS Y SENTIMIENTOS RELIGIOSOS DEL LIBERTADOR SIMON
BOLIVAR.
MADRID. IMPRENTA JUAN BRAVO, 1968.
3046
NUCETE SARDI, JOSE.
HUELLAS EN AMERICA. ALGUNOS CORRESPONSALES
EXTRANJEROS DEL LIBERTADOR Y PUBLICACIONES DE SU
TIEMPO.

CARACAS. ASOCIACION DE ESCRITORES VENEZOLANOS, 1957.
(CUADERNOS LITERARIOS, NO. 99).
3047

NUNEZ TENORIO, J.R.
BOLIVAR Y LA GUERRA REVOLUCIONARIA.
CARACAS. EDITORIAL CM/NUEVA IZQUIERDA, 1969.
3048

O"LEARY, DANIEL FLORENCIO.
BOLIVAR AND THE WAR OF INDEPENDENCE. TRANSLATED AND
EDITED BY ROBERT F. MCNERNEY, JR.
AUSTIN. UNIVERSITY OF TEXAS PRESS, 1970.
3049

O"LEARY, DANIEL FLORENCIO.
BOLIVAR Y LA EMANCIPACION DE SUR AMERICA. MEMORIAS.
TRADUCCION DEL INGLES POR SIMON B. O"LEARY.
CARACAS, 1879-88. REPRINT. MADRID. SOCIEDAD ESPANOLA
DE LIBRERIA, CA. 1915, 2 VOLS. (BIBLIOTECA
AYACUCHO, NOS. 1-2).
3050

O"LEARY, DANIEL FLORENCIO.
ULTIMOS ANOS DE LA VIDA PUBLICA DE BOLIVAR. MEMORIAS
DEL GENERAL O"LEARY. TOMO APENDICE (1826-1829).
PROLOGO DE R. BLANCO FOMBONA.
MADRID. EDITORIAL AMERICA, 1916.
3051

O"LEARY, SIMON BOLIVAR.
BOLIVAR EN EL PERU.
CARACAS. ARCHIVO GENERAL DE LA NACION, 1971.
(BIBLIOTECA VENEZOLANA DE HISTORIA, NO. 14).
3052

OCHOA TERAN, LUIS REY.
BOLIVAR Y SUS IDEAS EDUCATIVAS.
CARACAS. EDITORIAL ARTE, 1970.
3053

OSORIO JIMENEZ, MARCOS A.
BIBLIOGRAFIA CRITICA DE LA DETRACCION BOLIVARIANA.
PROEMIO DEL DR. ANGEL FRANCISCO BRICE.
CARACAS. EDICIONES DE LA SOCIEDAD BOLIVARIANA DE
VENEZUELA, 1959.
3054

PALACIOS G., GONZALO.
NOTION OF FREEDOM IN THE POLITICAL PHILOSOPHY OF
SIMON BOLIVAR (THE).
PH.D. DISS., THE UNIVERSITY OF WISCONSIN, 1966.
3055

PAN AMERICAN UNION. COLUMBUS MEMORIAL LIBRARY.
BIBLIOGRAPHY OF THE LIBERATOR, SIMON BOLIVAR.
WASHINGTON, D.C., 1933. (BIBLIOGRAPHIC SERIES, NO.
1).
3056

PARRA PEREZ, CARACCIOLO.
BOLIVAR, A CONTRIBUTION TO THE STUDY OF HIS
POLITICAL IDEAS. TRANSLATED BY N. ANDREW N. CLEVEN.

PARIS. EDITIONS EXCELSIOR, 1928.
3057
PARRA PEREZ, CARACCIOLO.
BOLIVAR, CONTRIBUCION AL ESTUDIO DE SUS IDEAS
POLITICAS.
PARIS. EDITIONS EXCELSIOR, 1928.
3058
PAULDING, HIRAM.
PAULDING"S VISIT TO BOLIVAR IN HIS CAMP, 1824. IN.
MEADE, REBECCA PAULDING, LIFE OF HIRAM PAULDING, NEW
YORK, BAKER AND TAYLOR, 1910, PP. 19-84.
3059
PAULDING, HIRAM.
RASGO DE BOLIVAR EN CAMPANA (UN). FACSIMILE DE LA
EDICION DE 1835.
BOGOTA, 1961.
3060
PENA VASQUEZ, SALVADOR.
SIMON BOLIVAR Y EL PANAMERICANISMO.
CARACAS. EDICIONES GARRIDO, 1972.
3061
PERAZZO, NICOLAS.
BOLIVAR EN AROA.
SAN FELIPE. IMPRENTA DEL ESTADO YARACUY, 1972.
3062
PERAZZO, NICOLAS.
CARACAS EN LA VIDA DEL LIBERTADOR.
CARACAS. IMPRENTA NACIONAL, 1956.
3063
PERAZZO, NICOLAS.
TIEMPO Y CONTEMPORANEOS DE BOLIVAR.
CARACAS. EDICIONES DE LA CONTRALORIA GENERAL DE LA
REPUBLICA, 1973. (COLECCION HISTORIA).
3064
PEREZ DIAZ, LUCILA L. DE.
BOLIVIANAS. ENSAYOS HISTORICOS. HOMENAJE AL
LIBERTADOR EN EL SESQUICENTENARIO DE SU NATALICIO.
CARACAS. EDITORIAL ELITE, 1933.
3065
PEREZ SOSA, ELIAS.
GESTAS DIALECTICAS. DE PATRIA, DE JUSTICIA, DE
LIBERTAD, DE INSPIRACION.
CARACAS. IMPRENTA NACIONAL, 1957.
3066
PEREZ VILA, MANUEL.
CAMPANAS PERIODISTICAS DEL LIBERTADOR.
MARACAIBO, 1968.
3067
PEREZ VILA, MANUEL.
CAMPANAS POLITICAS DEL LIBERTADOR (LAS).
CARACAS. MONTE AVILA, 1974. (COLECCION POPULAR EL
DORADO, NO. 98).

BOLIVAR

3068

PEREZ VILA, MANUEL.
FORMACION INTELECTUAL DEL LIBERTADOR (LA).
CARACAS. MINISTERIO DE EDUCACION, DIRECCION GENERAL,
1971. (COLECCION VIGILIA, NO. 28).

3069

PEREZ VILA, MANUEL.
SIMON BOLIVAR, EL LIBERTADOR. SINTESIS BIOGRAFICA. A
BIOGRAPHICAL SKETCH.
CARACAS. SERIE BOLIVARIANA I, 1972.

3070

PEREZ VILA, MANUEL. * LOPEZ CONTRERAS, ELEAZAR, ET
AL.
SIMON BOLIVAR, LIBERTADOR DEL PERU.
CARACAS. SOCIEDAD BOLIVARIANA DE VENEZUELA, 1971.

3071

PEREZ VILA, MANUEL.
VICENTE LECUNA, PRIMER HISTORIADOR BOLIVARIANO DE
AMERICA.
CARACAS, 1970.

3072

PEREZ VILA, MANUEL, ED.
BOLIVAR Y SU EPOCA. CARTAS Y TESTAMONIOS DE
EXTRANJEROS NOTABLES. PROLOGO DEL DR. VICENTE
LECUNA.
CARACAS. PUBLICACIONES DE LA SECRETARIA GENERAL DE
LA DECIMA CONFERENCIA INTERAMERICANA, 1953, 2 VOLS.
(COLECCION HISTORIA, NO. 10).

3073

PEREZ VILA, MANUEL, ED.
DOCUMENTOS APOCRIFOS ATRIBUIDOS AL LIBERTADOR,
1809-1812.
CARACAS. ITALGRAFICA, 1968.

3074

PERU DE LACROIX, LOUIS.
DIARIO DE BUCARAMANGA. ESTUDIO CRITICO Y
REPRODUCCION LITERALISMA DEL MANUSCRITO ORIGINAL ...
CON TODA CLASE DE ACLARACIONES PARA DISCERNIR SU
VALOR HISTORICO, POR MONSENOR NICOLAS E. NAVARRO.
CARACAS. TIPOGRAFIA AMERICANA, 1935.

3075

PERU DE LACROIX, LOUIS.
DIARIO DE BUCARAMANGA. VIDA PUBLICA Y PRIVADA DEL
LIBERTADOR.
PARIS. P. OLLENDORFF, 1912. REPRINT, CARACAS,
EDICIONES CENTAURO, 1973.

3076

PETRE, FRANCIS LORAINE.
SIMON BOLIVAR, EL LIBERTADOR, A LIFE OF THE CHIEF
LEADER IN THE REVOLT AGAINST SPAIN IN VENEZUELA, NEW
GRANADA AND PERU.
NEW YORK. JOHN LANE COMPANY, 1910.

3077

PICON LARES, EDUARDO.

BOLIVAR DE TODOS (EL). 2D ED.
CARACAS. EDITORIAL ELITE, 1942.
3078

PINTO C., MANUEL.
BOLIVAR Y LAS MASAS.
CARACAS. EDICIONES DE LA SOCIEDAD BOLIVARIANA DE
VENEZUELA, 1963.
3079

PINTO C., MANUEL.
BOLIVAR Y SUS ANECDOTAS.
CARACAS. SOCIEDAD BOLIVARIANA DE VENEZUELA, 1966.
(BIBLIOTECA POPULAR BOLIVARIANA, NO. 1).
3080

PINTO C., MANUEL.
GESTA DE AMERICA (LA). ESQUEMA HISTORICO-POLITICO DE
LA CAMPANA ADMIRABLE.
CARACAS. IMPRENTA NACIONAL, 1964. (EDICIONES DE LA
SOCIEDAD BOLIVARIANA DE VENEZUELA).
3081

PLANAS SUAREZ, SIMON.
HISTORIA DE LA ORDEN DEL LIBERTADOR. EDICION
REFUNDIDA.
CARACAS. TIPOGRAFIA GARRIDO, 1955.
3082

PLANAS SUAREZ, SIMON.
NOTAS HISTORICAS Y DIPLOMATICAS. EL RECONOCIMIENTO
DE LA INDEPENDENCIA HISPANOAMERICANA Y EL PROYECTO
DE CONFEDERACION DE LA INDEPENDENCIA DE LAS NACIONES
DEL ESTADISTA PORTUGUES SILVESTRE PINHEIRO
FERREIRA. EDICION REFUNDIDA.
BUENOS AIRES. IMPRENTA LOPEZ, 1961.
3083

PONCE ENRIQUEZ, CAMILO.
IDEAS DEL LIBERTADOR REFERENTES A LA CONSTITUCION
POLITICA DE LOS ESTADOS AMERICANOS (LAS).
QUITO. IMPRENTA DE LA UNIVERSIDAD CENTRAL, 1936.
3084

PONTE, ANDRES F.
BOLIVAR Y OTROS ENSAYOS, CON MUCHOS DATOS
DESCONOCIDOS.
CARACAS. TIPOGRAFIA COSMOS, 1919.
3085

POSADA GUTIERREZ, JOAQUIN.
MEMORIAS HISTORICO-POLITICAS.
BOGOTA. MINISTERIO DE EDUCACION NACIONAL, 1951, 6
VOLS. (BIBLIOTECA POPULAR DE CULTURA COLOMBIANA,
NOS. 137-142).
3086

PRIETO FIGUEROA, LUIS BELTRAN.
MAGISTERIO AMERICANO DE BOLIVAR (EL).
CARACAS. EDITORIAL ARTE, 1968.
3087

PRIETO FIGUEROA, LUIS BELTRAN.

SIMON BOLIVAR, EDUCATOR. TRANSLATED BY JAMES D.
PARSONS.
GARDEN CITY, N.Y. DOUBLEDAY, 1970.
3088

PUENTES, MILTON.
BOLIVAR, PADRE DE LAS IZQUIERDAS LIBERALES.
BOGOTA. TIPOGRAFIA HISPANA, 1961.
3089

QUINTIN MENDOZA, JOSE.
BOLIVAR Y DON QUIJOTE.
LA PAZ, 1957. (EDICIONES LETRAS, NO. 2).
3090

RAMIREZ ANGEL, ANIBAL.
ESTE ES BOLIVAR.
BOGOTA. TIPO-PRENSA Y VISION, 1969.
3091

RAMIREZ NOVOA, EZEQUIEL.
MONROISMO Y BOLIVARISMO EN AMERICA LATINA.
BUENOS AIRES. EDICIONES ATAHUALPA, 1957.
3092

RATTO CIARLO, JOSE.
CORREO DEL ORINOCO (EL). EXPRESION PERIODISTICA DE
ECUMENISMO BOLIVARIANO.
CARACAS. IMPRENTA NACIONAL, 1970.
3093

RODRIGUEZ, MANUEL ALFREDO.
BOLIVAR EN GUAYANA.
CIUDAD BOLIVAR. EJECUTIVO DEL ESTADO BOLIVAR, 1972.
3094

RODRIGUEZ, SIMON.
LIBERTADOR DEL MEDIODIA DE AMERICA Y SUS COMPANEROS
DE ARMAS DEFENDIDOS POR UN AMIGO DE LA CAUSA SOCIAL
(EL). INTRODUCCION DE J.L. SALCEDO BASTARDO.
CARACAS. EDICION DE LA PRESIDENCIA DE LA REPUBLICA,
1971. REPRINT OF 1830 EDITION.
3095

RODRIGUEZ DEMORIZI, EMILIO.
POETAS CONTRA BOLIVAR. EL LIBERTADOR A TRAVES DE LA
CALUMNIA.
MADRID. GRAFICAS REUNIDAS, 1966.
3096

ROJAS, ARMANDO.
IDEAS EDUCATIVAS DE SIMON BOLIVAR. 2D ED.
CARACAS. EDICIONES EDIME, 1955. (COLECCION AUTORES
VENEZOLANOS).
3097

ROJAS, JOSE MARIA.
SIMON BOLIVAR.
PARIS. GARNIER HERMANOS, 1883.
3098

ROLDAN OLIARTE, ESTEBAN.
BOLIVAR ENTRE DOS AMERICAS, 1830-1930.
SAN JOSE, COSTA RICA. EDITORIAL BOLIVAR, 1931.

3099

RUIZ RIVAS, GUILLERMO.
SIMON BOLIVAR, MAS ALLA DEL MITO.
BOGOTA. EDICIONES TERCER MUNDO, 1964, 2 VOLS.

3100

RUMAZO GONZALEZ, ALFONSO.
MANUELA SAENZ, LA LIBERTADORA DEL LIBERTADOR. 6TH
ED.
CARACAS. EDIME, 1962.

3101

RUMAZO GONZALEZ, ALFONSO.
SIMON BOLIVAR.
CARACAS. EDICIONES EDIME, 1955. (COLECCION
BIOGRAFIAS, HOMBRES DE VENEZUELA).

3102

RUTA DEL LIBERTADOR. PRESENTACION DE CRISTOBAL L.
MENDOZA. DIBUJOS DE SANCHEZ FELIPE.
CARACAS. ITALGRAFICA, 1961. (ANO SESQUICENTENARIO DE
LA INDEPENDENCIA, 19 ABRIL 1960 - 5 JULIO 1961).

3103

SABIO, RICARDO.
SIMON BOLIVAR SIN ESPADA.
CALI, COLOMBIA. GRAFICAS SALESIANAS, 1970.

3104

SALAZAR SEIJAS, MARCOS CESAR.
DIALOGANDO CON EL LIBERTADOR. 2D ED.
CARACAS, 1975.

3105

SALCEDO BASTARDO, JOSE LUIS.
BOLIVAR. UN CONTINENTE Y UN DESTINO.
CARACAS. ACADEMIA NACIONAL DE LA HISTORIA, 1972.

3106

SALCEDO BASTARDO, JOSE LUIS.
PRIMER DEBER (EL). CON EL ACERVO DOCUMENTAL DE
BOLIVAR SOBRE LA EDUCACION Y LA CULTURA.
CARACAS. EQUINOCCIO, EDICIONES DE LA UNIVERSIDAD
SIMON BOLIVAR, 1973.

3107

SALCEDO BASTARDO, JOSE LUIS.
VISION Y REVISION DE BOLIVAR. 4TH ED.
CARACAS. MINISTERIO DE EDUCACION, DIRECCION DE
CULTURA Y BELLAS ARTES, 1960. (BIBLIOTECA POPULAR
VENEZOLANA, NO. 75).

3108

SANCHEZ FELIPE, ALEJANDRO.
RUTA DEL LIBERTADOR. DIBUJOS. ANO SESQUICENTENARIO
DE LA INDEPENDENCIA, 19 ABRIL 1960 - 5 JULIO 1961.
CARACAS. ITALGRAFICA, 1961.

3109

SANUDO, JOSE RAFAEL.
ESTUDIOS SOBRE LA VIDA DE BOLIVAR.
MEDELLIN. EDITORIAL BEDOUT, 1975. (BOLSILIBROS
BEDOUT, VOL. 168).

3110

SEVILLA, RAFAEL.
MEMORIAS DE UN OFICIAL DEL EJERCITO ESPANOL.
CAMPANAS CONTRA BOLIVAR Y LOS SEPARATISTAS DE
AMERICA. APRECIACION DE LA OBRA POR R. BLANCO
FOMBONA.
MADRID. EDITORIAL AMERICA, 1916.

3111

SILVA UZCATEGUI, RAFAEL DOMINGO.
HISTORIA BIOLOGICA DE BOLIVAR. OBRA PROFUSAMENTE
DOCUMENTADA.
BUENOS AIRES, 1954.

3112

SOCIEDAD BOLIVARIANA DEL PERU.
HOMENAJE A BOLIVAR. SELECCION POR PEDRO UGARTECHE.
LIMA. LIBRERIA Y IMPRENTA GIL, 1942.

3113

SOCIEDAD BOLIVARIANA DEL PERU.
TESTIMONIOS PERUANOS SOBRE EL LIBERTADOR.
PRESENTACION POR CRISTOBAL L. MENDOZA.
CARACAS. PUBLICACIONES DE LA SOCIEDAD BOLIVARIANA DE
VENEZUELA, 1964.

3114

SUAREZ, RAMON DARIO.
GENEALOGIA DEL LIBERTADOR.
MERIDA. EJECUTIVO DEL ESTADO MERIDA, 1970.

3115

SUCRE, ANTONIO JOSE DE.
CARTAS DE SUCRE AL LIBERTADOR (1820-1830).
MADRID. EDITORIAL AMERICA, 1919, 2 VOLS.

3116

TREND, JOHN BRANDE.
BOLIVAR AND THE INDEPENDENCE OF SPANISH AMERICA.
NEW YORK. MACMILLAN CO., 1948.

3117

URBANEJA, RICARDO.
BOLIVAR, SU GRANDEZA EN LA ADVERSIDAD.
CARACAS. TIPOGRAFIA AMERICANA, 1930.

3118

URIBE WHITE, ENRIQUE.
LIBERTADOR (EL). CAMPANA DE 1819. EPISODIOS DE SU
VIDA.
BOGOTA. TALLERES GRAFICOS DEL BANCO DE LA REPUBLICA,
1969.

3119

URIBE WHITE, ENRIQUE, COMP.
ICONOGRAFIA DEL LIBERTADOR.
BOGOTA. EDICIONES LERNER, 1967.

3120

USLAR PIETRI, ARTURO.
BOLIVARIANA.
CARACAS. EDICIONES HORIZONTE, 1972.

3121
VALLENILLA LANZ, LAUREANO.
BOLIVAR Y EL PRINCIPIO DE LAS NACIONALIDADES.
CARACAS. TIPOGRAFIA LA VENTAJA, 1956.

3122
VALOIS ARCE, DANIEL.
EDIFIQUE EN EL VIENTO. BIOGRAFIA DE BOLIVAR.
CARACAS. TIPOGRAFIA VARGAS, 1968-.

3123
VALOIS ARCE, DANIEL.
REALIDAD Y TEORIA DE LA COOPERACION AMERICANISTA EN
BOLIVAR. UN ESTUDIO.
BOGOTA. IMPRENTA MUNICIPAL, 1954. (COLECCION LA CRUZ
Y LA ESPADA, VOL. 1).

3124
VAN LOON, HENDRIK WILHELM.
JEFFERSON AND BOLIVAR, NEW WORLD FIGHTERS FOR
FREEDOM.
LONDON. HARRAP, 1966.

3125
VAUCAIRE, MICHEL.
BOLIVAR THE LIBERATOR. TRANSLATED FROM THE FRENCH BY
MARGARET REED.
BOSTON. HOUGHTON MIFFLIN, 1929.

3126
VELEZ R., CARLOS.
MEDITACIONES BOLIVARIANAS. LA GRANDEZA DE UN
CAUDILLO, LA PEQUENEZ HUMANA.
MEDELLIN. EDITORIAL GRANAMERICA, 1971.

3127
VENEZUELA. CONGRESO CONSTITUYENTE, 1819.
DISCURSO DE BOLIVAR EN EL CONGRESO DE ANGOSTURA (15
DE FEBRERO DE 1819). REPRODUCCION ORDENADA POR EL
GOBIERNO DE LOS ESTADOS UNIDOS DE VENEZUELA, EN
CONMEMORACION DEL PRIMER CENTENARIO DE LA
INSTALACION DE LA ASAMBLEA.
CARACAS, 1919.

3128
VENEZUELA. DIRECCION DEL CEREMONIAL Y ACERVO
HISTORICO DE LA NACION.
CASA NATAL DEL LIBERTADOR (LA). GUIA PARA EL
VISITANTE.
CARACAS, 195-.

3129
VENEZUELA. LAWS, STATUTES, ETC.
LIBERTADOR Y LA UNIVERSIDAD DE CARACAS (EL). LOS
DECRETOS DE 1827. PROLOGO POR AUGUSTO MIJARES.
CARACAS. EDICIONES DE LA PRESIDENCIA DE LA
REPUBLICA, 1972.

3130
VENEZUELA. MINISTERIO DE OBRAS PUBLICAS.
DESCRIPCION DE LAS OBRAS PUBLICAS CONMEMORATIVAS DEL
PRIMER CENTENARIO DE LA MUERTE DEL LIBERTADOR SIMON
BOLIVAR. 1930.

CARACAS. LITOGRAFIA Y TIPOGRAFIA DEL COMERCIO, 1930.
3131

VERNA, PAUL.
PETION Y BOLIVAR. CUARENTA AÑOS (1790-1830) DE
RELACIONES HATIAN VENEZOLANAS Y SU APORTE A LA
EMANCIPACION DE HISPANOAMERICA.
CARACAS, 1969.
3132

VERNA, PAUL.
ROBERT SUTHERLAND. UN AMIGO DE BOLIVAR EN HAITI.
CONTRIBUCION AL ESTUDIO DE LOS DESTIERROS DEL
LIBERTADOR EN HAITI, Y SUS EXPEDICIONES DE LOS CAYOS
Y DE JACMEL.
CARACAS. FUNDACION JOHN BOULTON, 1966.
3133

VILA, MARCO AURELIO.
BOLIVAR Y LA GEOGRAFIA.
CARACAS. CORPORACION VENEZOLANA DE FOMENTO, 1973.
3134

VILLANUEVA, CARLOS A.
BOLIVAR Y EL GENERAL SAN MARTIN.
PARIS. P. OLLENDORFF, 1912. (LA MONARQUIA EN
AMERICA, VOL. 1).
3135

VILLANUEVA URALDE, F.
ORIGENES ALAVESES DEL LIBERTADOR.
CARACAS. IMPRENTA NACIONAL, 1952.
3136

YEPES TRUJILLO, RAFAEL.
LIBERTADOR (EL). CIVILISTA I HEROE.
CARACAS. ARCHIVO GENERAL DE LA NACION, 1972.
(BIBLIOTECA VENEZOLANA DE HISTORIA, NO. 15).

Church

History, Missionaries, Missions, Religion

3137

AGUIRRE ELORRIAGA, MANUEL.
COMPANIA DE JESUS EN VENEZUELA (LA).
CARACAS. EDITORIAL CONDOR, 1941.

3138

ALONSO, ISIDORO, ET AL.
IGLESIA EN VENEZUELA Y ECUADOR. ESTRUCTURAS
ECLESIASTICAS.
FREIBURG, SWITZERLAND. OFICINA INTERNACIONAL DE
INVESTIGACIONES SOCIALES DE FERES, 1962. (ESTUDIOS
SOCIO-RELIGIOSOS LATINO-AMERICANOS, NO. 3).

3139

ARIZA S., ALBERTO E.
DOMINICOS EN VENEZUELA (LOS).
BOGOTA. CONVENTO DE SANTO DOMINGO, 1971.

3140

ARMANDO MALDONADO, FRANCISCO.
ANALECTAS DE HISTORIA ECLESIASTICA VENEZOLANA. SEIS
PRIMEROS OBISPOS DE LA IGLESIA VENEZOLANA EN LA
EPOCA HISPANICA 1532-1600.
CARACAS. ACADEMIA NACIONAL DE LA HISTORIA, 1973.

3141

ARMELLADA, CESAREO DE, ED.
POR LA VENEZUELA INDIGENA DE AYER Y DE HOY. RELATOS
DE MISIONEROS CAPUCHINOS EN VIAJE POR LA VENEZUELA
INDIGENA DURANTE LOS SIGLOS XVII, XVIII Y XX.
CARACAS. SOCIEDAD DE CIENCIAS NATURALES LA SALLE,
1960. (MONOGRAFIAS, NO. 5).

3142

BALTASAR DE LODARES, PADRE.
FRANCISCANOS CAPUCHINOS EN VENEZUELA (LOS). 2D ED.
CARACAS. IMPRESA GUTENBERG, 1929-1931, 3 VOLS.

3143

BALTASAR DE MATALLANA, PADRE.
LUZ EN LA SELVA. VIAJES Y EXCURSIONES DE UN
MISIONERO POR LAS SELVAS TROPICALES DE GUAYANA
(VENEZUELA).
MADRID. EDITORIAL PRO FIDE, 1948.

3144

BANOS Y SOTOMAYOR, DIEGO DE.
CONSTITUCIONES SINODALES DEL OBISPADO DE VENEZUELA,
Y SANTIAGO DE LEON DE CARACAS. HECHAS EN LA SANTA
IGLESIA CATHEDRAL DE DICHA CIUDAD DE CARACAS ...
1687.
CARACAS. REPRINT. JUAN CARMEN MARTEL, 1848.

3145

BARNADAS, JOSE MARIA.

UNAS CARTAS DESCONOCIDAS DEL P. JOSE GUMILLA,
1740-1741. IN.
ARCHIVUM HISTORICUM SOCIETATUS IESU (ROME),
37(1968), 418-426.

3146

BATLLORI, MIGUEL.
ABATE VISCARDO (EL). HISTORIA Y MITO DE LA
INTERVENCION DE LOS JESUITAS EN LA INDEPENDENCIA DE
HISPANOAMERICA.
CARACAS. INSTITUTO PANAMERICANO DE GEOGRAFIA E
HISTORIA, 1930. (PUBLICACION NO. 10).

3147

BORDA, JOSE JOAQUIN.
HISTORIA DE LA COMPANIA DE JESUS EN LA NUEVA
GRANADA.
POISSY. IMPRENTA DE S. LEJAY ET CA., 1872, 2 VOLS.

3148

BUENAVENTURA DE CARROCERA, FATHER.
INFORME DE UN MISIONERO DE LOS INDIOS DE LOS LLANOS
DE CARACAS. IN.
MISSIONALIA HISPANICA. 24.71, MAY/AUG 1967.

3149

BUENAVENTURA DE CARROCERA, FATHER.
MISION DE LOS CAPUCHINOS EN CUMANA.
CARACAS. ACADEMIA NACIONAL DE LA HISTORIA, 1968, 3
VOLS. (BIBLIOTECA DE LA ACADEMIA NACIONAL DE LA
HISTORIA, NOS. 88-90).

3150

BUENAVENTURA DE CARROCERA, FATHER.
MISION DE LOS CAPUCHINOS EN LOS LLANOS DE CARACAS.
CARACAS. ACADEMIA NACIONAL DE LA HISTORIA, 1972, 3
VOLS. (BIBLIOTECA DE LA ACADEMIA NACIONAL DE LA
HISTORIA, NOS. 111-113).

3151

BUENAVENTURA DE CARROCERA, FATHER, ED.
PRIMEROS HISTORIADORES DE LAS MISIONES CAPUCHINAS EN
VENEZUELA (LOS).
CARACAS. ACADEMIA NACIONAL DE LA HISTORIA, 1964.
(BIBLIOTECA DE LA ACADEMIA NACIONAL DE LA HISTORIA,
NO. 69).

3152

BUENO, RAMON.
APUNTES SOBRE LA PROVINCIA MISIONERA DE ORINOCO Y
INDIGENAS DE SU TERRITORIA, CON ALGUNAS OTRAS
PARTICULARIDADES.... LOS PUBLICA, CON UN PROLOGO,
MONSENOR NICOLAS E. NAVARRO.
CARACAS. TIPOGRAFIA AMERICANA, 1933.

3153

BUSHNELL, DAVID.
RELIGIOUS QUESTION IN THE CONGRESS OF GRAN COLOMBIA
(THE). IN.
THE AMERICAS. 31.1 (1974), 1-17.

3154

CAMPO DEL POZO, FERNANDO.
HISTORIA DOCUMENTADA DE LOS AGUSTINOS EN VENEZUELA
DURANTE LA EPOCA COLONIAL.
CARACAS. ACADEMIA NACIONAL DE LA HISTORIA, 1968.
(BIBLIOTECA DE LA ACADEMIA NACIONAL DE LA HISTORIA,
NO. 91).

3155

CARACAS. CATEDRAL. CABILDO.
ACTAS DEL CABILDO ECLESIASTICO DE CARACAS. COMPENDIO
CRONOLOGICO. 1580-1808. ESTUDIO PRELIMINAR POR
MANUEL PEREZ VILA.
CARACAS. ACADEMIA NACIONAL DE LA HISTORIA, 1963, 2
VOLS. (BIBLIOTECA DE LA ACADEMIA NACIONAL DE LA
HISTORIA, NOS. 64-65).

3156

CARACAS. CATEDRAL. CABILDO.
CABILDO METROPOLITANO DE CARACAS Y LA GUERRA DE
EMANCIPACION (EL). EXTRACTOS DEL ARCHIVO CAPITULAR
HECHOS POR NICOLAS EUGENIO NAVARRO.
CARACAS. ACADEMIA NACIONAL DE LA HISTORIA, 1959.
(BIBLIOTECA DE LA ACADEMIA NACIONAL DE LA HISTORIA,
NO. 34).

3157

CARACAS. CATEDRAL. CABILDO.
INDICACION DE LA SUPLICA Y OBSERVACIONES QUE EL
CABILDO METROPOLITANO DE CARACAS HA DISPUESTO HACER
A LA PROXIMA LEGISLATURA SOBRE LA LEY DE 22 DE JULIO
DEL PRESENTE ANO DE 24 QUE DECLARA A COLOMBIA EL
PATRONATO.
CARACAS. V. ESPINAL, 1824.

3158

CARACAS (ARCHDIOCESE).
ESPOSICION QUE HIZO EL CLERO DE CARACAS, AL SUPREMO
CONGRESO DE VENEZUELA, CONTRA EL ARTICULO 180 DE LA
CONSTITUCION FEDERAL QUE ABROGABA EL FUERO
ECLESIASTICO.
MEXICO. RAFAEL, 1848.

3159

CARACAS (ARCHDIOCESE).
OBSERVACIONES QUE EL ARZOBISPO DE CARACAS HACE AL
EJECUTIVO NACIONAL SOBRE EL CODIGO CIVIL. REFUTACION
QUE EL DOCTOR ANTONIO JOSE SUCRE HACE A LAS
OBJECCIONES DEL SENOR DOCTOR JULIAN VISO.
CARACAS. IMPRENTA DE EL FEDERAL, 1868.

3160

CARACAS (ARCHDIOCESE).
VUELTA DEL PROSCRITO (LA). RECEPCION HECHA POR EL
PUEBLO DE CARACAS AL ILUSTRISIMO Y REVERENDISIMO SR.
DR. SILVESTRE GUEVARA Y LIRA, ANTIGUO ARZOBISPO DE
VENEZUELA, EL DIA 8 DE AGOSTO DE 1877.
CARACAS. LA TRIBUNA LIBERAL, 1877.

3161

CARACAS (PROVINCE).

DOCUMENTOS OFICIALES QUE DAN EL JUSTO CONCEPTO
ACERCA DE LA EXPULSION DEL ILLMO. SR. DR. RAMON
IGNACIO MENDES, DIGNISIMO ARZOBISPO DE CARACAS, Y
SOBRE OTRAS CIRCUNSTANCIAS INTERESANTES QUE
OCURRIERON EN ELLA.
CARACAS. IMPRENTA DE G.F. DEVISME, 1830.
3162
CARROCERA, CAYETANO DE.
APOSTOLADO DE LOS FRANCISCANOS CAPUCHINOS EN
CARACAS, 1891-1925. PROLOGO DE NICOLAS E. NAVARRO.
CARACAS. TIPOGRAFIA AMERICANA, 1926.
3163
CARROCERA, CAYETANO DE.
CINCUENTA ANOS DE APOSTOLADO DE LOS PP. FRANCISCANOS
CAPUCHINOS ... 1891 - 9 DE DICIEMBRE - 1941.
CARACAS. ESCUELAS GRAFICAS SALESIANAS, 1941.
3164
CARROCERA, CAYETANO DE.
ORDEN FRANCISCANA EN VENEZUELA (LA). DOCUMENTOS PARA
LA HISTORIA DE SUS MISIONES EN ESTA REPUBLICA
DURANTE EL SIGLO XIX.
CARACAS. LITOGRAFIA Y TIPOGRAFIA MERCANTIL, 1929.
3165
CARROCERA, CAYETANO DE, COMP.
MEMORIAS PARA LA HISTORIA DE CUMANA Y NUEVA
ANDALUCIA.
CARACAS. ARTES GRAFICAS, 1945.
3166
CASSANI, JOSE.
HISTORIA DE LA PROVINCIA DE LA COMPANIA DE JESUS DEL
NUEVO REYNO DE GRANADA EN LA AMERICA. ESTUDIO
PRELIMINAR Y ANOTACIONES AL TEXTO POR JOSE DEL REY.
CARACAS. ACADEMIA NACIONAL DE LA HISTORIA, 1967.
(BIBLIOTECA DE LA ACADEMIA NACIONAL DE LA HISTORIA,
NO. 85).
3167
CATECISMO DE LA DOCTRINA CRISTIANA EN TAUREPAN Y EN
ESPANOL POR LOS PP. MISIONEROS CAPUCHINOS.
CARACAS. EDITORIAL VENEZUELA, 1938.
3168
COLMENARES DIAZ, LUIS.
ESPADA Y EL INCENSARIO (LA). LA IGLESIA BAJO PEREZ
JIMENEZ.
CARACAS, 1961.
3169
COLMENARES DIAZ, LUIS.
ESPADA Y EL INCENSARIO (LA). LA IGLESIA BAJO PEREZ
JIMENEZ.
CARACAS, 1961.
3170
CONGRESO VENEZOLANO DE HISTORIA ECLESIASTICA, 1ST,
MARACAIBO, 1969.
MEMORIA.

CARACAS. ITALGRAFICA, 1970.

3171
DOCUMENTOS PARA LA HISTORIA DE LA IGLESIA COLONIAL
EN VENEZUELA. ESTUDIO PRELIMINAR POR GUILLERMO
FIGUERA.
CARACAS. ACADEMIA NACIONAL DE LA HISTORIA, 1965, 2
VOLS. (BIBLIOTECA DE LA ACADEMIA NACIONAL DE LA
HISTORIA, NOS. 74-75).

3172
DOCUMENTOS PARA LA HISTORIA DE LA LIBERTAD RELIGIOSA
EN VENEZUELA.
MARACAIBO, 1959.

3173
FELICE CARDOT, CARLOS.
IGLESIA Y EL ESTADO EN LA PRIMERA REPUBLICA (LA).
MADRID. EDICIONES GUADARRAMA, 1962.

3174
FELICE CARDOT, CARLOS.
LIBERTAD DE CULTOS EN VENEZUELA (LA).
MADRID. EDICIONES GUADARRAMA, 1959.

3175
FELICE CARDOT, CARLOS.
NOTICIAS PARA LA HISTORIA DE LA DIOCESIS DE
BARQUISIMETO.
BARCELONA. EDICIONES ARIEL, 1964.

3176
FERRER MENIMELI, JOSE A.
MASONERIA E INQUISICION EN LATINOAMERICA EN EL SIGLO
XVIII.
CARACAS. UNIVERSIDAD CATOLICA ANDRES BELLO, 1973.

3177
FERRERO TAMAYO, AURELIO.
MONSENOR GREGORIO JAIMES DE PASTRANA. UN TACHIRENSE
OBISPO DE SANTA MARTA EN EL SIGLO XVII.
SAN CRISTOBAL, 1967. (BIBLIOTECA DE AUTORES Y TEMAS
TACHIRENSES, NO. 43).

3178
FIGUERA, GUILLERMO.
FORMACION DEL CLERO INDIGENA EN LA HISTORIA
ECLESIASTICA DE AMERICA, 1500-1810 (LA).
CARACAS. ARCHIVO GENERAL DE LA NACION, 1965.
(BIBLIOTECA VENEZOLANA DE HISTORIA, NO. 3).

3179
FIGUERA, GUILLERMO.
IGLESIA Y SU DOCTRINA EN LA INDEPENDENCIA DE AMERICA
(LA).
CARACAS. ACADEMIA NACIONAL DE LA HISTORIA, 1960.
(BIBLIOTECA DE LA ACADEMIA NACIONAL DE LA HISTORIA,
NO. 33).

3180
FIGUERA, GUILLERMO, ED.
DOCUMENTOS PARA LA HISTORIA DE LA IGLESIA COLONIAL
EN VENEZUELA.

CARACAS. ACADEMIA NACIONAL DE LA HISTORIA, 1965, 2
VOLS. (BIBLIOTECA DE LA ACADEMIA NACIONAL DE LA
HISTORIA, NOS. 74-75).
3181
FONSECA, JAIME.
CHRISTIAN DEMOCRATS SPEARHEADING VENEZUELA"S LAND
REFORM PROGRAM BASED ON CHURCH"S SOCIAL TEACHINGS.
WASHINGTON, D.C. NATIONAL CATHOLIC WELFARE
CONFERENCE NEWS SERVICE, 1963.
3182
GARCIA CHUECOS, HECTOR.
VIDA Y OBRA DE UN GLORIOSO FUNDADOR. APUNTES PARA LA
BIOGRAFIA DEL ILUSTRE PROCER DE LA INDEPENDENCIA,
DOCTOR JOSE VICENTE DE UNDA, POSTERIORMENTE RECTOR
DEL COLEGIO SAN LUIS GONZAGA DE GUANARE Y OBISPO DE
MERIDA.
CARACAS. TIPOGRAFIA AMERICANA, 1940.
3183
GOMEZ CANEDO, LINO.
COMING OF THE FRANCISCANS TO VENEZUELA IN 1575
(THE). IN.
THE AMERICAS, 18(1962), 380-393.
3184
GOMEZ CANEDO, LINO.
PROVINCIA FRANCISCANA DE SANTA CRUZ DE CARACAS.
CUERPO DE DOCUMENTOS PARA SU HISTORIA (1513-1837).
CARACAS. ACADEMIA NACIONAL DE LA HISTORIA, 1974, 3
VOLS. (BIBLIOTECA DE LA ACADEMIA NACIONAL DE LA
HISTORIA, NOS. 121-123).
3185
GOMEZ CANEDO, LINO, ED.
MISIONES DE PIRITU (LAS). DOCUMENTOS PARA SU
HISTORIA.
CARACAS. ACADEMIA NACIONAL DE LA HISTORIA, 1967.
(BIBLIOTECA DE LA ACADEMIA NACIONAL DE LA HISTORIA,
NOS. 83-84).
3186
GOMEZ HOYOS, RAFAEL.
IGLESIA DE AMERICA EN LAS LEYES DE INDIAS (LA).
MADRID. INSTITUTO GONZALO FERNANDEZ DE OVIEDO,
INSTITUTO DE CULTURA HISPANICA DE BOGOTA, 1961.
3187
GOMEZ PARENTE, ODILO.
CONCILIO PROVINCIAL DOMINICANO (1622-1623).
APORTACION VENEZOLANO.
CARACAS. UNIVERSIDAD CATOLICA ANDRES BELLO,
INSTITUTOS HUMANISTICOS DE INVESTIGACION, 1972.
3188
GOMEZ PARENTE, ODILO, COMP.
FRAY JUAN RAMOS DE LORA, OBISPO INSIGNE Y SEMBRADOR
DE CULTURA. DOCUMENTOS INEDITOS SOBRE SU VIDA Y
ACTIVIDAD AL FRENTE DE LA DIOCESIS DE MERIDA DE
MARACAIBO.

CARACAS. EDICION DEL EJECUTIVO DEL ESTADO MERIDA,
MINISTERIO DE JUSTICIA, 1972.
3189
GUEVARA CARRERA, JESUS MARIA.
APUNTES PARA LA HISTORIA DE LA DIOCESIS DE GUAYANA.
N.P. TIPOGRAFIA ASTREA, 1930.
3190
GUMILLA, JOSEPH.
ESCRITOS VARIOS. SELECCION Y ESTUDIO PRELIMINAR DEL
P. JOSE DEL REY, S.J.
CARACAS. ACADEMIA NACIONAL DE LA HISTORIA, 1970.
(BIBLIOTECA DE LA ACADEMIA NACIONAL DE LA HISTORIA,
NO. 94).
3191
GUMILLA, JOSEPH.
ORINOCO ILUSTRADO Y DEFENDIDO (EL).
CARACAS. ACADEMIA NACIONAL DE LA HISTORIA, 1963.
(BIBLIOTECA DE LA ACADEMIA NACIONAL DE LA HISTORIA,
NO. 68).
3192
GUTIERREZ DE ARCE, MANUEL.
SINODO DIOCESANO DE SANTIAGO DE LEON DE CARACAS DE
1687 (EL). VALORACION CANONICA DEL REGIO PLACET A
LAS CONSTITUCIONES SINODALES INDIANAS.
CARACAS. ACADEMIA NACIONAL DE LA HISTORIA, 1976, 2
VOLS. (BIBLIOTECA DE LA ACADEMIA NACIONAL DE LA
HISTORIA, NOS. 124-125).
3193
HADGIALY DIVO, MIGUEL.
VIRGEN DEL VALLE EN LA VIDA MARGARITENA, DE LA
HISTORIA Y LA LEYENDA (LA).
CARACAS. EDITORIAL AVILA GRAFICA, 1951.
3194
HISTORIA DE LA IGLESIA EN LA AMERICA ESPANOLA DESDE
EL DESCUBRIMIENTO HASTA COMIENZOS DEL SIGLO XIX.
MADRID. LA EDITORIAL CATOLICA, 1966, 2 VOLS.
(BIBLIOTECA DE AUTORES CRISTIANOS, NOS. 248, 256).
3195
LABASTIDA, RICARDO DE.
BIOGRAFIA DE LOS OBISPOS DE MERIDA.
N.P., N.D.
3196
LETURIA, PEDRO. * BATLLORI, MIGUEL.
PRIMERA MISION PONTIFICA A HISPANO-AMERICA 1823-1825
(LA). RELACION OFICIAL DE MONS. GIOVANNI MUZI.
VATICAN CITY. BIBLIOTECA APOSTOLICA VATICANA, 1963.
(STUDI E TESTI, NO. 229).
3197
LETURIA, PEDRO.
RELACIONES ENTRE LA SANTA SEDE E HISPANOAMERICA,
1493-1835. PROLOGO DEL CRISTOBAL L. MENDOZA.
INTRODUCCION DEL P. JOSEPH GRISAR.
CARACAS. PUBLICACIONES DE LA SOCIEDAD BOLIVARIANA DE

VENEZUELA, 1959-1960, 3 VOLS. (ANALECTA GREGORIANA,
VOLS. 101-103).

3198

MALDONADO, FRANCISCO ARMANDO.
SEIS PRIMEROS OBISPOS DE LA IGLESIA VENEZOLANA EN LA
EPOCA HISPANICA (1532-1600).
CARACAS. ACADEMIA NACIONAL DE LA HISTORIA, 1973.
(BIBLIOTECA DE LA ACADEMIA NACIONAL DE LA HISTORIA,
NO. 117).

3199

MARTI, MARIANO.
OBISPO MARIANO MARTI. DOCUMENTOS RELATIVOS A SU
VISITA PASTORAL DE LA DIOCESIS DE CARACAS,
1771-1784. ESTUDIO PRELIMINAR Y COORDINACION POR
LINO GOMEZ CANEDO.
CARACAS. ACADEMIA NACIONAL DE LA HISTORIA, 1969, 7
VOLS. (BIBLIOTECA DE LA ACADEMIA NACIONAL DE LA
HISTORIA, NOS. 95-101).

3200

MARTI, MARIANO.
RELACION Y TESTIMONIO INTEGRO DE LA VISITA GENERAL
DE ESTE OBISPADO DE CARACAS Y VENEZUELA HECHA POR EL
ILLMO. SR. DR. DON ... 1771-1784 ... QUE LA
CONCLUYO EN EL PUEBLO DE GUARENAS ...
CARACAS. EDITORIAL SUR-AMERICA, 1928-29, 3 VOLS.

3201

NAVARRO, NICOLAS EUGENIO.
ANALES ECLESIASTICOS VENEZOLANOS. 2D ED.
CARACAS. TIPOGRAFIA AMERICANA, 1951.

3202

NAVARRO, NICOLAS EUGENIO.
CATEDRAL DE CARACAS Y SUS FUNCIONES DE CULTO (LA).
CARACAS. EDICIONES DE LA SECRETARIA GENERAL,
CUATRICENTENARIO DE CARACAS, 1967. (MATERIALES PARA
EL ESTUDIO DE CARACAS, NO. 9).

3203

NAVARRO, NICOLAS EUGENIO.
CONVENTOS Y LAS GARANTIAS CONSTICUCIONALES DE LOS
VENEZOLANOS (LOS).
CARACAS. IMPRENTA LA RELIGION, 1896.

3204

NAVARRO, NICOLAS EUGENIO.
DISQUISICION SOBRE EL PATRONATO ECLESIASTICO EN
VENEZUELA.
CARACAS. EDITORIAL SUR AMERICA, 1931.

3205

NAVARRO, NICOLAS EUGENIO.
HOMENAJE AL ILUSTRISIMO Y REVERENDISIMO SR. DR. JUAN
BAUTISTA CASTRO, OCTAVO ARZOBISPO DE CARACAS Y
VENEZUELA, EN EL PRIMER ANIVERSARIO DE SU
FALLECIMIENTO, 7 DE AGOSTO DE 1916.
CARACAS. LITOGRAFIA DEL COMERCIO, 1916.

3206
NAVARRO, NICOLAS EUGENIO.
IGLESIA Y LA MASONERIA EN VENEZUELA (LA). ESTUDIO
HISTORICO.
CARACAS. EDITORIAL SUR AMERICA, 1928.

3207
NAVARRO, NICOLAS EUGENIO.
INFLUENCIA DE LA IGLESIA EN LA CIVILIZACION DE
VENEZUELA (LA).
CARACAS. TIPOGRAFIA LA RELIGION, 1913.

3208
NAVARRO, NICOLAS EUGENIO.
JESUITAS EN VENEZUELA, ANTANO Y OGANO (LOS).
ACOTACIONES A UN CELEBRE INFORME.
CARACAS. TIPOGRAFIA AMERICANA, 1940.

3209
NAVARRO, NICOLAS EUGENIO.
MASONERIA Y LA INDEPENDENCIA A PROPOSITO DE UNOS
"REPARILLOS" (LA). OFRENDA A LA MEMORIA DE BOLIVAR
EN EL ANO CENTESIMO DE SU INMORTAL DECRETO DE 8 DE
NOVIEMBRE DE 1828, CONDENATORIO DE LA MASONERIA.
CARACAS. EDITORIAL SUR-AMERICA, 1928.

3210
NAVARRO, NICOLAS EUGENIO.
QUINTO ARZOBISPO DE CARACAS Y VENEZUELA (EL). ILTMO.
SR. DR. SILVESTRE GUEVARA Y LIRA.
CARACAS. TIPOGRAFIA AMERICANA, 1929.

3211
NAVARRO, NICOLAS EUGENIO.
TRES REFUTACIONES CON MOTIVO DE OTRAS TANTAS
CONFERENCIAS ANTICATOLICAS PATROCINADAS POR LA
MASONERIA DE CARACAS.
CARACAS. EL COJO, 1910.

3212
NAVARRO, NICOLAS EUGENIO, COMP.
ARZOBISPO GUEVARA Y GUZMAN BLANCO (EL).
DOCUMENTACION RELATIVA AL CONFLICTO ENTRE LA IGLESIA
Y EL ESTADO HABIDO EN VENEZUELA ... 1870-1876.
CARACAS. TIPOGRAFIA AMERICANA, 1932.

3213
NAVARRO, NICOLAS EUGENIO, COMP.
CABILDO METROPOLITANO DE CARACAS Y LA GUERRA DE
EMANCIPACION, EXTRACTOS DEL ARCHIVO CAPITULAR,
HECHOS CON TODA FIDELIDAD (EL).
CARACAS. ACADEMIA NACIONAL DE LA HISTORIA, 1960.
(BIBLIOTECA DE LA ACADEMIA NACIONAL DE LA HISTORIA,
NO. 34).

3214
NECTARIO MARIA, BROTHER.
GRAN SANTUARIO MARIANO DE VENEZUELA (UN). LA VIRGEN
DEL VALLE DE MARGARITA.
CARACAS, 1960.

3215
NECTARIO MARIA, BROTHER.

INDICE DE DOCUMENTOS REFERENTES A LOS OBISPOS DE
VENEZUELA (1532/1816) EXISTENTES EN EL ARCHIVO
GENERAL DE INDIAS DE SEVILLA.
CARACAS. UNIVERSIDAD CATOLICA ANDRES BELLO,
INSTITUTO DE INVESTIGACIONES HISTORICAS, 1975.

3216

OJER, PABLO.
FRAY ANTONIO CAULIN Y SU LEGADO CULTURAL.
CARACAS. UNIVERSIDAD CATOLICA ANDRES BELLO,
INSTITUTO DE HUMANIDADES Y INVESTIGACION, 1966.

3217

PARTIDO SOCIALCRISTIANO. FRACCION PARLAMENTARIA.
CONVENIO CON LA SANTA SEDE (EL).
CARACAS, 1964. (PUBLICACIONES, NO. 21).

3218

PELLEPRAT, PIERRE.
RELATO DE LAS MISIONES DE LOS PADRES DE LA COMPANIA
DE JESUS EN LAS ISLAS Y EN TIERRA FIRME DE AMERICA
MERIDIONAL. ESTUDIO PRELIMINAR DEL PADRE JOSE DEL
REY.
CARACAS. ACADEMIA NACIONAL DE LA HISTORIA, 1965.
(BIBLIOTECA DE LA ACADEMIA NACIONAL DE LA HISTORIA,
NO. 77).

3219

PEREZ DE VELASCO, JOSE ANTONIO.
A VOSOTROS CUALESQUIERA QUE SEAIS. NOTABLES ESCRITOS
SOBRE LA SOBERANIA DE VENEZUELA, LA LEY DE
PATRONATO, Y ACTITUDES DEL VATICANO. FACSIMILE.
CARACAS. CROMOTIP, 196-.

3220

PEREZ VILA, MANUEL.
ENSAYO SOBRE LAS FUENTES PARA LA HISTORIA DE LA
DIOCESIS DE GUAYANA DURANTE LOS PERIODOS DE LA
COLONIA Y LA INDEPENDENCIA.
CARACAS. ARCHIVOS GENERAL DE LA NACION, 1969.
(BIBLIOTECA VENEZOLANA DE HISTORIA, NO. 11).

3221

PHILLIPS, C. ARTHUR.
HISTORY OF THE PRESBYTERIAN CHURCH IN VENEZUELA (A).
CARACAS. PRESBYTERIAN MISSION PRESS, 1958.

3222

PICON FEBRES, GABRIEL.
DATOS PARA LA HISTORIA DE LA DIOCESIS DE MERIDA.
CARACAS, 1916.

3223

PLANAS SUAREZ, SIMON.
LIBERTAD DE CULTOS EN VENEZUELA, HACE INDISPENSABLE
UNA LEY AD-HOC NO UN MODUS VIVENDI NI CONCORDATO
(LA). EDICION REFUNDIDA.
CARACAS. EMPRESA EL COJO, 1963.

3224

POLLAK ELTZ, ANGELINA.
MARIA LIONZA. MITO Y CULTO VENEZOLANO.

CARACAS. UNIVERSIDAD CATOLICA ANDRES BELLO,
INSTITUTOS HUMANISTICOS DE INVESTIGACION, 1973 .
3225
PONTE, ANDRES F.
FRAY MAURO DE TOVAR.
CARACAS. IMPRESORES UNIDOS, 1945.
3226
RELIGION. PERIODISMO. RECREACION. LITERATURA.
CARACAS. UNIVERSIDAD CENTRAL DE VENEZUELA, 1970. (EL
ESTUDIO DE CARACAS, VOL. 5).
3227
REY, JOSE DEL.
APORTES JESUITICOS A LA FILOLOGIA COLONIAL
VENEZOLANA.
CARACAS. UNIVERSIDAD CATOLICA ANDRES BELLO,
SEMINARIO DE LENGUAS HISTORIAS, 1971. (SERIE LENGUAS
INDIGENAS DE VENEZUELA, NOS. 4/5-6).
3228
REY, JOSE DEL.
BIO-BIBLIOGRAFIA DE LOS JESUITAS EN LA VENEZUELA
COLONIAL.
CARACAS. UNIVERSIDAD CATOLICA ANDRES BELLO,
INSTITUTO DE INVESTIGACIONES HISTORICAS, 1974.
3229
REY, JOSE DEL.
FUENTES PARA EL ESTUDIO DE LAS MISIONES DE LA
COMPANIA DE JESUS EN VENEZUELA.
CARACAS. MINISTERIO DE EDUCACION, DEPARTAMENTO DE
PUBLICACIONES, 1970. (CUADERNOS DE PROSA, NO. 4).
3230
REY, JOSE DEL, ED.
DOCUMENTOS JESUITICOS RELATIVOS A LA HISTORIA DE LA
COMPANIA DE JESUS EN VENEZUELA.
CARACAS. ACADEMIA NACIONAL DE LA HISTORIA, 1966,
1974, 3 VOLS. (BIBLIOTECA DE LA ACADEMIA NACIONAL DE
LA HISTORIA, NOS. 79, 118-119).
3231
RIONEGRO, FROILAN DE.
MISIONES DE LOS PADRES CAPUCHINOS. DOCUMENTOS DEL
GOBIERNO CENTRAL DE LA UNIDAD DE LA RAZA EN LA
EXPLORACION, POBLACION, PACIFICACION, EVANGELIZACION
Y CIVILIZACION DE LAS ANTIGUAS PROVINCIAS
ESPANOLAS, HOY REPUBLICA DE VENEZUELA, 1646-1817,
SIGLOS XVII. XVIII. Y XIX.
PONTEVEDRA. IMPRENTA Y LIBRERIA HIJO DE L. MARTINEZ,
1930.
3232
RIONEGRO, FROILAN DE, COMP.
ORIGENES DE LAS MISIONES DE LOS PP. CAPUCHINOS EN
AMERICA. DOCUMENTOS, 1646-1692, SIGLO XVII.
PONTEVEDRA. IMPRENTA Y LIBRERIA HIJO DE L. MARTINEZ,
1931.

3233
    RIONEGRO, FROILAN DE, ED.
    RELACIONES DE LAS MISIONES DE LOS PP. CAPUCHINOS EN
    LAS ANTIGUAS PROVINCIAS ESPANOLAS, HOY REPUBLICA DE
    VENEZUELA, 1650-1817.
    SEVILLE. TIPOGRAFIA ZARZUELA, 1918.
3234
    RIVERO, JUAN.
    HISTORIA DE LAS MISIONES DE LOS LLANOS DE CASANARE Y
    LOS RIOS ORINOCO Y META.
    BOGOTA. EMPRESA NACIONAL DE PUBLICACIONES, 1956.
3235
    RODRIGUEZ ITURBE, JOSE.
    IGLESIA Y ESTADO EN VENEZUELA (1824-1964).
    CARACAS. UNIVERSIDAD CENTRAL DE VENEZUELA, 1968.
    (COLECCION HISTORIA CONSTITUCIONAL VENEZOLANA).
3236
    ROJANO M., JUAN A.
    CURA CASADO SE CONFIESA (UN).
    CARACAS. EDICIONES CENTAURO, 1975.
3237
    RUIZ BLANCO, MATIAS. * BUENO, RAMON.
    CONVERSION DE PIRITU DEL P. MATIAS RUIZ BLANCO, Y
    TRATADO HISTORICO DEL P. RAMON BUENO. ESTUDIO
    PRELIMINAR Y NOTAS DEL P. FIDEL DE LEJARZA.
    CARACAS. ACADEMIA NACIONAL DE LA HISTORIA, 1965.
    (BIBLIOTECA DE LA ACADEMIA NACIONAL DE LA HISTORIA,
    NO. 78).
3238
    SALAZAR LEIDENZ, MIJAEL.
    ENFRENTAMIENTO ENTRE EL OBISPO Y LOS ALCALDES DE
    CORO EN 1623.
    CORO. EDITORIAL "ORDO," 1972.
3239
    SANCHEZ ESPEJO, CARLOS.
    PATRONATO EN VENEZUELA (EL). 2D ED.
    CARACAS. EDICIONES EDIME, 1955.
3240
    SERRANO Y SANZ, MANUEL, ED.
    RELACIONES HISTORICAS DE LAS MISIONES DE PADRES
    CAPUCHINOS DE VENEZUELA, SIGLOS XVII Y XVIII.
    MADRID. V. SUAREZ, 1928.
3241
    SILVA, ANTONIO RAMON.
    DOCUMENTOS PARA LA HISTORIA DE LA DIOCESIS DE
    MERIDA.
    MERIDA AND CARACAS, 1906-1927, 6 VOLS.
3242
    SURIA, JAIME.
    EXIMIO PRELADO DOCTOR MARIANO MARTI, OBISBO DE
    CARACAS Y VENEZUELA (EL).
    CARACAS, 1962.
3243
    SURIA, JAIME.

IGLESIA Y ESTADO, 1810-1821.
CARACAS. COMISION NACIONAL DEL CUATRICENTENARIO DE
LA FUNDACION DE CARACAS, 1967. (EDICIONES DEL
CUATRICENTENARIO DE CARACAS).

3244

TALAVERA Y GARCES, MARIANO DE.
APUNTES DE HISTORIA ECLESIASTICA DE VENEZUELA, POR
EL ILTMO. SENOR DOCTOR MARIANO DE TALAVERA Y GARCES,
OBISPO TITULAR QUE FUE DE TRICALA ... RECOGIDOS Y
ANOTADOS POR MONSENOR NICOLAS E. NAVARRO.
CARACAS. TIPOGRAFIA AMERICANA, 1929.

3245

TAPIA, DIEGO DE.
REZO COTIDIANO EN LENGUA CUMANAGOTA. ESTUDIO
PRELIMINAR DE PABLO OJER. EDICION CRITICA DE CARMELA
BENTIVENGA.
CARACAS. UNIVERSIDAD CATOLICA ANDRES BELLO,
SEMINARIO DE LENGUAS INDIGENAS, 1969. (SERIE LENGUAS
INDIGENAS DE VENEZUELA, NO. 3).

3246

TORRUBIA, JOSE.
CRONICA DE LA PROVINCIA FRANCISCANA DE SANTA CRUZ DE
LA ESPANOLA Y CARACAS. LIBRO PRIMERO DE LA NOVENA
PARTE DE LA CRONICA GENERAL DE LA ORDEN FRANCISCANA.
ESTUDIO PRELIMINAR Y NOTAS POR ODILO GOMEZ PARENTE.
CARACAS. ACADEMIA NACIONAL DE LA HISTORIA, 1972.
(BIBLIOTECA DE LA ACADEMIA NACIONAL DE LA HISTORIA,
NO. 108).

3247

TROCONIS DE VERACOECHEA, ERMILA.
OBRAS PIAS EN LA IGLESIA COLONIAL VENEZOLANA (LAS).
CARACAS. ACADEMIA NACIONAL DE LA HISTORIA, 1971.
(BIBLIOTECA DE LA ACADEMIA NACIONAL DE LA HISTORIA,
NO. 105).

3248

TRUJILLO, LEON.
BIOGRAFIA DE ALBARICO. (MISION DE N.S. DE LA CARIDAD
DE TINAJAS).
CARACAS, 1962.

3249

UNCEIN TAMAYO, LUIS ALBERTO.
SANTA RELIQUIA DE MARACAIBO (LA). TRAYECTORIA
BIBLIOGRAFICA PARA SU HISTORIA.
MARACAIBO. IMPRENTA DEL ESTADO, 1965. (CENTRO
HISTORICO DEL ZULIA, NO. 3).

3250

URDANETA, RAMON.
TRUJILLO Y LA IGLESIA.
ZARAGOZA, 1956.

3251

VELASQUEZ, JUSTO SIMON.
TEMPLOS DE LA ASUNCION, ISLA DE MARGARITA (LOS).
LA ASUNCION. OFICINA DE INFORMACION, PRENSA Y

PUBLICACIONES, ESTADO NUEVA ESPARTA, 1958.
3252

VENEZUELA. LAWS, STATUTES, ETC.
LEY DE PATRONATO ECLESIASTICO, DE 28 DE JULIO DE
1824. DECRETO SOBRE EL EJERCICIO DE LA SUPREMA
INSPECCION DE TODOS LOS CULTOS, DE 24 DE OCTUBRE DE
1911.
CARACAS. TIPOGRAFIA LA TORRE, 196-.
3253

VENEZUELA. MINISTERIO DE RELACIONES EXTERIORES.
ANALES DIPLOMATICOS DE VENEZUELA. RELACIONES CON LA
SANTA SEDE. PROLOGO DE CARLOS FELICE CARDOT.
CARACAS, 1975, 5 VOLS.
3254

VENEZUELA (DIOCESE). SYNOD. 1687.
CONSTITUCIONES SINODALES DEL OBISPADO DE VENEZUELA,
Y SANTIAGO DE LEON DE CARACAS. HECHAS EN LA SANTA
IGLESIA CATHEDRAL DE DICHA CIUDAD DE CARACAS ...
1687. POR EL ILLMO. Y REV. SR. DR. DN. DIEGO DE
BANOS Y SOTOMAYOR, OBISPO DEL DICHO OBISPADO ...
CARACAS. REPRINT. JUAN CARMEN MARTEL, 1848.
3255

WATTERS, MARY.
HISTORY OF THE CHURCH IN VENEZUELA, 1810-1930 (A).
NEW YORK. AMS PRESS, 1933.
3256

YBOT LEON, ANTONIO.
IGLESIA Y LOS ECLESIASTICOS ESPANOLES EN LA EMPRESA
DE INDIAS (LA).
BARCELONA. SALVAT, 1954-1963, 2 VOLS. (HISTORIA DE
AMERICA Y DE LOS PUEBLOS AMERICANOS, VOLS. 16-17).
3257

ZAMORA, ALONSO DE.
HISTORIA DE LA PROVINCIA DE SAN ANTONIO DEL NUEVO
REINO DE GRANADA ... PROLOGO DEL DOCTOR CARRACCIOLO
PARRA. NOTAS ILUSTRATIVAS DEL MISMO Y DEL R.P.
LECTOR FR. ANDRES MESANZA.
CARACAS. PARRA LEON HERMANOS, EDITORIAL SUR AMERICA,
1930.

Civilization

Literature, Art, Music, Journalism, Folklore, Architecture

3258
ABREU, JOSE VICNETE.
TOMA MI LANZA BANADA DE PLATA. 3D ED.
CARACAS. EDICIONES "4 LETRAS," 1973.

3259
ACOSTA SAIGNES, MIGUEL.
ESTUDIOS DE FOLKLORE VENEZOLANO.
CARACAS. UNIVERSIDAD CENTRAL DE VENEZUELA, FACULTAD
DE HUMANIDADES Y EDUCACION, INSTITUTO DE
ANTROPOLOGIA E HISTORIA, 1969.

3260
AGUDO FREYTES, RAUL.
ANDRES BELLO, MAESTRO DE AMERICA.
CARACAS. IMPRESORES UNIDOS, 1945.

3261
ALBORADA, ALTAGRACIA DE ORITUCO, VENEZUELA.
ALBORADA. PIE DE LUZ PARA MEDIO SIGLO. SUMA
PERIODISTICA. 23 DE ENERO DE 1950, 15 DE JULIO DE
1951.
CARACAS. EDICIONES PARAGUACHOA, 1961.

3262
ALBORADA (LA). FACSIMIL Y CUADERNO.
CARACAS. COMISION NACIONAL DEL CUATRICENTENARIO DE
LA FUNDACION DE CARACAS, 1967. (EDICIONES DEL
CUATRICENTENARIO DE CARACAS).

3263
ALBORNOZ, ORLANDO.
SOCIOLOGIA EN VENEZUELA (LA). ENSAYO. 2D ED.,
CORREGIDA Y AUMENTADA.
CARACAS. MONTE AVILA EDITORES, 1970. (COLECCION
TEMAS VENEZOLANOS).

3264
ALONSO, MARIA ROSA.
RESIDENTE EN VENEZUELA.
MERIDA. UNIVERSIDAD DE LOS ANDES, FACULTAD DE
HUMANIDADES, 1960.

3265
ALVARADO, LISANDRO.
ANTOLOGIA.
CARACAS. MINISTERIO DE EDUCACION, DIRECCION DE
CULTURA Y BELLAS ARTES, 1959. (BIBLIOTECA POPULAR
VENEZOLANA, NO. 68).

3266
ALVARADO, LISANDRO.
DE LA NATURALEZA DE LAS COSAS DE TITO LUCRECIO CARO.
CARACAS. MINISTERIO DE EDUCACION, DIRECCION DE
CULTURA Y BELLAS ARTES, 1957. (OBRAS COMPLETAS, NO.

6).
3267
ALVARADO, LISANDRO.
MISCELANEA DE CIENCIAS. VARIOS. EPISTOLARIO.
CARACAS. MINISTERIO DE EDUCACION, DIRECCION DE
CULTURA Y BELLAS ARTES, 1958. (OBRAS COMPLETAS, VOL.
8).
3268
ALVARADO, LISANDRO.
MISCELANEA DE LETRAS E HISTORIA.
CARACAS. MINISTERIO DE EDUCACION, DIRECCION DE
CULTURA Y BELLAS ARTES, 1958. (OBRAS COMPLETAS, VOL.
7).
3269
ALVAREZ, FEDERICO.
LABOR PERIODISTICA DE DON ANDRES BELLO.
CARACAS. UNIVERSIDAD CENTRAL DE VENEZUELA, 1962.
3270
ANGARITA ARVELO, RAFAEL.
HISTORIA Y CRITICA DE LA NOVELA EN VENEZUELA.
LEIPZIG. IMPRENTA DE A. PRIES, 1938.
3271
ANGARITA ARVELO, RAFAEL.
TRES TIEMPOS DE POESIA EN VENEZUELA. HISTORIA POR
REPRESENTACION.
CARACAS. EDICIONES FRAGUA, 1962.
3272
ANTOLOGICA DE COSTUMBRISTAS VENEZOLANOS DEL SIGLO
XIX.
CARACAS. EDICIONES DEL MINISTERIO DE EDUCACION,
DIRECCION DE CULTURA Y BELLAS ARTES, 1964.
(BIBLIOTECA POPULAR VENEZOLANA, NO. 95).
3273
ARAUJO, ORLANDO.
NARRATIVA VENEZOLANA CONTEMPORANEA. ENSAYO.
CARACAS. EDITORIAL TIEMPO NUEVO, 1972. (COLECCION
TEMAS CONTEMPORANEOS).
3274
ARCHILA, RICARDO.
LITERATURA VENEZOLANA Y SU HISTORIA (LA). PRESENCIA
DE MEDICOS.
CARACAS, 1971.
3275
ARETZ DE RAMON Y RIVERA, ISABEL.
ARTESANIA FOLKLORICA DE VENEZUELA (LA).
CARACAS. COMISION NACIONAL DEL CUATRICENTENARIO DE
LA FUNDACION DE CARACAS, 1967. (EDICIONES DEL
CUATRICENTENARIO DE CARACAS).
3276
ARETZ DE RAMON Y RIVERA, ISABEL. * RAMON Y RIVERA,
LUIS FELIPE.
CANTOS NAVIDENOS EN EL FOLKLORE VENEZOLANO.
CARACAS. MINISTERIO DEL TRABAJO, CASA DE LA CULTURA

3277
POPULAR, 1962.

3278
ARETZ DE RAMON Y RIVERA, ISABEL.
INSTRUMENTOS MUSICALES DE VENEZUELA.
CUMANA. UNIVERSIDAD DE ORIENTE, 1967. (COLECCION LA
HEREDAD).

3279
ARETZ DE RAMON Y RIVERA, ISABEL.
MANUAL DE FOLKLORE VENEZOLANO. 2 ED. REV.
CARACAS. INSTITUTO NACIONAL DE CULTURA Y BELLAS
ARTES, 1969. (BIBLIOTECA POPULAR VENEZOLANA, NO.
120).

3280
ARETZ DE RAMON Y RIVERA, ISABEL. * RAMON Y RIVERA,
LUIS FELIPE.
RESUMEN DE UN ESTUDIO SOBRE LAS EXPRESIONES NEGRAS
EN EL FOLKLORE MUSICAL Y COREOGRAFICO DE VENEUZELA.
CARACAS. UNIVERSIDAD CENTRAL DE VENEZUELA, FACULTAD
DE HUMANIDADES Y EDUCACION, INSTITUTOS DE
ANTROPOLOGIA E HISTORIA Y DE FILOLOGIA ANDRES BELLO,
N.D.

3281
ARETZ DE RAMON Y RIVERA, ISABEL.
TAMUNANQUE (EL).
BARQUISIMETO. UNIVERSIDAD CENTRO-OCCIDENTAL, 1970.

3282
ARMAS CHITTY, JOSE ANTONIO DE.
CANTO SOLAR A VENEZUELA.
CARACAS. EDICIONES DE LA BIBLIOTECA DE LA
UNIVERSIDAD CENTRAL DE VENEZUELA, 1968.

3283
ARMAS CHITTY, JOSE ANTONIO DE.
CORRELACION ENTRE LOS COLORES Y LAS CUALIDADES DE
LOS CABALLOS.
CARACAS. UNIVERSIDAD CENTRAL DE VENEZUELA, FACULTAD
DE HUMANIDADES Y EDUCACION, INSTITUTOS DE
ANTROPOLOGIA E HISTORIA Y DE FILOLOGIA "ANDRES
BELLO," N.D.

3284
ARMAS CHITTY, JOSE ANTONIO DE, ED.
POETAS GUAYANESES. EDICION CONMEMORATIVA DEL
BICENTENARIO DE CIUDAD BOLIVAR.
CARACAS. MINISTERIO DE EDUCACION, 1964.

3285
ARMELLADA, CESAREO DE.
TAURON PANTON. CUENTOS Y LEYENDAS DE LOS INDIOS
PEMON. (GRAN SABANA, ESTADO BOLIVAR, VENEZUELA).
CARACAS. EDICIONES DEL MINISTERIO DE EDUCACION,
DIRECCION DE CULTURA Y BELLAS ARTES, 1964.

ARTE PREHISPANICO DE VENEZUELA. UNA DIVAGACION Y
SEIS COMENTARIOS POR MIGUEL G. ARROYO C. APUNTES
SOBRE ARQUEOLOGIA VENEZOLANO POR J. M. CRUXENT.

CLASIFICACION Y DESCRIPCION POR SAGRARIO PEREZ SOTO
DE ATENCIO.
CARACAS. FUNDACION EUGENIO MENDOZA, 1971.

3286

ASCANIO RODRIGUEZ, JUAN BAUTISTA.
AFFAIRE MORAL MEDICA.
CARACAS, 1928, 2 VOLS.

3287

ASOCIACION VENEZOLANA DE LITERATURA, CIENCIAS Y
BELLAS ARTES.
PRIMER LIBRO VENEZOLANO DE LITERATURA, CIENCIAS Y
BELLAS ARTES, OFRENDA AL GRAN MARISCAL DE AYACUCHO.
CONTIENE RETRATOS E ILUSTRACIONES.
CARACAS, 1895, 2 PARTS.

3288

AVILA, FRANCISCO J.
MARTI EN EL PERIODISMO CARAQUENO. EL ESTILO
PROSPECTIVO DE UN MAESTRO DE LA COMUNICACION
SOCIAL.
CARACAS. EDICIONES DE LA SECRETARIA GENERAL, 1968.
(MATERIALES PARA EL ESTUDIO DE CARACAS, NO. 11).

3289

BANCO CENTRAL DE VENEZUELA, CARACAS.
HERRAJES. CATALOGO GENERAL. COLECCION BANCO CENTRAL
DE VENEZUELA. PROLOGO POR LUIS BELTRAN GUERRERO.
CARACAS, N.D.

3290

BANCO OBRERO, CARACAS.
CASAS VENEZOLANAS. FOTOS DE GEORGE STEINHEIL. TEXTOS
PREPARADOS Y SELECCIONADOS POR PEDRO GRASES Y
MANUEL PEREZ VILA. DIRECCION ARTISTICA DE JESUS
EMILIO FRANCO.
CARACAS. OFICINA DE RELACIONES PUBLICAS DEL BANCO
OBRERO, 1973.

3291

BANCO OBRERO, CARACAS.
VIVIENDA POPULAR EN VENEZUELA, 1928-1952 (LA). POR
CARLOS RAUL VILLANUEVA ET AL.
CARACAS, 1953.

3292

BARALT, RAFAEL MARIA.
OBRAS LITERARIAS PUBLICADAS E INEDITAS. EDICION Y
ESTUDIO CRITICO DE GUILLERMO DIAZ PLAJA.
MADRID. EDICIONES ATLAS, 1967. (BIBLIOTECA DE
AUTORES ESPANOLES, VOL. 204).

3293

BARNOLA, PEDRO PABLO.
AFIRMACIONES DE CULTURA.
CARACAS. EDICIONES DE LA PRESIDENCIA DE LA
REPUBLICA, 1973.

3294

BARNOLA, PEDRO PABLO.
ALTORRELIEVE DE LA LITERATURA VENEZOLANA.

CARACAS. MINISTERIO DE EDUCACION, 1970. (CUADERNOS
DE PROSA, NO. 3).
3295
BARNOLA, PEDRO PABLO.
APROPOSITOS. ENSAYOS.
CARACAS. ASOCIACION DE ESCRITORES VENEZOLANOS, 1965.
(CUADERNOS, NO. 124).
3296
BARNOLA, PEDRO PABLO.
EDUARDO BLANCO, CREADOR DE LA NOVELA VENEZOLANA. 2D
ED.
CARACAS. TIPOGRAFIA VARGAS, 1963. (BIBLIOTECA
VENEZOLANA DE CULTURA).
3297
BARNOLA, PEDRO PABLO.
EN TORNO AL CENTENARIO DE MENENDEZ PELAYO. TRES
ESTUDIOS.
CARACAS. UNIVERSIDAD CATOLICA ANDRES BELLO, 1957.
(PUBLICACIONES DE LA DIRECCION DE CULTURA, NO. 1).
3298
BARNOLA, PEDRO PABLO.
ESTUDIOS CRITICO-LITERARIOS.
CARACAS. IMPRESORES UNIDOS, 1946.
3299
BARNOLA, PEDRO PABLO, ED.
CIEN MEJORES POESIAS LIRICAS VENEZOLANAS (LAS). 4TH
ED.
BARCELONA. ARIEL, 1964.
3300
BARRAL, BASILIO MARIO DE.
INDIOS GUARAUNOS Y SU CANCIONERO (LOS). HISTORIA,
RELIGION Y ALMA LIRICA.
MADRID. CONSEJO SUPERIOR DE INVESTIGACIONES
CIENTIFICAS, DEPARTAMENTO DE MISIONOLOGIA ESPANOLA,
1964.
3301
BARRIOS MORA, JOSE RAMON.
COMPENDIO HISTORICO DE LA LITERATURA VENEZOLANA. 4TH
ED.
CARACAS. EDICIONES NUEVA CADIZ, 1955.
3302
BELLO, ANDRES.
ANDRES BELLO Y CARACAS. SELECCION Y PROLOGO POR
PEDRO GRASES.
CARACAS. CONCEJO MUNICIPAL DEL DISTRITO FEDERAL,
1965.
3303
BELLO, ANDRES.
SILVAS AMERICANAS. ESTUDIO PRELIMINAR DE PEDRO P.
BARNOLA.
CARACAS. FUNDACION EUGENIO MENDOZA, 1965.
3304
BELLO, ANDRES.

TEMAS DE CRITICA LITERARIA. PORLOGO POR ARTURO USLAR
PIETRI.
CARACAS. EDICIONES DEL MINISTERIO DE EDUCACION,
1956. (OBRAS COMPLETAS, VOL. 9).

3305

BELTRAN GUERRERO, LUIS.
CANDIDECES. CUARTA SERIE.
CARACAS. EDITORIAL ARTE, 1965.

3306

BELTRAN GUERRERO, LUIS.
INTRODUCCION AL POSITIVISMO VENEZOLANO.
CARACAS. MINISTERIO DE EDUCACION, 1956.

3307

BELTRAN GUERRERO, LUIS.
PERPETUA HEREDAD.
CARACAS. EDICIONES DEL MINISTERIO DE EDUCACION,
1965. (BIBLIOTECA VENEZOLANA DE CULTURA).

3308

BELTRAN GUERRERO, LUIS.
RUBEN DARIO Y VENEZUELA.
CARACAS. INSTITUTO NACIONAL DE CULTURA Y BELLAS
ARTES, 1967. (COLECCION HOMENAJES, NO. 2).

3309

BOLET PERAZA, NICANOR.
ARTICULOS DE COSTUMBRES Y LITERARIOS.
BARCELONA. CASA EDITORIAL ALALUCE, 1931.

3310

BOLET PERAZA, NICANOR.
OBRAS. ESTUDIO PRELIMINAR DE AUGUSTO GERMAN
ORIHUELA.
CARACAS. ACADEMIA VENEZOLANA DE LA LENGUA, 1963.
(COLECCION CLASICOS VENEZOLANOS, NO. 4).

3311

BOLET PERAZA, NICANOR.
SELECCION LITERARIA Y PERIODISTICA.
CARACAS. LINEA AEROPOSTAL VENEZOLANA, 1953.
(EDICIONES GRATUITAS, NO. 7).

3312

BOLIVAR CORONADO, RAFAEL.
LLANERO (EL). ESTUDIO DE SOCIOLOGIA VENEZOLANO.
(FALSELY ATTRIBUTED TO DANIEL MENDOZA). CON UN
ESTUDIO SOBRE EL GAUCHO Y EL LLANERO, POR JOSE E.
MACHADO.
BUENOS AIRES. EDITORIAL VENEZUELA, 1947.

3313

BOTELLO, OLDMAN.
PERIODISMO EN ARAGUA (EL). FOTOGRAFIA DE JOSE
GIRLANDO.
VILLA DE CURA. EDICIONES ASOCIACION VENEZOLANA DE
PERIODISTAS, 1972.

3314

BOULTON, ALFREDO.
CAMILLE PISSARRO EN VENEZUELA.

CARACAS. EDITORIAL ARTE, 1966.
3315

BOULTON, ALFREDO.
HISTORIA ABREVIADA DE LA PINTURA EN VENEZUELA.
CARACAS. MONTE AVILA EDITORES, 1971, 2 VOLS.
3316

BOULTON, ALFREDO.
HISTORIA DE LA PINTURA EN VENEZUELA.
CARACAS. E. ARMITANO, 1964-1972, 3 VOLS.
3317

BOULTON, ALFREDO.
MIRANDA, BOLIVAR Y SUCRE. TRES ESTUDIOS
ICONOGRAFICOS.
CARACAS, 1959.
3318

BOULTON, ALFREDO.
VEINTE RETRATOS DEL GENERAL JOSE ANTONIO PAEZ.
APORTACION GRAFICA DE DIEGO BOSQUE GARCIA. 2D ED.
CARACAS. EDICIONES DE LA PRESIDENCIA DE LA
REPUBLICA, 1973.
3319

BRICENO, LUIS F.
IMPRENTA EN EL TACHIRA (LA).
CARACAS. IMPRENTA BOLIVAR, 1883.
3320

BRICENO, PEDRO. * DIAZ SOSA, RAFAEL ANGEL (PSEUD.
RAFAEL PINEDA).
ESCULTURA EN VENEZUELA (LA).
CARACAS. DEPARTAMENTO DE LITERATURA DEL INSTITUTO
NACIONAL DE CULTURA Y BELLAS ARTES, 1969. (ARTE, NO.
11).
3321

BRICENO IRAGORRY, MARIO.
AVISO A LOS NAVEGANTES. TRADICION, NACIONALIDAD Y
AMERICANIDAD.
CARACAS. EDICIONES EDIME, 1954.
3322

BRICENO IRAGORRY, MARIO.
DIMENSION Y URGENCIA DE LA IDEA NACIONALISTA.
PEQUENO DISCURSO SOBRE VENEZOLANIDAD Y AMERICANIDAD.
MADRID. EDICIONES BITACORA, 1953.
3323

BRICENO IRAGORRY, MARIO.
HORA UNDECIMA (LA). HACIA UNA TEORIA DE LO
VENEZOLANO.
MADRID. EDICIONES INDEPENDENCIA, 1956.
3324

BRICENO IRAGORRY, MARIO.
LECTURAS VENEZOLANAS. COLECCION DE PAGINAS
LITERARIAS, DE ESCRITORES NACIONALES, ANTIGUOS Y
MODERNOS, CON NOTAS. PRIMERA SERIE. 10TH ED.
CARACAS. EDICIONES EDIME, 1960.

3325
BRICENO IRAGORRY, MARIO.
PEQUENO ANECDOTARIO TRUJILLANO.
CARACAS. EDICIONES EDIME, 1957. (COLECCION TEMAS
NACIONALES).

3326
BRICENO IRAGORRY, MARIO.
POR LA CIUDAD, HACIA EL MUNDO. PREGON Y SENTIDO DE
LAS FIESTAS DE TRUJILLO.
MADRID, 1957.

3327
BRICENO IRAGORRY, MARIO.
TAPICES DE HISTORIA PATRIA. ESQUEMA DE UNA
MORFOLOGIA DE LA CULTURA COLONIAL. 4TH ED.
CARACAS. EDICIONES EDIME, 1956.

3328
BRICENO PEROZO, MARIO.
VICENTE LECUNA. PARADIGMA DE LEALTAD.
CARACAS, 1970.

3329
CABIESES DONOSO, MANUEL.
VENEZUELA, OKEY.
SANTIAGO DE CHILE. EDICIONES DEL LITORAL, 1963.

3330
CALCANO, JOSE ANTONIO.
CIUDAD Y SU MUSICA (LA). CRONICA MUSICAL DE CARACAS.
CARACAS. TIPOGRAFIA VARGAS, 1958.

3331
CALCANO, JOSE ANTONIO.
CONTRIBUCION AL ESTUDIO DE LA MUSICA EN VENEZUELA.
CARACAS. EDITORIAL ELITE, 1939. (CUADERNOS
LITERARIOS DE LA ASOCIACION DE ESCRITORES DE
VENEZUELA, NO. 12).

3332
CALCANO, JOSE ANTONIO.
CUATROCIENTOS ANOS DE MUSICA CARAQUENA.
CARACAS. CIRCULO MUSICAL, 1967.

3333
CALCANO, JOSE ANTONIO.
CULTURA MUSICAL EN VENEZUELA (LA).
CARACAS. UNIVERSIDAD CENTRAL DE VENEZUELA, FACULTAD
DE HUMANIDADES Y EDUCACION, INSTITUTO DE FILOSOFIA,
1959.

3334
CALCANO, JULIO.
CASTELLANO EN VENEZUELA (EL). ESTUDIO CRITICO.
CARACAS. MINISTERIO DE EDUCACION NACIONAL, DIRECCION
DE CULTURA, 1950. (BIBLIOTECA VENEZOLANA DE
CULTURA. COLECCION "ANDRES BELLO").

3335
CALCANO, JULIO.
PARNASO VENEZOLANO. COLECCION DE POESIAS DE AUTORES
VENEZOLANOS DESDE MEDIADOS DEL SIGLO XVIII HASTA
NUESTROS DIAS PRECEDIDA DE UNA INTRODUCCION ACERCA

DEL ORIGEN Y PROGRESO DE LA POESIA EN VENEZUELA.
CARACAS. TIPOGRAFIA DE EL COJO, 1892.
3336

CALCANO, JULIO.
RESUMEN DE ACTAS DE LA ACADEMIA (1883-1884). 2D ED.
CARACAS, 1967. (EDICIONES ACADEMIA VENEZOLANA DE LA
LENGUA, NO. 1).
3337

CALDERA RODRIGUEZ, RAFAEL.
ANDRES BELLO. 4TH ED. REV.
CARACAS. EDICIONES DE LA PRESIDENCIA DE LA
REPUBLICA, 1973. (BIBLIOTECA POPULAR NACIONAL, NO.
106).
3338

CALDERA RODRIGUEZ, RAFAEL.
ASPECTOS SOCIOLOGICOS DE LA CULTURA EN VENEZUELA.
CARACAS. UNIVERSIDAD CENTRAL DE VENEZUELA, FACULTAD
DE HUMANIDADES Y EDUCACION, INSTITUTO DE FILOSOFIA,
196-.
3339

CALDERA RODRIGUEZ, RAFAEL.
IDEA DE UNA SOCIOLOGIA VENEZOLANA. DISCURSO.
CARACAS. EL COJO, 1953.
3340

CALZADILLA, JUAN.
OJO QUE PASA (EL). CRONICAS SOBRE LA ACTIVIDAD
ARTISTICA.
CARACAS. MONTE AVILA EDITORES, 1969. (COLECCION
CONTINENTE).
3341

CALZADILLA, JUAN.
PINTORES VENEZOLANOS.
CARACAS. MINISTERIO DE EDUCACION, DIRECCION TECNICA,
DEPARTAMENTO DE PUBLICACIONES, 1963. (COLECCION
VIGILIA, NO. 3).
3342

CALZADILLA, JUAN.
VISION DE LA PINTURA VENEZOLANA (UNA).
MEXICO. ARTES DE VENEZUELA, 1960.
3343

CALZADILLA, JUAN, COMP.
ARTE EN VENEZUELA (EL).
CARACAS. CIRCULO MUSICAL, 1967.
3344

CANIZALES MARQUEZ, JOSE.
NOMBRES EN EL TIEMPO.
CARACAS. MINISTERIO DE EDUCACION, 1959.
3345

CARACAS. COLEGIO SUCRE.
MEMORIA DE LA SEMANA DE BELLO, OFRENDA DEL COLEGIO
SUCRE PARA EL ANO SESQUICENTENARIO DEL NACIMIENTO DE
ANDRES BELLO.
CARACAS. IMPRENTA GUTENBERG, 1931.

3346
CARACAS. COMISION ORGANIZADORA DEL CUATRICENTENARIO
DE CARACAS.
PERIODISMO EN CARACAS (EL). 1808-1864.
CARACAS. EDICIONES DE LA SECRETARIO GENERAL, 1964.
(MATERIALES PARA EL ESTUDIO DE CARACAS, NO. 2).

3347
CARACAS. MUSEO DE BELLAS ARTES.
CUADROS DE ARTE ANTIGUO DE 1500 A 1800.
CARACAS. LITOGRAFIA Y TIPOGRAFIA CASA DE
ESPECIALIDADES, 1939.

3348
CARACAS. MUSEO DE BELLAS ARTES.
TRES SIGLOS DE PINTURA VENEZOLANA.
CARACAS, 1948.

3349
CARDONA, MIGUEL.
TEMAS DE FOLKLORE VENEZOLANO.
CARACAS. EDICIONES DEL MINISTERIO DE EDUCACION,
DIRECCION DE CULTURA Y BELLAS ARTES, 1964.

3350
CARDONA, MIGUEL, ET AL.
PANORAMA DEL FOLKLORE VENEZOLANO.
CARACAS. UNIVERSIDAD CENTRAL DE VENEZUELA, 1959.
(BIBLIOTECA DE CULTURA UNIVERSITARIA, NO. 3).

3351
CARDOZO, LUBIO.
CUENTOS INDIGENAS VENEZOLANAS
(BANIBA-BARE-PIAPOCO-PUINABE).
MERIDA. UNIVERSIDAD DE LOS ANDES, CENTRO DE
INVESTIGACIONES LITERARIAS, 1968.

3352
CARDOZO, LUBIO.
POESIA EN MERIDA DE VENEZUELA (LA).
MARACAIBO. UNIVERSIDAD DEL ZULIA, FACULTAD DE
HUMANIDADES Y EDUCACION, 1971. (MONOGRAFIAS Y
ENSAYOS, NO. 15).

3353
CARRENO, EDUARDO.
ASPECTOS DE VENEZOLANOS ILUSTRES.
CARACAS. ASOCIACION DE ESCRITORES VENEZOLANOS, 1945.
(CUADERNOS LITERARIOS, NO. 48).

3354
CARRENO, EDUARDO.
VIDA ANECDOTICA DE VENEZUELA. PROLOGO DE SANTIAGO
KEY AYALA. 3D ED. AUMENTADA.
CARACAS. EDICIONES DEL MINISTERIO DE EDUCACION,
DIRECCION DE CULTURA Y BELLAS ARTES, 1952.
(BIBLIOTECA POPULAR VENEZOLANA, NO. 44).

3355
CARRERA, GUSTAVO L. * VETENCOURT, FEDERICO.
TAMBORES DE SAN JUAN (LOS).
CARACAS. EDICIONES DE LA BIBLIOTECA DE LA

UNIVERSIDAD CENTRAL DE VENEZUELA, 1964. (ARTES Y
TRADICIONES POPULARES, NO. 1).
3356
CARVALHO NETO, PAULO DE.
ESTUDIOS AFROS.
CARACAS. UNIVERSIDAD CENTRAL DE VENEZUELA, 1971.
3357
CASONA (LA). RESIDENCIA DE LOS PRESIDENTES DE
VENEZUELA. TEXTO, CARLOS EDUARDO MISLE. DESCRIPCION
DE LAS ILUSTRACIONES, MAURO PAEZ PUMAR. CATALOGO DE
LA PINACOTECA, HELENA CHAPELLIN.
CARACAS. EDITORIAL ARTE, 1969.
3358
CASTELLANOS, ENRIQUE.
GENERACION DEL 18 EN LA POETICA VENEZOLANA (LA).
CARACAS. COMISION NACIONAL DEL CUATRICENTENARIO DE
LA FUNDACION DE CARACAS, 1966. (EDICIONES DEL
CUATRICENTENARIO DE CARACAS).
3359
CASTELLANOS V., RAFAEL RAMON.
ANALES DEL PERIODISMO VENEZOLANO. ESTADO TRUJILLO,
1901-1905.
ASUNCION, PARAGUAY. EDITORIAL ARIEL, 1961.
3360
CASTELLANOS V., RAFAEL RAMON.
HISTORIA DEL PERIODISMO TRUJILLANO EN EL SIGLO XIX.
HOMENAJE A TRUJILLO EN EL IV CENTENARIO DE SU
FUNDACION.
CARACAS. IMPRENTA NACIONAL, 1957.
3361
CASTELLANOS V., RAFAEL RAMON.
POR LOS CAMINOS DE MI PUEBLO. EPILOGO DE EMIGDIO
CANIZALES GUEDAS.
CARACAS. EDICIONES LIBRERIA HISTORIA, 1963.
3362
CENTENARIO DEL NACIMIENTO DE VICENTE LECUNA
(1870-1954). HOMENAJE NACIONAL.
CARACAS. FUNDACION VICENTE LECUNA, 1970.
3363
CHACON, ALFREDO. * CARDONA, MIGUEL.
CURANDERISMO IN VENEZUELA.
CUERNAVACA. CENTRO INTERCULTURAL DE DOCUMENTACION,
1970.
3364
CHACON, ALFREDO, COMP.
IZQUIERDA CULTURAL VENEZOLANA, 1958-1968 (LA).
CARACAS. EDITORIAL D. FUENTES, 1970.
3365
CHALBAUD CARDONA, ELOY, ED.
ANTOLOGIA DE ESCRITORES MERIDENOS, SELECCION.
CARACAS. MINISTERIO DE EDUCACION, DIRECCION DE
CULTURA Y BELLAS ARTES, 1958.

3366
CHIOSSONE, TULIO.
LEXICO Y REFRANERO EN "TIERRA NUESTRA" DE SAMUEL
DARIO MALDONADO.
CARACAS, 1972. (BIBLIOTECA DE AUTORES Y TEMAS
TACHIRENSES, NO. 58).
3367
CHURION, JUAN JOSE.
TEATRO EN CARACAS (EL).
CARACAS. TIPOGRAFIA VARGAS, 1924.
3368
CIVRIEUX, MARC DE.
WATUNNA. MITOLOGIA MAKIRITARE.
CARACAS. MONTE AVILA EDITORES, 1970. (COLECCION
TEMAS VENEZOLANOS).
3369
CLEMENTE TRAVIESO, CARMEN.
MUJERES VENEZOLANAS, Y OTROS REPORTAJES.
CARACAS. AVILA GRAFICA, 1951.
3370
COLOMINA DE RIVERA, MARTA.
HUESPED ALIENANTE (EL). UN ESTUDIO SOBRE AUDIENCIA Y
EFECTOS DE LAS RADIO-TELENOVELAS EN VENEZUELA.
MARACAIBO. UNIVERSIDAD DEL ZULIA, FACULTAD DE
HUMANIDADES Y EDUCACION, ESCUELA DE PERIODISMO,
1968. (CENTRO AUDIOVISUAL, COLECCION ENSAYOS, NO.
1).
3371
CONGRAINS MARTIN, ENRIQUE, ED.
ANTOLOGIA DEL CUENTO VENEZOLANO CLASICO Y MODERNO.
CARACAS. INSTITUTO LATINOAMERICANO DE VINCULACION
CULTURAL, 1967.
3372
COPPENS, WALTER.
CUIVA DE SAN ESTEBAN DE CAPANAPARO (LOS). ENSAYO DE
ANTROPOLOGIA APLICADA.
CARACAS. FUNDACION LA SALLE DE CIENCIAS NATURALES,
INSTITUTO CARIBE DE ANTROPOLOGIA Y SOCIAOLGIA, 1975.
(MONOGRAFIA, NO. 19).
3373
CORDOBA, DIEGO.
MIS MEMORIAS DE CARACAS, DEL MODERNISMO, LA BOHEMIA
Y LA DICTADURA. MICROBIOGRAFIAS, CRITICA Y
ANECDOTAS. PROLOGO DE LUIS BELTRAN GUERRERO.
CARACAS. IMPRENTA NACIONAL, 1967.
3374
CORREA, LUIS.
TERRA PATRUM, PAGINAS DE CRITICA Y DE HISTORIA
LITERARIA. PROLOGO DE J.A. COVA.
CARACAS. EDITORIAL CECILIO ACOSTA, 1941. (BIBLIOTECA
DE ESCRITORES Y ASUNTOS VENEZOLANOS).
3375
COVA, JESUS ANTONIO.
BOCETOS DE HOY PARA RETRATOS DE MANANA.

MADRID. J. VILLEGAS, 1953.
3376

COVA, JESUS ANTONIO.
MONOLOGO DE HAMLET (EL). DISCURSOS Y CONFERENCIAS.
CARACAS. VILLEGAS, 1956.
3377

COVA, JESUS ANTONIO, COMP.
MAXIMOS Y MENORES POETAS VENEZOLANOS.
CARACAS. EDITORIAL CECILIO ACOSTA, 1942, 2 VOLS.
(BIBLIOTECA DE ESCRITORES Y ASUNTOS VENEZOLANOS,
NOS. 26-27).
3378

CREMA, EDOARDO.
INTERPRETACIONES CRITICAS DE LITERATURA VENEZOLANA.
CARACAS. UNIVERSIDAD CENTRAL DE VENEZUELA, FACULTAD
DE HUMANIDADES Y EDUCACION, INSTITUTO DE ESTUDIOS
HISPANOAMERICANOS, 1954. (ESTUDIOS
HISPANOAMERICANOS, NO. 1).
3379

CREMA, EDOARDO.
PRESENCIA DE ITALIA EN ANDRES BELLO (LA).
CARACAS. UNIVERSIDAD CENTRAL DE VENEZUELA, FACULTAD
DE HUMANIDADES Y EDUCACION, 1963. (PUBLICACIONES DEL
DECANATO).
3380

CREMA, EDOARDO.
TRAYECTORIA RELIGIOSA DE ANDRES BELLO.
CARACAS, 1956.
3381

CUENCA, HUMBERTO.
IMAGEN LITERARIA DEL PERIODISMO.
CARACAS. EDITORIAL CULTURA VENEZOLANA, 1961.
3382

DARIO PARRA, JUAN.
ORIGENES DE LA NOVELA VENEZOLANA.
MARACAIBO. UNIVERSIDAD DEL ZULIA, CENTRO DE ESTUDIOS
LITERARIOS, 1973.
3383

DAVILA, VICENTE.
LABORES CULTURALES.
CARACAS. TIPOGRAFIA AMERICANA, 1936.
3384

DI PRISCO, RAFAEL.
ACERCA DE LOS ORIGENES DE LA NOVELA VENEZOLANA.
CARACAS. UNIVERSIDAD CENTRAL DE VENEZUELA, DIRECCION
DE CULTURA, 1969. (LETRAS DE VENEZUELA, NO. 23.
SERIE ENSAYO Y CRITICA).
3385

DIAMENT DE SUJO, CLARA.
VENEZUELA. ENGLISH TRANSLATION BY RALPH E. DIMMICK
AND WILLIAM MCLEOD RIVERA.
WASHINGTON, D.C. PAN AMERICAN UNION, 1962. (ART IN
LATIN AMERICA TODAY).

3386
DIARIOS DE CARACAS, 1837-1967 (LOS). COLOQUIOS DE LA
A.V.P.
CARACAS. ASOCIACION VENEZOLANA DE PERIODISTAS, 1969.
3387
DIAZ LEGORBURU, RAUL. * CALZADILLA, JUAN.
PALACIO MUNICIPAL DE CARACAS (EL).
CARACAS. CONCEJO MUNICIPAL DEL DISTRITO FEDERAL,
1975.
3388
DIAZ RANGEL, ELEAZAR.
APUNTES Y MATERIALES PARA LA HISTORIA DE LA A.V.P.
CARACAS. ASOCIACION VENEZOLANA DE PERIODISTAS, 1967.
3389
DIAZ RANGEL, ELEAZAR.
PUEBLOS SUBINFORMADOS. LAS AGENCIAS DE NOTICIAS Y
AMERICA LATINA.
CARACAS. UNIVERSIDAD CENTRAL DE VENEZUELA, DIRECCION
DE CULTURA, 1967. (CUADERNOS DE NUESTRO TIEMPO, NO.
3).
3390
DIAZ RANGEL, ELEAZAR.
REPORTAJES. EL 14 DE FEBRERO - LA HUELGA DE JUNIO,
1937. ANO DEL REFLUJO, 1960. ORIGENES DE LA
VIOLENCIA EN EL MOVIMIENTO SINDICAL.
CARACAS. ASOCIACION VENEZOLANA DE PERIODISTAS (JDN)
Y EL SINDICATO NACIONAL DE TRABAJADORES DE LA
PRENSA, 1965.
3391
DIAZ SANCHEZ, RAMON.
AMBITO Y ACENTO PARA UNA TEORIA DE LA VENEZOLANIDAD.
CARACAS. EDITORIAL ELITE, 1938. (ASOCIACION DE
ESCRITORES VENEZOLANOS. CUADERNOS, NO. 2).
3392
DIAZ SANCHEZ, RAMON.
DOS ROSTROS DE VENEZUELA.
CARACAS, 1949. (CUADERNOS LITERARIOS DE LA
ASOCIACION DE ESCRITORES VENEZOLANOS, NO. 62).
3393
DIAZ SANCHEZ, RAMON.
PAISAJE HISTORICO DE LA CULTURA VENEZOLANA.
BUENOS AIRES. EDITORIAL UNIVERSITARIA DE BUENOS
AIRES, 1965. (BIBLIOTECA DE AMERICA. LIBROS DEL
TIEMPO NUEVO, NO. 38).
3394
DIAZ SANCHEZ, RAMON.
TERESA DE LA PARRA. CLAVE PARA UNA INTERPRETACION.
GLOSAS DE CARTAS, FOTOGRAFIAS, CONFERENCIAS Y
FRAGMENTOS DEL DIARIO DE LA ESCRITORA, DESDE SU
REVELACION LITERARIA EN CARACAS, 1922, HASTA SU
MUERTE EN MADRID, 1936. FINALIZA CON UN ELOGIO
EPISTOLAR POR GABRIEL MISTRAL Y UNA NOTA POSTRERA DE
TIERRA DE JUZO.

CARACAS. EDICIONES GARRIDO, 1954.
3395
DIAZ SEIJAS, PEDRO.
ANTIGUA Y LA MODERNA LITERATURA VENEZOLANA (LA).
ESTUDIO HISTORICO-CRITICO, CON ANTOLOGIA.
CARACAS. EDICIONES ARMITANO, 1966.
3396
DIAZ SEIJAS, PEDRO.
APUNTES Y APROXIMACIONES, NOTAS Y COMENTARIOS.
CARACAS. ASOCIACION DE ESCRITORES VENEZOLANOS, 1962.
(CUADERNOS LITERARIOS, NO. 115).
3397
DIAZ SEIJAS, PEDRO.
EN VIGILIA, ENSAYOS.
CARACAS, 1959.
3398
DIAZ SEIJAS, PEDRO.
ESPEJOS DEL TIEMPO. ENSAYOS.
CARACAS. J. VILLEGAS, 1953.
3399
DIAZ SEIJAS, PEDRO.
HISTORIA Y ANTOLOGIA DE LA LITERATURA VENEZOLANA. 3D
ED., CORREGIDA Y AUMENTADA.
MADRID. J. VILLEGAS, 1960.
3400
DIAZ SEIJAS, PEDRO.
IDEAS PARA UNA INTERPRETACION DE LA REALIDAD
VENEZOLANA.
CARACAS. J. VILLEGAS, 1962.
3401
DIAZ SEIJAS, PEDRO.
INTRODUCCION AL ESTUDIO DEL ENSAYO EN VENEZUELA.
CARACAS. EDITORIAL ATLANTIDA, 1946.
3402
DIAZ SEIJAS, PEDRO.
LITERATURA VENEZOLANA. TESIS Y ANTOLOGIA PREPARADOS
DE ACUERDO CON EL PROGRAMA OFICIAL.
CARACAS. PENSAMIENTO VIVO, 1950, 4 VOLS.
3403
DIAZ SEIJAS, PEDRO.
NOVELA Y EL ENSAYO EN VENEZUELA (LA).
CARACAS. E. ARMITANO, 1972.
3404
DIAZ SEIJAS, PEDRO.
ROMULO GALLEGOS. REALIDAD Y SIMBOLO. PROLOGO DE
DEMETRIO AGUILERA MALTA.
MEXICO. B. COSTA AMIC, 1967.
3405
DIAZ SEIJAS, PEDRO, COMP.
LECTURAS PATRIOTICAS. APRENDIZAJE DE VENEZOLANIDAD A
TRAVES DE LOS MAS EMINENTES PENSADORES NACIONALES.
SELECCION. 2D ED.
CARACAS. J. VILLEGAS, 1955.

3406
DOLLERO, ADOLFO.
CULTURA DE VENEZUELA. APUNTACIONES SOBRE LA
EVOLUCION DE LA CULTURA DESDE LA CONQUISTA.
EXCURSIONES.
CARACAS. TIPOGRAFIA AMERICANA, 1933, 2 VOLS.

3407
DOMINGUEZ, LUIS ARTURO.
CONOZCAMOS NUESTRO FOLKLORE.
CARACAS. EDICIONES CO-BO, 1966.

3408
DOMINGUEZ, LUIS ARTURO.
FIESTAS TRADICIONALES DE LOS ESTADOS ANDINOS
VENEZOLANOS.
CARACAS. EDICIONES DEL EJECUTIVO DEL ESTADO
TRUJILLO, 1961. (BIBLIOTECA TRUJILLANA DE CULTURA).

3409
DOMINGUEZ, LUIS ARTURO.
FIESTAS TRADICIONALES DEL ESTADO MIRANDA.
CARACAS. EL COJO, 1965.

3410
DOMINGUEZ, LUIS ARTURO. * SALAZAR QUIJADA, ADOLFO.
FIESTAS Y DANZAS FOLKLORICAS EN VENEZUELA.
CARACAS. MONTE AVILA EDITORES, 1969. (COLECCION
TEMAS VENEZOLANOS).

3411
DOMINGUEZ, LUIS ARTURO.
LEYENDAS Y CUENTOS FOLKLORICOS.
CARACAS, 1966.

3412
DOMINGUEZ, LUIS ARTURO.
TURISMO Y FOLKLORE.
CARACAS. EDICIONES ECONOMICAS DE CULTURAL QUINTERO,
1967.

3413
DUARTE, CARLOS F., ED.
MATERIALES PARA LA HISTORIA DE LAS ARTES DECORATIVAS
EN VENEZUELA.
CARACAS. ACADEMIA NACIONAL DE LA HISTORIA, 1971.
(BIBLIOTECA DE LA ACADEMIA NACIONAL DE LA HISTORIA,
NO. 104).

3414
DUARTE, CARLOS F.
HISTORIA DE LA ORFEBRERIA EN VENEZUELA.
CARACAS. MONTE AVILA EDITORES, 1970.

3415
DUARTE, CARLOS F.
MUEBLES VENEZOLANOS. SIGLOS XVI, XVII Y XVIII.
DIAGRAMACION POR FERNANDO IRAZABAL. FOTOGRAFIAS DE
ESTUDIO FOTOGRAFICO F. IRAZABAL.
CARACAS. GRUPO EDITOR CUATRO, 1967.

3416
DUBUC DE ISEA, LOURDES.

ROMERIA POR EL FOLKLORE BOCONES.
MERIDA. UNIVERSIDAD DE LOS ANDES, 1966.
3417

ERRANDONEA, IGNACIO, COMP.
CELESTIALES (LAS). PREFACIO DE MIGUEL OTERO SILVA.
ILUSTRACIONES DE FRAY JOSEBA ESCUCARRETA. 2D ED.
CARACAS. J.A. CATALA, 1974.
3418

FABBIANI RUIZ, JOSE.
CUENTO EN VENEZUELA (EL).
CARACAS. PENSAMIENTO VIVO, 1953.
3419

FABBIANI RUIZ, JOSE.
CUENTOS Y CUENTISTAS. LITERATURA VENEZOLANA.
CARACAS. EDICIONES DE LA LIBRERIA CRUZ DEL SUR,
1951.
3420

FABBIANI RUIZ, JOSE.
TRES TEMAS DE POESIA VENEZOLANA.
CARACAS. UNIVERSIDAD CENTRAL DE VENEZUELA, DIRECCION
DE CULTURA, 1966. (CUADERNOS DE CRITICA LITERARIA,
NO. 1).
3421

FEBRES CORDERO, TULIO.
COLECCION DE CUENTOS. VIDA PROVINCIANA. MEMORIAS DE
UN MUCHACHO. EDICION CONMEMORATIVA.
BOGOTA. EDITORIAL ANTARES, 1960. (OBRAS COMPLETAS,
VOL. 6, APENDICE).
3422

FEBRES CORDERO, TULIO.
DON QUIJOTE EN AMERICA ... LA HIJA DEL CACIQUE,
NOVELA HISTORICA. EDICION CONMEMORATIVA.
BOGOTA. EDITORIAL ANTARES, 1960. (OBRAS COMPLETAS,
VOL. 5).
3423

FEBRES CORDERO G., JULIO.
ESTABLECIMIENTO DE LA IMPRENTA EN ANGOSTURA, EL
CORREO DEL ORINOCO.
CARACAS. UNIVERSIDAD CENTRAL DE VENEZUELA, 1964.
3424

FEBRES CORDERO G., JULIO.
HISTORIA DE LA IMPRENTA Y DEL PERIODISMO EN
VENEZUELA, 1800-1830.
CARACAS. BANCO CENTRAL DE VENEZUELA, 1974.
(COLECCION CUATRICENTENARIO DE CARACAS).
3425

FEBRES CORDERO G., JULIO.
TRES SIGLOS DE IMPRENTA Y CULTURA VENEZOLANAS,
1500-1800.
CARACAS. UNIVERSIDAD CENTRAL DE VENEZUELA, ESCUELA
DE PERIODISMO, INSTITUTO DE INVESTIGACIONES DE
PRENSA, 1959.

3426
FELICE CARDOT, CARLOS.
TIERRAS Y HOMBRES. DISCURSOS.
MADRID. EDITORIAL A.G.A., 1953.

3427
FERNANDEZ LARRAIN, SERGIO.
CARTAS A BELLO EN LONDRES, 1810-1829.
SANTIAGO. EDITORIAL ANDRES BELLO, 1968.

3428
FERNANDEZ MACHADO, BENITO.
HISTORIA DEL TELEGRAFO EN VENEZUELA.
CARACAS. IMPRENTA NACIONAL, 1955.

3429
FUNDACION EUGENIO MENDOZA.
ARTE PREHISPANICO DE VENEZUELA.
CARACAS, 1971.

3430
FUNDACION VICENTE LECUNA, CARACAS.
MISCELANEA VICENTE LECUNA, HOMENAJE CONTINENTAL.
CARACAS. CROMOTIP, 1959-.

3431
GABALDON MARQUEZ, JOAQUIN.
GACETILLAS DE DIOS, DE LOS HOMBRES Y DE LOS
ANIMALES.
CARACAS, 1957.

3432
GALLEGOS, ROMULO.
ANTOLOGIA DE ROMULO GALLEGOS. PROLOGO Y SELECCION DE
PEDRO DIAZ SEIJAS.
MEXICO. B. COSTA-AMIC, 1966. (PENSAMIENTO DE
AMERICA, SERIE 2, VOL. 3).

3433
GALLEGOS, ROMULO.
OBRAS COMPLETAS. PROLOGO DE JESUS LOPEZ PACHECO. 2D
ED.
MADRID. AGUILAR, 1959-1962, 2 VOLS. (BIBLIOTECA DE
AUTORES MODERNOS).

3434
GARCIA A., GUILLERMO S.
VALORES HUMANOS DEL TELEGRAFO EN VENEZUELA.
MARACAY, VENEZUELA, 1956.

3435
GARCIA BACCA, JUAN DAVID.
ANTROPOLOGIA FILOSOFICA CONTEMPORANEA, DIEZ
CONFERENCIAS, 1955.
CARACAS. UNIVERSIDAD CENTRAL DE VENEZUELA, FACULTAD
DE HUMANIDADES Y EDUCACION, INSTITUTO DE FILOSOFIA,
1957. (FILOSOFIA, NO. 5).

3436
GARCIA BACCA, JUAN DAVID.
CLASICOS GRIEGOS DE MIRANDA (LOS). AUTOBIOGRAFIA.
CARACAS. EDICIONES DE LA BIBLIOTECA DE LA
UNIVERSIDAD CENTRAL DE VENEZUELA, 1969.

3437
GARCIA BACCA, JUAN DAVID.
ELOGIO DE LA TECNICA.
CARACAS. MONTE AVILA EDITORIES, 1968. (COLECCION
ESTUDIOS).

3438
GARCIA BACCA, JUAN DAVID, COMP.
ANTOLOGIA DEL PENSAMIENTO FILOSOFICO VENEZOLANO
(SIGLOS XVII - XVIII). INTRODUCCIONES SISTEMATICAS
Y PROLOGOS HISTORICOS.
CARACAS. EDICIONES DEL MINISTERIO DE EDUCACION,
DIRECCION DE CULTURA Y BELLAS ARTES, 1954, 3 VOLS.

3439
GARCIA CHUECOS, HECTOR.
HISTORIA DE LA CULTURA INTELECTUAL DE VENEZUELA
DESDE SU DESCUBRIMIENTO HASTA 1810.
CARACAS. EDITORIAL SUR AMERICA, 1936.

3440
GARCIA HERNANDEZ, MANUEL.
ESTAMPAS VENEZOLANAS CRONICAS PERIODISTICAS.
PROLOGO DE J. A. COVA.
CARACAS. IMPRENTA NACIONAL, 1955.

3441
GARCIA PONCE, SERVANDO.
APUNTES SOBRE LA LIBERTAD DE PRENSA EN VENEZUELA.
CARACAS. UNIVERSIDAD CENTRAL DE VENEZUELA, FACULTAD
DE HUMANIDADES Y EDUCACION, ESCUELA DE PERIODISMO,
1961. (CUADERNO, NO. 15).

3442
GASPARINI, GRAZIANO.
ARQUITECTURA COLONIAL DE CORO (LA).
CARACAS. EDICIONES "A," 1961.

3443
GASPARINI, GRAZIANO.
ARQUITECTURA COLONIAL EN VENEZUELA (LA).
CARACAS. EDICIONES ARMITANO, 1965.

3444
GASPARINI, GRAZIANO. * POSANI, JUAN PEDRO.
CARACAS A TRAVES DE SU ARQUITECTURA.
CARACAS. FUNDACION FINA GOMEZ, 1969.

3445
GASPARINI, GRAZIANO.
CASA COLONIAL VENEZOLANA (LA).
CARACAS. UNIVERSIDAD CENTRAL DE VENEZUELA, CENTRO DE
ESTUDIANTES DE ARQUITECTURA, 1962.

3446
GASPARINI, GRAZIANO.
PROMESA DE VENEZUELA. COMENTARIO DE MARIANO PICON
SALAS.
CARACAS. EDICIONES DE LA PRESIDENCIA DE LA
REPUBLICA, 1964.

3447
GASPARINI, GRAZIANO.
RESTAURACION DE TEMPLOS COLONIALES EN VENEZUELA. CON

UNA INTRODUCCION DEL DR. JOSE S. NUNEZ ARISTIMUNO.
CARACAS. MINISTERIO DE JUSTICIA, DIRECCION DE CULTO,
1969.

3448

GASPARINI, GRAZIANO. * DUARTE, CARLOS F.
RETABLOS DEL PERIODO COLONIAL EN VENEZUELA (LOS).
CARACAS. E. ARMITANO, 1971.

3449

GASPARINI, GRAZIANO.
TEMPLOS COLONIALES DE VENEZUELA.
CARACAS. EDICIONES "A," 1959.

3450

GASPARINI, GRAZIANO.
VENEZUELA. MONUMENTOS HISTORICOS Y ARQUELOGICOS.
MEXICO. INSTITUTO PANAMERICANO DE GEOGRAFIA E
HISTORIA, COMISION DE HISTORIA, 1966. (115
MONUMENTOS HISTORICOS Y ARQUELOGICOS, NO. 14).

3451

GHIOLDI, AMERICO, ET AL.
LIBERTAD DE PRENSA Y OTROS ENSAYOS SOBRE PERIODISMO.
PROLOGO DE MIGUEL ACOSTA SAIGNES.
CARACAS. UNIVERSIDAD CENTRAL DE VENEZUELA, FACULTAD
DE HUMANIDADES Y EDUCACION, 1969. (EDICIONES DEL XX
ANIVERSARIO DE LA ESCUELA DE PERIODISMO, 1947-1967).

3452

GINNARI, RAFAEL.
PEQUENA ENCICLOPEDIA DE PINTURA VENEZOLANA.
CARACAS. MORANDUZZO S.R.L., 1967-, 11 NOS. TO DATE.

3453

GIRARD, SHARON E.
MUSIC OF THE REQUIEM IN VENEZUELA. A STUDY OF THE
COLONIAL TRADITION AND ITS BACKGROUND OF FOLK AND
AUTOCHTHONOUS MUSIC OF THE DEAD.
PH.D. DISS., UNIVERSITY OF CALIFORNIA, LOS ANGELES,
1975, 3 VOLS.

3454

GOMEZ DE IVASHEVSKY, AURA.
LENGUAJE COLOQUIAL VENEZOLANO.
CARACAS. UNIVERSIDAD CENTRAL DE VENEZUELA, FACULTAD
DE HUMANIDADES Y EDUCACION, INSTITUTO DE FILOLOGIA
"ANDRES BELLO," 1969.

3455

GOMEZ HOYOS, RAFAEL.
CREADORES DE CULTURA EN AMERICA HISPANA.
BOGOTA. EDITORIAL KELLY, 1967. (BIBLIOTECA DEL
INSTITUTO COLOMBIANO DE CULTURA HISPANICA, NO. 6).

3456

GONZALEZ, ELOY GUILLERMO.
EN LA TRIBUNA Y EN LA CATEDRA. PROLOGO POR VIRGILIO
TOSTA.
CARACAS. EDICIONES DE LA PRESIDENCIA DE LA
REPUBLICA, 1973.

3457
GONZALEZ C., RICARDO.
AFIRMACION VENEZOLANISTA.
CARACAS. EDITORA GRAFOS, 1957.

3458
GOSLINGA, CORNELIS CHRISTIAAN.
VENEZUELAN PAINTING IN THE NINETEENTH CENTURY.
ASSEN. VAN GORCUM Y COMP., 1967.

3459
GRAMCKO, IDA.
ESTE CANTO RODADO.
CARACAS. COMISION NACIONAL DEL CUATRICENTENARIO DE
LA FUNDACION DE CARACAS, 1967. (EDICIONES DEL
CUATRICENTENARIO DE CARACAS).

3460
GRAMCKO, IDA.
MAGIA Y AMOR DEL PUEBLO.
CARACAS. OFICINA CENTRAL DE INFORMACION, 1970.

3461
GRANELL MUNIZ, MANUEL.
DEL PENSAR VENEZOLANO. PROLOGO DEL DR. RICARDO
AZPURUA AYALA.
CARACAS. EDICIONES CATANA, 1967.

3462
GRASES, PEDRO.
ANDRES BELLO, EL PRIMER HUMANISTA DE AMERICA.
BUENOS AIRES. EDICIONES DEL TRIDENTE, 1946.

3463
GRASES, PEDRO.
ANDRES BELLO Y LA CULTURA.
CARACAS. MINISTERIO DE EDUCACION, DIRECCION GENERAL,
DEPARTAMENTO DE PUBLICACIONES, 1970.

3464
GRASES, PEDRO.
ANTOLOGIA DEL BELLISMO EN VENEZUELA.
CARACAS. INSTITUTO NACIONAL DE CULTURA Y BELLAS
ARTES, 1969. (BIBLIOTECA POPULAR VENEZOLANA, NO.
123).

3465
GRASES, PEDRO.
CARACTERES DE LA REALIDAD EDITORIAL EN VENEZUELA.
MARACAIBO, 1962.

3466
GRASES, PEDRO.
CENTENARIO DE VALENTIN ESPINAL. 1803-1966.
CARACAS, 1966.

3467
GRASES, PEDRO.
CON LUIS CORREA, SUMA DE GENEROSIDAD EN LAS LETRAS
VENEZOLANAS.
CARACAS, TIPOGRAFIA AMERICANA DE P. VALERY RISQUEZ,
1941.

3468
GRASES, PEDRO.

DOMINGO NAVAS SPINOLA, IMPRESOR, EDITOR Y AUTOR.
MADRID. EDITORIAL MAESTRE, 1960.

3469

GRASES, PEDRO.
HISTORIA DE LA IMPRENTA EN VENEZUELA, HASTA FIN DE
LA PRIMERA REPUBLICA (1812).
CARACAS. EDICIONES DE LA PRESIDENCIA DE LA
REPUBLICA, 1967.

3470

GRASES, PEDRO.
IMPRENTA Y LA CULTURA EN LA PRIMERA REPUBLICA,
1810-1812 (LA).
CARACAS. UNIVERSIDAD CENTRAL DE VENEZUELA, FACULTAD
DE HUMANIDADES Y EDUCACION, INSTITUTO DE FILOSOFIA,
195-.

3471

GRASES, PEDRO.
IMPRESOS DE ANGOSTURA. 1817-1822. FACSIMILES.
CARACAS. EDICIONES DE LA PRESIDENCIA DE LA
REPUBLICA, 1969. (HOMENAJE AL SESQUICENTENARIO DEL
CONGRESO DE ANGOSTURA).

3472

GRASES, PEDRO.
LIBROS Y LIBERTAD.
CARACAS. PRESIDENCIA DE LA REPUBLICA, 1974.

3473

GRASES, PEDRO.
MANUEL SEGUNDO SANCHEZ, 1868-1945.
CARACAS. BANCO CENTRAL DE VENEZUELA, 1964.

3474

GRASES, PEDRO.
MIRANDA Y LA INTRODUCCION DE LA IMPRENTA EN
VENEZUELA. EDICION CONMEMORATIVA DEL
SESQUICENTANARIO DE LA INTRODUCCION DE LA IMPRENTA
EN VENEZUELA, 1808-1958.
CARACAS. CREOLE PETROLEUM CORP., 1958.

3475

GRASES, PEDRO.
PRENSA HEROICA (LA). SELECCION DEL "CORREO DEL
ORINOCO" EN HOMENAJE AL SESQUICENTENARIO DEL
PERIODICO DE ANGOSTURA, 1818-1822.
CARACAS. EDICIONES DE LA PRESIDENCIA DE LA
PEPUBLICA, 1968.

3476

GRASES, PEDRO.
RETRATOS DE BELLO (LOS). NOTAS HISTORICAS SOBRE LAS
INTERPRETACIONES EN LA VIDA DEL HUMANISTA.
CARACAS. EDICIONES DE LA PRESIDENCIA DE LA
REPUBLICA, 1969.

3477

GRASES, PEDRO.
VIDA Y OBRA DE DON ANDRES BELLO.
CARACAS. MINISTERIO DE EDUCACION, DIRECCION GENERAL,

DEPARTAMENTO DE PUBLICACIONES, 1970.
3478
GRASES, PEDRO, COMP.
EN EL CINCUENTENARIO DE COSMOPOLIS, SELECCION DE
ARTICULOS DOCTRINALES.
CARACAS. INSTITUTO PEDAGOGICO NACIONAL, 1944.
3479
GRASES, PEDRO, COMP.
ESPANA HONRA A DON ANDRES BELLO. EDICION
CONMEMORATIVA DE LA ERECCION DE LA ESTATUA DE ANDRES
BELLO EN MADRID, ABRIL DE 1972.
CARACAS. PRESIDENCIA DE LA REPUBLICA, 1972.
3480
GRASES, PEDRO, ED.
ANORANZAS DE VENEZUELA. ANTOLOGIA, COMPILACION,
PROLOGO Y NOTAS POR PEDRO GRASES.
CARACAS. DIRECCION DE CULTURA, MINISTERIO DE
EDUCACION NACIONAL, 1946. (BIBLIOTECA POPULAR
VENEZOLANA. SERIE MARRON. ANTOLOGIAS Y SELECCIONES,
NO. 10).
3481
GRASES, PEDRO, ED.
FACSIMILES DE VALENTIN ESPINAL. 1803-1866.
CARACAS. FUNDACION EUGENIO MENDOZA, 1966.
3482
GRASES, PEDRO, ED.
ORIGENES DE LA IMPRENTA EN VENEZUELA Y PRIMICIAS
EDITORIALES DE CARACAS.
CARACAS. EL NACIONAL, 1958.
3483
GUERRA, RAFAEL SATURNO.
APUNTES PARA LA HISTORIA DEL PERIODISMO CARABOBENO.
CARACAS. EDITORIAL UNIVERSITARIA, 1949.
3484
GUERRERO, EMILIO CONSTANTINO.
DICCIONARIO FILOLOGICO, ESTUDIO GENERAL SOBRE EL
LENGUAJE VENEZOLANO, CON REFERENCIA AL DE ESPANA Y
AL DE OTROS PAISES DE LA AMERICA LATINA.
NITEROI, BRAZIL. ESCOLA TYP. SALESIANA, 1913.
3485
GUEVARA CARRERA, JESUS MARIA.
TRADICIONES POPULARES DE VENEZUELA.
BOLIVAR. TIPOGRAFIA LA EMPRESA, 1925-.
3486
GUILLENT PEREZ, J.R.
VENEZUELA Y EL HOMBRE DEL SIGLO XX.
CARACAS. EDICIONES REUNION DE PROFESORES, 1966.
3487
GUMILLA, JOSEPH.
TRIBUS INDIGENAS DEL ORINOCO.
CARACAS. INSTITUTO NACIONAL DE COOPERACION
EDUCATIVA, 1970. (EDICIONES CULTURALES INCE, NO. 4).

3488
HELLMUND TELLO, ARTURO.
LEYENDAS INDIGENAS DEL BAJO ORINOCO.
CARACAS, 1948.

3489
HELLMUND TELLO, ARTURO.
LEYENDAS INDIGENAS GUAJIRAS.
CARACAS, 1951.

3490
HELLMUND TELLO, ARTURO.
LEYENDAS INDIGENAS PARIANAS. 2D ED.
CARACAS, 1949.

3491
HERNANDEZ, MARCIAL.
OBRAS COMPLETAS.
CARACAS. COOPERATIVAS DE ARTES GRAFICAS, 1936-, 3
VOLS.

3492
HERNANDEZ, MARCIAL.
TEMAS DE CLIO, PROSAS.
CARACAS. COOPERATIVA DE ARTES GRAFICAS, 1937.
(OBRAS COMPLETAS DE MARCIAL HERNANDEZ).

3493
HERNANDEZ RON, SANTIAGO.
ESTAMPILLAS CLASICAS DE VENEZUELA.
CARACAS. BANCO INDUSTRIAL DE VENEZUELA, 1967.

3494
HERNANDEZ RON, SANTIAGO.
ORIGENES DE LAS DOS PRIMEROS EMISIONES DE LAS
ESTAMPILLAS DE CORREO DE VENEZUELA.
CARACAS. TIPOGRAFIA EIZMENDI SCRS., 1956.

3495
HERRERA CAMPINS, LUIS.
PERIODISMO. ORIENTACION POPULAR Y BUSQUEDA DE LA
VERDAD.
CARACAS. EDICIONES DE LA FRACCION PARLAMENTARIA DEL
PARTIDO SOCIALCRISTIANO, 1972. (COLECCION IDEOLOGIA
Y DOCTRINA, NO. 3).

3496
HERRERA LUQUE, FRANCISCO J.
VIAJEROS DE INDIAS (LOS). ENSAYO DE INTERPRETACION
DE LA SOCIOLOGIA VENEZOLANA.
CARACAS. IMPRENTA NACIONAL, 1961.

3497
HISTORIA DE LA CULTURA EN VENEZUELA.
CARACAS. UNIVERSIDAD CENTRAL DE VENEZUELA, FACULTAD
DE HUMANIDADES Y EDUCACION, INSTITUTO DE FILOSOFIA,
1955-1956, 2 VOLS.

3498
HOENIGSBERG, JULIO.
CONJURA DE LA HISTORIA CONTRA EL SABIO. DON ANDRES
BELLO EN EL PRIMER CENTENARIO DE SU MUERTE,
1865-1965. ENSAYO BIOGRAFICO.
BARRANQUILLA, COLOMBIA. IMPRENTA DEPARTAMENTAL,

1965.
3499
HOLBO, PAUL S.
PERILOUS OBSCURITY. PUBLIC DIPLOMACY AND THE PRESS
IN THE VENEZUELAN CRISIS, 1902-1903. IN.
THE HISTORIAN, 32(1970), 428-448.
3500
HUNG VAILLANT, FRANCISCO.
REGULACION DE LA ACTIVIDAD PUBLICITARIA (LA).
CARACAS. UNIVERSIDAD CENTRAL DE VENEZUELA, FACULTAD
DE DERECHO, 1972. (COLECCION TRABAJOS DE ASCENSO,
NO. 3).
3501
INTER-AMERICAN CONFERENCE. 10TH, CARACAS, 1954.
PINTURA EN VENEZUELA (LA). POR MARIANO PICON SALAS.
CARACAS. SECRETARIA GENERAL DE LA DECIMA CONFERENCIA
INTERAMERICANA, 1954.
3502
JACKSON, LELAND H.
ANDRES BELLO, LATIN AMERICAN HUMANIST.
PH.D. DISS., TEXAS CHRISTIAN UNIVERSITY, 1968.
3503
JOHNSON, ERNEST A., JR.
JUAN A. PEREZ BONALDE. LOS ANOS DE FORMACION.
DOCUMENTOS 1846-1870.
MERIDA. UNIVERSIDAD DE LOS ANDES, FACULTAD DE
HUMANIDADES Y EDUCACION, ESCUELA DE LETRAS, 1971.
3504
KEY AYALA, SANTIAGO.
OBRAS SELECTAS.
MADRID. EDICIONES EDIME, 1955.
3505
KOHN DE BEKER, MARISA.
TENDENCIAS POSITIVISTAS EN VENEZUELA.
CARACAS. EDICIONES DE LA BIBLIOTECA DE LA
UNIVERSIDAD CENTRAL DE VENEZUELA, 1970. (COLECCION
AVANCE, NO. 25).
3506
KORN, GUILLERMO.
OBRA Y GRACIA DE "EL COJO ILLUSTRADO".
CARACAS. UNIVERSIDAD CENTRAL DE VENEZUELA, FACULTAD
DE HUMANIDADES Y EDUCACION, INSTITUTO DE
INVESTIGACIONES DE PRENSA, 1967.
3507
LEAL, ILDEFONSO.
CULTURA VENEZOLANA EN EL SIGLO XVIII (LA).
CARACAS. ACADEMIA NACIONAL DE LA HISTORIA, 1971.
3508
LHAYA, PEDRO.
FLOR DE GALIPAN (LA).
CARACAS. COMISION NACIONAL DEL CUATRICENTENARIO DE
LA FUNDACION DE CARACAS, 1967. (EDICIONES DEL
CUATRICENTENARIO DE CARACAS).

3509
    LIBERTAD DE IMPRENTA. SELECCION (1820-1864).
    CARACAS. PUBLICACIONES DE LA PRESIDENCIA DE LA
    REPUBLICA, 1966. (COLECCION NUESTRO SIGLO XIX, NO.
    10).

3510
    LISCANO VELUTINI, JUAN.
    FOLKLORE Y CULTURA, ENSAYOS.
    CARACAS. AVILA GRAFICA, 1950.

3511
    LISCANO VELUTINI, JUAN.
    NOMBRAR CONTRA EL TIEMPO. ANTOLOGIA.
    CARACAS. MONTE AVILA EDITORES, 1968. (COLECCION
    ALTAZOR).

3512
    LISCANO VELUTINI, JUAN.
    TIEMPO DESANDADO. POLEMICAS, POLITICA Y CULTURA.
    CARACAS. EDICIONES DEL MINISTERIO DE EDUCACION,
    DIRECCION DE CULTURA Y BELLAS ARTES, DEPARTAMENTO
    DE PUBLICACIONES, 1964-.

3513
    LOPE BELLO, CONSUELO. * ARISTEGUIETA, JEAN, EDS.
    HOMENAJE A CARACAS.
    CARACAS. LIRICA HISPANA, 1965.

3514
    LOPE BELLO, CONSUELO.
    MUJER Y LA POESIA EN VENEZUELA (LA).
    CARACAS. LIRICA HISPANA, 1963.

3515
    LUNA, JOSE RAMON.
    POSITIVISMO EN LA HISTORIA DEL PENSAMIENTO
    VENEZOLANO.
    CARACAS. EDITORIAL ARTE, 1971.

3516
    LUZARDO, RODOLFO.
    LENGUAJE ZULIANO. CASTELLANO, MODISMOS Y
    BARBARISMOS.
    CARACAS. EDITORIAL SUCRE, 1966.

3517
    LUZARDO, RODOLFO.
    NOTAS HISTORICO-ECONOMICAS, 1928-1963.
    CARACAS. EDITORIAL SUCRE, 1963.

3518
    MACHADO, JOSE EUSTAQUIO.
    CANCIONERO POPULAR VENEZOLANO.
    CARACAS. EDICIONES DE LA PRESIDENCIA DE LA
    REPUBLICA, 1976.

3519
    MADRIZ GALINDO, FERNANDO.
    FOLKLORE DE BARLOVENTO.
    CUMANA. EDICIONES DE LA UNIVERSIDAD DE ORIENTE,
    1964.

3520

MANZANO, LUCAS.
TIEMPOS VIEJOS. TRADICIONES POPULARES.
CARACAS. IMPRESORES UNIDOS, 1942.

3521

MARCANO ROSAS, JOSE.
TESTIMONIOS MARGARITENOS.
LA ASUNCION. IMPRENTA OFICIAL DEL ESTADO NUEVA
ESPARTA, 1971.

3522

MARCO DORTA, ENRIQUE, ED.
MATERIALES PARA LA HISTORIA DE LA CULTURA EN
VENEZUELA, 1523-1828. DOCUMENTOS DEL ARCHIVO GENERAL
DE INDIAS DE SEVILLA.
CARACAS. FUNDACION JOHN BOULTON, 1967.

3523

MARINAS OTERO, LUIS.
PINTURA EN VENEZUELA (LA).
MERIDA. UNIVERSIDAD DE LOS ANDES, 1963.

3524

MASSIANI, FELIPE.
GEOGRAFIA ESPIRTUAL. 2ND ED.
CARACAS. MINISTERIO DE EDUCACION NACIONAL, DIRECCION
DE CULTURA, 1949. (BIBLIOTECA POPULAR VENEZOLANA,
31).

3525

MASSIANI, FELIPE.
HOMBRE Y LA NATURALEZA VENEZOLANA EN ROMULO GALLEGOS
(EL).
CARACAS. EDITORIAL ELITE, 1943.

3526

MATOS ROMERO, MANUEL.
CONCEPTOS SOBRE EL ORIGEN HISTORICO Y EVOLUCION Y
DESARROLLO DE LA MUSICA EN EL ZULIA.
MARACAIBO. TIPOGRAFIA CRIOLLO, 1948.

3527

MATOS ROMERO, MANUEL.
GAITA ZULIANA (LA). ORIGEN, EVOLUCION Y OTROS
ASPECTOS. FOLKLORE MUSICAL ZULIANO.
MARACAIBO, 1968.

3528

MATOS ROMERO, MANUEL.
GUAJIRA (LA). SU IMPORTANCIA.
CARACAS. EMPRESA EL COJO, 1971.

3529

MATOS ROMERO, MANUEL.
HISTORIA DE LA MUSICA EN LA ZULIA.
MARACAIBO. TIPOGRAFIA CERVANTES, 1968.

3530

MATOS ROMERO, MANUEL.
IMPROVISADORES POPULARES DEL ZULIA (FOLCLORE LIRICO
ZULIANO) Y, SUPERSTICIONES (FOLCLORE ANIMICO DEL
ZULIA). 2D ED.
MARACAIBO, 1969.

3531
MATOS ROMERO, MANUEL.
MARACAIBO DEL PASADO. FOLKLORE ZULIANO.
MARACAIBO, 1967.

3532
MAYZ VALLENILLA, ERNESTO.
DE LAS GENERACIONES.
CARACAS, 1957.

3533
MEDINA, JOSE RAMON.
CINCUENTA ANOS DE LITERATURA VENEZOLANA (1918-1968).
CARACAS. MONTE AVILA EDITORES, 1969. (COLECCION
PRISMA).

3534
MEDINA, JOSE RAMON.
ENSAYOS Y PERFILES.
CARACAS. MINISTERIO DE EDUCACION, DIRECCION GENERAL,
1969. (COLECCION VIGILIA, NO. 21).

3535
MEDINA, JOSE RAMON.
EXAMEN DE LA POESIA VENEZOLANA CONTEMPORANEA.
CARACAS. EDICIONES DEL MINISTERIO DE EDUCACION,
DIRECCION DE CULTURA Y BELLAS ARTES, 1956.
(COLECCION LETRAS VENEZOLANAS, NO. 4).

3536
MEDINA, JOSE RAMON.
RAZON DE POESIA. CRITICAS, DEDICADAS A LOS POETAS
CONTEMPORANEOS DE VENEZUELA.
CARACAS. EDICIONES PARAGUACHOA, 1960.

3537
MEDINA, JOSE RAMON.
RAZONES Y TESTIMONIOS.
CARACAS. ASOCIACION DE ESCRITORES VENEZOLANOS, 1960.
(CUADERNOS LITERARIOS, NO. 106).

3538
MEDINA, JOSE RAMON.
VISION DE LA LITERATURA VENEZOLANA CONTEMPORANEA
(UNA).
SANTIAGO, 1962.

3539
MEDINA, JOSE RAMON, ED.
ANTOLOGIA VENEZOLANA. PROSA.
MADRID. EDITORIAL GREDOS, 1962. (BIBLIOTECA
ROMANTICA HISPANICA, NO. 6. ANTOLOGIA HISPANICA, NO.
20).

3540
MEDINA, JOSE RAMON, ED.
ANTOLOGIA VENEZOLANA. VERSO.
MADRID. EDITORIAL GREDOS, 1962. (BIBLIOTECA
ROMANTICA HISPANICA).

3541
MEDINA, JOSE RAMON, ED.
NUEVA POESIA VENEZOLANA (LA). ANTOLOGIA.

CARACAS. ASOCIACION DE ESCRITORES VENEZOLANOS, 1959.
(CUADERNOS LITERARIOS, NO. 100).

3542

MEDINA, JOSE RAMON, ED.
POESIA DE VENEZUELA. ROMANTICOS Y MODERNISTAS.
BUENOS AIRES. EDITORIAL UNIVERSITARIA DE BUENOS
AIRES, 1966. (SERIE DEL NUEVO MUNDO).

3543

MEDINA, JOSE TORIBIO.
CONTRIBUCION A LA HISTORIA DE LA IMPRENTA EN
VENEZUELA. EDICION CONMEMORATIVA. PRESENTACION Y
NOTAS DE PEDRO GRASES.
CARACAS. MINISTERIO DE EDUCACION, DIRECCION DE
CULTURA Y BELLAS ARTES, 1952.

3544

MEDINA, JOSE TORIBIO.
IMPRENTA EN CARACAS (LA). FACSIMILE REPRODUCTION OF
TITLE PAGE OF FIRST EDITION, SANTIAGO DE CHILE,
1904.
AMSTERDAM. N. ISRAEL, 1964.

3545

MENDEZ AROCHA, ALBERTO.
PESCA EN LA ISLA MARGARITA (LA).
CARACAS. FUNDACION LA SALLE DE CIENCIAS NATURALES,
1963. (MONOGRAFIA, NO. 7).

3546

MENDOZA TROCONIS, JOSE RAFAEL.
SOCIOLOGIA IDEOLOGICA Y MORAL.
CARACAS. EDITORIAL ELITE, 1938.

3547

MENESES, GUILLERMO. * GASPARINI, GRAZIANO.
MUROS DE VENEZUELA.
CARACAS. EDICIONES ARMITANO, 1967.

3548

MENESES, GUILLERMO, ED.
ANTOLOGIA DEL CUENTO VENEZOLANO.
CARACAS. EDICIONES DEL MINISTERIO DE EDUCACION,
DIRECCION DE CULTURA Y BELLAS ARTES, 1955.
(BIBLIOTECA POPULAR VENEZOLANA, NO. 54).

3549

MIJARES, AUGUSTO.
LO AFIRMATIVO VENEZOLANO.
CARACAS. EDICIONES DE LA FUNDACION EUGENIO MENDOZA,
1963.

3550

MIJARES, AUGUSTO.
LUZ Y EL ESPEJO (LA). ENSAYOS.
CARACAS. EDICIONES DEL MINISTERIO DE EDUCACION,
DIRECCION DE CULTURA Y BELLAS ARTES, 1955.

3551

MILIANI, DOMINGO.
USLAR PIETRI, RENOVADOR DEL CUENTO VENEZOLANO.
CARACAS. MONTE AVILA EDITORES, 1969.

3552

MILIANI, DOMINGO.
VIDA INTELECTUAL DE VENEZUELA. DOS ESQUEMAS.
CARACAS. MINISTERIO DE EDUCACION NACIONAL,
DEPARTAMENTO DE PUBLICACIONES, 1971. (CUADERNOS DE
PROSA, NO. 8).

3553

MILLARES CARLO, AGUSTIN.
IMPRENTA Y EL PERIODISMO EN VENEZUELA DESDE SUS
ORIGENES HASTA MEDIADOS DEL SIGLO XIX (LA).
CARACAS. MONTE AVILA EDITORES, 1969.

3554

MILLARES CARLO, AGUSTIN. * SANCHEZ DIAZ, CARLOS,
COMPS.
MATERIALES PARA LA HISTORIA DE LA IMPRENTA Y EL
PERIODISMO EN EL ESTADO ZULIA.
CARACAS. PRESIDENCIA DE LA REPUBLICA, 1970.

3555

MILLE, NICOLAS P.
ALBUM GRAFICO DE MARGARITA.
CARACAS. EDICIONES N.P.M. PUBLICACIONES, 1967.

3556

MOHOLY NAGY, SIBYL.
CARLOS RAUL VILLANUEVA UND DIE ARCHITEKTUR
VENEZUELAS.
STUTTGART. HATJE, 1964.

3557

MOLINA, TEODORO R. * MATA VASQUEZ, BARTOLOME, EDS.
PATRIA VENEZOLANA. ANTOLOGIA.
CARACAS, 1954.

3558

MONASTERIOS, RUBEN.
MIEL Y EL VENENO (LA).
VALENCIA. UNIVERSIDAD DE CARABOBO, EDICIONES DE LA
DIRECCION DE CULTURA, 1971.

3559

MONROY PITTALUGA, FRANCISCO.
CUENTOS Y ROMANCES TRADICIONALES EN CAZORLA.
CARACAS. UNIVERSIDAD CENTRAL DE VENEZUELA, FACULTAD
DE FILOSOFIA Y LETRAS, 1952.

3560

MONTESINOS, EGIDIO ANTONIO.
OBRAS SELECTAS. ESTUDIO PRELIMINAR POR CARLOS FELICE
CARDOT.
CARACAS. IMPRENTA NACIONAL, 1966.

3561

MONTIEL MOLERO, CARLOS.
RASTROS DE UNA AFICION.
MARACAIBO. UNIVERSIDAD DEL ZULIA, DIRECCION DE
CULTURA, 1968.

3562

MORANTES, PEDRO MARIA (PSEUD. PIO GIL).
CABITO (EL). NOVELA VENEZOLANA CONTEMPORANEA. 4TH

ED.
CARACAS. TIPOGRAFIA GARRIDO, 1951.

3563
MORANTES, PEDRO MARIA (PSEUD. PIO GIL).
DIARIO INTIMO Y OTROS TEMAS.
CARACAS. EDICIONES DE LA PRESIDENCIA DE LA
REPUBLICA, 1965. (COLECCION VENEZUELA PEREGRINA, NO.
6).

3564
MOSONYI, ESTEBAN EMILIO.
MORFOLOGIA DEL VERBO YARURO. ESTUDIO DE LOS SUFIJOS
PERSONALES, TRABAJO DE INVESTIGACION LINGUISTICA.
CARACAS. UNIVERSIDAD CENTRAL DE VENEZUELA, CONSEJO
DE DESARROLLO CIENTIFICO Y HUMANISTICO, 1966.

3565
MUDARRA, MIGUEL ANGEL.
CULTURA SUCRENSE. 2D ED.
CARACAS. OFICINA CENTRAL DE INFORMACION, 1965.

3566
MUDARRA, MIGUEL ANGEL. * RUIZ DE NAZOA, ANA ADELINA.
MANUAL DE VENEZOLANIDAD PARA EXTRANJEROS.
CARACAS. IMPRENTA NACIONAL, 1964.

3567
MUJICA, HECTOR.
CHILE DESDE ADENTRO Y VENEZUELA DESDE AFUERA.
CARACAS. UNIVERSIDAD CENTRAL DE VENEZUELA, DIRECCION
DE CULTURA, 1964.

3568
MUJICA, HECTOR.
IMPERIO DE LA NOTICIA (EL). ALGUNOS PROBLEMAS DE LA
INFORMACION EN EL MUNDO CONTEMPORANEO.
CARACAS. UNIVERSIDAD CENTRAL DE VENEZUELA, 1967.
(COLECCION AVANCE, NO. 15).

3569
MUJICA, HECTOR. * DIAZ RANGEL, ELEAZAR.
MEDIOS EMPRESARIALES Y LA LIBERTAD DE PRENSA (LOS).
CARACAS. UNIVERSIDAD CENTRAL DE VENEZUELA, ESCUELA
DE PERIODISMO, 1969.

3570
MUJICA, HECTOR.
SOCIOLOGIA VENEZOLANA DE LA COMUNICACION.
CARACAS. EDICIONES DE LA BIBLIOTECA DE LA
UNIVERSIDAD CENTRAL DE VENEZUELA, 1974. (COLECCION
TEMAS, NO. 59).

3571
NAVARRO, ARMANDO.
NARRADORES VENEZOLANOS DE LA NUEVA GENERACION.
ENSAYO.
CARACAS. MONTE AVILA EDITORES, 1970. (COLECCION
DONAIRE).

3572
NAVARRO SOTILLO, PROSPERO.
PUBLICIDAD EN VENEZUELA (LA).

CARACAS. UNIVERSIDAD CENTRAL DE VENEZUELA, FACULTAD
DE HUMANIDADES Y EDUCACION, ESCUELA DE PERIODISMO,
1962. (CUADERNO, NO. 19).

3573

NAZOA, AQUILES.
HUMORISTAS DE CARACAS (LOS).
CARACAS. COMISION NACIONAL DEL CUATRICENTENARIO DE
LA FUNDACION DE CARACAS, 1966. (EDICIONES DEL
CUATRICENTENARIO DE CARACAS).

3574

NUCETE SARDI, JOSE.
NOTAS SOBRE LA PINTURA Y ESCULTURA EN VENEZUELA. 3D
ED. AUMENTADA.
CARACAS. EDICIONES GONZALEZ Y GONZALEZ, 1957.

3575

NUNEZ, ENRIQUE BERNARDO.
FUENTES Y JARDINES DE CARACAS. LA QUINTA DE ARAUCO.
CARACAS. CONSEJO MUNICIPAL DEL DISTRITO FEDERAL,
1961.

3576

NUNEZ, ENRIQUE BERNARDO.
TIERRA ROJA Y HEROICA (LA). SELECCION Y PROLOGO DE
OSWALDO LARRAZABAL HENRIQUEZ.
CARACAS. MONTE AVILA EDITORES, 1971. (COLECCION
TEMAS VENEZOLANOS).

3577

NUNEZ, LUIS AUGUSTO.
GENESIS Y EVOLUCION DE LA CULTURA EN CARABOBO.
VALENCIA. EJECUTIVO DEL ESTADO CARABOBO, SECRETARIA
DE EDUCACION Y CULTURA, 1967, 2 VOLS. (BIBLIOTECA DE
AUTORES Y TEMAS CARABOBENOS, EDICION ESPECIAL).

3578

NUNO, ALICIA DE.
IDEAS SOCIALES DEL POSITIVISMO EN VENEZUELA.
CARACAS. EDICIONES DE LA BIBLIOTECA DE LA
UNIVERSIDAD CENTRAL DE VENEZUELA, 1969. (COLECCION
AVANCE, NO. 22).

3579

OFICINA DE ESTUDIOS SOCIOECONOMICOS.
MENSAJES PELIGROSOS (LOS). UN ESTUDIO SOBRE LOS
MEDIOS DE COMUNICACION SOCIAL Y SUS EFECTOS EN LA
SOCIEDAD ACTUAL, ESPECIALMENTE EN VENEZUELA.
CARACAS, 1970.

3580

OJER, PABLO. * SUBERO, EFRAIN.
PRIMER POEMA DE TEMA VENEZOLANO.
CARACAS. MINISTERIO DE EDUCACION, 1973. (CUADERNOS
DE PROSA, NO. 10).

3581

OLIVARES FIGUEROA, RAFAEL.
DIVERSIONES PASCUALES EN ORIENTE Y OTROS ENSAYOS. 2D
ED.
CARACAS. ARDOR, 1960.

3582

OLIVARES FIGUEROA, RAFAEL.
FOLKLORE VENEZOLANO.
CARACAS. MINISTERIO DE EDUCACION NACIONAL, DIRECCION
DE CULTURA, 1948-54. (BIBLIOTECA POPULAR
VENEZOLANA. SERIE MARRON, ANTOLOGIAS Y SELECCIONES,
NO. 23, NO. 53).

3583

ORAMAS, LUIS R.
MATERIALES PARA EL ESTUDIO DE LOS DIALECTOS AYAMAN,
GAYON, JIRAJARA, AJAGUA.
CARACAS. LITOGRAFIA DEL COMERCIO, 1916.

3584

ORIHUELA, AUGUSTO GERMAN.
DESDE LA COLINA. APROXIMACIONES CRITICAS.
CARACAS. MINISTERIO DE EDUCACION, 1969. (COLECCION
VIGILIA, NO. 17).

3585

ORIHUELA, AUGUSTO GERMAN.
EDUCACION Y EL PAIS (LA).
CARACAS. EDITORIAL SUCRE, 1965.

3586

OROPESA, JUAN.
DEL TIEMPO EN QUE VIVIMOS.
CARACAS. EDICIONES EDIME, 1956.

3587

OROPESA, JUAN.
IMPARIDAD DEL DESTINO AMERICANO. 2D ED.
CARACAS. EDICIONES CENTAURO, 1973.

3588

OTERO SILVA, MIGUEL.
CERCADO AJENO (EL). OPINIONES SOBRE ARTE Y POLITICA.
CARACAS. PENSAMIENTO VIVO, 1961.

3589

OTERO SILVA, MIGUEL.
MEXICO Y LA REVOLUCION MEXICANA. UN ESCRITOR
VENEZOLANO EN LA UNION SOVIETICA.
CARACAS. UNIVERSIDAD CENTRAL DE VENEZUELA, DIRECCION
DE CULTURA, 1966. (CUADERNOS DE NUESTRO TIEMPO).

3590

OVALLES, CAUPOLICAN.
POSADA AL VIENTO.
CARACAS. MONTE AVILA EDITORES, 197-.

3591

OVALLES, VICTOR MANUEL.
FRASES CRIOLLAS.
CARACAS. EDITORIAL BOLIVAR, 1935.

3592

OVALLES, VICTOR MANUEL.
LLANERO (EL). ESTUDIO SOBRE SU VIDA, SUS COSTUMBRES,
SU CARACTER Y SU POESIA.
CARACAS. TIPOGRAFIA J. HERRERA IRIGOYEN, 1905.

3593
> OVALLES, VICTOR MANUEL.
> LLANEROS AUTENTICOS.
> CARACAS. EDITORIAL BOLIVAR, 1935.

3594
> OVALLES, VICTOR MANUEL.
> MAS FRASES CRIOLLAS.
> CARACAS. EDITORIAL BOLIVAR, 1935.

3595
> PADILLA, SAUL.
> PICTOGRAFIAS INDIGENAS DE VENEZUELA.
> CARACAS, 1956.

3596
> PARADA, NEMECIO.
> DE OCUMARE A MIRAFLORES.
> CARACAS. OFICINA CENTRAL DE INFORMACION, 1975.
> (BIBLIOTECA DE AUTORES Y TEMAS TACHIRENSES, NO. 63).

3597
> PARDO, ISAAC J.
> RASGOS CULTURALES DEL SIGLO XVI EN VENEZUELA.
> CARACAS. UNIVERSIDAD CENTRAL DE VENEZUELA, FACULTAD
> DE HUMANIDADES Y EDUCACION, INSTITUTO DE FILOSOFIA,
> 1956.

3598
> PARES ESPINO, PEDRO.
> POEMAS COLONIALES (SELECCION POETICA).
> CARACAS. UNIVERSIDAD CENTRAL DE VENEZUELA, 1963.

3599
> PASQUALI, ANTONIO.
> APARATO SINGULAR (EL). ANALISIS DE UN DIA DE TV EN
> CARACAS.
> CARACAS. UNIVERSIDAD CENTRAL DE VENEZUELA, FACULTAD
> DE CIENCIAS ECONOMICAS Y SOCIALES, INSTITUTO DE
> INVESTIGACIONES, 1967. (COLECCION ESQUEMA).

3600
> PASQUALI, ANTONIO.
> COMUNICACIONES Y CULTURA DE MASAS. LA MASIFICACION
> DE LA CULTURA POR MEDIOS AUDIOVISUALES EN LAS
> REGIONES SUBDESARROLLADAS.
> CARACAS. UNIVERSIDAD CENTRAL DE VENEZUELA, 1964.
> (COLECCION TEMAS).

3601
> PASTORI, LUIS.
> CARACAS Y LA POESIA.
> CARACAS. COMISION NACIONAL DEL CUATRICENTENARIO DE
> LA FUNDACION DE CARACAS, 1966. (EDICIONES DEL
> CUATRICENTENARIO DE CARACAS).

3602
> PAZ CASTILLO, FERNANDO.
> REFLEXIONES DE ATARDECER.
> CARACAS. MINISTERIO DE EDUCACION, DEPARTMENTO DE
> PUBLICACIONES, 1964, 3 VOLS.

3603
> PENA, ISRAEL.

MILAGRO MUSICAL DE LA COLONIA (EL).
CARACAS. INSTITUTO NACIONAL DE CULTURA Y BELLAS
ARTES, 1967. (COLECCION MUSICA, NO. 3).
3604

PEREZ DIAZ, JOSE ANTONIO.
JOVENES DE UNA FE SUPERIOR.
CARACAS, 1965. (PUBLICACIONES DE LA FRACCION
PARLAMENTARIA DE COPEI, NO. 32).
3605

PEREZ ESCLARIN, ANTONIO.
GENTE VIVE EN EL ESTE (LA).
CARACAS. EDITORIAL FUENTES, 1974.
3606

PEREZ VILA, MANUEL.
LIBROS EN LA COLONIA Y EN LA INDEPENDENCIA (LOS).
CARACAS. IMPRENTA NACIONAL, 1970.
3607

PETRE, MAXIM.
ARTESANOS DE VENEZUELA.
CARACAS. COMPANIA SHELL DE VENEZUELA, 1964.
3608

PICON FEBRES, GONZALO.
LITERATURA VENEZOLANA EN EL SIGLO XIX (LA).   PROLOGO
DE DOMINGO MILIANI.
CARACAS. PRESIDENCIA DE LA REPUBLICA, 1972. (FUENTES
PARA LA HISTORIA DE LA LITERATURE VENEZOLANA, NO.
4).
3609

PICON FEBRES, GONZALO.
NASCIMIENTO DE VENEZUELA INTELECTUAL HISTORIA Y
CRITICA HISTORICA.
MERIDA. UNIVERSIDAD DE LOS ANDES, EDICIONES DEL
CONSEJO UNIVERSITARIO, 1968-70, 2 VOLS.
3610

PICON SALAS, MARIANO.
COMPRENSION DE VENEZUELA. NUEVA EDICION CORREGIDA Y
AUMENTADA. PROLOGO DE HERNANDO TELLEZ.
MADRID. AGUILAR, 1955. (COLECCION DE AUTORES
VENEZOLANOS).
3611

PICON SALAS, MARIANO.
CRISIS, CAMBIO, TRADICION. ENSAYOS SOBRE LA FORMA DE
NUESTRA CULTURA.
CARACAS. EDICIONES EDIME, 1955. (AUTORES
VENEZOLANOS).
3612

PICON SALAS, MARIANO.
ESTUDIOS DE LITERATURA VENEZOLANA.
CARACAS. EDICIONES EDIME, 1961. (GRANDES LIBROS
VENEZOLANOS).
3613

PICON SALAS, MARIANO.
FORMACION Y PROCESO DE LA LITERATURA VENEZOLANA.

CARACAS. EDITORIAL CECILIO ACOSTA, 1940.

3614
PICON SALAS, MARIANO.
ODISEA DE TIERRA FIRME. RELATOS DE VENEZUELA. 2D ED.
SANTIAGO DE CHILE. ZIG-ZAG, 1940.

3615
PICON SALAS, MARIANO.
PINTURA EN VENEZUELA (LA).
CARACAS. SECRETARIA GENERAL DE LA DECIMA CONFERENCIA
INTERAMERICANA, 1954.

3616
PICON SALAS, MARIANO.
SUMA DE VENEZUELA. ANTOLOGIA DE PAGINAS VENEZOLANAS.
CARACAS. EDITORIAL DONA BARBARA, 1966.

3617
PICON SALAS, MARIANO.
VIAJE AL AMANECER. 3D ED.
BUENOS AIRES. EDITORIAL LOSADA, 1969. (BIBLIOTECA
CLASICA Y CONTEMPORANEA, NO. 216).

3618
PICON SALAS, MARIANO, ED.
DOS SIGLOS DE PROSA VENEZOLANA.
MADRID. EDICIONES EDIME, 1965. (CLASICOS Y MODERNOS
HISPANOAMERICANOS).

3619
PIERSON, WILLIAM W.
FOREIGN INFLUENCES ON VENEZUELAN POLITICAL THOUGHT,
1830-1930. IN.
HISPANIC AMERICAN HISTORICAL REVIEW, 15(1935), 3-42.

3620
PINTORES VENEZOLANOS.
MADRID. EDITORIAL EDIME, 1967-, 13 NOS. TO DATE.

3621
PLANCHART, ENRIQUE.
PINTURA EN VENEZUELA (LA). PROLOGO DE FERNANDO PAZ
CASTILLO Y PEDRO GRASES.
CARACAS, 1956.

3622
PLANCHART, ENRIQUE.
TRES SIGLOS DE PINTURA VENEZOLANA.
CARACAS. MUSEO DE BELLAS ARTES, 1948.

3623
PLANCHART, JULIO.
TEMAS CRITICOS. PROLOGO DE PEDRO GRASES.
CARACAS. PRESIDENCIA DE LA REPUBLICA, 1972. (FUENTES
PARA LA HISTORIA DE LA LITERATURA VENEZOLANA, NO.
3).

3624
PLANCHART, JULIO.
TENDENCIAS DE LA LIRICA VENEZOLANA A FINES DEL SIGLO
XIX.
CARACAS. EDITORIAL ELITE, 1940.

3625

PLAZA, JUAN BAUTISTA.
MUSICA COLONIAL VENEZOLANA.
CARACAS. UNIVERSIDAD CENTRAL DE VENEZUELA, FACULTAD
DE ARQUITECTURA Y URBANISMO, 1958. (COLECCION
ESPACIO Y FORMA, NO. 4).

3626

POCATERRA, JOSE RAFAEL.
OBRAS SELECTAS.
CARACAS. EDICIONES EDIME, 1956.

3627

POESIA EN LA RESISTENCIA.
CARACAS. EDICIONES CENTAURO, 1971.

3628

POLLAK ELTZ, ANGELINA.
AFRIKANISCHE RELIKTE IN DER VOLKSKULTUR VENEZUELAS.
FREIBURG I BR. ARNOLD-PERGSTRAESSER-INSTITUT FUR
KULTURWISSENSCHAFTLICHE FORSCHUNG, 1966.

3629

POLLAK ELTZ, ANGELINA.
VESTIGIOS AFRICANOS EN LA CULTURA DEL PUEBLO
VENEZOLANO.
CARACAS. UNIVERSIDAD CATOLICA ANDRES BELLO,
INSTITUTOS HUMANISTICOS DE INVESTIGACION, 1972.

3630

PRESENCIA DE DON ANDRES BELLO EN ESPANA.
CARACAS. EDICIONES DE LA PRESIDENCIA DE LA
REPUBLICA, 1973.

3631

PRIETO FIGUEROA, LUIS BELTRAN.
PSICOLOGIA Y CANALIZACION DEL INSTINTO DE LUCHA.
CARACAS. EDICIONES DEL MINISTERIO DE EDUCACION,
DIRECCION DE CULTURA Y BELLAS ARTES, 1965.
(BIBLIOTECA POPULAR VENEZOLANA, NO. 101).

3632

PRIETO FIGUEROA, LUIS BELTRAN.
SENALES CONTRA EL ODIO. IDEAS PARA FAREROS Y
CAMINANTES. 2D ED.
CARACAS. FEDERACION VENEZOLANA DE MAESTROS, 1964.

3633

RAMON Y RIVERA, LUIS FELIPE.
CANCER ALEGRE (LA).
CARACAS, 1964.

3634

RAMON Y RIVERA, LUIS FELIPE.
CANCION VENEZOLANA (LA).
MARACAIBO. UNIVERSIDAD DEL ZULIA, DIRECCION DE
CULTURA, 1972.

3635

RAMON Y RIVERA, LUIS FELIPE. * ARETZ DE RAMON Y
RIVERA, ISABEL, EDS.
FOLKLORE TACHIRENSE.
CARACAS, 1961-. (BIBLIOTECA DE AUTORES Y TEMAS
TACHIRENSES, NO. 25).

3636
RAMON Y RIVERA, LUIS FELIPE.
MUSICA AFROVENEZOLANA (LA).
CARACAS. IMPRENTA UNIVERSITARIA, 1971.

3637
RAMON Y RIVERA, LUIS FELIPE.
MUSICA FOLKLORICA DE VENEZUELA (LA).
CARACAS. MONTE AVILA EDITORES, 1969. (COLECCION
TEMAS VENEZOLANAS).

3638
RAMON Y RIVERA, LUIS FELIPE.
MUSICA FOLKLORICA Y POPULAR DE VENEZUELA.
CARACAS. MINISTERIO DE EDUCACION, 1963.

3639
RAMON Y RIVERA, LUIS FELIPE.
MUSICA INDIGENA FOLKLORICA Y POPULAR DE VENEZUELA.
BUENOS AIRES. RICORDI AMERICANA, 1967.

3640
RATCLIFF, DILLWYN F.
PROSA DE FICCION EN VENEZUELA (LA). TRADUCCION DE
RAFAEL DI PRISCO.
CARACAS. UNIVERSIDAD CENTRAL DE VENEZUELA, 1966.

3641
RATCLIFF, DILLWYN F.
VENEZUELAN PROSE FICTION.
NEW YORK. INSTITUTO DE LAS ESPANAS, 1933.

3642
RATTO CIARLO, JOSE.
HISTORIA CARAQUENA DEL PERIODISMO VENEZOLANO.
1808-1830.
CARACAS. COMISION NACIONAL DEL CUATRICENTENARIO DE
LA FUNDACION DE CARACAS, 1967. (EDICIONES DEL
CUATRICENTENARIO DE CARACAS).

3643
REYES, ANTONIO.
CASAS HISTORICAS DE VENEZUELA.
CARACAS. ADMINISTRADORA UNION, 1971.

3644
REYES BAENA, JUAN FRANCISCO.
CREYON. ARTICULOS, CRONICAS, PERFILES BIOGRAFICOS Y
COMENTARIOS.
CARACAS. UNIVERSIDAD CENTRAL DE VENEZUELA, 1962.

3645
REYES BAENA, JUAN FRANCISCO.
PALABRAS VISADAS.
CARACAS. EDICIONES SURSUM, 1960.

3646
RIVAS ITURRALDE, VLADIMIRO.
FUENTES DE INFORMACION EN EL PERIODISMO VENEZOLANO
(LAS).
CARACAS. ESTUDIO 70 EDITORES, 1971.

3647
RIVAS RIVAS, JOSE. * VERDE, JUAN JOSE, COMPS.

3648
CINCUENTA ANOS DE HUMORISMO EN VENEZUELA.
CARACAS. PENSAMIENTO VIVO, 1965.

3649
RIVAS RIVAS, JOSE.
INGENIO Y GRACIA DE ANDRES ELOY BLANCO.
CARACAS. CENTRO EDITOR, 1970.

3650
ROBLES PIQUER, EDUARDO.
ASI LOS VI YO.
CARACAS. MONTE AVILA EDITORES, 197-. (COLECCION
TEMAS VENEZOLANOS).

3651
RODRIGUEZ, RAMON ARMANDO.
MOSAICOS Y RELIEVES. SELECCION DE CUENTOS, DISCURSOS
Y ARTICULOS, PUBLICADOS A PARTIR DE 1920 EN
PERIODICOS Y REVISTAS DE PUERTO CABELLO Y CARACAS.
MADRID, 1957.

3652
RODRIGUEZ, SIMON.
ESCRITOS. COMPILACION Y ESTUDIO BIBLIOGRAFICO POR
PEDRO GRASES. PROLOGO POR ARTURO USLAR PIETRI.
EDICION CONMEMORATIVA DEL CENTENARIO DE LA MUERTE
DEL MAESTRO DEL LIBERTADOR.
CARACAS. SOCIEDAD BOLIVARIANA DE VENEZUELA,
1954-1958, 3 VOLS.

3653
RODRIGUEZ DIAZ, ALBERTO J. * PEREZ, CARLOS RAUL.
FORTALEZAS DE LA BARRA DE MARACAIBO. MATERIALES
BASICOS ANTIGUOS Y ACTUALES PARA SU RESTAURACION.
PRESENTACION DEL DR. MAURO PAEZ PUMAR.
CARACAS. INSTITUTO NACIONAL DE CANALIZACIONES, 1972.
(PUBLICACION NO. AT-2).

3654
RODRIGUEZ RODRIGUEZ, ADOLFO.
ORIENTE EN LA OBRA DE ROMULO GALLEGOS.
CARACAS. MINISTERIO DE EDUCACION, DIRECCION GENERAL,
DEPARTAMENTO DE PUBLICACIONES, 1970.

3655
RODULFO CORTES, SANTOS.
FOLKLORE DEL CAFE EN LA REGION DEL HATILLO.
CARACAS. UNIVERSIDAD CENTRAL DE VENEZUELA, FACULTAD
DE HUMANIDADES Y EDUCACION, INSTITUTO DE
ANTROPOLOGIA E HISTORIA, 1961.

3656
RODULFO CORTES, SANTOS.
FUNCION DE LOS ARCHIVOS EN EL DESARROLLO NACIONAL.
CARACAS. ASOCIACION VENEZOLANA DE ARCHIVEROS, 1970.
(COLECCION DOCTRINA, NO. 1).

ROHL, JUAN.
HISTORIAS VIEJAS Y CUENTOS NUEVOS, COLECCION DE
ESCRITOS SOBRE HISTORIA, ARTE Y OTROS TEMAS.
CARACAS. EDITORIAL ELITE, 1946.

3657

ROJAS, ARISTIDES.
CONTRIBUCIONES AL FOLKLORE VENEZOLANO.
CARACAS. FONDO DE PUBLICACIONES DE LA FUNDACION
SHELL, 1967.

3658

ROJAS, ARISTIDES.
HISTORICAL OBJECTS OF VENEZUELA AT THE WORLD"S
COLOMBIAN EXPOSITION. ESSAYS.
NEW YORK, 1893.

3659

ROJAS, ARISTIDES.
LEYENDAS HISTORICAS DE VENEZUELA.
CARACAS. ORGANIZACION CONTINENTAL DE LOS FESTIVALES
DEL LIBRO, DIVISION VENEZOLANA, 1958-.

3660

ROJAS, ARISTIDES.
OBJETOS HISTORICOS DE VENEZUELA EN LA EXPOSICION DE
CHICAGO.
CARACAS. IMPRENTA Y LITOGRAFIA NACIONAL, 1893.

3661

RONDON MARQUEZ, RAFAEL ANGEL.
ITINERARIO DE "EL COJO ILUSTRADO," INCURSION A
TRAVES DE LAS PAGINAS DE "LA MEJOR REVISTA
VENEZOLANA."
CARACAS. TIPOGRAFIA GARRIDO, 1943.

3662

ROSALES, JULIO HORACIO.
COJO ILUSTRADO (EL).
CARACAS. UNIVERSIDAD CENTRAL DE VENEZUELA, DIRECCION
DE CULTURA, 1966. (LETRAS DE VENEZUELA, NO. 4).

3663

ROSENBLAT, ANGEL.
BUENAS Y MALAS PALABRAS EN EL CASTELLANO DE
VENEZUELA.
CARACAS. EDICIONES EDIME, 1960, 2 VOLS.

3664

ROSENBLAT, ANGEL.
EL COJO ILUSTRADO.
CARACAS. UNIVERSIDAD CENTRAL DE VENEZUELA, 1966.

3665

ROSENBLAT, ANGEL.
LENGUA Y CULTURA DE VENEZUELA, TRADICION E
INNOVACION.
CARACAS. UNIVERSIDAD CENTRAL DE VENEZUELA, INSTITUTO
DE FILOLOGIA ANDRES BELLO, 1957.

3666

ROSENBLAT, ANGEL.
NOMBRE DE VENEZUELA (EL).
CARACAS. UNIVERSIDAD CENTRAL DE VENEZUELA, FACULTAD
DE HUMANIDADES Y EDUCACION, INSTITUTO DE FILOLOGIA
ANDRES BELLO, 1956.

3667

ROSENBLAT, ANGEL.
PRIMERA VISION DE AMERICA Y OTROS ESTUDIOS (LA).
CARACAS. MINISTERIO DE EDUCACION, DIRECCION TECNICA,
1969. (COLECCION VIGILIA, NO. 8).

3668

RUDDLE, KENNETH. * CHESTERFIELD, RAY.
VENEZUELAN DEMOSTRADOR DEL HOGAR. AN EXAMPLE OF
WOMEN IN NONFORMAL RURAL EDUCATION. IN.
COMMUNITY DEVELOPMENT JOURNAL, 9(1974), 140-144.

3669

SAER D"HEGUERT, J.
PRENSA BARQUISIMETANA.
VALENCIA. IMPRENTA BRANGER, 1933.

3670

SALAS, CARLOS.
MATERIALES PARA HISTORIA DEL TEATRO EN CARACAS.
CARACAS. EDICIONES DE LA SECRETARIA GENERAL, 1967.
(MATERIALES PARA EL ESTUDIO DE CARACAS, NO. 7).

3671

SALAS, CARLOS. * CALCANO, EDUARDO FRANCISCO.
SESQUICENTENARIO DE LA OPERA EN CARACAS. RELATO
HISTORICO DE CIENTO CINCUENTA ANOS DE OPERA,
1808-1958.
CARACAS. TIPOGRAFIA VARGAS, 1960.

3672

SALAS, CARLOS.
TOROS EN VENEZUELA (LOS).
CARACAS. EDICIONES EDIME, 1958.

3673

SALAS, JULIO C.
ESTUDIOS SOBRE SOCIOLOGIA VENEZOLANA.
MADRID, 1910.

3674

SALCEDO BASTARDO, JOSE LUIS.
CONCIENCIA DEL PRESENTE (LA). SELECCION DE
TESTIMONIOS.
CARACAS. MINISTERIO DE EDUCACION, DEPARTAMENTO DE
PUBLICACIONES, 1971.

3675

SALES PEREZ, FRANCISCO DE.
COSTUMBRES VENEZOLANAS. PROLOGO DE J.A. COVA. 3D ED.
CARACAS. EDITORIAL CECILIO ACOSTA, 1942.

3676

SALVATIERRA, CARMELO.
DIMENSION HUMANA DE LA NOVELA VENEZOLANA
CONTEMPORANEA.
CARACAS. MINISTERIO DE EDUCACION, DIRECCION GENERAL,
DEPARTAMENTO DE PUBLICACIONES, 1970-71, 2 VOLS.
(COLECCION LETRAS, NO. 1).

3677

SAMBRANO URDANETA, OSCAR, COMP.
TRADICIONES VENEZOLANAS.
CARACAS. EDICIONES DEL MINISTERIO DE EDUCACION,

DIRECCION DE CULTURA Y BELLAS ARTES, 1964.
(BIBLIOTECA POPULAR VENEZOLANA, NO. 97).

3678
SANCHEZ PELAEZ, ABEL.
CONDUCTA SOCIAL DEL VENEZOLANO. NOTAS PARA UN
ESTUDIO PSICOSOCIOLOGICO DEL PUEBLO VENEZOLANO.
CARACAS. PENSAMIENTO VIVO, 1962.

3679
SANOJA, MARIO. * VARGAS ARENAS, IRAIDA.
CUEVA DE "EL ELEFANTE" (LA).
CARACAS. UNIVERSIDAD CENTRAL DE VENEZUELA, INSTITUTO
DE INVESTIGACIONES ECONOMICAS Y SOCIALES, 1970.

3680
SANOJA, MARIO.
VENEZUELAN ARCHAELOGY LOOKING TOWARD THE WEST
INDIES. IN.
AMERICAN ANTIQUITY, 31.2(OCT. 1965), 232-236.

3681
SCHWERIN, KARL H.
OIL AND STEEL. PROCESSES OF KARINYA CULTURE CHANGE
IN RESPONSE TO INDUSTRIAL DEVELOPMENT.
LOS ANGELES. UNIVERSITY OF CALIFORNIA, 1966. (LATIN
AMERICAN CENTER, LATIN AMERICAN STUDIES, VOL. 4).

3682
SILVA MICHELENA, JOSE A.
ESTADO ACTUAL DE LAS CIENCIAS SOCIALES EN VENEZUELA
(EL).
RIO DE JANEIRO. CENTRO LATINO-AMERICANO DE
INVESTIGACIONES EN CIENCIAS SOCIALES, 1960.
(PUBLICACIONES, NO. 11).

3683
SIVOLI G., ALBERTO.
REAL CASA DE MONEDA DE CARACAS.
CARACAS, 1965.

3684
SIVOLI G., ALBERTO.
SINOPSIS DE LAS MONEDAS VENEZOLANAS Y NOCIONES DE
NUMISMATICA.
CARACAS. TALLERES GRAFICAS ITAL-ARTE, 1966.

3685
SOLA RICARDO, IRMA DE.
CONTRIBUCION AL ESTUDIO DE LA VIVIENDA EN VENEZUELA.
N.P., 1967.

3686
STEINVORTH DE GOETZ, INGA.
I URIJI JAMI. IMPRESIONES DE VIAJES ORINOQUENSES POR
AIRE, AGUA Y TIERRA. 2D ED.
CARACAS. ASOCIACION CULTURAL HUMBOLDT, 1969.

3687
STEINVORTH DE GOETZ, INGA.
URIJI JAMI. LIFE AND BELIEF OF THE FOREST WAIKA IN
THE UPPER ORINOCO. ENGLISH VERSION BY PETER T.
FURST.

CARACAS. ASOCIACION CULTURAL HUMBOLDT, 1969.
3688

SUAREZ, MARIA MARILDE.
WARAO (LOS). INDIGENAS DEL DELTA DEL ORINOCO.
CARACAS. INSTITUTO VENEZOLANO DE INVESTIGACIONES
CIENTIFICAS, DEPARTAMENTO DE ANTROPOLOGIA, 1968.
3689

SUAREZ, MARIA MATILDE.
TERMINOLOGIA, ALIANZA MATRIMONIAL Y CAMBIO EN LA
SOCIEDAD WARAO. PROLOGO POR RODNEY NEEDHAM.
CARACAS. UNIVERSIDAD CATOLICA ANDRES BELLO,
SEMINARIO DE LENGUAS INDIGENAS, 1972. (SERIE LENGUAS
INDIGENAS DE VENEZUELA, NO. 9).
3690

SUAREZ RADILLO, CARLOS MIGUEL.
TRECE AUTORES DEL NUEVO TEATRO VENEZOLANO.
CARACAS. MONTE AVILA EDITORES, 1971. (COLECCION
TEMAS VENEZOLANOS).
3691

SUBERO, EFRAIN.
POESIA MARGARITENA.
LA ASUNCION. EDICIONES DEL EJECUTIVO DEL ESTADO
NUEVA ESPARTA, 1967. (COLECCION MATASIETE, NO. 2).
3692

SUBERO, EFRAIN, COMP.
APRECIONES CRITICAS SOBRE LA VIDA Y LA OBRA DE
ANDRES ELOY BLANCO. 2D ED.
CARACAS. EDICIONES CENTAURO, 1974.
3693

SUBERO, EFRAIN, COMP.
POESIA INFANTIL VENEZOLANA.
CARACAS. COMISION NACIONAL DEL CUATRICENTENARIO DE
LA FUNDACION DE CARACAS, 1967. (EDICIONES DEL
CUATRICENTENARIO DE CARACAS).
3694

SUBERO, EFRAIN, COMP.
POESIA POPULAR VENEZOLANA. TROVOS.
CARACAS. FONDO DE PUBLICACIONES DE LA FUNDACION
SHELL, 1967.
3695

SUBERO, JESUS MANUEL.
CONTRIBUCION A LA HISTORIA DEL PERIODISMO
MARGARITENO.
CARACAS. PRESIDENCIA DE LA REPUBLICA, 1970.
3696

SUCRE, GUILLERMO, ED.
MEJORES POESIAS VENEZOLANAS (LAS).
CARACAS. ORGANIZACION CONTINENTAL DE LOS FESTIVALES
DEL LIBRO, DIVISION VENEZOLANA, 1958-.
3697

TAVERA ACOSTA, BARTOLOME.
PETROGLIFOS DE VENEZUELA (LOS). PROLOGO DE MIGUEL
ACOSTA SAIGNES.

CARACAS. UNIVERSIDAD CENTRAL DE VENEZUELA, FACULTAD
DE HUMANIDADES Y EDUCACION, INSTITUTO DE
ANTROPOLOGIA E HISTORIA, 1956.

3698

TEJERA, FELIPE.
PERFILES VENEZOLANOS. PROLOGO DE PEDRO DIAZ SEIJAS.
CARACAS. PRESIDENCIA DE LA REPUBLICA, 1973. (FUENTES
PARA LA HISTORIA DE LA LITERATURE VENEZOLANA, NO.
5).

3699

TOSTA, VIRGILIO.
IMPRENTA Y PERIODISMO EN BARINAS.
CARACAS. EDITORIAL SUCRE, 1964.

3700

TOSTA GARCIA, FRANCISCO.
COSTUMBRES CARAQUENAS. COLECCION DE ARTICULOS
LITERARIOS Y POLITICOS, PUBLICADOS EN DISTINTOS
PERIODICOS Y MUCHOS INEDITOS.
CARACAS. IMPRENTA DE EL ANGEL GUARDIAN, 1882.

3701

TRABA, MARTA.
MIRAR EN CARACAS. CRITICA DE ARTE. ENSAYOS.
CARACAS. MONTE AVILA EDITORES, 1974. (COLECCION
CONTINENTE).

3702

TRAVIESO, CARLOS R.
HOMENAJE A LOS GRANDES MAESTROS DE LA MEDICINA
VENEZOLANA Y A LAS INSTITUCIONES MEDICAS NACIONALES.
CARACAS. IMPRENTA UNIVERSITARIA, 1968.

3703

UNIVERSIDAD CENTRAL DE VENEZUELA, CARACAS. FACULTAD
DE HUMANIDADES Y EDUCACION.
QUE PUBLICO LA PRENSA VENEZOLANA DURANTE LA
DICTADURA.
CARACAS. ESCUELA DE PERIODISMO, INSTITUTO VENEZOLANO
DE INVESTIGACIONES DE PRENSA, 1959.

3704

URDANETA, RAMON.
APORTACION TRUJILLANA AL PENSAMIENTO EN VENEZUELA.
SALAMANCA. EDICIONES ORTO, 1957.

3705

URDANETA, RAMON.
SENTIDO DE LA TRADICION (EL).
BOGOTA. EDICIONES TERCER MUNDO, 1966.

3706

USLAR PIETRI, ARTURO.
LETRAS Y HOMBRES DE VENEZUELA. NUEVA EDICION.
CARACAS. EDICIONES EDIME, 1958. (AUTORES
VENEZOLANOS).

3707

USLAR PIETRI, ARTURO.
NACION VENEZOLANA SE HIZO (LA).
CARACAS. EDICION DE LA SOCIEDAD DEL MUSEO DE BELLAS

ARTES, 1965.

3708

USLAR PIETRI, ARTURO.
OBRAS SELECTAS. 2D ED.
MADRID. EDICIONES EDIME, 1956. (CLASICOS Y MODERNOS
HISPANOAMERICANOS)

3709

USLAR PIETRI, ARTURO.
ORACIONES PARA DESPERTAR.
CARACAS. COMISION NACIONAL DEL CUATRICENTENARIO DE
LA FUNDACION DE CARACAS, 1967. (EDICIONES DEL
CUATRICENTENARIO DE CARACAS).

3710

USLAR PIETRI, ARTURO.
PALABRA COMPARTIDA (LA). DISCURSOS EN EL PARLAMENTO
(1959-1963).
CARACAS. PENSAMIENTO VIVO, 1964.

3711

USLAR PIETRI, ARTURO.
VEINTICINCO ENSAYOS. ANTOLOGIA.
CARACAS. MONTE AVILA EDITORES, 1969. (COLECCION
PRISMA).

3712

USLAR PIETRI, ARTURO.
VISTA DESDE UN PUNTO. ENSAYOS.
CARACAS. MONTE AVILA EDITORES, 1971. (COLECCION
PRISMA).

3713

VANNINI DE GERULEWICZ, MARISA, COMP.
POESIA VENEZOLANA EN ITALIANO.
CARACAS. EDICIONES POESIA DE VENEZUELA, 1965.

3714

VARGAS, FRANCISCO ALEJANDRO.
ESTUDIO HISTORICO SOBRE LA BANDERA, EL ESCUDO Y EL
HIMNO DE VENEZUELA. 4TH ED.
CARACAS. EDITORIAL GRAFOLIT, 1949.

3715

VARGASIA. (BOLETIN DE LA SOCIEDAD DE CIENCIAS
FISICAS Y NATURALES DE CARACAS). EDICION FACSIMILAR.
1898-1870.
CARACAS, 1969.

3716

VEGAS, LUISA AMALIA DE.
PROBLEMAS DEL MENOR EN VENEZUELA, Y EL PAPEL QUE
CORRESPONDE A LAS INSTITUCIONES PRIVADAS EN SU
SOLUCION (LOS).
CARACAS. FUNDACION EUGENIO MENDOZA, 1966. (ONCE
GRANDES TEMAS DE NUESTRO TIEMPO).

3717

VELEZ BOZA, FERMIN.
FOLKLORE EN LA ALIMENTACION VENEZOLANA (EL).
CARACAS. INSTITUTO NACIONAL DE NUTRICION, 1966.
(PUBLICACION NO. 22).

3718
VENEZUELA. OFICINA CENTRAL DE INFORMACION.
CIEN ANOS DE GACETA OFICIAL, 1872-1972, Y SUS
PRECURSORES, 1808-1827.
CARACAS, 1972.

3719
VERA IZQUIERDO, FRANCISCO.
CANTARES DE VENEZUELA. ESTUDIO FOLKLORICO.
CARACAS, 1952. (LINEA AEROPOSTAL VENEZOLANA.
EDICIONES GRATUITAS, NO. 5).

3720
VILLANUEVA, CARLOS RAUL, ET AL.
VIVIENDA POPULAR EN VENEZUELA, 1928-1952 (LA).
CARACAS. BANCO OBRERO, 1953.

3721
VIVAS MALDONADO, JOSE LUIS.
CUENTISTICA DE ARTURO USLAR PIETRI (LA).
CARACAS. UNIVERSIDAD CENTRAL DE VENEZUELA, FACULTAD
DE HUMANIDADES Y EDUCACION, 1963. (PUBLICACIONES DEL
DECANATO).

3722
WILBERT, JOHANNES.
SURVIVORS OF ELDORADO. FOUR INDIAN CULTURES OF SOUTH
AMERICA.
NEW YORK. PRAEGER PUBLISHERS, 1972.

3723
WILBERT, JOHANNES.
WARAO ORAL LITERATURE.
CARACAS. INSTITUTO CARIBE DE ANTROPOLOGIA Y
SOCIOLOGIA, FUNDACION LA SALLE DE CIENCIAS
NATURALES, 1964. (MONOGRAFIA, NO. 9).

3724
WILBERT, JOHANNES.
YUPA FOLKTALES.
LOS ANGELES. UNIVERSITY OF CALIFORNIA, LATIN
AMERICAN CENTER, 1974. (LATIN AMERICAN STUDIES, VOL.
24).

3725
WILBERT, JOHANNES, COMP.
TEXTOS FOLKLORICOS DE LOS INDIOS WARAOS. TRADUCCION
DE LOS TEXTOS AL ESPANOL POR ANTONIO VAQUERO.
LOS ANGELES. UNIVERSITY OF CALIFORNIA, LATIN
AMERICAN CENTER, 1969. (LATIN AMERICAN STUDIES, VOL.
12).

3726
WILBERT, JONANNES, COMP.
FOLK LITERATURE OF THE WARAO INDIANS. NARRATIVE
MATERIAL AND MOTIF CONTENT.
LOS ANGELES. UNIVERSITY OF CALIFORNIA, LATIN
AMERICAN CENTER, 1970. (LATIN AMERICAN STUDIES, VOL.
15).

3727
YANES, ANTONIO RAFAEL.

PEQUENOS ENSAYOS.
CARACAS. EDITORIAL BELLAS ARTES, 1955.
3728
YANES M., JULIO.
DEL AVILA AL PICHINCHA. EXCURSION CULTURAL DEL
COLEGIO SUCRE A TRAVES DE LA GRAN COLOMBIA.
CARACAS. COOPERATIVA DE ARTES GRAFICAS, 1940.
3729
YBARRA, THOMAS RUSSELL.
JOVEN CARAQUENO (UN). TRADUCCION DE CARLOS AUGUSTO
LEON.
CARACAS. EDICIONES DE LA BIBLIOTECA DE LA
UNIVERSIDAD CENTRAL DE VENEZUELA, 1969.
3730
YBARRA, THOMAS RUSSELL.
YOUNG MAN OF CARACAS.
NEW YORK. IVES WASHBURN, INC., 1941.
3731
ZUNIGA CISNEROS, MIGUEL.
MEDICINA COMO EXPRESION DE LA CULTURA VENEZOLANA
(LA).
CARACAS. UNIVERSIDAD CENTRAL DE VENEZUELA, FACULTAD
DE HUMANIDADES Y EDUCACION, INSTITUTO DE FILOSOFIA,
1956.

Education

Universities, Schools, Education in General

3732

ACOSTA SAIGNES, GLADYS DE.
INVESTIGACION SOBRE MATERIALES DE LA ESCUELA
VENEZOLANA.
CARACAS. UNIVERSIDAD CENTRAL DE VENEZUELA, INSTITUTO
DE PSICOLOGIA, 1966. (SERIE PSICOPEDAGOGICA).

3733

ACOSTA SAIGNES, MIGUEL. * RODRIGUEZ LEAL, EDGARD.
BREVE HISTORIA DEL INSTITUTO DE ANTROPOLOGIA E
HISTORIA.
CARACAS. IMPRENTA UNIVERSITARIA, 1962. (ARCHIVOS
VENEZOLANOS DE FOLKLORE, ANOS X Y XI, NO. 7,
1961-1962).

3734

ADAM, FELIX. * VASQUEZ, PEDRO TOMAS.
EDUCACION DE ADULTOS Y LOS PLANES DE DESARROLLO
ECONOMICO Y SOCIAL EN VENEZUELA (LA).
CARACAS. MINISTERIO DE EDUCACION, OFICINA DE
EDUCACION DE ADULTOS, 1965. (EDICIONES ODEA).

3735

ALBORNOZ, ORLANDO.
ACERCA DE LA UNIVERSIDAD Y OTROS ASUNTOS.
CARACAS. INSTITUTO SOCIETAS, 1970.

3736

ALBORNOZ, ORLANDO.
ESTUDIANTES Y DESARROLLO POLITICO.
CARACAS. MONTE AVILA EDITORES, 1968. (COLECCION
ESTUDIOS).

3737

ALBORNOZ, ORLANDO.
MAESTRO Y LA EDUCACION EN LA SOCIEDAD VENEZOLANA
(EL).
CARACAS, 1965.

3738

ALBORNOZ, ORLANDO.
QUE ES LA SOCIOLOGIA, Y OTROS ENSAYOS.
CARACAS. UNIVERSIDAD CENTRAL DE VENEZUELA,
ORGANIZACION DE BIENESTAR ESTUDANTIL, 1964.

3739

ALBORNOZ, ORLANDO.
SOCIOLOGIA DE LA EDUCACION. 2ND ED.
CARACAS. UNIVERSIDAD CENTRAL DE VENEZUELA, 1972.

3740

ALEGRIA M., CEFERINO.
HISTORIA DE LA MEDICINA Y SU ENSENANZA EN VENEZUELA.
2D ED.
CARACAS. UNIVERSIDAD CENTRAL DE VENEZUELA, 1967.

(HISTORIA DE LA MEDICINA EN VENEZUELA, CUADERNO 1).
3741
ALVARAY, GISELA G. DE.
EDUCACION ESPECIAL EN VENEZUELA (LA).
CARACAS. UNIVERSIDAD CENTRAL DE VENEZUELA, 1972.
(COLECCION AVANCE, NO. 34).
3742
ANDRIANZA ALVAREZ, H.
PRESENCIA DEL PASADO. HOMENAJE DEL CENTRO HISTORICO
A LA UNIVERSIDAD DEL ZULIA EN LOS 75 ANOS DE SU
INSTALACION Y 20 DE LA REAPERTURA.
MARACAIBO. TIPOGRAFIA UNION, 1966.
3743
ANZOLA CARRILLO, ANTONIO J.
DISCURSOS DEL ENCARGADO DEL DESPACHO DE EDUCACION
NACIONAL.
CARACAS. ESCUELA TECNICA INDUSTRIAL, TALLERES DE
ARTES GRAFICAS, 1947.
3744
ARANGUREN, JOSE LUIS.
JUVENTUD, UNIVERSIDAD Y SOCIEDAD.
CARACAS. FUNDACION EUGENIO MENDOZA, 1971.
3745
ARNOVE, ROBERT F.
IMPACT OF UNIVERSITY SOCIAL STRUCTURE ON STUDENT
ALIENATION (THE). A VENEZUELAN STUDY.
STANFORD. SIDEC STUDIES, 1970.
3746
ARNOVE, ROBERT F.
STUDENT ALIENATION. A VENEZUELAN STUDY.
NEW YORK. PRAEGER, 1972.
3747
BENAIM PINTO, HENRIQUE.
ANALISIS DEL ESTADO ACTUAL DE LA EDUCACION MEDICA EN
VENEZUELA, CON OBSERVACIONES SOBRE NUESTRA
PROBLEMATICA UNIVERSITARIA.
CARACAS. UNIVERSIDAD CENTRAL DE VENEZUELA,
ORGANIZACION DE BIENESTAR ESTUDIANTIL, 1969.
3748
BETANCOURT, ROMULO.
POLITICA EDUCACIONAL, CONFERENCIA Y DISCURSOS.
CARACAS. MINISTERIO DE EDUCACION NACIONAL, 1947.
3749
BOURRICAUD, FRANCOIS.
UNIVERSIDAD A LA DERIVA (LA).
CARACAS. FUNDACION EUGENIO MENDOZA, 1971.
3750
BRICENO IRAGORRY, MARIO.
PROBLEMAS DE LA JUVENTUD VENEZOLANA. TEMAS ACERCA DE
LA PRESENTE CRISIS UNIVERSITARIA.
MADRID. EDICIONES BITACORA, 1953.
3751
BURROUGHS, GEORGE EDWARD RICHARD.

EDUCATION IN VENEZUELA.
HAMDEN. ARCHON BOOKS, 1974. (WORLD EDUCATION
SERIES).

3752

CABALLERO, MANUEL.
SOBRE AUTONOMIA REFORMA Y POLITICA EN LA UNIVERSIDAD
CENTRAL DE VENEZUELA, 1827-1958.
CARACAS. UNIVERSIDAD CENTRAL DE VENEZUELA, FACULTAD
DE HUMANIDADES Y EDUCACION, ESCUELA DE HISTORIA,
1974. (SERIE VARIA).

3753

CALDERA RODRIGUEZ, RAFAEL.
RESPONSABILIDAD DE LAS UNIVERSIDADES.
CARACAS. FUNDACION EUGENIO MENDOZA, 1967. (ONCE
GRANDES TEMAS DE NUESTRO TIEMPO).

3754

CARACAS. COLEGIO COLONIAL.
PROGRAMA Y REGLAMENTO PARA EL ANO DE 1878 Y
SIGUIENTES.
CURAZAO, 1877.

3755

CARRERA DAMAS, GERMAN.
SOBRE LA TEORIA Y LA PRACTICA DE LA ENSENANZA DE LA
HISTORIA EN UNA ERA DE CAMBIOS.
CARACAS. UNIVERSIDAD CENTRAL DE VENEZUELA, FACULTAD
DE HUMANIDADES Y EDUCACION, ESCUELA DE HISTORIA,
1966.

3756

CASAS ARMENGOL, MIGUEL.
EXPLORATORY STUDY OF THE INTERACTION AMONG HIGHER
EDUCATION, HUMAN RESOURCES AND NATIONAL DEVELOPMENT
IN VENEZUELA (AN).
PH.D. DISS., STANFORD UNIVERSITY, 1970.

3757

CHALBAUD CARDONA, ELOY.
HISTORIA DE LA UNIVERSIDAD DE LOS ANDES.
MERIDA. EDICIONES DEL RECTORADO, 1966-1970, 4 VOLS.

3758

COLEGIO CHAVES (EL). SU HISTORIA Y OBRA EDUCACIONAL
DURANTE SUS 125 ANOS DE EXISTENCIA.
CARACAS. PUBLICACIONES DE LA SECRETARIA GENERAL,
CUATRICENTENARIO DE CARACAS, 1967. (MATERIALES PARA
EL ESTUDIO DE CARACAS).

3759

CUENCA, HUMBERTO.
UNIVERSIDAD COLONIAL (LA). PROLOGO DE LUIS VILLALBA
VILLALBA.
CARACAS. EDICIONES DE LA BIBLIOTECA DE LA
UNIVERSIDAD CENTRAL DE VENEZUELA, 1967. (COLECCION
AVANCE, NO. 16).

3760

CUENCA, HUMBERTO.
UNIVERSIDAD REVOLUCIONARIA (LA).

CARACAS. EDITORIAL CULTURA CONTEMPORANEA, 1964.
3761

DINTRAUS AVILA, RADAMANTA, ET AL.
ORIENTACION EDUCATIVA Y PROFESIONAL EN CHILE,
GUATEMALA, PANAMA Y VENEZUELA (LA).
WASHINGTON, D.C. PAN AMERICAN UNION, DEPARTMENT OF
EDUCATIONAL AFFAIRS, 1967.
3762

DOMINGUEZ DALY, RAFAEL.
SER Y DEBER SER DE NUESTRA EDUCACION MEDIA.
CARACAS. FRACCION PARLAMENTARIA DE COPEI, 1966.
(COLECCION VOCES NUEVAS, NO. 8).
3763

ECHEVARRIA SALVAT, OSCAR A.
EDUCACION Y DESARROLLO, EL CASO DE VENEZUELA. IN.
JOURNAL OF INTER-AMERICAN STUDIES, 10(1968),
587-596.
3764

EDUCACION, PERSONALIDAD Y LENGUAJE.
CARACAS. UNIVERSIDAD CENTRAL DE VENEZUELA, 1970-.
(EL ESTUDIO DE CARACAS, VOL. 6, IN 5 PTS.).
3765

ESCOLET, MIGUEL A.
VENEZUELAN STUDENT PROBLEMS.
CUMANA. UNIVERSIDAD DE ORIENTE, ESCUELA DE
EUDCACION, 1970.
3766

ESCOVAR SALMON, RAMON.
UNIVERSIDAD Y LA CONSTRUCCION NACIONAL (LA).
CARACAS. UNIVERSIDAD CENTRAL DE VENEZUELA, 1961.
3767

FEBRES CORDERO, FOCION.
AUTONOMIA UNIVERSITARIA.
CARACAS. UNIVERSIDAD CENTRAL DE VENEZUELA, DIRECCION
DE CULTURA, 1959.
3768

FEBRES CORDERO, FOCION.
REFORMA UNIVERSITARIA.
CARACAS. UNIVERSIDAD CENTRAL DE VENEZUELA, 1959.
3769

FEDERACION VENEZOLANA DE MAESTROS.
ENCUESTA SOBRE LOS ACTUALES PROBLEMAS DE LA
EDUCACION VENEZOLANA.
CARACAS, 1966.
3770

FELICE CARDOT, CARLOS.
DECADAS DE UNA CULTURA. ORIGEN Y EVOLUCION DE LA
EDUCACION SECUNDARIA EN EL TOCUYO. 2D ED.
CARACAS. ITALGRAFICA, 1974.
3771

FERNANDEZ HERES, RAFAEL.
ENSENANZA DEL GRIEGO EN VENEZUELA (LA).
CARACAS. UNIVERSIDAD CENTRAL DE VENEZUELA, FACULTAD

DE HUMANIDADES Y EDUCACION, INSTITUTO DE FILOLOGIA
CLASICA, 1968.

3772

FINIFTER, BERNARD MORTON.
STYLES OF PARTICIPATION IN POLITICAL LIFE. A STUDY
OF UNIVERSITY STUDENTS IN VENEZUELA.
PH.D. DISS., THE UNIVERSITY OF WISCONSIN, 1968.

3773

FONTAN PUEYO, JOSE.
REVIEW OF ADULT EDUCATIONAL HEALTH NEEDS IN
VENEZUELA AND THE POSSIBLE USE OF INSTRUCTIONAL
RADIO, TELEVISION, MULTI-MEDIA AND METHODS TO HELP
MEET THE DEFINED NEEDS (A).
PH.D. DISS., MICHIGAN STATE UNIVERSITY, 1970.

3774

GABALDON, ARNOLDO.
ALGUNAS IDEAS SOBRE LEGISLACION PARA LA EDUCACION
SUPERIOR EN VENEZUELA.
MIMEOGRAPHED. CARACAS. MINISTERIO DE SANIDAD Y
ASISTENCIA SOCIAL, 1971.

3775

GABALDON, ARNOLDO.
INQUIETUDES ACERCA DE LA EDUCACION EN VENEZUELA.
TRUJILLO. EDICIONES DEL EJECUTIVO DEL ESTADO
TRUJILLO, 1959. (BIBLIOTECA TRUJILLANA DE CULTURA,
NO. 6).

3776

GABALDON, ARNOLDO.
SANIDAD Y LA EDUCACION DESDE EL PUNTO DE VISTA
POLITICO, ECONOMICO Y SOCIAL (LA).
CARACAS. EL COJO, 1965. (EDICIONES DE LA BOLSA DE
COMERCIO DE CARACAS, NO. 35).

3777

GARCIA CHUECOS, HECTOR.
REAL COLEGIO SEMINARIO DE SAN BUENAVENTURA DE
MERIDA, 1785-1810 (EL).
CARACAS, 1963. (BIBLIOTECA DE AUTORES Y TEMAS
MERIDENOS, NO. 2).

3778

GARCIA MALDONADO, LEOPOLDO.
EDUCACION Y SALUD PUBLICA.
CARACAS. MINISTERIO DE SANIDAD Y ASISTENCIA SOCIAL,
OFICINA DE PUBLICACIONES, BIBLIOTECA Y ARCHIVO,
1970.

3779

GARCIA VILLASMIL, MARTIN.
ESCUELAS PARA FORMACION DE OFICIALES DEL EJERCITO.
ORIGEN Y EVOLUCION DE LA ESCUELA MILITAR.
CARACAS, 1964.

3780

GONZALEZ BAQUERO, RAFAEL.
ANALISIS DEL PROCESO HISTORICO DE LA EDUCACION,
URBANA (1870-1932) Y DE LA EDUCACION RURAL

(1932-1957) EN VENEZUELA.
CARACAS. UNIVERSIDAD CENTRAL DE VENEZUELA, FACULTAD
DE HUMANIDADES Y EDUCACION, 1962.
3781

GONZALEZ BAQUERO, RAFAEL.
HISTORICAL ANALYSIS OF VENEZUELAN EDUCATION WITH
PARTICULAR REFERENCE TO PROGRAMS OF RURAL EDUCATION
(A).
ED.D. DISS., THE UNIVERSITY OF MICHIGAN, 1961.
3782

GONZALEZ BAQUERO, RAFAEL.
NUEVO ENFOQUE DE LA GERENCIA EDUCACIONAL VENEZOLANA
(UN).
VALENCIA. UNIVERSIDAD DE CARABOBO, 1968.
3783

GRISANTI, ANGEL.
INSTRUCCION PUBLICA EN VENEZUELA (LA). EPOCA
COLONIAL, LA INDEPENDENCIA Y PRIMEROS ANOS DE LA
REPUBLICA, EPOCA ACTUAL. PROLOGO DE DON FRANCISCO
GARCIA CALDERON.
BARCELONA. ARALUCE, 1933.
3784

GRISANTI, ANGEL.
MAXIMO PROBLEMA EDUCATIVO DE VENEZUELA (EL). LA
EDUCACION TECNICA Y ARTESANAL EN TODOS SUS NIVELES.
2D ED.
CARACAS, 1967.
3785

GRISANTI, ANGEL.
RESUMEN HISTORICO DE LA INSTRUCCION PUBLICA EN
VENEZUELA. 2D ED.
BOGOTA. EDITORIAL IQUEIMA, 1950.
3786

HANSON, MARK.
EDUCATIONAL REFORM IN COLOMBIA AND VENEZUELA. AN
ORGANIZATIONAL ANALYSIS.
CAMBRIDGE. HARVARD UNIVERSITY, GRADUATE SCHOOL OF
EDUCATION, 1970. (OCCASIONAL PAPERS IN EDUCATION AND
DEVELOPMENT, NO. 4).
3787

HERNANDEZ CARABANO, HECTOR.
APORTES A LA REFORMA EDUCATIVA.
CARACAS. MINISTERIO DE EDUCACION, DIRECCION DE
PLANEAMIENTO, 1970.
3788

INSTITUTO NACIONAL DE COOPERACION EDUCATIVA.
PRESUPUESTO, PROGRAMA 1965. METAS Y COSTOS DEL
INSTITUTO NACIONAL DE COOPERACION EDUCATIVA.
CARACAS, 1965.
3789

INSTITUTO PARA EL DESARROLLO ECONOMICO Y SOCIAL,
CARACAS.
EDUCACION, LA GRAN URGENCIA. INVESTIGACION.

CARACAS. DIVIDENDO VOLUNTARIO PARA LA COMUNIDAD,
1968.

3790

JESUALDO. SEE SOSA, JESUALDO.

3791

LA BELLE, THOMAS J., COMP.
EDUCATION AND DEVELOPMENT. LATIN AMERICA AND THE
CARIBBEAN.
LOS ANGELES. LATIN AMERICAN STUDIES CENTER,
UNIVERSITY OF CALIFORNIA, 1972. (LATIN AMERICAN
STUDIES, VOL. 18).

3792

LA BELLE, THOMAS J.
NEW PROFESSIONAL IN VENEZUELAN SECONDARY EDUCACION
(THE). WITH THE ASSISTANCE OF JAN R. VAN ORMAN.
LOS ANGELES. LATIN AMERICAN STUDIES CENTER,
UNIVERSITY OF CALIFORNIA, 1973. (LATIN AMERICAN
STUDIES, VOL. 23).

3793

LEAL, ILDEFONSO.
CLAUSTRO DE LA UNIVERSIDAD Y SU HISTORIA (EL).
CARACAS. UNIVERSIDAD CENTRAL DE VENEZUELA, FACULTAD
DE HUMANIDADES Y EDUCACION, INSTITUTO DE ESTUDIOS
HISPANOAMERICANOS, 1970-.

3794

LEAL, ILDEFONSO.
DOSCIENTOS CINCUENTA AÑOS DE LA FUNDACION DE LA REAL
Y PONTIFICIA UNIVERSIDAD DE CARACAS, 1721-1971.
CARACAS. RECTORADO DE LA UNIVERSIDAD CENTRAL DE
VENEZUELA, 1971.

3795

LEAL, ILDEFONSO.
HISTORIA DE LA UNIVERSIDAD DE CARACAS (1721-1827).
CARACAS. EDICIONES DE LA BIBLIOTECA DE LA
UNIVERSIDAD CENTRAL DE VENEZUELA, 1963. (COLECCION
CIENCIAS SOCIALES, NO. 8).

3796

LEAL, ILDEFONSO, COMP.
CEDULARIO DE LA UNIVERSIDAD DE CARACAS (1721-1820).
CARACAS. UNIVERSIDAD CENTRAL DE VENEZUELA, FACULTAD
DE HUMANIDADES Y EDUCACION, INSTITUTO DE ESTUDIOS
HISPANOAMERICANOS, 1965.

3797

LEAL, ILDEFONSO, COMP.
DOCUMENTOS PARA LA HISTORIA DE LA EDUCACION EN
VENEZUELA. EPOCA COLONIAL.
CARACAS. ACADEMIA NACIONAL DE LA HISTORIA, 1968.
(BIBLIOTECA DE LA ACADEMIA NACIONAL DE LA HISTORIA,
NO. 87).

3798

LEAL, ILDEFONSO, ED.
COLEGIO DE LOS JESUITAS EN MERIDA, 1628-1767 (EL).
CARACAS. UNIVERSIDAD CENTRAL DE VENEZUELA, FACULTAD

DE HUMANIDADES Y EDUCACION, INSTITUTO DE ESTUDIOS
HISPANOAMERICANOS, 1966.
3799
LOPEZ GRAFF, HILDA.
ESCUELA VENEZOLANA, UNA INSTITUCION EN CONFLICTO
(LA).
CARACAS. PENSAMIENTO VIVO, 1962.
3800
LUNA, JOSE RAMON.
EDUCACION POPULAR, UN DERECHO NO EJERCIDO (LA).
CARACAS. MINISTERIO DE EDUCACION, DIRECCION GENERAL,
DEPARTAMENTO DE PUBLICACIONES, 1970.
3801
MARQUEZ RODRIGUEZ, ALEXIS.
DOCTRINA Y PROCESO DE LA EDUCACION EN VENEZUELA.
CARACAS, 1964.
3802
MARQUEZ RODRIGUEZ, ALEXIS.
PRESENTE Y FUTURO DE LA EDUCACION EN VENEZUELA.
CARACAS. COLEGIO DE PROFESORES DE VENEZEULA, 1960.
3803
MARRERO Y ARTILES, LEVI.
AGUA (EL). UN RECURSO BASICO EN PELIGRO. LOS GRANDES
TEMAS NACIONALES EN LA ESCUELA VENEZOLANA.
CARACAS. MINISTERIO DE EDUCACION, DIRECCION DE
EDUCACION PRIMARIA Y NORMAL, INSTITUTO DE
MEJORAMIENTO PROFESIONAL DEL MAGISTERIO, 1965.
3804
MARTINEZ, LEONARDO.
RESEARCH MODEL FOR CURRICULUM DEVELOPMENT AND
EVALUATION IN OCCUPATIONAL EDUCATION (A).
APPLICATION TO MECHANICAL TECHNOLOGY IN THE
PETROLEUM INDUSTRY OF VENEZUELA.
PH.D. DISS., MICHIGAN STATE UNIVERSITY, 1972.
3805
MATA GUEVARA, LUIS BELTRAN.
ANALYSIS OF OBJECTIVES OF SCIENCE EDUCATION IN
VENEZUELAN ELEMENTARY SCHOOLS (AN).
PH.D. DISS., MICHIGAN STATE UNIVERSITY, 1972.
3806
MCGINN, NOEL F. * DAVIS, RUSSELL G.
HUMAN RESOURCE DEVELOPMENT IN CIUDAD GUAYANA.
CAMBRIDGE. HARVARD UNIVERSITY, CENTER FOR STUDIES IN
EDUCATION AND DEVELOPMENT, 1967. (OCCASIONAL PAPERS
IN EDUCATION AND DEVELOPMENT, NO. 2).
3807
MCWHORTER, WILLIAM HORACE.
COMPARATIVE STUDY OF SELECTED BINATIONAL SCHOOLS IN
VENEZUELA AND COLOMBIA (A).
ED.D. DISS., UNIVERSITY OF ALABAMA, 1969.
3808
MEDINA RENDON, LUIS JOSE.
DOCUMENTACION TECNICA Y CIENTIFICA Y SU APLICACION

EN LOS TRABAJOS DE INVESTIGACION (LA).
CARACAS. ARCHIVO GENERAL DE LA NACION, 1973.
(BIBLIOTECA VENEZOLANA DE HISTORIA, NO. 18).

3809

MENDOZA ANGULO, JOSE.
POR LA DEMOCRACIA UNIVERSITARIA.
MERIDA. UNIVERSIDAD DE LOS ANDES, 1970.

3810

MUDARRA, MIGUEL ANGEL.
HISTORIA DE LA LEGISLACION ESCOLAR CONTEMPORANEA EN
VENEZUELA.
CARACAS. MINISTERIO DE EDUCACION, 1962. (BIBLIOTECA
VENEZOLANA DE CULTURA).

3811

MUESTRA DE LIDERES ESTUDIANTILES.
CARACAS. UNIVERSIDAD CENTRAL DE VENEZUELA, CENTRO DE
ESTUDIOS DE DESARROLLO (CENDES), 1973. (ESTUDIOS DE
CONFLICTOS Y CONSENSO, NO. 4).

3812

MUESTRA DE MAESTROS DE EDUCACION PRIMARIA Y
PROFESORES DE EDUCACION MEDIA.
CARACAS. UNIVERSIDAD CENTRAL DE VENEZUELA, CENTRO DE
ESTUDIOS DE DESARROLLO (CENDES), 1973. (ESTUDIOS DE
CONFLICTOS Y CONSENSO, NO. 3).

3813

MUESTRA DE PROFESORES UNIVERSITARIOS.
CARACAS. UNIVERSIDAD CENTRAL DE VENEZUELA, CENTRO DE
ESTUDIOS DE DESARROLLO (CENDES), 1973. (ESTUDIOS DE
CONFLICTOS Y CONSENSO, NO. 2).

3814

NEMETH, EDWARD JOSEPH.
FACULTY PARTICIPATION IN UNIVERSITY DECISION-MAKING.
A CASE STUDY OF THE UNIVERSIDAD DE ORIENTE, CUMANA,
VENEZUELA.
PH.D. DISS., SYRACUSE UNIVERSITY, 1969.

3815

NUNEZ TENORIO, J.R.
PROBLEMAS UNIVERSITARIOS.
CARACAS. EDICIONES CEHE, 1965.

3816

OFICINA DE ESTUDIOS SOCIOECONOMICOS.
RENOVACION ACADEMICA O REFORMA UNIVERSARIA. EL
PROBLEMA DEL ALMA MATER EN SU DIMENSION SOCIAL.
CARACAS, 1969.

3817

OJEDA, RICARDO JULIO.
CHARACTERISTICS AND OPINIONS OF STUDENTS IN LA
UNIVERSIDAD DE ORIENTE (UDO) VENEZUELA, FRESHMAN
CLASS 1970-71.
PH.D. DISS., UNIVERSITY OF WISCONSIN, 1973.

3818

PAN AMERICAN UNION. DEPARTMENT OF EDUCATIONAL
AFFAIRS.

PROGRAMAS PARA ADULTOS Y SU INTEGRACION CON LOS
PLANES NACIONALES DE DESARROLLO ECONOMICO Y SOCIAL
EN EL ECUADOR, EL PERU Y VENEZUELA. PREPARADO POR
MIGUEL RICARDO RODRIGUEZ.
WASHINGTON, D.C., 1965.
3819
PARTIDO SOCIALCRISTIANO. FRACCION PARLAMENTARIA.
LIBROS Y UTILES ESCOLARES GRATUITOS.
CARACAS, 1966. (PUBLICACIONES, NO. 39).
3820
PEREZ OLIVARES, ENRIQUE.
DESARROLLO DE LA EDUCACION Y POLITICA CIENTIFICA EN
VENEZUELA.
CARACAS. MINISTERIO DE EDUCACION, 1971.
3821
PEREZ PERDOMO, ROGELIO.
TRES ENSAYOS SOBRE METODOS DE LA EDUCACION JURIDICA.
CARACAS. UNIVERSIDAD CENTRAL DE VENEZUELA, CONSEJO
DE DESARROLLO CIENTIFICO Y HUMANISTICO, 1974.
3822
PICON SALAS, MARIANO.
NIEVES DE ANTANO (LAS). PEQUENA ANORANZA DE MERIDA.
HOMENAJE A LA UNIVERSIDAD DE LOS ANDES EN EL IV
CENTENARIO DE LA FUNDACION DE MERIDA, VENEZUELA.
MARACAIBO. UNIVERSIDAD DEL ZULIA, 1958.
3823
PRIETO FIGUEROA, LUIS BELTRAN.
ANDRES BELLO, EDUCADOR.
CARACAS. EDICIONES DE LA DIRECCION DE IMPRENTA Y
PUBLICACIONES DEL CONGRESO NACIONAL, 1966.
3824
PRIETO FIGUEROA, LUIS BELTRAN.
DE UNA EDUCACION DE CASTAS A UNA EDUCACION DE MASAS.
HAVANA. UNIVERSIDAD DE LA HABANA, FACULTAD DE
EDUCACION, 1951.
3825
PRIETO FIGUEROA, LUIS BELTRAN.
EN ESTA HORA.
CARACAS. COMITE DIRECTIVO NACIONAL DE LA FEDERACION
VENEZOLANA DE MAESTROS, 1961.
3826
PRIETO FIGUEROA, LUIS BELTRAN.
HUMANISMO DEMOCRATICO Y LA EDUCACION (EL).
CARACAS. EDITORIAL LAS NOVEDADES, 1959.
3827
PRIETO FIGUEROA, LUIS BELTRAN.
JOVEN, EMPINATE.
CARACAS. UNIVERSIDAD CENTRAL DE VENEZUELA, 1968.
3828
PRIETO FIGUEROA, LUIS BELTRAN.
PROBLEMAS DE LA EDUCACION VENEZOLANA.
CARACAS. PUBLICACIONES DE LA FEDERACION VENEZOLANA
DE MAESTROS, 1947.

3829

QUINTERO, RODOLFO.
UNIVERSIDAD Y POLITICA. PROLOGO DE E. VASQUEZ.
CARACAS. UNIVERSIDAD CENTRAL DE VENEZUELA, FACULTAD
DE ECONOMIA, 1962. (BOLETIN BIBLIOGRAFICO, EDICION
ESPECIAL, NO. 16).

3830

RAMOS CHAVEZ, LUIS EMIRO.
EDUCATIONAL PLANNING IN LATIN AMERICA. A COMPARISON
BETWEEN VENEZUELA AND CHILE.
ED.D. DISS., UNIVERSITY OF CALIFORNIA, LOS ANGELES,
1968.

3831

RANGEL LAMUS, CARLOS.
VIDA Y OBRA DE UN EDUCADOR. PORTICO DE MARCO
FIGUEROA S.
CARACAS. OFICINA CENTRAL DE INFORMACION, 1971.

3832

REYES BAENA, JUAN FRANCISCO.
CIENCIA, INVESTIGACION Y DOCENCIA.
CARACAS. UNIVERSIDAD CENTRAL DE VENEZUELA, FACULTAD
DE HUMANIDADES Y EDUCACION, ESCUELA DE EDUCACION,
1966. (COLECCION ENSAYOS, NO. 3).

3833

REYES BAENA, JUAN FRANCISCO.
DEPENDENCIA, DESARROLLO Y EDUCACION.
CARACAS. UNIVERSIDAD CENTRAL DE VENEZUELA, FACULTAD
DE ECONOMIA, INSTITUTO DE INVESTIGACIONES ECONOMICAS
Y SOCIALES, 1972.

3834

REYES BAENA, JUAN FRANCISCO.
IDEAS Y HECHOS EN EDUCACION.
CARACAS. EDICIONES DEL INSTITUTO PEDAGOGICO,
DIRECCION DE CULTURA Y PUBLICACIONES, 1959.

3835

RIBEIRO, DARCY.
UNIVERSIDAD CENTRAL DE VENEZUELA, PROPUESTAS ACERCA
DE LA RENOVACION.
CARACAS. UNIVERSIDAD CENTRAL DE VENEZUELA, COMISION
DE AUTO-ESTUDIO Y PLANEAMIENTO, 1970. (NUEVA
ESTRUCTURA UNIVERSITARIA, DOCUMENTO NO. 1).

3836

RIVAS CASADO, EDUARDO.
EDUCACION DEMOCRATICA EN VENEZUELA (LA).
CARACAS. OFICINA CENTRAL DE INFORMACION, 1966.
(TEMAS DEL DESARROLLO ECONOMICO DE VENEZUELA, II
SERIE, NO. 3).

3837

RIVERA S., BEATRIZ.
ESTRUCTURA UNIVERSITARIA Y EDUCACION.
CARACAS. EDICIONES DE LA BIBLIOTECA DE LA
UNIVERSIDAD CENTRAL DE VENEZUELA, 1973. (COLECCION
AVANCE, NO. 37).

3838

RIVERA S., BEATRIZ.
ORIENTACION EDUCATIVA EN EL NIVEL DE LA EDUCACION
SUPERIOR (LA).
CARACAS. UNIVERSIDAD CENTRAL DE VENEZUELA, 1966.

3839

ROSENBLAT, ANGEL.
EDUCACION EN VENEZUELA (LA). VOZ DE ALERTA.
CARACAS. COLEGIO DE HUMANISTAS DE VENEZUELA, 1964.
(COLECCION CUADERNOS, NO. 1).

3840

SADA, PABLO MARIA.
GUIDELINES FOR IMPLEMENTATION OF INDUSTRIAL PROGRAMS
FOR PROPOSED COMMUNITY COLLEGES IN VENEZUELA.
ED.D. DISS., ARIZONA STATE UNIVERSITY, 1971

3841

SANCHEZ, GEORGE I.
DEVELOPMENT OF EDUCACION IN VENEZUELA (THE).
WASHINGTON, D.C. U.S. DEPARTMENT OF HEALTH,
EDUCATION AND WELFARE, OFFICE OF EDUCATION, 1963.

3842

SANOJA HERNANDEZ, JESUS.
UNIVERSIDAD (LA). CULPABLE O VICTIMA.
CARACAS. FONDO EDITORIAL VENEZOLANO, 1967.
(COLECCION REPORTAJE, NO. 3).

3843

SCHENK, GLADYS R.
COMPARISON OF TWO MODES OF PRESENTATION OF
VOCATIONAL GUIDANCE INFORMATION TO SECONDARY SCHOOL
PUPILS IN VENEZUELA (A).
PH.D. DISS., UNIVERSITY OF PITTSBURGH, 1972.

3844

SEMINARIO NACIONAL DE SUPERVISION EDUCATIVA, 1ST,
BARQUISIMETO, VENEZUELA, 1964.
CONFERENCIAS, MATERIAL DE INFORMACION, CONCLUSIONES
Y RECOMENDACIONES. (VOL. 2).
CARACAS. OFICINA DE PLANEAMIENTO INTEGRAL DE LA
EDUCACION, 1965.

3845

SOLA, RENE DE.
BALANCE INCONCLUSO DE UNA ACTITUD UNIVERSITARIA.
PROLOGOS DE LUIS VILLALBA-VILLALBA ET AL.
CARACAS. EDICIONES CASASOLA, 1962.

3846

SOLA, RENE DE.
UNIVERSIDAD Y LA PROFESION DE ABOGADO (LA).
CARACAS. UNIVERSIDAD CENTRAL DE VENEZUELA, FACULTAD
DE DERECHO, 1968.

3847

SOSA, JESUALDO.
FUNDAMENTOS DE LA NUEVA PEDAGOGIA (LOS).
CARACAS. EDICIONES DE LA BIBLIOTECA DE LA
UNIVERSIDAD CENTRAL DE VENEZUELA, 1968. (COLECCION

TEMAS).

3848

SOSA, JESUALDO.
PEDAGOGIA DE LA EXPRESION. PROLOGO DE J.F. REYES
BAENA.
CARACAS. UNIVERSIDAD CENTRAL DE VENEZUELA, FACULTAD
DE HUMANIDADES Y EDUCACION, ESCUELA DE EDUCACION,
1968. (COLECCION ENSAYOS, NO. 5).

3849

SUBERO, EFRAIN, COMP.
DEL IDEARIO PEDAGOGICO VENEZOLANO. SELECCION. 3D ED.
CARACAS. MINISTERIO DE EDUCACION, DIRECCION TECNICA,
DEPARTAMENTO DE PUBLICACIONES, 1968. (COLECCION
VIGILIA, NO. 10).

3850

TOSTA, VIRGILIO.
IDEAS EDUCATIVAS DE VENEZOLANOS EMINENTES. 2D ED.,
CORREGIDA Y AUMENTADA.
CARACAS. EDICIONES VILLEGAS, 1958.

3851

TOSTA, VIRGILIO.
SENTIDO DEMOCRATICO Y REPUBLICANO DEL PENSAMIENTO
EDUCATIVO DE ANDRES BELLO.
CARACAS. J. VILLEGAS, 1960.

3852

UNIVERSIDAD CENTRAL DE VENEZUELA, CARACAS.
DOSCIENTOS CINCUENTA ANOS DE LA FUNDACION DE LA REAL
Y PONTIFICIA UNIVERSIDAD DE CARACAS, 1721-1971.
CARACAS. UNIVERSIDAD CENTRAL DE VENEZUELA, 1971.

3853

UNIVERSIDAD CENTRAL DE VENEZUELA, CARACAS.
ESTUDIO DEL RENDIMIENTO ESTUDIANTIL
(1965-66,1966-67).
CARACAS. UNIVERSIDAD CENTRAL DE VENEZUELA, 1970.

3854

UNIVERSIDAD CENTRAL DE VENEZUELA, CARACAS. ESCUELA
DE SOCIOLOGIA Y ANTROPOLOGIA.
GUARAO DEL DELTA AMACURO (LOS). INFORME DE UNA
INVESTIGACION DE CAMPO, EFECTUADA CON FINES
PEDAGOGICOS, DEL 9 AL 19 DE ABRIL DE 1954.
CARACAS, 1956.

3855

UNIVERSIDAD CENTRAL DE VENEZUELA, CARACAS. FACULTAD
DE HUMANIDADES Y EDUCACION, ESCUELA DE HISTORIA.
PLAN DE RENOVACION DE LA ESCUELA DE HISTORIA.
MIMEOGRAPHED. CARACAS, 1969.

3856

UNIVERSIDAD DE LOS ANDES, MERIDA.
NUEVO EDIFICO CENTRAL DE LA UNIVERSIDAD DE LOS ANDES
(EL).
MERIDA, 1956. (PUBLICACIONES DE LA DIRECCION DE
CULTURA, NO. 56).

3857

USLAR PIETRI, ARTURO.
UNIVERSIDAD Y EL PAIS (LA). UNA POSICION Y UNA
POLEMICA.
CARACAS. UNIVERSIDAD CENTRAL DE VENEZUELA, DIRECCION
DE CULTURA, 1962.

3858

VASCONI B., TOMAS AMADES.
DEPENDENCIA Y SUPERESTRUCTURA Y OTROS ENSAYOS SOBRE
IDEOLOGIAS Y EDUCACION EN AMERICA LATINA.
CARACAS. EDICIONES DE LA BIBLIOTECA DE LA
UNIVERSIDAD CENTRAL DE VENEZUELA, 1970. (COLECCION
AVANCE, NO. 31).

3859

VENEZUELA. DIRECCION DE REGISTRO ELECTORAL. DIVISION
DE SOCIOLOGIA.
ANALFABEITISMO EN LA POBLACION ELECTORAL 1969.
CARACAS, 1970. (SERIE SOCIOLOGICA, NO. 1).

3860

VENEZUELA. INSTITUTO DE LA CIUDAD UNIVERSITARIA.
CIUDAD UNIVERSITARIA DE CARACAS (LA). DOCUMENTOS
RELATIVOS A SU ESTUDIO Y CREACION, CONFERENCIA DEL
DR. ARMANDO VEGAS.
CARACAS. EDITORIAL GRAFOLIT, 1947.

3861

VENEZUELA. LAWS, STATUTES, ETC.
LIBERTADOR Y LA UNIVERSIDAD DE CARACAS (EL). LOS
DECRETOS DE 1827. PROLOGO POR AUGUSTO MIJARES.
CARACAS. EDICIONES DE LA PRESIDENCIA DE LA
REPUBLICA, 1972.

3862

VENEZUELA. MINISTERIO DE EDUCACION.
APORTES A LA REFORMA EDUCATIVA. POR HECTOR HERNANDEZ
CARABANO.
CARACAS, 1970.

3863

VENEZUELA. MINISTERIO DE EDUCACION.
INFORME SOBRE EDUCACION Y ADIESTRAMIENTO PARA EL
PROGRESO ECONOMICO Y SOCIAL DE VENEZUELA. DOCUMENTO
QUE PRESENTA EL GOBIERNO DE VENEZUELA A LA III
REUNION INTERAMERICANA DE MINISTROS DE EDUCACION,
BOGOTA, AGOSTO DE 1963.
CARACAS. IMPRENTA DEL MINISTERIO DE EDUCACION, 1963.

3864

VENEZUELA. STATISTICS.
MAS Y MEJOR EDUCACION. ANALISIS ESTADISTICO.
CARACAS. MINISTERIO DE EDUCACION, DIRECCION TECNICA,
1967.

3865

VENEZUELA. STATISTICS.
MEMORIA Y CUENTA QUE EL MINISTRO DE EDUCACION
PRESENTA AL CONGRESO NACIONAL DE LA REPUBLICA DE
VENEZUELA EN SUS SESIONES DE 1966.
CARACAS. MINISTERIO DE EDUCACION NACIONAL, 1966, 2

VOLS.
3866
VILLALBA VILLALBA, LUIS.
REFLEXIONES UNIVERSITARIAS.
CARACAS. UNIVERSIDAD CENTRAL DE VENEZUELA, 1962.
3867
VILLALBA VILLALBA, LUIS, ED.
PRIMER INSTITUTO VENEZOLANO DE CIENCIAS SOCIALES
(EL).
CARACAS. PUBLICACIONES DE LA ASOCIACION VENEZOLANA
DE SOCIOLOGIA, 1961.
3868
WASHINGTON, WALTER S.
STUDENT POLITICS IN LATIN AMERICA. THE VENEZUELAN
EXAMPLE. IN.
FOREIGN AFFAIRS, 37(APRIL 1959), 463-473.
3869
YOUNG, JOHN L.
UNIVERSITY REFORMS IN NEW GRANADA, 1820-1850.
PH.D. DISS., COLUMBIA UNIVERSITY, 1970.

Geography

Maps, Atlases, Regional Surveys

3870

ALEXANDER, CHARLES S.
GEOGRAPHY OF MARGARITA AND ADJACENT ISLANDS,
VENEZUELA (THE).
PH.D. DISS., UNIVERSITY OF CALIFORNIA, BERKELEY,
1955.

3871

ANDRE, EUGENE.
NATURALIST IN THE GUIANAS (A). PREFACE BY J. SCOTT
KELTIE.
NEW YORK. C. SCRIBNER"S SONS, 1904.

3872

ANDRE, EUGENE.
NATURALISTA EN LA GUAYANA (UN). PREFACIO DEL J.
SCOTT KELTIE. TRADUCCION DE JAIME TELLO.
CARACAS. BANCO CENTRAL DE VENEZUELA, 1964.
(COLECCION CUATRICENTENARIO DE CARACAS).

3873

APPUN, KARL FERDINAND.
EN LOS TROPICOS. TRADUCCION DEL ALEMAN, FREDERICA DE
RITTER.
CARACAS. EDICIONES DE LA BIBLIOTECA DE LA
UNIVERSIDAD CENTRAL DE VENEZUELA, 1961. (COLECCION
CIENCIAS SOCIALES, NO. 1).

3874

ARMAS ALFONSO, ALFREDO.
TIERRA DE ORIENTE Y SU HABITANTE (LA).
CUMANA. EDITORIAL UNIVERSITARIA DE ORIENTE, 1967.

3875

ARMAS CHITTY, JOSE ANTONIO DE.
ISLAS DE PUEBLOS.
CARACAS, 1954. (COLECCION SOL DE LOS VENADOS, NO.
1).

3876

AROCHA, JOSE IGNACIO.
ESTADISTICA NATURAL DEL ESTADO ZULIA, PRESENTAD AL
EJECUTIVO DEL ESTADO.
MARACAIBO. IMPRENTA AMERICANA, 1897.

3877

ARRAIZ, ANTONIO. * EGUI, LUIS E.
GEOGRAFIA ECONOMICA DE VENEZUELA.
CARACAS. CULTURA VENEZOLANA, 1950.

3878

ARRAIZ, ANTONIO.
GEOGRAFIA FISICA DE VENEZUELA.
BUENOS AIRES, 1952.

3879
ATLAS CLIMATOLOGICO É HIDROLOGICO DE LA CUENCA
HIDROGRAFICA DEL VALLE DE CARACAS.
CARACAS. UNIVERSIDAD CENTRAL DE VENEZUELA, 1968. (EL
ESTUDIO DE CARACAS, ANEXO VOL. 1).

3880
BARRIOS FREITES, MANUEL.
MONOGRAFIA DEL ESTADO PORTUGUESA.
CARACAS. EDITORIAL RAGON, 195-.

3881
BOULTON, ALFREDO.
LLANOS DE PAEZ (LOS).
PARIS, 1950.

3882
BOULTON, ALFREDO.
MARGARITA (LA).
CARACAS, 1952.

3883
BRANSTON, BRIAN.
LAST GREAT JOURNEY ON EARTH (THE).
LONDON. HODDER AND STOUGHTON, 1970.

3884
BRETT MARTINEZ, ALI.
AQUELLA PARAGUANA.
CARACAS. EDICIONES ANDARO, 1971.

3885
BRITO FIGUEROA, FEDERICO. * ALVAREZ A., MANUEL.
VISION GEOGRAFICA, ECONOMICA Y HUMANA DEL ESTADO
YARACUY.
CARACAS. AVILA GRAFICA, 1951.

3886
CARACAS. INSTITUTO PEDAGOGICO NACIONAL.
CONTRIBUCION PARA UN ESTUDIO DE LA GEOGRAFIA DEL
GUARICO OCCIDENTAL.
CARACAS. INSTITUTO PEDAGOGICO, DIRECCION DE CULTURA
Y PUBLICACIONES, 1959.

3887
CARDENAS C., ANTONIO LUIS.
GEOGRAFIA FISICA DE VENEZUELA. 2D ED.
MERIDA. TALLERES GRAFICOS UNIVERSITARIOS, 1965.

3888
CARPIO CASTILLO, RUBEN.
GOLFO DE VENEZUELA (EL). MAR TERRITORIAL Y
PLATAFORMA CONTINENTAL. 2D ED.
CARACAS. EDICIONES REPUBLICA, 1971.

3889
CARTOGRAFIA HISTORICA DE VENEZUELA, 1635-1946.
SELECCION DE LOS PRINCIPALES MAPAS PUBLICADOS HASTA
LA FECHA.
CARACAS. IV ASAMBLEA DEL INSTITUTO PANAMERICANO DE
GEOGRAFIA E HISTORIA, COMISION VENEZOLANA, 1946.

3890
CASTANON, JOSE MANUEL.
ENCUENTRO CON VENEZUELA.

CARACAS. EDICIONES CASUZ, 1969.
3891

CHAVES VARGAS, LUIS FERNANDO.
GEOGRAFIA AGRARIA DE VENEZUELA.
CARACAS. EDICIONES DE LA BIBLIOTECA DE LA
UNIVERSIDAD CENTRAL DE VENEZUELA, 1963.
3892

CHAVES VARGAS, LUIS FERNANDO.
MARGARITA Y SU REGION SECA.
CARACAS. EDICIONES DE LA BIBLIOTECA DE LA
UNIVERSIDAD CENTRAL DE VENEZUELA, 1964. (COLECCION
TEMAS).
3893

CODAZZI, GIOVANNI BATTISTA AGOSTINO.
ATLAS FISICO Y POLITICO DE LA REPUBLICA DE
VENEZUELA.
CARACAS, 1840.
3894

CODAZZI, GIOVANNI BATTISTA AGOSTINO.
ATLAS GEOGRAFICO E HISTORICO DE LA REPUBLICA DE
COLOMBIA (ANTIGUA NUEVA GRANADA) EL CUAL COMPRENDE
LAS REPUBLICAS DE VENEZUELA Y ECUADOR CON ARREGLO A
LOS TRABAJOS GEOGRAFICOS ... CONSTRUIDA LA PARTE
CARTOGRAFICA POR MANUEL M. PAZ ... Y REDACTADO EL
TEXTO EXPLICATIVO POR EL DOCTOR FELIPE PEREZ.
PARIS. IMPRENTA A. LAHURE, 1890.
3895

CODAZZI, GIOVANNI BATTISTA AGOSTINO.
CATECISMO DE LA GEOGRAFIA DE VENEZUELA. CORREJIDA
CON ARREGLO A LOS ULTIMOS CENSOS, POR UN COMPATRIOTA
NUESTRO, Y AUMENTADA CON LAS NUEVAS POVINCIAS
CREADAS POR EL CONGRESO DE 1855.
CARACAS. IMPRENTA DE T. ANTERO, 1861.
3896

CODAZZI, GIOVANNI BATTISTA AGOSTINO.
RESUMEN DE LA GEOGRAFIA DE VENEZUELA. VENEZUELA EN
1841. 2D ED.
CARACAS.   MINISTERIO DE EDUCACION NACIONAL,
DIRECCION DE CULTURA, 1940, 3 VOLS. (BIBLIOTECA
VENEZOLANA DE CULTURA, COLECCION "VIAJES Y
NATURALEZA").
3897

CONFERENCE OF LATIN AMERICANIST GEOGRAPHERS, 1ST,
MUNCIE, INDIANA, 1969.
GEOGRAPHIC RESEARCH ON LATIN AMERICA, BENCHMARK
1970. PROCEEDINGS.
MUNCIE, IND. BALL STATE UNIVERSITY, 1971.
3898

CONSEJO DE BIENESTAR RURAL, CARACAS.
RECONOCIMIENTO AGROPECUARIO FORESTRAL DEL ORIENTE DE
LA GUAYANA VENEZOLANA. CON LA COLABORACION DEL
MINISTERIO DE AGRICULTURA Y CRIA.
CARACAS, 1961, 6 VOLS. AND 2 ATLASES.

3899
COVA, JESUS ANTONIO.
ELEMENTOS DE GEOGRAFIA DE VENEZUELA.
CARACAS. LITOGRAFIA Y TIPOGRAFIA VARGAS, 1926.

3900
COVA, JESUS ANTONIO.
GEOGRAFIA FISICA, POLITICA Y ECONOMICA DE VENEZUELA,
DE CONFORMIDAD CON LOS ULTIMOS DATOS ESTADISTICOS
DE LA REPUBLICA. 2D ED.
CARACAS. EDITORIAL CECILIO ACOSTA, 1947. (BIBLIOTECA
CECILIO ACOSTA DE ESCRITORES Y ASUNTOS
VENEZOLANOS).

3901
DIGUJA VILLAGOMEZ, JOSE.
MAPA DE LA GOBERNACION DE CUMANA, 1761. IN.
CARACAS. UNIVERSIDAD CATOLICA ANDRES BELLO, ARCHIVO
HISTORICO VENEZOLANO.

3902
DRENIKOFF, IVAN.
MAPAS ANTIGUOS DE VENEZUELA. GRABADOS E IMPRESOS
ANTES DE 1800 CON LA REPRODUCCION DEL PRIMER MAPA
IMPRESO EN VENEZUELA Y DE MAPAS ANTIGUOS.
CARACAS. EDICIONES DEL CONGRESO DE LA REPUBLICA,
1971.

3903
ECOLOGIA VEGETAL, FAUNA.
CARACAS. UNIVERSIDAD CENTRAL DE VENEZUELA, 1968. (EL
ESTUDIO DE CARACAS, VOL. 1).

3904
EDEN, MICHAEL J.
GEOGRAPHERS ON THE ORINOCO. IN.
THE GEOGRAPHICAL MAGAZINE (LONDON), 41.2(NOV. 1968),
107-109.

3905
EDEN, MICHAEL J.
IRRIGATION SYSTEMS AND THE DEVELOPMENT OF PEASANT
AGRICULTURE IN VENEZUELA. IN.
EKISTICS, 39(1975), 40-43.

3906
EDEN, MICHAEL J.
SCIENTIFIC EXPLORATION IN THE VENEZUELAN AMAZONAS.
IN.
THE GEOGRAPHICAL JOURNAL, 137(1971), 149-156.

3907
EICHLER, ARTURO.
NUESTRO PAIS COMO NATURALEZA Y OBRA HUMANA.
MERIDA. TALLERES GRAFICOS UNIVERSITARIOS, 1961.

3908
FEBRES CORDERO, JOSE RAFAEL.
HACIA UNA NUEVA GEOGRAFIA, ESQUEMA ARBITRARIO DE LA
TIERRA VENEZOLANA.
CARACAS. COMITE EJECUTIVO, TERCERA CONFERENCIA
INTERAMERICANA DE AGRICULTURA, 1947.

3909

FERNANDEZ Y FERNANDEZ, RAMON.
ESTUDIO INTEGRAL DE LA CUENCA DEL TUY. 3D ED.
CARACAS. MINISTERIO DE LA DEFENSA, ESTADO MAYOR
CONJUNTO, DIVISION DE INFORMACIONES, 1965.

3910

FREILE, ALFONSO J.
METEOROLOGIA Y CLIMATOLOGIA TROPICAL Y DE VENEZUELA.
CARACAS. MINISTERIO DE LA DEFENSA, ESTADO MAYOR
CONJUNTO, 1969. (DIVISION DE INFORMACIONES. SECCION
GEOGRAFIA. PUBLICACION G31).

3911

FUNDACION JOHN BOULTON, CARACAS. MUSEO.
EXPOSICION DE MAPAS ANTIGUOS DE VENEZUELA. LA
GUAIRA, 5 DE ABRIL A 5 DE JULIO 1973.
CARACAS. ITALGRAFICA, (1973).

3912

GALLEGOS, ROMULO.
GEOGRAFIA VENEZOLANA EN LA OBRA DE ROMULO GALLEGOS
(LA).
CARACAS. MINISTERIO DE EDUCACION, 1970.

3913

GOMEZ ALVAREZ, FELIPE.
REGISTRO AGRONOMICO DE CLEMENTS Y SU APLICACION EN
VENEZUELA (EL).
CARACAS. MINISTERIO DE AGRICULTURA Y CRIA, 1959.
(BIBLIOTECA DE CULTURA RURAL, NO. 8).

3914

GONZALEZ, JULIO.
CATALOGO DE MAPAS Y PLANOS DE VENEZUELA.
MADRID. DIRECCION GENERAL DE ARCHIVOS Y BIBLIOTECAS,
ARCHIVO GENERAL DE INDIAS, 1968.

3915

GUERRA MENDEZ, RAFAEL.
CONTRIBUCION AL ESTUDIO DE LA GEOGRAFIA MEDICA DEL
ESTADO CARABOBO Y EN ESPECIAL DE LA CIUDAD DE
VALENCIA.
VALENCIA, 1970.

3916

GUEVARA CARRERA, JESUS MARIA.
GEOGRAFIA FISICA, POLITICA E HISTORICA DE LOS
ESTADOS ANZOATEGUI, BOLIVAR, MONAGAS, SUCRE, NUEVA
ESPARTA Y DE LOS TERRITORIOS FEDERALES AMAZONAS Y
DELTA AMACURO, ENTIDADES POLITICAS QUE COMPRENDE LA
DIOCESIS DE GUAYANA.
CARACAS. TIPOGRAFIA AMERICANA, 1922.

3917

GURUCEAGA, JUAN DE, ED.
GEOGRAFIA ECONOMICA DE VENEZUELA.
CARACAS. TIPOGRAFIA VARGAS, 1959.

3918

HEYMAN, ARTHUR MARK.
PHYSICAL PARAMETERS IN THE DEVELOPMENT OF PEASANT

AGRICULTURE IN THE HIGHLAND GUAYANA REGION,
VENEZUELA.
ENG.SC.D. DISS., COLUMBIA UNIVERSITY, 1967.
3919
HITCHCOCK, CHARLES BAKER. * PHELPHS, WILLIAM H. *
GALAVIS S., FELIX A.
ORINOCO-VENTUARI REGION, VENEZUELA. NOTES ON AN
EXPEDITION. IN.
GEOGRAPHICAL REVIEW, 37(1947), 525-566.
3920
HITCHCOCK, CHARLES BAKER.
PAN-AMERICAN HIGHWAY, CARACAS TO BOGOTA (THE). IN.
GEOGRAPHICAL REVIEW, 37(1947), 128-136.
3921
HITCHCOCK, CHARLES BAKER.
SIERRA DE PERIJA, VENEZUELA. IN.
GEOGRAPHICAL REVIEW, 44(1954), 1-28.
3922
HUMBOLDT, ALEXANDER, FREIHHER VON.
AUF DEM ORINOKO. EINE REISE IN DIE AQUINOKTIAL
GEGENDEN DES NEUEN KONTINENTS.
BRAUNSCHWEIG. G. WESTERMANN, 1923.
3923
HUMBOLDT, ALEXANDER, FREIHHER VON.
PERSONAL NARRATIVE OF TRAVELS TO THE EQUINOCTIAL
REGIONS OF THE NEW CONTINENT DURING THE YEARS
1799-1804 ... WITH MAPS, PLANS, ETC. WRITTEN IN
FRENCH ... AND TRANSLATED INTO ENGLISH BY HELEN
MARIA WILLIAMS. 3D ED.
LONDON. LONGMAN, HURST, REES, ORME, AND BROWN, 1822,
2 VOLS.
3924
HUMBOLDT, ALEXANDER, FREIHHER VON.
VIAJE A LAS REGIONES EQUINOCCIALES DEL NUEVO
CONTINENTE ... 1799-1804. TRADUCCION DE LISANDRO
ALVARADO. 2D ED.
CARACAS. EDICIONES DEL MINISTERIO DE EDUCACION,
DIRECCION DE CULTURA Y BELLAS ARTES, 1956, 5 VOLS.
(BIBLIOTECA VENEZOLANA DE CULTURA. COLECCION "VIAJES
Y NATURALEZA").
3925
HUMBOLDT, ALEXANDER, FREIHHER VON.
VOYAGE AUX REGIONS EQUINOXIALES DU NOUVEAU
CONTINENT, FAIT EN 1799, 1800, 1801, 1802, 1803 ET
1804, PAR AL. DE HUMBOLDT ET A. BONPLAND.... AVEC UN
ATLAS GEOGRAPHIQUE ET PHYSIQUE.
PARIS. LIBRAIRIE GRECQUE-LATINE-ALLEMANDE,
1815-1826, 12 VOLS.
3926
JAHN, ALFREDO.
ASPECTOS FISICOS DE VENEZUELA. PROLOGO DE EDUARDO
ROHL.
CARACAS. EDITORIAL CECILIO ACOSTA, 1941. (BIBLIOTECA

DE AUTORES Y ASUNTOS VENEZOLANOS).

3927

JAHN, ALFREDO.
CONTRIBUCIONES A LA HIDROGRAFIA DEL ORINOCO Y RIO
NEGRO. MEMORIA PRESENTADA A LA SOCIEDAD DE GEOGRAFIA
DE BERLIN.
CARACAS. TIPOGRAFIA UNIVERSAL, 1909.

3928

JAHN, ALFREDO.
CORDILLERA VENEZOLANA DE LOS ANDES (LA).
CARACAS. LITOGRAFIA Y TIPOGRAFIA DEL COMERCIO, 1912.

3929

JAHN, ALFREDO.
EMBOZO DE LAS FORMACIONES GEOLOGICAS DE VENEZUELA.
CARACAS. LITOGRAFIA DEL COMERCIO, 1921.

3930

JAHN, ALFREDO.
ESTADO ZULIA (EL). ESBOZO HISTORICO-GEOGRAFICO.
CARACAS. LITOGRAFIA Y TIPOGRAFIA VARGAS, 1927.

3931

JAHN, ALFREDO.
OBSERVACIONES GLACIOLOGICAS EN LOS ANDES
VENEZOLANOS. (COMISION CIENTIFICA EXPLORADORA DEL
OCCIDENTE DE VENEZUELA, 1910-1912).
CARACAS. TIPOGRAFIA MERCANTIL, 1925.

3932

JIMENEZ DE LA ESPADA, MARCOS.
DIARIO DE LA EXPEDICION AL PACIFICO, LLEVADA A CABO
POR UNA COMISION DE NATURALISTAS ESPANOLES DURANTE
LOS ANOS 1862-1865. NOTAS DE AGUSTIN JESUS BARREIRO.
MADRID. IMPRENTA DEL PATRONATO DE HERFANOS DE
INTENDENCIA E INTERVENCION MILITARES, 1928.

3933

JIMENEZ DE LA ESPADA, MARCOS, ED.
RELACIONES GEOGRAFICAS DE INDIAS.
MADRID. MINISTERIO DE FOMENTO, 1881-1897, 4 VOLS.

3934

JUAN Y SANTACILIA, JORGE. * ULLOA, ANTONIO DE.
DISSERTACION HISTORICA, Y GEOGRAPHICA SOBRE EL
MERIDIANO DE DEMARCACION ENTRE LOS DOMINIOS DE
ESPANA, Y PORTUGAL, Y LOS PARAGES POR DONDE PASSA EN
LA AMERICA MERIDIONAL, CONFORME A LOS TRATADOS, Y
DERECHOS DE CADA ESTADO, Y LAS MAS SEGURAS, Y
MODERNAS OBSERVACIONES.
MADRID. IMPRENTA DE A. MARIN, 1749.

3935

KOCH, CONRAD.
COLONIA TOVAR (LA). GESCHICHTE UND KULTUR EINER
ALEMANNISCHEN SIEDLUNG IN VENEZUELA.
BASEL, WEST GERMANY. PHAROS-VERLAG HANSRUDOLF
SCHWABE, 1969.

3936

LECUNA, VICENTE.

ATLAS DE LOS ESTADOS UNIDOS DE VENEZUELA.
CARACAS. TALLERES DE LITOGRAFIA DE LE ESCUELA DE
ARTES Y OFICIOS, 1916-1921.
3937

LEVEL, ANDRES AURELIO.
MARGARITA (LA). ESTADO NUEVA ESPARTA.
CARACAS. IMPRENTA BOLIVAR, 1881. (ESBOZOS DE
VENEZUELA, NO. 1).
3938

LEVEL, ANDRES AURELIO.
NOMENCLATOR DE VENEZUELA CONTENTIVO DE SU CENSO EN
ORDEN ALFABETICO.
CARACAS. LA OPINION NACIONAL, 1883, 2 VOLS.
3939

LEVEL, ANDRES EUSEBIO.
INFORME SOBRE EL ESTADO ACTUAL DE LOS DISTRITOS DE
REDUCCION DE INDIJENAS ALTO ORINOCO, CENTRAL Y BAJO
ORINOCO, Y MEDIDAS QUE RECLAMAN.
CARACAS. IMPRENTA DE D. CAMPBELL, 1850.
3940

LISCANO VELUTINI, JUAN.
GEOGRAFIA VENEZOLANA EN LA OBRA DE ROMULO GALLEGOS
(LA).
CARACAS. EDICIONES DEL MINISTERIO DE EDUCACION
GENERAL, DEPARTAMENTO DE PUBLICACIONES, 1970.
3941

LOPEZ, JOSE ELISEO.
TENDENCIAS RECIENTES DE LA POBLACION VENEZOLANA.
ESTUDIO GEOGRAFICO DE LA POBLACION DE UN PAIS
SUB-DESARROLLADO.
MERIDA. UNIVERSIDAD DE LOS ANDES, INSTITUTO DE
GEOGRAFIA, 1968. (COLLECCION HUMBOLDT, NO. 1).
3942

MARRERO Y ARTILES, LEVI.
VENEZUELA Y SUS RECURSOS. UNA GEOGRAFIA VISUALIZADA.
FISICA, HUMANA, ECONOMICA, REGIONAL. CARTOGRAFIA
ESPECIAL POR ERWIN RAISZ. ILUSTRACIONES POR VICENTE
G. MATARREDONA.
CARACAS. CULTURAL VENEZOLANA, 1964.
3943

MARTIN, LAWRENCE. * RISTOW, WALTER W.
SOUTH AMERICAN HISTORICAL MAPS. IN.
RISTOW, WALTER W., COMP. A LA CARTE. SELECTED PAPERS
ON MAPS AND ATLASES. WASHINGTON, D.C. LIBRARY OF
CONGRESS, 1972, PP. 189-203.
3944

MARTINEZ, FRANCISCO A., COMP.
ESTUDIOS DE AGUAS TERMALES Y MINERALES DE VENEZUELA.
MERIDA. UNIVERSIDAD DE LOS ANDES, 1970.
(PUBLICACIONES DEL RECTORADO).
3945

MARTINEZ, FRANCISCO A.
DICCIONARIO GEOGRAFICO DEL ESTADO MERIDA.

MERIDA. UNIVERSIDAD DE LOS ANDES, DEPARTAMENTO DE
EXTENSION CULTURAL, 1959. (PUBLICACIONES, NO. 66).
3946

MARTINEZ, FRANCISCO A.
DICCIONARIO GEOGRAFICO DEL ESTADO ZULIA.
MERIDA. UNIVERSIDAD DE LOS ANDES, 1968.
(PUBLICACIONES DEL RECTORADO).
3947

MARTINEZ NATERA, PIAR.
GEOGRAFIA ECONOMICA DE VENEZUELA. 5TH ED., REV. AND
ENL.
CARACAS. EDICIONES CO-BO, 1972.
3948

MICHELENA Y ROJAS, FRANCISCO.
EXPLORACION OFICIAL POR LA PRIMERA VENEZUELA DESDE
EL NORTE DE LA AMERICA DEL SUR SIEMPRE POR RIOS,
ENTRANDO POR LAS BOCAS DEL ORINOCO ... TOCANDO EN
LAS CAPITALES DE LAS PRINCIPALES PROVINCIAS DEL
IMPERIO EN LOS ANOS DE 1855 HASTA 1859.
BRUSSELS. A. LACROIX, VERBOECKHOVEN Y CIA, 1867.
3949

MINKEL, CLARENCE WILBERT.
INDUSTRIAL DEVELOPMENT OF THE BASIN OF VALENCIA,
VENEZUELA (THE).
PH.D. DISS., SYRACUSE UNIVERSITY, 1960.
3950

MORALES PADRON, FRANCISCO. * LLAVADOR MIRA, JOSE.
MAPAS, PLANAS Y DIBUJOS SOBRE VENEZUELA EXISTENTES
EN EL ARCHIVO GENERAL DE INDIAS.
SEVILLE. ESCUELA DE ESTUDIOS HISPANO-AMERICANOS,
1964-1965, 2 VOLS.
3951

NECTARIO MARIA, BROTHER.
MAPAS Y PLANOS DE MARACAIBO Y SU REGION (1499-1820).
PROLOGO DEL DR. TOMAS POLANCO ALCANTARA.
MADRID. EMBAJADA DE VENEZUELA, 1973.
3952

NUNEZ, ENRIQUE BERNARDO.
CODAZZI. O, LA PASION GEOGRAFICA.
CARACAS. UNIVERSIDAD CENTRAL DE VENEZUELA, FACULTAD
DE HUMANIDADES Y EDUCACION, ESCUELA DE PERIODISMO,
1961. (CUADERNO, NO. 11).
3953

PALACIO, CARLOS M.
GUARICO (EL). PROLOGO DE RAFAEL RAMON CASTELLANOS.
CARACAS, 1967. (BIBLIOTECA DE TEMAS Y AUTORES
GUARIQUENOS, NO. 3).
3954

PAN AMERICAN UNION. DEPARTMENT OF ECONOMIC AFFAIRS.
VENEZUELA. INDICE ANOTADO DE LOS TRABAJOS
AEROFOTOGRAFICOS Y LOS MAPAS TOPOGRAFICOS Y DE
RECURSOS NATURALES. ANNOTATED INDEX OF AERIAL
PHOTOGRAPHIC COVERAGE AND MAPPING OF TOPOGRAPHY AND

NATURAL RESOURCES.
WASHINGTON, D.C., 1964.

3955
PERALES, PABLO.
GEOGRAFIA ECONOMICA DEL ESTADO COJEDES.
CARACAS. MINISTERIO DE FOMENTO, DIRECCION DE
GABINETE, SECCION DE BIBLIOTECA, HEMEROTECA Y
PUBLICACIONES, 1956.

3956
PERALES, PABLO.
GEOGRAFIA ECONOMICA DEL ESTADO ZULIA.
MARACAIBO. IMPRENTA DEL ESTADO, 1957, 2 VOLS.

3957
PERALES, PABLO.
MANUAL DE GEOGRAFIA ECONOMICA DE VENEZUELA. 3D ED.
CARACAS. EDICIONES EDIME, 1962.

3958
POPPLE, HENRY.
MAP OF THE BRITISH EMPIRE IN AMERICA WITH THE FRENCH
AND SPANISH SETTLEMENTS ADJACENT THERETO (A).
INTRODUCTORY NOTES BY WILLIAM P. CUMMING AND HELEN
WALLIS. FACSIMILE EDITION.
LYMPNE CASTLE, KENT. HARRY MARGARY, 1972.

3959
POPPLE, HENRY.
MAP OF THE BRITISH EMPIRE IN AMERICA WITH THE FRENCH
AND SPANISH SETTLEMENTS ADJACENT THERTO (A).
LONDON. ENGRAVED BY WILLIAM HENRY TOMS, 1733.

3960
RISQUEZ IRIBARREN, FRANZ ANTONIO.
DONDE NACE EL ORINOCO.
CARACAS. EDICIONES GRECCO, 1962.

3961
RODRIGUEZ TRUJILLO, MANUEL. * RAMON FARIAS, SIMON.
GEOGRAFIA ECONOMICA DE VENEZUELA. 5TH ED.
CARACAS, 1965.

3962
RODULFO CORTES, SANTOS.
MEDIO FISICO VENEZOLANO (EL).
CARACAS, 1952.

3963
RONCAYOLO, LUIS.
RIO ORINOCO Y SUS AFLUENTES (EL). NAVEGACION,
INDUSTRIA Y COMERCIO DESDE 1818 HASTA 1920.
CARACAS. TIPOGRAFIA COSMOS, 1933.

3964
RUDDLE, KENNETH.
YUKPA AUTOSUBSISTENCE SYSTEM (THE). A STUDY OF
SHIFTING CULTIVATION AND ANCILLARY ACTIVITIES IN
COLOMBIA AND VENEZUELA.
PH.D. DISS., UNIVERSITY OF CALIFORNIA, LOS ANGELES,
1970.

3965

SAPUANA, UANADI.
GEOGRAFIA ECONOMICA DE VENEZUELA.
CARACAS. EDITORIAL LA TORRE, 1965.

3966

SARMIENTO, GUILLERMO. * MONASTERIO, MAXIMINA.
ECOLOGIA DE LAS SABANAS DE AMERICA TROPICAL.
ANALISIS MACROECOLOGICO DE LOS LLANOS DE CALABOZO,
VENEZUELA.
MERIDA. UNIVERSIDAD DE LOS ANDES, INSTITUTO DE
GEOGRAFIA Y CONSERVACION DE RECURSOS NATURALES,
1971. (CUADERNOS GEOGRAFICOS, NO. 4).

3967

TAMAYO, FRANCISCO.
ENSAYO DE CLASIFICACION DE SABANAS DE VENEZUELA.
CARACAS. UNIVERSIDAD CENTRAL DE VENEZUELA, FACULTAD
DE HUMANIDADES Y EDUCACION, ESCUELA DE GEOGRAFIA,
1964.

3968

TAMAYO, FRANCISCO.
LLANOS DE VENEZUELA (LOS).
CARACAS. EDICION DEL INSTITUTO PEDAGOGICO, DIRECCION
DE CULTURA, 1961.

3969

TAVERA ACOSTA, BARTOLOME.
RIONEGRO. RESENA ETNOGRAFIA, HISTORICA Y GEOGRAFIA
DEL TERRITORIO AMAZONAS. 3D ED.
CARACAS, 1954.

3970

UNITED STATES. DEPARTMENT OF THE INTERIOR. OFFICE OF
GEOGRAPHY.
VENEZUELA. OFFICIAL STANDARD NAMES APPROVED BY THE
UNITED STATES BOARD ON GEOGRAPHIC NAMES.
WASHINGTON, D.C., 1961. (GAZETTEER NO. 56).

3971

UNITED STATES. ENGINEER AGENCY FOR RESOURCES
INVENTORIES.
VENEZUELA. INVENTARIO NACIONAL DE RECURSOS.
WASHINGTON, D.C., 1968. (AID/EARI ATLAS NO. 8).

3972

UNIVERSIDAD DE LOS ANDES, MERIDA.
SENADO DE LA REPUBLICA DE VENEZUELA Y LA UNIVERSIDAD
DE LOS ANDES AUNAN SUS ESFUERZOS EN LA GRAN TAREA
DE RESCATAR Y PRESERVAR LOS RECURSOS NATURALES
RENOVABLES DE LA NACION (EL).
MERIDA, 1960. (PUBLICACIONES DEL DEPARTAMENTO DE
EXTENSION CULTURAL, NO. 70).

3973

USLAR PIETRI, ARTURO.
TIERRA VENEZOLANA. ILUSTRACIONES Y DIRECCION
ARTISTICA DE ALFREDO BOULTON.
CARACAS. EDICIONES DEL MINISTERIO DE EDUCACION,
DIRECCION TECNICA, DEPARTAMENTO DE PUBLICACIONES,
1965. (COLECCION VIGILIA, NO. 7).

3974
VARESCHI, VOLKMAR.
GESCHICTSLOSE UFER. AUF DEN SPUREN HUMBOLDTS AM
ORINOKO.
MUNICH. F. BRACKMANN, 1959.

3975
VARESCHI, VOLKMAR.
ORINOCO ARRIBA, A TRAVES DE VENEZUELA SIGUIENDO A
HUMBOLDT.
CARACAS. LECTURA, 1959.

3976
VENEGAS FILARDO, PASCUAL.
ASPECTOS GEOECONOMICOS DE VENEZUELA.
CARACAS. EDICIONES DEL MINISTERIO DE RELACIONES
INTERIORES, 1958.

3977
VENEZUELA. DIRECCION DE CARTOGRAFIA NACIONAL.
ATLAS DE VENEZUELA.
CARACAS. MINISTERIO DE OBRAS PUBLICAS, 1971.

3978
VENEZUELA. DIRECCION DE CARTOGRAFIA NACIONAL.
CARTA GEOGRAFICA DEL ESTADO ...
CARACAS, 1963-.

3979
VENEZUELA. DIRECCION DE CARTOGRAFIA NACIONAL.
MAPA DE VENEZUELA. DIVISION POLITICA.
CARACAS. CARTOGRAFIA CENSAL, 1964.

3980
VENEZUELA. DIRECCION DE CARTOGRAFIA NACIONAL.
MAPA FISICO Y POLITICO DE LA PEPUBLICA DE VENEZUELA.
CARACAS, 1964, 1965.

3981
VENEZUELA. DIRECCION DE CARTOGRAFIA NACIONAL.
MAPA Y ATLAS DE VENEZUELA.
CARACAS. MINISTERIO DE OBRAS PUBLICAS, 1940.

3982
VENEZUELA. DIRECCION DE PLANIFICACION AGROPECUARIA.
ATLAS AGRICOLO DE VENEZUELA.
CARACAS, 1960.

3983
VENEZUELA. DIRECCION DE VIALIDAD.
MAPA VIAL CON OTROS DATOS DE COMUNICACIONES
TERRESTRES, MARITIMAS Y AERAS DE LA REPUBLICA DE
VENEZUELA.
CARACAS, 1970.

3984
VENEZUELA. DIRECCION GENERAL DE ESTADISTICA Y CENSOS
NACIONALES.
DIVISION POLITICO-TERRITORIAL DE LA REPUBLICA. ED.
OFICIAL.
CARACAS. EDITIONS 1907, 1912, 1916, 1919, 1924,
1938, 1942, 1944, 1948, 1957, 1961, 1968, 1971.

3985

VENEZUELA. DIRECCION GENERAL DE ESTADISTICA Y CENSOS
NACIONALES.
NOMENCLADOR GENERAL DE AREAS Y LUGARES HABITADOS DE
VENEZUELA SEGUN EL VII CENSO NACIONAL DE POBLACION
LEVANTADO EL 7 DE DICIEMBRE DE 1941.
CARACAS. EDITORIAL BOLIVAR, 1944.

3986

VENEZUELA. DIRECCION GENERAL DE ESTADISTICA Y CENSOS
NACIONALES.
NOVENO CENSO GENERAL DE POBLACION, 26 DE FEBRERO DE
1961. DIVISION POLITICO-TERRITORIAL.
CARACAS, 1966.

3987

VENEZUELA. DIRECCION GENERAL DE ESTADISTICA Y CENSOS
NACIONALES.
OCTAVO CENSO GENERAL DE POBLACION. NOMENCLADOR
NACIONAL DE CENTROS POBLADOS Y DIVISIONES
POLITICO-TERRITORIALES.
CARACAS, 1955.

3988

VENEZUELA. LAWS, STATUTES, ETC.
RECOPILACION DE LEYES DE DIVISION TERRITORIAL DE LA
REPUBLICA.
CARACAS. DIRECCION DE CARTOGRAFIA NACIONAL, 1959.

3989

VENEZUELA. MINISTERIO DE OBRAS PUBLICAS.
GACETILLA DE NOMBRES GEOGRAFICOS.
CARACAS, 1969.

3990

VENEZUELA. STATISTICS.
ITINERARIOS DE VENEZUELA, ELABORADOS POR LA
DIRECCION GENERAL DE ESTADISTICA CON DATOS
ORIGINALES DE LA COMISION DEL MAPA FISICO Y POLITICO
Y DE LOS GOBIERNOS DE LOS ESTADOS, ETC. OBTENIDOS
POR CONDUCTO DEL MINISTERIO DE RELACIONES INTERIORES
... ENERO 1914.
CARACAS. DIRECCION GENERAL DE ESTADISTICA, 1914.

3991

VILA, MARCO AURELIO.
ASPECTOS GEOGRAFICOS DE LAS DEPENDENCIAS FEDERALES.
CARACAS. CORPORACION VENEZOLANA DE FOMENTO, 1967.
(MONOGRAFIAS ECONOMICAS ESTADALES).

3992

VILA, MARCO AURELIO.
ASPECTOS GEOGRAFICOS DE NUEVA ESPARTA.
CARACAS. CORPORACION VENEZOLANA DE FOMENTO, 1958.
(MONOGRAFIAS ECONOMICAS ESTADALES).

3993

VILA, MARCO AURELIO.
ASPECTOS GEOGRAFICOS DEL DISTRITO FEDERAL.
CARACAS. CORPORACION VENEZOLANA DE FOMENTO, 1967.
(MONOGRAFIAS ECONOMICAS ESTADALES).

3994
>   VILA, MARCO AURELIO.
>   ASPECTOS GEOGRAFICOS DEL ESTADO ANZOATEQUI.
>   CARACAS. CORPORACION VENEZOLANA DE FOMENTO, 1953.
>   (MONOGRAFIAS ECONOMICAS ESTADALES).

3995
>   VILA, MARCO AURELIO.
>   ASPECTOS GEOGRAFICOS DEL ESTADO ARAGUA.
>   CARACAS. CORPORACION VENEZOLANA DE FOMENTO, 1966.
>   (MONOGRAFIAS ECONOMICAS ESTADALES).

3996
>   VILA, MARCO AURELIO.
>   ASPECTOS GEOGRAFICOS DEL ESTADO BARINAS.
>   CARACAS. CORPORACION VENEZOLANA DE FOMENTO, 1963.
>   (MONOGRAFIAS ECONOMICAS ESTADALES).

3997
>   VILA, MARCO AURELIO.
>   ASPECTOS GEOGRAFICOS DEL ESTADO CARABOBO.
>   CARACAS. CORPORACION VENEZOLANA DE FOMENTO, 1966.
>   (MONOGRAFIAS ECONOMICAS ESTADALES).

3998
>   VILA, MARCO AURELIO.
>   ASPECTOS GEOGRAFICOS DEL ESTADO COJEDES.
>   CARACAS. CORPORACION VENEZOLANA DE FOMENTO, 1956.
>   (MONOGRAFIAS ECONOMICAS ESTADALES).

3999
>   VILA, MARCO AURELIO.
>   ASPECTOS GEOGRAFICOS DEL ESTADO FALCON.
>   CARACAS. CORPORACION VENEZOLANA DE FOMENTO, 1961.
>   (MONOGRAFIAS ECONOMICAS ESTADALES).

4000
>   VILA, MARCO AURELIO.
>   ASPECTOS GEOGRAFICOS DEL ESTADO GUARICO.
>   CARACAS. CORPORACION VENEZOLANA DE FOMENTO, 1965.
>   (MONOGRAFIAS ECONOMICAS ESTADALES).

4001
>   VILA, MARCO AURELIO.
>   ASPECTOS GEOGRAFICOS DEL ESTADO GUARRIO.
>   CARACAS. CORPORACION VENEZOLANA DE FOMENTO, 1965.
>   (MONOGRAFIAS ECONOMICAS ESTADALES).

4002
>   VILA, MARCO AURELIO.
>   ASPECTOS GEOGRAFICOS DEL ESTADO LARA.
>   CARACAS. CORPORACION VENEZOLANA DE FOMENTO, 1966.
>   (MONOGRAFIAS ECONOMICAS ESTADALES).

4003
>   VILA, MARCO AURELIO.
>   ASPECTOS GEOGRAFICOS DEL ESTADO MERIDA.
>   CARACAS. CORPORACION VENEZOLANA DE FOMENTO, 1967.
>   (MONOGRAFIAS ECONOMICAS ESTADALES).

4004
>   VILA, MARCO AURELIO.
>   ASPECTOS GEOGRAFICOS DEL ESTADO MIRANDA.
>   CARACAS. CORPORACION VENEZOLANA DE FOMENTO, 1967.

(MONOGRAFIAS ECONOMICAS ESTADALES).
4005
VILA, MARCO AURELIO.
ASPECTOS GEOGRAFICOS DEL ESTADO MONAGAS.
CARACAS. CORPORACION VENEZOLANA DE FOMENTO, 1962.
(MONOGRAFIAS ECONOMICAS ESTADALES).
4006
VILA, MARCO AURELIO.
ASPECTOS GEOGRAFICOS DEL ESTADO PORTUGUESA.
CARACAS. CORPORACION VENEZOLANA DE FOMENTO, 1954.
(MONOGRAFIAS ECONOMICAS ESTADALES).
4007
VILA, MARCO AURELIO.
ASPECTOS GEOGRAFICOS DEL ESTADO SUCRE.
CARACAS. CORPORACION VENEZOLANA DE FOMENTO, 1965.
(MONOGRAFIAS ECONOMICAS ESTADALES).
4008
VILA, MARCO AURELIO.
ASPECTOS GEOGRAFICOS DEL ESTADO TRUJILLO.
CARACAS. CORPORACION VENEZOLANA DE FOMENTO, 1966.
(MONOGRAFIAS ECONOMICAS ESTADALES).
4009
VILA, MARCO AURELIO.
ASPECTOS GEOGRAFICOS DEL ESTADO YARACUY.
CARACAS. CORPORACION VENEZOLANA DE FOMENTO, 1966.
(MONOGRAFIAS ECONOMICAS ESTADALES).
4010
VILA, MARCO AURELIO.
ASPECTOS GEOGRAFICOS DEL TERRITORIO FEDERAL
AMAZONAS.
CARACAS. CORPORACION VENEZOLANA DE FOMENTO, 1964.
(MONOGRAFIAS ECONOMICAS ESTADALES).
4011
VILA, MARCO AURELIO.
ASPECTOS GEOGRAFICOS DEL TERRITORIO FEDERAL DELTA
AMACURO.
CARACAS. CORPORACION VENEZOLANA DE FOMENTO, 1964.
(MONOGRAFIAS ECONOMICAS ESTADALES).
4012
VILA, MARCO AURELIO.
ASPECTOS GEOGRAFICOS DEL ZULIA.
CARACAS. CORPORACION VENEZOLANA DE FOMENTO, 1952.
(MONOGRAFIAS ECONOMICAS ESTADALES).
4013
VILA, MARCO AURELIO.
BARLOVENTO.
CARACAS, 1954.
4014
VILA, MARCO AURELIO.
CONCEPTOS SOBRE GEOGRAFIA HISTORICA DE VENEZUELA.
CARACAS. MONTE AVILA EDITORES, 1971. (COLECCION
TEMAS VENEZOLANOS).

4015

VILA, MARCO AURELIO.
GEOGRAFIA DE VENEZUELA.
CARACAS. FUNDACION EUGENIO MENDOZA, 1ST ED. 1953,
8TH ED. 1962.

4016

VILA, MARCO AURELIO.
GEOGRAFIA DEL TACHIRA.
CARACAS. CORPORACION VENEZOLANA DE FOMENTO, 1957.

4017

VILA, MARCO AURELIO.
GEOGRAFIA ECONOMICA DE VENEZUELA. ASPECTO BASICOS.
CARACAS. EDITORIAL KAPELUSZ VENEZOLANA, 1970.

4018

VILA, MARCO AURELIO.
GEOGRAFIA HUMANO-ECONOMICA DE LA VENEZUELA DE 1873
(UNA).
CARACAS. DIRECCION GENERAL DE ESTADISTICA Y CENSOS
NACIONALES, 1970.

4019

VILA, MARCO AURELIO.
NOMENCLATOR GEO-HISTORICO DE VENEZUELA, 1498-1810.
CARACAS. BANCO CENTRAL DE VENEZUELA, 1964.
(COLECCION HISTORICO-ECONOMICA VENEZOLANA, VOL. 10).

4020

VILA, MARCO AURELIO.
POR LOS ESPACIOS LLANEROS.
CARACAS. COMISION NACIONAL DEL CUATRICENTENARIO DE
LA FUNDACION DE CARACAS, 1967. (EDICIONES DEL
CUATRICENTENARIO DE CARACAS).

4021

VILA, MARCO AURELIO.
VOCABULARIO GEOGRAFICO DE VENEZUELA.
CARACAS. CORPORACION VENEZOLANA DE FOMENTO, 1971.

4022

VILA, MARCO AURELIO. * PERICCHI L., JUAN J.
ZONA GEOECONOMICA DE VALENCIA-MARACAY (LA).
CARACAS. CORPORACION VENEZOLANA DE FOMENTO, 1968.

4023

VILA, MARCO AURELIO. * PERICCHI L., JUAN J.
ZONIFICACION GEOECONOMICA DE VENEZUELA.
CARACAS. CORPORACION VENEZOLANA DE FOMENTO, 1968, 4
VOLS.

4024

VILA, PABLO. * CARPIO CASTILLO, RUBEN.
CODAZZI, HUMBOLDT, CALDAS. PRECURSORES DE LA
GEOGRAFIA MODERNA. PROLOGO DE GABRIEL GIRALDO
JARAMILLO.
CARACAS. MINISTERIO DE EDUCACION, DIRECCION DE
CULTURA, INSTITUTO PEDAGOGICO, 1960.

4025

VILA, PABLO.
GEOGRAFIA DE VENEZUELA.
CARACAS. MINISTERIO DE EDUCACION, DIRECCION DE

CULTURA Y BELLAS ARTES, 1960-1965, 2 VOLS.

4026

VILA, PABLO.
GEOGRAPHY OF VENEZUELA. THE NATIONAL TERRITORY AND
ITS PHYSICAL ENVIRONMENT. TRANSLATIONS OF SELECTED
CHAPTERS OF GEOGRAFIA DE VENEZUELA, VOL. 1.
WASHINGTON, D.C., 1969. (U.S. JOINT PUBLICATIONS
RESEARCH SERVICE, TRANSLATIONS ON LATIN AMERICA, NO.
199).

4027

VILA, PABLO.
VISIONES GEOHISTORICAS DE VENEZUELA. PREFACIO POR
PEDRO GRASES.
CARACAS. EDICIONES DEL MINISTERIO DE EDUCACION,
1969.

4028

WILGUS, ALVA CURTIS.
HISTORICAL ATLAS OF LATIN AMERICA. POLITICAL,
GEOGRAPHIC, ECONOMIC, CULTURAL. NEW AND ENLARGED
EDITION.
NEW YORK. COOPER SQUARE PUBLISHERS, 1967.

Petroleum

Hydrocarbons, Gas, Oil, Economic and Social Consequences

4029
ABERCROMBIE, THOMAS J.
VENEZUELA BUILDS ON OIL. IN.
NATIONAL GEOGRAPHIC MAGAZINE, 123(1963), 344-387.

4030
ACEDO PAYAREZ, GERMAN.
JURISPRUDENCIA PETROLERA VENEZOLANA, 1918-1971.
CARACAS, 1973.

4031
ACEDO PAYAREZ, GERMAN.
VEINTISIETE ANOS DE JURISPRUDENCIA PETROLERA.
CARACAS. COMPANIA SHELL DE VENEZUELA, 1970.

4032
ACOSTA HERMOSO, EDUARDO ARTURO.
ANALISIS HISTORICO DE LA OPEP.
MERIDA. UNIVERSIDAD DE LOS ANDES, FACULTAD DE
ECONOMIA, 1969-, 2 VOLS.

4033
ACOSTA HERMOSO, EDUARDO ARTURO.
COMISION ECONOMICA DE LA OPEP (LA).
CARACAS. EDITORIAL ARTE, 1971.

4034
ACOSTA HERMOSO, EDUARDO ARTURO.
ESTE PETROLEO ES VENEZOLANO. 2D ED.
MERIDA. UNIVERSIDAD DE LOS ANDES, INSTITUTO DE
INVESTIGACIONES ECONOMICAS, 1970.

4035
ACOSTA HERMOSO, EDUARDO ARTURO.
FUNDAMENTOS DE UNA POLITICA PETROLERA RACIONAL PARA
VENEZUELA.
MERIDA. UNIVERSIDAD DE LOS ANDES, FACULTAD DE
ECONOMIA, 1967.

4036
ACOSTA SAIGNES, MIGUEL.
PETROLEO EN MEXICO Y VENEZUELA.
MEXICO. EDICIONES MORELOS, 1941.

4037
ALSHEREIDAH, MAZHAR.
MEDIO ORIENTE, LA OPEP Y LA POLITICA PETROLERA
INTERNACIONAL.
CARACAS. UNIVERSIDAD CENTRAL DE VENEZUELA, FACULTAD
DE CIENCIAS ECONOMICAS Y SOCIALES, 1973.

4038
ALVAREZ CHACIN, FRANCISCO.
SECRETOS PETROLEROS CONTRA VENEZUELA (UN CASO ANTE
LA CORTE).
CARACAS, 1970.

4039

ALVAREZ CHACIN, FRANCISCO.
SOBERANIA DEL PETROLEO (LA).
CARACAS. EDICIONES CENTAURO, 1975.

4040

BALESTRINI CONTREVAS, CESAR.
ECONOMIA MINERA Y PETROLERA.
CARACAS. UNIVERSIDAD CENTRAL DE VENEZUELA, 1959.

4041

BALESTRINI CONTREVAS, CESAR.
INDUSTRIA PETROLERA EN AMERICA LATINA (LA).
CARACAS. EDICIONES DE LA BIBLIOTECA DE LA
UNIVERSIDAD CENTRAL DE VENEZUELA, 1971. (COLECCION
CIENCIAS ECONOMICAS, NO. 1).

4042

BALESTRINI CONTREVAS, CESAR.
INDUSTRIA PETROLERA EN VENEZUELA Y EL
CUATRICENTENARIO DE CARACAS (LA).
CARACAS. COMISION NACIONAL DEL CUATRICENTENARIO DE
LA FUNDACION DE CARACAS, 1966. (EDICIONES DEL
CUATRICENTENARIO DE CARACAS).

4043

BALESTRINI CONTREVAS, CESAR.
PRECIOS DEL PETROLEO Y LA PARTICIPACION FISCAL DE
VENEZUELA (LOS).
CARACAS. UNIVERSIDAD CENTRAL DE VENEZUELA, FACULTAD
DE CIENCIAS ECONOMICAS Y SOCIALES, 1974. (COLECCION
ESQUEMA).

4044

BALOYRA, ENRIQUE A.
OIL POLICIES AND BUDGETS IN VENEZUELA, 1938-1968.
IN.
LATIN AMERICAN RESEARCH REVIEW, 9.2(1974), 27-72.

4045

BAMBERGER, MICHAEL.
VENEZUELA, BRITTLE DEMOCRACY. TENSIONS BETWEEN
BUSINESSMEN"S DICTATORSHIPS AND POPULAR GOVERNMENTS.
SHALL VENEZUELA NATIONALISE. OIL INDUSTRY
BACKGROUND. IN.
VENTURE, 18(JULY-AUGUST 1966), 9-12 AND 18(SEPTEMBER
1966), 19-22.

4046

BAPTISTA, FEDERICO G.
HISTORIA DE LA INDUSTRIA PETROLERA EN VENEZUELA.
CARACAS. CREOLE PETROLEUM CORP., 1966.

4047

BETANCOURT, ROMULO.
VENEZUELA, FACTORIA PETROLERA.
MEXICO, 1954.

4048

BETANCOURT, ROMULO.
VENEZUELA, POLITICA Y PETROLEO.
MEXICO. FONDO DE CULTURA ECONOMICA, SECCION DE OBRAS

DE POLITICA, 1956.
4049

BETANCOURT, ROMULO.
VENEZUELA, POLITICO Y PETROLEO. 3D ED.
CARACAS. EDITORIAL SENDEROS, 1969.
4050

BETANCOURT, ROMULO.
VENEZUELA DUENA DE SU PETROLEO. 8TH ED.
CARACAS. EDICIONES CENTAURO, 1975.
4051

CARACAS. EXPOSICION DE LA INDUSTRIA DEL PETROLEO EN
VENEZUELA, 1940.
PETROLEO (EL). SU ORIGEN, HISTORIA GENERAL, Y
DESARROLLO DE LA INDUSTRIA EN VENEZUELA.
CARACAS. LITOGRAFIA Y TIPOGRAFIA DEL COMERCIO, 1940.
4052

CHANGING MARKETS FOR VENEZUELAN OIL. IN.
PETROLEUM PRESS SERVICE, 31(1964), 169-171.
4053

CHENE D., ANDRES DE.
PETROLEO, GRAN EMPERADOR DEL SUBSUELO VENEZOLANO.
CARACAS. TIPOGRAFIA VARGAS, 1966.
4054

CONGRESO VENEZOLANO DE PETROLEO. 1ST, CARACAS, 1962.
ASPECTOS DE LA INDUSTRIA PETROLERA EN VENEZUELA.
CARACAS. SOCIEDAD VENEZOLANA DE INGENIEROS DE
PETROLEO, 1963.
4055

CONGRESO VENEZOLANO DE PETROLEO, 2D, CARACAS, 1970.
MEMORIAS.
CARACAS, 1970, 6 VOLS.
4056

CORFIELD, GEORGE S.
RECENT ACTIVITIES IN VENEZUELA"S PETROLEUM INDUSTRY.
IN.
ECONOMIC GEOGRAPHY, 24(1948), 114-118.
4057

CREOLE PETROLEUM CORPORATION.
DATA ON PETROLEUM AND ECONOMY OF VENEZUELA.
CARACAS. COORDINATION AND SUPPLY DEPARTMENT, CREOLE
PETROLEUM CORPORATION, 1967.
4058

CREOLE PETROLEUM CORPORATION.
TEMAS PETROLEROS.
CARACAS. CREOLE PETROLEUM CORPORATION, DEPARTAMENTO
DE RELACIONES PUBLICAS, SECCION EDUCATIVA, 1966.
4059

EGANA, MANUEL R., ET AL.
NACIONALIZACION PETROLERA EN VENEZUELA.
CARACAS. MONTE AVILA EDITORES, 1971. (COLECCION
TEMAS VENEZOLANOS).
4060

FALCON URBANO, MIGUEL A.

NUESTRO PETROLEO. RIQUEZA INSTRUMENTAL DEL
DESARROLLO VENEZOLANO.
CARACAS. EDITORA DIDASCALIA, 1962. (SERIE ESTUDIOS
SECUNDARIA, NO. 1).
4061

FARACO, FRANCISCO J., COMP.
REVERSION PETROLERA EN VENEZUELA.
CARACAS. EDICIONES CENTAURO, 1975.
4062

FEDERACION VENEZOLANA DE CAMARAS Y ASOCIACIONES DE
COMERCIO Y PRODUCCION.
ANALISIS DE LA POLITICA PETROLERA VENEZOLANA.
COORDINADOR, PEDRO R. TINOCO, HIJO.
CARACAS. SENDA-AVILA, 1966. (PUBLICACIONES DE
FEDECAMARAS, NO. 11).
4063

FERNANDEZ, ANIBAL R.
PRODUCTIVITY AND TECHNICAL PROGRESS OF THE
VENEZUELAN PETROLEUM INDUSTRY.
PH.D. DISS., UNIVERSITY OF PITTSBURGH, 1971.
4064

FORO SOBRE LA EVALUACION DE LA INVERSION DEL INGRESO
FISCAL PETROLERO EN VENEZUELA, UNIVERSIDAD CENTRAL
DE VENEZUELA, 1965.
EVALUACION DE LA INVERSION DEL INGRESO FISCAL
PETROLERO EN VENEZUELA (LA). BY CARRILLO BATALLA,
TOMAS ENRIQUE ET AL.
CARACAS. UNIVERSIDAD CENTRAL DE VENEZUELA, FACULTAD
DE CIENCIAS ECONOMICAS Y SOCIALES, DIRECCION DE
CULTURA E INSTITUTO DE INVESTIGACIONES, 1968.
(COLECCION FOROS Y SEMINARIOS, NO. 5).
4065

FORO SOBRE LA NACIONALIZACION DE LA INDUSTRIA
PETROLERA EN VENEZUELA, CARACAS, 1971.
NACIONALIZACION PETROLERA EN VENEZUELA. POR MANUEL
R. EGANA ET AL.
CARACAS. MONTE AVILA EDITORES, 1971. (COLECCION
TEMAS VENEZOLANOS).
4066

FUAD, KIM.
OIL, THE POINT OF DIMINISHING RETURNS. IN.
BUSINESS VENEZUELA, MARCH-APRIL 1973, 13-16.
4067

FUAD, KIM.
ORINOCO CHALLENGE (THE). VENEZUELA"S NEW OIL
FRONTIER. IN.
BUSINESS VENEZUELA, NOVEMBER-DECEMBER 1972, 5-8.
4068

GALL, NORMAN.
CHALLENGE OF VENEZUELAN OIL. IN.
FOREIGN POLICY, NO. 18(1975), 44-67.
4069

GALL, NORMAN.

OIL AND DEMOCRACY IN VENEZUELA. PART I, SOWING THE
PETROLEUM. PART II, THE MARGINAL MAN. IN.
AMERICAN UNIVERSITIES FIELDSTAFF REPORTS, EAST COAST
SOUTH AMERICA SERIES, VOL. 17, NOS. 1-2, 1973.
4070

HARRIS, WILLIAM GEORGE.
IMPACT OF THE PETROLEUM EXPORT INDUSTRY ON THE
PATTERN OF VENEZUELAN ECONOMIC DEVELOPMENT (THE).
PH.D. DISS., UNIVERSITY OF OREGON, 1967.
4071

HASSAN, MOSTAFA FATHY.
ECONOMIC GROWTH AND EMPLOYMENT PROBLEMS IN
VENEZUELA. AN ANALYSIS OF AN OIL BASED ECONOMY.
NEW YORK. PRAEGER PUBLISHERS, 1975. (PRAEGER SPECIAL
STUDIES IN INTERNATIONAL ECONOMICS AND
DEVELOPMENT).
4072

INSTITUTO PARA EL DESARROLLO ECONOMICO Y SOCIAL,
CARACAS.
ANALISIS DE LA INDUSTRIA PETROLERA.
CARACAS, 1966.
4073

KNUDSON, DAVID.
PETROLEUM, VENEZUELA, AND THE UNITED STATES.
1920-1941.
PH.D. DISS., MICHIGAN STATE UNIVERSITY, 1975.
4074

LEDESMA LANZ, ANTONIO.
CONCIENCIA NACIONAL DEL PORVENIR PETROQUIMICO.
CARACAS. OFICINA CENTRAL DE INFORMACION, 1965.
(TEMAS DEL DESARROLLO ECONOMICO DE VENEZUELA, NO.
7).
4075

LEON, RAMON DAVID.
DE AGRO-PECUARIO A PETROLEO.
CARACAS. TIPOGRAFIA GARRIDO, 1944.
4076

LICHTBLAU, JOHN H.
U.S. OIL IMPORT POLICIES AND VENEZUELAN PETROLEUM
EXPORTS. IN.
BUSINESS VENEZUELA, 15(1970), 2-4.
4077

LIEUWEN, EDWIN.
PETROLEO EN VENEZUELA. UNA HISTORIA. TRADUCCION DE
JUSTO FERNANDEZ BUJAN.
CARACAS. CRUZ DEL SUR EDICIONES, 1964.
4078

LIEUWEN, EDWIN.
PETROLEUM IN VENEZUELA. A HISTORY.
BERKELEY, 1954.
4079

LOLLETT C., CARLOS MIGUEL.
DOLAR PETROLERO (EL). UN ENSAYO DOCUMENTAL.

CARACAS. BOLSA DE COMERCIO DE CARACAS, 1962.
4080

MACHADO, EDUARDO.
PETROLEO EN VENEZUELA.
CARACAS. DISTRIBUIDORA MAGRIJA, 1958.
4081

MALAVE MATA, HECTOR.
PETROLEO Y DESARROLLO ECONOMICO DE VENEZUELA.
HAVANA. PUBLICACIONES ECONOMICAS, 1964.
4082

MARCHAND, BERNARD.
VENEZUELA. TRAVAILLEURS ET VILLES DU PETROLE.
PARIS. UNIVERSITE DE PARIS, INSTITUT DES HAUTES
ETUDES DE L"AMERIQUE LATINE, 1971. (TRAVAUX ET
MEMOIRES DE L"INSTITUT, NO. 26).
4083

MARQUEZ GUTIERREZ, PEDRO JESUS.
PETROLEO. COLONIAJE O LIBERACION ECONOMICA.
CARACAS. ESCUELAS GRAFICAS SALESIANAS, 1965.
4084

MARTINEZ, ANIBAL R.
CHRONOLOGY OF VENEZUELAN OIL.
LONDON. ALLEN AND UNWIN, 1969.
4085

MARTINEZ, ANIBAL R.
CRONOLOGIA DEL PETROLEO VENEZOLANO.
CARACAS. LIBRERIA HISTORIA BUENOS AIRES, 1970.
4086

MARTINEZ, ANIBAL R.
NUESTRO PETROLEO, DEFENSA DE UN RECURSO AGOTABLE.
RECOPILACION DE ARTICULOS DE PRENSA.
GENEVA, 1963.
4087

MARTINEZ, ANIBAL R.
OUR GIFT, OUR OIL.
VIENNA, 1966.
4088

MARTINEZ, ANIBAL R.
PETROLEO. SEIS ENSAYOS.
CARACAS. EDRECA, 1971.
4089

MARTINEZ, ANIBAL R.
PREDICTION TECHNIQUES APPLICABLE TO THE VENEZUELAN
OIL INDUSTRY.
BEIRUT. II ARAB PETROLEUM CONGRESS, 1960.
4090

MARTINEZ, ANIBAL R.
RECURSOS DE HIDROCARBUROS DE VENEZUELA.
CARACAS. EDRECA, 1972.
4091

MARTINEZ, ORLANDO.
VENEZUELA, IRAN OF AMERICA. IN.
CONTEMPORARY REVIEW, 198(1960), 427-429.

4092

MATOS ROMERO, MANUEL.
PROBLEMA PETROLERO EN VENEZUELA (EL).
CARACAS. EDITORIAL BOLIVAR, 1938.

4093

MAYOBRE, JOSE ANTONIO. * LOSADA, BENITO RAUL.
DESULFURACION EN VENEZUELA (LA). UNA DECISION
NACIONALISTA.
CARACAS, 1970.

4094

MEJIA ALARCON, PEDRO ESTEBAN.
INDUSTRIA DEL PETROLEO EN VENEZUELA (LA).
CARACAS. UNIVERSIDAD CENTRAL DE VENEZUELA, INSTITUTO
DE INVESTIGACIONES ECONOMICAS Y SOCIALES, 1972.

4095

MEJIA ALARCON, PEDRO ESTEBAN.
MONOPOLIO Y PRECIOS DEL PETROLEO.
CARACAS. UNIVERSIDAD CENTRAL DE VENEZUELA, FACULTAD
DE ECONOMIA, 1964.

4096

MENDEZ AROCHA, ALBERTO.
BASES PARA UNA POLITICA ENERGETICA VENEZOLANA.
CARACAS. BANCO CENTRAL DE VENEZUELA, 1975.

4097

MENDOZA G., FERNANDO.
ENSAYOS DE ECONOMIA PETROLERA.
CARACAS. CROMOTIP, 1968.

4098

MESA REDONDA SOBRE RESTRICCIONES PETROLERAS,
UNIVERSIDAD CENTRAL DE VENEZUELA, 1958.
MESA REDONDA SOBRE RESTRICCIONES PETROLERAS.
(CONFERENCIAS).
CARACAS. UNIVERSIDAD CENTRAL DE VENEZUELA, INSTITUTO
DE INVESTIGACIONES ECONOMICAS, SECCION DE
PUBLICACIONES, 1958.

4099

MIERES, FRANCISCO.
PETROLEO Y LA PROBLEMATICA ESTRUCTURAL VENEZOLANA
(EL).
CARACAS. UNIVERSIDAD CENTRAL DE VENEZUELA, FACULTAD
DE CIENCIAS ECONOMICAS Y SOCIALES, INSTITUTO DE
INVESTIGACIONES, 1969.

4100

MIKESELL, RAYMOND FRENCH, ET AL.
FOREIGN INVESTMENT IN THE PETROLEUM AND MINERAL
INDUSTRIES. CASE STUDIES OF INVESTOR-HOST COUNTRY
RELATIONS.
BALTIMORE. THE JOHNS HOPKINS PRESS, 1971.

4101

MOBIL DE VENEZUELA.
TREINTA ANOS DE LA MOBIL EN VENEZUELA, 1934-1964.
CARACAS. DEPARTAMENTO DE RELACIONES PUBLICAS, 1964.

4102

MOMMER, DOROTHEA.
ESTADO VENEZOLANO Y LA INDUSTRIA PETROLERA (EL).
CARACAS. UNIVERSIDAD CENTRAL DE VENEZUELA, FACULTAD
DE CIENCIAS ECONOMICAS Y SOCIALES, DIVISION DE
PUBLICACIONES, 1974. (COLECCION ESQUEMA).

4103

MONSALVE CASADO, EZEQUIEL.
DOMINEMOS NUESTRO PETROLEO.
CARACAS, 1966.

4104

MONSALVE CASADO, EZEQUIEL.
ECONOMIA, POLITICA Y LEGISLACION DE HIDROCARBUROS.
CARACAS. UNIVERSIDAD CENTRAL DE VENEZUELA, 1962.

4105

MONSALVE CASADO, EZEQUIEL.
PRODUCCION PETROLERA DE VENEZUELA. DISCURSO DE
INCORPORACION.
CARACAS. EMPRESA EL COJO, 1965.

4106

MONTIEL ORTEGA, LEONARDO.
NACIONALISMO E INDUSTRIALIZACION. PROGRAMA PARA EL
RESCATE DEL PETROLEO Y PARA EL DESARROLLO DE LAS
INDUSTRIAS BASICAS EN VENEZUELA.
CARACAS. PENSAMIENTO VIVO, 1962.

4107

MONTIEL ORTEGA, LEONARDO.
PETROLEO Y DEVALUACION. ANALISIS DE LOS EFECTOS DEL
SISTEMA CAMBIARIO IMPUESTO EN ENERO DE 1964 SOBRE EL
SECTOR PETROLERO. INTRODUCCION DE D.F. MAZA ZAVALA.
CARACAS. EDITORIAL PENSAMIENTO VIVO, 1964.

4108

MONTIEL ORTEGA, LEONARDO.
PETROLEO Y SOBERANIA.
CARACAS. EDICIONES DEL CONGRESO DE LA REPUBLICA,
1971.

4109

NACIONALIZACION DEL PETROLEO EN VENEZUELA. TESIS Y
DOCUMENTOS FUNDAMENTALES.
CARACAS. EDICIONES CENTAURO, 1975.

4110

NO EJECUTIVOS Y EJECUTIVOS DE LA INDUSTRIA
PETROLERA.
CARACAS. UNIVERSIDAD CENTRAL DE VENEZUELA, CENTRO DE
ESTUDIOS DE DESARROLLO (CENDES), 1973. (ESTUDIOS DE
CONFLICTOS Y CONSENSO, NO. 10).

4111

NOTT, DAVID.
VENEZUELA. THE OIL BONANZA AND THE NEW GOVERNMENT.
IN.
BANK OF LONDON AND SOUTH AMERICA REVIEW, 8(1974),
196-204.

4112

ODELL, PETER R.

OIL AND STATE IN LATIN AMERICA. IN.
INTERNATIONAL AFFAIRS, 40(OCTOBER 1964), 659-673.
4113

OIL IN VENEZUELA. IN.
WORLD PETROLEUM, 38(1967), 145-152.
4114

ORTA, CELIO SEGUNDO.
IMPACTO DE LOS INGRESOS PETROLEROS SOBRE EL
CRECIMIENTO DEL SECTOR AGRICOLA.
CARACAS. UNIVERSIDAD CENTRAL DE VENEZUELA, FACULTAD
DE CIENCIAS ECONOMICAS Y SOCIALES, DIVISION DE
PUBLICACIONES, 1974. (COLECCION ESQUEMA).
4115

PARELES, PEDRO MIGUEL.
ECONOMIA Y PETROLEO.
CARACAS. EDITORIAL ARTE, 1960. (COLECCION PETROLEO).
4116

PARELES, PEDRO MIGUEL.
EXPECTATIVA DEL PETROLEO VENEZOLANO EN EL AMBITO
MUNDIAL.
CARACAS. UNIVERSIDAD CENTRAL DE VENEZUELA, FACULTAD
DE CIENCIAS ECONOMICAS Y SOCIALES, 1974. (COLECCION
SALVADOR DE LA PLAZA).
4117

PARRA, ALIRIO A. * POCATERRA, EMMA.
PETROLEUM INDUSTRY IN VENEZUELA (THE).
CARACAS, 1961. (III ARAB PETROLEUM CONGRESS,
SECRETARIAT GENERAL, LEAGUE OF ARAB STATES,
ALEXANDRIA, 1961).
4118

PEREZ ALFONZO, JUAN PABLO.
PENTAGONO PETROLERO (EL).
CARACAS. EDICIONES REVISTA POLITICA, 1967.
4119

PEREZ ALFONZO, JUAN PABLO.
PETROLEO, JUGO DE LA TIERRA.
CARACAS. EDITORIAL ARTE, 1961.
4120

PEREZ ALFONZO, JUAN PABLO.
PETROLEO Y DEPENDENCIA.
CARACAS. SINTESIS DOSMIL, 1971.
4121

PEREZ ALFONZO, JUAN PABLO.
POLITICA PETROLERA.
CARACAS. IMPRENTA NACIONAL, 1962. (PUBLICACIONES DE
LA SECRETARIA GENERAL DE LA PRESIDENCIA DE LA
REPUBLICA).
4122

PEREZ ALFONZO, JUAN PABLO.
VENEZUELA Y SU PETROLEO, LINEAMIENTOS DE UNA
POLITICA. DIVERSOS EXPOSICIONES.
CARACAS. IMPRENTA NACIONAL, 1960.

4123

PEREZ ALFONZO, JUAN PABLO, ET AL.
DINAMICA DEL PETROLEO EN EL PROGRESO DE VENEZUELA
(LA).
CARACAS. UNIVERSIDAD CENTRAL DE VENEZUELA, DIRECCION
DE CULTURA, 1965. (COLECCION FOROS Y SEMINARIOS,
NO. 1).

4124

PEREZ LA SALVIA, HUGO.
SITUACION DEL PETROLEO VENEZOLANO. EXPOSICION HECHA
DURANTE EL FORO PETROLERO, 17 DE JUNIO DE 1969.
CARACAS. OFICINA CENTRAL DE INFORMACION, 1969.

4125

PETROLEO EN VENEZUELA DESDE 1878. EDICION FACSIMIL
DEL LIBRO PUBLICADO POR LA EXPOSICION DEL PETROLEO,
CARACAS, 1940.
CARACAS. EDICIONES CENTAURO, 1974.

4126

PLAZA, SALVADOR DE LA. * RISQUEZ IRIBARREN, WILLIAM.
* GUERERE ANEZ, VICTOR.
BREVE HISTORIA DEL PETROLEO Y SU LEGISLACION EN
VENEZUELA.
CARACAS. GRAFIUNICA, 1973.

4127

PLAZA, SALVADOR DE LA.
ECONOMIA MINERA Y PETROLERA DE VENEZUELA (LA).
CARACAS. UNIVERSIDAD CENTRAL DE VENEZUELA, 1973.
(COLECCION SALVADOR DE LA PLAZA).

4128

PLAZA, SALVADOR DE LA.
EMBAJADOR DE LA DEVELUACION (EL). LAS RESERVAS
NACIONALES DE PETROLEO, LOS CONTRATOS DE SERVICIOS.
CARACAS. EDITORIAL LA TORRE, 1965.

4129

PLAZA, SALVADOR DE LA.
PETROLEO EN LA VIDA VENEZOLANA (EL).
CARACAS. PENSAMIENTO VIVO, 1962.

4130

PRESIDENTE PEREZ, LA NACION VENEZOLANA Y LA GUERRA
DEL PETROLEO DECLARADA POR MR. FORD (EL).
COMPILACION HEMEROGRAFICA DE LA ASOCIACION
PRO-VENEZUELA.
CARACAS. EDICIONES CENTAURO, 1974.

4131

QUINTERO, RODOLFO.
CULTURA DEL PETROLEO (LA).
CARACAS. UNIVERSIDAD CENTRAL DE VENEZUELA, FACULTAD
DE CIENCIAS ECONOMICAS Y SOCIALES, 1968. (COLECCION
ESQUEMA).

4132

QUINTERO, RODOLFO.
PETROLEO Y NUESTRA SOCIEDAD (EL).
CARACAS. EDICIONES DE LA BIBLIOTECA DE LA
UNIVERSIDAD CENTRAL DE VENEZUELA, 1970. (NUEVOS

PLANTEAMIENTOS, NO. 8).

4133

RETROSPECT AND PROSPECT IN VENEZUELA. IN.
PETROLEUM PRESS SERVICE, 30(1963), 455-457.

4134

RODRIGUEZ, POLICARPO.
CARACTERISTICAS Y EVOLUCION DE LAS INVERSIONES
PETROLERAS EN VENEZUELA.
CARACAS. UNIVERSIDAD CENTRAL DE VENEZUELA, FACULTAD
DE CIENCIAS ECONOMICAS Y SOCIALES, DIVISION DE
PUBLICACIONES, 1974. (COLECCION ESQUEMA).

4135

RODRIGUEZ H., IVAN.
POLITICA ECONOMICA 1955. PETROLEO, PETROQUIMICA ...
LA ECONOMIA DEL ESTADO FALCON Y LA ASAMBLEA DE
CAMARAS DE COMERCIO.
CARACAS. EDITORIAL COSMOS, 1955.

4136

ROLLINS, CHARLES ELMER.
RAW MATERIALS DEVELOPMENT AND ECONOMIC GROWTH, A
STUDY OF BOLIVIAN AND VENEZUELAN EXPERIENCE.
PH.D. DISS., STANFORD UNIVERSITY, 1955.

4137

ROUHANI, FAUD.
HISTORY OF O.P.E.C. (A).
NEW YORK. PRAEGER PUBLISHERS, 1971. (PRAEGER SPECIAL
STUDIES IN INTERNATIONAL ECONOMICS AND
DEVELOPMENT).

4138

RUIZ MONTERO, JUAN R.
VISION PANORAMICA PETROLERA.
CARACAS, 1956.

4139

SADER PEREZ, RUBEN.
CARTAS PETROLERAS.
CARACAS. EDITORIAL ARTE, 1969.

4140

SADER PEREZ, RUBEN.
CORPORACION VENEZOLANA DEL PETROLEO (LA). VERSION
TAQUIGRAFICA COMPLETA DE LA INTERVENCIONES EN EL
COLEGIO DE INGENIEROS DE VENEZUELA, MAYO 14, 1965.
CARACAS, 1965.

4141

SADER PEREZ, RUBEN.
EMPRESA PETROLERA NACIONAL Y NUESTRO DESARROLLO
INDEPENDIENTE (LA). PLAN DE ACCION ANTE LA
REVERSION DE LAS CONCESIONES.
CARACAS. CORPORACION VENEZOLANA DEL PETROLEO, 1968.

4142

SADER PEREZ, RUBEN.
EXPLOTACION DE HIDROCARBUROS POR EL ESTADO.
CARACAS. IMPRENTA NACIONAL, 1966. (TEMAS DEL
DESARROLLO ECONOMICO DE VENEZUELA. 2A SERIE, NO. 2).

4143

SADER PEREZ, RUBEN.
HACIA LA NACIONALIZACION PETROLERA.
CARACAS. SINTESIS DOSMIL, 1972. (LIBROS PARA EL
DESARROLLO).

4144

SADER PEREZ, RUBEN.
NATIONAL OIL COMPANY AND PUBLIC OPINION (THE).
CARACAS, 1967.

4145

SADER PEREZ, RUBEN.
PETROLEO NACIONAL Y OPINION PUBLICA.
CARACAS. OFICINA CENTRAL DE INFORMACION, 1966.
(TEMAS DEL DESARROLLO ECONOMICO DE VENEZUELA, 2A
SERIE, NO. 5).

4146

SADER PEREZ, RUBEN.
PETROLEO POLEMICO Y OTROS TEMAS.
CARACAS. SINTESIS DOSMIL, 1974. (COLECCION LIBROS
PARA EL DESARROLLO).

4147

SADER PEREZ, RUBEN.
PROBLEMAS DEL CRECIMIENTO DE UNA EMPRESA PETROLERA
DEL ESTADO.
CARACAS. MONTE AVILA EDITORES, 1969. (COLECCION
TEMAS VENEZOLANOS).

4148

SADER PEREZ, RUBEN.
VENEZUELAN STATE OIL (THE). REPORTS TO THE PEOPLE.
CARACAS. CORPORACION VENEZOLANA DEL PETROLEO, 1969.

4149

SALAS, GUILLERMO JOSE.
PETROLEO. ASPECTOS Y OPERACIONES DE LA INDUSTRIA
PETROLERA DESCRITOS CON FINES DOCENTES.
CARACAS. MONTE AVILA EDITORES, 1969. (COLECCION
TEMAS VENEZOLANOS).

4150

SALAZAR CARRILLO, JORGE.
OIL IN THE ECONOMIC DEVELOPMENT OF VENEZUELA.
NEW YORK. PRAEGER, 1976.

4151

SALERA, VIRGIL.
SOME PROBLEMS OF THE VENEZUELAN PETROLEUM INDUSTRY.
IN.
INTER-AMERICAN ECONOMIC AFFAIRS, 9(1955), 78-96.

4152

SALERA, VIRGIL.
VENEZUELA"S SOW-THE-OIL POLICY. IN.
INTER-AMERICAN ECONOMIC AFFAIRS, 8(1955), 3-22.

4153

SALERA, VIRGIL.
VENEZUELAN OIL. FACTS, FANCIES AND
MISINTERPRETATIONS. IN.

INTER-AMERICAN ECONOMIC AFFAIRS, 11(1958), 37-48.
4154

SOSA RODRIGUEZ, JULIO.
PICTURE OF VENEZUELA"S OIL SITUATION TODAY (A).
ADDRESS. IN.
VENEZUELA UP-TO-DATE, 13(FALL 1971), 3-7.
4155

TARRE, MARUJA. * DARWICH C., MARIA JOSEFINA.
ORGANIZACION DE LOS PAISES EXPORTADORES DEL PETROLEO
(OPEP) (LA).
CARACAS. UNIVERSIDAD CENTRAL DE VENEZUELA, INSTITUTO
DE INVESTIGACIONES ECONOMICAS Y SOCIALES, 1969.
4156

TAYLOR, WAYNE CHATFIELD. * LINDEMAN, JOHN.
CREOLE PETROLEUM CORPORATION IN VENEZUELA (THE).
WASHINGTON, D.C. NATIONAL PLANNING ASSOCIATION,
1955. (UNITED STATES BUSINESS PERFORMANCE ABROAD,
NO. 4).
4157

THURBER, ORRAY E.
VENEZUELAN QUESTION (THE). CASTRO AND THE ASPHALT
TRUST FROM OFFICIAL RECORDS.
NEW YORK, 1907.
4158

TINOCO, PEDRO R.
PETROLEO. FACTOR DEL DESARROLLO.
CARACAS. GRAFICAS EDICION DEL ARTE, 1968.
(PUBLICACIONES DE LOS DESARROLLISTAS).
4159

TUGWELL, FRANKLIN.
PETROLEUM POLICY IN VENEZUELA. LESSONS IN THE
POLITICS OF DEPENDENCE MANAGEMENT. IN.
STUDIES IN COMPARATIVE INTERNATIONAL DEVELOPMENT,
9(1974), 84-120.
4160

TUGWELL, FRANKLIN.
POLITICS OF OIL IN VENEZUELA (THE).
STANFORD. STANFORD UNIVERSITY PRESS, 1975.
4161

USLAR PIETRI, ARTURO.
PETROLEO DE VIDA O MUERTE.
CARACAS, 1966.
4162

USLAR PIETRI, ARTURO.
PETROLEO EN VENEZUELA (EL).
CARACAS. ACADEMIA DE CIENCIAS POLITICAS Y SOCIALES,
1955.
4163

VALDEZ, MAGIN ANTONIO.
PETROLEUM POLICIES OF THE VENEZUELAN GOVERNMENT
(THE).
PH.D. DISS., NEW YORK UNIVERSITY, GRADUATE SCHOOL OF
BUSINESS ADMINISTRATION, 1972.

4164
    VALLENILLA, LUIS.
    AUGE, DECLINACION Y PORVENIR DEL PETROLEO
    VENEZOLANO.
    CARACAS. EDITORIAL TIEMPO NUEVO, 1973.
4165
    VALLENILLA, LUIS.
    OIL. THE MAKING OF A NEW ECONOMIC ORDER. VENEZUELAN
    OIL AND OPEC.
    HIGHTSTOWN, N.J. MCGRAW-HILL BOOK COMPANY, 1975.
4166
    VELASQUEZ, ROOSVELT. * CABRERA, MIRIAN.
    INVERSION PETROLERA EN VENEZUELA (LA).
    CARACAS. UNIVERSIDAD CENTRAL DE VENEZUELA, FACULTAD
    DE CIENCIAS ECONOMICAS Y SOCIALES, INSTITUTO DE
    INVESTIGACIONES, 1973. (CUADERNOS DEL INSTITUTO.
    PETROLEO Y MINAS, NO. 1).
4167
    VENEZUELA. MINISTERIO DE MINAS DE HIDROCARBUROS.
    VENEZUELA AND OPEC (ORGANIZATION OF PETROLEUM
    EXPORTING COUNTRIES).
    CARACAS. IMPRENTA NACIONAL, 1961.
4168
    VENEZUELA. PRESIDENCIA. SECRETARIA GENERAL.
    OPEP. ORGANIZACION DE PAISES EXPORTADORES DE
    PETROLEO. DIVERSOS DOCUMENTOS Y DISCURSOS
    RELACIONADOS CON LOS ANTECEDENTES Y CREACION DE LA
    OPEP.
    CARACAS. IMPRENTA NACIONAL, 1961.
4169
    VENEZUELA. PRESIDENCIA. SECRETARIA GENERAL.
    VENEZUELA AND OPEC (ORGANIZATION OF PETROLEUM
    EXPORTING COUNTRIES). DOCUMENTS, SPEECHES, AND
    VENEZUELAN AND WORLD VIEWS RELATING TO ANTECEDENTS
    AND CREATION OF THE OPEC.
    CARACAS. IMPRENTA NACIONAL, 1961.
4170
    VENEZUELA. STATISTICS.
    ALGUNOS ASPECTOS DE LAS ACTIVIDADES PETROLERAS
    VENEZOLANAS, MUNDIALES Y APENDICE ESTADISTICO, 1967.
    CARACAS. MINISTERIO DE MINAS E HIDROCARBUROS, 1968.
4171
    VENEZUELA. STATISTICS.
    ESTADISTICA DEL PETROLEO... 1936/38-.
    CARACAS. MINISTERIO DE FOMENTO, DIRECCION GENERAL DE
    ESTADISTICA, 1940-.
4172
    VENEZUELA. STATISTICS.
    PETROLEO Y OTROS DATOS ESTADISTICOS.
    CARACAS. MINISTERIO DE MINAS E HIDROCARBUROS,
    DIVISION DE ECONOMIA PETROLERA, 1968-.
4173
    VENEZUELA, PANORAMA 1969. UNA MIRADA AL FUTURO.

CARACAS. CREOLE PETROLEUM CORPORATION, DEPARTAMENTO
DE RELACIONES PUBLICAS, 1970. (CONFERENCE HELD AT
JOHNS HOPKINS UNIVERSITY, NOVEMBER 10-12, 1969).
4174
VENEZUELA"S POSITION ON THE OIL IMPORT PROBLEM. IN.
VENEZUELA UP-TO-DATE, 11(1963), 13-15.
4175
VILLALBA, RODRIGO.
INDUSTRIA DEL GAS NATURAL EN VENEZUELA (LA).
CARACAS. CORPORACION VENEZOLANA DEL PETROLEO, 1972.
4176
WHELAN, JAMES R.
WHATEVER HAPPENED TO OIL IN VENEZUELA. IN.
WORLD PETROLEUM, 43(1972), 26-28.
4177
WILKINS, BILLY HUGHEL.
EFFECTS ON THE ECONOMY OF VENEZUELA OF ACTIONS BY
THE INTERNATIONAL PETROLEUM INDUSTRY AND UNITED
STATES REGULATING AGENCIES.
PH.D. DISS., THE UNIVERSITY OF TEXAS, 1962.

Population

Demography, Immigration, Migration, Family, Geneology

4178

ABOUHAMAD H., JEANNETTE.
ANALISIS DE PRESUPUESTOS FAMILIARES.
CARACAS, 1963.

4179

ACOSTA SAIGNES, MIGUEL.
CARIBES DE LA COSTA VENEZOLANA (LOS).
MEXICO, 1946.

4180

ACOSTA SAIGNES, MIGUEL.
GENTILICIOS AFRICANOS EN VENEZUELA.
CARACAS. UNIVERSIDAD CENTRAL DE VENEZUELA, FACULTAD
DE HUMANIDADES Y EDUCACION, INSTITUTOS DE
ANTROPOLOGIA E HISTORIA Y DE FILOLOGIA "ANDRES
BELLO," 1956.

4181

ACOSTA SAIGNES, MIGUEL.
HISTORIA DE LOS PORTUGUESES EN VENEZUELA.
CARACAS. UNIVERSIDAD CENTRAL DE VENEZUELA, DIRECCION
DE CULTURA, 1959.

4182

AGUIRRE ELORRIAGA, P.M.
EXODO RURAL (EL).
CARACAS, 1939.

4183

ALEXANDER, CHARLES S.
MARGARITA ISLAND, EXPORTER OF PEOPLE. IN.
JOURNAL OF INTER-AMERICAN STUDIES, 3.4(OCT. 1961),
548-557.

4184

AMEZAGA ARESTI, VICENTE DE.
ELEMENTO VASCO EN EL SIGLO XVIII VENEZOLANO (EL).
CARACAS. COMISION NACIONAL DEL CUATRICENTENARIO DE
LA FUNDACION DE CARACAS, 1966. (EDICIONES DEL
CUATRICENTENARIO DE CARACAS).

4185

ANGULO ARVELO, LUIS ALEJANDRO.
PROBLEMA DEMOGRAFICO VENEZOLANO Y LAS SOLUCIONES
(EL).
DOCUMENTOS DEL CONGRESO VENEZOLANO DE SALUD PUBLICA,
3D, CARACAS, 1966.

4186

ARCAYA, PEDRO MANUEL.
POBLACION DE ORIGEN EUROPEO DE CORO EN LA EPOCA
COLONIAL.
CARACAS. ACADEMIA NACIONAL DE LA HISTORIA, 1972.
(BIBLIOTECA DE LA ACADEMIA NACIONAL DE LA HISTORIA,

NO. 114).

4187

ARCHILA, RICARDO.
MORTALIDAD INFANTIL EN EL AREA DE LAS UNIDADES
SANITARIAS DE LA REPUBLICA (LA).
CARACAS, 1944.

4188

ARCHILA, RICARDO.
ORIGENES DE LA ESTADISTICA VITAL EN VENEZUELA.
CARACAS. TIPOGRAFIA VARGAS, 1949.

4189

ARRIAGA, EDUARDO E.
REPUBLICA DE VENEZUELA. DISTRIBUCION DE LA POBLACION
Y MIGRACIONES INTERNAS.
SANTIAGO. CELADE, 1964. (UNITED NATIONS. REGIONAL
CENTRE FOR DEMOGRAPHIC TRAINING AND RESEARCH IN
LATIN AMERICA, SANTIAGO DE CHILE, SERIES C, NO.
28).

4190

ARRIAGA, EDUARDO E.
SOME ASPECTS OF FAMILY COMPOSITION IN VENEZUELA. IN.
EUGENICS QUARTERLY, 15(1968), 177-190.

4191

ARRIAGA, EDUARDO E. * PAEZ CELIS, JULIO.
VENEZUELA. DISTRIBUCION GEOGRAFICA DE LA POBLACION Y
MIGRACIONES INTERNAS.
SANTIAGO DE CHILE. CENTRO LATINOAMERICANO DE
DEMOGRAFIA, 1974.

4192

ARRIAGA, EDUARDO E.
VENEZUELA. PROYECCION DE LA POBLACION ECONOMICAMENTE
ACTIVA, 1950-1975.
SANTIAGO, CHILE. CENTRO LATINOAMERICANO DE
DEMOGRAFIA, 1965. (SERIE C, NO. 26).

4193

ASCOLI A., GUSTAVO D".
INMIGRACION EN VENEZUELA (LA).
CARACAS. TIPOGRAFIA VARGAS, 1958.

4194

AYALA, CARMEN TERESA, ET AL.
POBLACION, FAMILIA Y BIENESTAR HUMANO.
CARACAS. MINISTERIO DE SANIDAD Y ASISTENCIA SOCIAL,
1974. (INFORME ESPECIAL, DEPARTAMENTO DE ESTADISTICA
VITAL, NO. 41).

4195

AZPURUA FEO, FRANCISCO.
EXAMEN DE LA CONDICION DEL EXTRANJERO (EL).
CARACAS. UNIVERSIDAD CENTRAL DE VENEZUELA, FACULTAD
DE CIENCIAS POLITICAS, 1924. (TESIS DE DOCTORADO).

4196

BAEZ, MAURICIO.
ALGUNAS CARACTERISTICAS DE LA POBLACION DE
VENEZUELA.

CARACAS, EDICIONES MINISTERIO DE AGRICULTURA Y CRIA,
COLECCION PLANIFICACION AGROPECUARIA, 1956.
4197

BELLER, JACOB.
JEWS IN VENEZUELA. IN.
JEWISH FRONTIER, 33(1965), 24-28.
4198

BENGOA Y LECANDA, JOSE MARIA.
MEDICINA SOCIAL EN EL MEDIO RURAL VENEZOLANO. 2D ED.
REV.
CARACAS. EDITORIAL GRAFOLIT, 1946.
4199

BORGES JACINTO DEL CASTILLO, ANALOLA.
ISLENOS EN VENEZUELA. LA GOBERNACION DE PONTE Y
HOYO.
SANTA CRUZ DE TENERIFE. INSTITUTO DE ESTUDIOS
HISPANICOS DE CANARIAS, 1960.
4200

BRADY, TRENT M. * LOMBARDI, JOHN V.
APPLICATION OF COMPUTERS TO THE ANALYSIS OF CENSUS
DATA (THE). THE BISHOPRIC OF CARACAS, 1780-1820. IN.
DEPREZ, PAUL, ED. POPULATION AND ECONOMICS.
PROCEEDINGS OF SECTION V (HISTORICAL DEMOGRAPHY) OF
THE 4TH CONGRESS OF THE INTERNATIONAL ECONOMIC
HISTORY ASSOCIATION, 1968. WINNIPEG, UNIVERSITY OF
MANITOBA PRESS, 1970.
4201

BRITO FIGUEROA, FEDERICO.
ESTRUCTURA SOCIAL Y DEMOGRAFICA DE VENEZUELA
COLONIAL (LA).
CARACAS. REVISTA DE HISTORIA, 1961.
4202

BRITO FIGUEROA, FEDERICO.
POBLACION Y ECONOMIA EN EL PASADO INDIGENA
VENEZOLANO.
CARACAS. EDICIONES HISTORIA, 1962.
4203

BUITRON, ANIBAL.
CAUSAS Y EFECTOS DEL EXODO RURAL EN VENEZUELA.
WASHINGTON, D.C. PAN AMERICAN UNION, DIVISION OF
LABOR AND SOCIAL AFFAIRS, 1955.
4204

BUITRON, ANIBAL.
INMIGRACIONES EN VENEZUELA (LAS). SUS EFECTOS
ECONOMICOS Y SOCIALES.
WASHINGTON, D.C. PAN AMERICAN UNION, SECTION OF
LABOR, MIGRATION AND SOCIAL SECURITY, 1956.
4205

BURCH, THOMAS KIRBY.
INTERNAL MIGRATION IN VENEZUELA. A METHODOLOGICAL
STUDY.
PH.D. DISS., PRINCETON UNIVERSITY, 1962.

POPULATION

4206

CARRILLO BATALLA, TOMAS ENRIQUE.
ANALISIS CUANTITATIVO Y CUALITATIVO DE LA ECONOMIA
DE LA POBLACION VENEZOLANA.
CARACAS. COMISION NACIONAL DEL CUATRICENTENARIO DE
LA FUNDACION DE CARACAS, 1967. (EDICIONES DEL
CUATRICENTENARIO DE CARACAS).

4207

CARRILLO BATALLA, TOMAS ENRIQUE.
POBLACION Y DESARROLLO ECONOMICO.
CARACAS. BANCO CENTRAL DE VENEZUELA, 1967.

4208

CERVIGNON, M. FERNANDO.
GENTES DE CUBAGUA.
CARACAS. EDITORIAL ARTE, 1968.

4209

CHEN, CHI YI.
DISTRIBUCION ESPACIAL DE LA POBLACION VENEZOLANA.
DIAGNOSTICO Y PERSPECTIVA.
CARACAS. MINISTERIO DE FOMENTO, DIRECCION GENERAL DE
ESTADISTICAS Y CENSOS NACIONALES, 1973.

4210

CHEN, CHI YI.
MOVIMIENTOS MIGRATORIOS EN VENEZUELA.
CARACAS. UNIVERSIDAD CATOLICA ANDRES BELLO,
INSTITUTO DE INVESTIGACIONES ECONOMICAS, 1968.

4211

COLMENARES PERAZA, J.R.
VENEZUELA Y SUS INMIGRACIONES.
CARACAS. UNIVERSIDAD CENTRAL DE VENEZUELA, 1940.
(THESIS).

4212

COMISION NACIONAL DE ABASTECIMIENTO.
ENCUESTA SOBRE LAS CONDICIONES DE VIDA EN LAS
FAMILIAS DE CARACAS.
N.P., 1945.

4213

CONGRESO VENEZOLANO DE SALUD PUBLICA, 3D, CARACAS,
1966.
POBLACION.
CARACAS. MINISTERIO DE SANIDAD Y ASISTENCIA SOCIAL,
1967.

4214

CRIST, RAYMOND E. * NISSLEY, CHARLES M.
EAST FROM THE ANDES. PIONEER SETTLEMENTS IN THE
SOUTH AMERICAN HEARTLAND.
GAINESVILLE. UNIVERSITY OF FLORIDA PRESS, 1973.
(UNIVERSITY OF FLORIDA MONOGRAPHS, SOCIAL SCIENCES,
NO. 50).

4215

DAVIDSON, MARIA.
SOME DEMOGRAPHIC AND SOCIAL CORRELATES OF FERTILITY
IN VENEZUELA (1950-1961). IN.
ESTADISTICA, 27(1969), 587-601.

4216

DIAZ SOSA, RAFAEL ANGEL (PSEUD. RAFAEL PINEDA).
ITALO-VENEZOLANO. NOTAS DE INMIGRACION.
CARACAS. OFICINA CENTRAL DE INFORMACION, 1967.

4217

DIAZ UNGRIA, ADELAIDA G. DE.
ESTUDIO COMPARATIVO DE LAS CARACTERISTICAS
SEROLOGICAS Y MORFOLOGICAS, CORRESPONDIENTES A LAS
POBLACIONES GUAJIRO, GUAHIBO, GUARAO Y YARURO.
CARACAS. UNIVERSIDAD CENTRAL DE VENEZUELA, 1966.
(SERIE LABORATORIO DE ANTROPOLOGIA, NO. 1).

4218

DIAZ UNGRIA, ADELAIDA G. DE.
POBLAMIENTO INDIGENA DE VENEZUELA A TRAVES DE LA
GENETICA (EL).
CARACAS. UNIVERSIDAD CENTRAL DE VENEZUELA, FACULTAD
DE ECONOMICA, ESCUELA DE SOCIOLOGIA Y ANTROPOLOGIA,
1963.

4219

DIPOLO, MARIO. * SUAREZ, MARIA MATILDE.
HISTORY, PATTERNS AND MIGRATION. A CASE STUDY IN THE
VENEZUELAN ANDES. IN.
HUMAN ORGANIZATION, 33(1974), 183-195.

4220

EMMANUEL, ISAAC SAMUEL.
JEWS OF CORO, VENEZUELA (THE).
CINCINNATI. AMERICAN JEWISH ARCHIVES, HEBREW UNION
COLLEGE - JEWISH INSTITUTE OF RELIGION, 1973.
(MONOGRAPHS, NO. 8).

4221

ESPINAL, ROSA GRACIELA.
ESTUDIO DE LOS REFUGIADOS EUROPEOS EN VENEZUELA.
CARACAS. SERVICIO SOCIAL INTERNACIONAL, COMISION
VENEZOLANA, 1970.

4222

ESTRATIFICACION SOCIAL Y FAMILIA.
CARACAS. UNIVERSIDAD CENTRAL DE VENEZUELA, 1970. (EL
ESTUDIO DE CARACAS, VOL. 4).

4223

GALL, NORMAN.
INDOCUMENTADOS COLOMBIANOS (LOS). IN.
AMERICAN UNIVERSITIES FIELDSTAFF REPORTS. EAST COAST
SOUTH AMERICA SERIES, VOL. 16, NO. 2(1971).

4224

GOMEZ, VICTOR.
ARGENTINA, COSTA RICA, MEXICO Y VENEZUELA. ALGUNOS
RESULTADOS DE LAS ENCUESTAS COMPARATIVAS DE
FECUNDIDAD EN AMERICA LATINA RELACIONADOS CON LA
PARTICIPACION FEMENINA EN ACTIVIDADES ECONOMICAS.
SANTIAGO DE CHILE. CENTRO LATINOAMERICANO DE
DEMOGRAFIA, 1974.

4225

HILL, GEORGE WILLIAM.

ESTADO SUCRE (EL). SUS RECURSOS HUMANOS.
CARACAS. EDICIONES DE LA BIBLIOTECA DE LA
UNIVERSIDAD CENTRAL DE VENEZUELA, 1961. (COLECCION
CIENCIAS SOCIALES, NO. 3).
4226

HILL, GEORGE WILLIAM.
ESTUDIOS SOBRE DISTRIBUCION DE LA POBLACION Y
MIGRACION ENTRE LAS ZONAS URBANAS Y LAS RURALES.
SEMINAR ON EVALUATION AND UTILIZATION OF POPULATION
CENSUS DATA IN LATIN AMERICA, SANTIAGO DE CHILE,
1959.
4227

HILL, GEORGE WILLIAM. * HILL, RUTH OLIVER.
INMIGRACION Y COLONIZACION EN VENEZUELA (LA). BASES
SOCIALES Y ECONOMICAS.
CARACAS. UNIVERSIDAD CENTRAL DE VENEZUELA, INSTITUTO
DE INVESTIGACIONES ECONOMICAS, 1960.
4228

HILL, GEORGE WILLIAM. * BELTRAN, GREGORIO.
LAND SETTLEMENT IN VENEZUELA, WITH ESPECIAL
REFERENCE TO THE TUREN PROJECT. IN.
RURAL SOCIOLOGY, 17(SEPTEMBER 1952), 229-236.
4229

INTERNATIONAL LABOR OFFICE.
INFORME AL GOBIERNO DE VENEZUELA SOBRE EL PROBLEMA
INDIGENA EN LA GUAJIRA.
GENEVA, 1964.
4230

ITURRIZA GUILLEN, CARLOS.
ALGUNAS FAMILIAS CARAQUENAS.
CARACAS, 1967, 2 VOLS.
4231

IZARD, MIGUEL LLORENS, COMP.
SERIES ESTADISTICAS PARA LA HISTORIA DE VENEZUELA.
MERIDA. UNIVERSIDAD DE LOS ANDES, ESCUELA DE
HISTORIA, 1970.
4232

LANDAETA ROSALES, MANUEL.
PROCEDENCIA DEL GENERAL MANUEL PIAR.
CARACAS. IMPRENTA NACIONAL, 1963. (EDICIONES DE LA
SOCIEDAD BOLIVARIANA DE VENEZUELA).
4233

LAYRISSE, MIGUEL.
BLOOD GROUP POLYMORPHISMS IN VENEZUELAN INDIANS. IN.
SALZANO, FRANCISCO M., ED. THE ONGOING EVOLUTION OF
LATIN AMERICAN POPULATIONS. SPRINGFIELD, ILL.,
CHARLES C. THOMAS, 1971.
4234

LAYRISSE, MIGUEL. * WILBERT, JOHANNES.
INDIAN SOCIETIES OF VENEZUELA. THEIR BOOOD GROUP
TYPES.
CARACAS. INSTITUTO CARIBE DE ANTROPOLOGIA Y
SOCIOLOGIA, FUNDACION LA SALLE DE CIENCIAS

NATURALES, 1966. (MONOGRAFIA, NO. 13).

4235

LEVINE, DANIEL HARRIS.
URBANIZATION, MIGRANTS AND POLITICS IN VENEZUELA.
REVIEW ESSAY. IN.
JOURNAL OF INTERAMERICAN STUDIES AND WORLD AFFAIRS,
17(1975), 358-372.

4236

LEVY, MILDRED B. * WADYCKI, WALTER J.
WHAT IS THE OPPORTUNITY COST OF MOVING.
RECONSIDERATION OF THE EFFECTS OF DISTANCE ON
MIGRATION. IN.
ECONOMIC DEVELOPMENT AND CULTURAL CHANGE, 22(1974),
198-214.

4237

LIBRO PARROQUIAL MAS ANTIGUO DE CARACAS (EL).
ESTUDIO PRELIMINAR POR STEPHANIE BOWER BLANK.
CARACAS. CONCEJO MUNICIPAL DEL DISTRITO FEDERAL,
1968. (EDICIONES DEL CUATRICENTENARIO DE CARACAS).

4238

LISCANO VELUTINI, JUAN.
AUMENTO DE LA POBLACION (EL).
CARACAS. FUNDACION EUGENIO MENDOZA, 1967. (ONCE
GRANDES TEMAS DE NUESTRO TIEMPO).

4239

LLOVERA LLOVERA, BERNABE.
EXODO RURAL EN VENEZUELA (EL).
CARACAS. COMISION NACIONAL DEL CUATRICENTENARIO DE
LA FUNDACION DE CARACAS, 1966. (EDICIONES DEL
CUATRICENTENARIO DE CARACAS).

4240

LOMBARDI, JOHN V.
PEOPLE AND PLACES IN COLONIAL VENEZUELA.
BLOOMINGTON. INDIANA UNIVERSITY PRESS, 1976.

4241

LOPEZ, JOSE ELISEO.
EXPANSION DEMOGRAFICA DE VENEZUELA (LA).
MERIDA. UNIVERSIDAD DE LOS ANDES, INSTITUTO DE
GEOGRAFIA Y DE CONSERVACION DE RECURSOS NATURALES,
1968. (CUADERNOS GEOGRAFICOS, NO. 2).

4242

LOPEZ RAMIREZ, TULIO.
CONSIDERACIONES ACERCA DEL PROBLEMA INDIGENA EN
VENEZUELA.
CARACAS. PUBLICACIONES DEL GRUPO LOCAL DE CARACAS DE
LA SOCIEDAD INTERAMERICANA DE ANTROPOLOGIA Y
GEOGRAFIA, 1945. (PUBLICACIONES, VOL. 1, NO. 3).

4243

LOPEZ RAMIREZ, TULIO.
DEMOGRAFIA INDIGENA VENEZOLANA. IN.
ACTA AMERICANA 1(3). 335-343. JULY-SEPT 1943.

4244

MACDONALD, JOHN STUART. * MACDONALD, LEATRICE D.

MOTIVES AND OBJECTIVES OF MIGRATION. SELECTIVE
MIGRATION AND PREFERENCES TOWARD RURAL AND URBAN
LIFE. IN.
SOCIAL AND ECONOMIC STUDIES, 17(1968), 417-434.
4245

MARQUEZ MUNOZ TEBAR, LUIS. * URBAEZ, LUIS D. *
ESCOBAR, MARCOS F., COMPS.
MUESTREO EN VENEZUELA.
CARACAS. MINISTERIO DE FOMENTO, DIRECCION GENERAL DE
ESTADISTICA Y CENSOS NACIONALES, 1962.
4246

MARTI, MARIANO.
OBISPO MARIANO MARTI. DOCUMENTOS RELATIVOS A SU
VISITA PASTORAL DE LA DIOCESIS DE CARACAS,
1771-1784. ESTUDIO PRELIMINAR Y COORDINACION POR
LINO GOMEZ CANEDO.
CARACAS. ACADEMIA NACIONAL DE LA HISTORIA, 1969, 7
VOLS. (BIBLIOTECA DE LA ACADEMIA NACIONAL DE LA
HISTORIA, NOS. 95-101).
4247

MARTI, MARIANO.
RELACION Y TESTIMONIO INTEGRO DE LA VISITA GENERAL
DE ESTE OBISPADO DE CARACAS Y VENEZUELA HECHA POR EL
ILLMO. SR. DR. DON ... 1771-1784 ... QUE LA
CONCLUYO EN EL PUEBLO DE GUARENAS ...
CARACAS. EDITORIAL SUR-AMERICA, 1928-29, 3 VOLS.
4248

MATA MOLLEJAS, LUIS.
ESTUDIO SOBRE MIGRACION INTERNA Y INMIGRACION DE
VENEZUELA.
CARACAS. EDICIONES DEL DEPARTAMENTO DE MIGRACION DE
LA DIRECCION DE PREVISION, 1959.
4249

MAZA ZAVALA, DOMINGO FELIPE.
EXPLOSION DEMOGRAFICA Y CRECIMIENTO ECONOMICO. 2D
ED.
CARACAS. EDICIONES DE LA BIBLIOTECA DE LA
UNIVERSIDAD CENTRAL DE VENEZUELA, 1974. (COLECCION
NUEVOS PLANTEAMIENTOS, NO. 9).
4250

MILLE, NICOLAS P.
VEINTE ANOS DE "MUSIUES". ASPECTOS HISTORICOS,
SOCIOLOGICOS Y JURIDICOS DE LA INMIGRACION EUROPEA
DE VENEZUELA, 1945-1965.
CARACAS. EDITORIAL SUCRE, 1965.
4251

MORALES, JULIO.
VENEZUELA. PROYECCION DE LA POBLACION POR SEXO Y
GRUPOS DE EDADES, 1960-2000.
SANTIAGO, CHILE. CELADE, 1969. (UNITED NATIONS.
REGIONAL CENTRE FOR DEMOGRAPHIC TRAINING AND
RESEARCH IN LATIN AMERICA. SERIES A, NO. 94).

4252

NAGEL VON JESS, KURT.
ALGUNAS FAMILIAS MARACAIBERAS.
MARACAIBO. UNIVERSIDAD DEL ZULIA, FACULTAD DE
HUMANIDADES Y EDUCACION, 1969. (EDICIONES DEL
CUATRICENTENARIO DE MARACAIBO).

4253

NUNEZ, ANGEL MARIA.
BOSEQUEJO HISTORICO DE LA POBLACION DE DUACA.
BARQUISIMETO. LITOGRAFIA Y TIPOGRAFIA EDITORIAL
GUYINI, 1971.

4254

ORTIZ, POLA C. DE. * GERONIMO SHAYA, YOLANDA DI.
PROBLEMA DEL EXODO RURAL EN VENEZUELA Y MEDIDAS
TENDIENTES A SU SOLUCION (EL).
CARACAS. MINISTERIO DE AGRICULTURA Y CRIA, 1964.

4255

PAEZ CELIS, JULIO.
ALGUNAS IDEAS PARA UNA POLITICA DE DESARROLLO DE LA
POBLACION EN VENEZUELA.
WASHINGTON, D.C., 1967. (REUNION SOBRE POLITICAS DE
POBLACION EN RELACION AL DESARROLLO EN AMERICA
LATINA, CARACAS, 1967).

4256

PAEZ CELIS, JULIO.
SITUACION DEMOGRAFICA DE VENEZUELA, 1950.
SANTIAGO. UNIVERSIDAD DE CHILE, CENTRO
LATINOAMERICANO DE DEMOGRAFIA, 1963. (SERIE C, NO.
8).

4257

PAEZ CELIS, JULIO. * RODRIGUEZ MARVAL, OFELIA.
TABLA DE MORTALIDAD DEL AREA METROPOLITANO DE
CARACAS, 1960-1961.
CARACAS. DIRECCION GENERAL DE ESTADISTICA, 1964.

4258

PAN AMERICAN UNION. DIVISION OF LABOR AND SOCIAL
AFFAIRS.
CAUSAS Y EFECTOS DEL EXODO RURAL EN VENEZUELA, POR
ANIBAL BUITRON.
WASHINGTON, D.C. CONSEJO INTERAMERICANO ECONOMICO Y
SOCIAL, ORGANIZACION DE LOS ESTADOS AMERICANOS,
UNION PANAMERICANA, 1955.

4259

PAN AMERICAN UNION. SECTION OF LABOR, MIGRATION AND
SOCIAL SECURITY.
INMIGRACIONES EN VENEZUELA (LAS). SUS EFECTOS
ECONOMICOS Y SOCIALES. POR ANIBAL BUITRON.
WASHINGTON, D. C., 1956.

4260

PERAZZO, NICOLAS.
ACERCA DE EMIGRACAO PORTUGUESA EM VENEZUELA.
CARACAS, 1971.

4261

PERAZZO, NICOLAS.

INMIGRACION EN VENEZUELA (LA). 1830-1850.
CARACAS. ARCHIVO GENERAL DE LA NACION, 1973.
(BIBLIOTECA VENEZOLANA DE HISTORIA, NO. 17).
4262

PERERA, AMBROSIO.
HISTORIAL GENEALOGICO DE FAMILIAS CARORENAS. 2D ED.
CARACAS, 1967, 2 VOLS.
4263

PLANAS SUAREZ, SIMON.
PROBLEMAS VENEZOLANOS. ALGUNAS CONSIDERACIONES SOBRE
INMIGRACION, EL 30 PORCENTAJE ANTILLANO, EL
CONTRABANDO, EL MERCADO COMUN REGIONAL,
BOLIVARIANISMO Y GRAN COLOMBIA, LA CRISIS ECONOMICA
DEL MOMENTO, EL ESTADO Y LA IGLESIA, NECESIDAD DE
UNA LEY DE CULTOS.
BUENOS AIRES. IMPRENTA LOPEZ, 1960.
4264

POBLACION, SERVICIOS URBANOS.
CARACAS. UNIVERSIDAD CENTRAL DE VENEZUELA, 1969. (EL
ESTUDIO DE CARACAS, VOL. 3).
4265

PRINCETON UNIVERSITY, PRINCETON, N.J. OFFICE OF
POPULATION RESEARCH.
POPULATION INDEX BIBLIOGRAPHY. CUMULATED 1935-1968
BY AUTHORS AND GEOGRAPHICAL AREA, GEOGRAPHICAL
INDEX. VOL. 1, 1935-1954, NORTH AMERICA, SOUTH
AMERICA.
BOSTON. G.K. HALL, 1971.
4266

PULIDO, OBDULIO.
ENSAYOS DE INMIGRACION. VARIOS TOPICOS. SANEAMIENTO.
CARACAS. COOPERATIVA DE ARTES GRAFICAS, 1937.
4267

RASMUSSEN, WAYNE D.
AGRICULTURAL COLONIZATION AND IMMIGRATION IN
VENEZUELA, 1810-1860. IN.
AGRICULTURAL HISTORY, 21(1947), 155-162.
4268

RUIZ RIVERA, JULIAN BAUTISTA.
FUENTES PARA LA DEMOGRAFIA HISTORICA DE NUEVA
GRANADA.
SEVILLE. PUBLICACIONES DE LA ESCUELA DE ESTUDIOS
HISPANOAMERICANOS DE SEVILLA, 1972.
4269

SANCHEZ, JESUS MARIA.
DOCUMENTOS SOBRE LA COLONIA BOLIVAR, ARAIRA.
GUATIRE. EDICIONES DE LA CASA DE LA CULTURA DEL
ESTADO MIRANDA, 1968.
4270

SEGUI GONZALEZ, LUIS.
INMIGRACION Y SU CONTRIBUCION AL DESARROLLO (LA).
CARACAS. MONTE AVILA EDITORES, 1969.

4271

SIEWERS, ENRIQUE.
ORGANIZATION OF IMMIGRATION AND LAND SETTLEMENT IN
VENEZUELA. IN.
INTERNATIONAL LABOUR REVIEW, 39(1939), 764-72 AND
40(1939), 32-55.

4272

SILVERO, ARNALDO A.
PROYECCIONES DE LA POBLACION URBANA Y RURAL DE
VENEZUELA, EN LOS PERIODOS 1950-1960 Y 1960-1980,
CON ESPECIAL REFERENCIA A LA MIGRACION INTERIOR.
SANTIAGO. CENTRO LATINOAMERICANO DE DEMOGRAFIA,
1967. (PUBLICACIONES, NO. C 81).

4273

SUAREZ, RAMON DARIO.
HISTORIAL GENEALOGICO DE LOS FEBRES-CORDERO Y
ALGUNAS DE SUS ALIANZAS.
MERIDA. EDICIONES EUROAMERICA, 1969.

4274

SUAREZ, RAMON DARIO.
HISTORIAL GENEALOGICO DEL DOCTOR CRISTOBAL MENDOZA,
1772-1829. HOMENAJE EN EL BICENTENARIO DE SU
NACIMIENTO.
CARACAS. EDICIONES DE LA SOCIEDAD BOLIVARIANA DE
VENEZUELA, 1972.

4275

TELLERIA, LUIS OSCAR.
EXPERIENCIA MIGRATORIA VENEZOLANA (LA).
MADRID. EDICIONES JORNAL, 1961.

4276

TESTINO GUARDERAS, ROBERTO.
RESENA DEL PURO SANGRE DE CARRERA EN VENEZUELA.
CARACAS. EMPRESA EL COJO, 1963.

4277

TOVAR, RAMON A.
POBLACION DE VENEZUELA (LA).
CARACAS. UNIVERSIDAD CENTRAL DE VENEZUELA, FACULTAD
DE CIENCIAS ECONOMICAS Y SOCIALES, INSTITUTO DE
INVESTIGACIONES, 1968. (COLECCION ESQUEMA).

4278

VANDELLOS, JOSE A.
ENSAYO DE DEMOGRAFIA VENEZOLANA.
CARACAS. MINISTERIO DE FOMENTO, DIRECCION DE
ESTADISTICA, 1938.

4279

VANNINI DE GERULEWICZ, MARISA.
INFLUENCIA FRANCESA EN VENEZUELA (LA). 2D ED.
MARACAIBO. UNIVERSIDAD DEL ZULIA, FACULTAD DE
HUMANIDADES Y EDUCACION, 1968. (MONOGRAFIAS Y
ENSAYOS, NO. 2).

4280

VANNINI DE GERULEWICZ, MARISA.
ITALIA Y LOS ITALIANOS EN LA HISTORIA Y EN LA
CULTURA DE VENEZUELA.

CARACAS. OFICINA CENTRAL DE INFORMACION, 1966.
4281

VARGAS, PEDRO FERMIN DE.
PENSAMIENTOS POLITICOS, SEGUIDOS DE UNA MEMORIA
SOBRE LA POBLACION DEL NUEVO REINO DE GRANADA.
BOGOTA. UNIVERSIDAD NACIONAL DE COLOMBIA, EXTENSION
CULTURAL/PUBLICACIONES, 1965.
4282

VENEZUELA. COMISION DEL PLAN NACIONAL DEL
APROVECHAMIENTO DE LOS RECURSOS HIDRAULICOS.
MAGNITUD, ESTRUCTURA Y DISTRIBUCION DE LA POBLACION
DE VENEZUELA HASTA EL ANO 2000. EL MODELO
PROSPECTIVO POR JULIO SAN MARTIN S., ET AL.
CARACAS, 1970. (PUBLICACION, NO. 27).
4283

VENEZUELA. CONVENCION NACIONAL DE EMPLEO, 1ST.
POLITICA DE INMIGRACION SELECTIVA (LA).
CARACAS. MINISTERIO DEL TRABAJO, OFICINA CENTRAL DE
COORDINACION Y PLANIFICACION, 1970. (PONENCIA I).
4284

VENEZUELA. LAWS, STATUTES, ETC.
LEY DE INMIGRACION Y COLONIZACION ... DECRETO
REGLAMENTARIO DEL INSTITUTO TECNICO DE INMIGRACION Y
COLONIZACION.
CARACAS. IMPRENTA NACIONAL, 1938.
4285

VENEZUELA. STATISTICS.
ASPECTOS DEMOGRAFICOS DE VENEZUELA.
CARACAS. DIRECCION GENERAL DE ESTADISTICA Y CENSOS
NACIONALES, OFICINA DE ANALISIS DEMOGRAFICO, 1964.
4286

VENEZUELA. STATISTICS.
ASPECTOS ECONOMICOS Y DEMOGRAFICOS DE CARACAS.
CARACAS. MINISTERIO DE OBRAS PUBLICAS, OFICINA
MINISTERIAL DE TRANSPORTE, 1968.
4287

VENEZUELA. STATISTICS.
CENSO DE VENEZUELA 1910 (DECRETO EJECUTIVO).
((REGULATIONS FOR FOURTH CENSUS, APPARENTLY NEVER
TAKEN)).
CARACAS. IMPRENTA NACIONAL, 1910.
4288

VENEZUELA. STATISTICS.
CENSO DE VIVIENDAS Y POBLACION (26-2-1961).
RESULTADOS NACIONALES Y DEL AREA METROPOLITANA DE
CARACAS. PRE-TABULACIONES POR MUESTRA.
CARACAS. DIRECCION GENERAL DE ESTADISTICA Y CENSOS
NACIONALES, 1961.
4289

VENEZUELA. STATISTICS.
CENSO NACIONAL DE 1950. EMPADRONAMIENTO ESPECIAL DE
LA POBLACION INDIGENA.
CARACAS, 1959.

4290
VENEZUELA. STATISTICS.
COMMENTARIOS AL VII CENSO DE POBLACION DE VENEZUELA,
POR JUAN ALVARADO FRANQUIZ.
CARACAS. DIRECCION GENERAL DE ESTADISTICA, 1947.

4291
VENEZUELA. STATISTICS.
COMPENDIO ESTADISTICO DE VENEZUELA.
CARACAS. MINISTERIO DE FOMENTO, 1968.

4292
VENEZUELA. STATISTICS.
CUADRO COMPARATIVO DE LA POBLACION DE LOS ESTADOS Y
PRINCIPALES MUNICIPIOS SEGUN LOS CENSOS EFECTUADOS
EN LA REPUBLICA. IN.
ANUARIO ESTADISTICO DE VENEZUELA, 1938.

4293
VENEZUELA. STATISTICS.
DECIMO CENSO GENERAL DE POBLACION, 2 DE NOVIEMBRE
1971, DE LAS AREAS METROPOLITANAS.
CARACAS. DIRECCION GENERAL DE ESTADISTICAS Y CENSOS
NACIONALES, 1972.

4294
VENEZUELA. STATISTICS.
DEMOGRAFIA VENEZOLANA (DEMOGRAPHIE VENEZUELIENNE)
1907. TRABAJO VERIFICADO EN LA DIRECCION GENERAL DE
ESTADISTICAS.
CARACAS. DIRECCION GENERAL DE ESTADISTICA, 1909.

4295
VENEZUELA. STATISTICS.
DETERMINACION DE LA OMISION DEL CENSO DE 1961 Y DE
LAS DEFUNCIONES DEL PERIODO 1950-1961. POR JULIO
PAEZ CELIS.
CARACAS. DIRECCION GENERAL DE ESTADISTICA Y CENSOS
NACIONALES, 1963.

4296
VENEZUELA. STATISTICS.
DISTRIBUCION DE LA POBLACION Y DEL EMPLEO EN EL AREA
METROPOLITANA DE CARACAS.
CARACAS. MINISTERIO DE OBRAS PUBLICAS, OFICINA
MINISTERIAL DE TRANSPORTE, DIVISION DE TRANSPORTE Y
URBANISMO, 1967.

4297
VENEZUELA. STATISTICS.
ENCUESTA DE FECUNDIDAS EN EL AREA METROPOLITANA DE
CARACAS.
CARACAS. DIRECCION GENERAL DE ESTADISTICA Y CENSOS
NACIONALES, 1967.

4298
VENEZUELA. STATISTICS.
ESTADISTICAS INDUSTRIALES, 1971.
CARACAS. DIRECCION GENERAL DE ESTADISTICAS Y CENSOS
NACIONALES, 1973, 6 VOLS.

POPULATION

4299

VENEZUELA. STATISTICS.
ESTUDIO Y PROYECCION DE LA POBLACION DEL AREA
METROPOLITANA DE CARACAS Y DE VENEZUELA, 1966- 1990.
CARACAS. MINISTERIO DE OBRAS PUBLICAS, OFICINA
MINISTERIAL DE TRANSPORTE, 1967.

4300

VENEZUELA. STATISTICS.
INFORMACIONES ESTADISTICAS SOBRE INMIGRACION.
CARACAS. INSTITUTO AGRARIO NACIONAL, 1960.

4301

VENEZUELA. STATISTICS.
MEMORIA DE LA DIRECCION GENERAL DE ESTADISTICA AL
PRESIDENTE DE LOS ESTADOS UNIDOS DE VENEZUELA EN
1873.
CARACAS. DIRECCION GENERAL DE ESTADISTICA, 1873, 3
VOLS.

4302

VENEZUELA. STATISTICS.
NOVENO CENSO GENERAL DE POBLACION, 26 DE FEBRERO DE
1961.
CARACAS. DIRECCION GENERAL DE ESTADISTICAS Y CENSOS
NACIONALES, 1964-1970, 23 VOLS. IN 24.

4303

VENEZUELA. STATISTICS.
NOVENO CENSO NACIONAL DE POBLACION. POBLACION
URBANA, INTERMEDIA Y RURAL CENSOS DE 1961, 1950,
1941 Y 1936.
CARACAS. DIRECCION GENERAL DE ESTADISTICA Y CENSOS
NACIONALES, 1962.

4304

VENEZUELA. STATISTICS.
NOVENO CENSO NACIONAL DE POBLACION. RESULTADOS
COMPARATIVOS DE POBLACION POR DISTRITOS, MUNICIPIOS
Y SUS CAPITALES SEGUN LOS CENSOS DE 1941, 1950 Y
1961.
CARACAS. DIRECCION GENERAL DE ESTADISTICA Y CENSOS
NACIONALES, 1962.

4305

VENEZUELA. STATISTICS.
NOVENO CENSO NACIONAL DE POBLACION. RESULTADOS
PRELIMINARES DEL CRECIMIENTO DE LOS CENTROS POBLADOS
Y SU DISTRIBUCION POR TAMANO.
CARACAS. DIRECCION GENERAL DE ESTADISTICA Y CENSOS
NACIONALES, 1962.

4306

VENEZUELA. STATISTICS.
NOVENO CENSO NACIONAL DE POBLACION. RESULTADOS
PRELIMINARES POR CENTROS POBLADOS (NUMERO Y TAMANO).
CARACAS. DIRECCION GENERAL DE ESTADISTICA Y CENSOS
NACIONALES, 1962.

4307

VENEZUELA. STATISTICS.
NOVENO CENSO NACIONAL DE POBLACION. RESULTADOS

PRELIMINARES POR DISTRITOS Y MUNICIPIOS.
CARACAS. DIRECCION GENERAL DE ESTADISTICAS Y CENSOS
NACIONALES, 1962.

4308
VENEZUELA. STATISTICS.
OCTAVO CENSO GENERAL DE POBLACION. EDAD Y ESTADO
CIVIL POR ENTIDADES Y DISTRITOS, Y RESUMEN NACIONAL.
CARACAS. DIRECCION GENERAL DE ESTADISTICA Y CENSOS
NACIONALES, 1954.

4309
VENEZUELA. STATISTICS.
OCTAVO CENSO GENERAL DE POBLACION. GRUPOS CENSALES Y
VIVIENDAS FAMILIARES, RESUMENES PRINCIPALES.
CARACAS. DIRECCION GENERAL DE ESTADISTICA Y CENSOS
NACIONALES, 195-.

4310
VENEZUELA. STATISTICS.
OCTAVO CENSO GENERAL DE POBLACION. PRINCIPALES
RESULTADOS NACIONALES.
CARACAS. DIRECCION GENERAL DE ESTADISTICA Y CENSOS
NACIONALES, 1955.

4311
VENEZUELA. STATISTICS.
OCTAVO CENSO GENERAL DE POBLACION. PRINCIPALES
RESULTADOS PARA TODA LA REPUBLICA.
CARACAS. DIRECCION GENERAL DE ESTADISTICA Y CENSOS
NACIONALES, 195-.

4312
VENEZUELA. STATISTICS.
OCTAVO CENSO GENERAL DE POBLACION. RELACION DE LAS
LOCALIDADES (CAPITALES Y NO CAPITALES) CON 1,000 Y
MAS HABITANTES.
CARACAS. DIRECCION GENERAL DE ESTADISTICA Y CENSOS
NACIONALES, 195-.

4313
VENEZUELA. STATISTICS.
OCTAVO CENSO GENERAL DE POBLACION. RESULTADOS
GENERALES POR ENTIDADES, DISTRITOS Y MUNICIPIOS.
CARACAS. DIRECCION GENERAL DE ESTADISTICA Y CENSOS
NACIONALES, 1954, 1955.

4314
VENEZUELA. STATISTICS.
OCTAVO CENSO GENERAL DE POBLACION. URBANA Y RURAL Y
LUGAR DE NACIMIENTO.
CARACAS. DIRECCION GENERAL DE ESTADISTICA Y CENSOS
NACIONALES, 1955.

4315
VENEZUELA. STATISTICS.
OCTAVO CENSO GENERAL DE POBLACION, 26 DE NOVIEMBRE
DE 1950.
CARACAS. DIRECCION GENERAL DE ESTADISTICA Y CENSOS
NACIONALES, 1955-1959, 12 VOLS. IN 20.

4316

VENEZUELA. STATISTICS.
PRIMER CENSO DE LA REPUBLICA. DECRETO DEL ILUSTRE
AMERICANO GENERAL GUZMAN BLANCO ... 3 DE JUNIO DE
1873. VERIFICADO EN LOS DIAS 7, 8 Y 9 DE NOVIEMBRE
DE 1873.
CARACAS. JUNTA DIRECTIVA DEL CENSO, 1874.

4317

VENEZUELA. STATISTICS.
PRIMERA ENCUESTA NACIONAL DE INGRESOS Y GASTOS
FAMILIARES EN VENEZUELA.
CARACAS. OFICINA CENTRAL DE COORDINACION Y
PLANIFICACION, DIRECCION GENERAL DE ESTADISTICA Y
CENSOS NACIONALES, BANCO CENTRAL DE VENEZUELA, Y
CONSEJO DE BIENESTAR RURAL, 1964-, 8 DOCUMENTS TO
DATE.

4318

VENEZUELA. STATISTICS.
PROYECCION DE LA POBLACION DE VENEZUELA.
CARACAS. DIRECCION GENERAL DE ESTADISTICA Y CENSOS
NACIONALES, 1963.

4319

VENEZUELA. STATISTICS.
PROYECCION DE LA POBLACION URBANA Y RURAL DE
VENEZUELA Y DE SUS CIUDADES MAS IMPORTANTES.
CARACAS. DIRECCION GENERAL DE ESTADISTICA Y CENSOS
NACIONALES, 1964.

4320

VENEZUELA. STATISTICS.
QUINTO CENSO NACIONAL DE LOS ESTADOS UNIDOS DE
VENEZUELA ... LEVANTADO EN LOS DIAS 31 DE ENERO Y
PRIMERO, 2 Y 3 DE FEBRERO DE 1926.
CARACAS. COMISION GENERAL DEL CENSO NACIONAL, 1926,
4 VOLS.

4321

VENEZUELA. STATISTICS.
RESUMEN GENERAL DEL SEXTO CENSO DE POBLACION, 26 DE
DICIEMBRE DE 1936.
CARACAS. DIRECCION GENERAL DE ESTADISTICA, 1938.

4322

VENEZUELA. STATISTICS.
RESUMEN GENERAL DEL TERCER CENSO DE LA REPUBLICA.
CARACAS, 1891.

4323

VENEZUELA. STATISTICS.
RESUMENES GENERALES DE LA REPUBLICA, Y DE LOS
VENEZOLANOS RESIDENCIADOS EN EL EXTERIOR Y EL
COMPARATIVO ENTRE LOS CENSOS DE 1920 Y 1926.
CARACAS. COMISION GENERAL DEL CENSO NACIONAL, 1926.
(VOL. 4 OF QUINTO CENSO NACIONAL...).

4324

VENEZUELA. STATISTICS.
SEGUNDO CENSO DE LA REPUBLICA ... 1881.
CARACAS. JUNTA DIRECTIVA DEL CENSO, 1881.

4325

VENEZUELA. STATISTICS.
SEPTIMO CENSO NACIONAL DE POBLACION, LEVANTADO EL 7
DE DICIEMBRE DE 1941.
CARACAS. DIRECCION GENERAL DE ESTADISTICA,
1944-1947, 8 VOLS.

4326

VENEZUELA. STATISTICS.
SEXTO CENSO NACIONAL DE POBLACION, 1936.
CARACAS. DIRECCION GENERAL DE ESTADISTICA,
1939-1940, 3 VOLS.

4327

VENEZUELA. STATISTICS.
TERCER CENSO DE LA REPUBLICA ... 1890.
CARACAS. JUNTA DIRECTIVA DEL CENSO, 1891, 4 VOLS.

4328

VENEZUELA (IMMIGRATION TO VENEZUELA, PRIMARILY FROM
EUROPE, 1950-1963). IN.
MIGRATION FACTS AND FIGURES, JANUARY-FEBRUARY 1966,
1-4.

4329

VILA, MARCO AURELIO.
CAPUTXINS CATALANS A VENECUELA (ELS). PROLEG, RAMON
VIDAL.
ESPLUGUES DE LLOBREGAT. EDICIONES ARIEL, 1969.
(HORES DE CATALUNYA).

4330

VILA, MARCO AURELIO.
POBLACION DE LA GUAYANA VENEZOLANA (LA). IN.
BOLETIN DEL INSTITUTO DE SOCIOLOGIA. BUENOS AIRES
10(6).321-332. 1952.

4331

VILLAFANE, JOSE GREGORIO.
APUNTES ESTADISTICAS DEL TACHIRA.
CARACAS. IMPRENTA NACIONAL, 1960.

4332

VILLEGAS, JOSE ANTONIO.
POBLACION Y POLITICA DE DESARROLLO AGROPECUARIO.
CARACAS. FUNDACION EUGENIO MENDOZA, 1967. (ONCE
GRANDES TEMAS DE NUESTRO TIEMPO).

4333

VILLEGAS PULIDO, GUILLERMO TELL.
EXTRANJEROS EN VENEZUELA, SU NO ADMISION, SU
EXPULSION (LOS). 2D ED.
CARACAS. LITOGRAFIA DEL COMERCIO, 1919.

4334

WIARDA, IEDA SIQUEIRA.
FAMILY PLANNING ACTIVITIES IN A DEMOCRATIC CONTEXT.
THE CASE OF VENEZUELA. CONTEXT, SCOPE, IMPACT,
ACTIVITIES, AND PROSPECTS.
COLUMBUS. THE OHIO STATE UNIVERSITY, 1970. (MERSHON
CARIBBEAN SEMINAR).

4335
    WILBERT, JOHANNES.
    CULTURAL VARIABILITY IN VENEZUELAN INDIAN TRIBES.
    IN.
    SALZANO, FRANCISCO M., ED. THE ONGOING EVOLUTION OF
    LATIN AMERICAN POPULATIONS. SPRINGFIELD, ILL.,
    CHARLES C. THOMAS, 1971.
4336
    YABOUR DE CALDERA, ELIZABETH.
    POBLACION DE VENEZUELA (LA). UN ANALYSIS
    DEMOGRAFICO.
    CUMANA. UNIVERSIDAD DE ORIENTE, 1967.

Urbanization

Town Foundations, Cities, Caracas, Housing, Urbanism

4337
ABOUHAMAD H., JEANNETTE. * GASPARINI, GRAZIANO.
AMUAY 64. SU GENTE, SU VIVIENDA.
CARACAS. UNIVERSIDAD CENTRAL DE VENEZUELA, FACULTAD
DE ARQUITECTURA Y URBANISMO, CENTRO DE
INVESTIGACIONES HISTORICAS Y ESTETICAS, 1966.

4338
ACEDO MENDOZA, CARLOS.
DESARROLLO URBANO EN VENEZUELA Y LA FUNDACION PARA
EL DESARROLLO DE LA COMUNIDAD Y FOMENTO MUNICIPAL
(FUNDACOMUN).
CARACAS. EDITORIAL ARTE, 1971.

4339
ACEDO MENDOZA, CARLOS.
REFORMA URBANA.
CARACAS. FONDO EDITORIAL COMUN, 1974.

4340
ACEDO MENDOZA, CARLOS.
SOLUCION EFECTIVA AL PROBLEMA DE LA VIVIENDA (UNA).
CARACAS. EDICIONES DE LA BOLSA DE COMERCIO, 1963.

4341
ACEDO MENDOZA, CARLOS.
VIVIENDA EN EL AREA METROPOLITANA DE CARACAS (LA).
CARACAS. COMISION NACIONAL DEL CUATRICENTENARIO DE
LA FUNDACION DE CARACAS, 1967. (EDICIONES DEL
CUATRICENTENARIO DE CARACAS).

4342
ACOSTA, CESAR.
BARINAS DE ANTEAYER Y DE HOY (LAS). CRONICAS.
BARINAS. IMPRENTA DEL ESTADO, 1958. (GOBIERNO DEL
ESTADO BARINAS, SERIE HISTORICA, VOL. 3).

4343
ACOSTA, ROSAURO ROSA.
CASAS REALES DEL PUERTO DE PAMPATAR (LAS).
PAMPATAR. CONCEJO MUNICIPAL DEL DISTRITO MANEIRO,
1971.

4344
ALBUM DE CARACAS. DIBUJOS DE SANCHEZ FELIPE,
COMENTARIO DE SANTIAGO KEY AYALA.
CARACAS, 1954.

4345
ARELLANO MORENO, ANTONIO.
CARACAS. SU EVOLUCION Y SU REGIMEN LEGAL.
CARACAS. COMISION NACIONAL DE CUATRICENTENARIO DE LA
FUNDACION DE CARACAS, 1967. (EDICIONES DEL
CUATRICENTENARIO DE CARACAS).

4346

ARISTEGUIETA, LEANDRO.
ARBOLES ORNAMENTALES DE CARACAS. DIBUJOS DE HARIJS
EBERSTEINS.
CARACAS. UNIVERSIDAD CENTRAL DE VENEZUELA, CONSEJO
DE DESARROLLO CIENTIFICO Y HUMANISTICO, 1962.

4347

ARMAS CHITTY, JOSE ANTONIO DE.
CARACAS. ORIGEN Y TRAYECTORIA DE UNA CIUDAD.
CARACAS. FUNDACION CREOLE, 1967, 2 VOLS.

4348

ARMAS CHITTY, JOSE ANTONIO DE.
ORIGEN Y FORMACION DE ALGUNOS PUEBLOS DE VENEZUELA.
CARACAS. UNIVERSIDAD CENTRAL DE VENEZUELA, FACULTAD
DE FILOSOFIA Y LETRAS, INSTITUTO DE ANTROPOLOGIA Y
GEOGRAFIA, 1951. (SERIE DE HISTORIA).

4349

ARMAS CHITTY, JOSE ANTONIO DE.
TUCUPIDO, FORMACION DE UN PUEBLO DEL LLANO.
CARACAS. UNIVERSIDAD CENTRAL DE VENEZUELA, FACULTAD
DE HUMANIDADES Y EDUCACION, INSTITUTO DE
ANTROPOLOGIA E HISTORIA, 1961. (SERIE DE HISTORIA).

4350

ARMAS CHITTY, JOSE ANTONIO DE.
VIDA POLITICA DE CARACAS EN EL SIGLO XIX.
CARACAS. MINISTERIO DE EDUCACION, DIRECCION TECNICA,
DEPARTAMENTO DE PUBLICACIONES, 1969. (COLECCION
VIGILIA, NO. 16).

4351

ARMAS CHITTY, JOSE ANTONIO DE.
ZARAZA. BIOGRAFIA DE UN PUEBLO.
CARACAS. EDITORIAL AVILA, 1949.

4352

ARRIAGA, EDUARDO E.
COMPONENTS OF CITY GROWTH IN SELECTED LATIN AMERICAN
COUNTRIES. IN.
THE MILBANK MEMORIAL FUND QUARTERLY, 46(1968),
237-252.

4353

ASCANIO BUROZ, NICOLAS.
CRONICAS DE SANTIAGO DE LEON DE CARACAS. PROLOGO DE
J.A. COVA.
CARACAS. ARTES GRAFICAS, 1945.

4354

ASCANIO BUROZ, NICOLAS.
ESTAMPAS DE LA VIEJA CARACAS.
CARACAS. FUNDACION EUGENIO MENDOZA, 1965.

4355

BAMBERGER, MICHAEL. * BAUSCH, THOMAS A.
IN DEFENSE OF URBAN COMMUNITY DEVELOPMENT, THE
VENEZUELAN CASE. IN.
REVIEW OF SOCIAL ECONOMY, 26(1968), 130-144.

4356

BAMBERGER, MICHAEL.

PROBLEM OF POLITICAL INTEGRATION IN LATIN AMERICA
(A). THE BARRIOS OF VENEZUELA. IN.
INTERNATIONAL AFFAIRS, 44.4(OCT. 1968), 709-719.
4357

BANCO OBRERO, CARACAS.
ANALISIS DEL PROBLEMA DE LA VIVIENDA EN MARACAIBO.
CARACAS. BANCO OBRERO, OFICINA DE PROGRAMACION Y
PRESUPUESTO, 1963.
4358

BANCO OBRERO, CARACAS.
MAS VIVIENDAS PARA EL PUEBLO.
CARACAS, 1963.
4359

BANCO OBRERO, CARACAS.
PROBLEMA DE LOS CERROS EN EL AREA METROPOLITANA
(EL).
CARACAS, 1954.
4360

BANCO OBRERO, CARACAS.
PROYECTO DE EVALUACION DE LOS SUPER-BLOQUES.
CARACAS, 1961.
4361

BAPTISTA, JOSE MARIA.
BOCONO EN SUS VIEJOS PERIODICOS.
CARACAS. IMPRENTA OFICIAL DEL ESTADO TRUJILLO, 1963.
4362

BARINAS, VENEZUELA (CITY) CONSEJO MUNICIPAL.
BICENTENARIO EN LA VIDA DE LA CIUDAD (UN).
1762-1962. COMP. VIRGILIO TOSTA AND FRANCISCO
MORENO.
BARINAS. EDITORIAL SUCRE, 1962.
4363

BARNOLA, PEDRO PABLO.
POR QUE CARACAS SE LLAMA SANTIAGO DE LEON DE
CARACAS.
CARACAS. MINISTERIO DE EDUCACION, DIRECCION DE
CULTURA Y BELLAS ARTES, 1958. (COLECCION LETRAS
VENEZOLANAS, NO. 10).
4364

BAUSCH, THOMAS A.
PRIMATE CITY AND ECONOMIC DEVELOPMENT IN LATIN
AMERICA (THE). CARACAS, VENEZUELA, A CASE STUDY.
D.B.A. DISS., INDIANA UNIVERSITY, 1968.
4365

BELTRAN GUERRERO, LUIS.
CIUDAD DE LAS CINCO VOCALES (LA).
BARQUISIMETO. TIPOGRAFIA VOGUE, 1971.
4366

BENGOA Y LECANDA, JOSE MARIA.
ESTUDIO SOCIAL-SANITORIO DE UN DISTRITO DE CARACAS.
EL GUARATARO.
CARACAS, 1942.

4367

BERMEJO DE CAPDEVILA, MARIA TERESA.
ANALISIS DE DOCUMENTOS PARA EL ESTUDIO DE LA
FUNDACION DE CARACAS.
CARACAS. COMISION NACIONAL DEL CUATRICENTENARIO DE
LA FUNDACION DE CARACAS, 1967. (EDICIONES DEL
CUATRICENTENARIO DE CARACAS).

4368

BEST, ROBIN.
CARACAS DEVELOPS UPWARDS. IN.
GEOGRAPHICAL MAGAZINE, 45(1973), 501-505.

4369

BLANK, STEPHANIE B.
PATRONS, CLIENTS, AND KIN IN SEVENTEENTH-CENTURY
CARACAS. A METHOLOGICAL ESSAY IN COLONIAL SPANISH
AMERICAN SOCIAL HISTORY. IN.
HISPANIC AMERICAN HISTORICAL REVIEW, 54(1974),
260-283.

4370

BLANK, STEPHANIE B.
SOCIAL INTEGRATION AND SOCIAL STABILITY IN A
COLONIAL SPANISH AMERICAN CITY, CARACAS (1595-1627).
BLOOMINGTON. INDIANA UNIVERSITY, LATIN AMERICAN
STUDIES OCCASIONAL PAPERS, 1972.

4371

BLOEME, A.
CARACAS EN EL ANO DE 1888.
CARACAS. IMPRENTA DE A. ROTHE, 1888.

4372

BOTELLO, OLDMAN.
HISTORIA DE VILA DE CURA. TRANSITO POR LA VIDA DE
UN PUEBLO.
MARACAY. EDICIONES DE LA ASAMBLEA LEGISLATIVA DEL
ESTADO ARAGUA, 1971.

4373

BOYCE, CHARLES.
ELEMENTOS DE PLANIFICACION URBANA.
CARACAS. FONDO EDITORIAL COMUN, 1969.

4374

BREWER CARIAS, ALLAN RANDOLPH.
ASPECTOS INSTITUCIONALES DEL TRANSPORTE Y TRANSITO
EN EL AREA METROPOLITANA DE CARACAS.
CARACAS. FONDO EDITORIAL COMUN, 1971.

4375

BREWER CARIAS, ALLAN RANDOLPH.
PROBLEMAS INSTITUCIONALES DEL AREA METROPOLITANA DE
CARACAS Y DEL DESARROLLO REGIONAL Y URBANO.
CARACAS. COMISION DE ADMINISTRACION PUBLICA, 1971.

4376

BREWER CARIAS, ALLAN RANDOLPH.
REGIMEN DE GOBIERNO MUNICIPAL EN EL DISTRITO FEDERAL
VENEZOLANO.
CARACAS. PUBLICACIONES DE LA GOBERNACION DEL
DISTRITO FEDERAL, 1968. (ESTUDIO DE CARACAS, VOL.

8).

4377

BRICENO PEROZO, MARIO.
ARAURE EN LA HISTORIA.
CARACAS. ITALGRAFICA, 1969.

4378

BRICENO PEROZO, MARIO.
CIUDAD DE TODOS (LA).
TRUJILLO, 1968.

4379

BRICENO PEROZO, MARIO.
DOCUMENTOS PARA LA HISTORIA DE LA FUNDACION DE
CARACAS EXISTENTES EN EL ARCHIVO GENERAL DE LA
NACION.
CARACAS. ARCHIVO GENERAL DE LA NACION, 1969.
(BIBLIOTECA VENEZOLANA DE HISTORIA, NO. 7).

4380

BRICENO PEROZO, RAMON.
DE LOS HECHOS DE LA CONQUISTA DURANTE LA FUNDACION
DE LAS CIUDADES VENEZOLANAS. TRUJILLO, MERIDA Y SAN
CRISTOBAL.
MERIDA, 1955-1956.

4381

BRISSEAU, JANINE.
"BARRIOS" DE PETARE (LES). FAUBOURGS POPULAIRES
D"UNE BANLIEU DE CARACAS. IN.
LES CAHIERS D"OUTRE-MER, 16(1963), 5-42.

4382

CABEZAS MASSES, RAMIRO.
ELEMENTOS DE ADMINISTRACION Y POLITICA TRIBUTARIA
PARA GOBIERNOS MUNICIPALES.
CARACAS. FONDO EDITORIAL COMUN, 1970.

4383

CABEZAS MASSES, RAMIRO.
MANUAL DE CONTABILIDAD PARA GOBIERNOS MUNICIPALES.
CARACAS. FONDO EDITORIAL COMUN, 1969.

4384

CABEZAS MASSES, RAMIRO.
MANUAL DEL PRESUPUESTO PARA GOBIERNOS MUNICIPALES.
CARACAS. FONDO EDITORIAL COMUN, 1972.

4385

CARACAS. CABILDO.
ACTAS DEL CABILDO. 1810-1814.
CARACAS. CONCEJO MUNICIPAL DEL DISTRITO FEDERAL,
1971-1972, 2 VOLS.

4386

CARACAS. CABILDO.
ACTAS DEL CABILDO DE CARACAS. 1573-1629.
CARACAS. CONSEJO MUNICIPAL DEL DISTRITO FEDERAL,
1943-1969, 11 VOLS.

4387

CARACAS. COMISION ORGANIZADORA DEL CUATRICENTENARIO
DE CARACAS.

FUNDACION DE CARACAS (LA).
CARACAS. PUBLICACIONES DE LA SECRETARIA GENERAL,
CUATRICENTENARIO DE CARACAS, 1963-1965, 2 VOLS.
(MATERIALES PARA EL ESTUDIO DE CARACAS, NOS. 1, 6).
4388
CARACAS. OFICINA MUNICIPAL DE PLANEAMIENTO URBANO.
ESTUDIO DE BASE PARA LA FORMULACION DE UNA TESIS
SOBRE AREA METROPOLITANA DE CARACAS.
CARACAS, 1966.
4389
CARACAS, ANALISIS URBANO PARA REQUERIMENTOS DE
TRANSPORTE. ASESORES, PARSONS, BRINCKERHOFF, QUADE
AND DOUGLAS, INC., ALAN M. VOORHEES AND ASSOCIATES,
INC.
CARACAS. MINISTERIO DE OBRAS PUBLICAS, OFICINA
MINISTERIAL DEL TRANSPORTE, 1970.
4390
CARACAS A TRAVES DE LOS TIEMPOS.
CARACAS. FONDO DE PUBLICACIONES DE LA FUNDACION
SHELL, 1967. (COLECCION DISTINTA, NO. 8).
4391
CARACAS CUATRICENTENARIA Y SU ZONA METROPOLITANA,
1567-1967.
CARACAS. EDICIONES N.P.M. PUBLICACIONES, 1967.
4392
CARACAS EN 1857. EL CONCEJO MUNICIPAL DEL DISTRITO
IRIBARREN A LA CIUDAD DE CARACAS EN SU
CUATRICENTENARIO. PROLOGO DE JUAN JOSE CHURION.
BARQUISIMETO. TIPOGRAFIA VOGUE, 1968.
4393
CARACAS GUIA. HISTORICO, ARTISTICA E INDICADOR
GENERAL.
CARACAS. EDITORIAL NUEVA VENEZUELA, 195-.
4394
CARACAS Y SU ECONOMIA.
CARACAS. INSTITUTO AGRARIO NACIONAL, 1967.
4395
CARACAS Y SU REGIMEN MUNICIPAL.
CARACAS. PUBLICACIONES DEL CONCEJO MUNICIPAL DEL
DISTRITO FEDERAL, 1960.
4396
CARAZO, RODRIGO.
ADMINISTRACION DE VIVIENDA.
CARACAS. FONDO EDITORIAL COMUN, 1968.
4397
CARLSON, ERIC.
EVALUATION OF HOUSING PROJECTS AND PROGRAMMES. A
CASE REPORT FROM VENEZUELA. IN.
TOWN PLANNING REVIEW, 31(1960), 187-209.
4398
CARLSON, ERIC.
POLITICA Y PROGRAMACION DE LA VIVIENDA EN VENEZUELA.
OBSERVACIONES PRELIMINARES BASADAS EN ENTREVISTAS Y

VISITAS A CARACAS Y MARACAY, ABRIL 22 - ABRIL 29 DE
1958, CON REFERENCIA ESPECIAL AL PROGRAMA DE
VIVIENDA RURAL.
BOGOTA. CENTRO INTERAMERICANO DE VIVIENDA Y
PLANEAMIENTO, 1958. (MISIONES DE ASESORIA, NO. 6).

4399
CARLSON, ERIC.
PROYECTO DE EVALUACION DE LOS SUPERBLOQUES DEL BANCO
OBRERO, CARACAS.
BOGOTA. INTER-AMERICAN HOUSING AND PLANNING CENTRE,
1959.

4400
CARLSON, ERIC.
RENOVACION URBANA Y LOS SERVICIOS PUBLICOS EN
AMERICA LATINA (LA). LOS CASOS DE CALI, BOGOTA Y
MARACAIBO. IN.
SERVICIOS PUBLICOS, 7(1960), 38-44.

4401
CARRASQUEL, FERNANDO, COMP.
HISTORIA COLONIAL DE ALGUNOS PUEBLOS DEL GUARICO.
CARACAS. IMPRENTA NACIONAL, 1943.

4402
CARRASQUEL Y VALVERDE, RAUL.
CRONICAS CARAQUENAS.
CARACAS. EDICIONES DE LA SECRETARIA GENERAL, 196-.
(MATERIALES PARA EL ESTUDIO DE CARACAS).

4403
CASTILLO LARA, LUCAS GUILLERMO.
SAN CASIMIRO DE GUIRIPA. CRONICAS DE LA TIERRA Y DE
LA SANGRE.
CARACAS. EDICIONES DEL CONGRESO DE LA REPUBLICA,
1971.

4404
CASTRO GUEVARA, JULIO.
ESQUEMA DE LA EVOLUCION MUNICIPAL EN VENEZUELA.
CARACAS. FONDO EDITORIAL COMUN, 1968.

4405
CHACIN SANCHEZ, DANIEL.
SOBRE LA FUNDACION DE MATURIN. RECOPILACION DE
DATOS. PRIMER CENTENARIO DE LA PROVINCIA DE MATURIN,
28 DE ABRIL DE 1856 - 28 DE ABRIL DE 1956.
MATURIN. IMPRENTA OFICIAL DEL ESTADO MONAGAS, 1956.
(EDICIONES CULTURA DEL ESTADO MONAGAS, NO. 2).

4406
CHAVES VARGAS, LUIS FERNANDO.
ESTRUCTURA FUNCIONAL DE LAS CIUDADES VENEZOLANAS.
MERIDA. UNIVERSIDAD DE LOS ANDES, INSTITUTO DE
GEOGRAFIA Y CONSERVACION DE RECURSOS NATURALES,
1973. (COLECCION HUMBOLDT, NO. 2).

4407
CHEN, CHI YI.
POBLADORES DE CARACAS Y SU PROCEDENCIA (LOS).
RESULTADOS DE UNA ENCUESTA.

CARACAS. UNIVERSIDAD CATOLICA ANDRES BELLO,
INSTITUTO DE INVESTIGACIONES ECONOMICAS, 1970.
4408

CHENE D., ANDRES DE.
TRANSFORMACION DE COMUNIDADES PETROLERAS (LA).
PROCESO DE INTEGRACION DE CAMPAMENTOS PETROLEROS A
CIUDADES VECINAS.
CARACAS. ESCRITORIO A. DE CHENE D., 1969.
4409

CHIOSSONE, TULIO.
VILLA (LA)..
SAN CRISTOBAL, VENEZUELA, 1961. (BIBLIOTECA DE
AUTORES Y TEMAS TACHIRENSES, NO. 12).
4410

CLEMENTE TRAVIESO, CARMEN.
ANECDOTAS Y LEYENDAS DE LA VIEJA CARACAS. ANO
SESQUICENTENARIO DE LA BATALLA DE CARABOBO,
1821-1971.
CARACAS. CONCEJO MUNICIPAL DEL DISTRITO FEDERAL,
1971.
4411

CLEMENTE TRAVIESO, CARMEN.
ESQUINAS DE CARACAS (LAS). SUS LEYENDAS, SUS
RECUERDOS.
CARACAS. EDITORIAL ANCORA, 1956.
4412

COMMISSION TO STUDY THE FISCAL SYSTEM OF THE FEDERAL
DISTRICT OF VENEZUELA.
FISCAL SYSTEM OF THE FEDERAL DISTRICT OF VENEZUELA
(THE). A REPORT BY CARL S. SHOUP ET AL.
NEW YORK, 1960.
4413

DARIO UTRIA, RUBEN.
PROBLEMA DE LA VIVIENDA Y EL DESARROLLO DE AMERICA
LATINA (EL).
CARACAS. FONDO EDITORIAL COMUN, 1969.
4414

DELGADO DUGARTE, CARLOS.
TRANSPORTE COLECTIVO (EL).
CARACAS. EDICIONES DE LA SECRETARIA GENERAL,
CUATRICENTENARIO DE CARACAS, 1964. (MATERIALES PARA
EL ESTUDIO DE CARACAS, NO. 4).
4415

ESTUDIO DE CARACAS.
CARACAS. EDICIONES DE LA BIBLIOTECA DE LA
UNIVERSIDAD CENTRAL DE VENEZUELA, 1967-, 15 VOLS. TO
DATE.
4416

ESTUDIO SOBRE BARRIOS DE CARACAS.
CARACAS. EDICIONES DEL CONCEJO MUNICIPAL DEL
DISTRITO FEDERAL, 1968. (EDICIONES DEL
CUATRICENTENARIO DE CARACAS).

4417

ESTUDIO SOBRE PRESUPUESTOS FAMILIARES E INDICES DE
COSTO DE VIDA PARA EL AREA METROPOLITANA DE
MARACAIBO.
CARACAS. BANCO CENTRAL DE VENEZUELA, 1972.

4418

ESTUDIO SOBRE PRESUPUESTOS FAMILIARES E INDICES DE
COSTO DE VIDA PARA EL AREA PUERTO LA CRUZ-BARCELONA.
CARACAS. BANCO CENTRAL DE VENEZUELA, 1971.

4419

ESTUDIO SOBRE PRESUPUESTOS FAMILIARES E INDICES DE
COSTO DE VIDA PARA LAS CIUDADES DE MERIDA, VALERA,
SAN CRISTOBAL Y BARINAS.
CARACAS. BANCO CENTRAL DE VENEZUELA, 1969.

4420

ESTUDIO SOBRE PRESUPUESTOS FAMILIARES EN EL AREA
METOPOLITANA DE CARACAS, PARA LA ELABORACION DE UN
INDICE DE COSTO DE VIDA.
CARACAS. BANCO CENTRAL DE VENEZUELA, 1968.

4421

FEBRES CORDERO, JOSE RAFAEL.
FUNDACION DE LA CIUDAD DE MERIDA.
MERIDA. UNIVERSIDAD DE LOS ANDES, DIRECCION DE
CULTURA, 1956. (PUBLICACIONES, NO. 51).

4422

FELIPE FERRERO, FELIPE.
DON DIEGO DE LOSADA. O, EL FUNDADOR DE CARACAS.
GLOSA HISTORICA, SOCIOLOGICA Y LIRICA EN TORNO A
DON DIEGO.
ZAMORA. EDICIONES MONTE CASINO, 1968.

4423

FOX, DAVID JOHN. * ROBINSON, D. J.
CITIES IN A CHANGING LATIN AMERICA. TWO STUDIES OF
URBAN GROWTH IN THE DEVELOPMENT OF MEXICO AND
VENEZUELA.
LONDON. LATIN AMERICAN PUBLICATIONS FUND, 1969.

4424

FRIEDMANN, JOHN R.P.
ECONOMIC GROWTH AND URBAN STRUCTURE IN VENEZUELA.
MIMEOGRAPHED. CAMBRIDGE. HARVARD-M.I.T. JOINT CENTER
FOR URBAN STUDIES, 1963.

4425

FUNDACION PARA EL DESARROLLO DE LA COMUNIDAD Y
FOMENTO MUNICIPAL, CARACAS.
INFORME DE BARQUISIMETO.
CARACAS, 1964, 3 VOLS.

4426

FUNES, JULIO CESAR, ED.
CIUDAD Y LA REGION PARA EL DESARROLLO (LA). PROLOGO
DE ALLAN R. BREWER CARIAS.
CARACAS. COMISION DE ADMINISTRACION PUBLICA DE
VENEZUELA, 1972.

4427

GABALDON MARQUEZ, JOAQUIN.

MUNICIPIO, RAIZ DE LA REPUBLICA (EL). PONENCIA.
CARACAS. INSTITUTO PANAMERICANO DE GEOGRAFIA E
HISTORIA, 1961. (COMMISSION ON HISTORY. COMITE DE
ORIGINES DE LA EMANCIPACION. PUBLICACION, NO. 12).
4428

GALEY, JOHN.
VENEZUELA. IN.
RICHARD MORSE, ED. THE URBAN DEVELOPMENT OF LATIN
AMERICA, 1750-1920. STANFORD. CENTER FOR LATIN
AMERICAN STUDIES, 1971.
4429

GARCIA DE LA CONCHA, JOSE.
REMINISCENCIAS. VIDA Y COSTUMBRES DE LA VIEJA
CARACAS.
CARACAS. EDITORA GRAFOS, 1962.
4430

GASPARINI, GRAZIANO.
CARACAS COLONIAL.
BUENOS AIRES. CENTRO EDITOR DE AMERICA LATINA, 1969.
(LA URBANIZACION EN AMERICA LATINA, NO. 5.
MONOGRAFIAS DE HISTORIA URBANA).
4431

GEIGEL LOPE BELLO, NELSON.
AUTONOMIA MUNICIPAL Y URBANISMO.
CARACAS. UNIVERSIDAD SIMON BOLIVAR, INSTITUTO DE
ESTUDIOS REGIONALES Y URBANOS, 1972.
4432

GERADS, SISTER M. JOAN.
HEALTH NEEDS IN THE PARROQUIA DE SAN BARTOLOME.
PH.D. DISS., UNIVERSITY OF MINNESOTA, 1970.
4433

GOBIERNO Y POLITICA.
CARACAS. UNIVERSIDAD CENTRAL DE VENEZUELA,
1972-1973. (EL ESTUDIO DE CARACAS, VOL. 8, IN 2
PTS.).
4434

GOMEZ GRILLO, ELIO.
DELINCUENCIA EN CARACAS (LA).
MARACAIBO. UNIVERSIDAD DEL ZULIA, FACULTAD DE
HUMANIDADES Y EDUCACION, 1971. (MONOGRAFIAS Y
ENSAYOS, NO. 16).
4435

GONZALEZ OROPEZA, HERMANN. * OJER, PABLO.
FUNDACION DE MATURIN (1722) Y LA CARTOGRAFIA DEL
GUARAPICHE (LA).
CARACAS. UNIVERSIDAD CATOLICA ANDRES BELLO, FACULTAD
DE HUMANIDADES Y EDUCACION, 1957.
4436

GONZALEZ PAREDES, RAMON.
SANTIAGO DE TRUJILLO, REAL Y LEGENDARIO.
CARACAS. EDICIONES DE LA FUNDACION DE AMIGOS DE
SANTIAGO DE TRUJILLO, 1971.

4437

GORMSEN, ERDMANN.
BARQUISIMETO. UNA CIUDAD MERCANTIL EN VENEZUELA.
EDICION VENEZOLANA DE BARQUISIMETO, EINE
HANDELSSTADT IN VENEZUELA, HEILDEBERG, 1963,
REVISADA Y AMPLIADA. TRADUCCION DE HANNELORE MARTENS
DE GORMSEN.
CARACAS. INSTITUTO OTTO Y MAGDALENA BLOHM, 1965.

4438

GRATERAL LEAL, VICTOR NAPOLEON.
PEDREGAL. PUEBLO VENEZOLANO ENREDADO EN PEDAZOS DE
SU HISTORIA, COSTUMBRES, PERSONAJES, HECHOS,
DESCRIPCION TERRITORIAL, TRADICIONES ANTIGUAS,
LEYENDAS Y RELATOS SENCILLOS COMO SU VIDA MISMA. 2D
ED.
CARACAS. EDICIONES EDIME, 1964.

4439

GRISANTI, ANGEL.
RECONSTRUCCION DE LA GUAIRA DESPUES DEL TERREMOTO DE
1812 (LA). HOMENAJE PRECONMEMORATIVO DEL
CUATRICENTENARIO DE LA FUNDACION DE CARACAS.
CARACAS, 1964.

4440

GROOSCORS, ROLANDO.
PROBLEMAS DE VIVIENDA URBANA EN VENEZUELA. IN.
MEMORIA DEL VI CONGRESO LATINOAMERICANO DE
SOCIOLOGIA. CARACAS. ASOCIACION VENEZOLANA DE
SOCIOLOGIA, VOL. 2, PP. 47-51.

4441

GRUBER F., VICTOR.
ECONOMIA DE CARACAS EN TIEMPOS DE GUZMAN BLANCO
(LA). ESTUDIO DE LA ARTESANIA DE CARACAS EN 1873 EN
BASE A UN TRATAMIENTO METODOLOGICO CUANTITATIVO.
CARACAS. UNIVERSIDAD CENTRAL DE VENEZUELA, FACULTAD
DE HUMANIDADES Y EDUCACION, ESCUELA DE HISTORIA,
1975. (UNPUBLISHED THESIS).

4442

GUERRA, RAFAEL SATURNO.
RECADO HISTORICO SOBRE VALENCIA.
VALENCIA. EDICIONES DE LA UNIVERSIDAD DE CARABOBO,
1960.

4443

GUIA O DIRECTORIO ANNUAL DE CARACAS.
CARACAS. LEON VAN PRAAG, 1888.

4444

GUIA O DIRECTORIO ANNUAL DE CARACAS, DISTRITO
FEDERAL Y ESTADOS DE LA REPUBLICA.
CARACAS. VAN PRAGG, 1960.

4445

HABITANTES DE LA ZONA DE RANCHOS.
CARACAS. UNIVERSIDAD CENTRAL DE VENEZUELA, CENTRO DE
ESTUDIOS DE DESARROLLO (CENDES), 1973. (ESTUDIOS DE
CONFLICTOS Y CONSENSO, NO. 12).

4446
    HASKIN, GARY.
    VALUE PATTERNS AND POLITICS IN A VENEZUELAN CITY.
    THE CASE OF SAN CRISTOBAL. IN.
    BUFFALO STUDIES, 4.3(AUGUST 1968), 83-110.

4447
    HEALEY, PATSY.
    URBAN PLANNING IN A VENEZUELAN CITY. FIVE PLANS FOR
    VALENCIA. CONTENT, CONCEPTS AND CONTEXT. IN.
    TOWN PLANNING REVIEW, 46(1974), 63-82.

4448
    HERNANDEZ, OMAR.
    PLANIFICACION URBANA Y EL DESARROLLO URBANO NO
    CONTROLADO (LA).
    CARACAS. FONDO EDITORIAL COMUN, 1972.

4449
    HERRERA CAMPINS, LUIS.
    ACARIGUA.   350 ANOS.
    CARACAS. CONGRESO DE LA REPUBLICA, 1971.

4450
    HILL, GEORGE WILLIAM.
    ADJUSTMENT OF RURAL MIGRANTS IN AN URBAN VENEZUELAN
    COMMUNITY (THE). IN.
    MIGRATION NEWS (GENEVA), 12.2(1962),1-6, AND
    12.3(1963), PAGE NOS. UNAVAILABLE.

4451
    HISTORIA, TECNOLOGIA, ECONOMIA Y TRABAJO.
    CARACAS. UNIVERSIDAD CENTRAL DE VENEZUELA, 1967. (EL
    ESTUDIO DE CARACAS, VOL. 2, IN 2 PTS.).

4452
    HISTORIA DE LA CREACION DEL DISTRITO FEDERAL.
    CARACAS. EDICIONES DE LA SECRETARIA GENERAL,
    CUATRICENTENARIO DE CARACAS, 1965. (MATERIALES PARA
    EL ESTUDIO DE CARACAS, NO. 5).

4453
    HOSKIN, GARY WILLIAM.
    COMMUNITY POWER AND POLITICAL MODERNIZATION. A STUDY
    OF A VENEZUELAN CITY.
    PH.D. DISS., UNIVERSITY OF ILLINOIS, 1967.

4454
    HOSKIN, GARY WILLIAM.
    POWER STRUCTURE OF A VENEZUELAN TOWN (THE). THE CASE
    OF SAN CRISTOBAL. IN.
    INTERNATIONAL JOURNAL OF COMPARATIVE SOCIOLOGY,
    9(1968), 188-207.

4455
    INSTITUTO PARA EL DESARROLLO ECONOMICO Y SOCIAL,
    CARACAS.
    DIAGNOSTICO SOBRE LA SITUACION DE LA CONSTRUCCION EN
    EL AREA METROPOLITANA DE CARACAS. VERSION
    PRELIMINAR.
    CARACAS, 1966.

4456
    INSTITUTO PARA EL DESARROLLO ECONOMICO Y SOCIAL,

CARACAS.
ORGANIZACION DEL PLANEAMIENTO EN VALENCIA.
CARACAS, 1966.
4457
JATAR DOTTI, BRAULIO. * MOGOLLON, JUAN ANGEL. *
TRUJILLO, LEON.
HOMENAJE A CORO EN EL 436 ANIVERSARIO DE FUNDACION.
CORO. SOCIEDAD AMIGOS DE CORO, 1963.
4458
JONES, EMRYS.
ASPECTS OF URBANIZATION IN VENEZUELA. IN.
EKISTICS, 18.109(1964), 420-425.
4459
JOURNAUX, A.
PROBLEMES DU SITE ET D"EXTENSION A CARACAS, BOGOTA,
QUITO. IN.
INFORMATION GEOGRAPHIQUE, 24(1960), 47-55.
4460
KARST, KENNETH L. * SCHWARTZ, MURRAY L. * SCHWARTZ,
AUDREY J.
EVOLUTION OF LAW IN THE BARRIOS OF CARACAS (THE).
LOS ANGELES. LATIN AMERICAN CENTER, UNIVERSITY OF
CALIFORNIA, 1973. (LATIN AMERICAN STUDIES, VOL. 20).
4461
LANDAETA ROSALES, MANUEL.
ANALES DE LAS CARCELES DE CARACAS DESDE 1799 HASTA
1905.
CARACAS. TIPOGRAFIA HERRERA IRIGOYEN Y CIA., 1906.
4462
LANDAETA ROSALES, MANUEL.
ANTIGUA CALLE DEL COMERCIO DE CARACAS (LA).
CARACAS. TIPOGRAFIA HERRERA IRIGOYEN Y CIA., 1907.
4463
LANDAETA ROSALES, MANUEL.
MARACAY (1697 A 1915).
CARACAS. EL COJO, 1916.
4464
LANDAETA ROSALES, MANUEL.
PODER MUNICIPAL EN VENEZUELA EN MAS DE TRES SIGLOS
(EL).
CARACAS. TIPOGRAFIA AMERICANA, 1910.
4465
LARES, OMER.
LEGISLACION URBANISTICA COMPARADA. PROLOGO POR ALLAN
R. BREWER CARIAS.
CARACAS. FONDO EDITORIAL COMUN, 1971.
4466
LEJTER KISNER, ELSA.
REVOLUCION SILENCIOSA (UNA). IMPACTO DE LA
INDUSTRIALIZACION. EL TOCUYO, ESTADO LARA,
VENEZUELA.
CARACAS. EDITORIAL SENDA-AVILA, 1966.

4467

LEMMO B., ANGELINA.
EDUCACION EN VENEZUELA EN 1870 (LA).
CARACAS. UNIVERSIDAD CENTRAL DE VENEZUELA, FACULTAD
DE HUMANIDADES Y EDUCACION, INSTITUTO DE
ANTROPOLOGIA E HISTORIA, 1961.

4468

LEON QUIJADA, JOSE BALBINO.
PANAQUIRE, PUEBLO DE LATIFUNDIO.
CARACAS. ITALGRAFICA, 1968.

4469

LEVINE, DANIEL HARRIS.
URBANIZATION, MIGRANTS AND POLITICS IN VENEZUELA.
REVIEW ESSAY. IN.
JOURNAL OF INTERAMERICAN STUDIES AND WORLD AFFAIRS,
17(1975), 358-372.

4470

LIMA, SALOMON DE.
APICUAR.
CARACAS. EDITORIAL ARTE, 1970.

4471

LOPEZ, CASTO FULGENCIO.
GUAIRA (LA). CAUSA Y MATRIZ DE LA INDEPENDENCIA
HISPANO-AMERICANA.
CARACAS. EDITORIAL ELITE, 1941.

4472

LOPEZ CONTRERAS, FERNANDO.
CARACAS, 1567-1967. CUATRICENTENARIO.
SAN FRANCISCO, 1965.

4473

MAGALLANES, MANUEL VICENTE.
CORO, TESTIMONIO EN EL TIEMPO.
CORO. CONCEJO MUNICIPAL DEL DISTRITO MIRANDA, 1970.

4474

MANZANO, LUCAS.
ALBUM GRAFICO DEL DISTRITO FEDERAL. ALGUNAS DE LAS
OBRAS PUBLICAS MAS IMPORTANTES EJECUTADAS POR
DISPOSICION DEL SENOR GENERAL JUAN VICENTE GOMEZ ...
DURANTE LOS ANOS DE 1908 A 1916.
CARACAS, 1916.

4475

MANZANO, LUCAS.
AQUEL CARACAS.
CARACAS. TIPOGRAFIA AMERICANA, 1948.

4476

MANZANO, LUCAS.
CARACAS DE MIL Y PICO. PROLOGO DE PEDRO SOTILLO.
CARACAS. IMPRESORES UNIDOS, 1943.

4477

MANZANO, LUCAS.
DEL CARACAS ANTANO Y ETERNO. PROLOGO DE C. PARRA
PEREZ.
CARACAS. IMPRESORES UNIDOS, 1945.

4478

MANZANO, LUCAS.
ITINERARIO DE LA CARACAS VIEJA. IMAGENES DE LADISLAO
FIRCSA.
CARACAS. CIGARRERA BIGOTT SUCS., 1964.

4479

MANZANO, LUCAS.
RONDA DE ANAUCO (LA).
CARACAS. IMPRENTA NACIONAL, 1954.

4480

MANZANO, LUCAS.
TRADICIONES CARAQUENAS.
CARACAS. EMPRESA EL COJO, 1967.

4481

MARACAIBO. RETRATO DE LA CIUDAD GENEROSA.
CARACAS, 1969.

4482

MARCANO, PEDRO ELIAS.
CONSECTARIO DE LA CIUDAD DE CUMANA. 2D ED.
CARACAS. POLIGRAFICA VENEZUELA, 1956.

4483

MARCHAND, BERNARD.
RANCHOS DE CARACAS (LES). CONTRIBUTION A L"ETUDE DES
BIDONVILLES. IN.
LES CAHIERS D"OUTRE-MER, 19.74(1966), 105-143.

4484

MARIN, ALFONSO.
MORON, AVE FENIX DE CARABOBO.
VALENCIA, 1971.

4485

MARIN, ALFONSO.
TRADICION, SICOLOGIA DEL PUEBLO TRUJILLANO.
TRUJILLO, 1970.

4486

MARSHALL, ETHEL LUCILE.
HISTORICAL STUDY OF SANTIAGO DE LEON DE CARACAS,
VENEZUELA (AN).
PH.D. DISS., THE UNIVERSITY OF FLORIDA, 1958.

4487

MARTINEZ MENDOZA, JERONIMO.
FUNDACION DE CARACAS, LA ESTIRPE DE DON DIEGO DE
LOSADA (LA).
CARACAS. TIPOGRAFIA VARGAS, 1958.

4488

MARTZ, JOHN D. * HARKINS, PETER B.
URBAN ELECTORAL BEHAVIOR IN LATIN AMERICA. THE CASE
OF METROPOLITAN CARACAS, 1958-1969. IN.
COMPARATIVE POLITICS, 5(1973), 523-549.

4489

MATA MOLLEJAS, LUIS.
APRECIACIONES SOBRE EL DESEMPLEO EN VENEZUELA Y
CARACAS.
CARACAS. CONCEJO MUNICIPAL DEL DISTRITO FEDERAL,
1967. (EDICIONES DEL CUATRICENTENARIO DE CARACAS).

4490

MATHIASON, JOHN ROLAND. * SHEARER, ERIC BERTHOLD.
CAICARA DE MATURIN. CASE STUDY OF AN AGRARIAN REFORM
SETTLEMENT IN VENEZUELA.
WASHINGTON, D.C. INTER-AMERICAN COMMITTEE FOR
AGRICULTURAL DEVELOPMENT, 1967. (RESEARCH PAPER, NO.
1).

4491

MATOS ROMERO, MANUEL.
PERIJA. FUNDACION E HISTORIA.
CARACAS, 1956.

4492

MAZA ZAVALA, DOMINGO FELIPE.
CONDICIONES GENERALES DEL AREA METROPOLITANA DE
CARACAS PARA SU INDUSTRIALIZACION.
CARACAS. COMISION NACIONAL DEL CUATRICENTENARIO DE
LA FUNDACION DE CARACAS, 1966. (EDICIONES DEL
CUATRICENTENARIO DE CARACAS).

4493

MCCORKLE, THOMAS.
FAJARDO"S PEOPLE, CULTURAL ADJUSTMENT IN VENEZUELA.
AND, THE LITTLE COMMUNITY IN LATIN AMERICAN AND
NORTH AMERICAN CONTEXTS.
LOS ANGELES. UNIVERSITY OF CALIFORNIA, LATIN
AMERICAN CENTER, 1965. (LATIN AMERICAN STUDIES, NO.
1).

4494

MCGINN, NOEL F. * DAVIS, RUSSELL G.
BUILD A MILL, BUILD A CITY, BUILD A SCHOOL.
INDUSTRIALIZATION, URBANIZATION AND EDUCATION IN
CUIDAD GUAYANA.
CAMBRIDGE. M.I.T. PRESS, 1969. (THE JOINT CENTER FOR
URBAN STUDIES OF THE MASSACHUSETTS INSTITUTE OF
TECHNOLOGY AND HARVARD UNIVERSITY).

4495

MENDOZA, CRISTOBAL L. * ARCHILA, RICARDO. * NUCETE
SARDI, JOSE.
TRES DISCURSOS PARA EL BICENTENARIO DE CIUDAD
BOLIVAR.
BOLIVAR. EJECUTIVO DEL ESTADO BOLIVAR, 1964.

4496

MENDOZA MORALES, ALBERTO.
MANUAL MUNICIPAL DEL DISTRITO MARACAIBO.
MARACAIBO. TALLERES GRAFICOS LUZ, 1962.

4497

MENESES, GUILLERMO.
LIBRO DE CARACAS. PRESENTACION DE ALBERTO CUEVAS
PICON.
CARACAS. CONCEJO MUNICIPAL DEL DISTRITO FEDERAL,
1967.

4498

MENESES, GUILLERMO, COMP.
CARACAS EN LA NOVELA VENEZOLANA.

CARACAS. FUNDACION EUGENIO MENDOZA, 1966.

4499

MICHELENA, EDUARDO.
VIDA CARAQUENA, MEMORIAS INTIMAS, COMENTARIOS,
ANECDOTAS. PROLOGO DE ARTURO USLAR PIETRI.
MADRID. TALLER GRAFICO CIES, 1965.

4500

MILLER, ELBERT E.
GUAYANA REGION, VENEZUELA (THE). A STUDY IN
INDUSTRIAL AND URBAN DEVELOPMENT. IN.
YEARBOOK OF THE ASSOCIATION OF PACIFIC COAST
GEOGRAPHERS, 27(1965), 77-88.

4501

MISLE, CARLOS EDUARDO.
CORAZON, PULSO Y HUELLA DE CARACAS. PLAZA MAJOR,
PLAZA BOLIVAR.
CARACAS. EDICIONES DE LA SECRETARIA GENERAL,
CUATRICENTENARIO DE CARACAS, 1964. (MATERIALES PARA
EL ESTUDIO DE CARACAS, NO. 3).

4502

MOBIL DE VENEZUELA.
CARACAS CUATRICENTENARIA. HOMENAJE DE LA MOBIL DE
VENEZUELA.
CARACAS, 1966.

4503

MOLLER, CARLOS MANUEL.
ALGUNOS ASPECTOS DEL HOGAR, DE LA VIDA, USOS,
COSTUMBRES Y PRACTICAS DE LOS CARAQUENOS DURANTE LA
EPOCA COLONIAL.
CARACAS. ACADEMIA NACIONAL DE LA HISTORIA, 1966.

4504

MONASTERIOS, RUBEN.
ESTUDIO DE LAS BARRACAS "PLAN DE MATAPALO".
CARACAS. UNIVERSIDAD CENTRAL DE VENEZUELA, FACULTAD
DE CIENCIAS ECONOMICAS Y SOCIALES, INSTITUTO DE
INVESTIGACIONES, 1968.

4505

MONCADA C., ROMULO.
DESTINO INTEGRADOR DE CARACAS (EL).
CARACAS, 1970.

4506

MUNOZ, PEDRO JOSE.
IMAGEN AFECTIVA DE CARACAS.
CARACAS. IMPRENTA MUNICIPAL, 1972.

4507

MYERS, DAVID JOEL.
POLITICAL PROCESS OF URBAN DEVELOPMENT--CARACAS
UNDER ACCION DEMOCRATICA (THE).
ED.D. DISS., UNIVERSITY OF CALIFORNIA, LOS ANGELES,
1969.

4508

MYERS, DAVID JOEL.
TOMA DE DECISIONES SOBRE LA RENOVACION URBANA EN EL

CONDE.
CARACAS. INSTITUTO DE ESTUDIOS SUPERIORES DE
ADMINISTRACION, 1974. (EDICIONES IESA, NO. 2).

4509
NAZOA, AQUILES.
CARACAS FISICA Y ESPIRITUAL.
CARACAS. CIRCULO MUSICAL, 1967. (CARACAS, 400 ANOS,
NO. 4).

4510
NECTARIO MARIA, BROTHER.
HISTORIA DE LA CONQUISTA Y FUNDACION DE CARACAS.
CARACAS. COMISION NACIONAL DEL CUATRICENTENARIO DE
LA FUNDACION DE CARACAS, 1966. (EDICIONES DEL
CUATRICENTENARIO DE CARACAS).

4511
NECTARIO MARIA, BROTHER.
HISTORIA DE LA FUNDACION DE LA CIUDAD DE NUEVA
SEGOVIA DE BARQUISIMETO A LA LUZ DE LOS DOCUMENTOS
DE LOS ARCHIVOS DE ESPANA Y DE VENEZUELA. 2D ED.
MADRID. JUAN BRAVO, 1967.

4512
NECTARIO MARIA, BROTHER.
HISTORIA DOCUMENTAL DE LOS ORIGENES DE ACARIGUA.
MADRID, 1964.

4513
NECTARIO MARIA, BROTHER.
HISTORIA DOCUMENTAL DE LOS ORIGENES DE VALENCIA,
CAPITAL DEL ESTADO CARABOBO (VENEZUELA).
MADRID. ESCUELAS PROFESIONALES SAGRADO CORAZON,
1970.

4514
NECTARIO MARIA, BROTHER.
ORIGENES DE BOCONO (LOS).
MADRID. JUAN BRAVO, 1962.

4515
NECTARIO MARIA, BROTHER.
ORIGENES DE CARACHE.
CARACAS. ARCHIVO GENERAL DE LA NACION, 1969.
(BIBLIOTECA VENEZOLANA DE HISTORIA, NO. 9).

4516
NECTARIO MARIA, BROTHER.
ORIGENES DE MARACAIBO (LOS).
MARACAIBO, 1959. (PUBLICACIONES DE LA JUNTA CULTURAL
DE LA UNIVERSIDAD DE ZULIA, NO. 2).

4517
NECTARIO MARIA, BROTHER.
ORIGENES DE OSPINO, SAN RAFAEL DE LAS GUASGUAS Y
MONOGRAFIA DEL FUNDADOR DE GUASDUALITO.
MADRID. ESCUELAS PROFESIONALES SAGRADO CORAZON,
1973.

4518
NUCETE SARDI, JOSE.
CIUDAD Y SUS TIEMPOS (LA).

CARACAS. COMISION NACIONAL DEL CUATRICENTENARIO DE
LA FUNDACION DE CARACAS, 1967. (EDICIONES DEL
CUATRICENTENARIO DE CARACAS).
4519

NUEVA VALENCIA DEL REY, VENEZUELA. CABILDO.
ACTAS DEL CABILDO DE LA NUEVA VALENCIA DEL REY.
PROLOGO DE ALFONSO MARIN.
VALENCIA, VENEZUELA, 1970-1971, 2 VOLS.
(PUBLICACIONES DEL CONCEJO MUNICIPAL DEL DISTRITO
VALENCIA).
4520

NUNEZ, ENRIQUE BERNARDO.
CIUDAD DE LOS TECHOS ROJOS (LA). CALLES Y ESQUINAS
DE CARACAS.
CARACAS. PUBLICACIONES DEL BANCO INDUSTRIAL DE
VENEZUELA, 1966.
4521

NUNEZ, ENRIQUE BERNARDO.
FIGURAS Y ESTAMPAS DE LA ANTIGUA CARACAS. PRIMERA
SERIE.
CARACAS. PUBLICACIONES DEL CONSEJO MUNICIPAL DEL
DISTRITO FEDERAL, 1962.
4522

NUNEZ, ENRIQUE BERNARDO.
FIGURAS Y ESTAMPAS DE LA ANTIGUA CARACAS. SEGUNDA
SERIE.
CARACAS. PUBLICACIONES DEL CONCEJO MUNICIPAL DEL
DISTRITO FEDERAL, 1963.
4523

NUNEZ, ENRIQUE BERNARDO.
FUNDACION DE SANTIAGO DE LEON DE CARACAS.
CARACAS. CONCEJO MUNICIPAL DEL DISTRITO FEDERAL,
1955.
4524

OFICINA DE ESTUDIOS SOCIOECONOMICOS.
QUE PIENSAN LOS MARGINADOS. LAS ACTITUDES ANTE EL
PAIS Y EL MUNDO.
CARACAS, 1970.
4525

ORIHUELA, AUGUSTO GERMAN.
CIUDAD DE MONTE A MONTE.
CARACAS. IMPRENTA MUNICIPAL, 1967. (MATERIALES PARA
EL ESTUDIO DE CARACAS, NO. 8).
4526

ORTA, CELIO SEGUNDO.
SISTEMA DE TRANSPORTE INTERNO Y EN EL AREA
METROPOLITANA (EL).
CARACAS. COMISION NACIONAL DEL CUATRICENTENARIO DE
LA FUNDACION DE CARACAS, 1966. (EDICIONES DEL
CUATRICENTENARIO DE CARACAS).
4527

OXANDABERRO, ROURA.
CARACAS COLONIAL. FOLKLORE.

GUAYAQUIL, ECUADOR. SENEFELDER, 1930.
4528

PADILLA FERNAN, MANUEL.
RAPID GROWTH. CARACAS, A CASE STUDY. IN.
AMERICAS, 14(1962), 30-33.
4529

PAEZ CELIS, JULIO. * RODRIGUEZ MARVAL, OFELIA.
TABLA DE MORTALIDAD DEL AREA METROPOLITANO DE
CARACAS, 1960-1961.
CARACAS. DIRECCION GENERAL DE ESTADISTICA, 1964.
4530

PALOMARES, RAMON.
SANTIAGO DE LEON DE CARACAS.
CARACAS. COMISION NACIONAL DEL CUATRICENTENARIO DE
LA FUNDACION DE CARACAS, 1967. (EDICIONES DEL
CUATRICENTENARIO DE CARACAS).
4531

PARDO STOLK, EDGAR.
CASAS DE LOS CARAQUENOS (LAS).
CARACAS. GRAFICAS HERPA, 1969.
4532

PAREDES, PEDRO PABLO.
NOMBRES DE LA CIUDAD (LOS).
CARACAS, 1970.
4533

PARRA MARQUEZ, HECTOR.
CARACAS POLITICA, INTELECTUAL Y MUNDANA.
CARACAS. ARCHIVO GENERAL DE LA NACION, 1966.
(BIBLIOTECA VENEZOLANA DE HISTORIA, NO. 4).
4534

PARRA MARQUEZ, HECTOR.
SITIOS, SUCESOS Y PERSONAJES CARAQUENOS.
CARACAS. EMPRESA EL COJO, 1967.
4535

PEATTIE, LISA REDFIELD.
VIEW FROM THE BARRIO (THE).
ANN ARBOR. UNIVERSITY OF MICHIGAN PRESS, 1968.
4536

PENFOLD, ANTHONY H.
CARACAS, URBAN GROWTH AND TRANSPORTATION. IN.
TOWN PLANNING REVIEW, 41(1970), 103-120.
4537

PENFOLD, ANTHONY H.
CIUDAD GUAYANA. PLANNING A NEW CITY IN VENEZUELA.
IN.
TOWN PLANNING REVIEW, 36(1966), 225-248.
4538

PEREIRA, PEDRO N.
RIO TOCUYO, ASPECTOS DE SU PASADO Y SU PRESENTE.
EDICION CONMEMORATIVA DEL IV CENTENARIO DE LA CIUDAD
DE BARQUISIMETO.
CARACAS. EDITORIAL AVILA GRAFICA, 1952. (BIBLIOTECA
DE CULTURA LARENSE, NO. 10).

4539

PERERA, AMBROSIO.
CARACAS, SIGLO XVII.   SUS PRIMEROS PUEBLOS.
MADRID, 1967.

4540

PERERA, AMBROSIO.
EL TOCUYO, CONQUISTADO Y CONQUISTA.
CARACAS. TIPOGRAFIA COROMOTO, 1943.

4541

PERERA, AMBROSIO.
HISTORIA DE LA FUNDACION DE CARORA Y VIDA CARORENA
EN EL SIGLO XVI.
CARORA. TIPOGRAFIA ARTE, 1934.

4542

PERERA, AMBROSIO.
HISTORIA DE LA ORGANIZACION DE PUEBLOS ANTIGUOS DE
VENEZUELA. GENESIS, DESARROLLO Y CONSOLIDACION DE
PUEBLOS VENEZOLANOS, PUEBLOS COLONIALES DE
BARQUISIMETO, EL TOCUYO, CARORA, SAN FELIPE Y
NIRGUA.
MADRID, 1964, 3 VOLS IN 1.

4543

PERERA, AMBROSIO.
LO QUE SE SABE Y LO QUE NO SABE EN ORDEN A LA
FUNDACION DE BARQUISIMETO. TRABAJO DE CRITICA
HISTORICA.
SAO PAULO, 1950.

4544

PETARE, VENEZUELA (CANTON). CABILDO.
ACTAS DEL CABILDO DE PETARE, 1822-1830. INTRODUCCION
DEL DR. MAURO PAEZ PUMAR.
PETARE. PUBLICACIONES DEL CONCEJO MUNICIPAL DEL
DISTRITO SUCRE DEL ESTADO MIRANDA, 1970-, 4 VOLS.

4545

PINTO C., MANUEL.
EJIDOS DE CARACAS (LOS).
CARACAS. EDICIONES DEL CONSEJO MUNICIPIAL DEL
DISTRITO FEDERAL, 1968. (EDICIONES DEL
CUATRICENTENARIO DE CARACAS).

4546

PINTO C., MANUEL.
PRIMEROS VECINOS DE CARACAS (LOS). RECOPILACION
DOCUMENTAL.
CARACAS. COMISION NACIONAL DEL CUATRICENTENARIO DE
LA FUNDACION DE CARACAS, COMITE DE OBRAS CULTURALES,
1966. (EDICIONES DEL CUATRICENTENARIO DE CARACAS).

4547

PINTO C., MANUEL.
PRINCIPIO Y FORMACION DE SAN JUAN DE LOS MORROS.
CARACAS. EDICIONES DE LA DIRECCION DE IMPRENTA Y
PUBLICACIONES DEL CONGRESO NACIONAL, 1967.

4548

PINTO C., MANUEL. * CARILLO, JOSE GUILLERMO, EDS.

PROCESO DE LA FORMACION DE PUERTO CABELLO.
DOCUMENTOS.
CARACAS. BANCO DEL CARIBE, 1973.
4549

PINTO C., MANUEL.
URBANIDAD. VIEJO ANHELO CARAQUENO.
CARACAS, 1967.
4550

PINTO C., MANUEL, COMP.
DOCUMENTOS PARA LA HISTORIA DE LA CIUDAD DE SAN
FELIPE EL FUERTE. PROLOGO POR NICOLAS PERAZZO.
CARACAS. PRESIDENCIA DE LA REPUBLICA, 1969.
4551

PLANO E INDICADOR DE CARACAS.
CARACAS. EL COJO, 1897.
4552

POBLACION, SERVICIOS URBANOS.
CARACAS. UNIVERSIDAD CENTRAL DE VENEZUELA, 1969. (EL
ESTUDIO DE CARACAS, VOL. 3).
4553

PONTE, ANDRES F.
REVOLUCION DE CARACAS Y SUS PROCERES (LA).
CARACAS. CONSEJO MUNICIPAL DEL DISTRITO FEDERAL,
LITOGRAFIA MIANGOLARRA, 1960.
4554

POUDENX, H. * MAYER, F.
MEMOIRE POUR SERVIR A L"HISTOIRE DE LA CAPITAINERIE
GENERALE DE CARACAS, DESPUIS L"ABDICATION DE CHARLES
IV JUSQU"AU MOIS D"AOUT 1814.
PARIS, 1815.
4555

QUINTERO, RODOLFO.
ANTROPOLOGIA DE LAS CIUDADES LATINOAMERICANAS.
CARACAS. UNIVERSIDAD CENTRAL DE VENEZUELA, DIRECCION
DE CULTURA, 1964.
4556

QUINTERO, RODOLFO.
PRUEBA DE LA ENCUESTA OBRERA DE MARX ENTRE
TRABAJADORES DE CARACAS.
CARACAS. UNIVERSIDAD CENTRAL DE VENEZUELA, FACULTAD
DE CIENCIAS ECONOMICAS Y SOCIALES, INSTITUTO DE
INVESTIGACIONES, 1969.
4557

QUINTERO, RODOLFO, ET AL.
COMO UTILIZAN LOS CARAQUENOS EL TIEMPO LIBRE. POR UN
EQUIPO DE INVESTIGADORES, BAJO LA DIRECCION DEL
RODOLFO QUINTERO.
CARACAS. COMISION NACIONAL DEL CUATRICENTENARIO DE
LA FUNDACION DE CARACAS, 1966. (EDICIONES DEL
CUATRICENTENARIO DE CARCAS).
4558

RAMOS PEREZ, DEMETRIO.
FUNDACION DE CARACAS Y EL DESARROLLO DE UNA FECUNDA

POLEMICA (LA). CAUCES JURIDICO-CONSUETUDINARIOS DE
LA ERECCION DE LAS CIUDADES AMERICANAS.
CARACAS. ITALGRAFICA, 1967.

4559

RASMUSSEN, WAYNE D.
COLONIA TOVAR, VENEZUELA. IN.
AGRICULTURAL HISTORY, 17(1943), 156-166.

4560

RAVELL, CAROLA.
ANACO 2. UNA COMUNIDAD EN MARCHA. 5TH ED.
CARACAS. OFICINA CENTRAL DE COORDINACION Y
PLANIFICACION, 1963. (PUBLICACIONES, NO. 2).

4561

RAVELL, CAROLA.
CARABOBO. ESTADO PILOTO DE DESARROLLO DE LA
COMUNIDAD.
CARACAS. OFICINA CENTRAL DE COORDINACION Y
PLANIFICACION, 1961. (PUBLICACIONES, NO. 3).

4562

RAVELL, CAROLA. * PINANGO, RAMON. * GONZALEZ,
GIOVANNA.
DESARROLLO DE LA COMUNIDAD, COMO TECNICA DE
INDUCCION DEL CAMBIO SOCIAL.
CARACAS. FONDO EDITORIAL COMUN, 1969.

4563

RAVELL, CAROLA. * IZAGUIRRE, MARITZA.
NUEVO ENFOQUE EN EL DESARROLLO DE LA COMUNIDAD.
PROLOGO DEL EZEQUIEL ANDER EGG.
BUENOS AIRES. EDITORIAL HUMANITAS, 1968. (COLECCION
DESARROLLO SOCIAL, NO. 8).

4564

RAY, TALTON F.
POLITICS OF THE BARRIOS OF VENEZUELA (THE).
BERKELEY. UNIVERSITY OF CALIFORNIA PRESS, 1969.

4565

RAZETTI, LUIS.
SANEAMIENTO DE LA CIUDAD DE CARACAS.
CARACAS. TIPOGRAFIA AMERICANA, 1911.

4566

REYES, VITELIO.
DOS INTERPRETACIONES HISTORICAS. LA CIUDAD DE
BARQUISIMETO Y EL LAGO DE MARACAIBO, CARACAS OCTUBRE
DE 1952.
CARACAS. IMPRENTA NACIONAL, 1952.

4567

RIONEGRO, FROILAN DE.
FUNDADOR DE CARACAS, DON DIEGO DE LOSADA, TENIENTE
DE GOBERNADOR Y CAPITAN GENERAL EN ESTAS PROVINCIAS
(EL).
CARACAS. IMPRENTA NACIONAL, 1914.

4568

RIVERO, MANUEL RAFAEL.
CAMINO A LA MAR.

CARACAS, 1970.

4569

RIVERO ORAMAS, RAFAEL. * LEON, NICOLAS.
HISTORIA DE CARACAS. BREVE CRONICA ILUSTRADA DE LA
CIUDAD CUATRICENTENARIO, DEDICADO A LOS NINOS.
CARACAS. EDICIONES K-LISTO, 1967.

4570

ROBIN, JOHN P. * TERZO, FREDERICK C.
URBANIZATION IN VENEZUELA. CONSULTANT, JAIME
VALENZUELA.
NEW YORK. INTERNATIONAL URBANIZATION SURVEY, FORD
FOUNDATION, CA. 1973.

4571

RODRIGUEZ, MANUEL ALFREDO.
CAPITOLIO DE CARACAS (EL). UN SIGLO DE HISTORIA DE
VENEZUELA.
CARACAS. EDICIONES DEL CONGRESO DE LA REPUBLICA,
1974.

4572

RODRIGUEZ, MANUEL ALFREDO.
TRES DECADAS CARAQUENAS, 1935-1966.
CARACAS. MONTE AVILA EDITORES, 1975. (COLECCION
TEMAS VENEZOLANOS).

4573

RODRIGUEZ JIMENEZ, CARLOS.
UPATA.
MADRID. AGUILAR, 1964-. (BIBLIOTECA CULTURA E
HISTORIA).

4574

RODWIN, LLOYD., ET AL.
PLANNING URBAN GROWTH AND REGIONAL DEVELOPMENT. THE
EXPERIENCE OF THE GUAYANA PROGRAM OF VENEZUELA.
CAMBRIDGE, MASS. MIT PRESS, 1969. (JOINT CENTER FOR
URBAN STUDIES OF THE MASSACHUSETTS INSTITUTE OF
TECHNOLOGY AND HARVARD UNIVERSITY).

4575

RODWIN, LLOYD.
CIUDAD GUAYANA, A NEW CITY. IN.
DENIS FLANAGAN, ED., CITIES, NEW YORK, KNOPF-RANDOM
HOUSE, 1965, PP. 88-104.

4576

RODWIN, LLOYD.
CIUDAD GUAYANA, A NEW CITY. IN.
SCIENTIFIC AMERICAN, SEPTEMBER 1965, 122-132.

4577

ROJAS, ARISTIDES.
CRONICAS DE CARACAS. ANTOLOGIA.
LIMA. EDICIONES NUEVO MUNDO, 1962. (ESCRITORES
LATINOAMERICANOS).

4578

ROJAS, RUBEN.
HOMBRE Y VIVIENDA.
CARACAS. FONDO EDITORIAL COMUN, 1971.

4579

ROPER, HUGH.
NEW CITY IN VENEZUELA (A). IN.
JOURNAL OF THE TOWN PLANNING INSTITUTE, 54(1968),
437-439.

4580

ROSALES, RAFAEL MARIA.
BAJO EL ALEGRE CIELO.
SAN CRISTOBAL, 1961. (BIBLIOTECA DE AUTORES Y TEMAS
TACHIRENSES, NO. 18).

4581

ROSALES, RAFAEL MARIA.
ESTAMPAS DE LA VILLA.
SAN CRISTOBAL. SOCIEDAD SALON DE LECTURA, 1961.

4582

ROSALES, RAFAEL MARIA.
PATRIA SIEMPRE (LA).
SAN CRISTOBAL. PUBLICACION DEL CENTRO DE HISTORIA
DEL TACHIRA, 1968.

4583

ROSALES, RAFAEL MARIA.
RUBIO, LA CIUDAD DEL PUEBLO.
SAN CRISTOBAL, 1957.

4584

SALAS, JOSE SEGUNDO.
"CHACOY" PITIJOC (EL). BETIJOQUE.
CARACAS. TIPOGRAFIA GARRIDO, 1953.

4585

SALAS, JOSE SEGUNDO.
DIEGO DE LOSADA, EL FUNDADOR DE CARACAS.
CARACAS, 1966. (BIBLIOTECA VENEZOLANA DE HISTORIA,
NO. 3).

4586

SALUD Y LOS PROBLEMAS MEDICO-SOCIALES (LA).
CARACAS. UNIVERSIDAD CENTRAL DE VENEZUELA, 1971. (EL
ESTUDIO DE CARACAS, VOL. 7, IN 2 PTS.).

4587

SANABRIA, ALBERTO.
VISIONES DE LA CIUDAD PRIMOGENITA.
CARACAS. EDITORIAL ARTE, 1964.

4588

SANGUINETI VARGAS, YOLANDA.
BIBLIOGRAFIA GENERAL SOBRE DESARROLLO DE LA
COMUNIDAD.
CARACAS. FONDO EDITORIAL COMUN, 1970. (CIADEC.
CENTRO NACIONAL DE CAPITACION E INVESTIGACION
APLICADA PARA EL DESARROLLO DE LA COMUNIDAD).

4589

SCARPATI, ROSARIO. * GAMUS, ESTHER.
PROBLEMATICA DEL DESARROLLO DE LA COMUNIDAD EN
VENEZUELA.
CARACAS. FONDO EDITORIAL COMUN, 1969.

4590

SCHAEL, GUILLERMO JOSE.
CARACAS DE SIGLO A SIGLO.
CARACAS. GRAFICAS EDICION DE ARTE, 1966.

4591

SCHAEL, GUILLERMO JOSE.
CIUDAD QUE NO VUELVE (LA).
CARACAS, 1968.

4592

SCHAEL, GUILLERMO JOSE.
IMAGEN Y NOTICIA DE CARACAS.
CARACAS. TIPOGRAFIA VARGAS, 1958.

4593

SCHAEL, GUILLERMO JOSE.
TERREMOTO CUATRICENTENARIO (EL). LO QUE OCURRIO LA
NOCHE DEL 29 DE JULIO DE 1967.
CARACAS. E. ARMITANO, 1972.

4594

SCHWARTZ, AUDREY J.
FURTHER LOOK AT THE CULTURE OF POVERTY (A). TEN
CARACAS BARRIOS. IN.
SOCIOLOGY AND SOCIAL RESEARCH, 59(1975), 362-386.

4595

SEMPLE, ROBERT.
BOSQUEJO DEL ESTADO ACTUAL DE CARACAS INCLUYENDO UN
VIAJE POR LA VICTORIA Y VALENCIA HASTA PUERTO
CABELLO, 1810-1811. VERSION CASTELLANA Y PROLOGO
JOSE NUCETE SARDI.
CARACAS. EDICIONES DEL GRUPO MONTANA, 1964.

4596

SEMPLE, ROBERT.
SKETCH OF THE PRESENT STATE OF CARACAS.
LONDON, 1812.

4597

SHOUP, CARL S., ET AL.
FISCAL SYSTEM OF THE FEDERAL DISTRICT OF VENEZUELA
(THE).
NEW YORK. COMMISSION TO STUDY THE FISCAL SYSTEM OF
THE FEDERAL DISTRICT OF VENEZUELA, 1960.

4598

SNYDER, DAVID E.
CIUDAD GUAYANA, A PLANNED METROPOLIS ON THE ORINOCO.
IN.
JOURNAL OF INTER-AMERICAN STUDIES, 3(1963), 405-412.

4599

SOLA RICARDO, IRMA DE.
CONTRIBUCION AL ESTUDIO DE LOS PLANOS DE CARACAS. LA
CIUDAD Y LA PROVINCIA, 1567-1967.
CARACAS. COMITE DE OBRAS CULTURALES DEL
CUATRICENTENARIO DE CARACAS, 1967. (EDICIONES DEL
CUATRICENTENARIO DE CARACAS).

4600

STANN, E. JEFFREY.
CARACAS, VENEZUELA, 1891-1936. A STUDY OF URBAN

GROWTH.
PH.D. DISS., VANDERBILT UNIVERSITY, 1975.
4601
STANN, E. JEFFREY.
TRANSPORTATION AND URBANIZATION IN CARACAS,
1891-1936. IN.
JOURNAL OF INTERAMERICAN STUDIES AND WORLD AFFAIRS,
17(1975), 82-100.
4602
STEMPEL PARIS, ANTONIO.
ESQUINAS DE LA CIUDAD. RELATOS.
CARACAS. MONTE AVILA EDITORES, 1968. (COLECCION
CONTINENTE).
4603
SUBERO, EFRAIN.
CIUDAD Y LAS CIUDADES (LA).
CARACAS. COMPANIA SHELL DE VENEZUELA, 1966.
4604
TAMAYO GASCUE, EDUARDO.
SOCIOLOGIA DEL MUNICIPIO.
CARACAS. CONSEJO MUNICIPAL DEL DISTRITO FEDERAL,
1960.
4605
TELLO, JAIME.
HISTORIA NATURAL DE CARACAS.
CARACAS. CONCEJO MUNICIPAL DEL DISTRITO FEDERAL,
1968. (EDICIONES DEL CUATRICENTENARIO DE CARACAS).
4606
TERREMOTO DE CARACAS POR UN OFICIAL DE LA LEGION
BRITANICA (EL).
CARACAS. BANCO CENTRAL DE VENEZUELA, 1974.
(COLECCION CUATRICENTENARIO DE CARACAS, NARRACIONES
DE VENEZUELA).
4607
TORREALBA NARVAEZ, LUIS.
APSECTOS JURIDICOS DEL URBANISMO EN VENEZUELA.
ESTUDIO CRITICO Y ANTEPROYECTO DE LEY DE URBANISMO.
CARACAS. FONDO EDITORIAL COMUN, 1970.
4608
TORRES GOITIA, HUGO.
CONSIDERACIONES EN TORNO A LA PROGRAMACION DEL
DESARROLLO DE LA COMUNIDAD.
CARACAS. FONDO EDITORIAL COMUN, 1971.
4609
TOSTA, VIRGILIO.
CIUDAD VIAJERA (LA).
CARACAS. EDITORIAL SUCRE, 1968.
4610
TOSTA, VIRGILIO.
FUNDACION DE BARINAS Y VIDA HEROICA DEL CAPITAN JUAN
ANDRES VARELA (LA).
CARACAS. EDITORIAL SUCRE, 1961.

4611
TURNER, ALAN. * SMULIAN, JOHATHAN.
NEW CITIES IN VENEZUELA. IN.
TOWN PLANNING REVIEW, 42(1971), 3-27.

4612
TWAITE, JAMES A.
POLICY FORMATION IN THE FIELD OF LOW-COST URBAN
HOUSING IN LATIN AMERICA. VENEZUELAN CASE STUDIES
AND A MULTIVARIATE MODEL FOR EFFICIENT DECISION
MAKING.
PH.D. DISS., FLETCHER SCHOOL OF LAW AND DIPLOMACY,
1972.

4613
UNIVERSIDAD DE LOS ANDES, MERIDA.
ENCUESTA SOBRE CONDICIONES Y COSTO DE LA VIDA EN LA
CIUDAD DE MERIDA.
MERIDA, 1962, 1968.

4614
UNIVERSIDAD DE LOS ANDES, MERIDA.
MERCADOS DE LA VIVIENDA EN MERIDA. TIERRAS
URBANIZADAS.
MERIDA. INSTITUTO DE INVESTIGACIONES ECONOMICAS,
1969.

4615
VALERIO VAZQUEZ, JOSE.
EVOLUCION CONSTITUCIONAL DEL MUNICIPIO EN VENEZUELA.
MERIDA. UNIVERSIDAD DE LOS ANDES, FACULTAD DE
DERECHO, CENTRO DE JURISPRUDENCIA, 1971. (COLECCION
JUSTITIA ET JUS, NO. 6. SECCION INVESTIGACIONES).

4616
VELEZ BOZA, FERMIN.
EVOLUCION DE LA ALIMENTACION Y SU COSTO EN LAS
FAMILIAS DE CLASE MEDIA Y OBRERA DE CARACAS DE 1936
A 1957.
EDICIONES DE LA CORPORACION VENEZOLANA DE FOMENTO,
1958.

4617
VENEZUELA. CENTRO EXPERIMENTAL DE ESTUDIOS SOCIALES.
SECCION DE INVESTIGACION SOCIAL CIENTIFICA.
INVESTIGACION SOCIAL DE UNA COMMUNIDAD, PINTO
SALINAS.
CARACAS, 1966, 3 VOLS.

4618
VENEZUELA. DIRECCION DE CARTOGRAFIA NACIONAL.
CARACAS. AREA METROPOLITANA Y SUS ALREDEDORES.
CARACAS. MINISTERIO DE OBRAS PUBLICAS, 1957.

4619
VENEZUELA. MINISTERIO DE OBRAS PUBLICAS, OFICINA
MINISTERIAL DE TRANSPORTE.
INFORME SOBRE EL PLAN VIAL PARA EL AREA
METROPOLITANA.
CARACAS, 1968.

4620
VENEZUELA. MINISTERIO DE OBRAS PUBLICAS, OFICINA

MINISTERIAL DE TRANSPORTE, DIVISION DE ESTUDIOS
SOCIO-ECONOMICOS.
ENCUESTA ORIGEN-DESTINO EN EL CORDON EXTERIOR DEL
AREA METROPOLITANA DE CARACAS.
CARACAS, 1968.

4621
VENEZUELA. OFICINA CENTRAL DE COORDINACION Y
PLANIFICACION.
ANACO 1. SITUACION ACTUAL DE UNA CIUDAD PETROLERA.
CARACAS, 1959.

4622
VENEZUELA. OFICINA CENTRAL DE COORDINACION Y
PLANIFICACION.
DESARROLLO INDUSTRIAL DE VENEZUELA (EL).
CARACAS, 1968. (DESARROLLO Y PLANIFICACION, NO. 7).

4623
VENEZUELA. STATISTICS.
ASPECTOS ECONOMICOS Y DEMOGRAFICOS DE CARACAS.
CARACAS. MINISTERIO DE OBRAS PUBLICAS, OFICINA
MINISTERIAL DE TRANSPORTE, 1968.

4624
VENEZUELA. STATISTICS.
CENSO DE VIVIENDAS Y POBLACION (26-2-1961).
RESULTADOS NACIONALES Y DEL AREA METROPOLITANA DE
CARACAS. PRE-TABULACIONES POR MUESTRA.
CARACAS. DIRECCION GENERAL DE ESTADISTICA Y CENSOS
NACIONALES, 1961.

4625
VENEZUELA. STATISTICS.
DISTRIBUCION DE LA POBLACION Y DEL EMPLEO EN EL AREA
METROPOLITANA DE CARACAS.
CARACAS. MINISTERIO DE OBRAS PUBLICAS, OFICINA
MINISTERIAL DE TRANSPORTE, DIVISION DE TRANSPORTE Y
URBANISMO, 1967.

4626
VENEZUELA. STATISTICS.
ENCUESTA DE FECUNDIDAS EN EL AREA METROPOLITANA DE
CARACAS.
CARACAS. DIRECCION GENERAL DE ESTADISTICA Y CENSOS
NACIONALES, 1967.

4627
VENEZUELA. STATISTICS.
ESTIMACION DE NECESIDADES DE VIVIENDAS EN VENEZUELA
DURANTE EL PERIODO 1950-1981.
CARACAS. DIRECCION GENERAL DE ESTADISTICA Y CENSOS
NACIONALES, 1962.

4628
VENEZUELA. STATISTICS.
ESTUDIO Y PROYECCION DE LA DISTRIBUCION DE FAMILIAS
POR RAMO DE INGRESO PARA EL AREA METROPOLITANA
1966-1990.
CARACAS. MINISTERIO DE OBRAS PUBLICAS, OFICINA
MINISTERIAL DE TRANSPORTE, 1967.

4629

VENEZUELA. STATISTICS.
ESTUDIO Y PROYECCION DE LA POBLACION DEL AREA
METROPOLITANA DE CARACAS Y DE VENEZUELA, 1966- 1990.
CARACAS. MINISTERIO DE OBRAS PUBLICAS, OFICINA
MINISTERIAL DE TRANSPORTE, 1967.

4630

VENEZUELA. STATISTICS.
GASTOS FAMILIARES Y EL INDICE DE COSTO DE VIDA EN EL
AREA METROPOLITANA DE CARACAS (LOS).
CARACAS. OFICINA CENTRAL DE COORDINACION Y
PLANIFICACION, 1968.

4631

VENEZUELA. STATISTICS.
INVENTARIO DE USO DE TIERRA EN EL AREA METROPOLITANA
DE CARACAS.
CARACAS. MINISTERIO DE OBRAS PUBLICAS, OFICINA
MINISTERIAL DE TRANSPORTE, DIVISION DE TRANSPORTE Y
URBANISMO, 1968.

4632

VENEZUELA. STATISTICS.
INVESTIGACION SOBRE EL COSTO DE LA VIDA EN CARACAS.
LOS PRESUPUESTOS FAMILIARES. 1939. EDICION OFICIAL.
CARACAS. DIRECCION GENERAL DE ESTADISTICA, 1940.

4633

VENEZUELA. STATISTICS.
NOVENO CENSO NACIONAL DE POBLACION. POBLACION
URBANA, INTERMEDIA Y RURAL CENSOS DE 1961, 1950,
1941 Y 1936.
CARACAS. DIRECCION GENERAL DE ESTADISTICA Y CENSOS
NACIONALES, 1962.

4634

VENEZUELA. STATISTICS.
NOVENO CENSO NACIONAL DE POBLACION. RESULTADOS
PRELIMINARES DEL CRECIMIENTO DE LOS CENTROS POBLADOS
Y SU DISTRIBUCION POR TAMANO.
CARACAS. DIRECCION GENERAL DE ESTADISTICA Y CENSOS
NACIONALES, 1962.

4635

VENEZUELA (FEDERAL DISTRICT). OFICINA MUNICIPAL DE
PLANEAMIENTO URBANO.
CARACAS 1990. PLAN DE DESARROLLO URBANO. PRIMERA
ETAPA DEL ESTUDIO.
CARACAS, 1968.

4636

VENEZUELA (FEDERAL DISTRICT). OFICINA MUNICIPAL DE
PLANEAMIENTO URBANO.
PLAN GENERAL URBANO DE CARACAS, 1970-1990. SEGUNDA
ETAPA DEL ESTUDIO.
CARACAS. CONCEJO MUNICIPAL DEL DISTRITO FEDERAL,
1972.

4637

VERA IZQUIERDO, FRANCISCO.

"DIA DE CARACAS" 25 DE JULIO DE 1964. DISCURSO DE
ORDEN.
CARACAS. CONCEJO MUNICIPAL DEL DISTRITO FEDERAL,
DIRECCION DE RELACIONES PUBLICAS, 1965.
4638
VILA, MARCO AURELIO.
AREA METROPOLITANA DE CARACAS.
CARACAS. COMISION NACIONAL DEL CUATRICENTENARIO DE
LA FUNDACION DE CARACAS, 1965. (EDICIONES DEL
CUATRICENTENARIO DE CARACAS).
4639
VILA, MARCO AURELIO.
ASPECTOS DE LA POBLACION URBANA EN VENEZUELA.
CARACAS. UNIVERSIDAD CENTRAL DE VENEZUELA, DIRECCION
DE CULTURA, 1974. (CUADERNOS CIENTIFICOS, TEMAS
SOCIALES, SERIE 3).
4640
VILLANUEVA, CARLOS RAUL.
CARACAS DE AYER Y DE HOY (LA). SU ARQUITECTURA
COLONIAL Y LA REURBANIZACION DE "EL SILENCIO." CON
DOS ARTICULOS DE CARLOS MANUEL MOLLER Y MAURICE
E.H. ROTIVAL.
PARIS, 1950.
4641
VILLANUEVA, CARLOS RAUL.
CARACAS EN TRES TIEMPOS. CON TRES ENSAYOS DE MARIANO
PICON SALAS, CARLOS MANUEL MOLLER, MAURICE E.H.
ROTIVAL.
CARACAS. COMISION NACIONAL DEL CUATRICENTENARIO DE
LA FUNDACION DE CARACAS, 1966. (EDICIONES DEL
CUATRICENTENARIO DE CARACAS).
4642
VILLAVECES, JORGE, ED.
CARACAS Y SU ECONOMIA.
CARACAS. VENEPRINT, 1967.
4643
WARE, CAROLINE FARRAR. * DARIO UTRIO, RUBEN. *
WOJCICKI, ANTONIO.
INFORME DE UNA MISION A VENEZUELA ENCARGADA DE
EVALUAR EL DESARROLLO DE LA COMUNIDAD EN ESE PAIS.
PREPARADA PARA EL GOBIERNO DE VENEZUELA.
NEW YORK. NACIONES UNIDAS, COMISION DE ASISTENCIA
TECNICA, DEPARTAMENTO DE ASUNTOS ECONOMICAS Y
SOCIALES, 1964.
4644
WARE, CAROLINE FARRAR. * DARIO UTRIO, RUBEN. *
WOJCICKI, ANTONIO.
REPORT OF A COMMUNITY DEVELOPMENT EVALUATION MISSION
TO VENEZUELA. PREPARED FOR THE GOVERNMENT OF
VENEZUELA.
NEW YORK. UNITED NATIONS, COMMISSIONER FOR TECHNICAL
ASSISTANCE, DEPARTMENT OF ECONOMIC OAND SOCIAL
AFFAIRS, 1965. (REPORT NO. TAO/VEN/15/REV. 1).

4645
    WATSON, LAWRENCE C.
    GUAJIRO PERSONALITY AND URBANIZATION.
    LOS ANGELES. UNIVERSITY OF CALIFORNIA, LATIN
    AMERICAN CENTER, 1967. (LATIN AMERICAN STUDIES, NO.
    10).
4646
    WATSON, LAWRENCE C.
    URBANIZATION AND IDENTITY DISSONANCE. A GUAJIRO
    CASE. IN.
    AMERICAN ANTHROPOLOGIST, 74(1972), 1189-1207.
4647
    YANES, OSCAR.
    COSAS DE CARACAS.
    CARACAS. EDICIONES ARMITANO, 1967.

Author Index

```
BECERRA, RICAR    674    675
BELANDRIA, FRA    1901
BELAUNDE, VICT    2856  2857
BELAUNDE, VICT    2858
BELL, PURL LOR    1521
BELLER, JACOB.    4197
BELLO, ANDRES.     353    354    676  1349  1350  1351
                  1352  3302  3303  3304
BELLO LOZANO,      355
BELTRAN, GREGO    2232  4228
BELTRAN, VIRGI    1902
BELTRAN GUERRE    1009  1010  1332  1903  3305  3306
                  3307  3308  4365
BENAIM PINTO,     3747
BENCOMO BARRIO    1011
BENET, FERNAND    1522
BENGOA Y LECAN    4198  4366
BENITEZ, CRIST    2859
BENZONI, GIROL     677    678
BERMEJO DE CAP    4367
BERMUDEZ DE CA    1012
BERNARDONI, JE    2718
BERNSTEIN, HAR     356
BESSON, JUAN.      357
BEST, ROBIN.      4368
BETANCOURT, RO     358  1904  1905  1906  1907  1908
                  1909  1910  1911  1912  1913  1914
                  1915  1916  1917  1918  1919  3748
                  4047  4048  4049  4050
BETANCOURT RUI    1013
BETANCOURT SOS    1523
BEYER, JOHN C.    1920
BIANCO, JESUS     1921
BIBLIOGRAFIA V      15
BIBLIOTECA AME    1014
BIERCK, HAROLD    1015  1016  1017
BIGGS, JAMES.      679    680
BINSTOCK, HANN    1018
BLANCO, ANDRES    1922  1923  1924  1925
BLANCO, EDUARD    1019  1020
BLANCO, FRANCI    1021  1353
BLANCO, JOSE F    1022
BLANCO, JOSE F    2860
BLANCO FOMBONA     681  1354  2861  2862  2863  2864
BLANCO FOMBONA    2865
BLANCO MUNOZ,     1926  1927
BLANCO PENALVE     359
BLANCO PENALVE     360    361  1928
BLANK, DAVID E     362  1929
BLANK, STEPHAN    4369  4370
BLENDON, EDITH    1930
BLOCKADE OF VE    1524
BLOEME, A.        4371
```

```
PAN  AMERICAN  H    2464
PAN  AMERICAN  I     139
PAN  AMERICAN  S    2465 2466
PAN  AMERICAN  U    2467
PAN  AMERICAN  U     140 3055
PAN  AMERICAN  U     141 3954
PAN  AMERICAN  U     142
PAN  AMERICAN  U    3818
PAN  AMERICAN  U    2468
PAN  AMERICAN  U    4258
PAN  AMERICAN  U    2469
PAN  AMERICAN  U    4259
PANHORST, KARL      895
PARADA, NEMECI     1705 3596
PARDO, ISAAC J      896   897 3597
PARDO, MERCEDE      507
PARDO STOLK, E     4531
PAREDES, ANTON     1706 1707
PAREDES, PEDRO     4532
PAREJA PAZ SOL     1708
PARELES, PEDRO     4115 4116
PARES ESPINO,      3598
PARISCA MENDOZ     2470
PARRA, ALIRIO      4117
PARRA, DARIO.      2471 2472
PARRA, FRANCIS      508   509   510
PARRA, PEDRO M     1709
PARRA ARANGURE      511 1710
PARRA ARANGURE      512 1214 1215
PARRA LEON, MI     2473 2474
PARRA MARQUEZ,      898 1216 2475 4533 4534
PARRA PARDI, M      820
PARRA PEREZ, C      513   899   900 1217 1218 1219
                   1220 1221 1452 2476 3056 3057
PARRA PEREZ, C     1222
PARSONS, EDWAR     1711
PARSONS, KENNE     2477
PARTIDO COMUNI     2478
PARTIDO COMUNI     2479
PARTIDO COMUNI     2480
PARTIDO DEMOCR     2481
PARTIDO DEMOCR     2482 2483
PARTIDO SOCIAL     2484 2485
PARTIDO SOCIAL     2486 2487 2488 2489 3217 3819
PASQUALI, ANTO     3599 3600
PASTORI, LUIS.     3601
PAULDING, HIRA     3058 3059
PAZ CASTILLO,      3602
PEATTIE, LISA      4535
PELLEPRAT, PIE     3218
PENA, ISRAEL.       901 1223 3603
PENA VASQUEZ,      3060
PENFOLD, ANTHO     4536 4537
```

39